JN251870

日本古代君主制成立史の研究

北　康宏著

塙書房刊

目次

第二部　日本古代の君主権の構造と記紀神話

日本古代君主制成立史の研究

序章　本書の課題と構成

一　本書の課題

本書は、日本古代国家の政体の特質を君主権と君臣関係の構造分析を通して明らかにするとともに、それがどのような過程を経て生み出されたのかを歴史的に解明することを試みるものである。あわせて、秩序を支えた正当化の論理 Legitimität、観念の支配にまで立ち入って検討を進める。

君主制という語を冠した書名は、日本古代史研究の世界では耳慣れない、奇を衒ったものにみえるかもしれない。それにもかかわらず、君主制という語をあえて分析概念として設定したのは、日本古代の政体 polity や国制 constitution の特殊性を普遍的な概念を用いて把握してみたいと考えたからである。天皇制という特有の秩序を前提とするのではなく、世界の古代国家の諸類型とのアナロジーで説明するのでもなく、できる限り実態に即して国制の構造を把握し、その基礎にある宗教性の内実や家の構成原理にまで検討を加えることによって、日本古代の君主権の形成過程を立体的に描き出すことを目指したいのである。

モンテスキューはその著書『法の精神』のなかで、政体のあり方を大きく専制 despotisme と、君主制 monarchie および共和制 république とに分類する。[1] 専制とは君主一者の自然的意志がそのまま国家意志となる政体であり、権力は君主の身体と未分離な形で発現する。しかし、恣意的な一者の意志に依存する限り、この国家形態は自然的属性を超えることはできず、解体するか別の政体に移行するという運命をもつ。それに対して、君主制と共和制はともに法化された国家意志により運営される政体で、この二つの違いは国家意志の発現主体が単数か複数かということにすぎない。そして、後者はさらに国民の一部か全体かによって、貴族制 aristocratie と民主制 démocratie に細分される。

この素朴ではあるが本質的な類型設定は、政体に対する個々の価値判断を超えた冷静なもので、徹底した歴史的視点で貫かれている。彼が否定的に捉えるのは国家意志が法的な形で表出しない専制というあり方のみである。序文に記されているように、彼は二十年にわたり世界各地の煩雑なほどに多様な実例を収集し続けて、中途半端な分析概念や価値判断を加えることなく、個別のなかに人間の歴史の規則性と政体固有の精神を見出そうとした。その不断の努力と帰納が不完全なものであったとしても自分の意図したことを否定しないでほしいとも述べている。このような問題意識は、愚鈍なまでの即物性を有するヘーゲルの世界史の哲学 Philosophie der Weltgeschichte にも受け継がれる(2)。神の秩序の歴史 Heilgeschichte とは異なる世俗史 Weltgeschichte においては、人間の特殊な欲望や個々の偶然が歴史の運動の契機であり、それが理性の狡知によって自由の実現という合理的な運動へと昇華されると説明する。この人間の無秩序な欲望の体系を生産関係と社会変革という観点から捉えなおして、歴史の運動法則を見出そうとしたのがマルクスであった。

このように見てくると、我々にいま求められていることは、彼らが結論として設定した歴史の諸段階や近年の社会学の特殊な諸概念を日本の歴史に上から当てはめることではなく、虚心に現実の国家の構造をトレースすること、モンテスキューのように文化の多様性に目配りをしながら、開かれた素朴な国制概念を用いて説明してみせることではないだろうか。

戦後の日本史学界において、日本古代国家をアジア的専制国家の一類型と捉えるべきか、貴族制的性格が濃厚な国家と捉えるべきかという著名な論争があった[3]。前者は、マルクス主義史観に基づく天皇制理解であるが、その内実は日本古代国家を一君万民的な国家とみて、大化改新を王政復古とみなす伝統的歴史像を暗黙のうちに受け継いでいる一面がある。これに対して、後者の代表的論者である関晃氏は貴族制論と畿内制論と呼ばれるパラダイムを打ち出し、その後の古代史研究に決定的な影響を与えた。

貴族制論・畿内制論という学説がどのような発想や学問系統から生まれたものかは、史学史的にも検討されるべき課題であるが、少なくとも天皇制の専制的イメージを相対化するという重要な役割を果したことは間違いない。しかし、この貴族制的という説明は事の一面を映し出したものにすぎず、逆に君主権の特有の構造を直視せずに済ませてしまうという弊害をもたらしたのではないか、――このような素朴な疑問が本書の問題意識の出発点をなしている。そもそも専制か貴族制かという対概念にもなっていない図式をめぐって、二律背反的な論争が行われたこと自体が不可解である。日本古代の国制が何れとも異なるある種の君主制であることは明らかだからである。

まず、アジア的専制国家論についてみてみよう。この学説が単なる政体をめぐる議論ではなく民衆支配までを視野に入れた支配のデスポティズム的性格を論じたものである点は見落されるべきではないが、明治維新以降の王政復古史観に基づく絶対君主としての天皇像を、マルクスの歴史理論――これはヘーゲルのいう自由発現の第一形態たるアジア的類型をふまえたものだが、――と擦り合せて位置付けたという面も否定することはできない。しかし、既に具体的な諸研究によって明らかにされているように、日本の天皇は強力な自然的意志によって国制を左右するような権力者ではなく、太政官会議という諮問機関を有し、祖法化された律令と過去の先例（「例」）や

「式」）を通して、その意志を発現することが求められる存在であった。本書でも詳論することになるが、天皇の意志は法の下にある。その意味でヘーゲルやマルクスが専制国家の典型とみなした中国における皇帝と法との関係とは大きく異なるのである。

もし日本に専制的な政体があったとすれば、それは大化前代の古墳時代のことだろう。日本の歴史において〈巨大古墳の世紀〉と称すべき世界史的にみても類い稀な時代が存在したことは注目に値する。文献の少ない時代ゆえにこの現象をどう説明するかは難しい問題だが、少なくとも王陵をこのようにモニュメンタルに造営することは、権力・権威が王の身体と未分離な状態にあることを端的に示している。中国の漢代やエジプトの王墓を想起するまでもなく、モンテスキューのいう専制政体の類型に該当するといえよう。このことは長期にわたる殯儀礼の遂行や歴代ごとの君臣関係の再生儀礼、王位継承時の政争発生といった側面からも証される。その意味で、律令国家成立以前の国制を専制政体に分類することは可能である。また、専制政体の特質は権力の直接的行使たる大王の武力の性格にも現われている。国造の子弟が上番して王宮に奉仕するという舎人や靫負、いわば大王に直属する親衛隊や宮の守衛者がそのまま国家の恒常的な軍事力とみなされている。地方反乱や対外戦争に際しては臨時に国造軍が召集されるにすぎない。

興味深いのは、この王に直属する武力がその後も拡大・精鋭化されることなく、小規模な儀仗兵のままであったことである。白村江の敗戦の体験もあって一度は国家の軍隊としての軍団兵士制が導入されるが、これまた百年も経たずして辺境地域を除いて廃止され、郡司子弟から採用される一国三〇〜一〇〇人程度の健児の制に縮小されてしまう。その後も固有の軍隊を制度的に設定することはなかった。これで国家が維持できているのである。

そもそも国家の形成過程においても武力が担った役割は小さかった。言説レベルではヤマトタケル伝承や『宋書』倭国伝の叙述もみられるが、実際には中国の冊封を利用するばかりで、考古学的にみても古墳時代は戦争の遺跡が少ない平和な時代であった。邪馬台国における台与の擁立以降、全国的な武力戦争を経ずにいつの間にか国家が誕生したことになる。あえて極論すれば、社会全体を巻き込み国制の根幹を解体するような全国規模の戦争状態は、三世紀の「倭国の乱」以降、応仁の乱に始まる戦国時代まで認められないのである。専制的な権力行使という国家意志の発現、特に武力の行使をともなわない君主権の特質をどう説明するべきであろうか。

そこには宗教性というキーワードが浮かび上がってくる。この宗教性に依存する秩序維持については、近年では大津透氏らによって大きく取り上げられているが、(4)その内的論理についてさらに検討を深めていく必要があるだろう。また、それとも関わるが、権威を担う主体がかなり早い段階から特定の血統に集約されている。君主権の神聖性はそうした血統の宗教的権威、即ち神話に基づく皇孫思想に支えられているのだが、この皇孫思想の論理が時として君主権の安定と矛盾するという点も見落とすことはできない。両者の関係を歴史的に把握することも重要な課題である。

貴族制論についてもさまざまな問題がある。本書で根本的に再検討したいのはこちらの学説である。畿内制論と表裏一体の学説として今日でも大きな影響力をもっている。畿内制論の方は、畿外の調が服属儀礼的なミツキという性格を残していること、庸が畿外にのみ課されていることなど、税制や支配構造の相違が明瞭に指摘されており、畿内豪族が構成する王権が畿外を支配するという国家像も一面の真実を語っているといえる。ただし、そこで作り上げられた国造制のイメージが在地首長制論と混交することで、統一的な地方支配制度の存在が過度に軽視されるようになり、畿外との関係を「外交」的と表現する早川庄八氏のような国家像が提出されるに至っている。(5)他方、貴族制論の流れからは、阿部武彦氏らのマエツギミ層の合議を受け継ぐ初期太政官政治といった議論[6]、吉村武彦氏の群臣推戴による大王即位に関する研究が現われたが[7]、近年では貴族制論という枠組み自体を内在的に止揚して、王権の共同利害という視角を設定、五世紀段階の王位はヤマト政権連合を構成する有力首長たちのなかから呪術や軍事統率力に秀でた者が選出されて継承し、中国との外交により正当性を獲得するものであって、相互に血縁関係をもたない複数の王統の間で回り持ちされていた、という仮説までが提示されている[8]。特定血縁集団が排他的に王位を独占する世襲王権の成立を六世紀まで引き下げるのである。

確かに、日本古代国家が貴族制でないことは明らかであろう。そもそも畿内豪族の合議制と太政官政治との連続性は証明されていないし、畿内豪族と呼ばれる氏々も王権の職を分掌することで結集するという強い王権依存性を有していた。平安時代以降の展開をみても天皇と藤原氏の一体感のなかで政務が運営されていく。自律的な貴族群が一つの階級として国制の構成要素をなした痕跡はどこにも確認できないのである。安定した世襲君主たる天皇と強固な王権依存性をもつ藤原氏が構成する国制を貴族制的と呼ぶことができるのだろうか。ただし、世襲王権の成立過程を考えるという課題設定の意義は十分に理解できるが、決定的な根拠のない状況で王位の回り持ちを想定し、単一世襲王統の成立を百年ほど引き下げたからといって一体何になるのだろう。国造制の理解についても、緻密な税制の研究が示すように畿内は王権の直轄地ではあるが、だからといって畿外の国造を服わぬ在地首長のイメージで捉えるのは如何なものであろうか。

むしろ、皇統の貴種性とそれを核にした地方支配はかなり早い段階で確立しているのではないか。そこで重視したいのが「観念の支配」という問題である。実際の歴史を見渡してみると、なまの「暴力の支配」よりも「観念の支配」の方が強力で永続的な場合が多い。ただし、この問題に踏み込むとなると、戦後歴史学が切り捨ててきた記紀神話の内的理解という難しい課題と向き合わなければならない。近年では神野志隆光氏や水林　彪氏が

『古事記』を作品論的に捉える研究を進めており[9]、こうした動向に対する回答も含めて、記紀神話をどう扱っていくかということが現在の古代史研究にあらためて問われているといえよう。

本書では、記紀の神話・伝承に対して二つの視角を設定している。第一は、記紀神話がある段階の政治的意図に基づいて作られた言説であることはいうまでもないが、それを律令国家の支配理念の投影として一元的に捉えるべきではないということである。『帝紀』『旧辞』、推古朝の『天皇記』『国記』など、複数の段階の歴史像が層をなして併存していることにもっと意識的であるべきである。最終的に纏められたのが律令国家成立段階だからといって、用語の統一以上の歴史像までが律令国家段階で上書きされているかは、あらためて検討されるべき課題なのである。第二は、そもそも八世紀初頭の人々にとって記紀神話は既に反故になっているのではないかということである。『古事記』序によれば、既に天武天皇の時代には諸家のもっている『帝紀』『旧辞』は多く虚偽を加えて異説を生み、存亡の危機に陥っていた。事実、『日本書紀』神話の「一書」群は雑多な異説の列記にすぎない。

興味深いのは、こうした冷静なリアリティーと観念の規範性とは決して矛盾するものではないということである。観念の内実や宗教の教義が既に虚構であると人々に認識されるようになってもなお、その世俗化された枠組み自体は強固な規範性と秩序維持機能を保持し続ける。この位相こそが日本の国制を考える際に正確に把握されるべきものなのである。

政体論では国家意志の主体やその発現としての権力の質がメルクマールにされてきた。その意味では日本の政体は専制から君主制へという道筋を歩んだことになるし、意志決定という点では貴族的要素を濃厚に有していたという指摘も理解できる。しかし、法、即ち law（法則）や right（正義）がどのような形で発現するかという点では、積極的な権力の発現とは異なる類型、具体的にいえば、調和と秩序という日常性の維持、不規則なるものや非日常的なものに対する不安の除去を契機として生み出される支配の正当性も存在する。このような当事者間の私法的関係が未成熟な秩序、私法的関係が大きな擬似自然的秩序の統制という虚構観念のなかに包摂される秩序の類型にも注意を払いながら、国制の特質を丁寧に把握することが求められる。貴族制でも専制でもない特有の君主制という視角、そしてそれを支える観念の支配という視点から、日本古代国家の特質をあらためて把握してみたいと思うのである。

二　本書の構成と各章の論点

本書は、日本古代国家の君主権と君臣関係の構造、支配の正当化の論理を以上のような視角から検討した筆者の取組みの現段階における集成であり、テーマに従って三部に分けて構成し、序章と終章を付している。これまで多くの重厚な先行研究が蓄積されてきた領域でもあり、畢竟いくつかの異なる切り口を提示したにすぎないかもしれないが、政治史的もしくは制度史的な研究にとどまらず、君臣意識の構造や支配を支える観念の世界にまで立ち入って検討を加えてきた。

その結果、〈考古学〉との境界領域の検討、〈思想史学〉的な神話分析、〈国語学・国文学〉の知見の応用、〈美術史〉的な作品分析、さらには〈法制史〉的関心の設定など、隣接分野の研究に学びながら歴史現象を総合的に把握することになった。自分の非力を顧みずこうした問題設定を行いえたのは、私自身が母校において「文化史学」という方法を学んだことに起因している(10)。歴史の諸現象を人間精神の所産として総合的に把握するという課題設定は、緻密な実証的研究を一つひとつ積み重ねていく今日の学界の謙虚な動向からみれば、傲慢で無謀な試みであるかもしれない。また結果からみれば、どれもが中途半端で、隣接諸学の固有の方法への無理解を露呈することになっているかもしれないが、さまざまな学問領域に目配りしながら歴史を把握しようという私なりのささやかな試みとしてご寛恕願いたい。

以下、各論文の執筆意図と本書全体のなかでの位置付けについて簡単に説明を加えておきたい。具体的な結論は終章であらためて纏めることとする。

第一部　日本古代の陵墓と王権──古墳から陵墓へ──

ここでは、巨大な王陵が古代国家の特定段階に造営され、突如消滅するという世界史的な現象を視野に入れつつ、古墳時代の終焉という事象を具体的に取り上げた。そこには七世紀から八世紀初頭における君主権・君臣関係の質的転換が明瞭に投影されていると考えられるからである。日本律令国家の胎動期たる七世紀に四〇〇年にわたった巨大古墳の造営が終焉する現象は、古墳を単なる権力の大きさの表象とみなす限り説明がつかない。君主の権力の大きさとそれが及ぶ範囲が古墳時代よりも奈良時代の方が格段に拡大していることは明らかだからである。

権力の大きさの問題に還元するのではなく、王の身体モニュメントたる王陵に求められた役割とその変化を、その管理と祭祀という二つの切り口を設定して、大化前代から十世紀初頭に至るまで正確に跡付けることで、権力の質的変化を段階的に把握することができるはずである。また、当該期の君臣意識や親族意識の内実を具体的に把握することができる重要な素材でもある。

「第一章　大化薄葬令の研究――大化の葬制から律令葬制へ――」では、大化薄葬令と呼び慣わされてきた大化二年三月甲申詔を再検討する。近年では古墳の終末に関する考古学的知見が蓄積されて、当法令の実効性、ひいてはその実在性までが疑われるに至っている。そこで、まず当史料の信憑性を慎重に吟味したうえで、それがそもそも古墳造営の停止を意図した法令なのではなく、古墳時代以来の旧俗が生み出す社会問題への改新政府の対応策を提示したものであることを明らかにする。加えて喪葬令の葬礼規定への連続性にも注目する。

「第二章　律令国家陵墓制度の基礎的研究――「延喜諸陵寮式」の分析からみた――」では、律令国家の成立とともに新たに生み出された律令陵墓制度について、先皇陵治定と公的守衛に焦点を当てつつ制度史的な検討を加えたものである。その際、『延喜式』の陵墓歴名に注目し、記載様式の分析を通して律令国家の先皇陵管理リストへの『弘仁式』『貞観式』『延喜式』段階での書き加えがそのまま層をなして残存していることを明らかにした。これを素材にすれば、七・八世紀の先皇陵治定から十世紀初頭までの陵墓管理の実態、天皇家の祖先観の変化を段階的に把握することができるわけである。

「第三章　陵墓治定信憑性の判断基準」は、文献史学から考古学研究に対して発言できることをまとめたものである。天皇陵と古墳という同一固体上の二つの分析視角の交錯点を探ったもので、いくつかの天皇陵を取り上げながら、被葬者推定をめぐる問題点を具体的に列挙した。また、従来の「天皇陵古墳」という概念に疑問を呈し、「天皇陵遺跡」「陵墓遺跡」という視角を提言している。恩師森　浩一先生に対して異を唱えることになったが、あえて強く主張したい点でもある。

「第四章　律令陵墓祭祀の研究」は第二章と対をなすもので、荷前と呼ばれる律令陵墓祭祀の特質と変化を段階的に描き出す。王の身体モニュメントとして葬送や継承儀礼において重要な役割を果した古墳に永続的祭祀の痕跡がほとんど見られないことは、考古学も指摘するところである。ところが、いったん律令国家が成立すると、神武天皇以降の全先皇陵が現天皇の統治を承認・守護する先皇霊の宿る場としてあらためて注目されるようになり、毎年十二月に調庸の初物をもって祭られるようになる。ここに君主権の質的変化がリアルに投影されている。また、八世紀末になると現天皇の近親陵墓を特別に祭る別貢幣が成立するが、これを出自集団としての家の成立と係わらせて論じる先行研究に疑問を提出する。

第二部　日本古代の君主権の構造と記紀神話

ここでは、君主権の正当化の論理と君臣関係を支える観念をさまざまな方法と素材を用いて把握するとともに、その変化を段階的に跡付けることを試みる。神話や支配理念などの観念とその表出としての文化的素材を扱うことになるため、日本思想史、神話学、国語国文学、日本美術史といった近接分野に踏み込んだ研究が含まれている。

日本古代国家形成期の統合原理は、首長制を基盤にもつ二次的支配関係と説明されたり、戦争の契機が希薄だとして宗教的統合が強調されたりするが、そうした秩序を支えた〈観念の支配〉の内実を把握する努力が必要である。神祇祭祀の制度史的な研究だけでは、なぜそれが機能しえたのかという問いに答えることはできない。結局のところ、記紀神話を直視しなければならなくなるのだが、これを律令国家の支配理念と同一視するパラダイムが現在なお支配的である。しかし、記紀神話にしても天皇号にしても、特定の時期の政治的所産と固定的に捉えるのではなく、段階的な形成過程を有する〈重層的な価値の体系〉とみるべきではないかと考えている。また、宗教的統合を基礎にもつ前代の国制を前提として生まれた日本律令国家の君主権と君臣関係を、専制的な中国的君主像の継受から説明するのではなく、また単なる旧来の秩序の残存とみなすのでもなく、官位制を基礎に据えた独特の君主制への転換と評価したうえで、「不改常典」などの素材から君主と律令法の具体的関係について自説を提示する。

「第五章　天皇号の成立とその重層構造——アマキミ・天皇・スメラミコト——」は、天皇号の成立過程とそれを基礎づける観念世界の変化を段階的に把握する試みである。従来の天武持統朝成立説を否定して推古朝成立を再評価することだけを目的としたものではなく、文字表記の際に用いられた「大王」「皇」といった〈漢語〉と神話を基礎にもつ「アメ」「スメ」という〈和語〉との融合過程を具体的に追うことで、皇孫思想と君主権との関係の推移を明らかにしつつ、君主権正当化の論理の史的展開を描き出すことを目指すものである。

「第六章　古事記神話の構成原理と世界観——神々の「成」「生」「所成」と〈歴史の起源〉の観念——」では、『古事記』上巻にみえる神々生成記載の様式分類を手がかりとして、神話のなかに重層する二つの相異なる構図を抽出する。成人儀礼的性格を有する啓蒙の物語を天・国二元論の世界観のもとに緻密に描く第一次の構図と、国に視点を据えた世界観のもとに天孫降臨神話を上書きする第二次の構図の重層が確認され、推古朝から舒明朝に成立した成書を基礎として記紀編纂段階に新しい構図が書き加えられたことを想定し、王権を正当化する神話を歴史的に捉える視角を準備した。

「第七章　敏達紀「善信尼」考——初期仏教と記紀神話——」では、敏達天皇十三年紀に収められた嶋（善信尼）の出家伝承のなかに天孫降臨神話に対する過激な批判が含意されていることを明らかにし、その具体的分析を通して直接『古事記』『日本書紀』からは捉えにくい「神話が現実社会に果した機能」について考察する。仏教公伝として著名な欽明天皇十三年紀の崇仏論争もまた、東アジアの仏教外交秩序に参入するか、君主権の神話的基礎を守るかという国際秩序と国内秩序の間の桎梏を表現した史料であったが、その国内秩序を基礎づけてきた観念に対する仏教からの攻撃の一例がこの敏達紀に収められた記事なのである。

「第八章　律令法典・山陵と王権の正当化――不改常典と先皇霊に基礎づけられた新しい政体――」では、日本律令国家の新しい君主権正当化の論理と君臣関係の構造を、即位譲位宣命で言及される「不改常典の法」を素材として具体的に抽出する。従来の皇位継承法説や皇太子制説などを否定して、個別の君臣関係に依存する政体からの脱却と、律令法と先皇霊を戴いた君臣共治という特有の政体の創始が目指されていたことを明らかにする。隋唐のような権力的な専制君主や応務的君臣関係の定立は最初から目指されてはいなかった。

「第九章　信貴山縁起絵巻にみる王権と仏教――時間・運動表現と俯瞰法――」は、信貴山縁起絵巻という美術史の研究対象を歴史学に活用する試みである。「絵画史料」として個別のモチーフを活用する方法ではなく、当絵巻を現実的な主張を内包する文化的所産とみなし、絵のなかのイコノロジーや詞書のメッセージを内在的に理解することを通して、世俗的な説話絵巻とする近年の学説を否定し、神話に支えられた古代王権の終焉と中世的仏教の意義を説明する宗教絵巻であるとする。

第三部　日本古代君主権の成立過程

これまでの検討をふまえて、日本古代の国制の構造と展開について正面から考察を加えた論考を収めている。まず、大化の諸詔を詳細に再検討し、そこに描かれた社会問題への対処と律令官位制の導入という流れのなかで、七世紀の国制の構造転換の意味を捉えなおす。そのうえで、十七条憲法を素材に大化前代における政権内部の構造を把握し、国造制の検討から地方支配の構造と転換を段階的に描き出す。

「第十章　日本律令国家法意識の形成過程――君臣意識と習俗統制から――」では、日本律令法を背後で支えた法意識の形成過程を明らかにする。初出が日本史研究会の大会報告であるため、総花的で論証不十分なところもあるが、その点は個別のテーマを扱う章において詳論した。大化品部廃止詔の分析から、王名という権益を負って結集する大化前代のウヂの構造とそれが生み出す新たな社会問題について検討を加え、推古朝以来確認される権益を保持せんとする強い私有意識のエネルギーを積極的に吸収する形で律令官位制が導入されたことを明らかにする。また、冠位制の変遷や天智朝の氏族政策についての先行研究にも再検討を加えて、律令官人制における君臣関係の特質を浮かび上がらせる。

「第十一章　冠位十二階・小墾田宮・大兄制――大化前代の政権構造――」では、冠位十二階や大兄制の検討を通して、推古朝に完成形態を示す大化前代の政権構造を明らかにする。戦後は推古朝が律令国家と連続しない時代とみなされるようになったにもかかわらず、冠位十二階だけは「冠位変遷表」のスタート地点に位置付けられ続け、今なお位階制との対応が問題とされている。ここでは冠位十二階をそれが現行冠位であった時期の大化薄葬令と比較することによってその独自の構成原理を明らかにし、小墾田宮と一体の理念のもとに設定されたこと、王族からなる皇親勢力と大臣以下の氏々の勢力が二つの権力核をなす特有の王権構造を象徴することを示す。

「第十二章　国造制と大化改新――大化前代の支配構造――」では、大化改新詔の郡の等級規定にみえる不規則な数列を手がかりとして、孝徳朝立評の前提となる大化前代の地域編成を復元する。部民制を律令国家の個別人身支配の淵源とみなす狩野　久・鎌田元一両氏の理解によって国造制の評価は相対的に低下し、早川庄八氏が畿内制論を極端な形で展開させて畿内と畿外の関係を外交とみなす歴史像を作り上げたために、国造制を国家支配機構とみなす研究は影を潜めている。ここでは、皇孫とみなされた「ワケ（別）」の貴種性に依拠した五世紀以来の宗教的秩序と、国宰を奉じて部内支配を実現した六世紀以降の領域支配という国造制の二段階を想定した。「第十三章　大王とウヂ――「天皇と官人」の淵源――」では、ここまでの個別研究をふまえて、古墳時代以来の「大王と氏」という君臣関係が、日本律令国家の「天皇と官人」という関係のなかに如何なる形で昇華されていくのかを、時系列で整理するとともに、そこに浮かび上がる特有の集団構成原理について広い視野から検討する。必ずしも王権に集約しない「名」や「トモ」といった帰属機能と権益関係から日本古代の君臣関係の質を捉えなおし、律令法の継受の貫徹度からは測ることができない日本律令特有の秩序維持機能に光をあてる。

「附論一―四」では、本書で大きく再評価する推古朝の政治と文化において主導的な役割を担った聖徳太子に焦点をあて、その人物に迫る根本史料を具体的に分析した基礎的研究を付載している。具体的には、法隆寺関係資料とは異質な位相をもつ『日本書紀』太子関係記事、そして聖徳太子の実像に迫る「法隆寺金堂釈迦三尊像光背銘文」「同薬師如来像光背銘文」「天寿国繡帳銘文」などの金石文・銘文の再検討を行うことになる。

（1）　モンテスキュー『法の精神』岩波文庫、一九八九年。
（2）　ヘーゲル『ヘーゲル全集10歴史哲学』岩波書店、一九五四年。
（3）　関　晃「律令支配層の成立とその構造」（井上光貞編『新日本史大系2古代社会』朝倉書店、一九五二年）、同「大化改新と天皇権力」（『歴史学研究』二二八号、一九五九年）、同「大化前後の天皇権力について」（『歴史学研究』二三三号、一九五九年）。
（4）　大津　透『古代の天皇制』岩波書店、一九九九年、同『天皇の歴史01神話から歴史へ』講談社、二〇一〇年。
（5）　早川庄八『日本古代官僚制の研究』岩波書店、一九八六年。
（6）　阿部武彦「古代族長継承の問題について」（同『日本古代の氏族と祭祀』吉川弘文館、一九八四年。初出は一九五四年)。

(7) 吉村武彦『日本古代の社会と国家』岩波書店、一九九六年。

(8) 大平聡「日本古代王権継承試論」(『歴史評論』四二九号、一九八六年)、同「世襲王権の成立」(鈴木靖民編『日本の時代史2倭国と東アジア』吉川弘文館、二〇〇二年)、佐藤長門『日本古代王権の構造と展開』吉川弘文館、二〇〇九年、義江明子『古代王権論——神話・歴史感覚・ジェンダー——』岩波書店、二〇一一年、など。

(9) 神野志隆光『古事記の達成——その論理と方法——』東京大学出版会、一九八三年、水林彪『記紀神話と王権の祭り』岩波書店、二〇〇一年。

(10) 西田直二郎『日本文化史序説』改造社、一九三二年、石田一良『文化史学 理論と方法』洋々社、一九五五年。

第一部　日本古代の陵墓と王権

――古墳から陵墓へ――

第一章　大化薄葬令の研究

――大化の葬制から律令葬制へ――

はしがき

『日本書紀』大化二年三月甲申（二十二日）条にみえる詔の前半は「大化薄葬令」と呼び慣わされており、営墓・葬送に関わる一連の規定からなっている。この時期の葬制の実態を語る数少ない史料である。古代史の側からすれば改新詔を受けて行われた諸政策のなかでも早い段階のものとして大化改新の実像を追うのに不可欠な史料であるし、考古学の側からは長期にわたり続いた古墳時代の終焉という重大な事象を説明するための有力な手がかりとされてきたのである。

この薄葬令に関する戦後の研究は、およそ二つの傾向を有していたように思われる。第一は、当史料が『日本書紀』のなかでも最も複雑な性格をもつ「孝徳紀」の記事であるために、その史料的信憑性に問題が一元化されて論じられる傾向があったということである。第二は、戦後の当該記事の考察が考古学的関心から出発したために、最初から詔の前半の葬送関係規定だけが切り離して扱われ、それが甲申詔というひとつの詔を構成する部分にすぎないという認識が欠落しがちであったことである。この第二の傾向は第一の点とも密接に関わるもので、甲申詔という纏まった形は『日本書紀』の編者の創作であろうから、部分のみを切り取って扱っても問題はないとされてきたのであろう。

しかし私は、いわゆる薄葬令を長文の甲申詔全体のなかで分析し、その叙述の論理構成を正確に把握することが、その史料の有する意味や目的を理解するために必要不可欠な手続きだと考える。詔の信憑性や実効性についての直接的な解答を急がず、逆に史料そのものが語る内容を葬制の歴史的な流れのなかに位置付けることによって、それにふさわしい史的位置を決定するという方法を採ろうと思う。なお、本稿では甲申詔の制定時点での目的とそれが後世に与えた影響（史的意義）とを区別して論じることになるだろう。

第一節　大化薄葬令に関する通説の検討

大化薄葬令の制定目的については、公葬制の確立を意図したものだとする説[1]と、身分序列の視覚化を目的とするものという説が近年では有力である。[2]私見を積極的に述べる前にこれらの説を吟味し、それぞれに対する疑問を提示しておきたい。

まず、関晃氏に代表される公葬制説について。（1）この視点自体は達見だが、規定の一部分のみから得た結論を詔全体の目的へと敷衍して論ずる点には、従来から疑問が提示されてきた。[3]続く庶民の葬送規定の部分や葬礼における旧俗の禁止を述べた部分を全く捨象して立論している。当該部分のみを切り取る根拠は後述するように薄弱である。（2）関氏は古代における文化政策の意義をあまり重視せず、「もっと現実的な必要性」を求めようとされるのであるが、古代国家において思想的な政策は決して非現実的なものだとはいえない。[4]

第二の身分序列説は、既に関氏によって正面から批判されているものではあるが、近年でもなお代表的な理解として通用している。しかし、これに対しても以下の疑問を掲げることができる。（1）当時でもなお古墳が身分秩序において重要な役割を果したということは全く証明されえないことであって、かつて古墳が身体と地位の表象という積極的な意義をもった時期があったにせよ、それは五世紀末かせいぜい六世紀初頭までのことであろう。雄略朝ころ以降は国家機構も整備され、氏・姓の制度が確立していくにつれて、地位表象はそうした抽象的制度によって支えられるようになる。しばらくは古墳造営も遺制的にその機能を残存させはするが、墳丘が身分序列を自律的に示す時期はかなり早くに終焉する。（2）むしろ序列化が目的ならば、新しい冠位制を制定した方が即効性もある。没する人間が徐々に現われ、さらに造墓して初めて効果が出てくるものにすぎず、そもそも墳丘をもたない大仁以下の墓という規定の大部分を占めるランクについては視覚的に認知されえない[5]。大化三年の新冠位制定以降に付随的に行われた政策ならいざ知らず、それ以前の大化二年という重要な時期にこのように弱い効果しかもたない政策をわざわざ実行したとは到底考えられない。関氏もいうように序列の反映以上のものではないだろう[6]。（3）また、この説は規定通りの数字で造営するということを暗黙の前提としており[7]、上限だけを決める制限法という視点が欠けている。のちの例だが喪葬令16喪葬条にも、

凡喪葬不㆑能㆑備㆑礼者、貴得㆑同㆑賤。賤不㆑得㆑同㆑貴。

という制限法的規定が存在する。これは同文の唐令該当条（唐喪葬令復旧第二四条）を受けたもので[8]、「貴得同賤」という中国の礼制に基づく。「古記」や「令釈」はこれについて「凡喪礼具、当色以下並得㆑用」と説明している。新しい身分秩序が確立した律令制下においてもこのような制限法的な考え方がみられるのだから、大化の葬制を制限法ではないとする根拠は薄弱である。以上より、この説にも少なからず問題がある。

第二節　甲申詔のなかの葬制規定——その制定目的——

ここでは、甲申詔全体の構造分析から始めて、葬制規定が占めている位置を明らかにするところから出発する。(9) 従来の研究が葬制規定のみを、さらにはその一部のみを最初から切り取って論じてきた根拠は何ら決定的なものではない。和文的な文章と漢文的な文章とが混在していることや文体が不統一であることなどから、甲申詔が一体の法令であったことに懐疑的にならざるをえないという程度のものである。しかし、漢文として崩れているところは内容も具体的かつ複雑な部分であり、漢文で表現するのが難しい箇所である。漢文の作文能力がさほど高くない場合、文体は内容の複雑さの影響を受けて多様化する。また文章の始まり方が「夫」「凡」と不統一であることを理由に規定内容を当時のものではないなどといえないことは、改新詔をめぐる従来の議論の示すところである。『日本書紀』の編者の手が多少入っていることは認めざるをえないが、文体の問題は甲申詔全体を一具とみなすことを否定するだけの根拠とはなりえない。

次に、甲申詔を一連のものと考える積極的な根拠を提示する。私は甲申詔を次のように分割する。

甲申。詔曰、

1 ① 朕聞、西土之君、戒㆓其民㆒曰、古之葬者、因㆑高為㆑墓。不㆑封不㆑樹。棺槨足㆓以朽㆒㆑骨、衣衿足㆓以朽㆒㆑宍而已。故吾営㆓此丘墟不食之地㆒、欲㆑使㆓易㆑代之後、不㆒㆑知㆓其所㆒。無㆑蔵㆓金銀銅鉄㆒。一以㆓瓦器㆒、合㆓古塗車・蒭霊之義㆒。棺漆㆓際会㆒三過。飯含無㆑以㆓珠玉㆒。無㆑施㆓珠襦玉柙㆒。諸愚俗所㆑為也。又曰、夫葬者蔵也。

欲二人之不レ得レ見也。

②廼者、我民貧絶。

③専由二営墓一。爰陳二其制一、尊卑使レ別。

④夫王以上之墓者、其内長九尺、濶五尺。其外域、方九尋、高五尋。役一千人。七日使訖。其葬時帷帳等、用二白布一。有二轜車一。上臣之墓者、其内長濶及高、皆准二於上一。其外域、方七尋、高三尋。役五百人。五日使訖。其葬時帷帳等、用二白布一。擔而行之。蓋此以レ肩擔レ輿而送之乎。下臣之墓者、其内長濶及高、皆准二於上一。其外域、方五尋、高二尋半。役二百五十人。三日使訖。其葬時帷帳等、用二白布一、亦准二於上一。大仁・小仁之墓者、其内長九尺、高濶各四尺。不レ封使レ平。役一百人。一日使訖。大礼以下小智以上之墓者、皆准二大仁一。役五十人。一日使訖。

⑤凡王以下、小智以上之墓者、宜用二小石一。其帷帳等、宜レ用二白布一。庶民亡時、収二埋於地一。其帷帳等、可レ用二麁布一。一日莫レ停。凡王以下及至二庶民一、不レ得レ営レ殯。凡自二畿内一、及二諸国等一、宜下定二一所一、而使中収埋上。不レ得三汚穢散二埋処々一。凡人死亡之時、若経レ自殉、或絞レ人殉、及強殉二亡人之馬一、或為二亡人一、蔵二宝於墓一、或為二亡人一、断レ髪刺レ股而誄。如レ此旧俗、一皆悉断。

⑥或本云、無レ蔵二金銀錦綾五綵一。又曰、凡自二諸臣一及至二于民一、不レ得レ用二金銀一。

⑦縦有二違レ詔、犯レ所レ禁者、必罪二其族一。

[2]

①復有二見言レ不レ見、……。復有……。復有……。……。

②如二此等一類、愚俗所レ染。今悉除断。

③勿レ使二復為一。

3①　復有二百姓一、臨二向レ京日一、……。
②　飛聞若レ是。故今立レ制。
③　凡養二馬於路傍国一者、将二被レ雇人一、審告二村首一、首長也。方授二詶物一。其還レ郷日、不レ須二更報一。如致二疲損一、不レ合レ得レ物。
④　縦違二斯詔一、将科二重科一。

4①　罷二市司要路津済渡子之調賦一、給二与田地一。
②　凡始二畿内一、及二四方国一、当二農作月一、早務レ営レ田。不レ合レ使レ喫二美物与レ酒。
③　宜下差二清廉使者一告中於畿内上。其四方諸国々造等、宜下択二善使一、依レ詔催勤上。

このように大きく1～4に分割する理由は、甲申詔が形式的にみて以下のような叙述パターンの繰り返しによって構成されていると考えられることにある。

A　現状の弊害（現状説明）
B　その弊害に対する立制の宣言
C　制（詔）の内容
D　制（詔）の厳守命令

1は、冒頭に漢籍の引用①を付加して詔に壮麗さを加えるとともに、政策の正当化を行っている。②がAに、③がBに、④⑤⑥がCに、そして⑦がDにあたる。2は個別の禁止規定だから積極的な制をもたない。従って、①がA、②がB・C、③がD、という単純な構造をとる。また3では、①がA、②がB、③がC、④がDである。

[4]は積極的な政策提示だから、A・Bは存在せず、いきなり個別の勧農に関する制が掲げられる。①②がC、③がDとなる。各段の内容に応じて多少のバリエーションはあるが、基本的には先の構成を保っている。

次に、このように形式的に分割された四つの部分それぞれの政策内容を見てみると、

[1]　営墓・葬送の規制
[2]　婚姻や祓除など生活旧俗の粛清
[3]　都鄙間交通の整備
[4]　田地班給と勧農政策

と、各々が内容的に完結した段落を構成していることが確認できる。[10] 四つのまとまった内容が一定の叙述パターンに基づいて構成されている事実は甲申詔の体系性を保証する。薄葬令と呼ばれてきた葬制規定が甲申詔の全体構成にしっかりと組み込まれていることが確認されるであろう。

さて、このように[1]の葬制規定が一つの纏まりをなすものであるとすれば、そのうちの公葬規定たる④のみを切り取って全体の目的を論じるわけにはいかなくなる。続く⑤の四つの凡条をあわせた内容理解が不可欠である。

⑤は、王以下庶民に至るまでの葬制全般に関する規定である。一つ目の凡条については、その白布帷帳の規定をめぐって従来から議論がある。④で既に王以上・上臣・下臣については「其葬時帷帳等、用㆓白布㆒」と規定されているにもかかわらず、⑤であらためて王から小智までに対して「其帷帳等、宜㆑用㆓白布㆒」と書かれているのは矛盾だというのである。『書紀集解』は後者を衍文として削る。関氏は重複とみたうえで、規定間の関係が厳密でないとして詔の一連性を疑う根拠とした。林 紀昭氏は「凡王以下、……、宜㆑用㆓白布㆒」の位置を「庶民亡時、……、一日莫㆑停」の後ろに移動して意味を通そうとする。また奥村郁三氏は両帷帳の用途が違う可能性

を提示した。

しかし、これらの諸説には従いがたい。④は関氏がいわれたように全体として公葬に関わる支給規定である。他方、⑤が私備の規定であることは庶民が没するごとに麁布の帷帳を公給するわけでないことからはっきりしており、使用許可もしくは使用義務としての礼制規定だといえよう。従って、山尾幸久・田中　聡氏らの指摘もあるように、これら両規定は次元が異なるものであって重複ではない。

ただ両氏のように公給か否かの問題を直ちに年代差に読み替えるのは誤りであろう。白布の使用範囲が公給か否かにかかわらず王以下小智以上だとすれば、こういう書き方にならざるをえないのではないか。例えば喪葬令8親王一品条には、

凡親王一品、方相・轜車各一具、鼓一百面、大角五十口、……。二品、鼓八十面、大角四十口、……。諸臣一位及左右大臣、皆准㆓一品㆒。二位及大納言。准㆓三品㆒。唯除㆓楯車㆒。三位轜一具、鼓四十面、大角廿口、……。以外葬具及遊部、並従㆓別式㆒。五位以上及親王、並借㆓轜具及帷帳㆒。若欲㆓私備㆒者聴。女亦准ㇾ此。

とあるが、そのなかの「五位以上及親王（親王は皇親の誤記）、並借㆓轜具及帷帳㆒。若欲㆓私備㆒者聴」の規定は実際には四位・五位と無位の皇親への貸与をいっているだけなのに、三位以上への貸与も含まれると考えて、その前に書かれている三位以上への公給規定と矛盾するといって年代差を云々する者はいないだろう。律令の規定にも公給範囲と一般的な使用範囲は並行して規定されている例がみられるのである。大化の葬制が王から庶民に至る範囲を対象としている以上、全体の一般的な使用範囲の規定とそのうちの公給範囲に関する特殊規定とが同時に出されても何ら不思議ではない。⑤の一つ目の凡条は前の④と異質であるどころかむしろ相互補完的なのであって、両方あってこそ当法令の趣旨は完結する。

大切なのは、公葬制は詔のなかの一特殊規定にすぎず、詔全体としては庶民までを視野に入れているということである。一方では庶民の白布帷帳の使用を禁じることにより支配者層と庶民との間に明確な線引きをするという意図もみられるが[11]、また他方では庶民であっても葬時にはきちんと帷帳を用いた葬礼を行うべきだということでもあって、死体遺棄が広く行われていた当時の状況において文化的葬送を植え付けようとする改新政府の積極的意図も見落すべきではない。尊卑を分かつとともに、礼に基づく葬制を全公民に普及させることを目指していたのである。

なお、続く凡条の二つ目にみえる殯の禁止も庶民までを対象としているし、三つ目では「収埋」の語を用いているように主に庶民の葬を念頭に置いており[12]、死体遺棄や諸処への「散埋」を禁止するものである。四つ目の葬制における殉死などの旧俗禁止も広範な一般規定である。以上、⑤の一連の凡条は王以下庶民に至るまでの葬制全般を礼によって改善することを目的としたものである[13]。

しかし、こうした特徴は、一見すると異質なものと映る公給規定④にも実は通底するものである。即ち、②③によれば、このごろ我が民――ここにいう「民」とは庶民だけを意味するのではなく、君である天皇以外を指す広い概念であろう[14]、――は貧絶しているが、その原因の一つは「営墓」にある。それゆえ営墓の制を立てて尊卑に応じた規制を設けるのだという。この前文は主に④の規定に係っていく構造になってはいるが、営墓の制を立てる究極の目的は、公給システムの導入にあるのでも身分序列の視覚化にあるのでもない。「民の貧絶」の改善を目指すものだというのである。当時でも最大級の労役といえば宮や寺院の造営と並んで営墓があげられる。特に支配者層の葬送においては、無駄な副葬品の埋納や巨大な墳丘の造営という「愚俗」により、支配者層の富も使役される民衆の生活も貧絶するから問題は大きい。大化改新以降は部民ではなく公民が使役されることになるから、限度を明確に規定しておく必要性はさらに増加する。礼に基づく秩序ある葬制を立てておけば、こうした問題は起こらないという論理である。

また、詔が④の正当化の論理として掲げた漢籍の引用①を見てみよう。関氏や林氏らはこの部分を『日本書紀』編者の作為・文飾とみなしており、それが通説になっている観がある。中国の薄葬の目的は厚葬によって助長される盗掘を避けるところにあり、日本の薄葬令の主旨とは異質である、『日本書紀』編纂当時に流行していた薄葬の起源として書かれたものだろうと説明するのである。しかし、既に奥村氏が批判を加えられているように、これは誤認であろう。早く斎藤 忠氏は、在唐中の高向玄理や僧旻が唐高祖の崩御の際に厚葬を諌めた虞世南の封事のことを見聞し、それが詔の文辞に影響を与えたことを指摘していたが[15]、その封事の直接的な契機は『旧唐書』にみえているように、高祖の山陵を漢の長陵に準ずる規模で造ろうとした結果「功役労弊」という事態が起こったことにあった。理念的には魏の文帝の故事や孝の問題などを引いて正当化しているが、あくまで「人力亦已労矣」という事態の改善を目的としたものである。これは甲申詔の「酒者、我民貧絶。専由㆓営墓㆒」や「役民の使用制限」と一致する。国博士として改新政府のブレインとなった彼らの意志の直接的な現われかどうかはわからないが、①の漢籍引用は詔の主旨からみて決して不適切な引用ではないのである。

このように見てくると、庶民までの公民全体を対象とすることが明白な⑤のみならず、④もまた公民の生活を視野に入れた政策であることがわかる。結局、全体として[1]は尊卑の規定という礼秩序の確立が庶民の文化的生活を保障するという観念に基づき、支配者階級をも含む国民全体の文化的な葬礼の確立・普及を意図したものと位置付けられる。なお、④の公葬規定が冒頭に置かれたのは、身分的に上位の者を対象とする規定であること、旧来の葬制のうちこの階層の造墓が生み出す弊害が最も大きいこと、公給という制度の設定が必要であることによる。公葬制にせよ庶民への葬礼普及策にせよ、公民の生活改善と文化的生活の確立を目的とする具体的施策と解すべきものなのである。

さて、ここであらためて詔の四段落のうち残る三つの内容を想起してみると、[2]は庶民の生活「愚俗」を事細かに禁止している。[3]は庶民の都鄙間交通における保護政策、[4]では市司・渡子にも田地を与えて一般公民化したうえで、公民全体に対し農作月には専ら耕作に務めるべきことを命じる勧農政策である。これら三項目も、公民の生活を改善向上させ、規律ある文化的習俗を植え付けることを目的としたものである。具体的な葬送旧俗の禁止や麁布帷帳の使用という点まで庶民の葬制を事細かに規定する[1]は、[2]の押しつけがましいまでの庶民の習俗統制と通じるところがある。甲申詔全体は公民制への移行にともなう公民政策という一貫性のある詔なのである。

以上のように、大化薄葬令と称して独立的に扱われてきた葬制規定も、甲申詔の体系のなかに形式的にも内容的にもしっかりと組み込まれており、従来のように造墓規定だけを強調すべきではないことがわかる。公民政策の一環として古い葬送習俗を廃し文化的な葬礼を植え付けることを根本目的とした規定であると結論付けられる。あくまで部分は全体のなかで意味付けられなければならない。

第三節　埋葬施設から葬送儀礼へ
——役夫規定からの検討——

次に葬制規定の具体的検討を進めて、その歴史的性格を明らかにしよう。ここでは特に④にみえる役夫規定を手がかりにする。[16]

この規定については一つの重要な問題が十分に認識されてこなかったように思われる。日数規定「七（五、三、二）日使訖」を役日に関わる規定と解することに異論はないが[17]、労働力の基準を法的に規定するものであるにもかかわらず単位日数が固定されずに変動している点は、考えてみると不自然なことではあるまいか。唐喪葬令復旧第一九条の営墓夫規定を見ると、

諸職事官五品已上葬者、皆給二営墓夫一。一品百人。毎品以二二十人一為レ差。五品二十人。皆役功十日。

とあり、一〇日を基準に品位に応じた営墓夫数を定めている。また、「延喜木工寮式」では、

案。長一尺八寸、広一尺六寸、高三尺。楼長広亦同。高一尺六寸。長功四人。中功四人半。短功五人。

というように、季節による長功・中功・短功の差を設けつつも、一日を基準に計算された延べ労働力が提示されている[18]。一単位の物を完成させるのに一日に換算して複数人数分の労働力を必要とする場合、特定の労働力は基準使役日数qを決めて、p人をq日使役するという形で表されることが古代では一般的であったようである。計算上の労働力ゆえ日数qは一日や一〇日などのわかりやすい数字に固定され、実際の作業としてはそれにより示された総単功「p×q」人を任意の日数――必ずしもq日とは限らない――に配分して使用することになるのである。甲申詔の役夫の規定も一見するとそうした様式で書かれているようにみえるのだが、基準日数qが不統一で数字が動いている。④を労働力の公給を意図する公葬制の規定とみる以上、これは無視することのできない問題である。これに対しては次の二つの説明が可能であろう。

第一は、ここにみえる日数が役夫の労働力計算とは全く無関係な要素である可能性である。役夫の使役はすべて同基準で、即ち一日もしくは一定の単位日数換算により計上されており、一〇〇〇（五〇〇、二五〇、一〇〇）人×一日（もしくは、×単位日数a日[19]）の労働力の公給を規定していると読む。そして「七（五、三、一）日使訖」

はその「労働力の現実的な使用期間（工程）」の制限であるとみるのである。『続日本紀』の山陵造営に関わる役夫徴発の記事でも労働力は人数だけで表現されている[20]。この推定は、そこに規定された埋葬施設の規格から割り出される墳丘土量の逓減率と労働力の逓減率とがほぼ比例することからみて蓋然性が高い[21]。ただし、単に労働力の浪費を防ぐためならば使用日数まで限定する必要はなかろう。なぜそのようなところまで規定されているのかが問われなければならない。

第二は、これをあくまで役夫に係る日数とみなし、一〇〇〇人×七日（五、三、一日）の労働力を示すと考える場合である。ただ、そうだとすれば基準日数が統一されていないことは何といっても不審である。あえて統一していないわけだから、この日数は何らかの「外的な要因」により規制を受けていると考えざるをえない。なお、延べ七〇〇〇人という労働力はこの程度の施設の造営にしては多すぎる。役夫を埋葬施設造営以外、即ち葬礼にも使用する可能性を想定することにはなるが、おそらくこの推定は正しくないだろう。

いずれにせよ、この日数規定は労働力計算にとっては外的な規定である。そこでまず思い浮かぶのは、この数字が埋葬施設造営の工程として必要十分な日数として計算されたものではないかということである。しかし、たとえ規模が小さくなっていても、この程度の僅かな日数で版築・石切を必要とする埋葬施設を完成させることは現実の作業としては困難であろうし[22]、これらの数字は奇数を基準に逓減する単純な数列であるからその数値を与えている要因ももっと単純なもの、もしくは理念的なものであるに違いない。結局、「労働力」の規定と無関係であるのみならず、実際の造営に必要十分な労働日数とも異なる外的な数字なのであろう。では、なぜこのような要素が加えられる必要があったのだろうか。

葬制において日付が意味するものといえばさほど選択肢はない。そこで注目したいのが、この日数規定に類似したもう一つの表記、庶民の葬送規定にみえる⑤の「一日莫レ停」である。先にみたように大化の葬制は王以下庶民までの葬礼規定をその本質としていた。公給・私備の別により規定が大きく二つに分断されてはいるものの、④⑤の規定は相互補完関係にあり、結果的には「帷帳」の規定も「埋葬方法」の規定もすべての階層にわたっている。日数表記を含む規定部分も両者を結びつけてこそ全体を構成するものとして完結する。「一日莫レ停」が即日埋葬の意で埋葬までの期間の規定なのであるから、「q日使訖」もまた葬礼期間（喪日から葬日まで。即ち発哀期間だけでなく、発哀以前の準備期間をも含む広義の意味で用いる）を限定するという意図と密接な関わりをもっているのではないかと考えられてくる。また、これらの数字は後述するように令制の「発喪日」につながるものである。身分別の埋葬施設の規格や役夫の規定が先にあるために、葬礼期間の規定は役夫の使用期間という形で間接的に設定されることになったのであろう。

　そのように外的要因により日数が制限されるということになると、規定上限の埋葬施設を造営することは現実には困難になってくるし、また公給された役夫の使用もその期間に規制されるから、うまく使い切ることができない場合も出てくる。もちろん当時はまだ豪族私有民が完全に失われていたわけでないから[23]、必ずしもこの日数で埋葬施設を造る必要はないかもしれない。私民を使うならば寿墓としてもっと早い時期から造り始めてもよい。しかし、先に述べたように既にこのころには墳丘で権威や地位を示すこと自体が付随的で時代錯誤な旧習となっていたから、冠位に応じた規格を公に設定してもらえるならばあえて富を浪費してまで造営する必要はないと考えられたであろう。礼という建前ができるからである[24]。そういう状況下にあっては、造営はほとんどすべて公給役夫に依存することになるから、結局「造墓工程」は即ち、「（葬礼期間の限定という意味が含意された）役夫使用期間」となる。しかし他方では、せっかく規定の期間内には公的に役夫を支給してもらえるのだから、受ける側としてはそれを無駄にはしたくない。そこで規格上限の造営がそもそも難しいとなれば、公給役夫を葬送儀礼に使用しようという方向に向かうに違いない。改新政府は葬礼期間を役夫公給の期間限定という形で規定することによって、埋葬施設重視から葬送儀礼重視へという中国的な礼制奨励策をかなりの効果をもって実行しえたと考えられるのである。[25] 甲申詔の葬制は律令葬制への出発点という性格をもっているといえよう。[26]

第四節　律令葬制の前提としての大化の制

大化の葬制と律令葬制とが系譜関係にあるとすれば、両者を比較して類似点と相違点を明確にすることによって、その歴史的な位置を具体的に解明することができるはずである。ただし、これは大化の葬制が次の時代の法制を生み出す際に果した役割であって、大化の制自体が本来意図していた目的とは必ずしも一致しないということに注意しておかなければならない。以下、喪葬令に規定された内容のうち大化の制と関係が深い「葬具公給」「発喪」「送葬夫」「営墓」の規定を中心に比較検討を行う。

まず、大化の葬制における役夫・葬具の公給原理をまとめると次のようになる。（1）冠位を有する階層の葬には役夫が公給されるが、（2）葬具（白布帷帳）をも公給されるのはそのうちの王以下―下臣以上である。（3）なお轜車の使用（公給）は王に限られている。他方、律令の葬制ではどうであろうか。葬具公給の規定という点で、大化の規定④の延長線上にあると考えられる喪葬令8親王一品条には、

凡親王一品、方相轜車各一具、鼓一百面、大角五十口、小角一百口、幡四百竿、金鉦鐃鼓各二面、楯七枚。発喪三日。二品、鼓八十面、……。其轜車鐃鼓楯鉦、及発喪日、並准二一品一。諸臣一位及左右大臣、皆准二一

品㆒。二位及大納言、准㆓三品㆒。唯除㆓楯車㆒。三位、轜一具、鼓四十面、……。金鉦鐃鼓各一面。発喪一日。太政大臣、方相轜車各一具、鼓一百四十面、……。金鉦鐃鼓各四面、楯九枚。発喪五日。以外葬具及遊部、並従㆓別式㆒。五位以上及親王（皇親の誤り）[27]、並借㆓轜具及帷帳㆒。若欲㆓私備㆒者聴。女亦准㆑此。

とあって、葬具・葬礼の華やかさは大化の制と比べて各段に上昇している。また同令11皇親及五位以上条には、

凡皇親及五位以上喪者、並臨時量給㆓送葬夫㆒。

とある。これらによれば、（1）役夫の公給範囲は五位以上であり、（2）そのうち葬具、即ち轜具・帷帳などが支給されるのは、三位以上に限定されている。（3）なお轜車の使用は、有品親王と太政大臣に限られる。

両者を比較してみると、まず（3）の親王一品条の轜車規定は、大化の葬制の王以上のみに轜車を公給する規定を受け継ぐものであることがわかる。諸王はその地位が低下したために外されているが、有品親王は現実的な政治力とは無関係に優遇され、他方では左右大臣ですら轜車の使用は認められていない点が注目される。なお、太政大臣はこの時期には親王のなかから出るのが慣例であった。

また、（1）（2）から大化の下臣以上の制が令制の三位以上の制に、小智以上の制が五位以上の制に受け継がれていることは明らかである[28]（図1）。三位以上の「帷帳」公給規定が令文上に直接的な形で現われないのは、帷帳を含む特定の葬具については「別式」が既に存在していたからである。「以外葬具及遊部、並従㆓別式㆒」に対して、「義解」や「令釈」は「帷帳之属也」と注している。また、「古記」は上条（同令3京官三位条）を参考にせよというが、そこには五位以上について「殯斂之事、並従㆓別式㆒」とあり、「謂、棺槨衣衾事是」と「古記」は解説している。以上より、「別式」には五位以上についての棺槨・衣衾・帷帳の使用規定と、三位以上についての帷帳等の公給規定とが存したと考えてよい。内容からみて、この「別式」が大化の葬制を受け継ぎつつ纏め

なおされた単行法令であったことは容易に想定されよう。

なお、皇親と五位以上に対する葬具（轜具や帷帳）の貸借規定が新たに加えられている点が注目される。希望するならば私備することを許すといっているのは「貴得同賤」の理念に基づく規定ゆえ、逆に六位以下の官人の葬具が私備であることがわかる。大化の制は王以下小智以上と庶民の規定とからなるが、当時冠位を賜っていたのはほとんどが中央豪族であるから、地方豪族の葬制は対象外にあったことになる。より広い官人層として地方豪族が冠位秩序に組み込まれてくる段階で、彼らと区別すべくこれまで私備であった五位以上相当の中央豪族（もとの小智以上）に対して、公給とまではいかないまでも貸与という新しい優遇策を追加して、大化以来の枠組みを改定したものと推定される。

大化薄葬令		
王・上臣・下臣	帷帳公給	役夫公給
大仁～小智	帷帳私備	
その他	帷帳私備	役夫私備
喪葬令		
有品親王・三位以上	轜具・帷帳公給	役夫公給
皇親・五位以上	轜具・帷帳私備（公借可）	
六位以下	轜具・帷帳私備	役夫私備

図1　大化薄葬令と喪葬令の葬具・役夫公給規定の比較

親王一品条において、公給規定と発喪期間が同じ条文内にセットで規定されている点も重要である。甲申詔が公給規定と葬礼期間とを密接に関わらせて規定していたことと対応している。ここにみえる発喪（発哀の日数）は大化の葬礼期間規定にきわめて近い数字を示す。集解諸説がいうように発喪自体は必ずしも没日からすぐに始めなくてもよいのだが、いつまで引き延ばしてもよいというのは令意ではあるまい。

仮寧令9給喪仮条の「古記」は「凡給二喪仮一、以二喪日一為レ始」に対して「謂、初発喪日也」と説明を加え、また「一云」として「択レ日待レ時発レ喪者、依レ律科レ罪故也」と職制律30匿父母夫喪条の疏を引いているから、原則的には没日からすぐに発喪を開始するものと考えてよい。発喪には「喪を公表すること（訃報）」と「儀礼において哀を発すること（挙哀）」という二つの意味があるが、喪葬令8親王一品条の「発喪日」は後者の日数限定である。これに対して「跡記」や「穴記」が「不三必始二死之日一也」「不二必自レ死始五日一也。別定耳」といっているのは、ここに規定された品位の親王と三位以上の地位にある者について、葬礼の準備の都合を考慮して必ずしも喪日に訃報してすぐに哀を発し始める必要はないという猶予期間をいっているにすぎない。「義解」に「即鼓角幡盾等、凶儀哀容、皆悉周挙、然後与二所司一発喪也」とある。なお、発喪は葬日をもって訖るという。

発喪開始以前の準備期間を減じたために多少短くなっているが、ほぼ近似した数値である。葬礼期間の限定と密接な関係をもちつつ新たに規定されたものと推察される。このこともまた、令の制度が先行する大化の葬制を受けた「別式」を前提に制定されたものであることを示している。

以上より、これらの令文は先行する単行法令に対する補完的な性格をもつものと位置付けられ、多様化した葬具の公給などの「追加規定」と、部分的な修正の「改正規定」からなっている。言い換えれば、既に令前から大化の葬制を受けた葬送関係の単行法令「別式」が存在しており、それを前提として規定されたのがこれらの令文であるといえよう。大きな枠組みとしては大化以来の制を継承するものなのである。

第五節　葬地機能の転換

前節では大化の葬制と律令葬制との連続面をクローズアップすることになったが、それは「葬礼」の側面に考察の軸を置いてきたためである。大化の葬制のなかに萌芽的に胚胎していた葬礼重視の方向性の位相をみてきたことになる。しかしそれはものごとの一面である。次に「葬地」観念の転換という側面から、両者の間にある本質的な変化の相を描き出すことにしよう。

先述したように、葬地のもっていた地位表象としての機能は、既に大化以前から徐々に副次的なものとなりつつあったが、この機能の喪失を決定的にしたことは大化の葬制導入の付随的な成果であった。冠位に応じて埋葬施設の規模を規定するということは、伝統的に埋葬施設・葬地がもっていた自律的機能を否定し、地位表象の手段を冠位制で一本化することを意味する。それでは大化以降、葬地はどのような道を歩むことになったのであろうか。単なる身近な祖先思慕の媒体にすぎなくなったのであろうか。

そこでもう一度、喪葬令11皇親及五位以上条を見てみよう。ここでは、この条文が大化の役夫公給規定を受けるものであるにもかかわらず式の改定で済ましていないこと、唐令の影響をも受けたものであるにもかかわらず母法たる唐令の「営墓夫」の語をわざわざ「送葬夫」と書き換えていることに注目したい。

役夫の名称改定は、先に述べた埋葬施設重視から葬送儀礼重視へという一般的な動向によって説明を付けることもできる。役夫を埋葬施設造営にではなく葬送儀礼に使役することが多くなってきたために、新たに「送葬夫」という概念が創出されたと考えるのである。従ってこの名称変化は大化の葬制が即自的にもっていた方向の完了を意味する。やはり葬地のもつ伝統的な機能は低下している。

名称の変化を引き起こしたもう一つの重要な要因に墓概念の変容がある。それは葬地機能の根本的転換を意味している。大化の葬制においては、「墓」とは墳丘・石槨という狭義の埋葬施設を指す概念であった（ただし有位者の葬地に限る）。1―③において「営墓」の制を陳べるといって、④でその規格を叙述しているのである。この

「営墓」のための役夫は「営墓夫」と呼ばれていたであろう。

それに対して、唐制では唐喪葬令復旧第一八条百官葬条に、

諸百官葬、墓田、一品方九十歩、墳高一丈八尺。二品方八十歩、墳高一丈六尺。三品方七十歩、墳高一丈四尺。四品方六十歩、墳高一丈二尺。五品方五十歩、墳高一丈。六品以下方二十歩。墳不レ得レ過二八尺一。其域及四隅、四品以上築レ闕。五品以上立二土堠一。余皆封塋而已。

とあるように、「墓」とは狭義の埋葬施設のみを指す概念ではなく、墓域とそれに付属する施設を含む概念であった。五品と六品の墓の間には大きな格差があり、六品以下になると規模は一律であって――最低限度の規模であるということであろう――、五品以上のように墓域に闕を築いたり土堠を立てたりすることはない。このことは、営墓夫が五品以上に公給される規定とも対応している。営墓夫とは文字通り墳丘を含みつつも「墓という施設」全体の造営に携わる役夫を指す概念なのである。

さて、これらと比較すると令制の墓概念は全く独自なものであることがわかる。喪葬令10三位以上条には、

凡三位以上、及別祖氏宗（大宝令では氏上）、並得二営墓一。以外不レ合。雖レ得二営墓一、若欲二大蔵一者聴。

とある。「営墓」とは一定の領域（兆域・塋域）の占有を意味する概念で、狭義の埋葬施設とは区別される。[29] この条文が、持統天皇三年（六八九）から同五年（六九一）の時期に「墓記」の提出などの手続きを経て、「氏ごとの葬地」として新たに公的に認定しなおされた「氏々祖墓」の制をふまえた補完規定であることは別稿で述べた。[30] 氏の始祖墓の公定が浄御原令制下で行われ、大宝令ではそれに加えて別祖や氏上の営墓を許可していることからみると、[31] 令制の「墓」の制度は氏の葬地を一系的に設定することを意図したものであるといえる。氏のその他の成員は塋域内に付葬されたのであろう。また三位以上とは公的な家を創始しうる地位で、八世紀初頭の三位以上

は各氏の代表者たる氏上にほぼ一致する。[32]「氏の一系性の体現者たる個人」のみに営墓が許可されたのである。[33]

ここに現われている原理は、埋葬施設が個人の身体および地位の表象という機能を有していた大化の制とは全く異質なものである。また、墓が領域を意味するようになった点は唐制と似ているものの、それとも大きな違いがある。当時の日本の墓に闕や土堠がともなっていた形跡は認めがたく、せいぜい柵か溝が設けられた程度のものであっただろうし、[34]そもそも唐制が品位に応じた個人の葬地・施設の設定を規定しているのに比して、「氏」とその一系性の象徴という独自の機能が新たに付与されており、個人の葬地はそうした全体のなかの部分としての役割を担わされている。墓・営墓の概念がこのように令文で特有な意味で用いられるようになった結果、個人の一般的な葬送を問題とする上記の条文では「営墓夫」の語が意識的に避けられ、「送葬夫」という語が用いられることになったのである。大化の葬制と令の葬制との間にはこうした本質的な相違が認められ、明確な段階差が想定されなければならない。

なお、以上の如き氏の一系性を基本原理とする新しい営墓政策は、これと並行して進められていた神武天皇以降の歴代即位天皇の陵のみを一系的に守衛管理して、常幣祭祀の対象に位置付けようとする山陵政策と軌を一にするものである。[35]持統天皇三年の浄御原令では先皇陵守衛原則が創始され、同五年にはその具体策として陵戸の設置が開始されている。これは天皇葬地の一系的祭祀である常幣のための前提作業であった。

こうした方向性は、氏族制的原理から官僚制的秩序へという一般的な通念からすると復古的な政策に映るかもしれない。しかし、氏の一系性はあくまで地位継承系譜という政治的な性格を有するものであって、祖先追慕の観念や個人の身体モニュメントとは次元を異にするものであった。稲荷山鉄剣系譜のような一系系譜の次元のみならず、葬地に対してまでも一系的な管理と祭祀とを新たに導入するということには、氏の観念を支える新しい祖先観を創始せんとする意図を読み取ることができる。律令制は一方で氏の解体を促進するが、律令政府は氏のもつ機能を全く不要と考えていたわけではなかった[36]。個人の役割が高まれば高まるほど、かえってそれを補完する制度が必要となってくる。これまでみてきた先皇陵祭祀および営墓の制度は、氏というシステムが担ってきた機能を代替させるべく新しく生み出されたシステムなのである。

以上を要するに、大化の葬制は身体・地位の表象という伝統的葬地を素材として立てられたものでありながら、その機能を内側から破壊して中国的な葬送儀礼の導入に向かわせるという働きを即自的にもっていた。そして律令国家は、伝統的機能を失った葬地に対して新たな象徴的機能を付与した。この大きな転換を引き起こす最初の契機であった点に大化の葬制の史的意義が存したといえよう。

むすび

結論をまとめておく。（1）大化の葬制は、古墳時代以来の旧俗の廃止と公民の生活慣習の革新を第一目的とする甲申詔全体のなかにしっかりと組み込まれており、礼制に基づいた葬送儀礼を普及させることを意図したものであった。（2）さらに大化の葬制は、結果的に埋葬施設重視から葬送儀礼重視への転換を導くという歴史的な役割を担うことになった。（3）大化の葬制はのち「別式」としてまとめられ、これが喪葬令の葬礼規定の前提をなしている。日本律令がそれに先行する「式（単行法令）」をふまえて制定された可能性を示す貴重な事例である。令前の単行法令と律令の制定との関係にはもっと注意を払うべきである。（4）葬地観念の変遷からみると、大化の葬制と律令葬制との間には大きな段階差がある。大化の制が冠位に応じた埋葬施設の段階設定を行っているのに対して、律令葬制においては葬地に氏の一系性を象徴するという機能が新たに付与されている。これは先皇陵の一系的管理や荷前常幣祭祀の創始と対をなす政策である。

以上、大化の葬制について、本来の制定目的と後の時代に与えた影響という二つの側面から検討を加えてきた。その結果、当規定がまさに七世紀中葉の大化年間という転換期にふさわしい史的位置を占めていることが知られた。そして甲申詔という体系性をもつ法令の実在を疑う諸説にも賛同することはできないのである。ともあれ、葬地はこうしたプロセスを経て律令陵墓制度のなかで新しい役割を担うものとして生まれ変わる。本稿で述べ来たったところは律令陵墓制度のいわば前史なのである。

（1）関　晃「大化のいわゆる薄葬令について」（『関晃著作集』第二巻、吉川弘文館、一九九六年。初出は一九五八年）など。

（2）岡田清子「喪葬制と仏教の影響」（『日本の考古学』第五巻、河出書房、一九六六年）、林　紀昭「大化薄葬令の再検討」（森　浩一編『論集終末期古墳』塙書房、一九七三年。初出は一九六九年）、同「大化「薄葬令」再論」（小林行雄博士古稀記念論文集刊行委員会編『考古学論考』平凡社、一九八二年）、山尾幸久「孝徳紀の旧俗改廃の詔について」（『立命館文学』五〇九号、一九八八年）、田中　聡「「陵墓」にみる「天皇」の形成と変質――古代から中世へ――」（日本史研究会・京都民科歴史部会編『「陵墓」からみた日本史』青木書店、一九九五年）など。これらの諸説も、原詔を大化二年当時のものとみるか否かで二つのグループに分かれる。

（3）八木　充「孝徳期と天武・持統期の政治史的意義」（同『律令国家成立過程の研究』塙書房、一九六八年）、林註2第一論文など。

（4）こうした点からの見通しを述べた近年の研究に、奥村郁三「大化薄葬令について」（『葬送墓制研究集成』第五巻、名著出版、一九七九年。初出は一九七七年)、吉田 孝「律令国家の諸段階」(同『律令国家と古代の社会』岩波書店、一九八三年。初出は一九八二年)などがある。奥村氏は「詔勅の全体は、旧風俗・旧習慣をやめよ、というのが主たるテーマである。それに関連することがらを葬制を含めて述べているのである。……価値観をかえよということであって、……新しく求められる価値観とは中国的な「礼」なのである」と説明し、また吉田氏は日本古代国家形成の画期をなす大化改新に習俗の改革がともなっていたことを重視して未開から文明へという段階をそこに読み取ろうとする。甲申詔全体の目的についての私見は、この奥村・吉田両氏の見方に大筋で近似する。

(5) そもそも、ここに規定された規模は従来の古墳の一般的なそれと比較してみると極端に小さく、造るなといっているに等しい。石槨規模も幅のわずか一尺の差により段階付けられているにすぎない。

(6) ただし、この埋葬施設の規模が「個人の身分」に応じた規定になっていることは注目される。推古朝前後の冠位制の確立以来の流れを受けた規定である。それ以前はおそらく特定の地域における社会集団の勢力の象徴として古墳造営が行われたのであろう。

(7) 例えば田中氏の「「薄葬令」を一種の制限法とみる論のように墓規模の上限を定めたのみと理解するならば、公葬制は身分序列を表現するものとしてほとんど意味をなさない」という叙述に典型的に現われている。なお、制限法とみなす説に奥村註4論文、そうみなさないものに林・山尾・田中註2論文などがある。

(8) 仁井田陞『唐令拾遺』唐喪葬令復旧第二四条。

(9) 代表的論者である関・林氏らは前半の葬送関係の部分を最初から切り取って論じている。甲申詔全体を視野に入れているものは、日本古典文学大系の頭注と奥村・山尾氏の研究くらいしかない。なお、『日本書紀』は法令集そのものではないのだから奥村氏の「凡」字による機械的な分断には従いがたい。

(10) 山尾氏は結局、葬制部分とその他で大きく二分し、「市司……の調賦をやめて田地を賜ふ」をその前の規定と関連する政策的措置とみて独立的に扱うのは疑問だとする。しかし、一見すると交通に関わるかにみえる当規定も、本質的には田地を賜うことに主眼がある。後ろの規定との関係の方が深い。

（11）この時期には庶民のなかでも有力な者は群集墳を造っており、これを禁止することも本詔の意図の一つであっただろう。庶民の葬送は即日埋葬、収埋ということで一元化される。

（12）庶民の埋葬は「収埋」もしくは「葬埋」という概念で表現されていた。

（13）こうした特徴を林氏は初期律令継受の類型として捉えている。令と礼の役割分担を考慮すれば、礼的な性格を濃厚にもつ政策と意味付けることもできよう。

（14）この詔のなかでは「民」は「君」に対する言葉として用いられ「庶民」とも区別して使用されているから、臣下をも含む広い概念だと考えられる。

（15）斎藤忠「高塚墳墓より見たる七世紀前後の社会」（児玉幸多編『日本社会史の研究』吉川弘文館、一九五五年）。

（16）「役一千人。七日使訖」は、「役一千人。七日で使ひ訖れ」と読むのが自然であろう。この詔の「其」字の使用箇所を見ると、必ずしも内容上の大きな切れ目に符合するものではない。例えば、「其内長九尺、濶五尺」「其外域、方九尋、高五尋」「役一千人」の三者において、「其」の字がないにも関わらず後ろ二者の間により大きな切れ目がある。「其」の字が文の一定の切れ目を示すことは確かだが、本詔では「其」の次に名詞がくる場合に特に付されるという規則性がある。よって「役」は動詞、「七日」は副詞的に機能しているといえよう。また「使」は「使う」という動詞である（この点は既に奥村註4論文も指摘している）。「訖」字を「訖らしめよ」というように単独の動詞として使う例は『日本書紀』にほとんどみられず、動詞に付属して機能するものだからである。

（17）関氏は一〇〇〇人を延べ人数と解し、尾崎喜左雄氏らは一〇〇〇人×七日で七〇〇〇人分の労働力とみる。尾崎喜左雄「大化二年三月甲申の詔を中心とした墓制について」（坂本太郎博士還暦記念会編『日本古代史論集』上巻、吉川弘文館、一九六二年）。なお、両氏は日数規定を工程とみなしているが、これに対しては奥村氏が唐喪葬令復旧一八条を引いて工程とみるべきではないとする説を提示している。しかし、日数規定が不統一である甲申詔をそれと同列において、労働力規定だと単純に割り切るわけにはいかない。

（18）「延喜木工寮式」には二つの計算法が存在している。即ち、人数p・日数q・物品数rのうち、pとqを1に固定してｒを変数にする場合（p＜ｒのとき）と、ｑとｒを1に固定してｐを変数にする場合（p＞ｒのとき）とがある。

(19) のちの雑徭による送葬夫は六〇日（のち三〇日）で計算されたであろう。山陵造営では百姓身役が使われたと推定されている。長山泰孝「養民司と養役夫司」（『続日本紀研究』二〇〇号、一九六七年）。

(20) 『続日本紀』の称徳陵や桓武陵の役日規定も単に「役夫六千三百人を興して」「役五千人」とのみ記され、それだけで意味をなしている。

(21) $(9\times9\times5):(7\times7\times3):(5\times5\times2.5)=405:147:62.5\fallingdotseq1000:500:250$. なお、全体の規格は、（1）王の数字を基準値にして、（2）「奇数」もしくは「二分の一」という原理で逓減し、（3）なるべく「整数」で統一して不都合な部分は修正を加える、という原理で作られていると考えられる。

(22) ちなみに蘇我馬子の墓は二年。また、規模が違う小仁と大礼以下の墓において役夫の人数が半分なのは、その立派さの違いを考慮しても差が大きすぎる。むしろこのような単純な数字で規定しうる別の内容を表しているとみるべきであろう。

(23) 鎌田元一「七世紀の日本列島——古代国家の形成——」（同『律令公民制の研究』塙書房、二〇〇一年。初出は一九九四年）など参照。

(24) 地位表象としての機能が既に崩壊していることを端的に示す現象に、群集墳の勃興がある。庶民層までが自分の富を使って好き勝手に造営するようになっている。このように地位表象としての現実的機能が既に失われ、見栄というレベルのものになっていたからこそ、この程度の政策で古墳はいとも簡単に終末を迎えることになったのである。

(25) 律令政府が葬礼を重視した一つの理由には、副葬品と違って葬具の多くは使い回せるから無駄にならないということもあったであろう。喪葬令8親王一品条集解「朱説」が三位以上への公給の「件諸物」は「永給」かどうかを問い、「額」は「不レ然。皆暫給耳」との答えを出している。

(26) ⑤の凡条にみえる殯の禁止政策もこうした葬礼期間の限定と軌を一にしたものといえる。

(27) 「及親王」に付された集解諸説をみると「謂、无位皇親。釈无別。古記云、及皇親。謂无位親王諸王也」とあるから、

「及皇親」が正しく、現行写本に誤写があることは明らかである。

(28)　もちろん、これが直ちに冠位との対応関係を示しているわけではない。

(29)　采女氏塋域碑は、持統天皇三年に葬地の占有を請い、認可されたことを記している。『続日本紀』『類聚三代格』にみえる一連の「氏々祖墓」の史料（慶雲三年三月十四日詔、延暦三年十二月十三日詔、大同元年閏六月八日官符、大同元年八月廿五日官符、弘仁四年十二月十五日勅、延喜二年三月十三日官符）でも、氏ごとの葬地の土地占有が問題とされている。また延暦十八年三月の菅野真道の語る「葛井・船・津三氏の墓地」は領域の保持、「累世不侵」を主張している。なお「古記」だけは「墓」を埋葬施設の意味に解しており、律令の墓概念を大化以来の古い伝統的な観念の上で解釈している点は興味深い。「並得₂営墓₁」について埋葬施設の規格とみて高下長広についてはは「別式」にあると解説しているのである。墓碑などにも「墓」の語が広く使われていることを考え合せると、八世紀になっても三位以上条に限定されない古い墓概念（有位者の埋葬施設の名称）がなお通用していることが知られる。従って、逆に「古記」のいう「今行事濫作耳」は、注釈者自身の墓概念の混乱を考慮すれば、厳密な意味での墓域の設定（営墓）が厳格に行われていたことを否定する史料にはならない。

(30)　拙稿「律令国家陵墓制度の基礎的研究――「延喜諸陵寮式」の分析からみた――」（『史林』七九巻四号、一九九六年。本書第二章に再録）。

(31)　この条文に該当する規定はおそらく浄御原令に存在しなかったであろう。「三位以上」の部分が「正冠」となっていた可能性も否定できないが、持統天皇三年の采女氏塋域碑の存在や持統天皇五年の「墓記」の提出をみれば、この時期にはまだ前提たる「氏々祖墓」の設定の途上であるから、その補完的内容をもつ三位以上条の規定はそれよりも遅れて、大宝令で初めて定められたとみるのが穏当であろう。

(32)　阿部武彦「古代族長継承の問題について」（同『日本古代の氏族と祭祀』吉川弘文館、一九八四年。初出は一九五四年）。

(33)　これはあくまで理念である。実際の運営は氏の主体性に任せられていたし、当時各氏が自分たちの始祖以来の葬地を把握できていたとも思われないから、山陵の場合ほどにはこの政策は成功しなかったようである。事実、「氏の祖」の概念が奈良時代になっても漠然とした祖の観念を超えるものにならなかったのは、そのことの現われである。

(34) 陵には兆域の周りに柵が立てられているから（「延喜諸陵寮式」）、墓にも私的に柵ぐらいは設けられていたかもしれない。

(35) 常幣の成立については別稿（本書第四章）で詳細に論じる。

(36) 関晃「古代日本の身分と階級」（『関晃著作集』第四巻、吉川弘文館、一九九七年。初出は一九六三年）二三二―二三三頁を参照。

〔付記〕本稿執筆以降、塚口義信「大化の新政府と横口式石槨墳」（『古代学研究』一三二号、一九九五年）、同「いわゆる大化の薄葬令の検討」（『古代史の研究』一一号、二〇〇四年）、高橋照彦「律令期葬制の成立過程――「大化薄葬令」の再検討を中心に――」（『日本史研究』五五九号、二〇〇九年）、稲田奈津子「日本古代喪葬儀礼の特質――喪葬令からみた天皇と氏――」（同『日本古代の葬送儀礼と律令制』吉川弘文館、二〇一五年。初出は二〇〇〇年）などの諸研究がある。

第二章　律令国家陵墓制度の基礎的研究

――「延喜諸陵寮式」の分析からみた――

はしがき

近年、日本古代史では、天皇や皇族・貴族の葬地である陵墓に対する意識の変遷を歴史的な観点から意味付けようという試みが現われてきている。(1)「祖先」という観念を通時的に存在するものとしてではなく、特定の時代に特定の様態をもって現象するものとみなし、血縁意識に基づく個別化された祖先への祭祀がいつごろどのようにして成立するのかを見出すことで、集団構成原理としての「家」の成立を解明する一つの手がかりとしようというのである。(2)旧来の民俗学や儀式研究による既往の成果とは異なる事象が見えてきそうである。しかし、最近のこうした諸研究をみると、制度などの基礎的事実の正確な吟味のうえにそういった魅力的な解釈を打ち立てているとは言いがたい面もあり、なお古い儀式研究の常識を無批判に受け入れているところが多い。本稿は、如上の現状を反省し、祖先観の変遷といった非常に複雑で微妙な事象を把握するためには前提としてどうしても必要となる具体的な陵墓制度の歴史を、管理制度に重点を置いて描き出すことを目的とする。

ところが、いざ陵墓に関する史料を変化の相で読み解こうとしても、残された史料が断片的であるために抽象的なイメージの把握に終りかねない。そこで注目したいのが「延喜諸陵寮式」の陵墓歴名である。(3)後に詳論するように、歴名は律令国家陵墓制度の確立とともに生まれたものである。従ってそれ以降の歴名の性格変化や増訂過程は、その制度の盛衰や変容を如実に映し出すはずである。事実、『延喜式』の歴名のなかには、そこに至るまでの具体的な修訂過程の残像を詳細に見出すことができるのである。私は、陵墓制度の実状を各段階に則して提示してくれるこの歴名の分析を頼りに、国史や律令にみえる記事をも併せ解釈しつつ、制度の実際を明らかにするという方法を採ろうと思う。

第一節　基礎作業——陵墓歴名の基本区分——

本節では、以下の考察の手がかりとなるべき『延喜式』陵墓歴名の基本的な区分を行っておく。歴名には全部で百二十の陵墓が列挙されている。前半に七十三の陵が、後半には四十七の墓が記され、各々の名称の下には被葬者名・所在地・兆域・守衛戸数の注記が付属するが、そこには微妙な記載様式の多様性を看て取ることができる。また陵墓の配列についても一見すると基準のはっきりしない部分がある。こうした点に注目して、先学の研究成果も取り入れつつ歴名成立段階に関する大きな区分を設定しておく[4]。

(一)　陵歴名の区分

陵歴名は、表1に示すA～C群に区分することができる。まずA・B群とC群との間で分ける根拠は次の四点である。(1)兆域記載法に注目すると、A・B群の後山科陵までは「東西○町、南北○町」という書き方、またはそれに準ずるものであるのに対して、C群の中尾陵以降では「四至。東限ㇾ○、南限ㇾ○、……」といった全く異質な表記法が現われてくること。[5]（2）前者の所在地記載はすべて郡までであるのに対し、後者になると郷やそれ以上に詳しく記される場合が多くなること。（3）前者での天皇名は「○○宮（京）御宇○○天皇」と表記されているが、後者では唯一の例ではあるが、単に「光孝天皇」とのみ記すようになっていること。（4）女性を表示する場合、固有名ではなく「皇太后藤原氏」といった書き方になっているから、同一の呼称で別人を指す事例が発生しそうであるが、前者のグループまでに限ってみるとそうした重複はみられず、「平城朝皇太后……」といった限定句を付して個人が特定できるようになっていること。後者までを加えると重複が生じてくるのである。

この区分の意味を考えるときに示唆的なのは、B群の最後尾の位置を占める後山科陵の被葬者藤原順子の没年である。『日本三代実録』によれば、彼女は貞観十三年（八七一）九月二十八日に六十一歳で崩じ、同年十月五日に後山階陵に葬られている。貞観十三年といえば『貞観式』が完成した年である。八月二十五日に奏進、十月二十二日に施行というから、おそらく順子陵は『貞観式』が完成してのちその末尾に書き加えられたものであろう。兆域記載が欠如していること、「仮陵戸」という歴名中で唯一の特異で不統一な用語が使われていること、の二点がそうした事情をよく表している。以上より、A・B群には『貞観式』成立までの姿がのちに手が加えられることなくそのまま残されていること、そののちに新たに設置された山陵に関する情報を『延喜式』編纂時またはそれ以前に増補した部分がC群であることがわかる。

こうした結果にあらためて距離を置いてみると、歴名が式に収められている以上、弘仁・貞観・延喜の三代の式の成立年代が歴名の成立過程にとっても大きな画期となることは当然のことに思われてくる。『弘仁式』部分と『貞観式』部分も分割することができるであろうか。その際に確認しておかなければならないことは、『貞観

表1　陵歴名被葬者一覧

区分	陵墓名	被葬者	没年	掲載資格取得年	参考
B	日向埃山陵	彦火瓊瓊杵尊			
	日向高屋山上陵	彦火火出見尊			
	日向吾平山上陵	鸕鷀草不葺合尊			
A	畝傍山東北陵	神武天皇		（天皇陵は基本的に崩御と同時）	
	（中略）	（中略）			
	磯長山田陵	推古天皇	六二八（推古三十六年）	—	
	押坂内陵	舒明天皇	六四一（舒明十三年）	—	
	大坂磯長陵	孝徳天皇	六五四（白雉五年）	—	
	越智崗上陵	皇極（斉明）天皇	六六一（斉明七年）	—	
	山科陵	天智天皇	六七一（天智十年）	—	
	檜隈大内陵	天武天皇	六八六（天武十五年）	—	
	同大内陵	持統天皇	七〇二（大宝二年）	—	
	眞弓丘陵	草壁皇子	六八九（持統三年）	七〇七（慶雲四年）？	
	檜前安占岡上陵	文武天皇	七〇七（慶雲四年）	—	
	奈保山東陵	元明天皇	七二一（養老五年）	—	
	奈保山西陵	元正天皇	七四八（天平二十年）	—	
	佐保山西陵	藤原宮子	七五四（天平勝宝六年）	七六〇（天平宝字四年）	聖武天皇生母。
	佐保山南陵	聖武天皇	七五六（天平勝宝八歳）	—	
	佐保山東陵	藤原光明子	七六〇（天平宝字四年）	七六〇（天平宝字四年）	聖武天皇皇后。
	淡路陵	淳仁天皇	七六五（天平神護元年）	七七八（宝亀九年）	
	高野陵	孝謙（称徳）天皇	七七〇（神護景雲四年）	—	
	田原西陵	施基皇子	七一六（霊亀二年）	七七二（宝亀三年）	宝亀元年、称天皇。
	吉隠陵	紀橡姫	七〇九（和銅二年）	七七一（宝亀二年）	宝亀二年、追尊皇太后。
	田原東陵	光仁天皇	七八一（天応元年）	—	
	宇智陵	井上内親王	七七五（宝亀六年）	八〇〇（延暦十九年）	延暦十九年、追復称皇后（宝亀元年、皇后）。

	大枝陵	高野新笠	七八九（延暦八年）	**七九〇（延暦九年）**	桓武天皇生母。延暦九年、追尊皇太后。
	柏原陵	桓武天皇	**八〇六（延暦二十五年）**	—	
	高畠陵	藤原乙牟漏	**七九〇（延暦九年）**	七九〇（延暦九年）	桓武天皇皇后。
	八嶋陵	早良親王（崇道天皇）	七八五（延暦四年）	**八〇〇（延暦十九年）**	延暦十九年、追称崇道天皇。
	河上陵	藤原帯子	七九四（延暦十三年）	**八〇六（大同元年）**	平城即位して贈皇后。
B	宇波多陵	藤原旅子	七八八（延暦七年）	**八二三（弘仁十四年）**	淳和即位して贈皇太后。
	石作陵	高志内親王	八〇九（大同四年）	**八二三（弘仁十四年）**	淳和即位して贈皇后。
	嵯峨陵	橘嘉智子	**八五〇（嘉祥三年）**	八五〇（嘉祥三年）	嵯峨天皇皇后。仁明天皇生母。
	楊梅陵	平城天皇	八二四（天長元年）	—	在位は大同四年まで。
	深草陵	仁明天皇	八五〇（嘉祥三年）	—	
	田邑陵	文徳天皇	八五八（天安二年）	— }**八五八（天安二年）**の十陵四墓設置扱い。	
	後山科陵	藤原順子	**八七一（貞観十三年）**	八七一（貞観十三年）	文徳天皇生母。
C	中尾陵	藤原沢子	八三九（承和六年）	**八八四（元慶八年）**	光孝即位して贈皇太后。
	後田邑陵	光孝天皇	**八八七（仁和三年）**	—	
	小野陵	藤原胤子	八九六（寛平八年）	**八九七（寛平九年）**	醍醐即位して贈皇太后。
	白河陵	藤原明子	**九〇〇（昌泰三年）**	八六四（貞観六年）	淳和即位して皇太夫人。貞観六年、皇太后。
	後深草陵	藤原温子	**九〇七（延喜七年）**	九〇七（延喜七年）	醍醐天皇養母。皇太夫人。東七条皇后。中宮。

式』編纂段階で既成の『弘仁式』歴名とあわせて全体に手が加えられた可能性の有無である。一般的には『弘仁式』と『貞観式』は併用されたと考えられているが、歴名という性格や近陵近墓の変動ということを念頭に置くならば、弘仁の歴名にまで修正が加えられた可能性も一応検討しておく必要があるだろう。

しかし、確かにA・B群には記載様式の一貫性はあるものの、配列基準の考察からみてそういった形跡は認められないようである。陵歴名の古い部分は基本的に天皇歴代順であり[6]、その原則はのちに撤回されることなく残されている。もし『貞観式』段階で弘仁の歴名の配列にまで影響を与える形で手が加えられたとすれば、まずは歴代順の原則をうけて『弘仁式』以降に没した天皇ほかの陵を遡って適所に挿入し、その一貫性を通そうとした場合に限られる。ところがいま平城陵の占める位置に注目する。その贈皇后、藤原帯子の葬地は『日本後紀』大同元年（八〇六）に平城天皇即位に応じて陵とされたことがみえるので、『弘仁式』に既に掲載されていたはずである。六月九日に奉告使が発遣され、翌二年（八〇七）八月には陵域が定められている。歴代順を尊重するとすれば、平城陵はこの帯子陵の前に移されてしかるべきである。しかし事実は淳和天皇の皇后よりもさらに後ろに位置している。(7) これらの点からみても、貞観段階で弘仁の歴名の配列にまで手が加えられた可能性はないと考えてよい。さらに傍証としては、注記の部分にすら変更が加えられていないことがあげられる。例えばA群に属する藤原乙牟漏の陵は初め高畠陵と称されたが、天長元年（八二四）以降の諸史料をみると長岡陵と改称されている。(8) にもかかわらず歴名では旧称のままで、しかも「皇太后」の注記を貞観期の現状に従って「贈太皇大后」に改めようともしない。やはり嵯峨天皇の時代の『弘仁式』の記載のままというにふさわしい。

以上のことを確認したうえで、私は表1のようにA群とB群とを区分した。(9) 帯子陵が先述のように『弘仁式』に存在したと考えられるのに対して、それに続く位置を占める藤原旅子と高志内親王の二人は早く延暦七年（七八八）と大同四年（八〇九）に没してはいるものの、各々に皇太后・皇后が贈られるのは弘仁十四年（八二三）、淳和天皇が即位してのことであり、山陵として史料に現われるのは翌天長元年（八二四）になって以降のことだから、両者が陵歴名に加えられたのは『弘仁式』においてであるとは考えられないからである。

（二）墓歴名の区分

陵歴名において三代の式の成立年代が歴名の内的区分と一致することが確認できたのだから、同様の分割を墓歴名の方でも行いうると考えてよい（表2）。

まず『貞観式』成立までの部分を示すラインは、陵の時ほど明瞭ではないが次の三つの点から考えて大岡墓と後愛宕墓との間に設けるのが妥当であろう。（1）後愛宕墓は、その被葬者藤原良房の没年が貞観十四年（八七二）であるから『貞観式』の歴名に掲載するには間にあわない。事実、外祖父母として対をなす源潔姫の愛宕墓と共に併記されてはいない。（2）この潔姫は斉衡三年（八五六）に没したが、歴名に載せられる資格を得たのは清和天皇即位に応じて天安二年（八五八）に外祖母墓として扱われた時点のことで、これを受けて『貞観式』に掲載されたと考えられる。（3）大岡墓はこれら二墓の間に挟まれているが、その位置を占める積極的な理由は見あたらないので、天安二年以降貞観十四年以前に墓歴名に加えられる条件を得たからであると考えざるをえない。この期間で藤原吉子が最も大きく注目されたのは、いうまでもなく貞観五年（八六三）の御霊会においてである。その際に注目された大岡墓が、のち『貞観式』歴名に加えられることになったのだと推定される。[10]

次は『弘仁式』部分と『貞観式』部分との分割である。ここで注目したいのは、特異な性格を有する一群（H群と呼ぶ）の存在である。[11]これを設定するのは次の三点からである。（1）山背大兄王、聖徳太子の母である間人女王、[12]欽明天皇の皇女であろう石前《いわくま》王女（いずれも積極的な記載理由は不明）の三人は生存時期が集中しており、しかも大化前代の人物の三墓が歴名では平安時代の外祖父母の墓のうしろの位置に唐突に出てくること、（2）すべて平群郡に存在する墓であること、（3）歴名のなかで三墓が配置されている時期の守衛戸には「守戸」の語が用いられるのが一般的であるのに、この三者だけには「墓戸」という語が使用され、しかもすべて二烟と共通していること、である。

このH群には、（a）のちに詳論するように、[13]所用の墓戸の語が『延喜式』編纂のころにようやく用いられ始

表2　墓歴名被葬者一覧

区分	陵墓名	被葬者	没年	掲載資格取得年	参考
D－1	能裒野墓	日本武尊	（高市皇子墓以前は省略）		
	埴口墓	飯豊皇女			
	古市高屋墓	春日山田皇女			
	衾田墓	手白香皇女			
	竈山墓	彦五瀬命			
	磯長原墓	石姫皇女			
	息長墓	広姫			
	成相墓	押坂彦人大兄皇子			
	押坂墓	田村皇女			
	宇度墓	五十瓊敷入彦命			
	宇治墓	菟道稚郎皇子			
	押坂内墓	大伴（大俣）皇女			
	片岡葦田墓	芽渟皇子			
	檜隈墓	吉備姫王			
	磯長墓	聖徳太子			
	押坂墓	鏡女王			
	三立岡墓	高市皇子			
D－2	平城坂上墓	磐之媛命	？	七五四（天平勝宝六年）？	
	淡路墓	当麻山背	七六五（天平神護元年）	七七八（宝亀九年）	淳仁天皇生母。
	牧野墓	和乙継	？	七九〇（延暦九年）？	高野新笠の先（桓武天皇外祖父）。
	大野墓	大枝真妹	？	七九〇（延暦九年）？	高野新笠の先（桓武天皇外祖母）。
	阿陁墓	藤原良継	七七七（宝亀八年）	八〇六（大同元年）	平城天皇外祖父。
	村国墓	安倍古美奈	？	八〇六（大同元年）	平城天皇外祖母。

区分	墓名	被葬者	没年	設置年	備考
H	平群郡北岡墓	山背大兄王	六四三（皇極二年）		
H	龍田清水墓	間人女王	六二一（推古二十九年）		
H	龍田菀部墓	石前王女	？		
E	多武岑墓	藤原不比等（鎌足）	**七二〇（養老四年）**	八五八（天安二年）？	貞観式・天安二年詔では鎌足墓。
E	後阿陁墓	藤原武智麻呂	**七三七（天平九年）**	八六六（貞観八年）？	
E	相楽墓	藤原百川	七七九（宝亀十年）	**八二三（弘仁十四年）**	淳和天皇外祖父。
E	後相楽墓	藤原諸姉	七八六（延暦五年）	**八二三（弘仁十四年）**	淳和天皇外祖母。
E	巨幡墓	伊予親王	八〇七（大同二年）	**八二三（弘仁十四年）**	
E	加勢山墓	橘清友	七八九（延暦八年）	**八三三（天長十年）**	仁明天皇外祖父。
E	小山墓	田口氏	？	**八三三（天長十年）**	仁明天皇外祖母。
E	後宇治墓	藤原冬嗣	八二六（天長三年）	八五〇（嘉祥三年）	文徳天皇外祖父。
E	次宇治墓	藤原美都子	八二八（天長五年）	八五〇（嘉祥三年） **八五八（天安二年）**十陵四墓設置扱い。	文徳天皇外祖母。
E	愛宕墓	源潔姫	八五六（斉衡三年）	八五八（天安二年）	清和天皇外祖母。
E	大岡墓	藤原吉子	八〇七（大同二年）	**八六三（貞観五年）**	桓武天皇夫人。伊予親王の母。
F－1	後愛宕墓	藤原良房	**八七二（貞観十四年）**	八五八（天安二年）	清和天皇外祖父。太政大臣。
F－1	深草墓	藤原乙春	**八八三（元慶七年）**	八七七（元慶元年）	陽成天皇外祖母。
F－2	高畠墓	仲野親王	八六七（貞観九年）	**八八七（仁和三年）**	宇多天皇外祖父。桓武天皇の皇子。
F－2	河嶋墓	当宗氏	？	**八八七（仁和三年）**	宇多天皇外祖母。
F－2	八坂墓	藤原数子	？	**八八四（元慶八年）**	光孝天皇外祖母。
F－2	拝志墓	藤原総継	？	**八八四（元慶八年）**	光孝天皇外祖父。
F－2	次宇治墓	藤原基経	**八九一（寛平三年）**	八九一（寛平三年）	太政大臣。
F－2	小野墓	藤原高藤	**九〇〇（昌泰三年）**	八九七（寛平九年）	醍醐天皇外祖父。
F－2	後小野墓	宮道列子	**九〇七（延喜七年）**	八九七（寛平九年）	醍醐天皇外祖母。
F－2	又宇治墓	藤原時平	**九〇九（延喜九年）**	九〇九（延喜九年）	贈太政大臣。

める語であるにもかかわらず、（b）兆域記載法では弘仁・貞観両式のそれと一致している、という二重性が確認される。これは即ち、該当部分の成立過程の二段階を暗示している。H群は『貞観式』成立以前の時期に作成された個別の原史料に基づくものだが、それは断片的なものであったためか、式の歴名には収められていなかった。それを『延喜式』編纂段階で歴名に加えることになったのだが、できるだけ時代的に古いところに置こうということで、弘仁・貞観の両歴名を接続する間に挿入して、[14]一律に「墓戸二烟」の注記を補った。このように私は推定している。

話が細に入ってしまったが、このように墓歴名のなかで大きく浮き上がったH群が存在するのだから、否定的要因がない限りそれをもって区分を設けるのが正道であろう（各墓の設置年代からみても問題は生じない）。H群より前を『弘仁式』歴名に該当する部分、後ろを『貞観式』歴名の部分と考えてよい。

これまでの分析から得られた弘仁・貞観・延喜の各墓歴名に該当するであろう部分を、順にD・E・F群と名付けておこう。

第二節　律令国家の陵墓制度

（一）陵の制度

律令制の導入は陵墓制度にとっても非常に大きな画期であった。律令国家陵墓制度の基礎は、まずは喪葬令1先皇陵条に掲げられた先皇陵の公的守衛管理システムの確立にあった。養老令には、

凡先皇陵、置二陵戸一令レ守。非二陵戸一令レ守者、十年一替。兆域内、不レ得二葬埋及耕牧樵採一。

とあり、大宝令では「兆域内」の部分が「其兆域」となっていたことが「古記」によってわかる。他方、『日本書紀』持統天皇五年（六九一）十月乙巳（八日）条をみると、

乙巳。詔曰、凡先皇陵戸者、置二五戸以上一。自余王等有功者、置二三戸一。若陵戸不レ足、以二百姓一充。免二其徭役一、三年一替。

という詔がみえる。これは内容的に「先皇陵には陵戸を置いて守らせる」という規定を前提とするものであるから(15)、先皇陵条の起源はこの二年前の浄御原令の該当条に遡ると推測できよう。ただし、詔の「若」以下の陵戸以外に守らせる場合の指示は大宝令以降に多少の改定を経て令の本文に吸収されていくのだから(16)、想定される浄御原令文は次のように復元される(17)。

凡先皇陵、置二陵戸一令レ守。其兆域、不レ得二葬埋及耕牧樵採一。

陵の守衛と兆域内禁止事項という二つの要素からなっている点が母法たる唐令復旧該当条と一致することは(18)、この推定の蓋然性を高めてくれる。以上より、持統天皇三年に律令天皇がその公的性格を確立したことに応じて先皇陵の公的守衛制度が出発し、その具体的な治定作業が持統天皇五年詔によりスタートしたと考えられる。

ただし持統天皇五年詔には「自余王等有功者」の葬地の公的守衛の規定も存在している。「自余の王らの有功者」とも「自余の王ら・有功者」とも読むことができるが(19)、私は前者を正しいものとする。そう考える理由は次の四点である。（1）詔文の文法上の対応関係や「若」以下の文には陵戸の語しか存在しないことからすると、該当部分は「自余王等ノ有ルモノノレ功陵ノ戸者」の省略だと考えざるをえない(20)。他方、令前の史料からすれば陵の呼称は天皇だけでなく皇族の葬地にも用いられるものであったことが指摘されているから(21)、自余の有功王の陵戸を意

味するとした方が時代の流れからみても自然ではあるまいか。（2）この時期に有功といえば一般的には壬申功臣を想起するが、『日本書紀』『続日本紀』に多くの彼らへの贈位記事が存在するにもかかわらず、(22)その葬地守衛が公的になされた形跡は全くなく、のちの墓歴名の古い部分を見ても基本的に皇族墓のみで、壬申功臣墓の残存すら確認できない。（3）自余王で切って読めば非常に多くの皇族葬地を公的に管理せねばならないことになり、これ自体不可能に近い。陵歴名を見ても、本来の陵戸がきちんと設置できたのは先皇陵のうちでも一部だけであった。（4）『続日本紀』天平六年（七三四）四月戊申（十七日）条には「有功王之墓」という概念がみえる。

以上をふまえると、持統天皇五年詔は、皇族葬地を含む旧来の伝統的な陵概念に引きずられ、浄御原令の先皇陵のみの公的守衛を完全には実現できず、一部に例外を残さざるをえなかった過渡期的事象を示すものと位置付けることができる。しかし同時にこの詔の史的意義も十分に認識すべきである。（a）公的な葬地管理を初めて実現しようとする試みであるし、（b）先皇陵と自余王有功者の間の守衛戸数の差を明文化し、さらに皇族一般のなかでも有功者に限るという厳しい制限を設けるなど、両者の距離を拡大させて、天皇と皇族一般の身位の分離を明確にしようとする意図がはっきりと表れているからである。

持統朝以来のこのような方向性は大宝令において一段落する。文武天皇四年（七〇〇）段階では押坂彦人大兄皇子の葬地をいまだ「成合山陵」などと称していたが（『続日本紀』）、大宝以降になると天皇の葬地に対してのみ陵の語が用いられるようになった。『令集解』先皇陵条に引く「古記」では、

古記云、陵、謂墓一種。以二貴賤一為二別名一耳。帝皇葬因レ陵如レ陵。故云レ陵。問。三后及太子斂之処、若為称。又令レ守以不。答。除二即位天皇一以下、皆悉称レ墓。又令レ守名為二墓守一。見二官員令別記一也。

と「即位の天皇」以外の葬地は、三后や皇太子のそれですら墓と称すべきことが明言されるに至った。ただし、

持統天皇五年段階で公的守衛対象とされた天皇以外の陵については、墓と称されるようになって以降も守衛は例外的に続けられたようである（後述）。

以上述べてきた先皇陵の公的守衛制度の導入は、即ち陵歴名作成の直接的な契機であった。先に準備しておいた陵歴名のA群を見てみよう。この部分の配列は、和田軍一氏が指摘するように天皇歴代順を基本としている(23)。重祚した天皇は重祚の代の位置を占め、追尊はその子が即位したことによるからその直前に置かれる。廃太子の場合は本来即位していれば占めるであろう位置に挿入される。和田氏は、特定の天皇の前後にその母と后とを掛けているというが、私はむしろ后を各天皇（またはそれに準ずる者）の後ろに付すというのが原則であって、藤原宮子だけが便宜的に聖武天皇の前に母として置かれたのではないかと思う。いずれにせよ母や后の葬地が陵と称されるのは律令制本来の制度ではない（第四節）。また、これらが何時の段階で陵の列に加えられたかという個別条件には無関心に配列されており、『弘仁式』編纂段階で一定の配列方式を定めて既成の先皇陵歴名に機械的に挿入したものと推定される。

A群の基礎となった先皇陵歴名は、浄御原令に規定された先皇陵の公的守衛を実行するための基本台帳として作られたものであろう。陵戸を設置すべく山陵の治定が進められたが、すべての先皇陵を確定するにはかなりの時間を要したことは想像に難くない。時野谷滋氏は、草壁皇子の眞弓丘陵が歴名に存在することは集解所引「古記」にみえる陵の本来の概念からすると不適切であるから、それ以降の部分の山陵も原歴名には存在しなかったとし、原歴名は持統朝に遡ると主張した(24)。しかし「古記」を尊重するならば、天平十年（七三八）までに設置された陵の範囲にも草壁陵のような例外は存在すべきではない。草壁陵はのちに挿入されたか、または最初から例外的に掲載されていたと考えた方がよいだろう。

A群の守衛戸記載には次のような特徴がある。①神武陵から孝徳陵までは陵戸と守戸とが混在する。②斉明陵から文武陵までは陵戸のみである。③元明陵以降は守戸のみである。ここには、持統朝以降しばらくは陵戸が積極的に置かれていたが、それが文武陵で終わり、元明陵が設定される養老五年（七二一）までには陵戸設置政策が放棄されたという事態が反映されている。事実、これに先立つ霊亀元年（七一五）四月庚申（九日）には、垂仁陵に「守陵三戸」、安康陵に「四戸」を充てたことが『続日本紀』にみえているが、これらを『延喜式』の歴名記事と比較してみると「守戸」の追加設置であることがわかる。[25] このころには陵戸は置かれなくなっているのである。逆にいえば陵戸が設置されている草壁陵は早い段階で「陵」と認定されていたと考えてよい。

そもそも守衛戸設置のためには、ひとつひとつの天皇陵を具体的な古墳に即して確定する必要がある。白石太一郎氏の研究によれば、『延喜式』の山陵は基本的には記紀のもとになった『帝紀』の山陵記事に依存しているが、式ではそれに方角などの細かい指定を加えているという。[26] こうした治定作業が持統朝に直ちに完了するとは考えがたい。政策の実施には時間がかかるものである。

治定作業が一段落したのは元正朝末から聖武朝初頭のことで、原陵歴名もそのころに完成したのであろう。過去の先皇陵で陵戸が設置できたのは、陵墓歴名から窺われるように、垂仁・景行・仲哀・応神・仁徳・履中・反正・允恭・雄略・清寧・顕宗・安閑・欽明・推古・舒明・皇極・天智・天武陵くらいである。これらは、持統朝からさほど遡らない七世紀の天皇陵、百舌鳥の巨大古墳、伝説伝承をともなうような古墳など、相対的に速やかに治定できたもの、換言すれば当時でもこの古墳がこの天皇の陵だということが認知されていた山陵なのであろう。他方、初代の神武天皇や実在が曖昧な欠史八代の陵をはじめとする大部分の先皇陵には守戸しか設置されていない。このことは、陵戸設置が放棄される元明朝末年に至ってもなお治定が完了していなかった状況を示している。天平元年（七二九）八月五日に陵霊を祭ることを掌る諸陵司が諸陵寮へと拡張改組されたのは（『続日本紀』同日詔、職員令諸陵司条の集解古記・令釈）、おそらく十二月年終の荷前祭祀を本格的に開始するためであり、この時期に至ってようやく全先皇陵の治定が完了し、新しい先皇陵歴名が使用できるようになったのである。[27]

（二）墓の制度

次に令制の墓の制度を考察する。[28] 墓とは本来かなり広い概念で、有位者の葬地すべてに対して用いられていたようである。[29] ただし養老喪葬令10三位以上条をみると、

　凡三位以上、及別祖氏宗、並得レ営レ墓。以外不レ合。雖レ得レ営レ墓、若欲二大蔵一者聴。

とあって、「営墓」即ち独立した墓域や施設を有する墓を新たに設定する権限を特定の者に制限する規定が存在する。[30] これが大化薄葬令以来の喪葬の簡略化や階層的秩序付けの流れの延長線上にあることは確かだが、先の先皇陵条の公的守衛とは次元を異にする条文であって、墓の私的守衛を否定するものではないことには注意しておくべきである。むしろ、墓域を営むことによる土地の私有独占の増加を制限しようという目的があったのだろう。『続日本紀』慶雲三年（七〇六）三月丁巳（十四日）条によると、王公諸臣がみだりに山沢を独占することが禁じられているが、[31] そのなかで、

　但氏々祖墓及百姓宅辺、栽レ樹為レ林。并周二三十許歩。不レ在二禁限一。

と「氏々祖墓」を特例的に許容することが示されている。

この三位以上条に該当する規定は浄御原令には存在しなかったと考えられるが、基本的政策の源はこれまた持統朝にまで遡らせうると考える。陵の方で先皇陵の守衛が具体的に実行に移されたのと同じ年の持統天皇五年

（六九一）に、期を一にして次のような詔が出されていることに注目したい。

八月己亥朔辛亥（八日）。詔㆓十八氏㆒大三輪・雀部・石上・藤原・石川・巨勢・膳部・春日・上毛野・大伴・紀伊・平群・羽田・阿部・佐伯・采女・穂積・阿曇。上㆓進其祖等墓記㆒。

この史料は従来、氏族の家伝的な資料を修史事業に役立てるため上進させたことを示すものとされてきた[32]。しかし、（1）この十八氏の祖らの墓とは、先の慶雲三年（七〇六）の詔、延暦三年（七八四）十二月庚辰（十三日）詔、『万葉集』18―四〇九六の大伴家持の歌などにみえる「氏々祖墓」「諸氏冢墓」「大伴の遠つ神祖の奥津城」と同系統のものであり、大宝令制以降にも見られる。（2）にもかかわらず、令には氏々祖墓に関する規定そのものは存在しない。（3）従って、三位以上条は「三位以上・別祖・氏宗」といった氏々祖墓以外の新規の営墓許可対象についての補完的規定と解すべきもので、今後増加する営墓事例の条件を定めたものと考えられる。（4）逆にいえば、これは氏々祖墓に対する登録・認定がそれ以前に実行されていることを前提とする法令である。この四段階の推論から、先の史料は当時の代表的な十八氏の祖墓について、営墓許可のための登録書類を提出させたことを示すものだと考えられる[33]。

以上を要するに、墓とは広く有位階級一般の葬地の呼称であるが、令制では独立した施設・墓域を設定することが公認された墓については、「営墓」と称して持統天皇五年ころに「氏々祖墓」、大宝令では「三位以上・別祖・氏上の墓」というように許可範囲が規定された。これらは原則として私的守衛管理に委ねられていたと考えられ、この段階では公的守衛のために作成された陵歴名に対応する墓歴名は存在しなかった。存在する必要がなかったのである。

ただし、墓と称されてはいるものの例外的に公的守衛の対象とされたものも存在した。成立下限が霊亀二年（七一六）四月甲子（十九日）と考定されている『令集解』職員令19諸陵司条に引く「別記」[34]には、「常陵守及墓守」「借陵守及墓守」と見えるし、先に述べた「自余王等有功者、置二三戸一」の流れを引く「有功王墓」（天平六年（七三四）四月戊申（十七日）条）に対する守衛も継続していたと考えられるからである。おそらく古くは陵と称されていた特定の皇族葬地で、大宝令以降に墓と称されることになったものがそれにあたるのだろう。その実態については次節で関説する。

第三節　律令国家陵墓制度の原像

律令制以前には陵の語は天皇のみならず皇族の葬地に対しても用いられうるものであったようだが、氏々の葬地一般には許されていなかった[35]。律令国家が先皇陵の公的守衛を第一目的として『帝紀』の山陵記事や皇族葬地に関する資料をもとに先皇陵歴名を作成したことは前節で述べたが、その目的から外れた先皇陵以外の多くの皇族葬地に関する資料は、逆に無残にも切り捨てられることになってしまった。従って今日そうしたものについては、記紀にみえて式の歴名には掲載されていない陵墓の実例から窺い知るしかない。それにしても古くは大変尊重された陵墓（例えば箸陵や日葉酢媛陵など）がこの段階で切り捨てられることは、陵墓観の革命的な変化を前提にしなければ考えがたいことであって、律令国家の陵墓制度が歴史的にみて非常に斬新なものであったこと、またその背景には、被尊重陵墓の交替に投影される葬地機能や祖先観の大きな変化が存したことが知られる。しかし失われた資料を云々しても仕方がないので、本節では墓歴名の表2のD群のうち三立岡墓以前の部分（D—1群と呼ぶ）に吸収されている原史料を探ることから、令前の陵墓の実像を多少なりとも明らかにする。

D—1群のあたりの分析も古く和田軍一氏が手がけているが、後阿陁墓以前の部分については、「此の部分に於ける式の所載順には一定の方式の存しないであらうと推定せざるを得ないのは自ら奇怪の感を深くするものである」と結論付けている[36]。これを受けつつ戦後古代史の成果を視野に入れて墓歴名の分析を行ったのが新井喜久夫氏で、その研究はその後一つの通説的扱いを受けるようになっている[37]。しかしその分析方法にはいくつかの問題点があるように思われる。

第一は、新井氏の『弘仁式』該当部分の決定根拠が（殊に墓歴名においては）曖昧であることである。私は先に異なる範囲を設定した。第二に、墓歴名前半の配列に基準がみられないことへの和田氏の不審に答えず、配列の考察を最初から放棄して統計的分析を採用している。しかし、私は以下に詳論するように全くの不規則だとは考えない。第三に、統計に用いられた六つのカテゴリーは互いに重なり合う部分をもつ不完全なものであるから（例えば石姫を大后とみるか母とみるかなど）、どこに分類するかに恣意性が入り込む可能性がある。また統計的方法に付きものの例外に対する説明が不十分である[38]。第四は、歴名の成立時期を欽明～推古朝ころにまで引き上げた結果、律令陵墓制度の確立という画期が過少評価されるようになっていることである。以上の四点をみただけでも、新井説に十分な説得力を認めるわけにはいかない。ここであらためて再検討を試みる所以である。

D—1群には二つの大きな特徴があることをはじめに明確に意識しておきたい。一つは、配列基準が明瞭でなく一見すると全くの不規則だと思われても仕方がない様相を呈している事実である。このことはもう一方の陵歴名A群と比べればますます明瞭である。特に持統陵以前においては、時野谷氏のいうように歴代天皇陵のみを掲げるという「著しい厳密性」がみられるからである[39]。これが両歴名の成立時期のずれを暗示していることは後述する通りである。しかし二つ目としてD—1群の配列も完全な不規則とはいえない。かろうじて歴名編纂にあたって参看された幾つかの原史料の残像を見出すことができると思うのである。

そこでこの第二の点を具体的に詳論しよう。私はそのなかに四つのグループを読み取ることができると考える。図1の（イ）～（ニ）である。分類の過程は以下の通りである。まず、後述するような共通の特徴をもつ（イ）の四墓を取り除いてみる。すると忽ちこれまで漠然としていたD―1群のなかに規則性が見えてくる。春日山田皇女と手白香皇女の二墓の順序は年代的に逆転しており、その間に断絶が確認できるので、ここで切って前二墓を（ロ）として除く。すると後者に一定の基準（後述）を満たす人物群、手白香皇女から吉備姫王までの墓（ハ）が現われる。残りを（ニ）とする。

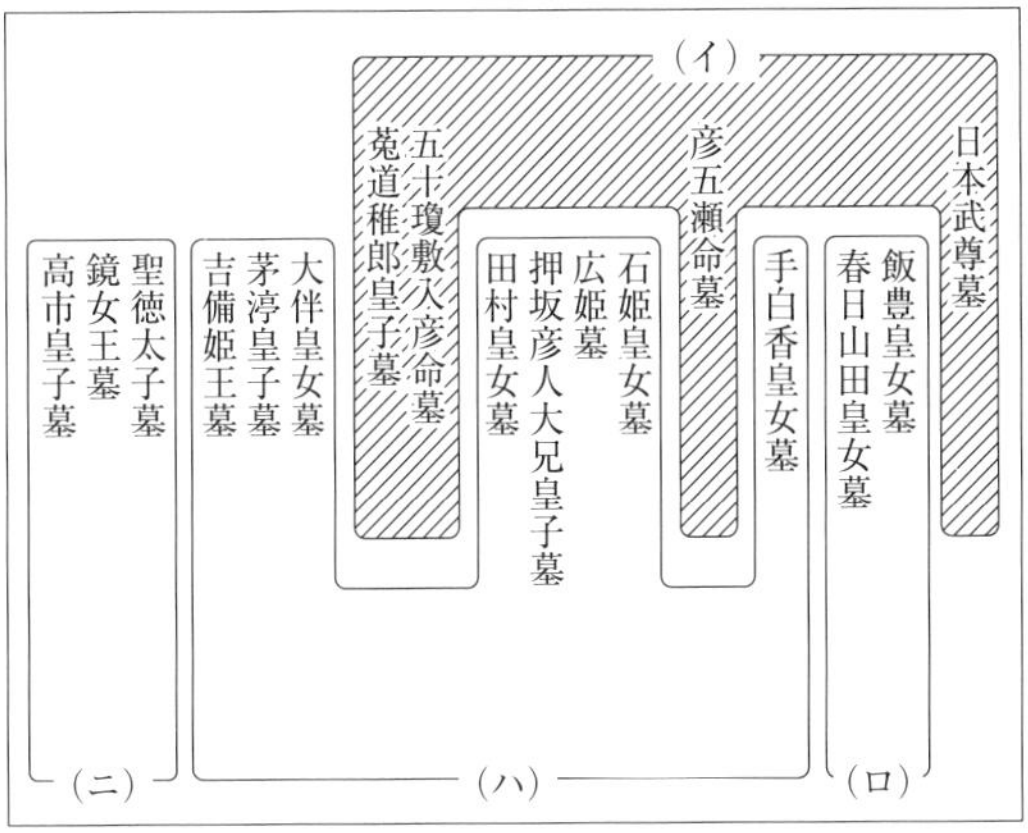

図1　D―1群の区分

（イ）の四墓、これらがD―1群の配列をわからなくしていたのである。記紀の伝承をふまえると、それらの被葬者には次の四つの共通の性格が確認される。①皇族であること、②継体天皇以前の皇統に属していること、③即位の天皇の兄弟であること、④軍人的または皇位の守護者的存在であること、である。特に②は、（ロ）の飯豊皇女とD―2群の磐之媛（両者とも別の積極的な掲載理由があることは後述）を除けば墓歴名中この四墓に固有の特徴であって、血縁などの現実的関心からではなく、むしろ伝説的・守護者的信仰に基づいて取り上げられたものと推察される。

この四皇子墓の存在は史料の上でどのように確認できるだろうか。『令集解』職員令19諸陵司条の「古記」所引「別記」には、

古記云、別記云、常陵守及墓守、并八十四戸。倭国卅七戸、川

内国卅七戸、津国五戸、山代国五戸、免二調徭一也。公計帳文莫レ納。別為二計帳一也。借陵守及墓守、并百五十戸。京二十五戸、倭国五十八戸、川内国五十七戸、山代国三戸、伊勢国三戸、紀伊国三戸、右件戸納二公計帳文一而記二借陵守一也。

とある。「別記」の成立下限は先述のように霊亀二年（七一六）四月甲子（十九日）である。これに持統天皇五年（六九一）十月詔の守衛戸数規定および『延喜式』歴名記載を考え合せると、「津国五戸」は継体陵、「山代国五戸」は天智陵、「山代国三戸」は菟道稚郎子墓、「伊勢国三戸」は日本武尊墓、「紀伊国三戸」は彦五瀬命墓、との推定ができることは青木和夫氏の指摘する通りである。(40) ここで四皇子墓のうち三つまでの存在が確認できる。残る五十瓊敷入彦墓も「川内国五十七戸」のなかに含まれているのであろう（和泉国は当時いまだ川内国の一部であった）。また『続日本紀』大宝二年（七〇二）八月癸卯（八日）条には、

癸卯。震二倭建命墓一。遣レ使祭レ之。

とある。大宝二年以降、霊亀二年以前の十四年間に他の三墓が新たに注目されたという事情は想定しがたいので、四皇子墓の存在はここまで遡らせてよいであろう。

次にこの四墓の所在地——①伊勢国鈴鹿郡、②紀伊国名草郡、③和泉国（川内国）日根郡、④山城国宇治郡、——に注目すると二つの興味深い特徴が見出される。第一は、大和国に接して周りを囲む四方の国に一つずつ存在していることである。しかも大和から四方へつながる道の上の交通の要衝、軍事的にも重要な地点に位置している。第二は、四墓が歴名のなかで「東南西北」の順序で記載されているということである。古代の四至記載の基本的な順序で、既に令制以前から存在する観念である（図2）。

これと類似した特徴を有する事例が実はいくつか確認できる。一つは大化改新詔の畿内の範囲を確定した記事

である。大和国からの道を念頭においた四地点で畿内を定め、大和からみて東南西北の順で記している。[41] 二つめは「出雲国造神賀詞」である。そこには既に先学の指摘しているように、[42] 都（藤原京か飛鳥宮）を中心として四方に守神を配置する観念が確認される。これも規模は小さいけれども、宮のある地を四方で囲み守るという点で共通するし、その守神を置く順序もやはり東南西北となっている。

このようにみてくると、四皇子墓が大和国を囲む四方の国に一つずつ存在することは、これらの事例と共通の時代精神・世界観を背景にもっていると考えられる。仏教的な四天王護国の思想や壬申の乱における戦闘経験にも刺激されて、天武朝ころに四皇子墓が明確に意識されるようになったのであろう。またその基層には、在来の「倭と四方国」といった地理観や、記紀の諸伝説にみられる複数皇太子（兄弟）による統治機能の分有といった権力観も存在していると推察される。[43] ただし、それは遠い過去の物語の有功守護者に寄せられた信仰、畿内制の原初形態の投影以上のものではあるまい。

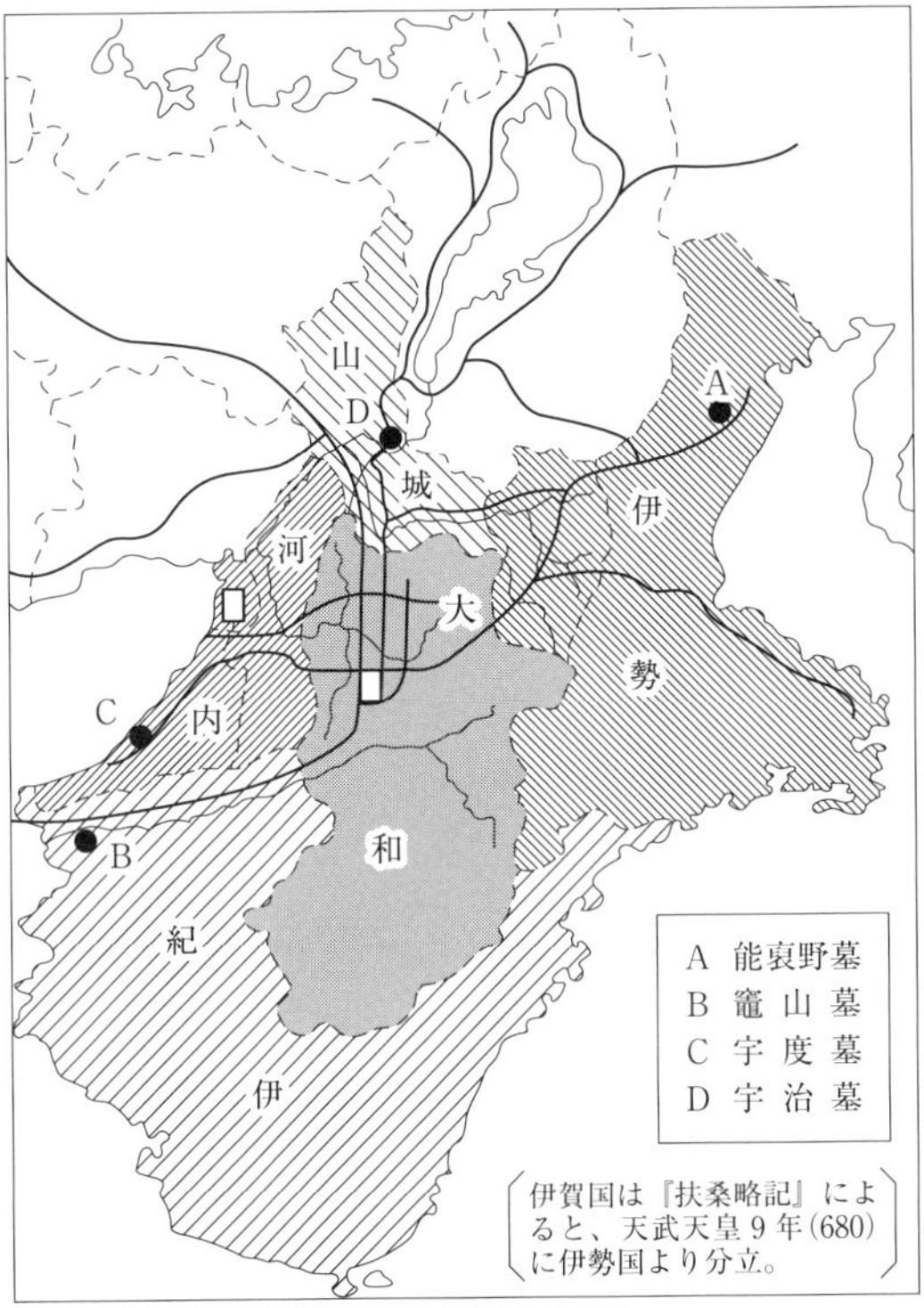

図2　四皇子墓の位置

（イ）の部分についての私見は以上であるが、ではなぜこの四墓が歴名のな

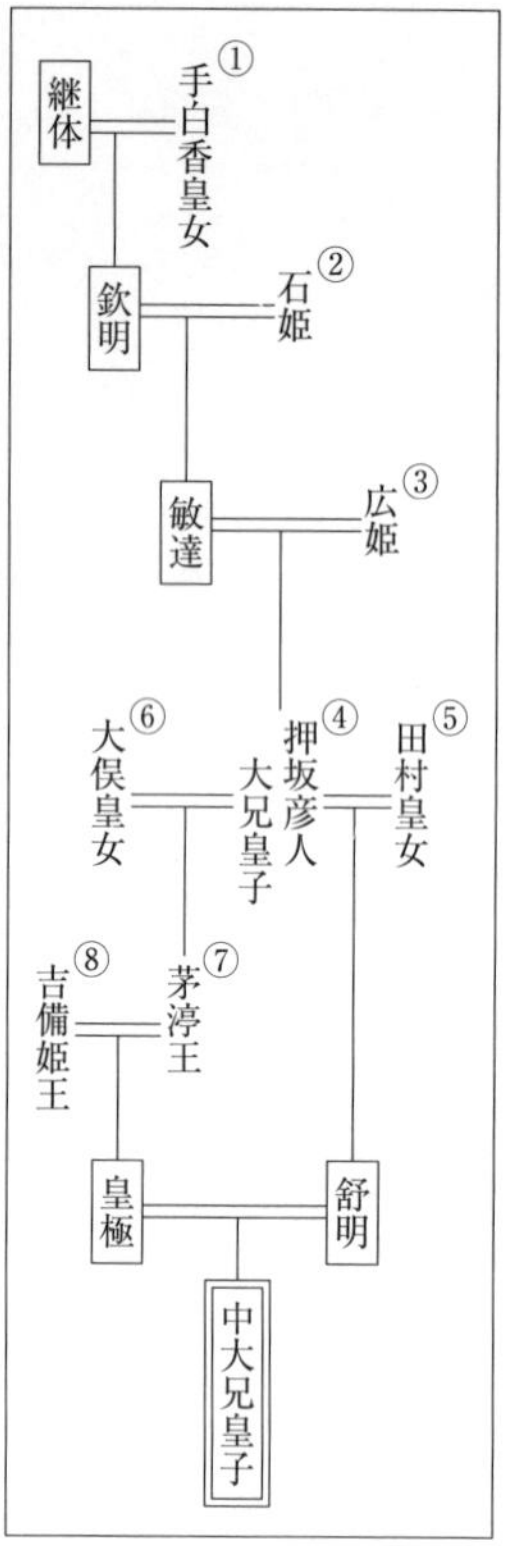

図3　D—1群（ハ）の系図

かで連続して一括掲載されずに処々に挿入されているのかについては不明である。

（ロ）の二人は即位することを要請された女性たちである。『日本書紀』によると、飯豊皇女は清寧天皇崩御ののち億計・弘計の二王が皇位を譲りあって空位が続いたので、忍海角刺宮で臨朝秉政して忍海飯豊青尊と称した。また春日山田皇女は仁賢天皇の皇女、安閑天皇の皇后であり、宣化崩後に皇子の欽明が自分は幼年浅識で政事に閑なしと辞したため、即位することを求められた。その葬地について『日本書紀』は安閑天皇や神前皇女と合葬されたと伝えるが、『延喜式』では別々に立項されている。なお、この二人以外にも即位臨朝することを求められた女性に天智天皇の皇后倭姫がいるのに掲げられていないのは、原史料の成立がその没年以前であったからか、その墓の所在地が不明であったからかのいずれかであろう。

（ハ）の部分を説明するには式文に一字の訂正を加えざるをえない。押坂内墓の被葬者注記「大伴皇女」を「大俣皇女」に改めるのである。その理由はのちに説明するとして、その結果（ハ）の八人は一つの意味を共有する一群となる（図3）。つまり中大兄皇子の父母たる舒明天皇と皇極天皇との婚姻関係につながる皇統を継体天皇から辿った系図のうち、天皇を除いた人物のすべてである。(44) しかもその墓の記載順序は、その系図からみて最も合理的な順であることがわかる。これらの墓は、結局記紀の原史料とは異なる、舒明・皇極両天皇の間に生まれた中大兄皇子の血統を正当化するという政治的意図をもった系譜的資料に基づいていると考えられる。以上の（ロ）（ハ）についての解釈をふまえれば、春日山田皇女の墓と手白香皇女の墓の順序が年代的に逆転している現象も整合的に説明できる。両者は別の基準で掲載されていたのである。また、記紀には手白香皇女墓が載せられていないのに式には存在し、橘仲姫墓が『日本書紀』にみえるのに式には存在しないといった事情も納得のいくものとなる。

ただしこの仮説を採るには「伴」の字を「俣」の誤字とみなすという危険な道を通らざるをえない。『延喜式』には、

押坂内墓　大伴皇女。在二大和国城上郡押坂陵域内一。無二守戸一。

と記されていて、この部分については諸本に異同はない(45)。にもかかわらず私がそう改めるのは、次の四つの理由からである。（1）両文字の字体の類似や古代における使用頻度の差を考慮すれば、転写の過程で「俣」のくずしが「伴」に転化することは十分にありうることである。（2）この墓の掲載理由を和田氏は不明とし、新井氏は石前王女の墓とあわせて蘇我氏の力で載せられたとする。しかし、私は石前王女を別の群に属するものと考えている。加えていうなら、D―1群では「〇〇皇女」とあり、一方H群では「〇〇王女」となっていて、書式が一致しないことは新井説にとって否定的な要素となる。また、別群に属するとみなしても、大伴皇女という表記を尊重する限り歴名中で唯一浮き上がった存在にならざるをえない。（3）「伴」のままで正しいとすれば、先に述べた系譜的性格をもった諸墓の必要十分性が完全に崩れてしまって、他の七墓の説明までつかなくなる。（4）この墓は押坂陵域内にあると注記されているが、それは舒明天皇の押坂内陵のことであろう。そこには田村皇女の押坂墓も存在する。舒明天皇の父たる押坂彦人大兄は大和国広瀬郡の成相墓に葬られたが、それは彼が独自の墓域を立てうる地位にあったからで、妃たる田村皇女と所生子舒明天皇の母子は同じ押坂の地に葬られている。

私は、「伴」字を正しいとみて舒明天皇の皇女といった世代の人物が押坂の地に葬られていたなどと考えるよりは、異母ではあるが「子」の舒明天皇陵内に大俣皇女が葬られたと考える方がずっと自然だと思うが如何なものであろうか。「子」という概念は古代では今日よりかなり広い意味に用いられていたことが指摘されているからである[46]。

以上の四点から、「大俣」と改めることが認められるとすれば、その原史料の成立時期は中大兄皇子の執政期ということになる。先の系譜上のすべての人物名と葬地その他の注記からなる「系譜的性格をもつ資料」の存在が想定される。系譜とは元来政治的意図をもって作成されるものであるから、この資料は中大兄の地位を正当化するために作られたものと考えるのである。ただし、これが墓歴名に加えられるのはずっと後のことで、古い資料を明確な意識をもたずに転載した結果、「俣」を「伴」と書き誤ることになったのだと思う[47]。転載時期を下げる理由は次の三点である。①「皇女」といった用語が制度的に用いられるのは令制以降であること、②律令陵墓制度のもとでは墓歴名は存在しなかった可能性が高いこと、③敏達天皇の皇后広姫の息長墓は近江国坂田郡にあり、守戸三烟が置かれているが、「別記」の段階では近江国はいまだ立項されていないこと、である。（ハ）の諸墓を一連のものとみなすならば、これらが諸陵寮（司）の管理下に入るのは「別記」の成立以降ということになるのである。

最後の（ニ）の三墓は、結論からいうと前節でみた「有功王墓」にあたるものであろう。有功王とは実質的には皇太子執政の流れを引き、のちには皇族太政大臣と称すべき地位についた人物を指していたのではないかと思われる[48]。大友皇子は壬申の乱で戦死して廃されたし、高市皇子以降はあえて皇族太政大臣を避けて知太政官事に任命するようになったから、このような地位についた代表的人物といえば聖徳太子と高市皇子ということになる。

なお、鏡女王は藤原鎌足の室だから特別扱いされているとみるのが穏当ではあるが、私は藤原不比等の母の墓であるからと考える可能性も捨て切れずにいる[49]。不比等が生前太政大臣就任を勧められ、没後の養老四年（七二〇）に「太政大臣正一位」を贈られ、その墓が天平二年（七三〇）・天平勝宝七歳（七五五）とたびたび特別扱いされていることをふまえると、贈太政大臣の母としての扱いであったという可能性も残る。いずれにせよ注意しておきたいのは、鎌足・不比等のような偉大な臣下の墓ですら、公的守衛が許された有功王墓の列には直接的な形で編入することは許されなかったということである。室にせよ母にせよその墓を特別扱いするという形で、間接的に彼らへの尊敬の意を示すほかなかったのである。それは有功王墓がもとは陵と称されていたように、皇族の有功者のみを対象とする伝統をもつ制度であったからであろう。

以上、私はD－1群の分析から、令制以前の陵墓に関するいくつかの具体的情報を引き出してみた。しかしこうした原史料が存在するからといって、墓歴名が既に存在していたということにはならない。平安時代の新しい陵墓制度が確立し、墓歴名が編纂されるためには、次の八世紀後半から九世紀初めの画期を待たなければならない。

第四節　律令国家陵墓制度の変容

（一）御墓制

八世紀後半になると、一時的に「御墓」の制度というべきものが現出する[50]。これこそ律令国家の陵墓制度が九

世紀以降の平安時代の陵墓制度へと転換する際に重要な役割を担った枠組みである。以下に関係史料を掲げる。(51)

1 （天平宝字四年（七六〇）十二月）戊辰（十二日）。……。又勅、太皇大后・皇太后御墓、自今以後、並称二山陵一。其忌日者亦入二国忌例一、設レ斎如レ式。
（『続日本紀』）

2 （宝亀二年（七七一）十二月）丁卯（十五日）。勅、先妣紀氏未レ追二尊号一。自今以後、宜レ奉レ称二皇太后一。御墓者称二山陵一。其忌日者亦入二国忌例一、設レ斎如レ式。
（『続日本紀』）

3 勅、先帝丙辰年八月九日崩。施基皇子。天智天皇第三之御子。白壁天皇即位之後追称下御二春日宮一天皇上。霊亀二年。山陵在二大和国添上郡田原村一。
皇太后己酉年九月十四日崩。和銅二年。
右、件御墓、自今以後、称二山陵一。
宝亀三年（七七二）五月八日
（『類聚三代格』巻第十七国諱追号并改姓名事）

4 勅、先妣紀氏未レ称二尊号一。自今以後、宜レ奉レ称二皇太后一。御墓者称二山陵一。
宝亀三年九月十三日
（『類聚三代格』巻第十七国諱追号并改姓名事）

5 （宝亀八年（七七七）十二月）乙巳（廿八日）。改二葬井上内親王一。其墳称二御墓一。置二守冢一烟一。
（『続日本紀』）

6（宝亀九年（七七八）三月）乙巳（廿三日）。勅、淡路親王墓、宜下称二山陵一、其先妣当麻氏墓称中御墓上。充二随近百姓一戸一守レ之。
（『続日本紀』）

7（延暦十九年（八〇〇）七月）己未（廿三日）。詔曰、朕有レ所レ思。宜下故皇太子早良親王追二称崇道天皇一。故廃皇后井上内親王追復称二皇后一、其墓並称中山陵上。……。壬戌（廿六日）。分二淡路国津名郡戸二烟一、以奉レ守二崇道天皇陵一。大和国宇智郡戸一烟奉レ守二皇后陵一。……。
（『類聚国史』巻廿五帝王五、追号天皇）

史料5 6から、少なくとも宝亀年中には葬地の序列として、

山陵　――　御墓　――　墓　――　墳

という四ランクが存したことが確認される。即ち、「御墓」とは単に墓を丁寧に呼んだというだけのものではなく、一つの制度である。御墓と称されるとそれに応じて公的に守衛戸が設置されることがわかるが、その点ではかつての「有功王墓」の制と類似している。

御墓と称されるもので史料の上で最初に確認できるのは、1にみえる太皇太后と皇太后、具体的には藤原宮子と光明子の葬地である。天平宝字四年（七六〇）十二月戊辰以前の一定期間に両葬地は御墓と称されていたと考えられる(52)。そもそも三后の葬地に関しては既に前掲の「古記」の段階で、即位天皇以外の一般の葬地と同様に単に「墓」と称すべきではあるが、太子の葬地と共に公的守衛の対象になるといった見解が存在していた。皇后といえば、中国古代の観念では天子と同体とされ尊卑を同じくするものである。漢代以来、皇后となれば異姓であるにもかかわらず同体である天子の宗廟をまつる権利を獲得するのであって(53)、それゆえ天子崩後には太后臨朝と

いう事態も生じえた[54]。また、日本でも先皇の嫡妻は崩後に女帝として即位しうるという観念が存在していた[55]。従って、そういった「皇后」（広くは三后）の葬地を即位天皇のそれとは区別しつつも特別扱いするのは自然なことなのだが、天平十年の「古記」の段階では光明皇后は存命中で、いまだ律令三后で没した人物はいなかった。ところが八世紀後半になると、そうした見解をふまえつつも、さらにその葬地を「御墓」という新しい概念で把握するようになるのである。

御墓の実例をみると、天平宝字四年以前には太皇太后と皇太后の葬地が御墓とされており（1）、それ以降はこれらが陵に格上げされたため、皇考と皇妣（2 3）・廃皇后（5）・廃帝の妣（6）といった后位や天皇号をいまだ追贈されていない者など、三后や天皇よりわずか一ランク落ちる人物の葬地をいうようになっている。また、御墓制の成立と期を一にして、八世紀後半以降「子以レ祖為レ尊、祖以レ子亦貴」といった祖先顕彰の理念がたびたび強調されるようになることも注目される[56]。御墓制は、このように三后に対する尊敬の念を基礎としつつ、それに藤原仲麻呂政権下で強調されてくる父母を等しく尊重する「孝」のニュアンスが付加されて生まれた制度であると考えられ、父母や身近な祖先――特に母系の祖――に対する「顕彰」の意識を基礎にもつものだといえよう[57]。

この制度の痕跡は墓歴名の上に残存している。Ｄ―２群のはじめの二墓がそれである。御墓の列に加えられた経歴のある墓として史料から直接確認できるのは、藤原宮子・藤原光明子・紀橡姫・井上内親王・当麻山背の五墓である。また、磐之媛は光明立后に際して「皇后と御相坐して食国天下の政を治め」た先例として大きく取り上げられた人物で、その葬地も宮子と光明子の葬地が御墓と称されていた天平宝字四年十二月以前の段階で既に御墓の列に加えられていたと考えられる。太皇太后宮子が火葬されたのが天平勝宝六年（七五四）八月四日、皇太后光明子が佐保山に葬られたのが天平宝字四年六月二十八日、これらの御墓が山陵の列に格上げされたのが同年十二月十二日のことだから、このいずれかの埋葬時に磐之媛の葬地も御墓の列に加えられたと考えられる。以上、計六つの御墓が存在したと推定されるのだが、宮子から井上内親王までの四墓は順次に陵の列に移されていったので、結果的に磐之媛と当麻山背の二つの御墓のみが御墓制の残存として歴名中に残されることになったのである。

御墓制は歴史上ほんの一時期に現われた枠組みにすぎない。先の史料6を最後として、7ではみられなくなっている。三后の葬地を陵とすることが定着し、後述するように九世紀初頭から旧来の墓概念が大きく変化し、御墓の概念がそこに止揚されたためである。そして御墓制こそが、この新しい概念を導出するという歴史的に重要な役割を果したものにほかならない。

(二) 外祖父母墓制と墓歴名の編纂

九世紀になると、天皇即位に応じてその外祖父母にそれぞれ贈太政大臣正一位・贈正一位をおくり、葬地を自動的に墓歴名に加えて公的守衛を行うというシステムが確立する。これを「外祖父母墓制」と呼ぶことにする。墓歴名を見ると、D―2群では、先の二つの御墓に続いて桓武・平城両天皇の外祖父母にあたる人物の墓が掲載されている。またE・F群に掲げられた墓の大部分は外祖父母の墓であり、各々が特別扱いされた事情も国史の上に明らかである。このように、九世紀の墓歴名に加えられた墓は、八世紀の令制の墓概念とは全く異質なものというべきである。

ところが、その始めに位置する牧野・大野二墓にはそれ以降のものとは違った特殊性がみられ[58]、それがこの外祖父母墓制の成立事情を示してくれている。特殊性とは次の三点である。（1）桓武天皇の外祖父母の墓ではあるが、桓武即位に応じてすぐに追尊され特殊扱いを受けるようになったのではないこと、（2）歴名で一般的な「○○天皇外祖父（母）」といった書式の注記とは違って、この二墓のみは「太皇大后之先○○氏」と記されていること、（3）和乙継はのちの外祖父一般のように「贈太政大臣正一位」とされていないこと、である。

この和乙継と大枝真妹が、先述の「子以レ祖為レ尊、祖以レ子亦貴」という理念に基づき「贈正一位」に追尊されたのは、高野新笠が没した翌年、延暦九年（七九〇）の年終（荷前儀式と関係があるのだろう）のことである。皇太夫人であった新笠に皇太后が贈られ、陵に葬られた年である。そしてこの二墓は歴名で外祖父母の墓としてというより、むしろ「太皇大后之先」即ち新笠の父母の墓として扱われているのである。高野新笠は、没するとほぼ同時にその葬地が陵と称された最初の天皇嫡妻である。紀橡姫以前の皇太后・太皇太后の葬地は、みな一度御墓とされてから後に陵の列に移されてきた。ここに皇太后・太皇太后尊重の意識は頂点に達したのである。

以上のことからすると、先の二墓が特別扱いを受けるようになったのも、この延暦九年、正一位が贈られた時点のことだと考えてよかろう。新笠が皇太后として陵に葬られるに応じて、その父母をも「子以レ祖……」の理念に基づいて尊び、さらにその葬地をかつての御墓の枠に加えることになったと考えられるわけである。律令国家の男系直系主義の理念とはいささか排反する孝思想の浸透により、[59] 天皇の皇太后・太皇太后といった女系の祖（国母）の葬地に対する崇敬が強まって御墓制が現出したのだけれども、それが強調されすぎると、（1）それらの葬地が陵へ格上げされ御墓制の内実が空洞化し、（2）その父母、即ち外祖父母の葬地をも遡って尊重しようとする意識が強まる。この二つの傾向が結合することで九世紀の新しい外祖父母墓制が誕生したと私は考えるのである。先の二つの墓は、こうした御墓制から外祖父母墓制への過渡期をはっきりと映し出してくれているのである。

さて、このような陵墓制度の変革期を経たのちに生み出されたのが『弘仁式』の陵墓歴名であった。陵歴名は、第二節で述べた律令制下の先皇陵の公的守衛のために作られた先皇陵歴名を基礎として、本節で扱った御墓から格上げされた陵を『弘仁式』編纂段階で挿入したものである。他方、墓歴名なるものは令制のもとでは生まれえないことは既に述べた。では、第三節でみた雑多な資料が纏められるとともに墓歴名の原形が編纂され始めるのはいつかといえば、それは桓武朝のことであろう。その理由は次の二つである。（1）平安時代陵墓制度における墓の概念は御墓制のなかから生まれたもので、その公的管理が歴名作成の契機となったと考えられる。御墓のリストが墓歴名の原形であり、この墓概念の転換期こそがふさわしい。（2）先述のように中大兄関係諸墓（八）が「別記」のなかに吸収されていないとなれば、それ以降でそれらが注目される時期として桓武朝を想定するのが妥当である。皇統が天武系から天智系へと移って皇統意識が強まったこと、渡来系氏族の思想的影響を強く受けた桓武天皇が中国的な宗廟観念をもって祖先崇敬の意識を高めたこと、[60] 光仁即位に応じて施基皇子は天皇号を追贈され田原に山陵が設置されたが、その延長で皇統をさらに天智天皇から継体天皇にまで遡らせてつなぐ系譜的資料が注目されて、墓歴名作成に利用されるという事情は十分に想定しうること、などからそう考えるのが妥当であろう。この原墓歴名に平城天皇外祖父母の二墓を書き足して全体に多少の手を加えたものが、『弘仁式』の墓歴名なのである。

なお、ここで付言しておきたいのは、この平城天皇の外祖父母からは、その葬地を墓歴名に加える際に各人を贈太政大臣正一位・贈正一位とする原則が確立したということである。八世紀にも臣下で太政大臣を贈られた人物は存在したが、その葬地までが公的に守衛されたわけではない。有功王墓はあくまで皇族太政大臣に限られていたのであり、贈官贈位と葬地管理とは直結していなかった。また、外祖父母を尊ぶ観念も存在はしたが、それへの贈位は葬地の問題とは無関係であった。[61]外祖父母への贈官贈位（特に太政大臣を贈ること）の制が生じた背景には、御墓制を介して延暦九年から公的管理の対象となった外祖父母の墓が、皇族太政大臣の葬地たる有功王墓と同列に墓歴名に収められた結果、両者の観念が融合したという事情が存したのである。

第五節　平安時代陵墓制度の確立

先の大きな転換期において律令陵墓制度に生じた様々な変化は、ひとまず『弘仁式』陵墓歴名として結実する。本節ではその後の陵墓制度の変容過程を、今までと同じく陵墓歴名をたよりに探ってみたい。

（一）藤原氏先祖墓の再興

ここでは、先に『貞観式』編纂部分と考えておいたB・E群の分析を手がかりに考察を進める。まず、E群のなかに多武岑墓や後阿陁墓といった奈良時代以前の人物の墓を含めていることについて説明しておく必要があろう。これらが式に収められた時期をそこまで下げる考えは、従来の通説とは大きく異なるからである。[62]しかし私はこれらを天安から貞観初年ころになって特に尊重されるようになり、そののち『貞観式』に収められたと考えている。

まず、奈良時代にまで遡らせえない理由は以下の通りである。（1）この二墓が既に八世紀に実在したことは間違いなく、太政大臣不比等の墓に至っては臨時の祭祀・奉幣の対象にまでなったことがある。[63]しかし、先述のように令制の墓は各氏の私的管理に任されるもので、公的守衛を第一目的とした当時の歴名には加えられるべくもない。(2)また、式の「後阿陁墓」という名称はD群の藤原良継の「阿陁墓」を前提とするものであるから、阿陁墓が平城天皇外祖父の墓として歴名掲載条件を得た大同元年（八〇六）より、さらに下る時期に式に加えられたと考えられる。一歩譲って歴名の記載順序が必ずしも歴名掲載順序と一致しないにしても、「後〇〇墓（陵）」という名称の付け方を奈良時代にまで遡らせることはできない。奈良時代には臨接した葬地を区別するのに「河内磯長中尾陵」と「河内磯長原陵」だとか「奈保山東陵」と「奈保山西陵」[64]、あるいはまとめて「大内東西」というように[65]、〝より詳しい限定語を間に挿入する〟という方式をとっている。延暦十二年（七九三）三月癸卯（廿五日）条（『日本紀略』）に「後田原陵」とあるのが史料上の初見で、歴名では陵の「後山科陵」（藤原順子）、墓の「後阿陁墓」が最初であって、この命名法が一般に普及するのは九世紀中ころ以降のことである。(3)歴名では二墓が併記されており、掲載時期はほぼ同時とみてよいから、(2)の推定は多武岑墓にも応用してよい。

次は、平安時代でも天安年間から貞観初年と限定する根拠である。(1)紅葉山文庫本・林家本など内閣文庫本系統の写本にみられる多武岑墓に付された注記には、

　国史並貞観式云大織冠墓云々。今文已違。式誤也。

とあって、『貞観式』では不比等でなく鎌足の墓とされていたことが知られるが、ここで注意したいのは「貞観式云」とはあるが『弘仁式』についてはふれるところがないことである。両式は相互に併用されていたので、弘仁の歴名に既に存在すれば重複を避けて貞観歴名に加えるはずがない。従って、多武岑墓は『貞観式』で初めて式に掲載された可能性が高い。(2)また、天安から貞観初年の史料から藤原氏の祖先の墓を再興しようという動きが具体的に確認できる。まず、天安二年（八五八）の十陵四墓の詔のなかに突如鎌足の多武岑墓が現われる。近年の外祖父でもない遠い過去の藤原氏の祖先墓が国家行事たる荷前別貢幣の対象として突如クローズアップさ

れたことは、重視してもしすぎることのない事件である。(66) これを受けて墓の実際の整備も開始された。

（貞観五年（八六三）二月）七日庚子。……。下二知大和国一、禁三藤原氏先祖贈太政大臣多武岑墓四履之内、部内百姓伐レ樹放牧一。

（『日本三代実録』）

（貞観七年（八六五）五月）廿六日丙午。勅、近士賢基、修行年久。居二住多武岑墓辺寺一。宜レ令下二大和国一、以二正税稲一、日給二米一升二合一、充中其供料上。兼令下二賢基一率二沙弥等一、検中彼墓四至之内上。

（『日本三代実録』）

また『多武岑略記』に引く「要記」は、これと同様の賢基による多武岑の中興の事情をさらに詳細に伝えている。(67) このような「藤原氏ノ先祖」に対する意識の高揚の延長として、武智麻呂墓の整備もあわせて行われたようである。

（貞観八年（八六六）十月）廿三日甲午。贈太政大臣藤原朝臣墓在二大和国宇智郡阿陁郷一。詔置二守冢徭丁十二人一。

（『日本三代実録』）

早く喜田貞吉氏が指摘しているように、この「贈太政大臣藤原朝臣墓」は武智麻呂墓と解すべきであろう。(68) 清和天皇の治世において平城・嵯峨両天皇の外祖父良継の阿陁墓があらためて注目される積極的理由は認めがたいし、もしそうなら対をなす外祖母の村国墓についても何らかの史実が残されていてもよさそうである。

とはいえ、なぜここで武智麻呂の墓が注目されたのかについては説明しておく必要があるだろう。この時期ならば、北家にとっての直接の先祖である贈太政大臣房前の墓こそが注目されてしかるべきだからである。しかしそれにもかかわらず房前の墓が取り上げられなかったことにこそ、当時の事情――八世紀後半から九世紀前半の氏の原理の変容にともない私的管理に任されていた律令制的な氏墓が衰退・荒廃した状況(69)――がリアルに投影されていると考える。武智麻呂の墓所は、その地に栄山寺が建てられていたことや良継の墓も同所に設置されていたことによって、偶然的にその所在地が記憶されていた一例にすぎない[70]。多武峯墓も同様の事情でかろうじて認知されえたのであるが、それすらも「要記」が正直に伝えているように「堂塔独存、香華鎮怠。无㆓講経修営之人㆒、為㆓樵牧葬埋之地㆒。朝家不㆑知㆑之、国司无㆑制㆑之」という様相を呈していたのである。また、多武峯墓の被葬者について古くから鎌足か不比等かで議論があるのも、また十陵四墓の一つに加えられたことを受けて、急いでその整備が行われたのも、そうした状況を示しているのであろう。事実、奈良時代の他の氏墓に関する史実はほとんど残されていない。以上のような令制氏墓の衰退という状況に対して、藤原氏の先祖の墓を再興しようという試みのもと、多武峯墓と後阿陁墓とが歴名掲載の条件を獲得したと考えられるのである。

では藤原氏の先祖の墓を再興する契機となった十陵四墓の制を生み出した主体は誰かというと、それは藤原良房であろう[71]。鎌足墓が四墓の筆頭に掲げられたのは、良房が実質上の人臣初の太政大臣に就任した翌年、幼帝清和の側で政務を統轄し始めた年のことである。彼の太政大臣就任と無関係だとは考えられない。天皇家に並ぶ太政大臣家の祖として、天智天皇と対をなす藤原鎌足の墓があらためてクローズアップされたわけである。

(二) 貞観歴名にみえる十陵四墓制の影響

以上をふまえて、B・E群の内部の配列についての考察を行う。B群に関して和田氏は、C群の諸陵も含めて「山陵存置順」になっている、即ち山陵設置ごとに書き足していったとされている[72]。しかし詳細にみれば、存置順ならば藤原旅子・高志内親王・平城天皇・淳和天皇・嵯峨天皇・仁明天皇・橘嘉智子・文徳天皇・藤原順子の陵の順になるべきであるから、これと現歴名の順序との相違を具体的に説明しない限り、存置順という説は受け入れがたい。相違は二点に要約できる。(1)嵯峨・淳和両天皇陵が掲載されていないこと、(2)仁明・嘉智子の母子はあまりにも立て続けに没したために、当時その象徴的意味が取り沙汰されたほど関係が深いのに、[73]歴名ではセットで載せられることなく、二十六年も前に没した平城天皇の陵が間に入っていること、である。

まず（1）についてだが、従来は両天皇が薄葬を希望したために掲載されていないと説明されてきた。[74]それはそれで正しいが、では「不営山陵」の遺言を残した嘉智子の陵はなぜ歴名に存するのかを説明する必要があるし、即位・立太子の告文使など皇統に関わる山陵遣使の際には、直系祖先および先帝の陵として嵯峨・淳和両天皇の陵が史料の上に登場する事実をどう解するのかという疑問も残る。[75]淳和陵は清和朝以降になると直系祖先から外れるため史料には見えなくなるが、嵯峨天皇の陵は貞観以降になってもたびたび現われるのである。従って、このように系譜上重要な位置を占める嵯峨天皇の陵を掲載しない歴名B群自体を特殊な、または特定の性格を有するものと規定すべきであって、この点は安易に見過ごしてはならない。

実はこれと非常に類似した性格をもつのが、先にもふれた別貢幣を献ずべき近陵近墓の定数を定めた十陵四墓の勅である（『日本三代実録』では詔とする）。

勅定㆓陵墓数㆒献㆓年終荷前幣㆒事。

山陵十処

天智天皇〈山階〉山陵　在㆓山城国宇治郡㆒。

春日宮御宇《（施基皇子）》天皇田原山陵　在㆓大和国添上郡㆒。

天宗高紹《（光仁）》天皇後田原山陵　在㆓大和国添上郡㆒。

贈太皇大后宮高野《（新笠）》氏大枝山陵　在㆓山城国乙訓郡㆒。

桓武天皇柏原山陵　在㆓山城国紀伊郡㆒。

贈太皇大后藤原氏（乙牟漏）長岡山陵　在㆓山城国乙訓郡㆒。
崇道天皇八嶋山陵　在㆓大和国添上郡㆒。
先太上天皇（平城）楊梅山陵　在㆓大和国添上郡㆒。
仁明天皇深草山陵　在㆓山城国紀伊郡㆒。
文徳天皇田邑山陵　在㆓山城国葛野郡㆒。
墓四処
贈太政大臣正一位藤原朝臣鎌足多武岑墓　在㆓大和国十市郡㆒。
後贈太政大臣正一位藤原朝臣冬嗣宇治墓　在㆓山城国宇治郡㆒。
尚侍贈正一位藤原朝臣美都子次宇治墓　在㆓山城国宇治郡㆒。
贈正一位源朝臣潔姫愛宕墓　在㆓山城国愛宕郡㆒。
天安二年十二月九日

（『類聚符宣抄』第四帝皇、荷前）

＊「山階」の二字は『日本三代実録』により補う。

嵯峨・淳和両天皇の陵を含めない点で歴名と共通し、両者を差し置いて直接の血縁祖先でもない平城天皇や崇道天皇の陵を近陵に設定する特殊性は際立っている[76]。特に《平城・仁明・文徳》という天安年間当時から相対的に近い時期の三近陵を一括する組合せに注目してみると、それと同じセットが歴名B群にもみられることに気づく。B群にはこの天安二年制の直接的な影響があるのではないか、既に『弘仁式』歴名中に掲載済みの十陵のうちの墓前七陵を除いた残る三陵を、まとめてB群後半に転載したのではないかと考えられてくる。そこでもう一方の墓歴名E群をみる。先述した大岡墓を除くと、ここでもやはり天安の四墓のうち三墓までが一括してその後半に置かれていることが確認されるのである（ただしここは設置順とみることもできる）。

こう考えると先の疑問（2）も納得のいくものになるし、（1）についても次のように説明できる。皇統上は尊重されていた嵯峨天皇陵（仁明朝には淳和陵も）が歴名にみられないのは、本来すべての「先皇陵」の守衛管理・祭祀を本旨としていた歴名が、十陵四墓制の影響を受けていることに示されているように、荷前別貢幣の台帳へとその性格を変移させてきているためである。また、橘嘉智子陵の掲載についても次のように説明できる。歴名は天安二年の勅と違って可能な限り網羅性が要求されるがゆえに、E群には仁明天皇外祖父母も掲載されているわけだが、既に述べたように外祖父母の墓を歴名に加える根拠は皇太后（太皇太后）により媒介されているのであるから、嘉智子陵が歴名に載せられることは必要条件であったのである。

以上をまとめると、『貞観式』歴名の編纂には天安二年の十陵四墓制が参看されており、歴名が荷前別貢幣のための台帳へと変容していくさまが映し出されている。多武岑墓は十陵四墓の一つではあるが奈良時代以前の古いものであるから、後阿陁墓とともに貞観墓歴名の最初に置いているが[77]、基本的には十陵四墓のうち弘仁歴名に載せられていなかったものについては「天安二年設置の近陵近墓」と認識され、まとめて一括転載された[78]。『延喜式』にも受け継がれるように、歴名に対して範囲を設定して近陵・近墓の注記を加えるのに簡便だからである。これが歴名の配列を規制しているところに、陵墓制度における荷前別貢幣制度の比重の拡大が窺われる。

最後に、伊予親王の巨幡墓が歴名掲載条件を獲得した年について補足しておきたい。これが二組の外祖父母墓の間の位置を占めている積極的な理由は見あたらないので、両組が掲載資格を得た弘仁十四年（八二三）五月以降[79]、天長十年（八三三）以前の期間にその条件を獲得したと考えざるをえない。その間に伊予親王が問題にされたのは一度だけ、弘仁十四年七月二十五日である。『日本紀略』に、

丁丑（廿五日）。故三品中務卿伊予親王・故従三位夫人藤原朝臣吉子、復二本位一。帳内資人亦依レ法行レ之。

とある。この前後には祈雨のための奉幣記事が集中しており、干害を祟りとみなして伊予親王の葬地を墓の列に加えたのではないかと考えられる。興味深いことは、本来二人セットであるはずの伊予親王と藤原吉子の墓の扱いに大きな差異があったという事実である。両墓の歴名に占める位置は大きく離れ、掲載資格取得に四十年ものずれがある。これについては次の『日本紀略』の史料が参考になる。

乙丑（廿七日）。度二一百卅人一。奉二為崇道天皇一一百人、為二伊予親王一十人、夫人藤原氏廿人。

大同五年（八一〇）七月の嵯峨天皇不予に際し、祟りを恐れて僧を得度させた記事である。この史料には、（1）得度人数では伊予親王より吉子の方が多い、（2）内分けの順序では吉子より伊予親王が先で、用語でも「奉為」「為」「（ナシ）」という明確なランク付けがある、という二つの特徴を読み取ることができる。祟りの威力では吉子の方が強力であったが、彼女が皇后でもない非皇族であったことが順序を規制しているのである。当時のこのような通念からすれば、いくら祟りの威力が強くとも、皇族や外祖父母までを対象としてきた墓歴名に吉子の墓地を加えることには少なからず違和感や抵抗感を覚えたのであろう。その制約を超えるには、四十年後の貞観五年の御霊会を待たなければならなかった。これまで注目してきた貞観初年という時期は、この意味でも陵墓制度の一つの大きな転換期であったといえる。

（三）律令国家陵墓制度の終焉

残るC・F群の分析を行う。F群は実はさらに二つに分割される。表2のF―1群とF―2群である。このように区分したのは、（1）前者では「守戸」の語が使われ、後者では「墓戸」の語が用いられるようになり、

（2）前者は仁明天皇から陽成天皇に至る皇統に関わる諸墓で、後者では転じて仁明天皇から光孝―宇多―醍醐天皇とつながる皇統の外祖父母の墓が登場するからである。

F―1群には、『貞観式』完成の翌年没した清和天皇外祖父の藤原良房、続いて陽成天皇外祖母藤原乙春の墓（外祖父藤原長良の墓は欠如）[80]が記されている。貞観十四年（八七二）および元慶元年（八七七）の二度にわたる十陵五墓の設定で各々新たに五墓に加えられたものを、[81]元慶八年（八八四）以前の段階で（実際は元慶元年以前）貞観墓歴名の末尾余白に順次書き加えていった部分だろう。先にふれた陵歴名B群末に加筆された後山科陵も一回目の十陵五墓で新たに近陵とされたもので、兆域記載を欠くなど貞観歴名部分と異質である点でも同じであるから、F―1群に対応する加筆部と位置付けられよう。この段階になると先の傾向はさらに強まり、荷前別貢幣対象陵墓の改定に振り回されて歴名への加筆がなされていることが注目される。

なお、良房の後愛宕墓の扱いについてもふれておこう。実質的には既出の源潔姫の墓に対応する清和天皇外祖父の墓として掲げられているにもかかわらず、注記には「太政大臣贈正一位美濃公藤原朝臣」とあって、外祖父注記をもたないことは興味深い。七世紀以来の有功王墓（陵）の観念――太政大臣の葬地は公的に守衛されるという意識――が形を変えつつもなお生きていることが確認できる。贈位ではない太政大臣良房にとっては外祖父といった皇太后を介した二次的正当化は不要で、太政大臣というだけで墓歴名に入る立派な資格を有すると考えられている。このように平安時代の太政大臣のなかには、少なからずかつての実権のある皇族太政大臣のイメージが残存していたのである。

残るC群とF―2群も互いに対応しており、『延喜式』編纂時に全く新たに書き足された部分である。配列では、前半に近陵近墓、後半に遠陵遠墓をまとめて記しているように、荷前の近遠を基準に配列されている。[82]宇多天皇の外祖父母の墓が光孝天皇のそれより前に位置しているのは、F―2群中で唯一の親王として際立つ桓武天皇皇子の仲野親王を尊んでのことであろう。

太政大臣墓という観念はこの時期にも生きている。外祖父でもない藤原基経の墓が掲載されるのは、彼が太政大臣であったからである。また光孝天皇外祖父母の墓の順が外祖母・外祖父となっているのは、藤原総継に贈正一位に遅れて太政大臣が贈られたという事実を式編者が見落としたためらしい(83)。「贈正一位藤原朝臣総継」とのみ注記されている。彼の墓は本来有すべき「贈太政大臣正一位」という条件を満たさぬ一ランク劣ったものとして扱われ、その結果順序が逆転したのだと解される。たとえ贈位であっても太政大臣という条件は重要であった。

かつての有功王墓の枠組みは、皇族ならぬ人臣太政大臣の墓という枠組みに変化する。そのなかで生まれたのが、「墓戸」そして「有功臣」という用語である。「墓戸」の語は元慶八年以降おそらくは『延喜式』編纂段階での造語だと考えられる。というのも、（1）歴名ではF―2群にのみ、即ち元慶八年以降設置の墓にのみ用いられるもので（H群の事情は既述）、これは同じく元慶八年以降の陵のみからなるC群において再び陵戸の語が復活するのと対応する現象であり、（2）陵戸は本来れっきとした令制用語で、養老令以降には五色の賤の一つとして位置付けられるものであって、一般の戸をあてる守戸と対をなすものだから、令制下では墓戸などという概念は生まれえないからである。『延喜式』には次のような式文がみえる。

凡山陵者、置二陵戸五烟一令レ守レ之。有功臣墓者、置二墓戸三烟一。其非二陵墓戸一差点令レ守者、先取下近二陵墓一戸上充レ之。

これは先の持統天皇五年詔をもとにした式文に、『延喜式』段階でさらに修正を加えて作文したものである。この修正には、律令陵墓制度が平安時代のそれへと変容した際に生じた様々な変化が巧みに取り込まれている。実

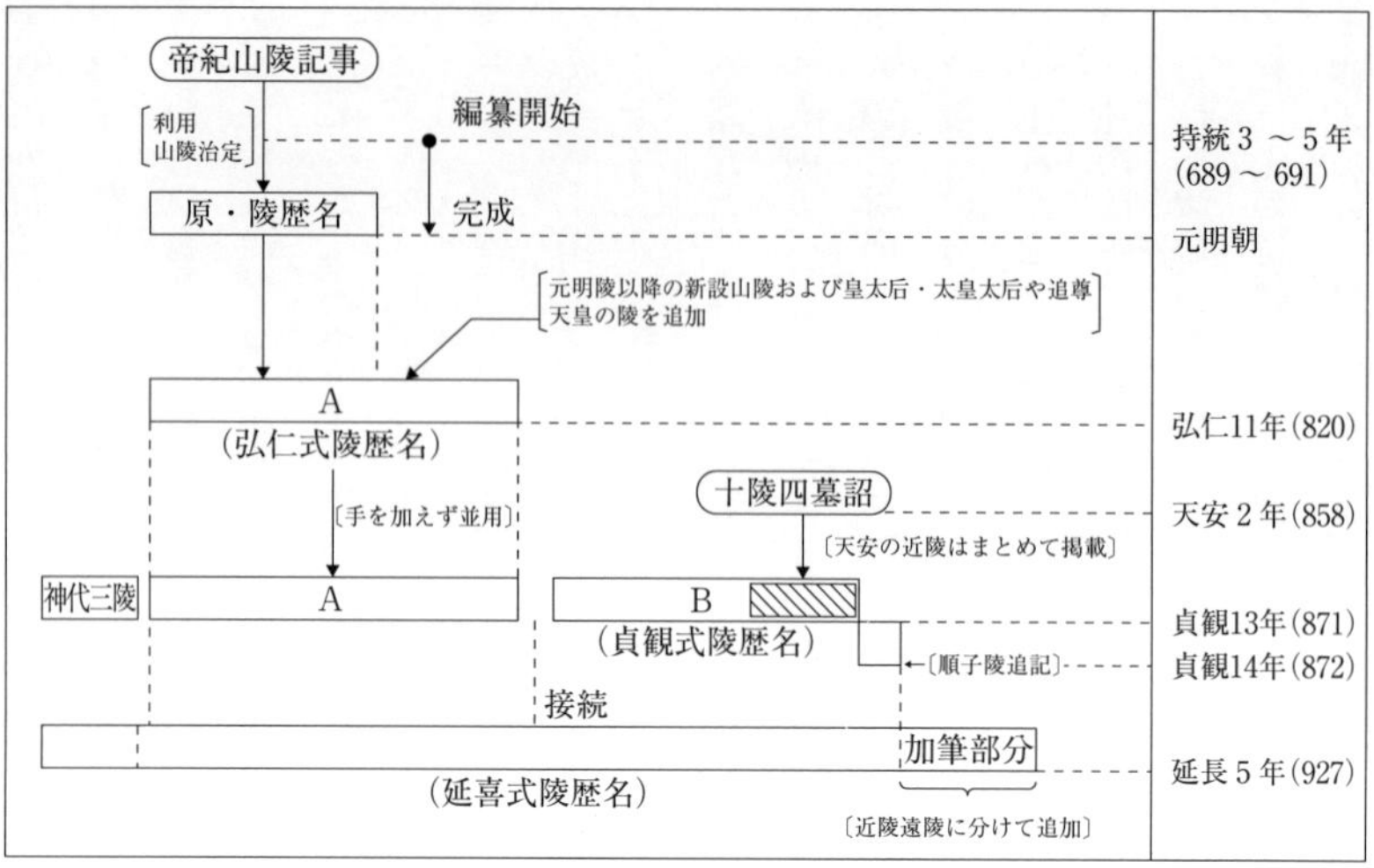

図4　延喜式陵歴名の成立過程

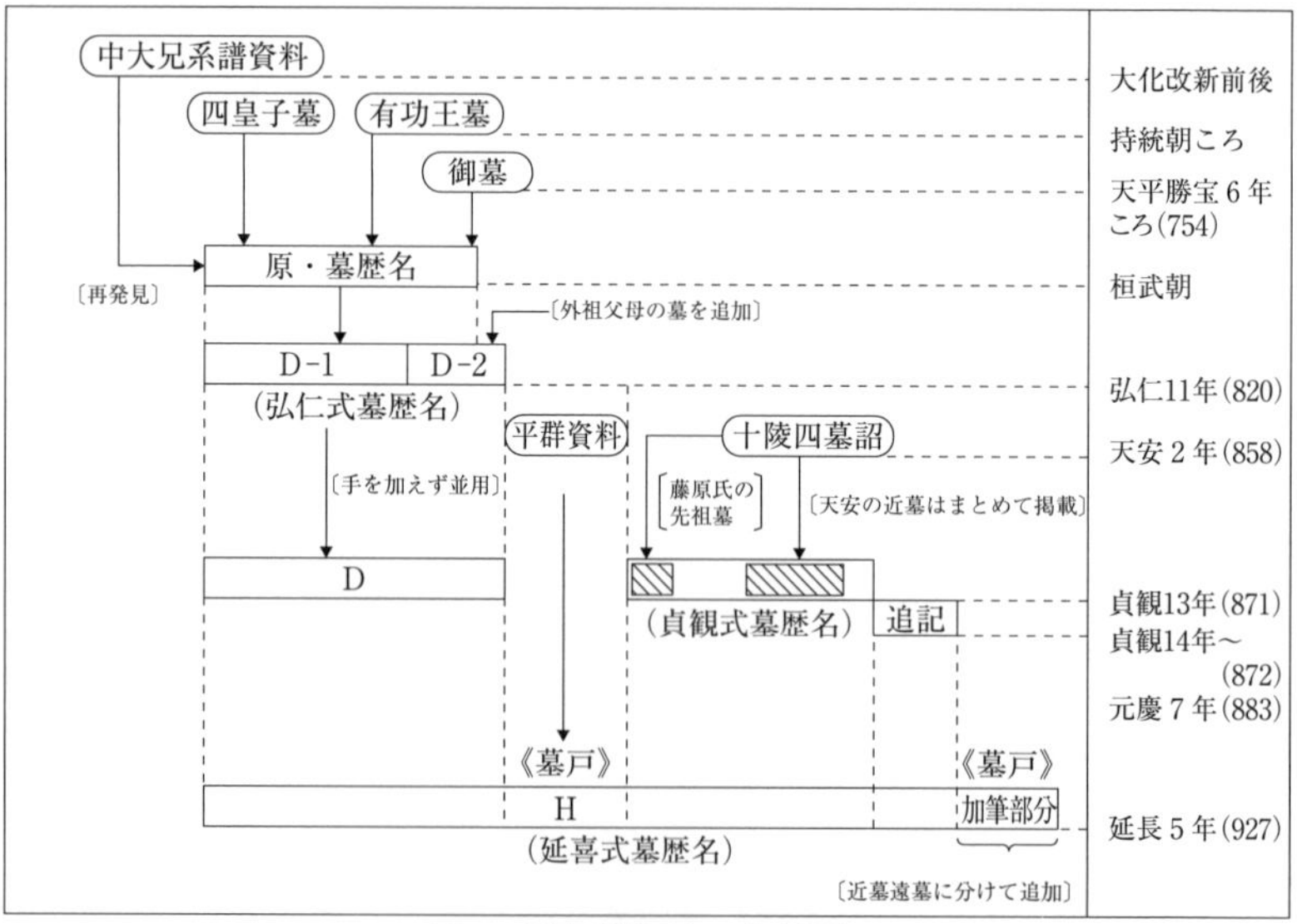

図5　延喜式墓歴名の成立過程

態に則して「先皇陵」が「山陵」に、「自余王等有功」が「有功臣墓」に改められ、陵戸と同じ賤戸を広く墓の方にも設置しうるように「陵戸―墓戸」という全く新しい対概念が創造されている。旧来の律令陵墓制度の枠組みを利用しつつも、九世紀に生じた本質的な変化をみごとに汲み取って法制化したのがこの式文である。ここに名実ともに律令国家の陵墓制度は終焉するのである（図4・図5）[84]。

むすび

最後に、本稿で考察したことをもとに九世紀末までの陵墓制度の時期区分を行い、むすびとする（図6）。まず第Ⅰ期は、持統天皇三年（六八九）の浄御原令以前で、皇族と一般の氏の葬地を各々陵と墓と称して区分する制度が存在した。原陵歴名に取り入れられずに終った陵墓への古い信仰も生きていた時代である。第Ⅱ期は、持統天皇三年以降大宝元年（七〇一）以前である。先皇陵と有功王陵に対する公的守衛の原則が確立し、その他の皇族や一般氏族の「営墓」については、氏々祖墓に限って許可するという厳しい制限が設けられた。これは公的・超越的存在としての律令天皇の誕生、令制の理念に基づく広大な土地占有の禁止をふまえた政策であろう。第Ⅲ期は、八世紀前半の律令陵墓制度の最盛期で、先の第Ⅱ期の理念をさらに突き詰めて即位天皇の葬地のみを陵と称すべきとし、元正朝末年から聖武朝初年ころには先皇陵歴名が完成する。ただし墓については、三位以上や別祖・氏宗については営墓してもよいと制限を緩めている。第Ⅳ期は、八世紀後半の藤原仲麻呂執政期から桓武朝初年までである。律令三后の尊貴性に当時の孝思想や祖先顕彰意識の高揚が加わることで、新たに御墓の制度が誕生する。第Ⅴ期は、延暦九年（七九〇）から『弘仁式』が完成する弘仁十一年ころまでである。御墓制の

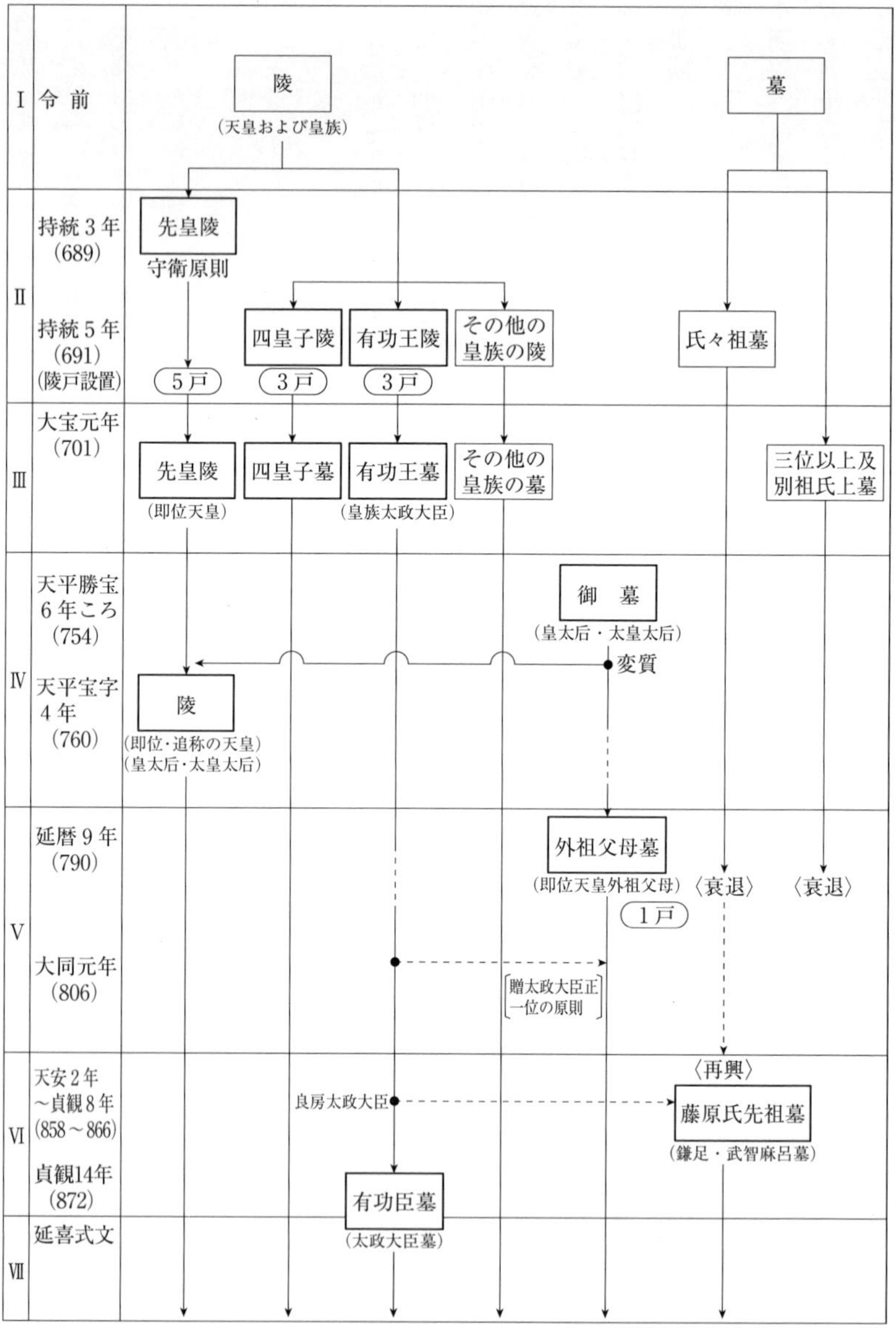

□…公的守衛管理対象陵墓　□…私的守衛管理対象陵墓（ ）…被葬者内実　⬭…守衛戸数原則

図6　陵墓制度系統図

なかから平安時代陵墓制度の重要な柱となる外祖父母墓制が誕生する。そうした墓概念の変質を経て、ようやく桓武朝に最初の墓歴名が編まれることになる。中大兄関係の諸墓が再発見されるのもこのころである。なお外祖父母の墓が皇族太政大臣墓たる有効王墓と共に墓歴名に収められたことが一因となり、逆に外祖父には太政大臣を贈るという慣例が生まれたのもこの時期である。第Ⅵ期は、天安・貞観年間から元慶八年（八八四）までである。藤原良房が太政大臣に就任したことに応じ、天安二年の十陵四墓制では天智天皇と藤原鎌足の両葬地を対として位置付けるようになり、藤原氏先祖墓の再興が進められる。天皇家と藤原太政大臣家を相互補完的なものとみなす思想が強く押し出されてくる時期である。そして歴名は本来の意義を失い、荷前別貢幣の台帳的性格を濃厚にしていく。律令陵墓制の解体期である。第Ⅶ期は、元慶八年から『延喜式』編纂段階までで、律令制下では存在しえなかった「有功臣」「墓戸」といった新しい用語を用いた式文の設定により、新しく生み出された陵墓観念に法的根拠が与えられることとなる。律令陵墓制度の終焉期である。

以上、律令国家の陵墓制度について、その誕生から平安時代の独自のそれへの転換に至るまでを見通してきたのであるが、私はこの転換を単なる律令制の衰退という側面のみから捉えることはしない。その変化は、歴名の変容自体にも投影されていたように、背景にある祖先観の一つの大きな変化に対応するものである。すべての先皇陵を歴代順に網羅した一系系譜的性格を有する歴名の基礎には、皇祖霊を全体として捉える天皇霊の観念や天皇歴代を軸として、それに依存する形で王民が仕奉し来ったという直線的な時間観念の伝統が存在していたのであるが[85]、この皇統の一系性の意識が衰退してくると相対的に天皇家の私的な血縁原理が明確化して、十陵四墓制の成立とその影響を受けた歴名に象徴されるような近親祖先に対する個別的祭祀が表に現われてくる。しかし、同時に注意しておきたいのは、そうした変化が律令陵墓制度の内部に存在した原理の歴史的展開として自らを実現したということである。即ち、（1）太政大臣または贈太政大臣たることが墓設置の条件となっていることや、良房が新しい陵墓制度を生み出したのが太政大臣に就任した時点であったことは、皇族太政大臣のための有功王墓という伝統的な制度が背景にあってのことだろうし、（2）外祖父母墓制は御墓制さらに遡れば律令三后の特殊な地位に起源をもつものといえる。（3）また、鎌足墓はかつての氏々祖墓を天皇家と藤原氏の相互補完性という新しい意味をこめて復活させたものであった。こうしたことは、歴史が既成の枠内でその制約をみごとに利用しつつ新しい制度を実現した一例と解することができる。そして、その新しい制度の柱となったこれら三つのもの——太政大臣、外祖父母、天皇家と藤原氏の相互補完性——は、そのまま新たな前期摂関時代の政治原理とされているものと一致している。(86)

（1）　服藤早苗『家成立史の研究——祖先祭祀・女・子ども——』校倉書房、一九九一年、義江明子「古系譜にみる「オヤ—コ」観と祖先祭祀——「家」の非血縁原理の原型を求めて——」（『国立歴史民俗博物館研究報告』四一集、一九九二年）。

（2）　こうした課題についての近年の研究成果として、服藤註1著書のほか、吉田 孝『律令国家と古代の社会』岩波書店、一九八三年、義江明子『日本古代の氏の構造』吉川弘文館、一九八六年、などがある。

（3）　代表的な研究を掲げると次の通り。和田軍一「諸陵式に関する二三の考察」（『歴史地理』五二巻一・三・四号、一九二八年）、同「諸陵寮式の研究」（『歴史地理』五三巻二・三・四号、一九二九年）、宮城栄昌『延喜式の研究』大修館書店、一九五五年、時野谷滋「神武天皇紀と諸陵式」（中山久四郎編『神武天皇と日本の歴史』小川書店、一九六一年）、同「神功皇后の山陵」（神功皇后論文集刊行会編『神功皇后』皇學館大学出版部、一九七二年）（ともに、同『飛鳥奈良時代の基礎的研究』国書刊行会、一九九〇年、に再録。ただし、前者の後半は削除されている）、新野直吉「古代の守陵墓者」（『神道史研究』八巻一号、一九六〇年）、同「陵戸論」（『日本歴史』三九三号、一九八一年）、虎尾俊哉『延喜式』吉川弘文館、一九六四年、新井喜久夫「古代陵墓制雑考」（『日本歴史』二二二号、一九六六年）、吉永 登「諸陵寮式の成立事情その他」（『関西大学東西学術研究所紀要』一号、一九六八年）、白石太一郎「記・紀および延喜式にみられる陵墓の記載について――古墳の年代基準としての陵墓関係史料の再検討――」（同『古墳と古墳群の研究』塙書房、二〇〇〇年。初出は一九六九年）、北垣聡一郎「諸陵寮式の近陵近墓制について」（『伝承文化研究』四号、一九六九年）、田中久夫『祖先祭祀の研究』弘文堂、一九七八年、同『氏神信仰と祖先祭祀』名著出版、一九九一年、波多野忠雅「延喜諸陵寮式考――式内陵墓の遠近関係を中心として――」（『関西大学文学部史学科創設二十五周年記念日本史学論集』関西大学史学会、一九七五年）。なお、ここでは陵墓祭祀研究のなかで関説されているものについては省略した。

（4）和田註3第一・第二論文、吉永註3論文、虎尾俊哉「延喜式は杜撰か」（『新訂増補国史大系』月報18、一九五五年）など。

（5）『日本三代実録』元慶八年十二月十六日壬寅条にみえる藤原沢子陵や、同二十日条の藤原総継・数子の墓の四至記載法と共通する。

（6）第二節（一）で詳述。

（7）淳和天皇自身の陵は歴名には記載されていない（第五節参照）。

（8）『続日本紀』延暦九年閏三月甲午（二十八日）条には「葬二於長岡山陵一」とみえるけれども、大同五年七月丙辰（十八日）・弘仁七年六月壬戌（二十八日）条には高畠陵・高畠山陵とみえており（『類聚国史』巻卅四帝王、天皇不予、巻卅六帝王、山陵）、天長元年十二月十六日宣旨（『類聚符宣抄』第四帝皇、荷前）以降になると再び長岡山陵と称されるようになっていて、名称の改正があったことが知られる。

（9）神代三陵をB群としたのは、三陵に対する注記に「已上神代三陵。於二山城国葛野郡田邑陵南原一祭レ之。其兆域東西一町、南北一町」とあって、これが書かれたのが田邑陵設置（天安二年九月六日、当名称への改名は十二月十日）以降であると判断されること、この兆域記載法は『延喜式』段階まで下らないことによって、『貞観式』編纂時だと推定できるからである。文徳陵はまさにその時点での最新の天皇陵であった（山田邦和氏の示唆による）。しかしそれ以前に三陵が歴名に記されてなかったとまでいう根拠は今のところない。

(10) 藤原吉子の墓については、『日本紀略』昌泰元年（八九八）六月二十二日条および『扶桑略記』第廿三の裡書に関係史料がある。

(11) ここに含まれる三墓については、辰巳和弘『地域王権の古代学』白水社、一九九四年、第三章に詳しい。

(12) 天智天皇の皇女で孝徳天皇の皇后となった女性も同名であるが、彼女が斉明陵に合葬されていたことは『日本書紀』天智天皇六年（六六七）二月壬午（二十七日）条で知られるから、ふさわしくない。また磯長墓が聖徳太子とその母間人皇女・妃膳大郎女の三棺一廟形式をなしているという説に対しては、その伝承が平安時代末期以来の浄土信仰の隆盛とともに三棺合葬形式の墓を阿弥陀三尊にたとえることで発生したもので、それ以前の史料にはみられないこと（小野一之「聖徳太子墓の展開と叡福寺の成立」『日本史研究』三四二号、一九九一年）、また考古学からみてもこの時期には三棺形式の古墳はいくつも例があるので（藤井利章「三骨一廟式古墳の一考察」『龍谷史壇』七三・七四合併号、一九七八年）、現指定墓を太子陵とする根拠は十分といえないことを指摘しておく。

(13) 第五節参照。なお、新野氏も註3第一論文のなかで「古記成立の頃には、陵戸・墓戸の区別がまだ行われず、降って延喜式に至るまでの或る時期に墓戸の称が独立成立したものかもしれない」と指摘しているが、時期は限定しなかった。

(14) 虎尾俊哉氏が『貞観式』について、「『弘仁式』は『弘仁式』として廃止することなく、これに対する訂正補足の部分だけを集めて編纂し、両者すなわち「前後之式」を併用するような形に編纂された」（同「延喜式」『国史大系書目解題』上巻、吉川弘文館、一九七一年）と指摘している。なお、同「貞観式の体裁」（同『古代典籍文書論考』吉川弘文館、一九八二年。初出は一九五一年）も併せ参照。

(15) 瀧川政次郎「陵戸考」（同『律令諸制及び令外官の研究』角川書店、一九六七年。初出は一九三二年）など。

(16) 詔の残る具体的な守衛戸数に関する規定は式文として扱われたようである。『令集解』喪葬令1先皇陵条の「朱説」に「但所レ充之陵戸数、可レ有二別式一。額同」とある。第五節でみるように、これにさらに修正を加えた式が『延喜式』

に収められている。

(17) 陵戸の語については、関晃氏以来、大宝令には存在しなかった可能性が指摘されており（同「日本古代の身分と階級」『関晃著作集』第四巻、吉川弘文館、一九九七年。初出は一九六三年）、また平城宮跡出土の大宝戸令当色為婚条の習書木簡の文章に陵戸の語が欠けていることもその新たな根拠とされるようになったが、これらは五色の賤の一つとしての陵戸の位置付けがなかったことを示すものにすぎず、陵戸の語自体が存在しなかったことをいうには十分な根拠だとはいいがたい。

(18) 仁井田陞『唐令拾遺』唐喪葬令復旧第一条。

(19) 前説に新井喜久夫氏らが、後説には和田軍一・田中久夫氏らがいる。

(20) 時野谷註3第二論文。

(21) 新井註3論文。

(22) 直木孝次郎『壬申の乱』塙書房、一九六一年、後篇第一章、野村忠夫『律令官人制の研究』吉川弘文館、一九六七年、第二章第二節、など参照。

(23) 和田註3第一論文（中）第二章。

(24) 時野谷註3第一論文。

(25) 『延喜式』陵墓歴名には、垂仁陵は陵戸二烟・守戸三烟、安康陵は守戸三烟（九条家本では五烟）とある。

(26) 白石註3論文。

(27) 従って、毎年十二月に行われた恒例の陵墓祭祀である荷前の常幣（諸陵寮（司）の管理するすべての陵墓に幣を献ずる儀式）の事実上の成立上限はこの元明朝ころで、通説のように欽明朝にまで遡らせることはできない。

(28) 岡野慶隆「奈良時代における氏墓の成立と実態」（『古代研究』一六号、一九七九年）も同様の課題を扱っているが、私見との相異も大きい。

(29) 墓は大化薄葬令以来、有位者の葬地の呼称であり、一般庶民の埋葬の「収埋」「葬埋」に対する概念であった。墓誌の出土例からみても、墓の語は「三位以上及別祖氏宗」の葬地に限られているわけではない。三位以上条の「古記」が「今行事濫作耳」といっているのも、後述の「営墓」についてのことである。

(30) 『令集解』喪葬令10三位以上条の「古記」には「並得レ営レ墓。謂高下長広、皆従二別式一也」とあって、大化薄葬令をうける埋葬施設の規定が式にあったことが知られる。

(31) 同様の法令は、こののちも延暦三年十二月庚辰（十三日）、大同元年閏六月己巳（八日）などに出されている。

(32) 坂本太郎「纂記と日本書紀」（同『日本古代史の基礎的研究』上、文献篇、東京大学出版会、一九六四年。初出は一九四六年）、丸山二郎「「纂記」考」（同『日本古代史研究』大八洲出版、一九四八年）。坂本氏は丸山氏の批判をうけて文字の修正は認めたが、修史のための史料収集を目的とするという自説については堅持した（同『六国史』吉川弘文館、一九七〇年）。

(33) 多少類似した見通しは森 浩一氏が提示している（同「古墳時代後期以降の埋葬地と葬地——古墳終末への遡及的試論として——」同編『論集終末期古墳』塙書房、一九七三年。初出は一九七〇年）。なお、その営墓の原則は既に浄御原令の規定に存在したかもしれない（采女氏塋域碑の存在）。

(34) 青木和夫「雇役制の成立」（同『日本律令国家論攷』岩波書店、一九九二年。初出は一九五八年）。

(35) 『日本書紀』皇極天皇元年是歳条など。新井註3論文参照。

(36) 和田註3第一論文（中）第二章。

(37) 新井註3論文。

(38) 例えば、宣化天皇の皇后橘仲姫の墓が『日本書紀』にみえるのに式には載せられていないこと、継体天皇以前の人物の墓がいくつかみられること、また蘇我氏執政期に二皇女が歴名に収められたというならば歴名に加えられてもよい蘇我系の女性が他にもいるのに、なぜ二人に限られているのか、などの点への理由付けが必要であろう。

(39) 時野谷註3第一論文。

(40) 日本古典文学大系『日本書紀』下、補注30—一三。

(41)　八木 充「律令制村落の形成」（同『律令国家成立過程の研究』塙書房、一九六八年。初出は一九六一年）など参照。

(42)　武田祐吉「解説」（日本古典文学大系『古事記 祝詞』岩波書店、一九五八年）、西宮一民「出雲国造神賀詞に見える「飛鳥乃神奈備」について」（『皇學館大学紀要』一九号、一九八一年）。

(43)　本居宣長『古事記伝』二十六之巻。石井良助「東国と西国――上代および上世における――」（同『大化改新と鎌倉幕府の成立（増補版）』創文社、一九七二年。初出は一九五二年）、吉村武彦「仕奉と貢納」（『日本の社会史』第四巻、岩波書店、一九八六年）、笠井昌昭「古代王権における三太子問題について」（『文化史学』四八号、一九九二年）。

(44)　天武天皇への系図とみることもできるが、（1）系図が政治的主張をもつものとすれば、天武朝以降の時期にわざわざ天武系皇統を強調する必要性は考えられないし、（2）天武朝以降になれば『日本書紀』の「系図一巻」またはその稿本が存在したので、それとは別系統の資料を作る目的がわからない。（3）事実、その史料の内容は記紀に取り入れられていない。以上から、私は中大兄皇子に関わる系譜的資料だと判断している。

(45)　九条家本でも既に「伴」となっている。

(46)　義江明子「「児（子）」系譜にみる地位継承――「稲荷山鉄剣銘」・「海部系図」――」（同『日本古代系譜様式論』吉川弘文館、二〇〇〇年。初出は一九八八年）。

(47)　記紀で大俣王女についてみえるのは、『古事記』下巻敏達天皇段の日子人太子系譜のなかでわずか一ヶ所にすぎない。

(48)　井上光貞「古代の皇太子」（同『日本古代国家の研究』岩波書店、一九六五年）。

(49)　広義の母、即ち父の嫡妻。『尊卑分脈』によれば、不比等の生母は「車持国子君之女 与志古娘」とするが所依は不明。

(50)　『六国史索引』が「ゴボ」と読んで立項しているくらいで、最近の新日本古典文学大系『続日本紀』四でも関説されていない。

(51)　史料2～4の相互関係は複雑であるが、私は2が紀橡姫の葬地を御墓から山陵に格上げしたオリジナルの史料だと考えている。式の如き役割を果していた1に基づいて、皇太后追贈に応ずる処置を行ったものであろう。注目すべきは、1も2も同じく十二月のことだという点である。山陵の列にその葬地が加えられることにより、十二月の荷前に関係するようになったためだと考えられるので、逆にこの時期にはまだ御墓に対する荷前は未成立であった可能性が高い。④は②の処置を国忌の前日にあらためて確認したものだといえる。なお、③の「右、件御墓、自今以後、称二山陵一」の部分は、先帝崩日の割注部に「霊亀二年」に続いて葬地に関する注記が付随することとの対応関係を考えれば、皇太后崩日の割注「和銅二年」に続いて②に基づいて付された注記であったのが本来の姿だと推察される。『弘仁格』または『類聚三代格』の編者が宝亀三年五月八日勅のうちの一部だけをピックアップして当日の勅としたため、このような姿になったのだと思う。この推定が正しいならば、史料に現われた御墓の被葬者はすべて女性であるという興味深い事実もみえてくる。

(52) 天平十年ころの「古記」では三后の葬地は単に墓と称すべしとしているので、それ以降である。宮子没に関する『続日本紀』の記事には一部に編纂時の手が加えられてはいるが、それを差し引いてもその葬送がかなり勢大に行われ、諡まで贈られているのは注目すべきで、山陵に準ずる扱いをうけたようである。従って宮子の没した天平勝宝六年（七五四）が御墓制の出発点ではないかとも考えられる。

(53) 西嶋定生「皇帝支配の成立」（同『中国古代国家と東アジア』東京大学出版会、一九八三年。初出は一九七〇年）。

(54) 谷口やすよ「漢代の皇后権」（『史学雑誌』八七編一一号、一九七八年）、同「漢代の「太后」臨朝」（『歴史評論』三五九号、一九八〇年）。

(55) 岸　俊男「光明立后の史的意義——古代における皇后の地位——」（同『日本古代政治史研究』塙書房、一九六六年。初出は一九五七年）など参照。

(56) 『続日本紀』天平宝字四年八月甲子（七日）条が最初。このような理念は、重要な画期をなす延暦九年十二月朔の桓武天皇外祖父母への贈位追尊の時およびそれ以降、葬地の格上げの際に語られるようになる。

(57) 「子以レ祖為レ尊、祖以レ子亦貴」の典拠は不明。新日本古典文学大系の注釈は、類似したものとして『春秋公羊伝』隠公元年正月条「母貴則子何以貴。子以レ母貴、母以レ子貴」という文章の存在を指摘している。また『礼記』八十三に「子以レ祖為二其父主一」とみえる。孝と父母顕彰との関係については、『孝経』開宗明義章の「身體髮膚、受二之父母一。

弗㆓敢毀傷㆒、孝之始也。立㆑身行㆑道、揚㆓名於後世㆒、以顕㆓父母㆒、孝之終也」参照。孝謙朝の孝思想については、笠井昌昭「『続日本紀』にあらわれた孝の宣揚について」（同『古代日本の精神風土』ぺりかん社、一九八九年。初出は一九八四年）参照。

(58) これより前、光仁天皇の妣紀橡姫の父母については、父紀諸人に贈太政大臣正一位が贈られているものの、その葬地は墓歴名に収められていない。また孝謙女帝の外祖父母（藤原不比等・県犬養三千代）の葬地も掲載されていない。

(59) 目崎徳衛「宮廷文化の成立――桓武・嵯峨両天皇をめぐって――」（同『王朝のみやび』吉川弘文館、一九七八年。初出は一九六九年）。

(60) 林 陸朗「桓武天皇の政治思想」（山中 裕編『平安時代の歴史と文学』歴史編、吉川弘文館、一九八一年）。

(61) 先にふれた「子以㆑祖……」の初見記事では、孝謙女帝の外祖父母ということで不比等を淡海公に封じ、三千代に正一位大夫人を贈ることがみえるが、その時点で葬地を管理するに至ったわけではないことは先述の通りである。

(62) 和田・新井両氏は、これらが『弘仁式』歴名に既に存在したと考えている。

(63) 『続日本紀』天平二年九月丙子（二十五日）・天平勝宝七歳十月丙午（二十一日）条。

(64) 『延喜式』陵墓歴名。

(65) 『続日本紀』天平勝宝七歳十月丙午（二十一日）条。

(66) 十陵四墓制は、墓が陵よりも尊重されうる制度だという意味で、従来の制度の根幹を解体する性格をもつものである。その史的意義については別稿で論じる（本書第四章参照）。

(67) 『群書類従』第二十四輯所収。

(68) 喜田貞吉「栄山寺の創設と武智麿墳墓に関する疑問」（『歴史地理』二八巻二号、一九一六年）。佐伯有義校訂本や『新訂増補国史大系』本は藤原良継の墓とする。

(69) 著名な記事であるが、『続日本後紀』承和十年四月己卯（二十一日）条によると、世人の相伝に従って神功皇后陵と成務天皇陵の南北の位置を誤認していたことが朝廷の図帳を捜検することでようやく明らかになった、といっている。

このころには陵の所在ですらそうしたありさまであったから、まして公的守衛の対象外である氏墓の状況は想像に難くない。

(70) 良継の墓と武智麻呂の墓は、共に「東西十五町、南北十五町」という広大な兆域を占めているから同じ場所――栄山寺の寺地――を指していると思われる。式家の良継の墓が当地に存在するのは、反仲麻呂勢力の中心であった良継がその没落の後に阿陁の地を自らのものとして授かり、自分こそ贈太政大臣武智麻呂の正当な後継者であるという意識を秘かにもっていたからではないだろうか（『続日本紀』宝亀八年九月丙寅（十八日）条の彼の薨伝参照）。

(71) 良房の政策は、藤原仲麻呂がかつて行おうとしたことを真似ている点が多い。貞観二年、従来の孔伝鄭注の『孝経』を廃し、唐の玄宗の『御注孝経』を使用すべきとして、あらためて孝思想の高揚を行っている。この詔が幼い清和天皇の意志によるものでないことはいうまでもない。祖先顕彰の精神をうたい鎌足・武智麻呂を尊重した点も同じである。

(72) 和田註3第一論文（中）第二章。

(73)『日本文徳天皇実録』嘉祥三年五月壬午（五日）条の民間の訛言。

(74) 和田註3第一論文（上）第一章など。

(75) 承和九年七月丙辰（廿四日）、嘉祥三年三月乙巳（廿七日）、同十月己酉（五日）、同十一月癸卯（三十日）、斉衡元年十二月甲寅（三日）、貞観七年二月己巳（十七日）条など。

(76) 九世紀の陵墓関係史料を通覧すると、即位など皇統に関わる奉告使では天皇歴代の先帝および直系祖先を対象とするのに対し、献信物や荷前奉幣といった奉幣使では歴代の意識は相対的に低下して祟りの強さなど、他の選択要因が入っている。ここでの特殊な共通性は後者の特徴の影響を示している。

(77) 天安二年の十陵四墓制の主導者良房にとって、その晩年にも『貞観式』の墓歴名の筆頭をまた祖鎌足の墓で飾れたのは満足なことであったに違いない。

(78) 以上をふまえて、ようやくB・E群は存置順と称することが許される。ただし、E群末の大岡墓は所在地を郷まで記し兆域記載を欠くという点でそれ以前と多少異質であるから、いったん天安二年勅の直後に歴名が作成され、それがのちに『貞観式』に吸収されたというように段階を想定することもできるかもしれない。そうすると、その歴名の後半に近陵近墓をまとめておいたということになる。

(79)『日本紀略』弘仁十四年五月己未（六日）条。

(80) 吉永 登氏は註3論文において、宇治に存在する墓が多いために誤って落したのだろうとする。消極的にはそれも一因といえなくもないが、私は次の二つの理由を想定している。（1）『延喜式』編纂に際して貞観歴名を取り込む時点で、その末尾に細字で書き足された注記であったために落してしまった。または、（2）長良の墓が元慶元年十二月十三日に荷前対象五墓の一つに加えられた時には、まだ同年正月二十九日に贈られた「贈左大臣正一位」の地位であったから、有功王墓の伝統をもつ墓歴名には加筆されなかった。その痕跡がそのまま元慶八年二月二十九日に太政大臣が贈られて以降も残って、『延喜式』にまで引き継がれてしまった。

(81)『日本三代実録』貞観十四年十二月十三日己酉、元慶元年十二月十三日己卯条。

(82) 結果的にはほぼ存置順と一致するが、宇多天皇と光孝天皇の外祖父母の順を意識的に逆転させていることからすれば、全く機械的な書き継ぎだとは考えがたい。

(83)『日本三代実録』によると、元慶八年三月十三日甲戌に外祖父母として藤原数子と共に正一位が贈られた。太政大臣が贈られるのは仁和元年九月十五日のこと。なお、元慶八年十二月二十日丙午条に「贈太政大臣正一位」とあるのは誤りで、同月二十五日辛亥条をみてもいまだ贈正一位である。

(84) あらためてこの時期の歴名をみると、女性の陵に比べて天皇陵はきわめて少ない。薄葬や仏式葬の普及を考慮してもである。もはや先皇陵のリストといった面影はどこにもない。

(85) 吉村註43論文参照。

(86) 摂政の地位と太政大臣については、竹内理三「摂政・関白」（同『律令制と貴族政権』第Ⅱ部、御茶の水書房、一九五八年。初出は一九五四年）、橋本義彦「貴族政権の政治構造」（同『平安貴族』平凡社、一九八六年。初出は一九七六年）参照。また、佐藤 信氏も「皇太后・太皇太后」に注目し、「王権のミウチ的集団の中における母系の尊重こそが次代の藤原氏による天皇の外戚化を軸とした摂関制の成立を導くカギとなった」と説明する（同「摂関制成立期の王権についての覚書」山中　裕編『摂関時代と古記録』吉川弘文館、一九九一年）。

〔付記〕本稿執筆以降、稲葉蓉子「延喜諸陵寮式陵墓歴名に関する一考察」（『史観』一六六号、二〇一二年）などの研究がある。御墓制については、新日本古典文学大系『続日本紀』五の補注（北　啓太氏執筆）において丁寧な解説が付され、ようやく注釈書で全面的に取り上げられたといえる。

なお、最近、笹川尚紀「墓記考」（同『日本書紀成立史攷』塙書房、二〇一六年）が、私説に批判を加えているが、まず「庚寅年籍によって陵戸の身分が定まったことをいっさい考慮していないなど、問題点は少なくなく」とする点についてては、そもそも「庚午年籍の陵戸規定」がまさに浄御原令先皇陵条の存在から導き出された仮説にすぎず、持統五年詔でようやく設置すべき戸数が決定されて実施に移されるわけだから、持統天皇三年から四年にかけて作成された庚寅年籍に陵戸記載が存在したかは疑わしく、これを前提に論を進めるのは誤りである。また、霊亀元年四月庚申条の理解についても、先行する学術論文で「垂仁陵に新たに「守戸」三戸を追加したのである。安康陵の方はそれまで全く陵戸が置かれておらず、この時点で守戸四戸を設置したことが判明する」と正確に記して「守戸の補充」と説明しており、この段階で二つの山陵の治定が行われていないとはいっていない。一般向けの概説を引用して批判することには疑問を感じる。「墓記」に関する研究史においても、『日本書紀』の編纂資料とみる古い学説ばかりを詳細に列挙して、律令陵墓制度との関係を主張する森　浩一・岡野慶隆・北の諸論文については丁寧に取り上げないのも如何がかと思われる。

第三章　陵墓治定信憑性の判断基準

はしがき

古墳時代に造営された巨大古墳の多くは、天皇陵もしくは陵墓参考地として宮内庁の厳格な管理のもとに置かれている。近年では限定公開と称して一部立ち入りが認められるようになったが、墳丘のふもとからの目視が許されるのみで、一般の古墳とは違って今なお学術的な発掘調査の手が届かない領域をなしている。

天皇陵に学術的考察の光をあてた研究は戦前から存在したが、これらを考古学の対象たる「遺跡」として意識的に把握しようという試みは、森浩一氏の天皇陵にも大山古墳などの遺跡名を付そうという当時としては過激な提案として始まった[1]。現在でこそ教科書までが遺跡名で記述されるようになっているが、当初は多方面から厳しい攻撃・圧力を受けたと聞く。保守派の勢力からは現治定の否定、天皇権威への冒涜だと批判され、逆に進歩派からは万世一系の天皇制を虚像とみなす一歩と評価されたが、これらの評価はともに学問を政治的に利用する行為である。考古学が遺跡と遺物を対象とする学問である以上、対象を遺跡名で呼んだうえで考古学的知見を基礎として研究を進めるのは当然のことで、必ずしも宮内庁の治定を否定する行為や天皇の尊厳を否定する行為ではない。医学者が人体を手術する場合、その人物の地位や人柄とは無関係に生物学的に把握し処置するのと同じである。

しかし、遺跡名が設定されたからといって、古代の天皇陵が如何なる目的で造られ、どのように管理されていたのかという問題が解消したわけではない。巨大古墳造営と古代王権の成立過程との関係、古墳時代の大王墓が律令国家成立とともに新たに先皇陵として荷前祭祀の対象となることの意味といった国制史的な課題は捨象されている。また、たとえ発掘が可能になったとしても、被葬者を確定するのは容易なことではない。一般に古代日本の陵墓に墓誌がともなうことは稀であり、多くの古墳において中世以降に城郭としての改変が加えられ、盗掘の被害を受けており、さらには幕末の文久以来の修陵を受けているから[2]、現状の墳丘型式そのものから吟味されなければならない状況にある。

そもそも古墳の被葬者の多くは、既に律令国家が陵墓管理を始めた段階で不明になっていた。現在の被葬者推定は幕末から明治期にかけて行われたもので、その際に参照されたのは古代の法制史料『延喜式』であった。ここでは、『延喜式』に収められた陵墓歴名の基礎研究をふまえて[3]、陵墓治定の信憑性を判断する際の基準を整理し、さらに実例としていくつかの陵墓治定の抱える問題を取り上げてみようと思う。

第一節　山陵治定の信憑性——陵戸・守戸の設置状況から——

被葬者を推定する際に用いるべき最も基本的な史料は、『古事記』『日本書紀』そして『延喜式』諸陵寮に掲載された陵墓歴名である。ただし、記紀の記事は具体的な所在地を確定するにはあまりに曖昧な内容で、個々の古墳との対応関係を把握するとなると、郡名や兆域などの情報を有する『延喜式』に頼らざるをえない。幕末明治の陵墓治定における主要な手がかりも、この『延喜式』であった。これを信用したうえで、まず所在する郡の領域から候補となる古墳を限定し、さらに兆域を参考にして「それに入りうる大きさの墳丘をもち」かつ「兆域のために占有されうる土地が存在する立地であること」などから絞り込み、さらに地名の考証や伝承の収集によって確定していったのである。従って、天皇陵治定の真偽が云々される場合には、次の二つの点を明確に分けて考える必要がある。

①　幕末明治期の治定に誤りがあった場合
　＝『延喜式』の記載と実在の古墳とを照応する際に誤りが発生した場合

②　律令国家の陵墓治定に誤りがあった場合
　＝『延喜式』の記載自体に誤りがあった場合

突き詰めれば、問題は古代国家の作成した陵墓リストがどの程度信頼に足るものかというところに行き着く。では、このリストはどういう事情で作成されたのであろうか。

『延喜式』が奏進されたのは延長五年（九二七）、施行されたのはさらに降った康保四年（九六七）のことだから、十世紀前半の史料、五世紀の巨大古墳の時代からいえば四百年以上も後の史料にすぎないと考えられてきた。しかし、そこにはより古い時期に作成された原史料が含まれている。職員令19諸陵司条には、

諸陵司。正一人、掌下祭二陵霊一、喪葬・凶礼、諸陵及陵戸名籍事上。佑一人、令史一人、土部十人、掌二賛相・凶礼一。員外臨時取充。使部十人、直丁一人。

とみえる。新訂増補国史大系が「掌下祭二陵霊一。喪葬。凶礼。諸陵。及陵戸名籍事上」と五つの職掌を併記するかのように返り点を付したのは誤りで、「諸陵および陵戸の名籍」とまとめて読むべきであって、律令国家により編纂された陵墓リストが存在したことが確認できる。『延喜式』の歴名はこの名籍にその後の追加を書き加えた

ものなのである。

陵墓の歴史にとって律令国家の成立は大きな画期をなす出来事であった。持統天皇三年（六八九）に浄御原令が施行されると、その編目に存在したことが想定される喪葬令先皇陵条によって、初めて先皇陵の公的守衛原則が規定される。先皇陵の一系的な公的守衛管理システムの創始である。こうした政策は陵墓に関する伝統的な意識を破壊するものであって、『令集解』の「古記」の「即位天皇以外はみな墓と称せ」という説明に象徴されるように、古くから尊重されてきた陵墓であっても先皇の陵でないものは公的管理の枠外に置かれ、皇族葬地に関する資料も切り捨てられることになった。これは陵墓観の根本的な変化だといってよい。

このような理念に基づく治定作業・公的管理のための台帳として作られたのが先皇陵リストである。しかし、従来はこの時期の治定の成果を軽視し、『帝紀』の山陵記載のみをオリジナルの史料とみなす考え方が通説的であった。白石太一郎氏は、「記紀」と『延喜式』の山陵歴名とを比較検討されて、後者が前者を基礎にしていることを明らかにし、結局信用に足る史料は記紀の原史料である『帝紀』の山陵記事のみであると断じた[4]。

しかし、このような見方は文献史学の立場からみれば再検討の余地がある。

第一に、皇位継承儀礼で読み上げられた日継に山陵情報が付属していたとしても、奏上の際に語り継がれた音声情報にすぎない。七世紀以前に古墳に対する永続的祭祀の痕跡は確認できない。奈良時代には埴輪や葺石は土に埋もれ、墳丘は森と化している。古くから山陵が「個々の古墳に即して」意識されていたかどうかは疑問なのである。稲荷山鉄剣からみた地位継承系譜の研究でも、自己の祖父母を核とする親族系譜を基礎としつつ上位集団への帰属を加上するという造作が明らかにされており[5]、遠い過去の先皇陵情報がどれほど具体的に残っていたか確証はない。

第二に、そもそも歴代山陵の名称・所在が『帝紀』に筆録されていたとすれば、なぜ『古事記』と『日本書紀』との間に見過ごせないズレが発生するのか。確かに両書の内容が一致するとは限らないし、推古朝の『天皇記』『国記』の存在も問題となるだろう。しかし、記序と呼ばれる編纂事情を記す上表文には、天武天皇が誤りに満ちた『帝皇日嗣』『先代旧辞』を修訂すべく稗田阿礼に「読み習」わせたとあり、最大の課題は漢字表記された神名・世界観などを和語でどう読むかを確定することにあった。このことは所々に挿入された注記からも明らかである。逆に明確に漢字で筆記されていたはずの山陵名はそのまま転載されるのが普通だが、記紀の間に看過しがたい大きな相違が存在するのである。例えば、五世紀の仁徳・履中・反正天皇の陵に比定される百舌鳥三山陵は、『日本書紀』では「百舌鳥野陵」「百舌鳥耳原陵」「耳原陵」、『古事記』では「毛受之耳㆖原」「毛受」「毛受野」と記され、不統一な個別表記で、相互の位置関係も判定できない。前者では「耳原」は履中・反正陵に付され、後者では「耳㆖原」の語が仁徳陵にのみ付されており、補完関係にすらなっている。この一例をとってみても『帝紀』の山陵情報が如何ばかりのものであったか心許ない。これに対して陵墓歴名では、「百舌鳥耳原中陵」「百舌鳥耳原南陵」「百舌鳥耳原北陵」と位置関係が確定される（図1）。記紀の原史料の記述を前提としつつも、律令国家が集めうる種々の情報を駆使して治定を遂行した結果である。古墳に即した管理は律令国家によって創始されたという事実こそ重視されるべきであろう。

律令国家は、職員令19諸陵司条に規定された「祭陵霊」を実行するために、まず天皇陵と認定されうるものを選択して一定の兆域を設定しようとした。養老喪葬令1先皇陵条には、

凡先皇陵、置㆓陵戸㆒令㆑守。非㆓陵戸㆒令㆑守者、十年一替。兆域内、不㆑得㆓葬埋及耕牧樵採㆒。

とある。陵戸を置いて立ち入りや埋葬・放牧・樵採を禁じたのである。この公的守衛規定を『日本書紀』持統天

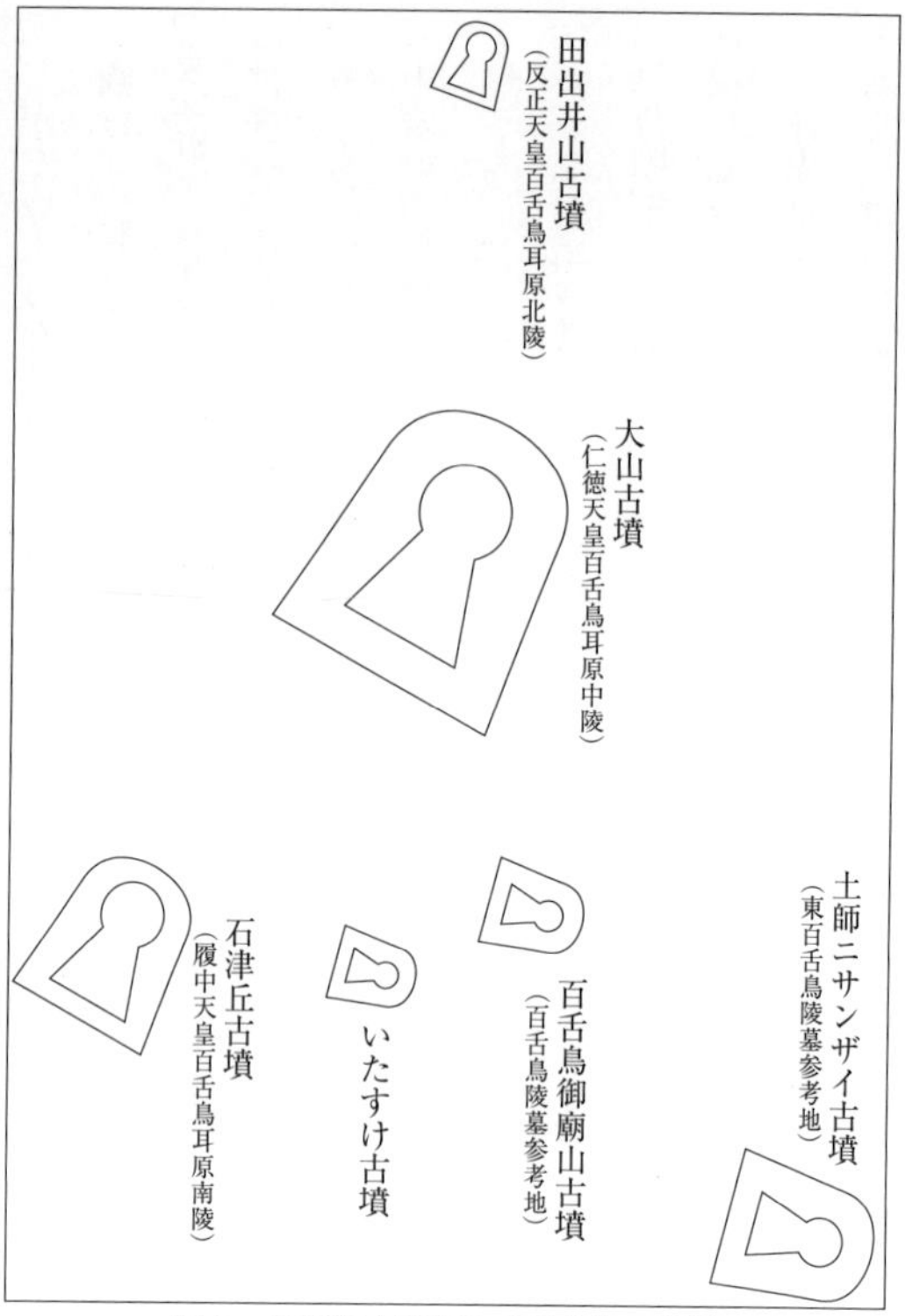

図1　百舌鳥古墳群の3天皇陵の選択

皇五年（六九一）十月乙巳（八日）条の詔の、

　乙巳、詔曰、凡先皇陵戸者、置二五戸以上一。自余王等有レ功者、置二三戸一。若陵戸不レ足、以二百姓一充。免二其徭役一。三年一替。

と比較すると、持統五年制では「凡そ先皇の陵戸は、……」と先皇陵に陵戸を設置することを前提として、設置陵戸の具体的戸数、「自余王等有レ功者」という例外的な陵戸設置対象とその戸数、陵戸不足の場合の処置を指示した追加法令の体裁をとっていることがわかる。逆にいえばこの規定は養老令・大宝令の起源をなす持統天皇三年の浄御原令文をふまえたものだと考えられる。従って、浄御原令文は、

　凡先皇陵、置二陵戸一令レ守。兆域内、不レ得二葬埋及耕牧樵採一。

と復元される。

　浄御原令では守衛戸には特定戸を固定的に充てる陵戸として設置することのみを規定しており、持統五年制でもその原則は守られ、一般戸からの設定はあくまで陵戸不足の場合のみの例外規定となっている。持統五年制と

比較すると、養老令規定では「若陵戸不㆑足、以㆓百姓㆒充。免㆓其徭役㆒」の部分が「非㆓陵戸㆒令㆑守者」と書き換えられており、特殊例外的な方式から一般的な方式へと変化していることがわかる。このことは、交代のサイクルにも明確に現われている。持統五年制の「三年一替」が造籍・班田のサイクルである「六年」との擦り合せを意識して設定された数字であるのに対し、養老令制では「十年一替」となり、済し崩し的に守衛戸にしてしまおうという意図が垣間見られる。この政策変化は具体的な陵戸設置状況からも確認される。陵墓歴名の七世紀から八世紀ごろまでの山陵の陵戸・守戸設置状況に注目しよう。

（前略）

磯長山田陵　小治田宮御宇推古天皇。在㆓河内国石川郡㆒。兆域東西二町。南北二町。陵戸一烟。守戸四烟。

押坂内陵　高市崗本宮御宇舒明天皇。在㆓大和国城上郡㆒。兆域東西九町。南北六町。陵戸三烟。

大坂磯長陵　難波長柄豊碕宮御宇孝徳天皇。在㆓河内国石川郡㆒。兆域東西五町。南北五町。守戸三烟。

越智崗上陵　飛鳥川原宮御宇皇極天皇。在㆓大和国高市郡㆒。兆域東西五町。南北五町。陵戸五烟。

右卌遠陵

山科陵　近江大津宮御宇天智天皇。在㆓山城国宇治郡㆒。兆域東西十四町。南北十四町。陵戸六烟。

右一近陵

檜隈大内陵　飛鳥浄御原宮御宇天武天皇。在㆓大和国高市郡㆒。兆域東西五町。南北四町。陵戸五烟。

同大内陵　藤原宮御宇持統天皇。合㆓葬檜前大内陵㆒。々戸更不㆓重充㆒。

眞弓丘陵　岡宮御宇天皇。在㆓大和国高市郡㆒。兆域東西二町。南北二町。陵戸六烟。

檜前安占岡上陵　藤原宮御宇文武天皇。在㆓大和国高市郡㆒。兆域東西三町。南北三町。陵戸五烟。

奈保山東陵　平城宮御宇元明天皇。在二大和国添上郡一。兆域東西三町。南北五町。守戸五烟。

奈保山西陵　平城宮御宇浄足姫天皇。在二大和国添上郡一。兆域東西三町。南北五町。守戸四烟。

佐保山西陵　平城朝太皇大后藤原氏。在二大和国添上郡一。兆域東西十二町。南北十二町。守戸五烟。

佐保山南陵　平城宮御宇勝寶感神聖武天皇。在二大和国添上郡一。兆域東四段。西七町。南北七町。守戸五烟。

佐保山東陵　平城朝皇大后藤原氏。在二大和国添上郡一。兆域東三町。西四段。南北七町。守戸五烟。

（後略）

公的守衛が制度的に開始された持統朝から遡って近年の諸山陵とその後の文武天皇陵まで、即ち斉明天皇陵から文武天皇陵までの範囲には、陵戸がきちんと設置されているのに対して、元明天皇陵以降はすべて守戸となり、陵戸が全く設置されなくなるという現象が確認される。持統朝以降の陵戸設置が、その所在が確定できた山陵から順次設置していくという形で進められたことがわかる。他方、元明太上天皇が崩御した養老五年（七二一）の元正朝には陵戸設置が制度的に放棄されているのである。

実在が曖昧で、かつ多くの古墳が乱立する三輪山周辺など奈良盆地南部に存在すると記紀が語る、神武天皇以降欠史八代の天皇陵を確定することは、大変困難な作業であったに違いない。事実、陵墓歴名の該当箇所をみると、最も重要な初代神武天皇の陵、それに続く欠史八代の陵はすべて陵戸ではなく守戸の設置である。神武陵は壬申の乱の記事に登場するから、これを史実とみて当時既に認知されていたと考えるのが一般的であるが、『日本書紀』撰上が養老四年（七二〇）、まさにこれまで見てきた陵戸設置から守戸設置への方針転換の時期であり、神武陵を治定している時期と近接する。この時期の神武陵の捜索・治定をめぐる注目や先皇霊の宿る山陵という新しい観念の創始が、逆に壬申紀のような物語を創作させた可能性もあるだろう。

他方、陵戸が置かれている六世紀以前の山陵に注目すると、

垂仁天皇陵（陵戸二烟、守戸三烟）、景行天皇陵（陵戸一烟、守戸四烟）、仲哀天皇陵（陵戸一烟、守戸四烟）、応神天皇陵（陵戸二烟、守戸三烟）、仁徳天皇陵（陵戸五烟）、履中天皇陵（陵戸五烟）、反正天皇陵（陵戸五烟）、允恭天皇陵（陵戸一烟、守戸四烟）、雄略天皇陵（陵戸四烟）、清寧天皇陵（陵戸四烟）、顕宗天皇陵（陵戸一烟、守戸三烟）、安閑天皇陵（陵戸一烟、守戸二烟）、欽明天皇陵（陵戸五烟）

という状況である。このなかには定数通りに置けずに、のちに守戸で補足した場合もある。『続日本紀』霊亀元年（七一五）夏四月庚申（九日）条には、垂仁陵に「守陵三戸」、安康陵に「四戸」を充てた記事がみえる。これを歴名と比較してみると、これまで陵戸二烟しか置かれていなかった垂仁陵に新たに守戸三戸を追加したことがわかる。安康陵の方はそれまで全く陵戸が置かれておらず、この時点で新たに守戸四戸を設置したことが判明する。歴名には「守戸三烟」とあるので、のちに一戸欠損したか、または九条家本の「守戸五烟」に従うならば、それ以前は守戸一烟のみが置かれていたのかもしれない。

このように陵戸五烟を充足することができず、守戸によって順次追加されたものもあったが、そのことを差し引いてもなお、陵戸が置かれている諸山陵には一定の傾向を読み取ることができるであろう。即ち、①巨大な古墳が並び立つ百舌鳥の三山陵に代表されるように、記紀の情報のみで比較的簡単に特定の古墳に絞り込むことができるもの、②地域的に孤立していて他の候補がほとんどないもの、③被葬者が著名な人物像を有し、その伝承がはっきりとした形で伝えられていたと考えられるもの、である。

以上、治定の過程をまとめると次のようになる。先皇陵の公的守衛原則が浄御原令で規定され、持統天皇五年に陵戸設置の方針が固まると、記紀の原史料に記された山陵記事を利用しつつ治定作業が開始された。比定が簡

単であったものには順次陵戸を設置していったが、すべての山陵比定が容易に進むわけではなかった。文武陵に陵戸五烟を設置したころには次第に治定作業は行き詰まっていたようで、霊亀年間には守戸設置に比重が移り、元明太上天皇が崩御した養老五年（七二一）には明確に陵戸設置が制度的に放棄された。しかし、他方では十二月恒例の荷前常幣を早急に開始する必要に迫られており、未確定の先皇陵を最終段階で次々に治定して、例外規定であった守戸設置を――変更が可能だという意味もあって――積極的に採用した。陵霊を祭ることを掌る諸陵司が拡張されて諸陵寮となったのは天平元年（七二九）八月のことであり、ここに陵墓治定はかろうじて完了する。おそらくこの年から荷前常幣が開始されたのであろう。(6)

以上のことをふまえると、七世紀以前の山陵のうち陵戸が設置されているものは比較的治定が順調に進んだものであり、守戸しか置かれていないものは何らかの事情でその治定が遅れたもので、概してその被葬者の確定には曖昧さが残ったものと判断することができるのである。

ただし、先皇陵条の集解諸説によれば、守戸の課役は陵戸と同じだが義倉は庶民に同じとされ、養老令以降には陵戸が五色の賤に加えられることを思えば、早くから民衆側に陵戸にされることを避ける意識が存したとも考えられる。既に設定された陵戸を賤に固定する一方で、新規の守衛戸設置に際しては、税額では陵戸と同等の優遇を与えながら、地域共同体のメンバーたることを示す義倉については従来通りとする守戸の制度を積極的に採用し、そのうえで頻繁な交替を避けるべく十年一替規定を設けたのだろう。このような在地の意識をふまえると、陵戸設置の治定段階でも、在地に伝承が残っているにもかかわらず天皇陵ではないと虚偽の申告がなされた事例も少なからず存在したことも想定しておかなければならない。

第二節　天皇陵固有の遺構――「天皇陵遺跡」のメルクマール――

古代の陵墓関係史料を読み解いていると、天皇陵固有の遺構の存在から、特定の古墳が天皇陵として管理されてきた事実を確認することができることに気づく。これによって前に述べた幕末明治期の治定に誤りがあった場合、即ち『延喜式』の記載と実在の古墳とを照応する際に誤りが発生した場合の修正が可能となる。特定の古墳が天皇陵であるかどうかを判定する前に、まずは律令国家が陵墓に治定した古墳を確認すること、即ち七・八世紀以来天皇陵として祭られてきた「天皇陵遺跡（陵墓遺跡）」を一つの歴史的な所産として確定しておくことは、被葬者推定にとって確実な足場となる重要な課題であろう。ただし、ここには律令国家の治定が間違っている事例も含まれることになるから、出土遺物等から背反する結論が得られる可能性もある。それでもなお、八世紀以降の遺跡として歴史的意味をもつものであることは確かである。以下、三つの基準を掲げておく。

第一　古墳時代の墳丘とその周辺に「七世紀末から八世紀前半の二次的修陵痕跡」が確認される場合である。先の養老喪葬令1先皇陵条にみられるように、律令国家は先皇陵と認定した古墳に兆域を設定し、守衛戸を置いて立入・埋葬・放牧・樵木を禁じた。視覚的な威厳と先皇霊が宿る場という新たな象徴的機能を与えた古墳に対して、古代国家が丁重な修陵整備を加えたことは想像に難くない。このような天皇陵には、古墳が造営された時期の遺構とは別に、その公的管理が開始される持統天皇三年（六八九）から八世紀初頭にかけての大掛かりな修陵遺構が確認される可能性が高い。

第二　墳丘から一町弱ほど隔たった地点で「八世紀から十世紀末ころまで永続する柵列や溝の遺構」が確認さ

れる場合、その内側で焼けた樹木等が確認される場合である。先皇陵条に付された義解によれば、墓大夫が郊墓の地域（兆域）を掌り、図にして管理していた。「延喜諸陵寮式」には、

凡陵墓側近有二原野者一、寮仰下二守戸一并移二所在国司一共相知焼除上。

という規定があって、兆域内の側近原野は毎年焼き払ってきれいに整備するように守戸と国司に命じている。さらに同式に、

凡諸陵墓者、毎年二月十日差二遣官人一巡検。仍当月一日、録レ名申レ省。其兆域垣溝若有二損壊一者、令二守戸修理一、専当官人巡加二検校一。

とあり、兆域の周りには垣がめぐらされ、溝も掘られていたことが知られる。しかも毎年二月十日には中央から官人が派遣され厳正なチェックが加えられるのである。

さらに『朝野群載』第八別奏に収められている康和二年（一一〇〇）七月十七日付の諸陵寮解に注目しよう。

諸陵寮

請下特蒙二天裁一、被下一宣旨於五ヶ国一、停二止国司収公一、且給二官使一、任二官省符一、条里坪付人□□中要劇陵戸田作人等、募二権勢一遁中避地子上状。

陵墓所在

山城国卅四所　大和国五十七所　河内国十五所　和泉国四所

摂津 要劇田廿町 五反二百八十分　紀伊国一所　近江国一所

右、謹検二案内一、被三始置二陵墓一之後、年代尚矣。兆域・東西南北・陵戸・要劇等田、具見二格式一。而近代之吏、背レ制令二悉収公一。陵戸田之地、已以減少。只随二国司之所一レ行、不レ弁二陵戸之地利一。因レ之、兆域垣溝、

无二久修造一。牛馬狐狼、有二日牧棲一。抑五ヶ国中、和泉国二〔四カ〕箇所陵墓者、是神代履中仁徳反正三帝山陵、垂仁天皇第三皇子右大臣船守卿墳墓也。号二之百舌鳥山陵一。而件陵戸田、前□藤原□□以往全无二収公一。有信・良兼二代之吏、恣以二収公一。論レ之、政途理可レ然乎。但至二于山陵兆域陵戸并要劇田一者、神社仏寺権門勢家、不レ可レ成レ妨之由、度々官符厳制稠畳。作人縦雖二愚暗一、国宰何乖二憲法一。倩案二事情一、苅二伐山陵草木一、闖二入兆城内一之輩、尚有二其罪一。況置二陵戸田一、令レ守二陵墓一、損破之時、令二守戸修理一。専当官人、毎月一度可レ加二巡検一之由、式条炳焉。是則制令設而不レ行。人心習而無レ慎。為レ愁之甚、最在二此事一。望請、天裁、被レ下二宣旨於五个国一、裁二許件条一、将レ知二陵墓之厳重一。仍注二事状一、謹解。

康和二年七月十七日

正六位上権助藤原ーー次懐
正六位上行助源ーー伊実
従五位下行頭藤原ーー清俊

「近代の吏は陵戸要劇等田を収公してしまい、減少の一途をたどっている。また地の利を考慮せずに遠いところに陵戸田を設置してしまうことも多い。これによって兆域の垣・溝は久しく修造するところがない」と諸陵寮が嘆き訴えている。このことから「陵戸田」が兆域の垣や溝の修理費用として設定されたものであり、十一世紀初頭になってもなお、五ヶ国に散在する百十二ヶ所（摂津国の後に「一所」が欠けていると考えると百十三ヶ所）の陵墓が諸陵寮の管轄下にあり、それを維持しようという努力が続けられていることが知られる。かつての兆域の境界部分には八世紀から十世紀末くらいまで継続する溝や柵列の遺構が存在しているのである。また兆域内には焼除された樹木群が存在する可能性もある。天皇陵古墳の墳丘が発掘されることは今後もしばらくありえないと思うが、墳丘のみに注意を向けるのではなく、発掘調査の際に墳丘からかなり隔たった地点にも目配りすることによって、特定の古墳が天皇陵であるかどうかを絞り込むことが可能となる。

第三　墳丘中軸上の少し離れた地点で「八世紀から十世紀後半まで永続する祭祀遺構（焼却された布類・松の葉）」や「鳥居らしき柱穴」が確認される場合である。山陵には毎年年終に荷前使が中央から発遣されたが、その際に陵前でどのようなことが行われたかを窺わせる史料が僅かながら存在する。藤原師輔の日記『九条殿記』には、天慶八年（九四五）十二月二十日の荷前のことが具体的に書き記されている。

（前略）申剋参レ陵。酉剋参着。到二御在所一之間、陵戸設二盥水一也。盥洗。而次官共舁二立於御前一。（先例、令三内豎・大舎人舁二立之一。倩案二事情一、猶長次官舁可レ舁二立一者也。仍今年舁二立之一。）次着座申二事由一。両段再拝。次官随拝之。内豎・大舎人共出二幣物一、置二於棚上一、以レ松焼レ之。事畢、戌剋還レ家。給二酒食於権随身等一。次亦給レ禄。（後略）

この日の山陵への参拝は夕方から行われている。御在所（墳丘）に至るに際しては、陵戸があらかじめ準備しておいた水の入った盥でまず清めをする。続いて幣物を御前において舁き立つ。そして長官・次官らは着座し、宣命をあげ両段再拝する。内豎・大舎人らは幣物を棚の上に置いて松の葉を用いて焼くのである。

また、三条実房の日記『愚昧記』の仁安三年（一一六八）四月三十日条にみえる高倉天皇即位告文使の記事には、

即位由山陵使
卅日、天晴。今日即位由可レ被レ告二山陵一也。……。於二尊勝寺一、前騎馬侍四人（行盛、親長、清遠、能成、）相具。即参二向山科山陵一。令レ尋二陵預一。頃之出来。予問云、参二御山一歟、将レ候二此鳥居一歟。答云、此鳥居下令レ候也。行盛云、故殿為二荷前使一令レ参之時、御二此鳥居下一也。平相公入二此鳥居一参二御山一云々。然而、付二両説一也。□□陵預儲二手水一。洗レ手。預直懸レ之。称二先例一也。下裾取二副宣命於笏一揖着レ座。（預丸敷二莚一枚於鳥居内一。）又揖。次再拝。次読二宣命一。又再拝。次焼二宣命於内一。平相公云、宣命不レ可レ焼。懐中可レ帰也。我両度勤仕、皆如レ此。藤中納言云、可レ焼也。愚案、又如レ此。仍焼レ之。抑可レ為[詞]也。忘却尤奇恠々々。酉刻許、入洛。

とある。[7] 山科山陵に参向して陵預に「御山に参るか、将に此の鳥居に候ぜんか」と問い、「此の鳥居の下に候ぜしむなり」との答えを得たことが書き留められている。遅くとも十二世紀には山陵に鳥居が設けられており、異論はあったようだが、その鳥居のもとで宣命を焼くという儀式が挙行されたようである。こうした儀式が天平元年以来、毎年陵墓側近で行われたのであるから、墳丘中軸上の少し離れた位置に八世紀から十世紀ころの焼かれた幣物などをともなう祭祀遺跡、さらには平安後期の鳥居の遺構などが現われるはずである。これまた墳丘に立ち入らなくとも調査しうるものである。

近年の陵墓研究で大きく注目されるようになってきたのは近世の修陵である。しかし、私はそれに加えて古代中世における修陵遺構や祭祀遺構にも注意を向けるべきだと考える。古墳周辺の発掘調査の際に目配りさえしておけば、今後そうした遺構が順次確認されるかもしれないからである。

第三節　実例の検討——崇峻天皇陵・神功皇后陵・継体天皇陵——

最後に、律令国家の先皇陵治定の実態を垣間見ることができる具体的事例と問題点を個別に整理しておきたい。

（一）崇峻天皇陵

「延喜諸陵寮式」の崇峻陵の記事は次の如くである。

倉梯岡陵　倉梯宮御宇崇峻天皇。在二大和国十市郡一。無二陵地并陵戸一。

ここには「陵地并びに陵戸無し」と正直にその不在が明記されている。律令国家が各天皇陵を恣意的に仮託していたとすればありえないことであって、十市郡にある特定の古墳にもっともらしく治定することもできたはずである。治定の時点で崇峻陵の所在地が不明であった、否、存在しなかったから、「倉梯岡陵」と立項したうえで「陵地無し」と書き加えたのである。『日本書紀』には、

（崇峻天皇五年）十一月癸卯朔乙巳（三日）。馬子宿祢詐二於群臣一曰、今日進二東国之調一。乃使下東漢直駒一弑中于天皇上。或本云、東漢直駒、東漢直磐井子也。是日、葬二天皇于倉梯岡陵一。……。

とあり、崇峻天皇は東国の調を受ける日だと欺かれ、倉梯岡宮において出御したところを暗殺された。即日埋葬されたことになっており、葬られた陵の名は崇峻天皇の宮名と一致している。殯宮儀礼の慣習や山陵造営の期間などからすれば異常なことである。

事件の真相は「崇峻天皇は退位を求められて他所に幽閉され、その宮を戒厳状態にしたうえで、表向きは宮の地に葬り終わったと公表した」というあたりにあるのではないだろうか。こう考えてくると、法隆寺に近接する藤ノ木古墳が、中世以来「みささぎ」の名で呼ばれ、延宝七年（一六七九）の古文書には「崇峻天皇御廟」として記されている事実も一概に切り捨てることはできないだろう。[8] 天皇弑殺という日本の歴史で唯一特異な事件であること、国家元首暗殺の首謀者蘇我馬子が全く罰せられた気配がみられないことに鑑みれば、崇峻天皇は実は弑殺されたのではなく、幽閉されて出家を求められ、最終的には法隆寺かどこかの寺で生涯を閉じたのではないだろうか。

律令国家による治定は実態に即して誠実に進められたようである。だからこそ治定完了までに三十年以上かかったのである。確実にその存在が否定できると判断された崇峻陵であっても、リストから削除するのではなく記紀に従って立項したうえで、正直にその旨を書き記すという形式を採っている。

（二）神功皇后陵

被葬者の固有名が曖昧になったり、同一地域に複数の山陵が近接して存在したりしたために、混乱が発生することもあった。律令国家の治定段階ではいまだ漢風諡号は存在せず、宮号か和風諡号で被葬者が認識されていたから、和風諡号等に類似性が認められる天皇の陵相互で治定ミスもしくは混乱が発生することもあっただろう。当時は墳丘型式や埴輪の編年などを学問的に捉える知識などはないからお手上げとなる。時代が降るが、これと類似した事例として、承和十年（八四三）の神功皇后陵と成務天皇陵との混乱事件をあげることができる。

（四月）己卯（二十一日）。使下参議従四位上藤原朝臣助・掃部頭従五位下坂上大宿祢正野等上、奉レ謝二楯列北南二山陵一。依三去三月十八日有二奇異一、捜二検図録一、有二二楯列山陵一。北則神功皇后之陵、倭名、大足姫命皇后、南則成務天皇之陵、倭名、稚足彦天皇。世人相伝、以二南陵一為二神功皇后之陵一。偏依二是口伝一、毎レ有二神功皇后之祟一空謝二成務天皇陵一。先年縁二神功皇后之祟一、所レ作弓剱之類、誤進二於成務天皇陵一。

（『続日本後紀』）

今日の奈良盆地北部の佐紀（盾列）古墳群での出来事である（図2）。神功陵に献るべき幣物を使者が誤って成務陵に奉っていたのである。安易に「口伝」に従って北を成務陵、南を神功陵とみなしたためだが、あらためて図録を調べなおしてみると、北が神功陵、南が成務陵であることがわかったので、陳謝と幣物奉献が行われた。この混乱の背景には如何なる状況が想定されるのだろうか。「延喜諸陵寮式」には、

狭城盾列池後陵　志賀高穴穂宮御宇成務天皇。在二大和国添下郡一。兆域東西一町南北三町。守戸五烟。

狭城盾列池上陵　磐余稚桜宮御宇神功皇后。在二大和国添下郡一。兆域東西二町南北二町。守戸五烟。

とみえる。「池後」「池上」とあるように近接する狭城盾列陵であるが、両被葬者の倭名つまり和風諡号が「稚《わか》

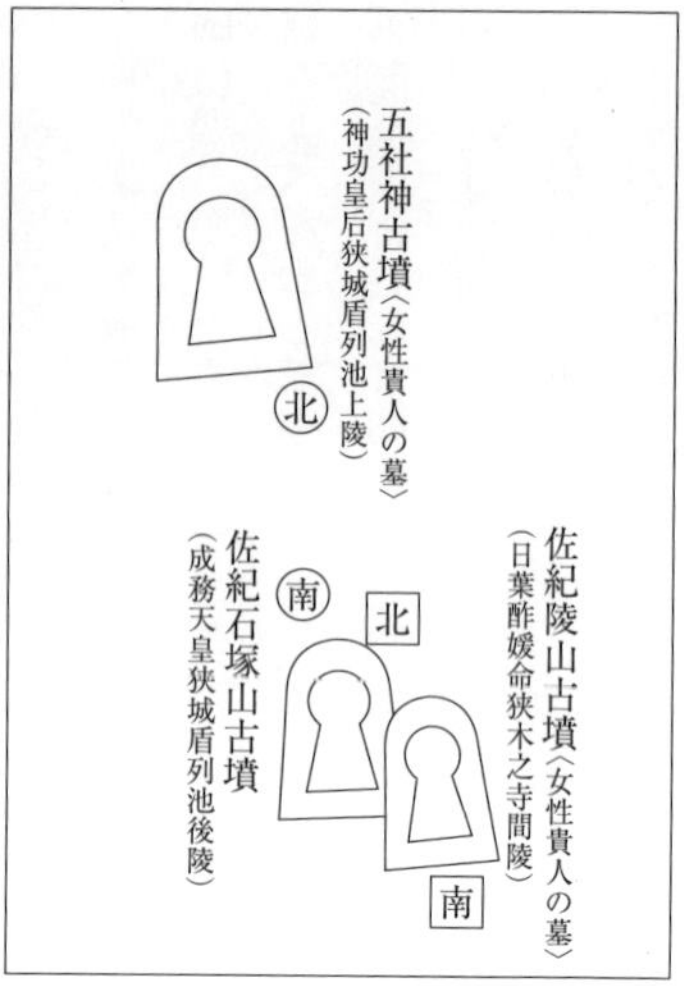

図2　佐紀盾列古墳群の3古墳の被葬者

足彦《たらしひこ》」「大足姫《おおたらしひめ》」と類似していたために――『続日本後紀』の編者がわざわざ両者の倭名をあげて説明していることに注目すべきである――混乱をきたしたということなのだろう。これは九世紀の臨時奉幣の際に起こった出来事ではあるが、遡って律令国家による陵墓治定の際にも、口伝などの伝承を取り入れる段階での同様の混乱が起こりえたことは十分に考えられる。

そもそも神功皇后陵の決定自体が十分な根拠のあるものではなかった。『古事記』の当該記事をみると、他の天皇の葬地記事が本文中で「御陵在二（地名）一也」という様式で書かれるのに対し、神功陵だけは異質で、細字双行で「葬二于狭城楯列陵一也」と記されている。おそらく神功皇后は天皇歴代には入っておらず、その山陵も『帝紀』には記されていなかったと考えられる。また奈良時代に神功陵が特別に重要視された痕跡は見あたらず、対外関係に関わる奉幣でも天智陵や応神陵が注目されていた。神功陵が重視されるようになるのは平安時代になって以降のことである。他の天皇陵と違って治定を行った段階から既に手元には有力な情報がなく、在地の伝承を主たる手がかりにするしかなかったのであろう。同じく「女性の古墳」の伝承をもち、隣接する位置を占める佐紀陵山古墳に「陵山」の字が冠せられている事実は、律令国家の治定に基づく「五社神古墳＝神功皇后陵、佐紀陵山＝日葉酢媛墓」以外にも、「五社神古墳＝日葉酢媛墓、佐紀陵山＝神功皇后陵」という口伝が在地に根強く残り続けていたことを暗示している（図2）。

（三）継体天皇陵――太田茶臼山古墳と今城塚古墳――

宮内庁が茨木市の太田茶臼山古墳を継体陵とするのは治定ミスであり、高槻市の今城塚古墳こそが継体天皇の真陵であるというのが現在の学界の通説である。(9) 継体陵は「延喜諸陵寮式」に以下のように記されている。

三嶋藍野陵　磐余玉穂宮御宇継體天皇。在二摂津国嶋上郡一。兆域東西三町、南北三町。守戸五烟。

現継体陵に対する疑問は古くから燻ぶっていたもので、嶋上郡と嶋下郡の郡界復元をふまえて、その所在地は嶋下郡にあたり、『延喜式』が継体陵の所在地とする嶋上郡に合わないとされたのである。(10) また、墳丘型式や断片的埴輪などが継体天皇の在位年代に合わないこと、そして近年の今城塚古墳の本格的な発掘調査によって、今城塚古墳こそが継体天皇の真陵とされるに至っている。

しかし、本当にこれで問題は解決したといえるのだろうか。太田茶臼山古墳をめぐる問題――大王陵級の巨大古墳がなぜこの地域に二つもあるのか、その被葬者は誰なのか、――が解決されてこそ決着がついたといえるのではないか。どうも「どちらが真陵か」という問題設定自体が盲点になっているように思われる。

まず、所在の郡についていえば、確かに「延喜諸陵寮式」には嶋上郡に所在すると書いてある。しかしそれが律令国家の治定をふまえて作成されたリストだという点から見直すと、問題は複雑な様相を呈してくる。律令国家が今城塚古墳を最終的に継体陵と認定したということを意味するにすぎないからである。

治定の典拠とされた『古事記』『日本書紀』には「御陵は三嶋の藍の御陵なり」「藍野陵に葬す」と記されるのみで、この「三嶋藍野陵」を探索するところからスタートしたのである。三嶋地域で天皇陵に匹敵する古墳は二つしかなく、しかも六世紀の天皇陵だから、決定は容易であるように思われる。にもかかわらず、守衛戸は陵戸ではなく守戸五烟であり、治定が遅延しているようである。その確定に検陵使は何らかの困難を覚えたようで、元明朝以降にずれ込み、迷った挙句に今城塚に治定したのである。在地の伝承を集めても決着がつかなかったのは、どちらにも継体陵とすべき根拠があったからではないだろうか。

そもそも「三嶋の藍」「藍野」という地名だけを虚心にみれば、安威川が流れる太田茶臼山古墳周辺の肥沃な一帯を想起するのが普通で、今城塚が所在する芥川水系にはならない。そのような眼で継体天皇崩御とその前後の事情を考えてみると、「継体・欽明朝の内乱」と称された複雑な政治情況が想起されるのである。(11) 継体擁立を主導した大伴金村や継体を補佐した勾大兄の勢力基盤もこの安威川流域であり、ミヤケの設定もこちら側に集中する。『日本書紀』の安閑天皇元年閏十二月壬午（四日）条には、

閏十二月己卯朔壬午。行㆓幸於三嶋㆒。大伴大連金村従焉。天皇使㆓大伴大連㆒問㆓良田於県主飯粒㆒。県主飯粒慶悦無㆑限。謹敬盡㆑誠。仍奉㆓献上御野・下御野・上桑原・下桑原、并竹村之地。凡合肆拾町㆒。大伴大連奉㆓勅宣㆒曰、率土之上、莫㆑匪㆓王封㆒。普天之下、莫㆑匪㆓王域㆒。……。味張、自今以後、勿預㆓郡司㆒。……。於㆑是、大河内直味張、恐畏永悔、伏㆑地汗流。啓㆓大連㆒曰、愚蒙百姓、罪当㆓万死㆒。伏願毎㆑郡以㆓钁丁㆒、春時五百丁、秋時五百丁、奉㆓献天皇㆒。……。

とある。安閑天皇が大伴金村を従えて三嶋に行幸した伝説的記事で、三嶋県主の飯粒に周辺の良田を尋ねさせた。飯粒は喜んで上御野・下御野・上桑原・下桑原、さらに竹村之地、合せて四十町を奉献した。献上を惜しんだ大河内直味張との対比がテーマだが、他方では継体の子で即位して間もない安閑天皇の勢力基盤である三嶋ミヤケの起源譚を成している。安威川の中・上流地域、阿武山の麓から平野に出るあたりに現在でも「桑原」の地名が残り、太田茶臼山古墳からみて安威川の対岸に「耳原」と書いて「ミノハラ」と読ませる地名が実在する。「御

野（ミノ）」にあたる。『日本書紀』は安閑朝をミヤケ設定の画期として集約するが、継体天皇を補佐した勾大兄と即位を主導した大伴金村の二人の三嶋への進出を暗示する史料なのである。この地域で最も豊かな安威川周辺の田園地帯は、中世にも多くの興福寺領荘園が設定される肥沃な地域であって、継体陵がこの三嶋の安威の地に造営されるのも自然なことと解されよう（図3）。

もちろん現在の考古学的知見からすれば、太田茶臼山古墳は五世紀中葉に比定される墳丘型式を有し、市野山古墳（宮内庁允恭陵）と酷似するから、[12]継体陵ではありえないとされるのも一理ある。しかし考古学の年代観は型式学的な相対年代で、実年代にあてる際に誤差が生じる。また墳丘型式の展開が単線的かどうかも、伝統的なヤマト政権からは入婿的存在とみられていた継体が独自に摂津地域に造営した古墳であることをふまえれば、もう少し慎重であるべきだろう。さらに新池埴輪窯が太田茶臼山古墳にも今城塚古墳にも埴輪を供給している連続性をどう理解すべきか。両者が全く異質な王権によって造営されたとは考えがたい。

そもそも継体天皇の在位期間とされる年代自体が書紀編年に依拠したものにすぎない。外国史料によって検証可能な「倭の五王」に対し、五世紀後半は複雑な皇位継承と武烈天皇即位など史実の復元が困難な時代である。即位年とされる五〇七年には『日本書紀』以外に何ら確証があるわけではない。外部史料がある崩年や享年についてすら『日本書紀』と『古事記』で一致していない。継体即位が五世紀に遡り、比較的早い時期から寿墓の造営を始めていた可能性は否定できないのである。従来の議論は科学的にみえるが、考古学の成果を安易に文献史料に擦り合せることで、逆に記紀の叙述を単純に裏付けることにつながっていないだろうか。記紀の史料批判という行為を形骸化させてしまいかねないのである。

そもそも、この地域に大王陵級の古墳が二つ存在する事実、律令国家が継体陵治定に困難を覚えた事実をどう

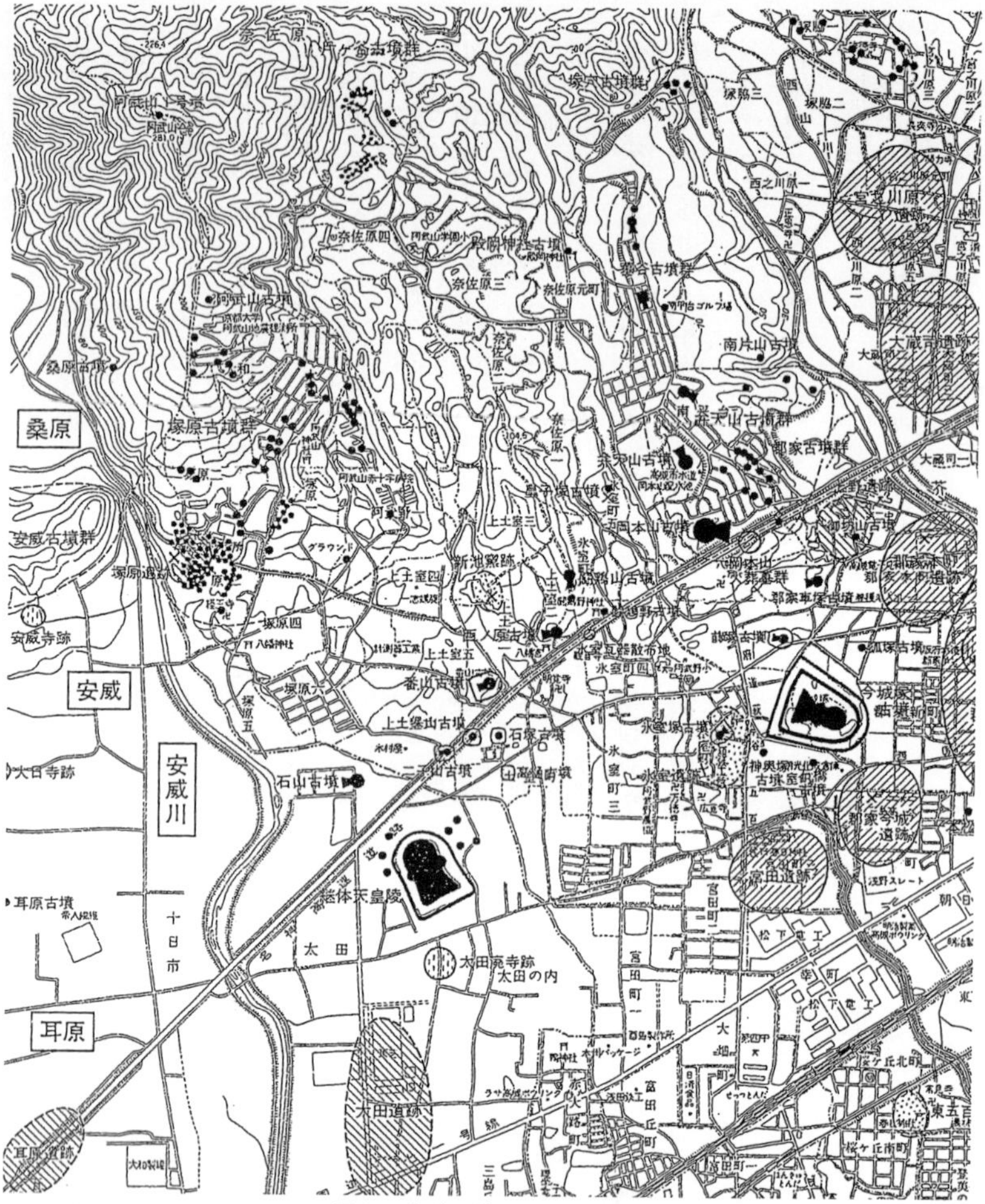

図3　安威の地と耳原・桑原
（高槻市史編さん委員会『高槻市史』第6巻考古編、1973年、付図をもとに作成）

考えるべきか。私は太田茶臼山古墳と今城塚古墳はともに継体陵で、その間に蘇我氏による「改葬」を想定する。殯を終えて最初に埋葬されたのは太田茶臼山古墳であり、継体天皇を支えた勾大兄や大伴金村らが「三嶋の藍」という拠点に造営したと推定するのである。

このように考えてみると、五世紀に「仁徳・履中・反正系」と「応神・允恭系」という二つの皇統が存在したとする有力な先行学説が想起される[13]。前者は葛城氏と関わりをもち、百舌鳥古墳群を葬地とする。後者は忍坂大中媛と深い関わりを有するグループで古市古墳群を葬地にもつ。継体天皇は後者の流れを引き、応神五世孫として即位する。太田茶臼山古墳が古市の市野山古墳や墓山古墳と類似する事実は、その年代観から太田茶臼山古墳が継体陵ではない根拠とされてきたが、逆に継体天皇と応神・允恭系皇統との深い関わりに注目すれば、太田茶臼山古墳こそ古市古墳群の伝統を引く古墳だともいえるのであり、今城塚古墳の方が異質である。政権基盤の弱い継体天皇が、自分に縁のある築造技術と古い埴輪製作技術しか活用できなかった可能性もある。型式・様式と実年代とのズレについては、例えば上宮王家滅亡以降の白鳳期再建法隆寺の建築様式に飛鳥様式が残存する事実が参考になるだろう。法隆寺再建非再建論争において、精緻な建築様式論に基づく判断が結果的に実年代とずれてしまったように、財力や政治的立場によって最新の築造様式を取り入れることができず、古い工人により古い様式で造営されることもありうる。

他方、継体天皇と五世紀の王統を継承する手白髪皇女との間に生まれた欽明天皇を奉じる蘇我稲目は、欽明天皇こそが正統な日嗣であり、地方豪族出身の目子媛所生の安閑・宣化天皇は中継ぎにすぎないと考えていた。そこで欽明天皇の即位儀礼と絡めて新たな継体陵、即ち今城塚古墳を最新のプランに基づいて造営し改葬したのではないだろうか。蘇我氏が好んで古墳の造営や改葬を政治的パフォーマンスとして活用したことはよく知られている。著名な例として、馬子が蘇我系の妃、故堅塩媛を大后とするために推古天皇二十年（六一二）にその遺体を欽明陵へ強引に改葬し、合葬した二人に対する殯儀礼を大々的に挙行したことがあげられる。八年後の二十八年十月には、欽明陵の域外に土を盛って氏ごとに柱を立てさせるという二人に対する服属儀礼まで行わせている。また皇極天皇元年（六四二）十二月是歳条には、蝦夷が今来の地に雙墓を造り大陵小陵と称した。このように政治的に改葬や営墓を活用する蘇我氏ならば、まさに彼らの権力の最大の根拠たる欽明天皇の正統性を保障するために、継体陵の改葬と欽明の即位儀礼をセットで挙行した可能性は十分に想定されるのである。

むすび

以上、文献史学から天皇陵古墳の治定問題についてわかることをまとめてみた。ここ数年、宮内庁の厳しい管理政策にも雪解けがみられ、漸く陵墓公開が前に進み始めた。こうしたなかであらためて信憑性問題についての整理を試みた。文献から具体的な天皇陵について明らかにできることは限られており、むしろ客観的な実態研究にとって弊害になるのではないかと思われるかもしれない。しかし考古学のみで描けるのは「古墳」の歴史であって、「天皇陵」という存在は両学問の狭間にある。文献史学からいえることを整理し、そのうえで考古学の客観的事実を位置付けていくことが必要なのである。

（1）　森　浩一『古墳の発掘』中公新書、一九六五年、同『考古学入門』保育社、一九七六年。

（2）　日本史研究会・京都民科歴史部会編『「陵墓」からみた日本史』青木書店、一九九五年、外池　昇『幕末・明治期の陵

墓』吉川弘文館、一九九七年、同編『文久山陵図』新人物往来社、二〇〇五年、高木博志『陵墓と文化財の近代』山川出版社、二〇一〇年、高木博志・山田邦和編『歴史のなかの天皇陵』思文閣出版、二〇一〇年、上田長生『幕末維新期の陵墓と社会』思文閣出版、二〇一二年、など参照。

（3）拙稿「律令国家陵墓制度の基礎的研究――「延喜諸陵寮式」の分析からみた――」（『史林』七九巻四号、一九九六年。本書第二章に再録）。

（4）白石太一郎「記・紀および延喜式にみられる陵墓の記載について――古墳の年代基準としての陵墓関係史料の再検討――」（同『古墳と古墳群の研究』塙書房、二〇〇〇年。初出は一九六九年）。

（5）溝口睦子『日本古代氏族系譜の成立』学習院、一九八二年。

（6）拙稿「律令陵墓祭祀の研究」（『史学雑誌』一〇八編一一号、一九九九年。本書第四章に再録）。

（7）大日本古記録『愚昧記』上による。京都府立総合資料館蔵『愚昧記』も参考にした。

（8）森 浩一・石野博信編『藤ノ木古墳とその文化』山川出版社、一九八九年、に引用された高田良信氏の研究参照。

（9）近年の新知見と整理については、高槻市教育委員会編『継体天皇と今城塚古墳』吉川弘文館、一九九七年、高槻市教育委員会・高槻市しろあと歴史館編『発掘された埴輪群と今城塚古墳（図録）』二〇〇四年、に付された「今城塚古墳と継体天皇に関するおもな文献」など参照。

（10）木村一郎「継体天皇三嶋藍野陵に就て」（『歴史地理』二一巻二号、一九一三年）、天坊幸彦「摂津総持寺々領散在田畠目録」（『歴史地理』四七巻五号、一九二六年）。

（11）林屋辰三郎「継体・欽明朝の内乱の史的分析」（同『古代国家の解体』東京大学出版会、一九五七年。初出は一九五二年）。

（12）古市墓山古墳・市野山古墳（宮内庁允恭天皇陵）と同規模・同型式。上田宏範『増補新版前方後円墳』学生社、一九九六年。

（13）塚口義信「〝原帝紀〟成立の思想的背景――「帝紀」「旧辞」論序説――」（『ヒストリア』一三三号、一九九一年）。

第四章　律令陵墓祭祀の研究

はしがき

陵墓は単なる葬地ではなく、ひとつのモニュメント（monument）である。モニュメントとは、一定の精神性を具象化することにより、そこに規範的機能が期待された造形物をいう。そしてその被葬者が政治的君主である場合には、追慕対象以上の政治性が体現される。陵墓の如何なる側面に如何なる政治性がモニュメント化されているかは時代によって様々であり、そこには当該期の政治権力や政体の質が明瞭に映し出される。

本稿は、荷前《のさき》と呼ばれる律令陵墓祭祀の特徴と変遷について基礎的事実の確定に重点をおいて考察し、陵墓が日本古代国家に対して果した役割を、如上の一貫した座標軸で見通すことを目的とするものである。モニュメンタルな墳墓は、生の君臣関係や地域の共同性の永続を保障するために造営されることもあれば、現在の王の支配を正当化する過去の王たちの霊魂の所在地として神聖化されることもある。また、そこには時代時代の祖先観の形が如実に投影されている。陵墓が国家や社会のなかでどのように位置付けられているのか、どのように祭られているのかをみることによって、当該期の君主権と君臣関係、さらに親族関係の変化の相を浮かび上がらせることができるはずである。

なお、陵墓祭祀というジャンルは伝統的要素を強固に残存させつつ独自の展開をみせるものであるから、ここでは具体的情報が残されている実態面に焦点をあてて復元を試み、陵墓に期待された機能を時期ごとに正確に把握し、相互に比較検討することで、それぞれの特質と変化の要因とを浮かび上がらせるという方法を採る。より大きな特徴付けのための日唐の制度比較については、この基礎研究をふまえたうえで別に論ずることにしたい。

第一節　二つの荷前儀式とその使者――基礎作業――

毎年十二月、大神祭以降立春以前の吉日に陵墓に幣を献る恒例の陵墓祭祀を荷前という。常幣・別貢幣と呼ばれる二つの行事が同日に挙行されていた。常幣は当年の調の初物を諸陵寮管轄の全陵墓に献る儀式で、発遣の儀は治部省主催で参議以上一人が行事して大蔵省正倉院の庭で挙行される。他方、別貢幣は当代天皇の近親祖先を中心とする一定数の陵墓に対して内蔵寮から高価で膨大な量の品々が献られるもので、内裏建礼門前にて天皇出御のもと大臣の行事で盛大に催される。

まず本節では、具体的様相を明瞭に把握しうる九世紀後半から十世紀初頭における荷前の使者について考察することを通して、陵墓祭祀の基本類型である常幣と別貢幣に関する従来の性格付けを再検討し、加えて第二節以降で広く陵墓祭祀の変遷を追う際に用いる手がかりを準備しておくことにする。

（一）荷前の使者

通説では、別貢幣では中納言以下五位以上の上級官人が使者とされ、大舎人・内舎人らが付き従う。それに対して常幣の方は各陵墓に属する預人があらかじめ集められて幣物が頒たれるとされている(1)。近年では、前者は使を立てる天皇親祭の奉幣であり、後者は幣物を頒つ班幣であって、この相違が両儀式の本質的な違いであるといった意味付けまでなされている[2]。しかし、神祇祭祀の奉幣・班幣という二類型への安易な類比は慎むべきである。後に詳論するが、祖霊観念が神観念と同次元のものであるか否かがまず問われるべきであって、両者の関係は歴史的に把握される必要がある。実態に即して見てみると、常幣においても中央から使者が任命発遣されていたことを窺わせる史料が存在する。三つの点から検討しよう。

第一に、使者の任命手続きである。『儀式』巻第十、奉山陵幣儀に、

十二月上旬、諸陵寮録二幣物数一并応レ択レ日之状、申二送治部省一。省申レ官。……。前十日、中務省差二定使次侍従以上内舎人大舎人一、惣録二名簿一進二太政官一。式部点二非侍従五位十人一進レ之。補二侍従非常闕一……。

とあり、「延喜太政官式」山陵幣条には、

凡季冬献二幣於諸山陵及墓一、皆用二当年調物一。中務省預択二大神祭後立春前之吉日一、十二月五日以前申送進二太政官一。又式部点二散位五位已上一進二其交名一。為レ補二侍従不参之闕一……。

また「延喜中務省式」荷前使条には、

凡十二月奉二諸陵幣一者、……。其別貢幣者、臨二幸便所一奉レ送。其使参議已上及非参議三位、太政官定レ之。自余省点レ之。……。其使侍従従四位已下差文、以二十二月五日一入二太政官一。……。

とみえ、①参議以上非参議三位の使は太政官で直接点定される、②侍従四位以下次侍従五位以上、大舎人内舎人の使は中務省で差定され、名簿が太政官に進められる、③式部省は侍従不参の補欠として散位五位以上十人を選んでおき、名簿は同じく太政官に進められる、という手続きが存する。これを太政官主掌の別貢幣の使者任命手続きとみることに異論はなかろう。A型と名付けておく。他方、「延喜太政官式」山陵幣条の続きには、

但常幣者、参議已上一人弁外記史等、向二大蔵省一奉レ班。其使者中務式部差定移二送治部一。事見二儀式一。

と記され、「中務省式」にも、

凡供二諸陵幣一使大舎人者、依二治部移一、令下二本寮一差定、移中送歴名上。

とあって、治部省の移を受けて中務省は大舎人を使者に、式部省は散位を補欠の使者に差定して、名簿を再び治部省に移送する、という手続きが確認できる。こちらは名簿が治部省に送り返されており、A型とは明らかに別系統の手続きである。これをB型と名付ける。治部省主掌の荷前儀式――常幣――の使者任命を示しているのではないかと考えられる。

第二に、例えば『儀式』（同上）に、

治部大蔵両輔率二諸陵寮属以上一、進就レ座。省掌率二使者等一神功皇后陵寮属以上一人。自余各陵墓預人。……。

とあるように、預人の語は使者の内実を説明するための細字双行注のなかに現われるものである。預という文字の原義は「担当の（人）」といった広いものであり、(3) あらかじめ差定された各陵墓の担当者と解すべきである。請負人的役職としての陵預が十世紀中葉に登場してくるのも事実だが、(4) それは陵墓管理方式の変化のなかで新たに生まれた制度であって、『儀式』等にみえる預人をのちの陵預と同一視して、陵墓に属する者が集められたと考える必要は全くない。

第三に、「延喜諸陵寮式」奉幣諸陵墓条には、

同月上旬、録二幣物数并伊勢・近江・紀伊・淡路等国使名及鈴数一、申レ省。国別二剋駅鈴一口。不レ限二位高下一。

とある。伊勢は日本武尊墓、紀伊は彦五瀬命墓を指すから、遠墓に関する規定であることがわかる。常幣においても中央から駅鈴を授かる官人使者が立てられていた。二剋の駅鈴一口とは公式令給駅伝馬条の「初位以下、駅

鈴二剋」にあたり、先に大舎人や散位相当の官人を常幣使者として想定したことに対応する。

以上の三点より、十世紀初頭くらいまでは常幣においても大舎人相当の使者が立てられていたと考えてよい。従来の説は突き詰めれば令制当初から山陵に請負人的役職が存在したということになるが、当時は陵戸設置がようやく開始される段階で――陵戸は祝と違って司祭者的属性をもたない――、それ以外にさらに請負人が設置されたことを窺わせる史料も存在しない。大舎人発遣制から陵預請負制に変わる時期は十世紀初頭以降である。九世紀においては別貢幣・常幣ともに中央から使者が発遣されており、それぞれの任命手続きとしてA型B型の二類型が存在したのである。

（二）任命手続きの沿革

次に、この二類型の沿革を明らかにする。まずはA型手続きの成立過程である。天長元年（八二四）十二月十六日宣（『類聚符宣抄』第四帝皇、荷前）には、

右大臣宣、奉レ勅、山階、後田原、大枝、柏原、長岡、後大枝、楊梅、石作等山陵献二荷前一使、宜レ差二参議以上一。若非二参議一、用二三位以上一。立為二恒例一。

天長元年十二月十六日　　大外記宮原宿祢村継奉

とあり、これら八陵への使には参議以上を任命し、さもなくば三位以上を用いるということが規定されている。この枠組みは「延喜中務省式」に受け継がれるが、四年前の「弘仁中務省式」では未成立であった。

弘仁同式云、其使三位、太政官定レ之。自余省点。大舎人者寮差。

とあって、三位（以上）が任命されることになっている。(5) では参議発遣の制はいつ成立したのだろうか。荷前使とほぼ対応するであろう臨時山陵使の動向が手がかりになる。天長四年（八二七）二月二十九日には参議が立てられているが、弘仁十四年（八二三）四月二十五日の柏原陵への使は従三位で（以上、『日本紀略』）、弘仁式制が準用されていると考えられる。『弘仁式』撰進の弘仁十一年（八二〇）以降、天長元年以前の四年間に、このような改正が行われたことを窺わせる史料も必然性も想定されないこと、天長元年の宣ではいまだ非参議三位（前掲「延喜中務省式」）という固定的用語を採らず、「若し参議に非ずば三位を用ゐよ」と定型化しない素朴な表現が用いられていることなどから、参議発遣制度の起源はまさにこの宣にあると考えてよい。では、八という定数は何によっているのだろうか。この宣において八陵定数と参議発遣とが同時に制定されたことから、両者には密接な関係があったと考えられる。そこで想起されるのが参議の理念上の定数である。弘仁元年（八一〇）の参議再置以降は観察使の員数を継承することになったため、定員は八人とされ八座と称された。参議を使者に立てることを契機に定められた数だと推定される。

従来この宣は近陵定数の変遷という文脈でしばしば引用されてきたが、(6) この使者に関わる定数と近陵の定数とを同一視すべきでないことは、宣の記載様式が近陵近墓の設定を行う法令の様式——陵墓の設置年代順を重視し所在記載がともなう——と全く異なることからも明らかであるし、八陵遣使制がこれ以降近陵近墓の廃置と無関係に存続していることからも証される。「延喜中務省式」荷前使条には、

凡十二月奉二諸陵幣一者、令下陰陽寮一択上日、訖即申レ官。其別貢幣者、臨二幸便所一奉レ送。其使参議已上及非参議三位、太政官定レ之。自余省点レ之。山階、柏原、長岡、深草、田邑、鳥戸、後田邑、小野八陵、参議已上若非参議三位一人、四位若五位一人、内舎人内豎大舎人各一人。後田原、八嶋二陵、……。

とあり、十陵八墓制下でも八陵の枠は存続している。また『九条殿記』荷前事付東宮荷前に引く天慶七年（九四四）閏十二月二日の例にも、

同七年閏十二月二日庚午、有₌荷前事₋。於₌建礼門南大場₋被ㇾ行之。午二点、天皇御出。四点、使公卿昇₌幣物₋立₌御前₋。使参議以上八人也。而参入四人。大納言・左衛門督・藤中納言・民部卿。申ㇾ障四人。源中納言・右衛門督・大蔵卿・源宰相。仍召₌遣左兵衛督藤宰相等₋、……。

表1　八陵遣使の制の復元

天長元年	天安二年	貞観十四年	延喜中務省式	九暦
◇春日宮天皇	◇春日宮天皇	◇春日宮天皇		（具体的内実は不明）
◇崇道天皇	◇崇道天皇	◇崇道天皇	◇崇道天皇	
①天智天皇	①天智天皇	**①天智天皇**	**①天智天皇**	
②光仁天皇	②光仁天皇	②光仁天皇	◇光仁天皇	
③高野新笠	③高野新笠			
④桓武天皇	④桓武天皇	**③桓武天皇**	**②桓武天皇**	
⑤藤原乙牟漏	⑤藤原乙牟漏	**④藤原乙牟漏**	**③藤原乙牟漏**	
⑥藤原旅子				
⑦平城天皇	⑥平城天皇	⑤平城天皇		
⑧高志内親王				
	⑦仁明天皇	**⑥仁明天皇**	**④仁明天皇**	
	⑧文徳天皇	**⑦文徳天皇**	**⑤文徳天皇**	
		⑧藤原順子		
			⑥藤原沢子	
			⑦光孝天皇	
			⑧藤原胤子	

①～⑧…参議以上非参議三位の使者遣使対象陵墓、①～⑧…同推定
◇…十陵となるためのプラスアルファー

とみえており、この時期でも現行の制度である。以上から八陵遣使制の変遷を復元すると表1のようになる。(7)

では、天長元年以前に行われていた弘仁式三位発遣制はどこまで遡るであろうか。起源は弘仁四年（八一三）十二月十五日宣（『類聚符宣抄』第四帝皇、荷前）にある。

参議秋篠朝臣安人宣、承前之例、供奉荷前使五位已上、外記所ㇾ定。今被₌右大臣宣₋、自今以後、中務省点定。永為₌恒例₋。但三位已上。外記申上可ㇾ点者。

弘仁四年十二月十五日

これによると、三位以上発遣は当初五位以

表2　荷前使編成の変遷

<table>
<tr><th>年　代</th><th colspan="2">上級官人使者</th><th>下級官人使者</th></tr>
<tr><td>延暦16. 4. 23.
(797)</td><td colspan="2">五位以上諸王</td><td>土師宿祢</td></tr>
<tr><td>大同末～弘仁初年
(810前後)</td><td colspan="2">五位以上官人</td><td rowspan="5">大舎人等</td></tr>
<tr><td>弘仁 4. 12. 15.
(813)</td><td>(但三位以上)</td><td>五位以上</td></tr>
<tr><td>弘仁11（弘仁式）
(820)</td><td>三位</td><td>自余</td></tr>
<tr><td>天長元. 12. 16.
(824)</td><td>参議以上、
若非参議用三位以上</td><td>自余</td></tr>
<tr><td>延長 5（延喜式）
(927)</td><td>参議已上及非参議三位</td><td>自余
侍従従四位已下</td></tr>
</table>

上の任命手続きの改正にともなう例外規定にすぎず、それが『弘仁式』で一つの制度上の枠組みとなったのである。弘仁四年正月七日宣（『類聚符宣抄』第四帝皇、荷前）ではいまだ五位以上という枠組みしか確認できない。この改正は四位五位の使者の点定を大舎人の使者の任命を掌る中務省に譲って一本化するのが目的であって、制度の強化というよりは任命手続きの合理化に契機がある。[8]『弘仁式』で四位以下を自余の語で一括しているのもこのことを示している。

以上、A型使者編成の変遷をまとめると表2のようになる。三位発遣の制度化以前は〈五位以上官人＋大舎人等〉という編成がA型荷前使の基本型となっていた。これがさらにどこまで遡るかについては後述する。

次はB型の使者任命手続きである。起源は延暦十六年（七九七）四月二十三日官符（『類聚三代格』巻第十二諸使并公文事）にある。

太政官符

応レ停三土師宿祢等例預二凶儀一事

右太政官今月十四日論奏偁、……。臣等伏望、永従二停止一。縦有二吉凶一、同二於諸氏一。其殯宮御膳誄人長及年終奉幣諸陵使者、普択二所司及左右大舎人雑色人等一充レ之。伏聴二天裁一、謹以申聞者。画聞既訖。省宜㆘承知、年終幣使者、依㆓治部省移㆒、差㆓蔭子孫散位位子等㆒充㆖之。自今以後、永為㆓恒例㆒。

延暦十六年四月二十三日

当史料は従来別貢幣に関係するものとして扱われてきたが、それは常幣に遣使されるはずがないという先入観のためであろう。しかし、①上級官人からの使者任命について一切ふれるところがなく、土師氏に代えて蔭子孫・散位・位子を充てる規定であること、②任命手続きは「治部の移」に依るものであり、先の「中務省式」供諸陵幣使条のそれと一致すること、の二点から、B型の起源をなす史料と判断される。土師氏発遣に替わるものとしてこの時点に創始された大舎人発遣は、別貢幣においても使者の一部分を構成しているから、その起源もここに存するとすべきだが、当史料では常幣・別貢幣の別が示されずに手続きはB型で一本化されており、治部省の一元的管轄の色合いが濃厚である。この段階ではいまだ別貢幣が成立していなかったか、もしくはA型に示されているような太政官主掌の国家儀式にまで成長・独立していなかったかのいずれかである。

第二節　律令国家の陵墓政策

本節以降では、陵墓およびそれに対する祭祀が担った諸機能について時代を追って考察する。まずは律令国家成立という画期が陵墓観念に如何なる変革を加えたかを見てみたい。ただし当該期の関係史料は非常に少なく、些か抽象的な立論にならざるをえない。

（一）常幣の成立

先にみた陵墓祭祀の二類型のうち、より古い沿革をもつ常幣の起源について考えるところから出発する。その成立時期については、古くは奈良時代初頭とするのが一般的であったが、[9]戦後は『延喜式』墓歴名の分析結果に基づき大化前代に遡及させる説が提出され、[10]近年に至るまで通説的位置を占めてきた。陵墓祭祀の歴史のなかで常幣成立の画期がさほど大きく問題にされなかったのもそのためである。最近では、田中 聡氏がこれに疑問を呈し大宝令での開始を主張されているが、論拠とする史料は戦前と同じく職員令19諸陵司条の諸陵正の職掌「祭㆓陵霊㆒」にすぎず、また臨時奉幣から陵墓観の変遷を追うことを目的とする論考であるため、常幣の斬新さを具体的に明らかにしているわけではない。[11]常幣自体の機能分析も必要である。

結論からいえば、私は常幣の理念的成立を浄御原令に置く。まず、諸陵司条の規定が大宝令以前に遡らないとする理由は特に認められず、浄御原令でも「祭㆓陵霊㆒」に変化はなかったと考えられる。もちろん、義解の「謂、十二月奉㆓荷前幣㆒是也」との説明をそのまま令意とするわけにはいかない。しかし第二に、別稿で詳論したように、浄御原令先皇陵条の施行を受けて、持統天皇五年（六九一）から全先皇陵の治定と陵戸設置という大規模な事業が開始されたことの意義は軽視されるべきではない。公的守衛の方針と常幣の精神とは全先皇陵を一律に対象とする点で軌を一にしており、先皇陵治定のなかに既に常幣が一つの主要な目的として想定されていたことは間違いない。公的守衛の開始は常幣施行の準備作業なのである。

なお、常幣の施行は元正朝末年から天平初年にまで下ると考えられる。根拠は以下の三点である。①全先皇陵への一斉奉幣は公的管理が完了しなければ不可能だが、全先皇陵の治定、修陵、守衛施設の設定――周辺原野の伐採と柵の設置――には相当な時間がかかったようで、[12] 管理帳簿たる先皇陵歴名が完成するのが元正朝後半と推定されること、[13] ②延暦十六年以前の常幣の使者には土師氏が充てられていたが、職員令19諸陵司条では土部は十人しか常置されておらず、同条本註に「員外臨時取充」とあるものの毎年の祭祀を前提にした規定とはみなしがたいこと、③天平元年（七二九）に小規模な官司であった諸陵司が諸陵寮へと拡張改組され（『続日本紀』同年八月癸亥（五日）条）、荷前儀式を積極的に担うようになること、である。

以上をふまえて、あらためて律令国家の山陵政策全体を見渡してみると、治定・管理・祭祀のいずれをとってみても、神武天皇に始まる全先皇陵を問題にしている点に顕著な特徴が見出される。血縁原理の基づく祖先祭祀とは全く別次元の地位継承における祖の観念、いわば一系系譜的な政治的系譜意識を基礎とした祭祀なのである。先皇陵条集解「古記」の「除二即位天皇一以外、皆悉称レ墓」という言葉に象徴されるように、先皇葬地である陵は墓から明確に区別されて公的管理の下に置かれる。伝統的に尊重されてきた葬地であっても先皇葬地以外はその枠外となる。ただし、この一系的統制への志向は、先皇陵だけではなく氏墓の方にもみられた。持統天皇三年（六八九）に氏の始祖墓の公定が開始され、同五年には「墓記」の提出が命じられる。大宝令ではそれに加えて別祖や氏上の営墓を許可しており、葬地を氏の一系性に基づき設定させることが目指されている。[14] 当該期の陵墓政策は、全体として葬地の一系的再編成という意図で一貫していたのである。このような事業が厖大な国費と時間を費やして実行されたことは、この常幣の創設こそが当該期陵墓祭祀の本質を考える第一の手がかりにされるべきことを示している。

それではこの政策の目的は何処にあったのだろうか。歴代帝王陵の守衛は唐令の模倣ともみえるが、中国では王朝がこれほど長期に永続することはなく、山陵数もずっと少ないから、両者を同列に論じるわけにはいかない。

ましてや一斉奉幣という点では中国の陵墓祭祀とは明らかに異質であり[15]、模倣では説明がつかない。血縁的出自意識が稀薄で宗廟制すら受け入れなかった日本の律令国家がこうした事業を興すのだから、そこには独自の目的があったと考えるべきである。

葬地が死者の埋葬施設として一定の宗教的性格を帯びるのは自然なことであるが、個別の葬地を地位の一系系列に従って整理することは、それとは別次元の事柄である。日本古代の系譜には、地位継承に関わる擬制的親子関係を表現する一系系譜（児（子）系譜）と血縁関係で自己から遡る両属系譜（娶生系譜）という二つの様式が並存していたことが義江明子氏によって指摘されてきたが[16]、父母・夫婦をはじめとする近親故人への追慕という普遍的な宗教感情は、造像銘記の仏教的追善や儒教的服喪にみられるように双系的意識に整合的であって、両属系譜と重なり合うことによって意識化されていく[17]。それに対して一系的意識は稲荷山鉄剣銘などに典型的な形でみられるように、奉事根源の由来を語って現在の君臣関係を説明する政治的系譜であって、継承儀礼などの仕奉関係確認の場で機能するものであった。この政治的意識には追慕という感情は本源的に含まれていない。一系系譜上の上位者は「祖」と呼ばれてはいても、祖先祭祀の対象とみなされることはなかったと考えられる。

『帝紀』の基本構造も天皇歴代を基準とする点で一系性の精神で貫かれており、そこに記されていた山陵記事も政治的書物に付属する情報にすぎず[18]、すべてが個々の古墳に即して意識されていたかどうかは疑わしい。ところが律令国家はその政治的な語りから山陵記事を切り取ってリストを作成し、具体的古墳に比定して祭祀対象に位置付ける作業を行ったのである。祖先祭祀という宗教的原理と地位継承に関わる政治的原理とが本来次元を異にする精神領域であったことからすれば、それは不自然な祭祀形態であり、特定の目的をもって人為的に創造された祭祀だといえよう。

（二）天皇霊と山陵

この新たに創始された独自の山陵祭祀の意義を歴史的に位置付けるため、迂遠ではあるが山陵観念と密接な関わりをもつ天皇霊・皇祖霊の分析をまず行い、具体的な切り口を得ることにする。天皇霊については折口信夫から近年の吉田　孝氏に至るまで、始祖の「マナ mana」を指すとするのが一般的であった[19]。しかし、当該期の祖先祭祀で始祖が特別に重視されたことを示す史料は存在しない[20]。これに批判を加えたのが熊谷公男氏である[21]。天皇霊は守護者たる先皇霊の集合体であり、当時一般的であった漠然とした範囲の祖先と子孫との間に存する祭祀―守護関係の一現象形態として位置付けられるものとされた。そうなると『日本書紀』段階から――明確には個別化されていないにせよ――現天皇から遡る天皇系譜上の全先皇の霊魂集合体を守護者的存在とみなして祭祀の対象としていたことになる。しかしこの説にも、①史料上の「霊」の語と霊魂の概念とが明確に区別されずに論じられていること、②『日本書紀』の事例と『続日本紀』宣命にみえる事例とを相互補完的に理解しているが、令制以前と以降という段階の違うものを初めから同列に論ずるべきではないこと、③先皇霊の内実は皇位を受けた者に限られており、当時普遍的に存したという漠然とした範囲の祖霊観とは質的に異なるものであるかもしれないこと、の三点からみて問題がある。

『日本書紀』にみえる天皇霊またはそれに類する概念の使用例を見てみると（表3）、ほとんどが天皇という存在そのものの「権威」「威力」の意で用いられており、現天皇を指す事例が多い[22]。現天皇を指さない4・7についても、前者では神功皇后は天皇でないから、「これまでの皇祖たちの権威を頼みにして（それを奉じて）私は戦う」という言説になっているにすぎない。また後者は現天皇だけを指しているわけではないが、未来にかけて起

表3　『日本書紀』にみえる天皇霊記事

No.	年代	史料	内容
1	垂仁天皇後紀明年三月壬午(十二日)	然るに**聖帝の神霊に頼りて**、僅に還り来ること得たり。	田道間守が常世国から帰朝した時の言葉。
2	景行天皇二十八年二月乙丑朔	臣、**天皇の神霊に頼りて**、兵を以て一たび挙げて、頓に熊襲の魁帥者を誅して、悉に其の国を**平けつ**。	日本武尊が熊襲を平らげた状を奏した言葉。
3	景行天皇四十年七月戊戌(十六日)	嘗て、西を征ちし年に**皇霊の威に頼りて**、……熊襲国を**撃つ**。……。今、亦た**神祇の霊に頼り**、**天皇の威を借りて**、往きて其の境に臨みて、**示すに徳教を以てせむに**、猶ほ服はざること有らば、即ち兵を挙げて**撃たむ**。	日本武尊が東国征討に旅立つ前に語った言葉。
4	神功皇后摂政前紀（仲哀天皇九年四月甲辰(三日)）	吾、**神祇の教を被け**、**皇祖の霊を頼りて**、滄海を浮渉りて、躬ら西を**征たむ**とす。	神功皇后が三韓に出兵する前に橿日浦でうけひをした時の言葉。
5	欽明天皇二年(五四一)四月	今寡人、汝と力を戮せ心を并せて、**天皇の頼に翳れば**、任那必ず起らむ。	聖明王が任那旱岐に対して語った言葉。
6	欽明天皇十三年(五五二)五月乙亥(八日)	亦た任那と共に、心を并せ力を一にすべし。猶尚し茲の若くせば、必ず**上天の擁き護る福を蒙り**、亦た**可畏き天皇之霊に頼らむ**。	百済・加羅・安羅の使者に対して天皇が救援に応じた時の言葉。
7	敏達天皇十年(五八一)閏二月	清き明き心を用て、天闕に**事へ奉らむ**。臣等、若し盟に違はば、**天地の諸神**及び**天皇の霊**、臣が種を絶滅えむ。	蝦夷の服属の時の魁師綾糟の誓約の言葉。
8	天武天皇元年(六七二)六月丁亥(二十七日)	近江の群臣、多なりと雖も、何ぞ敢えて**天皇の霊**に逆はむや。……。即ち臣高市、**神祇の霊に頼り**、**天皇の命を請けて**、諸将を引率て**征討たむ**。	壬申の乱の時に高市皇子が天武をはげました言葉。

＊5の原文は「翳頼天皇……」であるが、岩波の日本古典文学大系の読みに従った。

請する場合、先皇霊だけでなく現天皇をも含めた未来に永続する天皇の霊威を問題にしていると考えられるので、これまた祖先の範疇に限定された用例だとはいえない。神祇と並んで現われる事例があることから天皇霊も抽象的霊魂を意味すると考えられてきたのかもしれないが、例えば8の高市皇子の言葉には、

　近江群臣雖レ多、何敢逆二天皇之霊一哉。天皇雖レ独、則臣高市、頼二神祇之霊一、請二天皇之命一、引二率諸将一而征討。豈有レ距乎。

とみえ、「天皇之霊」は「天皇之命」と同義で用いられ、現天皇である天武を指しているのであり――『日本書紀』は大海人皇子を乱の間も天皇として描く――、それが「神祇之霊」と並べられているにすぎない。こうした事実をふまえたうえで『日本書紀』の天皇霊記事の共通性に目を向けるならば、そこには基本的に、

　「神祇の霊に頼り」＋「天皇の霊に頼り」＋「……を討つ」

という叙述パターンが確認され、天皇権威を奉じて敵を撃って服属させるという文脈で用いられている点で一貫しているのである。

以上の特徴を整理すると次のようになる。①『日本書紀』の天皇霊は、現天皇に付属する霊威を指す概念であって先皇の死霊ではない。世俗的な威力、現実的な権威としての霊であった[23]。②華夷観念・王化思想を基礎にした征討の場や、仕奉関係の創設（服属）もしくは確認の場において語られ、語りの主体は天皇に服属している臣下である。服属すべき天皇霊は、時々の天皇に宿りつつも時間を超えて永続する実体と観念されている。③逆に、先皇という言葉が出てきても祖先祭祀の対象としての先皇の霊魂という観念は確認できず、先皇霊が天皇自身の守護者であるという思想は稀薄である。地位のもつ霊威が個別の霊魂に溶け込んで祭祀の対象に転化することは、必ずしも通時的な現象ではないのである。

次に『続日本紀』宣命にみえる使用例をみてみよう(表4)。こちらでは、①先皇の霊魂である、②語りの主体が天皇自身である、③天皇・王権に対して力を発揮する宗教的守護霊である、といった特徴が確認できる。「神祇の祐」と併記する点や変・配流と関わりをもつ事例には『日本書紀』的な天皇霊観念の残像が確認されるが、「……を討つ」という要素が欠落していることは決定的な変化である。また、天皇霊という概念は直接には現われないけれども、山陵の臨時祭祀もまたこれと同列に扱ってよい(表5)。なぜなら、先の宣命にみえる諸例が先皇の霊魂を問題にしていることは明らかだし、祥瑞出現に際して山陵使を立てる事例は表4の4の事例と共通するところがあって、山陵祭祀と先皇霊観念とが異質な次元のものではなくなっていることが証されるからである。こちらは二つに大別される。第一は、戦勝祈願、貢物の献上、新羅王子来朝の報告など外交との関わりをもつ臨時祭祀である。古い天皇霊観念・服属儀礼的性格を残存させているようにみえるが、山陵という場における先皇の霊魂に対する天皇親祭であって、『日本書紀』の事例とは次元を異にする。地位に付属していた天皇霊が葬地たる山陵と結びつき、天皇霊の宿る場という新しい山陵観念が確立してきている。第二は、祥瑞改元の慶命使発遣、病気平癒の祈請、信物献上、「事ふ」という事例[24](延暦年間には廃皇太子や遷都などの報告にも現われる)である。山陵の機能は第一類以外にも拡大して、宗教的信仰を前提にした先皇守護霊(のちには皇太子・太上天皇の霊)という機能がさらに濃厚になってきている。

以上のような天皇霊観念の急激な転換は、律令国家成立期における陵墓制度の変革期を跨いで起こっており、両者に密接な関わりが想定される。そこで、次にその背後で進められていた陵墓機能改変のプロセスについて時期を追って見ていくことになる。

表4　『続日本紀』にみえる天皇霊記事

No.	年代	史料	内容
1	神亀四年(七二七)十一月己亥(二日)	朕、**神祇の祐に頼り**、**宗廟の霊を蒙り**、久しく神器に有ちて、新たに皇子を誕めり。宜しく立てて皇太子とすべし。百官に布れ告げて咸な知せ聞かしめよ。	基王の誕生と立太子の宣言。
2	天平勝宝元年(七四九)四月甲午朔	**三宝の勝れて神しき大御言の験を蒙り**、**天に坐す神**、**地に坐す神の相うづなひ奉りさきはへ奉り**、また**天皇が御霊たちの恵び賜ひ撫で賜ふ事に依り**て、顕し示し給ふ物に在るらしと念し召せば、……。	陸奥国が産金したことに対する感謝。
3	天平宝字元年(七五七)七月戊午(十二日)	此れ誠に**天地の神の慈び賜ひ護り賜ひ**、**挂けまくも畏き開闢已来御宇しし天皇が大御霊たちの穢き奴等をきらひ賜ひ弃て賜ふに依りて**、また**盧舎那如来・観世音菩薩・護法の梵天・帝釈・四大天王の不可思議威神の力に依りてし**、此の逆に在る悪しき奴等は顕れ出でて、……悉く罪に伏しぬらしとなも、……。	橘奈良麻呂の変が未然に発覚したことに対する感謝。
4	神護景雲元年(七六七)八月癸巳(十六日)	然るに此は大御神の宮の上に示顕し給ふ。故、尚ほ是は**大神の慈び示し給へる物なり**。また、**掛けまくも畏き御世御世の先皇が御霊の助け給ひ慈び給へる物なり**。復た、去る正月に二七日の間、諸の大寺の大法師等を請せ奉らへて**最勝王経を講読せしめまつり**、また……、また諸の臣等の天下の政事を理に合へて奉仕るに依りてし**三宝も諸天も天地の神たちも共に示現し賜へる奇しく貴き大き瑞の雲**に在るらしとなも念し行す。	祥瑞改元の詔。
5	神護景雲三年(七六九)五月丙申(二十九日)	然れども、**盧舎那如来**、**最勝王経・観世音菩薩・護法善神の梵王・帝釈・四大天王の不可思議威神の力**、**挂けまくも畏き開闢けてより已来御宇しし天皇の御霊**、**天地の神たちの護り助け奉りつる力に依りて**、其等が穢く謀りて為る厭魅事皆悉く発覚れぬ。	県犬養姉女の謀反が未然に発覚したことに対する感謝。

＊神護景雲三年十月乙未朔条引用の聖武天皇の詔に「諸聖天地祇御霊……」とみえるが、これを天皇御霊とみるべきかどうか意見が分かれる。

表5　八世紀ころの山陵臨時祭祀の諸例

年代	内容
文武天皇二年（六九八）正月庚辰（十九日）	新羅の貢物を献る。（大内山陵）
大宝二年（七〇二）八月癸卯（八日）	地震により、遣使して祭る。（倭建命墓）
慶雲四年（七〇七）七月庚子（五日）	「事ふること有り」。（大内山陵）
神亀五年（七二八）八月丙戌（二十三日）	皇太子不予のため、遣使して幣帛を奉る。（諸陵）
天平元年（七二九）八月癸亥（五日）	祥瑞改元にともない、慶命使を差し幣を奉る。（諸大陵）
天平二年（七三〇）九月丙子（二十五日）	遣使して渤海の信物を献じる。并せて祭る。（山陵六所・太政大臣墓）
天平十四年（七四二）五月庚申（十七日）	種々の献物を奉る。（山陵）
天平十七年（七四五）五月戊辰（十一日）	地震干害により、幣帛を奉る。（諸陵）
天平二十年（七四八）十二月甲寅（十八日）	鎮祭。（この年元正天皇崩）（佐保山陵）
天平勝宝四年（七五二）閏三月乙亥（二十八日）	新羅王子の来朝の状を告げる。（大内・山科・恵我・直山等山陵）
天平勝宝六年（七五四）三月丙午（十日）	唐国の信物を奉る。（山科陵）
天平勝宝七歳（七五五）十月丙午（二十一日）	聖武太上天皇、枕席不安により幣を奉り祈請する。（山科・大内東西・安古・眞弓・奈保山東西等・太政大臣墓）
延暦四年（七八五）十月庚午（八日）	早良親王廃皇太子の状を告げる。（山科・田原・後佐保陵）
延暦十一年（七九二）六月癸巳（十日）	早良親王の祟りによる皇太子不予のため、諸陵頭を淡路国に遣してその霊に謝す。（早良親王冢）
延暦十二年（七九三）三月癸卯（二十五日）	遷都の由を山陵に告げる。（山階・後田原・先田原）
延暦十三年（七九四）正月庚寅（十六日）	征夷の事を山陵に告げる。（山階・田原）
延暦十六年（七九七）五月乙巳（二十日）	早良親王の霊に謝すため、僧を遣して転経悔過させる。（早良親王冢）
延暦十九年（八〇〇）七月己未（二十三日）	早良親王の葬地に鎮謝。（崇道天皇山陵）
延暦十九年（八〇〇）七月甲子（二十八日）	崇道天皇追尊の事を告げる。井上内親王の復位の事を告げる。
延暦二十四年（八〇五）四月甲辰（五日）	崇道天皇の怨霊に謝すため、諸国に小倉を立て、国忌・奉幣の例に預らせる。（崇道天皇山陵）
延暦二十四年（八〇五）七月甲午（二十七日）	唐国の物を献る。（山科・後田原・崇道天皇三陵）

（三）律令陵墓祭祀の史的意義

日本律令国家に先行して「巨大古墳の世紀」が存在したことは、無視することのできない歴史的前提である。この事実は単に巨大古墳を造営した権力の大きさの問題に還元して論じられるべきものではない。文献が乏しく具体的な状況を把握するのは難しいが、埋葬施設を巨大に造営することは、先にみた『日本書紀』の天皇霊観念と表裏一体の現象だと考えられるのである。

推古天皇二十八年（六二〇）冬十月、欽明陵で一つのデモンストレーションが挙行されている。山陵の側に氏ごとの柱を立てさせていることから、欽明天皇の五十周忌を迎えて天皇と氏々との間の仕奉関係を再確認させる意図をもつものであったと判断される[25]。これは欽明陵のもつ政治的モニュメント機能に依存する一時的な儀礼であって、先皇霊祭祀ではない[26]。また、皇極天皇元年（六四二）に蘇我蝦夷・入鹿が今来に寿陵を造って自らの権勢を示そうとしたのも、陵墓を権力表象として用いる政治的意識の現われといえよう。他方、顕宗天皇が山陵を破壊して父の仇たる雄略天皇の霊に報復しようとしたことが『日本書紀』顕宗天皇二年八月己未朔条にみえるが、雄略天皇の霊は報復に対して受け身であり、祟る形跡すらない。それを諫めた億計王の言葉をみる限り、山陵破壊はあくまで忠孝に関わる現世における政治倫理の問題として論じられている（以上、『日本書紀』）。このように大化前代の実例からは、陵墓を権力者の身体モニュメントとみなす思考を読み取ることはできるが、祭祀の対象とみなす観念は全く確認できないのである。

これは権威と身体とが未分離であるがゆえに起こる現象であって、先にみた『日本書紀』の天皇霊観念と不即不離の関係にある。継承儀礼が完了して天皇霊が新帝に移動してしまえば、葬地に政治的霊威が残ることはないのである。しかし、このような君主の権威と身体が未分離な政体にあっては、君主権の継承過程は国家秩序にとって大きな危機であった。君臣秩序は君主の死のたびにリセットされ、再構築される必要があったからである[27]。過去の個別の君臣関係創設に関する語りを通して、それを引き継ぐのは自分であると説明し、新しい秩序に対するコンセンサスを作っていく。これが長期にわたる殯の期間であり、その語りが誄であった。そして自らも新しい君臣関係を創始し続けることが要求されるのである。また、特定の治世に生み出された君臣意識や服属関係は、その治世を体現する君主の身体と人格的に直結しているがゆえに、先帝の崩後も関係永続の証として視覚に訴える先帝の身体モニュメント＝巨大古墳が必要とされた。ただし、過去のすべての君主の墳墓が巨大である必要はない。偉大な政治的君主、主従関係創設に大きな役割を担った君主、一定の象徴的意味をもつ治世の君主の墳墓が特にモニュメント化されるのである[28]。

しかし、国政の法制化とともに君主権と君臣関係が明確な制度として位置付けられてくると、巨大な富を陵墓の造営に投ずることは不要になる。それを象徴するのが埋葬施設重視から葬送儀礼重視への転換、つまり葬地のもつモニュメント的機能の否定を明言した大化二年（六四六）の大化薄葬令であった[29]。ここでは天皇の葬地は規定外になっているが、墳墓に権力の象徴機能を期待することが既に時代遅れな旧俗であるという現実を社会的に周知する役割を果したことは間違いない。

こうした伝統的な陵墓機能の解消を受けて、その上に新しい機能が付与されていく第一歩として注目されるのが、壬申の乱の最中に神武陵に馬や兵器を奉って戦勝を祈願したという天武天皇元年（六七二）七月条の記事である。この神武天皇の山陵への奉幣は、親近感を感じえない遠い祖先を宗教的に祭る初例として画期的な出来事であった。国家機構は近江側にあるし、血統で大友皇子に問題があるならば倭姫が臨朝すればよい、伝統的氏族も近江朝廷を支持しているというような状況の下で、天武側からすれば天皇権威の起点で一系性の集約点である始祖神武天皇が自分の側を支持していると喧伝することは、思想的に唯一の正当化の手段であった。先述のように、いまだこの時期には現天皇の威霊を受けて敵を討つという伝統的観念が機能していたが、権威が大きく二つに割れた場合には、過去の霊威を受けることで自らを正当化するという方法が有効となる。

ただし、現実の戦闘中の言説にどれほどの効果があったかは疑問であるし、そもそもこの記事自体が、即位以降に自らの地位を正当化するために挿入された要素である可能性も否定できない。即位後の天武天皇は自らの地位と権威を、単なる戦闘の勝敗結果という偶然性によってではなく、積極的な論理で説明するという要請を背負わざるをえなかった。乱のなかで語られた神武陵の守護というフィクションは偶然的な歴史的要請にすぎなかったが、これこそが山陵に宿る始祖という血縁的に遠く遡る先皇霊魂が宗教的威力を発揮して現天皇を守護するという、『続日本紀』にみえる天皇霊観念を生み出す直接的な契機となった。天武天皇十年（六八一）五月己卯（十一日）条には、「皇祖の御魂を祭る」という記事が見え始めるのである。

この延長線上に打ち出されてくるのが、律令国家による全先皇陵の公的守衛と常幣祭祀の創始であった。その意図するところは次の二点に整理される。第一は、天皇位の政治的守護霊の創造である。この時期に一般的であった祖霊観は、漠然とした範囲の身近な祖先と子孫が閉鎖的な互酬関係を形作るというものであった。[30]先にもふれた造像銘の近親への追慕意識もその現われだろうし、『続日本紀』天平神護元年（七六五）八月庚申朔条によると、謀反を計画していた和気王の所持文書には、「尊霊がこの企てを成功するよう守護してくれれば、その子孫で罪に坐した者を速やかに都に引き戻し、適切な官職に就けます」と書かれていた。[31]このような通念を前提とすれば、常幣において祭祀される祖先の範囲を一系系譜上の「即位の先皇」に限定することは、その祭祀によって守護される子孫の内実を天皇一人に限定すること、先皇のみからなる祖の集合体をその唯一の子孫たる「即位の天皇一者」の守護者として位置付けることを意味する。従来の漠然とした社会的な祖霊の延長線上で理解されるべきものではなく、血縁関係に基づく祖先祭祀でもなく、それとは異なる「地位にとっての祖先」という観念の創出であって、地位とその一系性に対する祭祀なのである。政治的一系性の実体化である歴代山陵の霊魂が現天皇の守護者に位置付けられたことは、身体から切り離された天皇位の権威が現天皇の統治を正当化し根拠付けるということを意味する。こうした思想は先にみた『続日本紀』の天皇霊観念に対応するものなのである。

第二は、仕奉という政治的関係の宗教化である。系譜の一系性は皇統の永続と奉事根源という君臣関係永続の語りであったから、当政策はこの政治的な奉仕意識を祖先子孫間の閉鎖的関係を利用して宗教化したことを意味する。天皇の守護者たる先皇霊を律令制によって生み出された公民からの調《みつき》によって祭り[32]、それにより守護を受けるのは天皇一者であるという論理、公民の天皇への奉仕関係を天皇の一系的祖先への祭祀という形で確認させるという論理を構築したのである。その背景には次のような状況が存在した。①官僚制浸透に比例して氏の奉事根源の意識が希薄化してきており、その代替的機能が必要となっていた。②旧来の氏の天皇への仕奉関係は奉事つまり職により表現されていたが、公民の仕奉は調によって象徴される。もちろん公民層に意識されていたわけではないが、調による先皇陵祭祀は律令公民制における天皇と公民との間の奉仕関係の象徴という機能を担う。③国内の統一を背景として、新たな服属関係の創始より関係の維持こそが重要になった段階を迎えて、個別の天皇に対する服属奉仕ではなく、君主制という政体に対する安定した奉仕原理の創造が意図されてきた。先皇霊は現天皇の守護霊にして仕奉関係の媒介者たる政治的霊魂という性格を得て、祖先子孫間で働く霊魂は開かれた政治的機能を有する霊魂に転成する。

以上の天皇位の政治的守護霊の創始、君臣関係の宗教化という二つのシステムを機能させるためには、まずその前提として過去の天皇位に即いた人物の霊魂を個体化したうえで、それまで現天皇に属していた地位の霊威たる天皇霊をそこに張り付ける、という二つの手続きが必要となる。霊魂の個体化とは実在化であるから、史書に具体的に描き込むことで個々の天皇の像を豊かにし、全先皇陵を提示することでその実在化を計ったうえで、それらへの祭祀を実行することになる。可視的な形での歴代山陵の「治定」[33]と、それらへの調による恒例祭祀（荷前）がこの時期から開始されたのはそのためである。

こうして、天皇の権威＝天皇霊は過去の山陵のなかに保存されて、先皇霊という観念によって正当化される天皇位が誕生する。そこでは君主の身体や個性といった個別的・直接的なものは問題ではなくなるから、山陵は巨大な権力のモニュメントという機能を捨て去り、君主権と君臣関係を守護する一系的先皇霊の宿る場という新しい機能を担うことになる。個別の天皇に対する人格的な君臣関係はそのなかに止揚される。長期にわたり続けられてきた殯宮儀礼や個別の服属儀礼がこの時期を境に終焉するのは、旧来の機能が如上のシステムに代替されることになったためである。[34]律令陵墓祭祀はこのような理念に基づいて創始されたのである。

第三節　律令陵墓祭祀の変質

（一）大陵制

本節では、常幣の機能が次第に低下し、新しい平安時代の陵墓祭祀の枠組みが準備されてくる八世紀後半の転換期を扱う。その過程で橋渡し的な役割を果したのが、常幣成立と時をほぼ同じくして現われた大陵の制であった。『続日本紀』天平元年（七二九）八月癸亥（五日）条の祥瑞改元記事に、

又、諸大陵差レ使奉レ幣。其改二諸陵司一為レ寮、増レ員加レ秩。

とみえる。大陵とは、全先皇陵に対してそのうちの特定数を尊重する相対的な概念である。前節では律令陵墓祭祀の柱である常幣に焦点を当てて論じてきたが、それと並行して臨時祭祀を受けるなどの優遇山陵枠も設定されていた[35]。具体的には、天平二年（七三〇）九月丙子（二十五日）条にみえる「山陵六所」や天平六年（七三四）四月戊申（十七日）条の「諱所八処」、天平勝宝四年（七五二）閏三月乙亥（二十八日）条の諸山陵（大内（天武・持統）・山科（天智）・恵我（応神）・直山（元明・元正））、天平勝宝七歳（七五五）十月丙午（二十一日）条の諸山陵（山科（天智）・大内東西（天武・持統）・安古（文武）・眞弓（草壁）・奈保山東西（元明・元正））がそれであり、ほぼ天智天皇以降の陵からなっている。範囲は天皇および追尊天皇葬地に限られており、律令陵墓制の理念に矛盾する性格をもつものではない。直系祖先から外れる元正陵を含んでいるように必ずしも血縁上の祖に限定されておらず、皇統上の近年の先皇陵を相対的に重視している。ただし外交に関わる臨時祭祀においては応神陵が加えられたりする。数はほぼ六〜八陵程度だが選択基準に明確な規範性があるわけではなく、かなり曖昧な面をもっているようである。また陵と墓の区別は厳守されているが、太政大臣藤原朝臣墓[36]（不比等）や有功王墓といった政治的なモニュメント性を有する墓が、大陵と並んで同時に臨時祭祀を受ける事例がみられる点も注意される。大陵とは、陵墓に対する伝統的なモニュメント的意識と律令陵墓制度により新たに鍛えあげられた守護者的霊魂が宿る先皇陵観念とが融合して生まれた、個別的な守護者的山陵の呼称だと考えられ、これまでの政治的モニュメントということで徹底しているのでもなく、血縁原理が明確に打ち出されているのでもない、不安定で過渡期的な制度であった。

大陵は臨時奉幣を受けるのみならず、常幣の枠内でもある段階から一定の優遇を受けるようになった。「延喜諸陵寮式」奉幣諸陵墓条の構造に注目しよう。

凡毎年十二月奉二幣諸陵及墓一、其陵別五色帛各三尺、庸布一段一丈四尺、……。近陵別五色帛各一丈、……。遠墓及近墓幣各同二遠陵例一。其別貢幣物色目見二内蔵式一。

十世紀初頭における常幣の幣物規定であるが、全体が近陵とそれ以外（遠陵・近墓・遠墓）の二ランクに大きく区分され、近陵のみに特別数量の幣が奉られている。近陵制は別貢幣のみならず常幣のなかでも機能していることが知られ、近墓とは異なる扱いを受けているように別貢幣と必ずしも同義不可分でもない。また、式文の構造をみると、①一般山陵の数量規定がまず冒頭に掲げられ、これを遠陵と呼ばず、近陵の方が特殊規定とされていること、②近陵近墓制確立以降の規定であるにもかかわらず、当規定には実質的に近墓制の反映がみられず、墓への常幣の規定が付加的であること、という二つの特徴が確認され、ここから当史料が単なる十世紀の法制ではなく、常幣が山陵のみに奉られていた時期――墓には奉られていなかった時期――の規定の枠組みを受け継ぐものであることがわかる。式文の起源は『弘仁式』以前の式に遡る。元来は山陵一般についての規定と近陵の特殊規定とからなっていたのであろう(37)。また、近墓・遠墓の区別が常幣に投影されないのは、近墓制成立時点で既に別貢幣が常幣に代わる重要な祭祀として成立していたためと考えられるので、逆に近陵制の枠組みが常幣に影響を与えている事実は、近陵に関する部分が書き加えられた時点で別貢幣が成立していなかったか、もしくは常幣から独立していなかったことを示している。これは、先に延暦十六年の史料から想定した別貢幣が独立した国家的儀式としては存在していなかった段階に符合する。近陵制は別貢幣に先行して存在していた制度であって、これを常幣内近陵優遇制と呼ぶことにする。

近陵制のこのような特徴をみてくると、同じく一定数の山陵を特別扱いする制度として存在していた大陵制が想起されよう。常幣範囲内で一定の優遇を受けるという規定において両者に変わるところはないから、近陵制は大陵制に起源をもつと考えてよいだろう。大陵制は常幣の枠内で設定された制度であり、常幣施行とほぼ同時に所見することから、それからさほど遅れることなく常幣の体系のなかに組み込まれて、幣物量において一定の優遇を受けるようになったのであろう。

（二）常幣の変質

常幣内優遇という面から大陵制から近陵制への連続性が想定されたが、それは単なる名称変化ではなく、常幣理念の変質を端的に象徴する出来事であった。天平宝字四年（七六〇）に皇太后・太皇太后の御墓が山陵へと格上げされた史料を見てみよう（『続日本紀』）。

十二月戊辰（十二日）、……。又勅。太皇太后宮・皇太后御墓者、自今以後、並称㆓山陵㆒。其忌日者亦入㆓国忌例㆒。設㆑斎如㆑式。

十二月に出されたことを考えると、この勅が荷前と無関係だとは考えにくい。また荷前と国忌が密接な関係をもち始めていることも注目される[38]。国忌が限られた一定数の忌日であったことや、このころから天皇忌日以外に皇太后・太皇太后の忌日を含み込むようになり、血縁の近さが強調されてくることなどを考え合せると、単に御墓から山陵一般に格上げされただけでなく、一挙に大陵扱いにされたと考えてよい。これまで天皇葬地のみを指していた常幣対象たる陵の枠に皇太后・太皇太后の葬地を組み入れる政策のなかに、一系性の理念を切り崩して血縁意識に基づく母系の祖の尊重を導入しようとする意図が含まれていることは明白である。

これと同様の傾向は、陵墓管理や常幣をつかさどる諸陵寮の人事にも見出される（表6）。古くは土師宿祢が任ぜられることが多かった諸陵頭（正）のポストが、天平十八年から神護景雲二年（七四六―七六八）に至るころから諸王や真人姓の皇族関係者によって独占されるようになり、土師宿祢は助またはそれ以下に落される。[39]完全に排斥されないのは、土部を取りまとめたり葬礼や陵墓祭祀に関する専門的知識を得たりするのに不可欠であったからにすぎない。この独占が解かれて一般の官人が頭に任命されるようになるのは、大同三年（八〇八）前後のことである。

以上のように、八世紀後半（七五〇年代ころ）の藤原仲麻呂政権下の孝謙・淳仁朝になると、優遇山陵の選定や諸陵頭の任命に血縁的近親意識が色濃く投影されてくるのであり、常幣制度のなかに内廷的祭祀という性格が胚胎し始めている事実が確認される。これは当該期の祖先顕彰の意識の高まりを背景にもつ現象であり、[40]令制の陵概念に深刻な変容を迫るものであった。常幣の本質は先皇霊の一系的なモニュメント化にあったから、この変化は直接その規範を解体する。大陵呼称の近陵への名称改正もこうした状況を受けたもので、現天皇からの血縁的な遠近で表現されるようになったのである。近陵制の成立は常幣理念変質の第一段階をなす。

こうした近親意識を強調する傾向がさらに強まることで、外祖父母の墓への荷前常幣が開始されることになる。常幣変質の第二段階である。天平宝字四年の処置は、皇太后・太皇太后の葬地を例外的に山陵枠に入れたものといえなくもない。陵に格上げする手続きを踏まなければ荷前に預からせえなかったのであり、換言すれば墓や御墓への常幣は認められていなかったといえる。旧来の枠組みは堅持されていたのである。これは、先に「諸陵寮式」奉幣諸陵墓条の規定構造から墓が常幣の対象となるのが相対的に遅いと推定したことと相応する。ところが、別稿で述べたように、延暦九年（七九〇）の年終になると祖先顕彰の理念を強調しつつ桓武天皇の母高野新笠の

表6　諸陵頭・助補任一覧

年　代	頭	助
天平3年(731)6月庚寅(13日)	外従五位下　土師宿祢千村	
天平5年(733)12月庚寅(27日)	従五位下　角朝臣家主	
天平9年(737)12月壬戌(23日)	外従五位下　土師宿祢三目	
天平18年(746)8月丁亥(8日)	外従五位下　土師宿祢牛勝	
神護景雲2年(768)2月癸巳(18日)		外従五位下　土師宿祢位
神護景雲2年(768)7月壬申朔	従五位下　文室真人子老	
宝亀2年(771)7月丁未(23日)	従五位下　甲賀王	外従五位下　土師宿祢和麻呂
宝亀8年(777)2月丙申(14日)	従五位上　伊刀王	
延暦4年(785)正月辛亥(15日)	従五位下　浅井王	
延暦5年(786)10月甲子(8日)	従五位下　八上王	
延暦10年(791)3月辛巳(21日)	従五位上　調使王	
延暦11年(792)6月癸巳(10日)	調使王	
延暦15年(796)10月甲申(27日)	正五位上　大原真人美気	
延暦23年(804)2月癸亥(18日)		従五位上　下毛野朝臣年継
大同元年(806)2月庚戌(16日)	従五位下　乙野王	
大同3年(808)6月乙亥(24日)	従五位下　永原朝臣最弟麻呂	
弘仁3年(812)正月辛未(12日)	従五位上　永原朝臣最弟麻呂	
弘仁3年(812)12月己丑(5日)	従五位下　粟田朝臣飽田麻呂	
弘仁6年(815)正月壬午(10日)	従五位下　粟田朝臣飽田麻呂	
弘仁13年(822)	林朝臣山主	
天長7年(830)		豊前王
承和4年(837)		当麻真人清雄
承和6年(839)10月癸酉(25日)	正五位下　小野朝臣真野	
承和8年(841)2月丁未(6日)	従五位上　石作王	
嘉祥3年(850)6月乙丑(19日)	従五位下　藤原朝臣関雄	
仁寿元年(851)2月辛亥(8日)	美志真王	
仁寿2年(852)閏8月丙戌(23日)	従五位下　藤原朝臣三藤	
仁寿3年(853)7月庚戌(21日)	従五位上　良岑朝臣長松	
斉衡元年(854)2月辛未(16日)	従五位上　嶋江王	
斉衡元年(854)3月戊戌(14日)	従五位下　丹墀真人氏永	
斉衡3年(856)2月辛巳(8日)	従五位下　興岑王	
天安元年(857)12月壬申(9日)	大枝朝臣直臣	
貞観元年(859)2月己亥(13日)	従五位下　当麻真人清雄	
貞観元年(859)4月甲午(9日)	従五位下　当麻真人清雄(為図書頭)	
貞観2年(860)2月乙未(14日)	散位従五位下　藤原朝臣緒数	
貞観2年(860)6月甲申(5日)	散位従五位下　藤原朝臣広守	
貞観7年(865)正月己酉(27日)	従五位下行上野介　紀朝臣真丘	
貞観10年(868)2月辛巳(17日)	従五位下　橘朝臣葛名	
元慶3年(879)12月丙午(21日)		正六位上　林朝臣忠範
元慶8年(884)2月己未(28日)		正六位上　林朝臣忠範

＊すべて六国史。ただし弘仁13年、天長7年、承和4年は、それぞれ天長9年7月戊午（28日）条、貞観7年2月癸丑（2日）条、貞観11年12月庚寅（7日）条による。

父母にまで贈位が行われ、天皇外祖父母の葬地を公的管理の対象に加える外祖父母墓制が成立する。これは、当初皇太后や太皇太后のために設定された御墓制の枠組みを発展解消させて生み出された制度であった[41]。このように母后尊重の意識の展開のなかで外祖父母墓までが公的守衛の対象に組み入れられてくるのであるから、常幣祭祀に預かるようになるのもこの延暦九年の段階だと判断して間違いなかろう。翌年の延暦十年に国忌省除令が出され、血縁上の遠近意識がさらに強調されてくる時代状況にも即応する。しかし、墓に対する常幣の誕生は、常幣制度を生み出した当初の理念の完全な否定でもあった。

以上、これまで見てきた先皇陵祭祀の変容は、直接的には孝思想という規範化された血縁的双系意識の高揚を契機として引き起こされたものであったが、より広い視野でみれば、律令陵墓祭祀自体の風化が前提になっていたのだろう。常幣の基礎に据えられた天皇霊は、それが霊魂化されたがゆえに『続日本紀』宣命にみるように神や仏と並置され（表4）、八世紀後半の神身離脱思想に象徴される神仏関係の影響を被って、祟る先皇霊、仏法により救済される霊魂というイメージへと世俗化されていく。このような天皇霊の相対化によって常幣の意義は既に形骸化していたのである。こうした状況を受けて、まず常幣に付属する曖昧な制度であった大陵の制に規範的形式を有する血縁的近親観念が流れ込み、近陵制という独特の祖先祭祀の枠組みを生み出した。その結果、それと密接な構造的連関をもっていた常幣もまた直接的打撃を受けて、その意義を終焉させることになったのである。

（三）別幣奉献の開始

それから暫くして近陵は別幣の奉献を受け始める。別貢幣の原型が未熟ながら成立してくるのである。この点を第一節で準備しておいたA型任命手続きの沿革から探ってみよう。弘仁期の〈五位以上官人＋大舎人〉という使者編成のうち大舎人部分については、延暦十六年（七九七）まで土師宿祢がその任を果しており、別貢幣がその時点で儀式として独立していなかったという可能性を先に指摘した。ここではさらに臨時祭祀の使者任命の動向を手がかりにする（表7）。そこには四つの段階が確認される。①延暦年間は基本的に五位諸王が使者の筆頭である。延暦四年（七八五）十月八日に中納言正三位藤原小黒麻呂が天智陵への使者に選ばれたのは、彼が長岡遷都の中心的責任者の一人であったため、もう一人の種継の暗殺にともなう早良親王廃太子についての告文使に選ばれることになった特殊例といえよう。副に諸王を充てている。注目すべきはこの時の聖武陵への使者編成で、位の高下を無視して当麻王が筆頭とされている。諸王が使者になるという暗黙の規範が存在したからと考えられる。ところが、②大同年間末から弘仁元年（八一〇）の状況をみてみると、五位以上官人が使者に立てられるようになっている。弘仁元年九月十日の桓武陵への使者は参議だが、参議発遣制の確立は天長元年（八二四）に降るからそれとは無関係で、位階の正四位下という立場で任務を遂行していると判断される。大同から弘仁年間という桓武天皇・藤原乙牟漏の山陵を最も尊重した時期に四位五位レベルの官人を充てていることは、この時点での三位発遣制の未成立を傍証する。③ところが弘仁十四年（八二三）四月二十五日の例になると、三位以上の枠を満たす事例が確認されるようになり、④天長四年（八二七）二月二十九日以降は参議発遣となる。②から④までの動向は荷前使の動向（表2）と厳密に一致している。すると、①から②への転換が逆に荷前使の動向を投影していると考えてよいだろう。この変化は、先の諸陵頭が弘仁初年ころを画期として諸王から官人へと変化する動向とも相応する。以上より、荷前における五位以上官人発遣の制は、――旧大夫層の伝統に遡るものでなく、――先行する五位諸王発遣を受けて成立したものと判断してよい。そして、諸王発遣の開始は、これまでの全体動向をふまえると八世紀後半の血縁意識強調の時期に置くのが妥当で、諸陵頭が諸王から補任されるように

表7　具体的な使者記載を有する臨時山陵遣使（仁明朝まで）

年代	内容	対象山陵	使者
文武天皇二年（六九八）正月庚辰（十九日）	新羅の貢物を献る。	大内山陵（天武）	直広参　土師宿祢馬手
天平十四年（七四二）五月　庚申（十七日）	種々の献物を奉る。	山陵〔越智山陵〕（斉明）	内蔵頭外従五位下　路真人宮守　等
延暦四年（七八五）十月庚午（八日）	廃皇太子（早良）の状を告ぐ。	山科山陵（天智） 田原山陵（光仁） 後佐保山陵（聖武）	中納言正三位　藤原朝臣小黒麻呂 大膳大夫従五位上　笠王 治部卿従四位上　壹志濃王 散位従五位下　紀朝臣馬守 中務大輔正五位上　当麻王 中衛中将従四位下　紀朝臣古佐美
延暦十一年（七九二）六月癸巳（十日）	皇太子病。崇道天皇の祟り。淡路国に遣使しその霊に謝す。	淡路国（早良）	諸陵頭　調使王　等
延暦十六年（七九七）五月乙巳（二十日）	崇道天皇の霊に謝すため、僧を遣して転経悔過す。	淡路国（早良）	僧二人
延暦十九年（八〇〇）七月己未（二十三日）	崇道天皇山陵に鎮謝。	崇道天皇山陵	従五位上守近衛少将兼春宮亮丹波守　大伴宿祢是成　陰陽師・衆僧
延暦十九年（八〇〇）七月甲子（二十八日）	追尊の事を告ぐ。 復位の事を告ぐ。	崇道天皇陵 皇后陵（井上内親王）	少納言従五位下　稱城王　等 散位従五位下　葛井王　等
弘仁元年（八一〇）七月丙辰（十八日）	祟り。聖体不予。鎮祭す。	高畠陵（藤原乙牟漏）	右大弁従四位上　藤原朝臣藤継 陰陽頭従五位上　安倍朝臣真勝　等
弘仁元年（八一〇）九月丁未（十日）	薬子の変の事を告ぐ。	柏原陵（桓武）	参議正四位下　藤原朝臣緒継
弘仁元年（八一〇）十二月甲申（十八日）	僧七口を遣し、説経せしむ。	吉野陵（井上内親王）	僧七口
弘仁十四年（八二三）四月己酉（二十五日）	即位の由を告ぐ。 受譲・定皇太子の事を告ぐ。	諸山陵 柏原山陵（桓武）	使 中納言従三位　良岑朝臣安世

天長四年(八二七)二月庚申(二十九日)	伊勢斎内親王帰京の状を申す。	石作山陵(高志内親王)	参議式部大輔従四位上　南淵朝臣弘貞 右京大夫従四位下　藤原朝臣文山
天長四年(八二七)八月甲辰(十五日)	東大寺盧舎那大仏を固し奉るの由を告ぐ。	佐保山陵(聖武)	参議大蔵卿従四位下　藤原朝臣愛発　等
天長四年(八二七)十一月癸未(二十五日)	御在所の上に木が生えたので切り出し奉る。	柏原山陵(桓武)	参議正四位下　直世王 左京大夫正四位上　石川朝臣河主　等
天長五年(八二八)八月辛未(十八日)	天地災変。奉幣祈請す。	柏原先陵(桓武)	大納言正三位　良岑朝臣安世 左京大夫正四位上　石川朝臣河主　等
天長八年(八三一)六月壬辰(二十六日)	物恠を防ぐため、二十二僧を屈し分頭し読経させる。	柏原(桓武) 石作山陵(高志内親王)	廿二口僧
天長十年(八三三)三月壬辰(五日)	預め即位すべきの状を告ぐ。	柏原(桓武) 長岡(藤原乙牟漏)二山陵	中納言従三位兼行民部卿　藤原朝臣愛発 権中納言従三位　藤原朝臣吉野 従四位下因幡守　高枝王 従四位下式部大輔　安倍朝臣吉人　等
承和三年(八三六)五月庚申(二十二日)	遣唐使の安全のため幣帛を奉る。	山階(天智) 田原(光仁) 柏原(桓武) 神功皇后　等陵	参議従四位上　文室朝臣秋津 常陸権介正五位下　永野王 内舎人正六位上　良岑朝臣清風　等 (以上山階陵)
承和五年(八三八)七月丙寅(十一日)	物怪あり。僧沙弥各七口に読経させる。	柏原山陵(桓武)	僧・沙弥各七口
承和六年(八三九)四月丙子(二十五日)	旱災。勅使を遣し、御陵の木を伐ったことを謝す。	神功皇后山陵	参議従四位下守刑部卿　安倍朝臣安仁 従四位下中務大輔兼備前守　紀朝臣名虎 等
承和六年(八三九)九月癸未(五日)	伊予親王に一品を贈ることを告ぐ。藤原吉子には贈従三位。	故贈一品伊予親王墓	中使
承和七年(八四〇)六月己酉(五日)	物恠、内裏に見ゆ。柏原山陵の祟り。祈請す。	柏原山陵(桓武)	中納言正三位　藤原朝臣愛発　等

承和八年(八四一)五月壬申(三日)	肥後国阿蘇郡神霊池涸減す。伊豆国に地震。旱疫の災と兵事あるか。物恠多し。護助を願う。祟りを賽ぐため宣命使を遣す。	神功皇后御陵	参議大和守従四位下　正躬王
		山科(天智)柏原(桓武)　両山陵	宣命使
承和八年(八四一)五月辛巳(十二日)	近年の祟りは山陵に奉遣すべき例貢物闕怠の祟り。香椎廟も同じく祟る。荷前を両年間漸く陵戸人に付し奉遣したために届かざるか。以後は直に進致するとして謝す。	神功皇后御陵	参議従四位上　和気朝臣真綱
		香椎廟	専使
承和八年(八四一)十月乙未(二十九日)	天皇御病。御陵の木を伐り犯穢した祟り。読経し謝し、山陵守を勘す。	柏原御陵(桓武)	参議従四位下大和守　正躬王 右近衛中将従四位上　藤原朝臣助　等
承和九年(八四二)八月乙丑(四日)	伴健岑・橘逸勢の変により、廃皇太子。道康親王を立太子したことを申す。	柏原山陵(桓武)	参議従三位兼越中守　朝野宿祢鹿取 散位頭正五位下　楠野王　等
承和九年(八四二)十二月庚辰(二十日)	神宝（宝弓劔など）を献り、平国家。護矜を祈る。	楯列山陵(神功)	参議従四位上式部大輔兼讃岐守　滋野朝臣貞主
承和十年(八四三)四月己卯(二十一日)	奇異あり。図帳を捜検すると楯列山陵は二つあり。世人の誤った相伝に従い、神功陵に祟りあるごとに空しく成務陵に謝していたことを二山陵に謝す。改めて神宝を奉る。	楯列北南(神功・成務)　二山陵	参議従四位上　藤原朝臣助 掃部頭従五位下　坂上大宿祢正野　等
嘉祥元年(八四八)七月丙子(十九日)	白亀の瑞を告ぐ。	十二諸陵	公卿等
嘉祥三年(八五〇)二月丙辰(七日)	天皇の病状を告げ、御体平安を願う。	柏原山陵(桓武)	参議左兵衛督従四位上　藤原朝臣助 従四位下右馬頭　藤原朝臣春津　等
嘉祥三年(八五〇)三月壬辰(十四日)	山陵祟り。陵内に犯穢あるか。巡察することを告げて、御体平安を願う。	柏原山陵(桓武)	参議従四位上行左兵衛督　藤原朝臣助 従四位下行宮内大輔　房世王　等
嘉祥三年(八五〇)三月甲午(十六日)	陵内を巡察した結果、樹が伐られていたことが判明。御陵司を勘じ、陵守を替退したことを申して謝す。	柏原山陵(桓武)	参議従四位上行左兵衛督　藤原朝臣助 民部大輔従四位下　基兄王　等

＊典拠は、『続日本紀』『日本後紀』『続日本後紀』『類聚国史』『日本紀略』。なお、陵墓の修営に関係する遣使記事は除いた。

なってから暫くして開始されたのだろう(42)。

A型荷前使がこのような沿革をもつことは、即ち別貢幣が弘仁年間になって突然創始されたのではなく、それ以前から暫定的な形で始められていたことを想定させる。血縁的基準により選定される近陵が設定されたのを受けて、現天皇の意志を受けて常幣とは別に内廷財源たる内蔵寮から幣を献ずることが開始されたのであろう。ただし、延暦十六年官符や「諸陵寮式」奉幣諸陵墓条に関する先の考察から得られた結果は、いまだこの時期には別貢幣は独立の儀式としては成立していないというものであった。これを勘案すれば、当該期の荷前は弘仁年間以降のように二つの儀式には分離しておらず、治部省主催で一本化されていたと推定される。あくまで常幣儀式の枠内で別幣奉献も行われたために、近陵へは諸王が使者となって常幣・別幣を併せ奉献し、その他の一般山陵には土師宿祢が常幣のみを奉るという体裁が採られたのであろう。別幣奉献は天皇の私的な祖先祭祀の開始を意味する。使者に皇族を立てるのは天皇の代理だからで(43)、天皇は家長として家の祭祀を主催する。しかし、常幣の枠内で諸王発遣が行われているように付随的奉献にすぎず、この段階ではいまだ国家儀式としての積極的な役割は担っていない。

第四節　律令陵墓祭祀の解体過程

（一）別貢幣制度の国家儀式化

次に、別幣奉献が常幣から独立し、太政官主催の国家儀式となっていく過程を考察する。もちろん私的祭祀がそのまま国家儀式にスライドしうるわけではない。その転換には一つのステップを踏む必要があった。

桓武朝後半になると、祟る陵墓という観念が強く押し出されてくる。陵墓祭祀と神祇祭祀の等質化が進み[44]、祟るという神の属性が陵墓にも付与されることになる。これが桓武天皇の有していた渡来系氏族の霊魂観により助長されたのである[45]。延暦十一年（七九二）六月癸巳（十日）に皇太子不予の原因が早良親王の祟りであるとして諸陵頭以下が淡路に発遣され、延暦十九年（八〇〇）七月己未（二十三日）には崇道天皇号を追尊して陳謝している（『日本紀略』）。そして、『日本後紀』延暦二十四年（八〇五）四月甲辰（五日）条には、次のような記事が現われる。

甲辰、令下諸国一、奉二為崇道天皇一建二小倉一、納二正税卌束一、并預中国忌及奉幣之例上。謝二怨霊一也。

怨霊を鎮めるために忌日が国忌に、葬地が近陵に加えられたのである。このような葬地までを近陵の枠に入れることは即ち、従来の近陵概念の新たな転換、脱規範化である。血縁的基準は再び相対化され、現天皇にとって重要な祭祀対象という平板な優遇枠に転じる。それに応ずるかのように諸王による陵墓祭祀の独占がこの時期に終焉する。その背景には別幣奉献の祖先祭祀的属性の解消が存したといえる。国家儀式として独立する前に単なる内廷的祭祀という制約をいったん止揚しているのである。

さて、常幣が有していた君主権と君臣秩序の正当化という機能が消滅し、その上に祟るというネガティヴな属性が陵墓に付加されてくるとなると、陵墓祭祀を続けていくことの意味が根本的に疑問視されてくるのも当然である。そうした状況のもとで、弘仁年間になると新しい政策が積極的に打ち出されてくるのである。ここでもう一度、遣使制度の改正過程に注目しよう。一般官人からの使者選定は延暦十六年（七九七）に始まっているが、この段階では荷前はまだ諸陵寮主催で一本化されていたから、時代の変化は常幣の方に投影されている。本格的画期はもう少しあとにやってくる。上級使者発遣の変遷を通覧すると、大同年間末から弘仁初年ころを境に諸王発遣が五位以上官人発遣へと転換する事実が確認され、それに応ずるが如く諸陵頭も諸王ではなく一般官人から任命されるようになっている（表6・表7）。弘仁初年に遣使制度の改正が行われたと推定される。他方、前掲の弘仁四年（八一三）十二月十五日宣から、これ以前には五位以上の使者は外記により点定されていたことが確認される。弘仁初年の遣使制度改正に基づく五位以上官人使者任命が最初から外記点定によって行われていたことは、従来の別幣奉献がその改正と同時に太政官主催の儀式として独立したことを意味する。別貢幣は弘仁初年に国家的儀式として生まれ変わったのである(46)。

こうした転換は、先述した近陵の没理念化を積極的に受け入れることで逆に可能となった。諸王が天皇の近親陵墓への使者に立てられることは、天皇の身内として当然のことと映るであろう。しかし、ここであえて五位以上官人を使者に任命して、現天皇が重要とみなしたにすぎない形式的枠組み＝近陵近墓に遣わして、天皇個人の私的奉幣を代行させるというのである。ここには天皇に対する平安貴族の新しい奉仕のあり方が投影されており、それを判定しようという政治的意図を看て取ることができる。弘仁四年には荷前使の闕怠禁止と罰則が出されている（『類聚符宣抄』第四帝皇、荷前）。

左大弁秋篠朝臣安人宣、内裏宣、献山陵物使五位已上不㆑参者、自今以後、不㆑得㆑預㆓節会㆒。縦使会㆓山陵㆒不㆑参㆓奉班庭㆒亦同者。自今以後、宜㆓預挙申簡点㆒、応㆓必参㆒者。

弘仁四年正月七日　　少外記船連湊守奉

正月七日の節会に参加させないという規定は、「仕へ奉る」という役割を果さない者には「治め賜ふ」こともないという互酬関係の明確な表現ではあるが、その内実は別貢幣の使者を務めることと節会に参加できることである。ペナルティーは饗宴・節禄に預らせないことだが、弘仁四年段階の節禄制度は完全には整備されておらず、[47]むしろ饗宴参加という側面にウエイトがあった。弘仁十二年（八二一）正月奏進の『内裏式』により新節禄制が確立し、当規定は反故になる。弘仁十三年（八二二）二月五日には五位以上官人の侍従・次侍従は解却、非侍従は位禄を奪うという規定が設定され、承和二年（八三五）十二月九日宣では、それに加えて正月七日の節会に預からせないという罰則があらためて定められる（『類聚符宣抄』第四帝王、荷前、承和二年十二月九日宣）。この段階になると節禄不給も一つの現実的罰則になっている。以上は時服・季禄を奪うという大舎人・内舎人に対する罰則とともに『貞観式』（式部省式・中務省式逸文）のなかに纏められ、『延喜式』に受け継がれる。

これら一連の政策は、従来のように穢観念の増大による荷前使闕怠とそれにともなう陵墓祭祀の弛緩といった否定的文脈で理解されるべきものではない[48]。規定内容も平安時代の標準的な罰則規定——一般的な官人処罰においても五位以上次侍従以上は節禄をとどめ、六位以下非侍従以下は季禄または位禄を奪う、——である。当該期の闕怠対策は、陵墓祭祀に新しい機能を付与した官人発遣制を確実に実行せんとする積極的な意志の現われであったといえよう。

別幣奉献はいまだ積極的な政治機能を有していなかった。国家祭祀という観点からいえば、常幣から弘仁初年成立の別貢幣へという転換が重要である。そしてこの画期の本質は、祭られる対象（一系山陵）や幣物（調）といった内実の重要性が薄れ、山陵祭祀への使者奉仕という形式が重視されるようになったところに存する。祭祀のなかの儀式内容と儀式形式という二側面を明確に分離したうえで、後者のみに政治的機能を付与しようとしたものである。これは逆に陵墓というモニュメントが有していた固有の機能を切り捨て、陵墓祭祀を単なる奉仕役の一つに引き落したことを意味している。

（二）八陵遣使制と十陵制

別貢幣の国家儀式としての整備の結果は、弘仁十一年（八二〇）の『弘仁式』のなかに纏められ、天長元年（八二四）には第一節で確認した八陵遣使制が成立する。別貢幣制度がほぼ恒例化したこの段階において天皇の代替わりを迎え、それを契機に従来柔軟に範囲設定されてきた近陵定数が八陵に制限されることになる。対象の近陵が特別に多くならない限り問題ないにもかかわらずである。それ以前の五位以上官人発遣や三位発遣の段階では祭祀されるべき近陵がまずあって、その数に合せて使者が任命されていたのだが、ここではそれが逆転して参議発遣制の使者数を基準にして対象山陵の定数枠が設定されたことが重要である。これは、旧来の山陵祭祀を荷前使役という儀式に世俗化させるという先述の政策の徹底として位置付けられる。

こうした陵墓に対する否定的政策は、おそらく桓武朝以来の忌まわしい山陵の祟りを目にしてきた嵯峨・淳和両天皇の意志に由来するものでもあっただろう。恒例儀式の廃止にまでは至らなかったが、崩御に際しての遺詔では山陵や荷前に対する否定的思想が余すところなく吐露されている。両天皇の薄葬思想は、このような動向のなかに位置付けられるものでもある。

しかし陵墓祭祀の形式面の抽出は、逆に内面の私的側面を無制約に展開させることにもなった。まず第一に、施基皇子や早良親王の山陵が八陵枠に入れられていない事実に注目しよう。この時点で施基皇子の国忌はいまだ廃されておらず、陵も天安二年（八五八）においてなお近陵扱いであった。早良親王の国忌については西本昌弘氏が『新撰年中行事』から明らかにされたように、天長元年九月二十七日の太政官論奏を受けて十月十日に称徳天皇国忌などとともに停止されるまで存続している。前年の淳和即位を受けた整理である[49]。

十七日国忌事。大安寺。崇道天皇。今案止。天長元年十月十日官符。依二去九月廿七日論奏一止レ之。但同年十二月十四日官符。列二十陵一預二荷前一也。

しかし、ここに引かれた十二月十四日官符からは、早良陵が別貢幣に預かる十陵に列せられたという事実も知られる。そしてその僅か二日後に八陵遣使制が設定されるのである。十陵制と八陵遣使制とは密接な関わりをもって生み出された制度であったと推測される。施基（春日宮天皇）・早良（崇道天皇）は共に追尊天皇であって、早良陵は祟る山陵であり、施基皇子も光仁・桓武朝においては重視されたものの、淳和朝ともなれば血縁的に積極的意味を有したとは思われない。しかし、この追尊天皇二陵を近陵から外すことなく明確に例外とみなしたうえで、当時かなり増加していた近陵を八に整理している。十陵とは参議発遣八陵と追尊天皇二陵の合計から結果的に生まれた二次的数字であって、のちの近陵定数＝十陵の定型化もこの天長元年に置かれるのである。近陵定数枠である十陵制と参議発遣の八陵制という二重構造がこうして発生する。

さて、この事実を大きな歴史の流れのなかに置いてみよう。追尊天皇陵といえば草壁陵が最初だが、八世紀前半には三后墓よりも格の高い葬地であって、早くから優遇山陵枠に入れられていた。ところが、天平宝字四年（七六〇）からは三后葬地の処遇が上昇して、両者が同等の扱いとなる。追尊天皇陵の地位は相対的に低下する。さらに、この天長元年になると三后陵が八陵枠に組み入れられて参議発遣を受けるのに対して、追尊天皇二陵はそれより低い処遇に落される。平城陵が現天皇にとって血縁的な祖にあたらないにもかかわらず八陵に加えられているのは、近年の先帝山陵だからである。一系性の理念もわずかに残存している。しかし、こうした意識すらも九世紀末には完全に消滅する。天長元年の制には、山陵といえば先皇陵を指していた令制の陵観念の解体過程が段階的に映し出されているとともに、再び血縁的基準が重視され始めていることが確認されるのである。

また第二に、この段階で別貢幣の特徴である代替わりごとに祭祀対象を加除するシステムが明確な形で現われてきたことも注目される。これまでにもその時々の事情による加除は行われたであろうが、代替わりごとの加除システムは未成立であった。そう判断する根拠は次の三点である。①天長元年の近陵改正こそが、国家儀式としての別貢幣が経験した最初の代替わりを受けた加除であること、②荷前とほぼ対応する動向を示す当該期の国忌を見てみると、これ以前では延暦十年（七九一）に省除がなされているが、臨時の省除であって代替わりに応じた処置ではないし、称徳天皇国忌がこの天長元年まで残っていることから考えても、国忌が代替わりごとに加除されるシステムはいまだ確立していなかったとみられること、③加除システムの自律的作動は定数が固定化することを理論的に前提とするが、定数固定はこの天長元年に初めてなされたこと、以上より、天長元年宣がそうしたシステムを明確に設定した最初だということになる。

これとほぼ同時期に、即位告文使発遣（前年の弘仁十四年四月二十五日が初見）が見られるようになることも注目される。天皇位の所在（新天皇）を守護者たる陵墓に報告して加護を祈るとともに祟らないことを願うものである。[50]これまた代替わりごとの儀式という属性をもっており、両制度は共通の時代精神を基礎にもつ。この天皇歴代ごとに選定される陵墓は、君臣秩序を組み込んだ政治的質を有するものではなく、天皇個人が祭る守護者にすぎない。陵墓祭祀の政治的機能が荷前使役という形式的奉仕に集約された結果、逆に陵墓自体は天皇の私的な祭祀対象という性格を濃厚にしていくことが可能になったのである。以上の点でも、天長元年は大きな画期であり、別貢幣の成立は本質的な意味でこの年に置くのが妥当である。

（三）天安・貞観期の陵墓政策

九世紀後半になると陵墓政策に大きな転換がみられる。天安二年（八五八）十二月九日に別貢幣対象陵墓の定数規定、いわゆる十陵四墓詔が出されるのである（『日本三代実録』、『類聚符宣抄』第四帝皇、荷前）。これは陵墓研究において大変重視されてきた史料であるが(51)、従来は近陵近墓の加除の出発点として扱われるにすぎず、その史的意義が正当に評価されてきたわけではない。先の考察からすれば、別貢幣の国家儀式としての成立は弘仁初年であるし、定数規定は八陵制や十陵制に起源があるのだから、そうした側面に特別な画期性を読み取ることはできない。では、その意義は何処に見出されるべきであろうか。

制度面でいえば、ここで新たに山陵のみならず墓——多武岑墓（藤原鎌足）・宇治墓（藤原冬嗣）・次宇治墓（藤原美都子）・愛宕墓（源潔姫）——にも別幣を献ずる近墓制が成立したことが重要である。国史を通覧しても天安二年から「諸山陵墓に荷前幣を献る」という定型化した表記に定着するし（表8）、臨時奉幣においても外祖父母墓を対象とする事例が確認されるようになる(52)。律令陵墓制度は葬地を陵と墓とに区分して、天皇葬地の超越性を示すという大原則を有していた。のちには三后葬地が陵の列に加えられ、外祖父母墓も山陵に準じて常幣を受けるようになるが、その段階でも陵—墓という序列そのものは逆転されてはいなかった。それに対して、近墓制とは「血縁的に遠い天皇の陵」よりも「血縁的に近い外祖父母の墓」を重視する制度である。そして外祖父母墓の尊重は、三后陵の場合と違ってその政治的地位とは全く別次元の意識に基づくものである。こうしたものを近墓と呼んで国家儀式で公然と尊重することは、律令陵墓制度の最も重要な枠組みの放棄を意味する。

この十陵四墓制は、九世紀前半の八陵制のエレメントを拡大させつつ、最終的には制度の枠組み全体を解体させるに至ったところに生まれた血縁意識に基づく祖先祭祀である。十陵四墓のなかには平城陵の如き血縁筋からいえば無関係な先皇陵もなお遺制的に残存しているが、新たにそうした山陵が加えられることもないのであって、近親山陵が増加するに応じて、元慶八年（八八四）には施基陵が、仁和三年（八八七）には平城陵が外されること

表8　別貢幣実例記事（弘仁十一年―貞観十年）

年代	内容	対象山陵
弘仁十一年（八二〇）二月甲戌（一日）	「季冬奉幣諸陵」の語。	—
天長三年（八二六）十二月丙午（十四日）	分使して諸陵に荷前の幣を奉る。	諸陵
天長七年（八三〇）十二月庚申（二十日）	鳳輦建礼門に臨みて奉幣す。	諸陵
天長八年（八三一）十二月壬午（十八日）	建礼門に御し奉幣す。例なり。	諸山陵
天長十年（八三三）十二月辛酉〔承和六年の記事の錯簡重出〕	天皇建礼門に御し、使者を分ちて唐物を奉る。	後田原（光仁）八嶋（崇道）楊梅（平城）柏原（桓武）等山陵
天長十年（八三三）十二月庚午〔承和六年の記事の錯簡重出〕	天皇建礼門に御し、唐物を奉る。先日の頒幣に漏る。	長岡山陵（藤原乙牟漏）
承和六年（八三九）十二月辛酉（十三日）	天皇建礼門に御し、使者を分遣して唐物を奉る。	後田原（光仁）八嶋（崇道）楊梅（平城）柏原（桓武）等山陵
承和六年（八三九）十二月庚午（二十二日）	天皇建礼門に御し、唐物を奉る。先日の頒幣に漏る。	長岡山陵（藤原乙牟漏）
天安二年（八五八）十二月十五日壬寅	分遣して荷前の幣を献る。天皇建礼門に御さず。大臣行事す。	諸山陵墓
貞観元年（八五九）十二月二十七日戊申	大臣奉勅して、建礼門前に荷前の幣の事を行ふ。	—
貞観二年（八六〇）十二月十五日庚申	公卿奉勅して、建礼門前に会し、使者を遣して荷前の幣を献ること常の如し。	諸山陵墓
貞観三年（八六一）十二月二十五日甲子	荷前の幣を献ること常の如し。天皇御さず。公卿行事す。	諸山陵墓
貞観四年（八六二）十二月二十六日庚申	公卿に勅して、分遣して荷前の幣を献ること常の如し。	諸山陵墓
貞観五年（八六三）十二月十八日丙子	分遣し向わせて荷前の幣を献る。	諸山陵墓
貞観六年（八六四）十二月十八日辛未	公卿に勅して、荷前の幣を献ること常の如し。	—
貞観七年（八六五）十二月二十四日辛未	荷前の幣を奉る。	諸山陵墓
貞観八年（八六六）十二月二十日辛酉	荷前の幣を頒ち奉る。天皇幣所に御さず。公卿行事す。	諸山陵墓
貞観九年（八六七）十二月二十五日庚寅	荷前の幣を奉ること常の如し。	諸山陵墓
貞観十年（八六八）閏十二月十二日辛丑	天皇建礼門前に御し、公卿・侍従を分遣して荷前の幣を献る。	諸陵墓

になる。そして、施基皇子が抜けたあとを受けて、光仁陵までもが例外二陵の処遇へと落される。親尽の順に従ってのことである。中興の祖桓武天皇を除けば完全に血縁的基準によって選定されるものになる。また、これと対応する即位告文使の動向を見てみると、天安二年の清和天皇即位の際に遣使されたのは天智・桓武・嵯峨・仁明・文徳の諸山陵および外祖母源潔姫の墓であり、平城陵や淳和陵は含まれていない。陽成天皇から光孝天皇への皇位継承時の対象は天智・桓武・嵯峨・仁明陵であって、先帝陽成太上天皇は生存しているので含まれないのは当然だが、近年の先帝である文徳・清和陵すら見られない。選択基準は個々の現天皇にとっての血縁の筋だけが重要となり、天皇は私的個人として自己の祖先祭祀を行っているにすぎないのである。

ただし、こうした現象を服藤早苗氏のように、血縁意識による家の成立を背景とした父子直系継承ラインの成立と天皇位の家産化という視点から捉えるのは如何なものだろうか[53]。確かに、地位継承重視から血縁関係重視へという転換が起こっているのは紛れもない事実である。しかし十陵四墓制の特質は、宗廟制などとは違ってその対象に外祖父母の墓までを加えるようになった点にある。天皇位の父系継承の強調ならば、父系をなす太上天皇陵を含めなければ意味がないが、「譲位した太上天皇山陵は荷前対象にしない」という嵯峨・淳和崩御時に成立した原則がそれに制約を加えている[54]。その後は次第に母后と外祖父母の陵墓の加除が中心となっていく。

この時期の父子間継承への傾向は、孝思想を媒介にしつつ先帝に対する意識を父帝に対する意識と対立しないようにすることを意図したものであるが、その内実は外戚関係維持のために母后の地位をできる限り確定的にしたいという現実的な利害意識の結果にすぎない。藤原良房は幼帝清和の即位を実現する一方で、双系的意識を正当化する孝思想の普及を積極的に推し進めている。貞観二年（八六〇）には従来の孔伝鄭注の『孝経』を廃し、唐玄宗の『御注孝経』を採用して、十一歳の清和天皇の教育に用い、孝の思想を叩き込んでいる[55]。当該期の指導理念を父系直系継承と家の成立から説明するだけでは不十分である。

また、藤原鎌足の多武岑墓など藤原氏の祖先墓の再興が、このころ突如開始された事実も見落せない。天安二年に四墓の筆頭に置かれたのを受けて、荒蕪していた鎌足墓の再興・整備が貞観五年（八六三）ころから進められている。[56]天安二年は藤原良房が実質上の人臣初太政大臣に就任した翌年であり、幼帝清和の側で政務を統轄し始めた年である。天皇家と並ぶ太政大臣家の祖として、天智天皇の陵に対応する藤原鎌足の墓があらためてクローズアップされたのである。この時期の陵墓政策には、現天皇の由来を天皇家と藤原氏との一体性から描き出そうとする良房個人の意図が強く反映されている。陵墓を天皇家と藤原氏の一体性のモニュメントと位置付けて、偶有的にすぎない外戚関係を歴史的に正当化することが試みられたのである。そのためには、歴代ごとに廃置される当該期の双系的な陵墓祭祀はまさに格好の手段であった。こうした特質を積極的に認めて、孝思想の宣揚により血縁意識を再び規範化することで、陵墓自体の政治的機能を別の形で活用しようと試みたのである。

しかし、このような私的な目的から出発した改革は、官人たちのコンセンサスを得ることができなかった場合には、逆に荷前使発遣制度自体を停滞させることになりかねない。九世紀末から十世紀に本格的に増加する闕怠の発生は、藤原氏に都合のよいデモンストレーションになった荷前に官人たちが積極的な意義を認めなくなったことの結果なのであろう。[57]結局、この政策は陵墓祭祀全体の決定的形骸化を導くことになった。

むすび

本稿での考察をふまえて陵墓祭祀の変遷を整理すると、以下のように時期区分される。

第一期は、大化前代である。この時期の陵墓は政治的権威を体現する君主の身体、それに直結する君臣関係のモニュメントである。継承儀礼など君臣秩序の再構築の際に活用されるものであって、恒常的な祭祀の対象ではなかった。

第二期は、大化以降、特に持統天皇三年から聖武朝までである。陵墓の大きさを重視する観念は衰退し、先皇陵を一系系列で提示することを通して天皇統治の正当性を提示する政策が打ち出される。そこに宿る先皇霊を現天皇の守護者的霊魂と位置付けて、それを公民からの調の初物によって祭ることにより、先皇霊を介して現天皇への奉仕を表現する荷前常幣の制度が創始された。そこで鍛えられた山陵に霊魂が宿るという観念と旧来のモニュメント的な陵墓観念とが融合することで、特定の山陵を優遇する大陵制が生まれてくるが、いまだ常幣理念に背反する性格を有してはいない。

第三期は、孝謙朝から弘仁初年までである。常幣の機能はその基礎に据えられていた先皇霊観念の世俗化を受けて形骸化していく。他方、孝の観念に基づく血縁意識が大陵制に流れ込んで常幣の意義を磨滅させるとともに、新たに天皇の近親意識に基づく近陵制が生み出された。さらに近陵に対して内蔵寮からの別幣奉献が開始されるが、荷前自体はいまだ治部省主催で一本化されていた。

第四期は、弘仁初年から天安二年までである。別幣奉献はその私的性格を止揚して荷前別貢幣という国家的祭祀に発展する。荷前使役に奉仕させることを通して現天皇との君臣関係を確認させる儀式であるが、同時に陵墓のもつ固有の機能を否定する方向性を内包していた。天長元年の八陵制・十陵制は使者定数による祭祀対象の制限である。

第五期は、天安二年の十陵四墓制以降である。先皇陵より近親陵墓を優遇する近墓制の成立により、律令陵墓祭祀の枠組みは根本的に解体される。孝の観念や血縁的規範が再び強調され、現天皇の位置を天皇家と藤原氏との一体性によって提示する目的で、天智天皇の陵と並ぶ藤原氏の祖鎌足の墓が復興される。

以上、律令国家の陵墓祭祀の成立とその後の変容過程を制度史的に復元してきたが、単なる制度の変遷以上のものを読み取ることができたと思う。陵墓は政体の質によって巨大に造営されたり、一系的に管理されたり、時には否定されたりする。その時々の政体に対して陵墓が如何なる正当化の機能を果してきたのかを探ることで、君主権や君臣関係の構造を具体的に解明することができるのである。また、宗廟祭祀とは大きく異なる日本古代特有の祖先祭祀の萌芽が——天皇家における先駆的な動向にすぎないが——八世紀後半における大陵から近陵へという変化のなかで、個性的な形で姿を見せ始めていることも明らかにすることができたと思う。

（1）鎌田正憲「荷前奉幣制度の研究」（『國學院雑誌』二九巻一・二号、一九二三年）。
（2）服藤早苗「山陵祭祀より見た家の成立過程——天皇家の成立をめぐって——」（同『家成立史の研究——祖先祭祀・女・子ども——』校倉書房、一九九一年。初出は一九八七年）四七頁、岡田荘司「平安前期神社祭祀の公祭化　下」（同『平安時代の国家と祭祀』続群書類従完成会、一九九四年。初出は一九八六年）第二節。
（3）佐藤泰弘「領と預」（日本史研究会古代史部会報告、一九九七年九月）。
（4）『吏部王記』天慶八年二月十三日条、正治二年十一月の「諸陵雑事注文」（『丹鶴叢書』故実）。
（5）『小野宮年中行事』十二月十三日点荷前使参議已上奏聞事。
（6）藤木邦彦「近陵・近墓の被葬者」（同『平安王朝の政治と制度』吉川弘文館、一九九一年。初出は一九七六年）、所功「『西宮記』の成立」（同『平安朝儀式書成立史の研究』国書刊行会、一九八五年。初出は一九七三年）など。
（7）『儀式』の規定だけはなぜか八を意識していない。

(8) 服藤註2論文（五七頁）は制度の強化とみる。
(9) 和田軍一氏は奈良時代初頭とし（『岩波講座日本歴史 皇陵』岩波書店、一九三四年）、また鎌田正憲氏も制度的整備をそのころとみて、『皇年代略記』を根拠にその淵源が持統朝に遡る可能性を示唆していた（鎌田註1論文）。
(10) 新井喜久夫「古代陵墓制雑考」（『日本歴史』二二二号、一九六六年）。
(11) 田中 聡「「陵墓」にみる「天皇」の形成と変質――古代から中世へ――」（日本史研究会・京都民科歴史部会編『「陵墓」からみた日本史』青木書店、一九九五年）一二一頁。
(12) 『続日本紀』天平元年八月癸亥（五日）条、「延喜諸陵寮式」陵墓側近条・諸陵墓条。
(13) 拙稿「律令国家陵墓制度の基礎的研究――「延喜諸陵寮式」の分析からみた――」（『史林』七九巻四号、一九九六年。本書第二章に再録）参照。
(14) 拙稿「大化二年三月甲申詔の葬制について」（『続日本紀研究』三一〇号、一九九七年。本書第一章に再録）参照。
(15) 楊 寛『中国皇帝陵の起源と変遷』学生社、一九八一年、など参照。
(16) 義江明子『日本古代の氏の構造』吉川弘文館、一九八六年、一三三―一三八頁。双系的関係に積極的な集団帰属の原理が付与されたものを両属系譜と呼ぶ。最近の義江氏は「地位継承次第系譜」と「「娶生」系譜」の語に集約しているが（同『古代王権論――神話・歴史感覚・ジェンダー――』岩波書店、二〇一一年）、前者が系譜の内実、後者が形式によって命名されており不統一だと思われるので、ここではあえて旧来の用語を使用する。
(17) 「天寿国繡帳銘」などは双系的親族意識を基礎にもつ系譜と追慕意識とが重なり合った典型的事例である。
(18) 武田祐吉『古事記研究 帝紀攷』青磁社、一九四四年、第四章。
(19) 折口信夫「大嘗祭の本義」（『折口信夫全集』第三巻、中央公論社、一九五五年。初出は一九三〇年）、同「上代葬儀の精神」（同第二十巻、中央公論社、一九五六年。初出は一九三四年）、吉田 孝『律令国家と古代の社会』岩波書店、一九八三年、同「祖名について」（土田直鎮先生還暦記念会編『奈良平安時代史論集』上巻、吉川弘文館、一九八四年）。
(20) 津田左右吉『日本上代史の研究』岩波書店、一九四七年。

(21) 熊谷公男「古代王権とタマ（霊）――「天皇霊」を中心に――」（『日本史研究』三〇八号、一九八八年）。
(22) 小林敏男「天皇霊と即位儀礼」（同『古代天皇制の基礎的研究』校倉書房、一九九四年。初出は一九九二年）第一節。
(23) 葬地に死者の霊魂が宿るという観念一般を否定するものではない。本稿が問題にしているのは、それが天皇霊という政治的霊魂として把握されていたか、守護者的存在として祭祀対象になっていたかという点である。
(24) 慶雲四年七月庚子（五日）条に「大内山陵に事ふること有り」とある。元明天皇即位に際して、守護者的存在として奉祭されたものであろう。
(25) 田中聡氏も類似の理解を示すが（田中註11論文、九一―九二頁）、史的位置付けは私説と異なる。
(26) 欽明天皇の治世のモニュメント性については、義江明子「「娶生」系譜にみる双方的親族関係――「天寿国繡帳銘」系譜――」（同『日本古代系譜様式論』吉川弘文館、二〇〇〇年。初出は一九八九年）参照。
(27) 和田萃「殯の基礎的考察」（同『日本古代の儀礼と祭祀・信仰』上、塙書房、一九九五年。初出は一九六九年）、吉村武彦「古代の王位継承と群臣」（同『日本古代の社会と国家』岩波書店、一九九六年、初出は一九八九年）。
(28) 特徴のない陵墓は葬送・継承儀礼時にのみ取り上げられ、その後は放置されたのだろう。律令山陵祭祀の前提として治定を行わなければならず、それにかなりの時間を要したのはそのためである。
(29) 拙稿註14論文。
(30) 熊谷註21論文。
(31) 墓の設定・管理は氏の主体性に任されていたために一系的性格は必ずしも明瞭には現われず、氏の成員全体の葬地という観念が存続し、漠然とした範囲の祖霊観もまた生き続けた。
(32) 大津透「貢納と祭祀――調庸制の思想――」（同『古代の天皇制』岩波書店、一九九九年。初出は一九九五年）など参照。
(33) 拙稿註13論文。
(34) 和田萃氏は註27論文で、火葬採用が他界観念・葬送儀礼の変化をもたらしたとするが、逆であろう。皇位の正当化の原理が変化したために葬地が継承儀礼にとって重要でなくなったのである。支配の正当化は七世紀末以降の法典編纂によっても達成される（本書第八章で詳論）。史書と法典の編纂が律令国家にとって重要課題であったのは、小中華への意志もあったにせよ、律令国家の正当化の根本的な基盤だったからである。

(35) 確実な初見は天平元年だが、『日本書紀』推古天皇二十年二月庚午（二十日）条の「檜隈大陵」は単なる美称ではなく、書紀編纂段階での大陵制を意識した文飾の可能性もある。大陵の成立も常幣施行と同じ元明朝に遡るかもしれない。

(36) 不比等墓は血縁ではなく有功王墓の一つとして祭祀されている（拙稿註13論文）。

(37) 墓への別貢幣を桓武朝に遡らせる服藤説の誤りは、岡田註2著書（一六五頁の補注1）が簡単に指摘している。

(38) 中村一郎「国忌の廃置について」（『書陵部紀要』二号、一九五二年）参照。

(39) 一連の土師氏改姓は氏意識の衰退一般の文脈でも理解されるが、諸陵頭から助に落されて祖業を受け継ぐ誇りを失っていた土師宿祢が、助の地位からも手を引くようになるのがこのころである。彼らは既に改姓以前に祖業に対するプライドを失っていた。先の延暦十六年四月二十三日官符（『類聚三代格』）は土師氏の憤りとして読むこともできる。

(40) 直接的には藤原仲麻呂の個人的意向に由来する面も大きいが、結果的にはこれ以降の制度に変化を引き起こす重要な契機となった。当該期の孝思想とその意義については、目崎徳衛「宮廷文化の成立――桓武・嵯峨両天皇をめぐって――」（同『王朝のみやび』吉川弘文館、一九七八年。初出は一九六九年）、笠井昌昭「『続日本紀』にあらわれた孝の宣揚について」（同『古代日本の精神風土』ぺりかん社、一九八九年。初出は一九八四年）参照。

(41) 拙稿註13論文。

(42) 諸王・真人・副・土師宿祢といった編成が、『続日本紀』文武天皇三年十月辛丑（二十日）条、天平六年四月戊申（十七日）条、天平十四年五月丙辰（十三日）・庚申（十七日）条などにみえるが、これらは修陵事業に関わる際の臨時の編成である。諸陵頭が土師宿祢で、幣物が手渡される使者が諸王だということは、儀式の場を具体的に想定してみるとほとんど考えがたい。

(43) 虎尾達哉「律令国家と皇親」（同『律令官人社会の研究』塙書房、二〇〇六年。初出は一九八八年）。

(44)　弘仁十一年二月一日には、荷前の天皇服制が大小の神事と並べて規定される（『日本紀略』）。
(45)　天皇が一凡夫として盧舎那仏に北面したことに象徴されるように、天皇そして先皇霊も次第に仏法に救済されるべき霊魂と考えられるようになり、天皇霊は絶対的な座標軸としての価値を喪失する。また八世紀後半には、祟りをなす在来の神々を仏法によって救済するという神宮寺造営の思想、神身離脱思想が普及し、救済されない霊魂が祟るという観念が生まれてくる。それに加えて桓武天皇が幼少時に受けた渡来系氏族の霊魂観の影響により（笠井昌昭「平安貴族の生活意識」『日本思想史講座』第一巻、雄山閣出版、一九七七年）、天皇霊は単なる守護者ではなく積極的に祟る存在に変化するのである。なお山陵の祟りと一言でいっても、①祭られないために祟る場合（神祇官亀卜による）と、②怨霊となって積極的に祟る山陵という二系統がある。
(46)　その結果、常幣における近陵への使者は再び一般山陵への使者と同等の処遇に復され、幣物量の優遇だけが形式的に残存することになる。
(47)　饗場　宏・大津　透「節禄について――「諸節禄法」の成立と意義――」（『史学雑誌』九八編六号、一九八九年）。
(48)　鎌田註1論文、和田　萃「日本古代中世の陵墓」（森　浩一編『天皇陵古墳』大巧社、一九九六年）など。そもそも荷前は吉日に挙行されるのである。
(49)　西本昌弘「東山御文庫所蔵の二冊本『年中行事』について――伝存していた藤原行成の『新撰年中行事』――」（同『日本古代の年中行事書と新史料』吉川弘文館、二〇一二年。初出は一九九八年）。
(50)　その背景には譲位制度の定着がある。陵墓が守護霊としての性格を明瞭にする一方で、崩御を契機とした皇位継承がなくなったため、告文使によって天皇位の所在を陵墓に告げる必要が出てくるのである。
(51)　鎌田正憲「十陵四墓の廃置」（『國學院雑誌』二八巻六号、一九二二年）、所註6論文第四節など。
(52)　『日本三代実録』天安二年十一月五日壬戌条、同二十六日癸未条。
(53)　服藤註2論文。
(54)　堀　裕「天皇の死の歴史的位置――「如在之儀」を中心に――」（『史林』八一巻一号、一九九八年）。

(55)『日本三代実録』貞観二年二月十日辛卯条、同年十月十六日壬辰条、同年十二月廿日乙丑条、同四年八月十一日丁未条。久木幸男『日本古代学校の研究』玉川大学出版部、一九九〇年。
(56) 拙稿註13論文に詳述。
(57) 藤木邦彦「平安朝官僚の荷前闕怠」（藤木註6著書、初出は一九八二年）。

〔付記〕本稿執筆以降、吉江 崇「荷前別貢幣の成立――平安初期律令天皇制の考察――」（『史林』八四巻一号、二〇〇一年）、二星祐哉「七、八世紀における山陵奉幣と荷前別貢幣の成立」（『ヒストリア』二二九号、二〇一一年）、西本昌弘「『新撰年中行事』所引の荷前別貢幣に関わる推定――『弘仁式』逸文――」（『関西大学文学論集』六三巻四号、二〇一四年）などの諸研究がある。

第二部　日本古代の君主権の構造と記紀神話

第五章　天皇号の成立とその重層構造
――アマキミ・天皇・スメラミコト――

はしがき

天皇号の成立時期をめぐる議論は、日本古代の君主権、政体の質をどう評価するかに関わる重要問題である(1)。また、より広い視野で見れば、日本古代国家成立史をめぐる研究史上のパラダイムと密接な関係を有しながら、諸説が提示されてきたことに気づくだろう。戦後の一時期には、律令国家成立の歴史的必然性を説明しようという方向性が提示されたものの、その後は歴史における内乱の史的意義を重視する視点から、壬申の乱が大きく評価されるようになる(2)。また、白村江の敗戦による国際関係の緊迫といった契機や、継受された律令制の実効性といった側面からも研究が深められることで、律令国家成立史における推古朝や大化改新・天智朝の画期性が次第に相対化され、近江令否定説が今日の通説の位置を占めるようになる(3)。その結果、天武持統朝を過度に重視する一つの堅牢なパラダイムが形成されて学界の主流を成していったのである。天皇号の天武持統朝成立説もまた、こうしたパラダイムに裏打ちされた学説だといってよい。

天武持統朝成立説は、福山敏男氏による推古朝金石文の批判的検討をふまえて、対外関係と国家形成、律令国家における現御神（明神）観念の形成(4)、といった議論を吸収しつつ生み出された斬新な仮説であった。しかし、その後は結論だけが既成の事実とされ、逆に新しい研究を制約してしまうという弊害が生じてはいないだろうか。また、史料上確かな実例がないということだけで、歴史事実そのものまでを切り捨ててしまうという行き過ぎはなかったであろうか。

最近になって、ようやくこの問題に対する再検討が始まっている。例えば近著では、大津透『古代の天皇制』の「第一章　天皇号の成立――序にかえて――」が、律令天皇制の実質は天武持統朝になって急に確立されたものではなく、律令制導入以前の王権のあり方を本質的に継承しているという図式を論じつつ天皇号の成立時期にもふれ、天武持統朝説の根拠が必ずしも盤石ではないことを簡潔に指摘している。(5) また、これまで天武朝成立説を採っていた鎌田元一氏や熊谷公男氏も自説を修正して、天智朝、さらには孝徳朝ころにまで遡る可能性を示唆している。(6) このような研究動向の背景には、日唐律令比較研究による八世紀日本の国制が有した守旧性の発見、孝徳朝の史的意義の再評価などがある。天皇号成立時期の再検討は戦後古代史が作ってきたパラダイムへの一つの挑戦でもある。

既に論じ尽くされた課題でもあり、使い古された史料の再読に終始してしまうことになりかねないが、本稿ではこれまでの研究の問題点を整理しつつ、若干の新しい論点を提示することができればと思う。その際、従来の国際関係の契機を軽視するわけではないが、日本の君主号の特質を国内言語の展開との関係において考察するという視座を設定する。

第一節　阿輩雞彌――推古朝における天皇号成立の和語的基盤――

天皇号の成立事情を考える際にまず念頭に置いておくべきことは、古代日本語の有する口頭言語と表記言語の並存という認識であろう。『三国志』魏書東夷伝の倭人条に「卑狗（彦）」や「卑奴母離（鄙守）」などの語が見られ、既に三世紀には列島内に独自の口頭言語が存在していたことが窺われる。[7] しかし、例えば『後漢書』に「建武中元二年、倭奴国、奉レ貢朝賀。使人自称二大夫（ダイフ）一」とあるように、外交の場や文字表記においては漢文が使用されている。

表記言語と日常生活とが乖離している状況は、五世紀の江田船山古墳大刀銘などにも確認される。この大刀は典曹人である「无利弖《もりて》」——通説では「むりて」と読むが、和語として意味をなさない。「无」から転じた仮名文字「ん」は平安時代には mu とも mo とも読まれている。これも「もりて」（守手）と読む方が自然であろう——が作刀者「伊太加《いたか》」に命じて作らせたものだが、銘文は「張安」なる渡来系の人物に作文させている。渡来系氏族が外交文書の作成や読解に従事していることは、『日本書紀』の所々に記述されているところである。こうした文脈をふまえたとき、天皇号の成立は如何に捉えられるであろうか。

中国との関係における日本の君主号は一貫して「倭王」「倭国王」「日本国王」、即ち「王」であった。[8] 推古天皇十六年（六〇八）に裴世清がもたらした国書には「皇帝、問二倭皇一」（八月壬子（十二日）条）とあるが、これについては「倭王」とあったものを『日本書紀』編者が「倭皇」に改めたとすることで、ほぼ諸説一致している。

それに対して、金石文などの国内史料に現われる君主の呼称をみてみると、多様性や不統一が目につく。埼玉稲荷山古墳鉄剣銘の「獲加多支鹵大王寺、在二斯鬼宮一時、吾左二治天下一……」、江田船山古墳大刀銘の「治天下獲□□□鹵大王世」などから天皇号以前の君主号を「大王」とする説が根強いが、倭国王自身が名乗ったものではない。[9] 自身が名乗ったものとしては、稲荷台一号墳出土の下賜刀に「王賜」の銘がある。また、『釈日本紀』

所引「上宮記」一云にみえる歴代天皇には「王」「大王」「大公王」などの多様な称が付加されているし、縁起類や造像銘記にも「天王」「大王」「大大王」などの表記がみられる。また他方では、聖徳太子のことを伊予温湯碑は「法王大王」と、天寿国繍帳銘は「我大王」「大王」と、「上宮記」逸文は「法大王」と、用明紀は「法大王」と、また元興寺伽藍縁起は「大王」「大々王」と表現している。その他に尾張皇子のことを「尾治大王」と記す例が天寿国繍帳銘に、山背大兄のことを「尻大王」とする例が「上宮記」にみられる。これらの大王が君主号でないことはいうまでもない。やはり「大王」は古くから指摘されているように敬称であって、「オホキミ」と読まれたのであろう。いずれにせよ、表記そのものについてはかなり無頓着であるという事実が注目される。

以上、①「大王」は中国から叙された公的な漢語の君主号ではないこと、②中国との関係における君主号「王」は厳密に使用される必要があったのに対して、国内における君主に対する呼称には多様な表記がみられ、両者は明確な対照をみせること、この二つの事実から判断すると、「大王」の概念は国内の口頭言語「オホキミ」に由来する蓋然性が高いと判断される。むしろ漢字表記は二次的なものにすぎないのだろう。そして天皇号も中国から叙されたものでなく、こうした地盤のなかから生まれたものである以上、同じく国内の口頭言語に由来する可能性を想定してみる必要がある。

天皇号に道教の影響をみる説や、高宗上元元年（六七四）の天皇・天后の存在を受けて成立したとする説もあるが[10]、前者は古代天皇の性格に道教的色彩がそれほど濃厚にみられないことから唐突であるし、後者については本位田菊士氏や坂上康俊氏による妥当な批判がある[11]。また、両説とも漢語と和語との二元性の問題にはほとんど留意していない。だからといって、口頭言語と表記言語を積極的に分離して、『隋書』にみえる「アメタリシヒコ」を、欽明朝の国際状況のなかで百済から贈られた称号「天皇」の和語として生まれたものとみる説も如何なものだろうか。[12]「アメタリシヒコ」が倭王のある種の呼称であることは認めうるけれども、そのような説明だけでは「天皇」という表記が生み出された状況を具体的に描き出すことはできないだろう。

天皇号が和語に由来するとすれば、逆にその表記が和語で読めるものであることもまた必要である。それでは「天皇」という表記の背景には如何なる和語が想定されるであろうか。まずは、「天」は「アメ」「アマ」の表記、「皇」は「キミ」もしくは「スメ」の表記ではないかと考えられる。

ここで、あらためて『隋書』巻八十一東夷伝倭国条の開皇二十年（推古天皇八年、六〇〇）の記事を詳細に検討する。

開皇二十年俀王、姓阿毎、字多利思北《ママ》狐。号二阿輩雞彌一、遣レ使詣レ闕。上令下所司一訪中其風俗上。使者言、俀王以レ天為レ兄以レ日為レ弟。天未レ明時、出聴レ政、跏趺坐。日出便停二理務一云、委二我弟一。高祖曰、此大無二義理一。於レ是訓令レ改レ之。王妻号二雞彌一。後宮有二女六七百人一。名二太子一為二利歌彌多弗利一。無二城郭一。内官有二十二等一。……。

この年の遣使自体を疑う研究者もいるが、倭国の状況をかなり正確に把握しており、切り捨てる積極的根拠はない。このあとの大業三年（六〇七）にも「其王多利思比狐」の遣使が記されている。倭王は和語の「阿毎多利思比狐」「阿輩雞彌」を自らの姓名および号として隋に提示している。中国側からみてわかりにくい和語をあえて用いることで、それまでの「王」の称号や「倭姓＋名」を意図的に避けようとしているのであろう。[13]

「阿輩雞彌」については、近年「オホキミ」と読む説が有力なようだが、他方「アメキミ」と読む説もある。[14]しかし、私はこれら両説ともに成り立たないと考える。ここで「アマキミ」と読む説を提示したい。そう考える根拠は以下の通りである。

①まず「オホキミ」と読む説に対してだが、「阿毎」を「アメ」と読ませているのに、一連の文章のなかに現われるもう一つの「阿」を別の音に読ませることは絶対にありえない。また、『翰苑』蕃夷部倭国の条には「阿輩雞彌、自表二天児一之称」とあり、同様の記事は『通典』巻第一八五辺防一東夷上倭条に「隋文帝開皇二十年、倭王、姓阿毎、名自《ママ》多利思比狐、其国号阿輩雞彌、華言天児也、遣使詣レ闕」とみえる。[15]もし「オホキミ（大王）」だとすれば「天児」の意味にならないし、そもそも和語で提示することの意図がわからなくなる。次の国書でいきなり「日出処天子」や「東天皇」などの称号を持ち出してくる文脈もまた理解しがたくなるだろう。

②しかし「アメキミ」と読む説についても、「アメ」の音は既に「阿毎」と表記されており、それとは異なる文字をあえて選んでいるのだから、別の読みだと考えるべきである。「輩」の字は「メ」とは読めないし、それを「へ」と読ませて迂遠な説明をつけるのも苦しい。

③中国において外国語を音で表記する場合には、漢字固有のニュアンスを考慮してかなり広範囲の文字から選字するのが一般的であるが、[16]『隋書』にみえるこれらの漢字は単純な表音文字として用いられている。そして「輩」を除く十字のほとんどすべてが、万葉仮名に受け継がれるものなのである。『万葉集』にみえない「毎《め》」についても、「瀰致爾阿賦耶、鳴之慮能古、阿毎爾挙曾、枳挙曳儒阿羅毎、矩爾爾播、枳挙曳底那（道にあふや、尾代の子、天にこそ、聞えずあらめ、国には、聞えてな）」（雄略天皇二十三年八月丙子条、歌謡82）など『日本書紀』歌謡に確認することができる。[17]したがって、この称号表記は倭国の使者が口頭で語ったものを中国人が書写したものではなく、倭国が提出した「国書」に記されていた文字をそのまま転載したものと判断すべきである。以上のことをふまえると、「輩」は字形が近似する「摩」の誤写である可能性が浮上してくる。というのも、「輩」を音字に用いる事例は記紀歌謡にも『万葉集』にも全く見られず、逆に「摩（麻）」は「マ」の音を示すために広範に

用いられた文字だからである。

④そこで、「阿毎」を「アメ」、「阿摩」を「アマ」と読むとすればどうだろうか。『古事記』上巻冒頭で示される「天」の文字の読み分けが想起されてくる。

天地初発之時、於二高天原一成神名、天之御中主神。訓二高下天一云二阿麻一。下效レ此。次高御産巣日神、次神産巣日神。此三柱神者、並独神成坐而、隠レ身也。

「高天原」に対して「高の下の天は阿麻とよむ」という注記が加えられている。「天」の字は既にそれより前の「天地初発之時」や「天之御中主神」の部分に出てきているにもかかわらずである。これは両者の読みを明確に区別していることを意味するのであって、これが「目に度れば口に誦む」稗田阿礼による「誦み習ふ」という作業なのであろう（記序）。通常は「天地」を「アメ・ツチ」、「天之御中主神」を「アメノミナカヌシノカミ」と読むのであるが、「高天原」の場合は変化して「タカアマハラ」になると説明しているのである。独立した概念としては「アメ」であり、他の語句に従属する場合（他の語句を修飾する場合）には「アマ」になる。これを国語学では、それぞれ「露出形」「被覆形」と称している[18]。この母音の交替現象は古代日本語に関わる重要問題であるが、ちなみに『万葉集』『古事記』『日本書紀』『上宮聖徳法王帝説』に散見する事例を見渡しても、およそ次のような傾向を確認することができる（表1）。

A「アメ」の事例

①「天」そのものが自立した概念として用いられる場合

（天へ行かば、天・地の、天より雪の、天の下、天に飛び上がり、天に翔ける、天なるや弟棚機の、天を覆へり、天に

表1　万葉集・記紀・法王帝説にみえる「天」の仮名表記

◆アメ（阿米・安米）

【万葉集】

・**阿米弊**由迦婆、奈何麻尓麻尓、都智奈良婆、大王伊摩周、（5―八〇〇）
・**阿米都知**能、等母尓比佐斯久、（5―八一四）
・**阿米欲里**由吉能、那何列久流加母、（5―八二二）
・**阿米能志多**、麻乎志多麻波祢、（5―八七九）
・（比賀刀礼婆、**阿米乎**万刀能須、）（14―三五六一）
・**安米都知**能、可未乎許比都々、（15―三六八二）
・（志具礼能**安米尓**、毛美多比尓家里、）（15―三六九七）
・君我由久、道乃奈我弖乎、久里多々祢、也伎保呂煩散牟、**安米能火**毛我母、（15―三七二四）
・**安米都知**能、可未奈伎毛能尓、安良婆許曽、（15―三七四〇）
・**安米都知**乃、曽許比能宇良尓、（15―三七五〇）
・**安米尓**登妣安我里、雪等敷里家牟、（17―三九〇六）
・（等乃具母利、**安米能**布流日乎、）（17―四〇一一）
・安万射可流、比奈能夜都故尓、**安米比度之**、可久古非須良波、伊家流思留事安里、（18―四〇八二）
・須賣呂伎能、之伎麻須久尓能、**安米能之多**、（18―四一二二）
・（**安米布良受**、日能可左奈礼婆、宇恵之田毛、）（18―四一二二）
・（等能具毛利安比弖、**安米母多麻波祢**、）（18―四一二三）
・（等能具毛理、**安米毛**布良奴可、）（18―四一二三）
・（和我保里之、**安米波**布里伎奴、）（18―四一二四）
・天皇乃、等保伎美与尓毛、於之弖流、難波乃久尓々、**阿米能之多**、之良志賣之伎等、（20―四三六〇）
・**阿米都知**乃、可美乎伊乃里弖、（20―四三七四）
・**阿米都之**乃、以都例乃可美乎、以乃良波加、（20―四三九二）
・**阿米都之**乃、可未尓奴佐於伎、伊波比都々、（20―四四二六）
・（**安米波**布礼杼母、伊呂毛可波良受）（20―四四四二）
・（比佐可多能、**安米波布里之久**、）（20―四四四三）
・**安米能之多**、之良志賣之祁流、須賣呂伎能、（20―四四六五）
・可之故伎也、**安米乃美加度**乎、可気都礼婆、（20―四四八〇）
・**安米都知**乃、可未乎許比能美、（20―四四九九）

【古事記】

・（**阿佐阿米能**、疑理迩多多牟叙、）（上巻）
・**阿米那流夜**、淤登多那婆多能、宇那賀世流、多麻能美須麻流、（上巻）
・**阿米**都都、知杼理麻斯登登、那杼佐祁流斗米、（中巻、神武記）
・比佐迦多能、**阿米能迦具夜麻**、（中巻景行記）
・比婆理波、**阿米迩**迦気流、多迦由玖夜、波夜夫佐和気、（下巻、仁徳記）
・（**阿米**多知夜米牟、）（下巻、允恭記）
・**阿米**袁淤弊理、那加都延波、阿豆麻袁淤弊理、（下巻、雄略記）

【日本書紀】

・尾代乃立ㇾ弓執ㇾ末而歌曰、瀰致儞阿賦耶、嗚之慮能古、**阿毎儞挙曾**、枳挙曳儒阿羅毎、（雄略天皇二十三年八月丙子条）

【上宮聖徳法王帝説】

・斯貴島宮治天下、**阿米久尓**於志波留支広庭□皇、〈聖王祖父也〉
・斯帰斯麻宮治天下天皇、名**阿米久尓**意斯波留支比里尓波乃弥己等、娶巷奇大臣名伊奈米足尼女、名吉多斯比弥乃弥己、

◆アマ（阿麻・安麻・安万・安末・阿摩）

【万葉集】

・許能提羅周、日月能斯多波、**阿麻久毛**能、牟迦夫周伎波美、（5―八〇〇）
・比佐迦多能、**阿麻遅**波等保斯、（5―八〇一）
・等己与能久尓能、**阿麻越等賣**可忘、（5―八六五）
・**阿麻等夫夜**、等利尓母賀母夜、美夜故麻提、（5―八七六）
・**阿麻社迦留**、比奈尓伊都等世、周麻比都々、（5―八八〇）
・大国霊、久堅能、**阿麻能見虚**喩、阿麻賀気利、見渡多麻比、（5―八九四）
・多太尓率去弖、**阿麻治**思良之米、（5―九〇六）
・**安麻乃波良**、不自能之婆夜麻、（14―三三五五）
・伊香保呂尓、**安麻久母**伊都藝、可奴麻豆久、（14―三四〇九）
・多奈妣家流、**安麻能之良久毛**、見礼杼安可奴加毛、（15―三六〇二）

・**安麻射可流**、比奈乃奈我道乎、孤悲久礼婆、（15—三六〇八）
・比左可多能、**安麻弖流月**波、見都礼杼母、（15—三六五〇）
・**安麻能我波**、許具布奈妣等乎、（15—三六五八）
・**安麻能波良**、布里佐気見礼婆、（15—三六六二）
・**安麻等夫也**、可里乎都可比尓、衣弖之可母、（15—三六七六）
・**安麻射可流**、比奈尓毛月波、弖礼々杼母、（15—三六九八）
・**安麻久毛能**、多由多比久礼婆、（15—三七一六）
・（**安麻**其毛理、毛能母布等伎尓、）（15—三七八二）
・大船乃、宇倍尓之居婆、**安麻久毛**乃、多度伎毛思良受、（17—三八九八）
・**安麻射加流**、比奈尓月歴奴、之可礼登毛、（17—三九四八）
・**安麻射加流**、比奈尓安流和礼乎、宇多我多毛、（17—三九四九）
・**安麻射加流**、比奈乎佐米尓等、大王能、（17—三九五七）
・**安麻射加流**、比奈尓久太理伎、（17—三九六二）
・**安麻射可流**、比奈毛乎佐牟流、麻須良袁夜、（17—三九七三）
・**安麻射加流**、比奈乎左米尓等、別来之、（17—三九七八）
・**安麻射可流**、比奈尓名可加須、古思能奈可、（17—四〇〇〇）
・**安麻曽々理**、多可吉多知夜麻、布由奈都登、和久許等母奈久、（17—四〇〇三）
・**阿麻射可流**、比奈尓波安礼登、和賀勢故乎、（17—四〇〇八）
・**安麻射可流**、比奈尓之安礼婆、山高美、（17—四〇一一）
・**安麻射可流**、比奈等毛之流久、許己太久母、之気伎孤悲可毛、奈具流日毛奈久、（17—四〇一九）
・**安万射可流**、比奈能夜都故尓、安米比度之、可久古非須良波、伊家流思留事安里、（18—四〇八二）
・高御座、**安麻乃日継登**、須賣呂伎能、可未能美許登能、伎己之乎須、久尓能麻保良尓、（18—四〇八九）
・葦原能、美豆保国乎、**安麻久太利**、之良志賣之家流、須売呂伎能、神乃美許等能、（18—四〇九四）
・多可美久良、**安麻乃日嗣**等、天下、志良之賣師家類、須賣呂伎乃、可未能美許等能、（18—四〇九八）
・奈具佐無流、許己呂之奈久波、**安末射可流**、比奈尓一日毛、（18—四一一三）
・須売呂伎能、之伎麻須久尓能、**安米能之多**、四方能美知尓波、（18—四一二二）
・知許布我其登久、**安麻都美豆**、安布藝弖曽麻都、安之比奇能、夜麻能多乎理尓、許能見油流、**安麻能之良久母**、（18—四一二二）
・**安麻泥良須**、可未能御代欲里、（18—四一二五）
・**安麻乃波良**、布里左気見都追、（18—四一二五）
・**安麻能我波**、波志和多世良波、（18—四一二六）
・**安麻射可流**、夷尓之居者、（19—四一六九）
・**安麻久母尓**、可里曽奈久奈流、（20—四二九六）
・**安麻乃可波**、弊奈里尓家良之、（20—四三〇八）
・安吉佐礼婆、奇里多知和多流、**安麻能河波**、（20—四三一〇）
・比左加多能、**安麻能刀**比良伎、多可知保乃、（20—四四六五）
・須賣呂伎能、**安麻能日継**等、都藝弖久流、伎美能御代々々、（20—四四六五）

【古事記】
・天地初発之時、於**高天原**成神名、天之御中主神 訓二高下天一云二**阿麻**一下レ効此、（上巻）
・伊斯多布夜、**阿麻波勢豆加比**、許登能、加多理其登母、許遠婆、（上巻）
・**阿麻波世豆迦比**、許登能、加多理碁登母、許遠婆、（上巻）
・（故、天神御子之御寿者、木花之**阿摩比能微** 此五字以レ音 坐、）（上巻）
・（娶尾張連之祖、**意富阿麻比売**、生御子、大入杵命、）（中巻、崇神記）
・**阿麻陀牟**、加流乃袁登売、伊多那加婆、（下巻、允恭記）
・**阿麻陀牟**、加流袁登売、志多多尓母、（下巻、允恭記）
・**阿麻登夫**、登理母都加比曽、（下巻、允恭記）

【日本書紀】
・一書曰、……。又生二天吉葛一 天吉葛、此云二**阿摩能与佐図羅**一、一云、与曾豆羅、（神代上、第五段一書第三）
・時天探女 天探女、此云二**阿麻能左愚謎**一（神代下、第九段本文）
・皇孫乃離天磐座、天磐座、此云二**阿麻能以簸矩羅**一、（神代下、第九段本文）
・又歌之曰、**阿摩儴霧**、箇留惋等売、異哆儺介麽、（允恭天皇二十四年六月条）
・歌曰、夜酒瀰志斯、和餓於朋耆瀰能、訶勾理摩須、**阿摩能椰蘇河儺**、異泥多多須、（推古天皇二十年正月丁亥条）

註　「雨」も「アメ」「アマ」と変化し、「天」と重なり合う和語だと考えられるので、ここでも参考に（　）に入れて例示した。

こそ、天・国。および、天之御中主神、天の香具山）

②多少問題のある事例

（天の御門、天の火、天人）

B「アマ」の事例

①「天の○○」「天○○」など、他の概念の修飾語として用いられる場合

（天路、天娘子、天の御空ゆ、天の原、天雲、天の川、天の日嗣、天つ水、天の白雲、天の戸、天の吉葛、天の探女、天の磐座、天の八十蔭）

②「天」を含み込んで一つの動詞を形成する場合

（天飛ぶ、天離る、天翔り、天照る、天飛ぶ、天そそり、天降り、天照らす、天馳せ、天飛む、天飛ぶ）

「天之御中主神」や「天の香具山」（『万葉集』には仮名表記したものはなく、『古事記』歌謡に一例のみ）は、天そのものの形象化だからA—①に該当する。A—②など微妙な例もあるが、「天人」のみえる18—四〇八二の歌は補修第三群に属し、表記に問題が多いものとされている。「安米比度」の「度」は甲音のdoであって、「人」の乙音tö と異なっている点からみても、やはり不審な事例なのである。いずれにせよ事例全体からみれば、先にみた『古事記』上巻冒頭の使い分けの基準と一致すると判断してよい。『万葉集』の用例は時代の推移にともなう変質もみられるし、宣命大書体の成立が藤原京以前に遡りえないことを考え合せると、[19]『古事記』における稗田阿礼の功績こそが、長大な文章を和語で「誦み習った」最初の体系的試みであったといえよう。『古事記』上巻の「天」の読み分けは古い用法を忠実に残したものなのである。

「アメキミ」と「アマキミ」の二つを比べた場合、「天」は「キミ」の概念を修飾しているのだから「アマキミ」の方が読みとして正しい。「アメキミ」としてしまうと「天たるキミ」というニュアンスになってしまう。天を人格として捉える中国とは異なり、天を自然的な場とみなして、そこから降臨するという神話を生み出す日本の君主像「アメタリシヒコ」からすれば、「アマキミ」の方がふさわしい。

　文献研究にとって誤字を想定するのは危険なことではあるが、如上の根拠からすれば音をめぐって無理な理屈をつけるよりも、「阿摩雞彌」の誤写とみた方がよいと判断する。事実、「タリシヒコ」の部分にも「多利思北狐」という誤写がみられるし、続く太子を意味する「和歌彌多弗利（ワカミタフリ）」の部分でも「利歌彌多弗利」と書き誤られている[20]。そもそも、誤字云々以前に「輩」の部分がたとえ欠字であったとしても、『隋書』の当該部分の用字法が記紀歌謡や『万葉集』の音仮名の原型にあたり、かつ「天」の字に露出形と被覆形の読みが存在するという知識があるならば、容易に「阿毎」に対する「阿摩（麻）」の表記を推定することができるはずなのである。

　以上、「阿輩雞彌」を「アマキミ」と読む説を提起したのであるが、その表記として生み出されたものこそ「天皇」もしくは「天王」なのであろう[21]。従来、「天王」の事例は少ないとされ[22]、推古朝の「天皇」号の確かな使用例も存在しないといわれてきたが、まさに『隋書』の記事から推古朝における「天皇」もしくは「天王」の語の存在が想定されることになる。天皇の表記は「アマキミ」という和語を直接の契機として生まれたものだと考えられる。

第二節　オホキミからアマキミへ――推古朝における君主号の設定――

五世紀の倭の五王の時代以降しばらく中国との関係を絶っていた日本も、推古朝に至って遣隋使を派遣して国交を再開する。この期間に国内では倭王武の上表文や稲荷山鉄剣銘にみられるような素朴な日本的天下観を豊かに発展させていった[23]。自国意識の成長は、国交再開の場面において従来の「倭王」からの脱却を強く意図する姿勢をとらせることになった。

ここでは、三度の遣隋使が提示した日本側君主号について若干の考察を行いたい。まず開皇二十年（推古天皇八年、六〇〇）の遣隋使で、倭王は「姓阿毎、字多利思比狐、号二阿輩雞彌一」と自称している。次に、大業三年（推古天皇十五年、六〇七）の遣使では、著名な国書のなかで「日出処天子致二書日没処天子一」（『隋書』倭国伝）と自己を表明する。しかし「蛮夷書、有二無礼者一。勿二復以聞一」と皇帝煬帝の不興をかうことになったので、翌年（推古天皇十六年、六〇八）の裴世清帰国の際の遣隋使では「東天皇、敬白二西皇帝一」（『日本書紀』推古天皇十六年九月辛巳条）で始まる国書を持たせることにした。ただし「敬白」とあるように、なお対等外交が志向されている[24]。この第二回・第三回遣隋使の国書にみられる「天子」「天皇」の称号は、如何なる性格をもつものであろうか。

ここで迂遠ではあるが、まず律令国家の君主号を規定した儀制令1天子条に目を向けてみる[25]。

天子　祭祀所レ称。天皇　詔書所レ称。皇帝　華夷所レ称。陛下　上表所レ称。太上天皇　譲位帝所レ称。乗輿　服御所レ称。車駕　行幸所レ称。

集解諸説によれば、これらは書記に用いるためのもので、「風俗の称するところ」では文字によらず、「スメミマノミコト（皇御孫命）」もしくは「スメラミコト（須明楽美御徳）」という和語で読み上げたという。ここにみえる「天子」「皇帝」については、史料上の用例が少ないことから実効性を疑う向きもある。しかし、公式令23―37平出条と比べてみても、「至尊」の有無を除いてほぼ一致した称号群がみえるし（公式令の方が唐令の「至尊」の称号を不用意に残してしまったのであろう）、唐儀制令復旧第一条の、

皇帝・天子　夷夏通称之。陛下　対揚咫尺、上表通称之。至尊　臣下内外通称之。乗輿　服御所レ称。車駕　行幸所レ称。

と比較してみても、[26]「皇帝・天子　夷夏通称之」の部分が「天子　祭祀所レ称。天皇　詔書所レ称。皇帝　華夷所レ称」と丁寧に書きなおされている。唐令では、「皇帝・天子」は夷狄および華夏で通称するものとされ、これら二つが基本となる君主号であり、[27]残る四つは具体的な場における呼称である。印璽の規定である唐公式令復旧第一八条によれば、王公には「皇帝」を、蕃国には「天子」を用いたらしい。これに対して、日本では「天子」の語は祭祀用とされ、詔書用として新たに「天皇」称号が設定されている（公式令1詔書式条）。「皇帝」の方は、『続日本紀』霊亀元年（七一五）九月庚辰（二日）条の元明譲位詔にみえ始め、それ以降頻出するが、漢文的文飾の強い文章に多く現われる。なかでも、天平八年（七三六）十一月丙戌（十一日）条に引かれた葛城王・佐為王らの上表文に「皇帝陛下」がみられることは注目される。それ以前にも『古事記』序――これは本来上表文である、[28]――に、現天皇の元明に対して「皇帝陛下」の語を使っている事例が確認される。また、公式令1詔書式条の規定には、

明神御宇日本天皇詔旨云々。咸聞。（大事を蕃国使に宣す）
明神御宇天皇詔旨云々。咸聞。（次事を蕃国使に宣す）
明神御大八洲天皇詔旨云々。咸聞。（朝廷の大事に用いる辞）
天皇詔旨云々。咸聞。（朝廷の中事に用いる辞）

詔旨云々。咸聞。（朝廷の小事に用いる辞）

とあって（カッコ内は「義解」による）、詔のレパートリーは中国への外交文書を除けば（「古記」は第一の様式を隣国・蕃国に対して詔する辞とする）、ほぼ尽くされているように思われる。しかし、よくみると夷狄に対して発する場合が含まれていないことに気づく。日本的天下観念の下では「蕃国」は「夷狄」とは別の範疇に入るからである。日本令の「皇帝 華夷所レ称」には「夷狄との関係において用いる」というニュアンスが強く含まれていたかもしれない。天皇に対して夷狄側から文書を提出する、もしくは夷狄集団に詔する場合にも「皇帝」が用いられた可能性が高い。以上、その使用範囲は大きく制限されてはいるものの、「華・夷において通称される」という唐令の用法は、日本令の「皇帝」号に一応は受け継がれていると考えてよい。

日本儀制令では「天子」が祭祀用に限定使用され、詔のためには「天皇」という称号が設定され、その補集合の部分で「華夷」に通称する称号としての「皇帝」号が残されるという構成になっている。この書き換えに注目すると、明らかに「天子」「天皇」を軸に据えた唐令の再編成であることに気づく。これら二つの称号が既に制度として十分定着していなければ、このような書き換えは行われえないであろう。「天子」「天皇」は独自の含意をもって令制以前に存在していたのである。従って、従来説の多くが律令規定を重視して、天皇号の制度的確立を浄御原令制定に置くといってきたことは疑問であり、むしろこの儀制令の規定こそが、天皇号の令制以前における制度的確立を証する史料だといえるのである。

また、「跡記」が「天子以下七号、俗語同辞。但為二注レ書之時一、設二此名一耳」と述べているにもかかわらず、他の集解諸説からは二通りの読み「スメミマノミコト」「スメラミコト」が確認される。これらがそれぞれ「天子」「天皇」にきちんと対応することも如上の推定を裏付ける。その読みが何時まで遡るかについては第四節で考えるとして、むしろここで問題としたいのは漢字称号そのものの起源である。これらは遣隋使の国書において用いられた二つの漢字称号と一致しており、両称号がセットとして推古朝にまで遡及されると考えてよい。

それでは、この二つの称号は如何なる意味を込めて創始されたのであろうか。私は、開皇国書で中国側に提示した二つの君主呼称「アメタリシヒコ」「アマキミ」や大業国書の「天子」「天皇」との間にも対応関係があるのではないかと推測する。即ち、「天子」は中国的な天子概念ではなく、「アメタリシヒコ」の翻訳だったのではないか。しかしそれが不興をかったので、次に「アマキミ」の漢語表記たる「天皇」の使用が試みられたとは考えられないだろうか。「倭王」という冊封からの脱却を意図して、まずは国内の和語により設定された君主呼称を外交の場に持ち込み、その上でそれを漢語に翻訳しつつ使用するという周到な自己表現を試みたのである。しかし「天子」の方は全く認められる可能性がなかったので、それ以降は国内で祭祀用として限定使用されることとなり、儀制令1天子条の規定に引き継がれていく。他方、「アマキミ」＝「天皇」の方はより一般的な君主号として推古朝前半期に試用され、推古朝後半には定着していくことになったのであろう。もちろん中国側は一貫して「倭王」という認識を変更しなかったが、こうした具体的なやり取りのなかで国内における君主号が練り上げられていったのである。

なお、「天子」号を五世紀以来の「治天下……王」と関係付ける説もあるが[29]、「天子」を漢語とみている点や推古朝における「天皇」号の存在を否定する点には疑問を感じる。むしろ「治天下」と「大王」の二つの部分が、それぞれ「天子」「天皇」を生み出す基盤を成したというべきだろう。

（「治天下」――…→）「アメタリシヒコ」＝「天子」――→「スメミマノミコト」
（「大王」――…→）「アマキミ」＝「天皇」――→「スメラミコト」

とはいえ、如上の呼称のセット関係を念頭に置けば、「オホキミ＝大王」から「アマキミ＝天皇」への飛躍が大きいと同様に、「治天下」から「アメタリシヒコ＝天子」という世界観への転換にも大きな段階差が想定されるべきであろう。「治天下」と「天子」とを直接結びつけるべきではない。

次に考えるべきことは、「アマキミ」の表記がなぜ「天王」「天君」などではなく「天皇」に収斂したかである。そこには別の契機が想定されなければならない。このことは天皇号成立以前の「オホキミ（大王）」呼称の位置付けとも密接に関係する。「オホキミ（大王）」が君主の呼称という機能を果したことを否定する必要はないが、先述のように国際世界における正式の称号ではなかった点も見落してはならない[30]。

『万葉集』をみると、「大王」の訓である「オホキミ」という和語は、「大王」「王」「天皇」「皇」「大皇」「皇祖」「於保伎美」「於保伎美」「於保吉民」「憶保枳美」「於保支見」「於保吉美」「意富伎美」「意保枳美」など様々に表記され、尊敬する相手に対する呼びかけの敬称であった。そして「オホキミ」が「キミ」のより強い敬称であることも容易に想定されよう。

しかし、「キミ」と「オホキミ」との間には、共通点と同時に大きな相違点が存する事実にも注意を払う必要がある。「オホキミ」が天皇以下皇族に対してのみ用いられるのに対して、「キミ」の方は天皇を指す場合もあるが、もっと広い範囲に使用されうる和語である。地方皇別氏族や渡来系氏族のカバネにも「キミ（君）（公）」がみられるように、かなりの幅をもった呼称なのである。これらのカバネが五世紀に遡る由来をもつことからもわかるように、「キミ」はかなり早い段階で価値の低下を引き起こしていたようであり、「オホキミ」はその低下に応じて生み出されたものと考えられる。

他方、漢語による君主号はこのような和語の展開とは別次元のものであり、一貫して「王」であった。「キミ」

と呼ばれる層までが王号を称することはなかった。事実、のちの『万葉集』でも「キミ」に「王」の字を当てる事例は一つも見あたらない。以上より、漢語「王」＝和語「オホキミ」が古い原初的な対応関係にあること、「大王」は「オホキミ」という和語に引きずられて生まれた美称表記であったことがわかる。ここでは口頭言語が先行して展開している様子が窺われるのである。「アマキミ」はこのような和語「オホキミ＝王」を前提として造られたものであるから、「天君」「天公」などの表記は生じえなかったのである。それでは、「オホキミ」から「アマキミ」への変化は、単に尊称の展開というレベルで捉えてよいものであろうか。

特定の君主号が次第に価値低下を起こしたという議論を耳にすることがある。単なる美称ならばそういうこともありうるが、君主号としていったん設定された称号は、国家自体の枠組みが失われる無政府状態か群雄割拠といった情況が現出する場合を除けば価値低下を引き起こすことはありえない。中国で皇帝号が創始されたのも、王号が無制限に使われる群雄割拠の状態を再統一した秦の始皇帝の時であった[31]。ある称号の使用範囲が巨大な政治変動なしに拡散する現象がみられるとすれば、逆にそれが君主号ではなく単なる尊称にすぎなかったことを示すメルクマールになるだろう。「オホキミ」「大王」の語が価値低下を引き起こし、推古朝くらいまでには皇族一般に用いられるようになっていることは、それがあくまで尊称にすぎなかったことを端的に示しているのである。

また「王」という語も同様な現象を引き起こすが、これは対外関係から切り離されることによって、「オホキミ」の語に対する単なる漢字表記に還元されて称号としての性格を失うからであって、漢語の称号「王」そのものが価値低下を引き起こしたのではない。このことは同時に五世紀の「王」号が国際関係のなかでの称号にすぎず、国内君主号ではなかったことを示している。事実、国内君主号「天皇」が設定されて以降は、天皇号の価値低下は今日に至るまで起こらなかった。君主号と尊称とを混同すべきではない。ここに旧来の口頭言語を基礎とした尊称の限界がはっきりと現われてきたということである。

以上、冊封の意味が込められた「王」号からの脱却と「オホキミ」尊称が有する限界の克服のためには、君主号の設定が不可欠となる。そこで、まず和語を基礎においた「アメタリシヒコ」「アマキミ」の概念がそれを姓・字・号として有する抽象的人格を介して外交用に作り出されたのである。従来、この「アメタリシヒコ」が具体的に誰にあたるかとか、現実の和風諡号にこれと一致するものが見られないといったことが議論されてきたが、この呼称は従来の和風諡号を参考にしつつ人為的に作り出されたものにすぎない。そしてそれぞれの漢字表記「天皇」「天子」の選定には、従来の尊称とは質を異にする君主号設定という意義を見出す必要がある。

また、あえて「皇」字を採用したのは、和語の「オホキミ」尊称に付着して価値低下を起こしていた「大王」「王」の用例に縛られないようにするためである。「皇」の字自体は、法隆寺金堂釈迦三尊像の光背銘の「上宮法皇」のように、類似の「法皇（ノリキミ）」の如き概念を生み出したこともあったが[32]、「法皇」は「天皇」号創始期に一時的に生まれた特殊な「称号」であって、聖徳太子の特殊な政治的立場のために作られたものにすぎない。同銘文中の「王后」「王子」が「厩戸王の后と子」の意味であることからもわかるように、聖徳太子はあくまで「王」であった。ともあれ、「天皇」の語はこれ以降に価値低下を引き起こすことなく日本儀制令の規定に引き継がれていく。この事実は「天皇」が君主号として設定されたことをはっきりと示している。他方、その母体としての役割を果した「アマキミ」の語は、人工的な和語であったために口頭言語の世界には定着せずに消滅し、以降『万葉集』に至るまで「オホキミ」の語が広く使われ続けた。

天皇号は推古朝の対隋外交のなかで、①冊封体制下の「王」称号からの脱却と和語による君主号の設定という主体性の契機と、②それを表記言語で捉えなおすことで口頭言語の相対性を克服しようとする契機を背景にしつつ、人工的和語「アマキミ」を媒介にして生み出されたものであって、「天子」とセットをなす最初の君主号であった。

第三節　「皇」の概念と「スメ」の概念

「皇」字は「スメ」の表記でもある。そして「天皇」＝「スメラミコト」であることもまた、古い由来をもっているかのように思われている。しかし、根拠とされる儀制令1天子条の「天子　祭祀所レ称」に対する集解諸注釈をみても、「義解」が「謂、告二于神祇一称名二天子一。凡自二天子一至二車駕一皆是書記所レ用。至二風俗所レ称、別不レ依二文字一。仮如、皇御孫命、及須明楽美御徳之類也」と説明し、「跡記」が「天子以下七号俗語同辞。但為二注書之時一設二此名一耳」と言ってはいるものの、「古記」では「天子祭祀所レ称、謂祭書将記字、謂二之天子一也。辞称二須売彌麻乃美己等一耳也」、また「令釈」では「天子是告レ神之称。俗語云、皇御孫命」とあるにすぎない。もちろん開元二十四年（天平八年、七三六）の玄宗の国書（『文苑英華』巻四七一、『唐丞相曲江張先生文集』所引）には「勅、日本国王主明楽美御徳、彼礼儀之国、神霊所レ扶、滄溟往来、未二嘗為レ患。……」とあって[33]、遣唐使において日本側がこれを積極的に提示していたことは確認できる。

　しかし、外交文書で用いられる和語が、推古朝の「阿輩雞彌」「阿毎多利思比狐」に取って替わって「主明楽美御徳」となっていることは、逆に君主号としての「スメラミコト」が推古朝までは遡らないことを示している。また、集解諸説に「七号、俗語同辞」と説明される「スメミマノミコト」と「スメラミコト」が「スメ」の語を共有している事実は、両者ともに推古朝以降のある段階で、同時に人為的に生み出された概念であることを示唆している。「スメラミコト」という表現がいつまで遡るかは、あらためて検討すべき課題なのである。

これまでの考察をふまえると、少なくとも推古朝における「天皇」は「アマキミ」の漢字表記であった。『隋書』倭国伝にみられる君主像は「倭王以レ天為レ兄、以レ日為レ弟」といったもので、中国の「天下」を日本的に矮小化した従来の「治天下」観念のみならず、天や日に関わる具体的な内容をもった統治観念の萌芽を確認することができる。これと「スメ」の観念とはどういう関係にあるのだろうか(34)。

「皇」の観念と「スメ」の観念に対して、それぞれ検討を加えることが必要となってくる。まず、養老継嗣令1皇兄弟子条の規定をみてみよう。

凡皇兄弟皇子、皆為二親王一。女帝子亦同。以外並為二諸王一。自二親王一五世、雖レ得二王名一、不レ在二皇親之限一。

大宝令もこれと大きく変わるところはなかったようである。対応する唐令条文は唐封爵令復旧第一条として、

諸皇兄弟皇子、為二親王一。親王之子、承嫡者、為二嗣王一。皇太子諸子、並為二郡王一。親王之子、承二恩沢一者、亦封二郡王一、諸子封二郡公一。其嗣王・郡王、及特封王、子孫承襲者、降二授国公一。

と復元されている(35)。皇帝親族の嫡子・諸子の継嗣と処遇に関する規定であったものを、日本令では親王・諸王の範囲規定に書き換えている。このことは、単に中国的な皇親呼称の導入ではなく、天武天皇十四年（六八五）の新爵位において、これまで同じ「明・浄」の枠組みに位置付けられていた階層を、品位対象者と位階対象者に分割したことに応じた称号設定であることを示している。しかし「親王」であれ「諸王」であれ、「王」を称している点は同じである。「皇兄弟皇子」は「天皇の兄弟と天皇の子」の意であるし、「皇親」も「天皇の親族」の意味である。

ところが、一般に大宝令以前の皇親呼称は「皇子」「王」であったと考えられている(36)。確かに『日本書紀』や

『続日本紀』の大宝令施行以前の記事では、「天皇の兄弟・子」「それ以外の皇親」をそれぞれ「皇弟・皇子」「王」と表記している。しかし、当該期の冠位制度において両者に区別は設けられておらず、実態としては「王」のうちの「天皇の子」にあたる者が特に「皇子」と記されるにすぎない。本来、「皇子」は漢字表記としては「天皇の子」という意味以上のものではなく、人名に付されるような尊号ではなかったのである。

推古朝の法隆寺金堂釈迦三尊像の光背銘でも、「鬼前太后」「上宮法皇」という固有名表現に対して、「王后」「王子」の方は「厩戸王の后」「厩戸王の子」の意味で用いられている。特定の人物を指しているのだが、前に固有名が付くことはないのである。「皇子」という語が推古朝に存在していた可能性も否定はできないが、あくまで「天皇の子」という意味で用いられたにすぎないだろう。「上宮記」一云系譜の人名表記は基本的に「○○王」である。それ以降も『日本書紀』斉明天皇四年（六五八）五月条に「皇孫建王、年八歳薨」（タケルノオホキミ）、天智天皇十年（六七一）十月庚辰（十七日）条には「令下大友王一奉中宣諸政上」（オホトモノオホキミ）など、『日本書紀』編纂段階での統一的文飾を免れたと思われる表記がいくつか残されている。これらから判断して、令制以前においては「○○王（……ノオホキミ）」の呼称が最も普遍的に用いられていた用語である可能性が高い。天武紀の「大皇弟」や実録的性格の強い持統紀にみえる「皇子舎人」といった表記をみても、漢語的な「天皇の弟」「天皇の子」という意味を逸脱していない。

にもかかわらず、「皇子」を人名の後ろに付けて尊称とするような特殊な表記が生み出されてくるのは、吉野の盟約以降、天武天皇の皇子たちが王権の藩屏として特別扱いされるようになったことと無関係ではないだろう。しかしこの特殊な尊称の普及には、「ミコ」というおそらく語源を異にする言葉、より広い含意をもつ口頭言語と一体化することが不可欠であったと考えられる。

いずれにせよ、漢字表記としての「皇」字は、推古朝の天皇号成立以降、一貫して天皇という意味に限定使用されるものであった。これは、『万葉集』において和語「オホキミ」が広く天皇から皇子・王・皇女・女王までの皇族一般に対する敬意を込めた呼びかけの言葉であり、「大王」「王」といった多様な漢字が当てられるにもかかわらず、天皇を指す場合には必ず「大皇」「太皇」「皇」と表記されるという厳格な用字法とも対応する事象だといえよう。

長屋王家木簡における「皇子」と「王子」の混用を大きく評価する東野治之氏の見解もあるが[37]、この木簡群には、過剰な諂いから本主の命令を「勅旨」と表現するような用字法が散見する。背後にある日常の言語使用の場を知るという視点は重要だが、それを過大評価して漢字表記の問題を通俗的使用例に還元して論じることは、制度のもつ機能を軽視することにつながりかねない。一つの和語に多様な漢字表記が当てられることがあったとしても、そのことによって漢字表記のもつ独自の意味領域が失われたわけではない。「皇」の文字を天皇に限定して使用する志向は事実として存在したのである。

次に、神亀元年（七二四）に「皇」字をめぐって起こった、いわゆる藤原宮子大夫人称号事件を取り上げて、従来とは違った角度から再検討してみよう。この事件は太政官と天皇との権力関係を具体的に示す史料として注目されてきたが[38]、「皇」字をめぐる問題としては十分に意識されてなかったように思う[39]。

○神亀元年二月丙申（六日）。勅。尊二正一位藤原夫人一、称二大夫人一。授二三品田形内親王・吉備内親王並二品、従四位下海上女王・智奴女王・藤原朝臣長娥子並従三位。正四位下山形女王正四位上一。

○神亀元年三月辛巳（二十二日）。左大臣正二位長屋王等言、伏見二一月四日勅一、藤原夫人天下皆称二大夫人一者。臣等謹検二公式令一、云二皇太夫人一。欲レ依二勅号一、応レ失二皇字一。欲レ須二令文一、恐作二違勅一。不レ知レ所レ定。伏聴二進止一。詔曰。

宜下文則皇太夫人、語則大御祖。追二収先勅一、頒中下後号上。

中務省の下で作成され弁官を通して施行された「勅」によって、即位した聖武天皇が母藤原夫人を尊んで大夫人と称するように命じたのだが、このような称号の規定は律令には存在しないと太政官側からクレームがついた。そこで天皇は先勅を撤回し、あらためて太政官の目を通した「詔」によって公式令規定の「皇太夫人」を採用することにしたのである。聖武天皇は皇太子時代に朝政を聴き始めた際にも、律令法と臣下の補佐をふまえた政治を行うことを要求されており[40]、即位宣命でも法に基づいた統治を行うことを宣言している[41]。この一連の事件もまた、太政官による天皇権力への牽制であることは言うまでもない。ここに律令天皇の君主権の特質が明瞭に現われている。

しかし問題はそれだけで片付くわけではない。次のような疑問が出てくるからである。①なぜ最初から荘重な公式令皇太夫人号の使用が提案されなかったのか。単に遠慮したためとも考えがたい。結果的により高い称号が得られることになったわけだから、ここから聖武天皇と長屋王の密約説が生まれてくるのも無理のないことである。②なぜ、あらためて出された詔において、単に皇太夫人号の使用を宣言するだけではなく「文には……、語には……」という面倒な注記が付加される必要があったのか。私はここにこそ当該期の称号問題の本質が潜んでいると考えるものである。

事件の背景には、天皇・中務省・内記など伝統的な王権集団と律令制の理念を堅持する太政官との間の称号に対する意識のずれが存したと考えられる。後者の太政官側が主張する律令の「皇太夫人」号とは、公式令23―37平出条のなかで皇太后・皇太妃と並んで規定されているものを指す。

皇祖、皇祖妣、皇考、皇妣、先帝、天子、天皇、皇帝、陛下、至尊、太上天皇、天皇諡、太皇太后　太皇太妃・太皇太夫人同、皇太后　皇太妃・皇太夫人同、皇后。右皆平出。

ここでの「皇」はすべて「現天皇にとっての……」という意味であって、内親王であるか否かの区別は「（后）・妃」と「夫人」で示されている。[42] これに対して、前者のグループは一貫して「皇」字の使用を避けようとしている。詔で「語」では「オホミオヤ（大御祖）」と称せよと付記したのも、「皇」を冠するとどうしても「スメミオヤ」と読まれてしまう、そのことを恐れての注記なのである。最初の勅で令規定にはない「大夫人」という称号をわざわざ設定したことと共通のこだわりを看て取ることができる。表記言語（「文」）による「皇太夫人」は単に「天皇の母」を意味するにすぎないが、口頭言語（「語」）では「ミ＋オヤ」の部分だけで天皇の母の意になる。日本語の語感では「スメミオヤ」は「スメにとってのミオヤ」とは読めないのであって、「スメたるミオヤ」、即ち「皇族であるミオヤ」の意味になってしまう。口頭言語たる「宣命」を作成する立場からみると、皇太夫人の表記は大きな誤解を生み出しかねない称号と映るのである。意見対立の根幹には、「スメ（皇）」と「皇（コウ）」の間の微妙なずれをめぐる駆け引きが存したのである。

伝統的立場からすれば、宣命で読み上げられる言語がどう受け取られるかが重要であると考え、スメミオヤと読まれる可能性を恐れる。皇孫であるか否かということに強い関心が払われ、藤原宮子に「スメ」＝「皇孫」の称が付されることに違和感をもたざるをえない。それに対して太政官側は、律令に基づく「表記」こそが重要だという言語感覚をもっている。そして皇孫の観念からは既に自由であった。[43] この事件は、単なる権力関係の問題ではなく、「伝統的な皇孫思想の論理」と「律令による法治思想の論理」というイデオロギーの対立が、「スメ―皇」の観念をめぐって噴出した事件だといえるのである。

このように見てくると、令制以前の「スメ」が、皇孫思想を基礎とする観念体系をまさに象徴する概念であったことがわかる。あらためて振り返れば、「スメ」の付くその他の諸概念（スメミマ、スメロキ、スメカミなど）もまた、君主権そのものに関わるというより皇孫の観念と密接に関わるものが多いように思う。大宝律令制定以前の「スメ」の観念は天皇個人のことではなく、「皇孫」を示す観念として存在したのである。

第四節　舒明朝における宣命表現の成立とスメの観念

では、皇孫思想と一体関係にある「スメ」の観念が、君主を示す漢字表記の「皇」字と合流するのはいつのことであろうか。そのことに示唆を与えてくれるのが、①皇極紀以降に現われる「皇祖母命」「皇祖母尊」「皇祖大兄」の称号と、②法隆寺金堂薬師如来光背銘文にみえる「大王天皇」号である。

まず、『日本書紀』の「皇祖母命」「皇祖母尊」「皇祖大兄」の事例は以下の如くである。(44)

○吉備嶋皇祖母命（皇極天皇二年九月丁亥（十一日））＝吉備姫王
○皇祖母命（皇極天皇二年九月癸巳（十七日）、同年九月乙未（十九日）、同年九月丙午（三十日））＝吉備姫王
○皇祖母尊（孝徳天皇即位前紀皇極天皇四年六月庚戌（十四日）、同年六月乙卯（十九日）、大化五年三月朔辛酉（十七日）、白雉二年三月戊申（十五日）、同四年六月、同年是歳、同五年十月朔、同年十二月己酉（八日）、斉明天皇即位前紀、斉明天皇元年正月甲戌（三日）、天智天皇即位前紀）＝皇極天皇
○吉備嶋皇祖母（大化二年三月辛巳（十九日））＝吉備姫王
○皇祖大兄（大化二年三月壬午（二十日））＝押坂彦人大兄皇子
○嶋皇祖母命（天智天皇三年六月）＝糠手姫皇女

これらの称号はすべて和語で読むことを前提としたものである。「皇祖母命」「皇祖母尊」はともに「スメミオヤノミコト」と読まれた[45]。この段階では皇太后という漢語はいまだ存在していなかった可能性が高い[46]。また、法隆寺釈迦三尊像の光背銘にみえる「鬼前太后」などとも異なる段階を示している。「ミコト」が「命」と「尊」とで書き分けられているのは、皇極の即位経験に敬意を表して「尊」を用いたためである[47]。「皇＋祖母」と切って読む説もあるが、孝徳紀の「皇祖大兄」が「皇祖＋大兄」(スメ＋オイネ)であることをふまえると、ここも「皇祖＋母」と切って「スメ＋ミオヤ」と考えるのが妥当であろう。押坂彦人大兄を指す「皇祖大兄」は一見すると公式令23平出条の「皇祖」に該当し、天智天皇の祖父という意味と考えられそうだが、「皇祖母尊」「皇祖母命」と使用時期や用字法が共通していることを考えると、こちらの「皇祖」も「スメ」の漢字表記だと考えるのが妥当である。

これらが天智・天武両天皇の祖父母までの直系尊属に限られていることから、押坂彦人大兄の世代から舒明・皇極を経て天智・天武に至る「祖父母―父母―子」という狭い範囲の皇統認識が天智・天武朝に成立したと解釈する河内春人氏の説もある[48]。しかし、第一に「皇祖大兄」を「スメミオヤ」と読んだとする点が疑問である[49]。第二に、「スメミオヤ」とは、『古事記』神話や応神記その他にみられるように「天皇の母」を指す概念である。第三に、「スメミオヤ」の用例はこの時期に限られるものではない。『続日本紀』神亀元年二月甲午(四日)条の聖武即位宣命に、「皇祖母と坐しし掛けまくも畏き我皇の天皇」と元正天皇が母の元明天皇のことを呼んでいる例もあるし、天平宝字六年六月庚戌(三日)条では、孝謙天皇が母の光明子のことを「朕御祖太皇后」と呼んでいる。「スメミオヤ」「ミオヤ」の概念は、これ以降も宣命言語の世界で生き続けるのであって、この時期のものだけを特別視して殊更に政治史的説明を加えるのは如何なものかと思う。

そもそも、「皇祖」という表記に特別な意味を読み取ろうとすることに疑問を感じる。先の大夫人称号事件のところで述べたように、「スメ」は広く「天孫の子孫であること」を指す概念であるから、天皇個人を指す「皇」字を借りてこの概念を漢字表記しようとすれば、現天皇より以前のスメについては「皇祖」という表現を採らざるをえない。漢字表記「皇祖」は「現天皇からみた母系尊属」という限定された意味ではなく、先帝たち「スメロキ」、皇祖妣と並んで律令に規定される「天皇の祖父」を含む多様な内実の表記に当てられうる。この「皇祖」と「スメミオヤ」の概念のずれは、和語「スメ」と漢字「皇」のニュアンスの違いによって引き起こされているのである。

皇孫思想を基礎にもつ「スメ」を冠する和語は、奈良朝以降も宣命の世界で用いられ続けるように、宣命的文体の成立とともに広く用いられるようになったと考えられる。(50) そこで、宣命体の成立がいつごろまで遡るかについて、法隆寺金堂の薬師如来光背銘の分析を手がかりに考えてみよう。

池邊大宮治天下天皇大御身勞賜時歳
次丙午年召於大王天皇与太子而誓願賜我大
御病太平欲坐故将造寺薬師像作仕奉詔然
當時崩賜造不堪者小治田大宮治天下大王天
皇及東宮聖王大命受賜而歳次丁夘年仕奉

この銘文は、古くは推古天皇十五年（六〇七）段階における天皇号の確実な使用例とされていたが、福山敏男氏の批判的検討に始まり、近年では美術史の大西修也氏、古代史の渡辺 茂氏・東野治之氏らによって徹底的に否定された。天智天皇九年（六七〇）の火災以降再建が滞っていた法隆寺が国家の援助を受けるために、天武天皇七年（六七八）以降の間もない時期に、飛鳥寺の縁起を参照して造作したものとするのが通説である。[51]さらに像の様式や鋳造技術が同金堂釈迦三尊像より新しいという事実も、この説に強い説得力を与えてきた。[52]今日では天皇号推古朝成立説を採る学者ですら、この銘文に関する限り否定的である。しかし私は以前これらの通説に疑問を呈し、銘文の舒明朝成立説を提示したことがある。[53]

従来の銘文否定には方法論上、以下のような疑問が存する。第一は、天皇号や薬師信仰など推古朝としては不適切と考えられる要素が銘文中に存在するという理由から、否定論が展開された点である。[54]しかし残存史料の母集合が絶対的に少ない時代を扱う際には、こうした議論は循環論法に陥る。孤立した事例であっても、それが唯一の残存例だということもありうるからである。第二に、推古朝成立に対する疑問から一挙に銘文造作説へと飛躍しがちであるが、そもそも銘文自体は自分が推古朝に書かれたものだとはいっていない。当銘文は釈迦三尊光背銘などと違って「縁起文」である。「願文」ではないのだから、銘文の書かれた年次が銘文の語る造立年代と一致する必要はないのである。像が古くて銘文が新しいということもあるし、逆に新鋳された像に古くから伝わる縁起文を刻むこともある。薬師像自体が新しくても銘文までが由来のないものだとはいえない。銘文と像とをいったん切り離して、縁起文がいつ作文され、いつ彫り込まれたかという視点から冷静に考えるべきであろう。

銘文の年代は次のように絞り込むことができる。

①まず薬師銘の文体は漢文ではなく和文である。加えて宣命体的な特徴を有する。例えば「大御身労賜時」や「我大御病太平欲坐故……仕奉詔」「大命受賜而歳次丁卯年仕奉」などの表現は、『続日本紀』文武即位宣命の「倭根子天皇命の……大命を受け賜り恐み坐して」「……と詔りたまふ天皇が大命を諸聞きたまへと詔る」や、元明即位宣命の「朕御身労き坐すが故に、暇間得て御病治めむと欲す」などに通じるもので、天智天皇五年（六六六

六）の野中寺弥勒菩薩造像銘にも「……天皇大御身労坐之時、誓願之奉彌勒御像也」という類似の表現が確認される。[55] しかし、八世紀の宣命大書体・小書体のような助字を付記するスタイルはいまだ生まれておらず、部分的に漢文体と混交する古いスタイルを有している。こうした和文は滋賀県野洲郡中主町西河原森ノ内遺跡出土の天武朝の木簡、天武天皇十年（六八一）の群馬県山ノ上碑、天智朝の野中寺弥勒造像銘、白雉二年（六五一）の東京国立博物館蔵辛亥年銘菩薩立像の造像銘、白雉元年（六五〇）の法隆寺金堂四天王の造像銘などに確認されるものであって、天智朝以前にも遡りうる。[56]

②宣命体的な文体だとすると、銘文中の「大王天皇」も「ダイオウテンノウ」と読んで大王号から天皇号への過渡期の称号などと評価すべきではなく、[57] 和語で「オホキミの天皇」と読むべきものであることがわかる。「オホキミ」は『万葉集』などに広くみられる呼びかけの敬称である。

③発話主体が現天皇である場合には、「オホキミの天皇」は単なる敬意を込めた呼称ではなく、「前帝の」という限定された意味になる。君主は至尊であるから、そこから親しみをもって敬称しうる対象は前帝に限られるのである。この用例は『続日本紀』宣命に多く確認される。典型的な例をあげれば、天平勝宝元年（七四九）四月朔条の陸奥国産金時の宣命に、「加以、挂畏近江大津宮大八嶋国所知之天皇大命止之弖、奈良宮大八洲国所知自我皇天皇止御世重弖朕宣自久、……」とみえ、天智・聖武両天皇が併記されているにもかかわらず、孝謙天皇にとって前帝である聖武天皇のみが「我皇天皇」と記される。また「大安寺伽藍縁起并流記資財帳」には、「唯命受賜而、奉二為遠皇祖并大王及継治天下天皇御世御世一、不レ絶流二伝此寺一、……」という田村皇子の言葉がみえる。[58] この文章は舒明天皇が即位以前のことを振り返って語る文脈になっているが、そこでは「過去の天皇たち（トホスメロキ）」と「未来の天皇たち（スメラ）」とに挟まれる形で「大王（オホキミ）」（＝推古天皇）が記される。

④以上をふまえると、推古天皇のことを大王天皇と呼ぶ銘文の発話主体として舒明天皇が想定されてくる。「大安寺伽藍縁起并流記資財帳」は、百済大寺（のちの大官大寺・大安寺）の造立を田村皇子（舒明）が病床の聖徳太子を見舞った際に受けた強い意向に基づくもので、その際に賜った熊凝精舎に起源があると記しており、また見舞いに行くことになったきっかけを推古天皇の依頼に置いている。このような伝説が生み出されたのは、舒明天皇が王家による積極的な仏教受容策を推進するに際して、日本仏教史において無視できない聖徳太子と推古天皇の事蹟への配慮が不可欠であったからであろう。皇位を競い合った山背大兄とそれを支持する勢力との対立関係がいまだ燻っていた当時の政治状況を勘案すれば、尚更のことであろう[59]。最初の官寺たる百済大寺造立の詔が発せられるに際して、官寺の先駆として法隆寺造営にふれざるをえなかったことは想像に難くない。おそらく薬師銘は、法隆寺火災以降に百済大寺造立詔のなかの法隆寺草創に関する記述をもとに作文され、新仏の光背に寺の由来として刻まれたものだと考えられる。

奈良時代になると、「大王天皇」の語は本来の文脈から切り離されて語義不明となり、「大安寺伽藍縁起并流記資財帳」のなかでも「太帝天皇」や「太皇天皇」と文飾され、「元興寺伽藍縁起并流記資財帳」では「大大王」などと表記されて、あたかも推古天皇の個人呼称の如くに変質してしまう。これらと比べれば薬師銘の信憑性はかえって浮き立つであろう。

そもそも、普段は人目につかない光背裏などに造作した文章を刻んで、国家の援助を受けるためのアピールをした、などと考えること自体強引な想定であろう。造作をするなら国家に提出する資財帳の方になされてしかるべきである。また、現天皇に関わる寺であることを主張するなら意味もあろうが、天武朝からみて古い用明天皇のための寺であることをわざわざ造作して効果などあるのだろうか。この光背銘を基礎にして書かれている「法隆寺伽藍縁起并流記資財帳」の寺の由来の部分をみてみると、用明天皇のための寺と書くだけでは不十分だと考え、わざわざ「奉為池辺大宮御宇天皇并在坐御世御世天皇……」と寺の由来を書き足していることに気づく。こうした事実も、逆に銘文にはのちの手が加えられていないことを示しているのである。

以上、迂遠な説明に終始したが、法隆寺薬師銘は推古朝遺文ではないが、舒明天皇の宣命体の詔を基礎に作文された可能性が高く、その文章をかなり忠実に伝えている。そしてこの薬師銘に「池辺大宮治天下天皇」「小治田大宮治天下大王天皇」といった表現がはっきりと確認される。奈良時代の宣命体に直接つながる文体の成立時期は舒明朝に遡ると推定される。(60)「スメ」の観念が宣命体の成立とともに広く普及する時期、ひいては皇孫思想を基礎とした君主号「スメラミコト」の観念が定着する時期もまた、この舒明朝とみるのが妥当であろう。

ここで、推古朝の「天（アメ）」の観念と舒明朝の「スメ」の観念との関係について私見を述べておきたい。別稿で『古事記』上巻神話のなかに成立時期を異にする二つの構図が並存していることを指摘したことがあるので(61)、詳細はそちらに譲るが、①神々生成記載が四様式で段階的に書き分けられており、第一次の編纂では天と国の分離から書き始めて神話を四期に分ける時代区分が設定されていること、②これらの生成記載の変化は国譲りや天孫降臨の部分ではみられないこと、③所々に書き加えられた二次的分注では、本来の神話構想とは無関係に「国」に属する神がどれであるかという点に関心が集中しており、これは『日本書紀』神話が国の歴史にあたる「国常立尊」から筆を取り始めているのと共通の世界観をもつこと、以上の三点を指摘した。そこから、天と国の歴史を総体として描こうとする当初の世界観に、国の歴史に焦点をあてて国譲り・天孫降臨を描く世界観を二次的に被せているという二重構造を見出したのである。

前稿では二つの構図の成立時期を絞り込まなかったが、今では前者の天と国を明確に二分する世界観の成立時期を推古朝と推定している。推古朝前半に君主号「天子」「天皇」が設定されたことを受けて、従来の漠然とした天と君主の関係が明確に位置付けられ始める。世界観の構成には具体的な場が必要だが、『日本書紀』推古天皇二十八年（六二〇）是歳条には『天皇記』『国記』の編纂記事がみえ、「天と国」の二分法を明確に意識した書名が設定されている。(62) また、史書編纂と同じ年の冬十月には、欽明天皇陵で五十周忌の儀礼が盛大に挙行されており、天と国の区分を象徴する和風諡号「阿米久尓意斯波留支比里尓波乃弥己等」が献上されたのもこの時点だと考えられる。

　他方、国に視点を置いた二次的構図についてはどう考えるべきだろうか。既に遣隋使の国書に「アメタリシヒコ」（天から垂れ下った貴人）の語がみえるように、天孫降臨神話の原型は既に推古朝に確認できるが、より具体的なイメージは舒明朝に普及する「スメ」の観念とともに熟成され、最終的には天武朝の史書編纂を契機として纏めあげられていくのだろう。皇孫思想の成熟こそが、天そのものを指す推古朝の「アメ」の観念に代わって、具体的な皇孫イメージたる「スメ」の観念を普及させる基盤をなしたと考えられるのである。

　実は、古い読みを字音で示すことが多い『古事記』においてすら、「スメ（須売）」という読みが確認できる事例は大変少ない。上巻の景行天皇段と下巻の欽明天皇段くらいである。前者は「又、娶二倭建命之曾孫、名須売伊呂大中日子王自レ須至レ呂四字以レ音。之女、訶具漏比売一、生御子、……」などとみえるもので、彼はヤマトタケルの孫の一人にすぎず、その固有名に含まれる「スメ」に特に積極的な意味は見出せない。他方、後者は「又、娶二岐多志比売命之姨、小兄比売一、生御子、馬木王、次……、次三枝部穴太部王、亦名須売伊呂杼、次……」とみえるもので、「すめいろど」を三枝部穴太部王の「亦の名」であると説明する。『日本書紀』用明天皇二年（五八七）四月丙午（二日）条をみると、「於レ是、皇弟皇子、皇弟皇子者、穴穗部皇子。即天皇庶弟。引二豊国法師一闕レ名也。

入二於内裏一」と記されており、用明天皇の異母弟を「皇弟皇子」と表現しているにすぎないのである。ここに、異母弟を含む「皇弟」という漢字表記を前提として、『古事記』が「すめいろど」（天皇の同母弟）と誤読した可能性が想定される。数少ない事例においてすら、「皇」の字に対して二次的に「スメ」の読みを当てた事実が認められるのだから、「スメ」の語はさほど古く遡らないと考えてよいだろう。

では、皇孫観念を基盤とする「スメ」という和語が新しい宣命体の文章のなかで用いられるようになったとき、それと共に位置付けなおされることになった「天皇」の文字は、どのように読まれることになったのであろうか。もはや、それは従来の「アマキミ」ではあるまい。ここで「スメラミコト」や「スメロキ」という新しい概念が生み出されることになるのだろう[63]。先に掲げた儀制令1天子条の「天皇」に付された「詔書所レ称」という独自の規定——公式令1詔書式条に列挙された口頭で宣されることを念頭に置いた諸様式——は、まさにこの宣命体を基礎とする君主号「天皇＝スメラミコト」を前提にしてこそ生まれうる日本の君主号に特有な規定であった。

なお、「スメラミコト」の語源についてはいまだ定見を得ないが、「スメ」の語源にあまりに特殊なイメージをもつのは誤りであろう。語源が不明であることは他の多くの日本語でも同じことである。にもかかわらず、我々の言語感覚にとってしっくりこないのは、「スメ」の概念が天皇にのみ制限的に使用される「皇」の字と一体化した結果、一般的な用法が損なわれ、言葉としての幅を喪失したためであろう。

「スメラミコト」は「スメラ＋ミコト（尊・命）」であろうが、「スメラ」については「スメ（皇）＋ラ」であるとする『時代別国語大辞典　上世篇』の説に従いたい[64]。僅かではあるが、『続日本紀』第四十四詔には「天皇良我御命良麻止」、「延喜祝詞式」の鎮御魂斎戸祭条に「皇良我朝廷乎」などの用例も確認される。「スメ……」は後ろに言葉をともなって複合語を作る形状言で、「ラ」は情態性を表す接尾語である。

類似の事例には、「アカ（赤・明）」に「ラ」が付いて「阿加良袁登売」（応神記）、「安加良多知婆奈」（『万葉集』18―四〇六〇）などがある。また、少し時代は下るが、「キラ」が名詞化されて「雲母、岐良々」（和名抄）という語が生み出される事例などもある。「スメ」は本来「澄んだ」もしくは「崇高な」という意味であり、[65]この形状言に情態性を加えていわば抽象名詞化することで、「スメラ」（澄んだ崇高なる存在）、「スメラ＋ミコト」（高く尊い御方）という概念が生まれたのであろう。「スメロ＋キ」もその変化した形であろう。[66]

「スメラミコト」「スメロキ」は、皇孫思想を背景にもつ「スメ」の観念の個体化である。もちろん、天孫降臨思想自体が天皇権力の正当性を保障する観念として位置付けられていくのだから、この抽象化された二つの概念が天皇に限定して用いられる傾向が強くなることはいうまでもない。『万葉集』をみても、奈良時代になると「スメロキ」「スメラへ」「スメラミクサ」「スメラワレ」の語は、単なる「スメカミ」とは異なった位相を形成するようになり、「天日嗣」を受けた天皇を指す用例が圧倒的に多くなっている（表2）。

しかし、本来は天皇個人に限定して用いられる観念ではなかった。『万葉集』の「スメロキ」が「天皇」の表記と一体化せず、多様な漢字表記が与えられている事実にも、そうした奈良時代以前の幅のある観念の痕跡が確認される。また、『万葉集』1―三・四、一〇〜一二の題詞にみえる「中皇命」が誰であり、どう読むかについて古くから議論のあるところだが、[67]これは天皇ではない皇族を「スメラミコト」と称した事例といえるだろう。「皇」の字を漢字表記と見るならば「天皇」に限定されることになるが、そのように考えると、尊称が「尊」ではなく「命」と書かれており矛盾が生じるから、この場合は口頭言語が核になっていると考えるべきである。これまでの考察から、私はこれを「ナカノスメラミコト」と読んで間人皇女のこととする土屋文明氏や田中卓氏らの説が妥当であると考える。[68]「スメラミコト」が厳密に君主一人の称号となるには、天皇のみに限定使用され

表2　万葉集にみえる「スメ」（スメロキ・スメカミ・スメラミクサ・スメラへ）の用例

・淡海の国の、楽浪の、大津の宮に、天の下、知らしめしけむ、**天皇**の、神の尊の、大宮は、（1—二九）
・わが大王、ものな思ほし、**須賣神**の、嗣ぎて賜へる、吾なけなくに、（1—七七）
・**天皇**の、敷きます国と、天の原、岩戸を開き、神上り、上りいましぬ、（2—一六七）
・**天皇**の、神の御子の、いでましの、手火の光りそ、ここだ照りたる、（2—二三〇）
・**皇神祖**の、神の命の、敷きいます、国のことごと、湯はしも、さはにあれども、（3—三二二）
・**皇祖**の、神の御門に、外の重に、立ち候ひ、内の重に、仕へ奉りて、（3—四四三）
・神代より、言ひ伝て来らく、そらみつ、倭の国は、**皇神**の、厳しき国、言霊の、幸はふ国と、（5—八九四）
・**天皇朕**が、うづの御手もち、かき撫でそ、（6—九七三）
・日本の国は、**皇祖**の、神の御代より、敷きませる、国にしあれば、（6—一〇四七）
・**皇祖神**の、神の宮人、ところつら、いや常しくに、われかへり見む、（7—一一三三）
・ちはやぶる、金の岬を、過ぎぬとも、われは忘れじ、志賀の**須賣神**、（7—一二三〇）
・**皇祖**の、神の御門を、畏みと、侍従ふ時に、逢へる君かも、（11—二五〇八）
・山科の、石田の杜の、**須馬神**に、幣取り向けて、われは越え行く、相坂山を、（13—三二三六）
・よばひせす、わが**天皇寸**よ、奥床に、母は寝たり、外床に、父は寝たり、（13—三三一二）
・**須賣呂伎**の、遠の朝庭と、韓国に、渡るわが背は、（15—三六八八）
・射水川、い行き廻れる、玉櫛笥、二上山は、……、**須賣可未**の、裾廻の山の、渋谿の、崎の荒礒に、（17—三九八五）
・**須賣加未**の、領き坐す、新川の、その立山に、（17—四〇〇〇）
・**須賣呂伎**の、食国なれば、御言持ち、立ち別れなば、（17—四〇〇六）
・高御座、天の日継と、**須賣呂伎**の、神の命の、聞こし食す、国のまほらに、（18—四〇八九）
・葦原の、瑞穂の国を、天降り、知らしめしける、**須賣呂伎**の、神の命の、御代重ね、天の日嗣と、知らし来る、君の御代々々、敷きませる、四方の国には、……、天地の、神相うづなひ、**皇御祖**の、御霊助けて、遠き代に、かかりしことを、朕が御世に、顕はしてあれば、食国は、栄えむものと、神ながら、思ほしめして、（18—四〇九四）
・**須賣呂伎**の、御代栄えむと、東なる、陸奥山に、黄金花咲く、（18—四〇九七）
・高御座、天の日嗣と、天の下、知らしめしける、**須賣呂伎**の、神の命の、畏くも、始めたまひて、（18—四〇九八）
・かけまくも、あやに畏し、**皇神祖**の、神の大御代に、田道間守、常世に渡り、（18—四一一一）
・**須賣呂伎**の、敷きます国の、天の下、四方の道には、（18—四一二二）
・**皇神祖**の、遠御代々々は、い重き折り、酒飲みきといふそ、このほほがしは、（19—四二〇五）
・**須賣呂伎**の、御代万代に、かくしこそ、見し明きらめめ、立つ年の端に、（19—四二六七）
・**天皇**の、遠き御代にも、押し照る、難波の国に、天の下、知らしめしきと、（20—四三六〇）
・霰降り、鹿島の神を、祈りつつ、**須米良美久佐**に、われは来にしを、（20—四三七〇）
・住吉の、あが**須賣可未**に、幣奉り、祈り申して、難波津に、船を浮け据ゑ、（20—四四〇八）
・久方の、天の門開き、高千穂の、岳に天降りし、**須賣呂伎**の、神の御代より、……、秋津島、倭の国の、橿原の、畝傍の宮に、宮柱、太知り立てて、天の下、知らしめしける、**須賣呂伎**の、天の日継と、継ぎてくる、君の御代々々、隠さはぬ、明き心を、**須賣良弊**に、極め尽して、仕へ来る、祖の職と、言立てて、（20—四四六五）

註　スメに関わる概念のみに原表記を残した。

る「皇」の漢字と「スメ」の観念とが完全に一体化し、それと同時に「スメ」の観念の基礎を成す天孫降臨の思想が形骸化していく段階を待たなければならない。それが、奈良時代の前半を通じて形成されていく律令天皇という新しい君主権である。

むすび——律令天皇の誕生へ——

以上、雑多な考察と多くの推測を重ねてきたが、天皇号がある時点で唐突に生まれたものではなく、和語と漢語の二重性を抱えつつ多様な意味を重ね合せながら形成され、奈良時代に至ってようやく「天皇＝スメラミコト」という君主号として確立するということを指摘したのである。このことは換言すれば、天皇という存在もまた一つの重層的な観念体系であるということである。こうした視角は、古代天皇を天武持統朝で二分して捉える見方に再考を促すものであって、詳細な段階設定を行いながら君主権の内実を跡付けていく必要を喚起するものである。

最後に、壬申の乱以降の天皇神格化をめぐる議論に対しても、多少なりともふれておく必要があるだろう。というのも、従来の天皇号天武持統朝成立説がこれに大きく依存したものだからである。『続日本紀』宣命冒頭にみえる「現神」「明神」という語、『万葉集』の「オホキミは神にしませば」「神ながら」といった語句など、天武朝以降に天皇を神格化する表現が多くみられることに注目して、壬申の乱を実力で平定した天武天皇の強大な権力獲得と専制的君主権の確立を想定し(69)、この神格化された君主の称号こそが天皇号だとされる。さらに記紀神話の成立までが、これと関わらせて論じられたりする(70)。

しかし、文学的な修辞と現実の国制との間には必ずや一定のずれがある。天武天皇が壬申の乱以降左右大臣を置かない専制的皇親政治を行ったのは一時的なことにすぎず、奈良時代以降の天皇権力が、律令法を運用する太政官を核とする国制に大きく規制されていたことは周知の事実である。[71] また、皇孫思想が意味をもったのは律令制以前の段階である。そもそも皇孫の観念は君主一人の支配の正当性の根拠にはなりえない。突き詰めれば、天照大神の子孫であれば誰でもいいという論理に行き着くからである。

大夫人称号事件のところでも述べたように、大宝律令制定以降には律令法による統治権の運用が徹底されるようになり、皇孫思想を象徴する「スメ」の観念は既に反故になりつつあった。このことは、『日本書紀』の神話が既にばらばらの「一書」の集成並置にすぎず、積極的に世界観を提示するものではないという事実、『続日本紀』の即位譲位宣命のなかで天孫降臨神話の語りが占める比重は意外と小さく、それすらもかなり早い段階で形骸化するという事実にも明瞭に現われている。[72]『古事記』序に記された「諸家に分配してあった帝紀・本辞が既に多くの誤謬を生み出しており、そのまま放置すれば消滅してしまうであろう。（朕聞、諸家之所レ賷帝紀及本辞、既違二正実一、多加二虚偽一。当今之時、不レ改二其失一、未レ経二幾年一、其旨欲レ滅）」という天武天皇の言葉をあらためて想起すべきである。神話の語りは天武朝には既に過去のものになりつつあったのである。

確かに、『万葉集』の天武持統期の歌には、天皇の神格化表現や天孫降臨の思想が集中的にみられる。しかし、和歌が神話を生み出すわけはなく、これらは伝統的な神話をふまえた修辞にすぎない。むしろこの時期の天皇神格化表現の本質は別のところにある。石母田正氏は、これを単に壬申の乱に勝利した天武天皇の専制的王権の反映ではないとし、首長層が神とされた時代の意識が天武の人格に集約されたものと位置付けた。[73] また直木孝次郎氏は、天皇を神とみなす表現はアニミズムやナチュラリズムの系譜を引く霊威神・自然神の信仰の後退が前提であるとし、律令制的政治改革が宮廷社会の思考を合理化したという。[74] これらの視点は卓見というべきものだが、貴族層内部の文芸上のイデオロギーに限定されたものではないと思う。

むしろ、青木和夫氏が『風土記』や『日本書紀』にみえる「神を恐れぬ人びと」に注目して論じた視角こそが継承されるべきであろう。[75] 古代の自然神とは、自然災害その他の非日常性への不安の物象化である。これを合理的な知識や最先端の土木技術を用いて克服することによって、秩序維持という支配行為は民衆の承認を受けるのである。統治権の正当性は単なる暴力によっては維持できない。自然を土木技術などの知と合理性により制御することによって、自然神は敗北する。この力を重層的に集約したものが神の如き君主という観念なのであろう。『万葉集』の著名な神格化表現も神秘化とは逆の方向性をもつものである。

皇は神にしませば赤駒の腹ばふ田ゐを京師となしつ（19—四二六〇）

大王は神にしませば水鳥のすだく水ぬまを皇都と成しつ（19—四二六一）

これらは単に飛鳥浄御原宮の大規模造営を歌ったものではない。「田居」「水沼」という自然を破壊して、人工的な「京師」「皇都」へと文明化していくさまを謳歌しているのである。また次のような歌もある。

皇は神にしませば天雲の雷の上に廬りせるかも（3—二三五）＝持統天皇

王は神にしませば雲隠るいかつち山に宮敷きいます（3—二三五）＝忍壁皇子

皇は神にしませば真木の立つ荒山中に海を成すかも（3—二四一）＝長皇子猟路の池に遊びし時

自然の力を象徴する雷すらも文明の下に支配される、深い山中に海のような灌漑用の池を築く——こうした自然の克服を象徴する観念が、「神であるオホキミ」なのである。この反自然的・合理的な雰囲気を考慮するならば、これらの表現は神格化と称することはできても、神秘化とはいえない。神々の否定の上に生み出される神観念であるから、ここにいう神とは一つの虚構観念であるといってもいい。また、しばしば「天皇即神」の思想として説明される表現だが、白文でみてみると「オオキミ」の語は「皇」のみではなく、「王」「大王」と記されるものもある。諸皇子を讃美する事例が混在しており、天皇のみを対象とした表現ではない。専制的な天皇権力の表現ではなく、自然を支配する文明化された王権の開明性を讃える表現なのである。とはいえ、この政治性と文化性が天皇という君主の身体へ集約されていくのも事実である。これらの神格化の語りが天孫降臨神話をふまえた修辞と重ね合されて叙述される例も見出されるが、同時にそこからの脱却を促すものでもあった。ここに新しい「律令天皇」の成立が準備されてくるのである。

（1）天皇号についての先行論文は枚挙に遑がない。以下、主要なものを掲げる。詳細は各論考の参考文献など参照。津田左右吉「天皇考」（『津田左右吉全集』第三巻、岩波書店、一九六三年。初出は一九二〇年）、福山敏男「法隆寺金石文に関する二、三の疑問」（『夢殿』一三冊、一九三五年）、竹内理三「大王天皇考」（同『律令制と貴族政権』第一部、御茶の水書房、一九五七年。初出は一九五一年）、和歌森太郎『日本歴史』弘文堂、一九五七年、栗原朋信「日本から隋に贈った国書――とくに「日出処天子致書日没処天子」の句について――」（同『上代日本対外関係の研究』吉川弘文館、一九七八年。初出は一九六五年）、渡辺茂「古代君主の称号に関する二、三の試論」（『史流』八号、一九六七年）、下出積與『神仙思想』吉川弘文館、一九六八年、東野治之「天皇号の成立年代について」（同『正倉院文書と木簡の研究』塙書房、一九七七年。初出は一九六九年）、渡辺茂「「尊」と「命」と「王」――「天皇」号の始用期と関連づけて――」（肥後先生古稀記念論文刊行会編『日本文化史研究』弘文堂、一九六九年）、大橋一章「「天皇」号成立の時代について」（同『天寿国繡帳の研究』吉川弘文館、一九九五年。初出は一九七〇年）、角林文雄「日本古代の君主の称号」（同『日本古代の政治と経済』吉川弘文館、一九八九年。初出は一九七三年）、西郷信綱「スメラミコト考」（同

『神話と国家』平凡社、一九七七年。初出は一九七五年）、栗原朋信「東アジア史からみた「天皇」号の成立」（栗原前掲著書。初出は一九七六年）、福永光司「昊天上帝と天皇大帝と元始天尊――儒教の最高神と道教の最高神――」（同『道教思想史研究』岩波書店、一九八七年。初出は一九七六年）、宮崎市定「天皇なる称号の由来について」（同『古代大和朝廷』筑摩書房、一九八八年。初出は一九七八年）、角林文雄「天王号再論」（角林前掲著書）、本位田菊士「『大王』から『天皇』へ――古代君主号の成立をめぐって――」（『ヒストリア』八九号、一九八〇年）、東野治之「「大王」号の成立と「天皇」号」（同『日本古代金石文の研究』岩波書店、二〇〇四年。初出は一九八〇年）、森 公章「天皇号の成立をめぐって――君主号と外交との関係を中心として――」（同『古代日本の対外認識と通交』吉川弘文館、一九九八年。初出は一九八三年）、川北靖之「日唐律令における君主の称号について」（同『日唐律令法の基礎的研究』国書刊行会、二〇一五年。初出は一九八四年）、森 公章「天皇号の成立とその意義」（『古代史研究の最前線』第一巻、雄山閣、一九八六年）、鎌田元一「大王による国土の統一」（同『律令国家史の研究』塙書房、二〇〇八年。初出は一九八六年）、本位田菊士「天皇号の成立とアジア」（『アジアのなかの日本史』第二巻、東京大学出版会、一九九二年）、小林敏男「王・大王号と天皇号・スメラミコト考」（同『古代天皇制の基礎的研究』校倉書房、一九九四年）、坂上康俊「大宝律令制定前後における日中間の情報伝播」（『日中文化交流史叢書2　法律制度』大修館書店、一九九七年）、梅村 喬「天皇の呼称」（『講座前近代の天皇』第四巻、青木書店、一九九五年）など。森第二論文が研究史をコンパクトに纏めている。

（2）林屋辰三郎「継体欽明朝内乱の史的分析」（同『古代国家の解体』東京大学出版会、一九五五年。初出は一九五二年）、北山茂夫『日本古代政治史の研究』岩波書店、一九五九年、上田正昭『日本古代国家成立史の研究』青木書店、一九五九年、など。

（3）関 晃「律令支配層の成立とその構造」（『関晃著作集』第四巻、吉川弘文館、一九九七年。初出は一九五二年）、青木和夫「浄御原令と古代官僚制」（同『日本律令国家論攷』岩波書店、一九九二年。初出は一九五四年）、関 晃「推古朝政治の性格」（『関晃著作集』第二巻、吉川弘文館、一九九六年。初出は一九六七年）など。

（4）神野志隆光『柿本人麻呂研究』塙書房、一九九二年、など。
（5）大津　透『古代の天皇制』岩波書店、一九九九年。
（6）日本史研究会の二〇〇一年三月例会「シンポジウム　律令天皇の成立と日本」における鎌田元一報告「野中寺弥勒菩薩造像銘と天皇号」、熊谷公男『日本の歴史03大王から天皇へ』講談社学術文庫、二〇〇八年、の「文庫版あとがき」など。
（7）森　博達「「倭人伝」の地名と人名」（『古代の日本』第一巻、中央公論社、一九八五年）。
（8）森註1第一論文の表2、吉村武彦『古代天皇の誕生』角川書店、一九九八年、参照。ただし『善隣国宝記』には「天智天皇十年、唐客郭務悰等来聘書曰、大唐帝敬問二日本国天皇一云々」という事例が載せられており、白村江の戦後処理という特殊状況下で、ヤマト王権の意を汲んで「天皇」が一時的に用いられた形跡はある（金子修一「唐代の国際文書形式について」同『隋唐の国際秩序と東アジア』名著刊行会、二〇〇一年。初出は一九七四年、梅村註1論文など）。
（9）吉村註8著書、および同「律令制的身分と公民・王民」（同『日本古代の社会と国家』岩波書店、一九九六年。初出は一九九三年）。
（10）前者は、津田・福永註1論文など。後者は、渡辺註1第一・第二論文。
（11）ただし、津田氏の指摘した枕中書の「扶桑大帝東公王＝天皇」の影響については、内実は別として称号選定の際の参考にされた可能性までを否定することはできないと思う。後者に対しては、本位田・坂上註1論文。この問題は、実は早くに藪田嘉一郎「法隆寺金堂薬師・釈迦像光背の銘文について」（『佛教藝術』七号、一九四九年）が論じている。
（12）栗原註1第一・第二論文など。
（13）武田幸男「平西将軍・倭隋の解釈――五世紀の倭国政権にふれて――」（『朝鮮学報』七七号、一九七五年）。
（14）森　公章氏はもと「アメキミ」説であったが、『隋書』倭国伝にみられる隋使裴世清を迎えた小徳阿輩台が、『日本書紀』推古天皇十六年六月丙辰条の大河内直糠手に比定されるとして、「オホキミ」説に転じられた（森註1第二論文）。
（15）『通典』は北宋版影印本による。「阿輩雞彌」を「国号」とするが、これは『翰苑』が上記に付した「今案、其王姓阿毎、国号為㆓阿輩雞彌㆒、華言天児也、……」という注記を継承した二次的なものにすぎない。

(16) ストゥーパは「卒塔婆」と、ヒナモリは中華思想に基づき「卑奴母離」と表記するが如くである。今日でもソファーのことは音を借りつつも「沙發」と書くように、漢字の原義を意識した選字が行われる。

(17) このほか、例えば『日本書紀』雄略天皇十三年三月条に「耶麼能謎能、故**思**麼古唹衞爾、**比**登涅羅賦、宇麼能耶都擬播、鳴**思**稽矩那欺」（歌謡79）、顕宗天皇元年二月是月条に「**阿**佐膩籛囉、嗚贈禰嗚須擬、謨謀逗拕甫、奴底喩羅倶慕與、於岐**毎**倶羅之慕」（歌謡85）、顕宗天皇二年九月条に「於岐**毎**慕與、**阿**甫**彌**能於岐**毎**、**阿**須用**利**籛、**彌**野磨我倶**利**底、**彌**曳孺哿謨**阿**羅牟」（歌謡86）、武烈天皇即位前紀に「之褒世能、儺鳴理鳴**彌**黎麼、**阿**蘇寐倶屢、**思**寐我籛**多**泥爾、都都**摩**陀氏理**彌**喩」（歌謡87）、同「飫褒枳瀰能、耶陛能矩瀰哿枳、哿々梅騰謀、儺鳴**阿摩**之耳**彌**、哿々農倶**彌**柯枳」（歌謡90）、同「擧騰我瀰爾、枳謂屢箇皚**比**謎、施**摩**儺羅磨、婀我褒屢柁**摩**能、婀波寐之羅陀魔」（歌謡92）、継体天皇七年九月条に「野絁磨倶爾、都磨磨祁哿泥底、播屢**比**能、哿須我能倶爾爾、倶娑絁謎鳴、**阿利**等枳枳底、與慮志謎鳴、**阿利**等枳枳底莽紀佐倶、避能伊陀圖鳴飫斯毘羅枳、倭例以梨魔志、**阿**都圖唎、都麼怒唎絁底、魔倶囉圖唎、都麼怒唎絁底、伊慕我堤鳴、倭例魔柯斯**毎**、倭我堤鳴麼、伊慕爾魔柯斯**毎**、麼左棄逗囉、**多多**企**阿**藏播梨、矢泊矩矢慮、于魔伊禰矢度爾、爾播都等唎、柯稽播儺倶儺梨、奴都等**利**、枳蟻矢播等余武、婆絁稽矩謨、伊麻娜以幡孺底、**阿**開爾啓梨、倭蟻慕」（歌謡96）と枚挙に遑がない。「毎」の字が『万葉集』で全くみえなくなるのは、それを「ごと」と読ませる用法が普及したためであろう。なお、『日本書紀』の諸写本をみると「雞」は「鶏」に通じ、「ケ」と読ませる音字として記紀歌謡もしくは『万葉集』に確認される。

(18) 有坂秀世「国語にあらはれる一種の母音交替について」（同『国語音韻史の研究（増補新版）』三省堂、一九五七年。初出は一九三一年）。

(19) 稲岡耕二「続日本紀における宣命」（新日本古典文学大系『続日本紀』二、岩波書店、一九九〇年）に現段階での知見が整理されている。

(20) 『源氏物語』末摘花に「わかむとほり」、『うつほ物語』あて宮に「わかんとおり」とみえる。

(21) 早くは和歌森註1著書・大橋註1論文が両概念の関係を指摘しているが、和語の先行性は評価されず、起源は漢語の方に置いている。
(22) 「天王」号の存在は、角林註1第一論文・宮崎註1論文が提起するが、関晃「宮崎市定「天皇なる称号の由来について」」(『法制史研究』二九号、一九八〇年)以来、反対説も多い。
(23) 石母田正『日本の古代国家』岩波書店、一九七一年、西嶋定生『日本歴史の国際環境』東京大学出版会、一九八五年、など。
(24) これが仏教用語であることは、奥田尚「八世紀の日本から唐への国書」(『追手門学院大学文学部東洋文化学科年報』六号、一九九一年)に指摘がある。国際秩序の相対化に果した仏教の役割は大きい。
(25) 関晃「中国的君主観と天皇観」(『関晃著作集』第四巻、吉川弘文館、一九九七年。初出は一九七七年)、水林彪「律令天皇制における国制概念体系――「天皇」および「天下公民」を中心として――」(『思想』八五五号、一九九五年)、大津註5著書、河内春人「日本古代における「天子」」(『歴史学研究』七四五号、二〇〇一年)など参照。
(26) 仁井田陞『唐令拾遺』の復元による。
(27) 西嶋定生「皇帝支配の成立」(同『中国古代国家と東アジア』東京大学出版会、一九八三年。初出は一九七〇年)。
(28) 青木和夫「天平文化論」(同『白鳳・天平の時代』吉川弘文館、二〇〇三年。初出は一九九四年)。
(29) 河内註25論文。
(30) 関註3第二論文。
(31) 『史記』秦始皇本紀。吉田孝「『史記』秦始皇本紀と「天皇」号」(『日本歴史』六四三号、二〇〇一年)は『史記』の皇帝号創始記事を意識して天皇号が作られたと述べる。
(32) 「伊予国風土記逸文」所引「道後温泉碑文」には「法王大王」、用明紀には「法大王」とみえる。なお、法隆寺金堂釈迦三尊像光背銘の史料の性格については、拙稿「法隆寺金堂釈迦三尊像光背銘文再読――法隆寺と膳氏――」(『博物館学年報』二七号、一九九五年。本書附論二に再録)で検討した。

(33) 森註1第一論文、金子修一「中国皇帝と周辺諸国の秩序」(金子註8著書。初出は一九九二年)。
(34) 森註1第一論文は、「アメキミ・アメタリシヒコ」の語が推古朝の天孫氏としての自覚に基づくものとする。
(35) 仁井田陞『唐令拾遺』の復元による。
(36) 虎尾達哉「律令国家と皇親」(同『律令官人社会の研究』塙書房、二〇〇六年。初出は一九八八年)は、皇子号の成立を天武天皇三年(六七四)以降とする。
(37) 東野治之「長屋王家木簡の文体と用語」「長屋王家木簡からみた皇族の称号——中皇命と大皇——」(同『長屋王家木簡の研究』塙書房、一九九六年。初出は一九九一・一九九二年)。
(38) 吉田孝「律令と格」(『古代の日本』第九巻、角川書店、一九七一年)、早川庄八「大宝令制太政官の成立をめぐって」(同『日本古代官僚制の研究』岩波書店、一九八六年。初出は一九七九年)など。
(39) 筧敏生「藤原宮子の大夫人号について」(同『古代王権と律令国家』校倉書房、二〇〇二年。初出は一九八三年)がこうした視点から議論を立てているが、長屋王以下の皇親勢力をめぐる議論に集約してしまう点は承認できない。また、「皇」字は皇族ではない宮子には相応しくないと思われるのではという聖武天皇の懸念が、謙譲というこのような手続きをとらせたとみる河内祥輔氏の説もある(同『古代政治史における天皇制の論理〈増訂版〉』吉川弘文館、二〇一四年。初版は一九八六年)。
(40) 『続日本紀』養老三年六月丁卯(十日)条、同十月辛丑(十七日)条。この史料の理解については、拙稿「律令法典・山陵と王権の正当化——古代日本の政体とモニュメント——」(『ヒストリア』一六八号、二〇〇〇年。本書第八章に再録)で私見を述べた。
(41) 『続日本紀』神亀元年二月甲午(四日)条の宣命第五詔。拙稿註40論文、参照。
(42) 後宮職員令によると、妃以上には品位が、夫人以下には位階が授けられることになっていたから、妃以上は内親王でなければならなかった。ただし、この区分も光明子立后以降は有名無実化されることになる。
(43) 「スメ」という血縁観念(擬制を含む)はこのような立場から次第に相対化され、法的な君主権が確立されていく。

ただし、その後は血縁意識の空洞化と仏法による法の相対化によって、奈良時代末における君主権の正当性をめぐる混乱状況が引き起こされることになった。

(44)「皇祖母尊」については、岸 俊男「光明立后の史的意義——古代における皇后の地位——」（同『日本古代政治史研究』塙書房、一九六六年。初出は一九五七年）参照。

(45) 本居宣長は「オホミオヤ」と読むが、古訓などからみても「スメミオヤ」と読むべきことは、筧註39論文に詳しい。

(46) 皇后号の成立を、青木和夫「日本書紀考証三題」（同『日本律令国家論攷』岩波書店、一九九二年。初出は一九六二年）は持統朝の浄御原令施行に置く。ただし、これと天皇号の成立時期とが直結する必要はない。

(47)『日本書紀』神代紀冒頭部の注記に「至貴曰レ尊、自余曰レ命。並訓二美挙等一也。下皆效レ此」とある。

(48) 河内註25論文。

(49)『続日本紀』天平元年八月壬午（二十四日）条の「我王、祖母天皇」のように、前帝たる女性尊属という「擬制的母」を指す用例もある。田中 卓「中天皇をめぐる諸問題」（『田中卓著作集』第五巻、国書刊行会、一九八五年。初出は一九五一年）参照。

(50) 西郷・梅村註1論文も、「スメラミコト」が宣命体的文章と不可分な形で人為的に創造された言葉であることを詳述している。

(51) 福山註1論文・渡辺註1第一論文・東野註1論文、大西修也「再建法隆寺と薬師銘成立の過程」（同『日韓古代彫刻史論』中国書店、二〇〇二年。初出は一九八〇年）、大橋一章「法隆寺の創立」（同『奈良美術成立史論』中央公論美術出版、二〇〇九年。初出は一九九九年）。詳細な研究史は、大橋一章編『寧楽美術の争点』グラフ社、一九八四年、参照。

(52) 最新の調査内容は、西川杏太郎「法隆寺の彫刻」「法隆寺の金銅仏」（『法隆寺の至宝——昭和資財帳——』第三巻、小学館、一九九六年）参照。

(53) 拙稿「法隆寺金堂薬師仏光背銘文再読——法隆寺と舒明天皇——」（『文化史学』五五号、一九九九年。本書附論三に再録）。

(54) 福山註1論文。薬師信仰については、龍門石窟から北魏孝昌元年（五二五）の比丘尼僧造弥勒観音薬師像記が見つかっているし、南朝でも宋代から薬師経の信仰が確認されるようになったから、日本に早くに導入されていてもおかしくない。水野清一他『龍門石窟の研究』座右宝刊行会、一九四一年、津本了学「本邦上代仏教の一形態——法隆寺金堂薬師仏像銘文偽作説批判——」（『龍谷大学論集』三三七号、一九四九年）、大西修也「百済仏立像と一光三尊形式」（大西註51著書。初出は一九七七年）。また、宮号をともなう天皇呼称は過去の天皇に対して用いられるものという従来の疑義も、舒明朝なら問題はなくなる。

(55) 近年この像については、東野治之氏が近代における偽作の可能性を想定した根本的な否定論を出しているが（同「野中寺弥勒像台座銘の再検討」『国語と国文学』七七巻一一号、二〇〇〇年）、今は暫く通説に従う。

(56) 稲岡註19論文。

(57) 竹内・大橋註1論文。

(58) 同じ文章のなかで、聖徳太子が発した言葉の方には「仰願奉二為於古御世御世之帝皇、将来御世御世御宇　帝皇一、此道場乎欲下成二大寺一営造上」と「大王」の部分だけが抜けている。

(59) 『日本書紀』舒明天皇即位前紀。

(60) 推古朝の『天皇記』『国記』は、純然たる漢文で書かれていたと推定される。このような舒明朝以来の宣命読みの普及・定着をふまえて、天武朝に『帝紀』『旧辞』を読み習う（『古事記』序）という作業が開始されるのであろう。

(61) 拙稿「古事記神話の構図——古代日本人の歴史の起源に対する観念——」（『日本思想史学』二九号、一九九七年。本書第六章に再録）。

(62) 榎　英一「推古朝の「国記」について」（『日本史論叢』五号、一九七五年）は、「臣連伴造国造百八十部并公民等本記」を「国記」に付された注記とみる。

(63) 西郷註1論文は「スメラミコト」を純粋に制度上の称号であるとする。

(64) 『時代別国語大辞典　上世篇』三省堂、一九六七年。

(65) 西郷註1論文参照。
(66) 大野 晋氏は「スメロ」の母音交替形が「スメラ」であるとする(同『日本語をさかのぼる』岩波書店、一九七四年)。
(67) 土屋文明「中皇命私考」(『文学』一四巻六号、一九四六年)、田中註49論文。なお、この「中天皇」をめぐる研究史も田中論文に詳しい。
(68) 東野註37第二論文は、「ナカノミコノノミコト」と読む説を提起している。大平 聡「「中皇命」と「仲天皇」」(吉田晶編『日本古代の国家と村落』塙書房、一九九八年)は「スメラミコト」をあくまで天皇とみて、斉明天皇にあてる。
(69) 神野志隆光「天皇神格化表現をめぐって」「神と人——天皇即神の思想と表現——」(神野志註4著書。初出は一九九〇年)など。井上勝博「「明神」としての天皇」(鈴木正幸編『公と私』柏書房、一九九八年)も従来の議論を整理し、独自の見解を出している。
(70) 最近のものでいえば、神野志隆光『古事記の世界観』吉川弘文館、一九八六年、水林 彪『記紀神話と王権の祭り』岩波書店、一九九一年、など。
(71) 関 晃「律令貴族論」(『関晃著作集』第四巻、吉川弘文館、一九九七年。初出は一九七六年)。
(72) このことは、早く和辻哲郎が『日本倫理思想史』(『和辻哲郎全集』第一二巻、岩波書店、一九六二年。初版一九五二年)のなかで指摘している。
(73) 石母田註23著書。
(74) 直木孝次郎「文芸の創始と展開」(同『夜の船出——古代史からみた万葉集——』塙書房、一九八五年。初出は一九七六年)。
(75) 青木和夫『日本の歴史5古代豪族』小学館、一九七四年。

〔付記〕再録にあたって、「阿毎多利思比狐」「阿輩雞彌」の表記が、記紀歌謡の音字や万葉仮名につながる特質をもつという視点からの検討を加えた。また『古事記』のなかで「スメ」と確実に読む用語の検討を補った。

なお、本稿執筆以降、河内春人『日本古代君主号の研究』八木書店、二〇一五年、を得た。国際的な視野からの君主号研究であり、天智朝成立説を強く打ち出すなど学ぶところも多い。ここでは私見の「阿輩雞彌＝アマキミ」説への批判に対して反論するにとどめたい。私見は結果的に誤写を想定するにすぎず、該当部分がたとえ欠字であっても「アマ」と推定すべきだと確信する。河内氏は六〇〇年の遣隋使が国書を持たずに入朝したと推定するが（二三四頁）、ここにみえる漢字表記は記紀歌謡や万葉仮名の表記に直接つながる性格のもので、口頭の会話を中国側で筆録したものとは考えられない。氏は『隋書』に現われる用字を表にしているが、それぞれ典拠となった原史料（音声情報を含む）を異にしており、「隋側の聞き取りの段階で齟齬が生じた」と考えるべきではないのである。「名詞のアメが他の名詞を修飾する場合、……格助詞が付されるのが一般的」というのも当らない。河内氏の掲げる「タカマガハラ」の読みは「タカアマガハラ」から転じた後世の読みで、『古事記』自体が「タカアマハラ」と読ませている事実、『万葉集』にみられる多くの「被覆形」の事例を思うべきである。

第六章　古事記神話の構成原理と世界観
――神々の「成」「生」「所成」と〈歴史の起源〉の観念――

はしがき

戦後の『古事記』神話研究を推進した問題関心には二つのタイプが存在した[1]。第一は、津田左右吉の記紀研究の延長線上にあるもので[2]、記紀神話を単なる神話ではなく、古代国家の政治的支配者が自らの正当性を主張するために述作した政治的産物とみなす立場からの考察である[3]。第二は、神話学・文化人類学的関心に基づく研究で、こちらは神話をもっとグローバルに比較検討し、神話の生きた原型やその普遍性を遡及的に追究する[4]。前者では歴史的かつ個別的事象に関心が向けられるのに対し、後者は神話の通時性と普遍性を対象とする。問題関心が大きく異なるだけに、両者の擦り合せは今日なお十分だとはいいがたい[5]。そうしたなかで、近年ではテキスト論的方法と称すべき研究が注目を集めている[6]。前者と同じく『古事記』のもつ時代性を追究しつつも、津田とその影響を直接的に受けた諸研究のように、それを成立論的に扱って歴史性のなかへと消極的に還元・解消してしまうのではなく、『古事記』は作られたものであるという視点を逆転的に継承して、その歴史性を積極的に把握しようとする。そして『古事記』と『日本書紀』とを相互補完的に扱うことを避けて、両書を編者独自の構成原理や世界観を描き出したもの、自立した「作品」として読み解こうというのである。これは、津田の方法のなかに宿る非津田的要素ともいえる遡及的追究を排して『古事記』をあくまで歴史的に把握しようとする試みであり、ある意味では津田の意図を徹底させた歴史的把握の方向性をもつものと評価することもできる。

ただし、近年のこうした諸研究の共通の問題点としては、結論がやや先取り的であること、『古事記』を政治的目的に一元化して理解する傾向を有することがあげられよう。その代表的論者、神野志隆光・水林彪両氏の著書を紐解いてみても、神野志氏は天皇の世界の物語として読まなければならないという枠組みを設定するし、水林氏によれば『古事記』は太安万侶が律令国家秩序の正当性を弁証するために創作した物語であり、同時に律令国家を存立させる神祇令祭祀体系の祭儀神話とみるべきだとして、政治思想の書とみる以外の考察は『古事記』それ自体の研究ではないとまで断言するのである。確かに『古事記』が政治的性格を濃厚にもつこと自体は誤りではないが、これでは神野志氏らの問題意識が本当の意味で徹底されたとはいえないのではないか。研究と分析が想定外の知見を引き出す形で進められず、最初から「こう読まれるべきだ」といった一元的な制約が与えられてしまっているのでは、テキスト論の方法としては不徹底である。またそうした性格付けにより一元的に割り切れるかどうかを吟味することこそ、津田の研究が発表されてから長い年月を経た今日となっては一つの重要な課題である。

本稿では、このような立場から、次の二点に座標軸を据えてその具体的試案を提示したい。（1）『古事記』自体に即してその撰者の主張を具体的に引き出すためのいくつかの方法を模索する、（2）『古事記』の撰述目的を政治的正当化という一元的な観点からのみ割り切ってかかるのではなく、もっと多元的なストーリーと含意が存在する可能性を探る、の二点である。なお、水林氏のスサノヲ論についても積極的に継承しつつ独自の検討を加えたい。神野志氏と水林氏の論争は『古事記』における天と地（国）の構図をどう理解するかを論点として展開されてきたために、『古事記』の須佐之男像に coquin（わんぱく坊主）という属性を読み取る水林氏の注目すべき視点は十分な検討・評価を受けずに終わっている。この視点こそ、先に述べた神話学の方面からの研究との間の溝を埋める非常に重要な視点だと私は考えている。この視角をさらに展開してみることも本稿の課題の一つである。

第一節　古事記上巻の基礎的考察

テキスト論的研究は『古事記』研究にとっても有効な視点であるが、恣意性を排除しつつテキスト論を効果的に進めるためには、史料自体の形式的な分析作業は不可欠である。以下、研究の足場となるべきいくつかの分析を行う。

（一）神々の生成記載の様式分析

『古事記』上巻は、ふつう一括して神話または神代と呼ばれている。確かに上・中巻の間で巻が分けられ、内容上も初代天皇以降とそれ以前といった段階差があるのは確かだが、『古事記』自体が該当期を「神代」と呼んでいるわけではない。『古事記』には類似の概念として「神世」という語がみられるが、別天神を除く伊耶那岐・伊耶那美以前を「神世七代」と呼んでいるにすぎない。上巻全体を「神代」とか「神話」という漠然としたイメージで一元的に把握すべきではないのであって、その内部を段階的に時代区分しようという意識が働いていたことは間違いない。

そこで、まず神々の系譜ともいうべき神々生成の記載様式の分析を行い、それに基づいて『古事記』上巻の内部にある時代区分の意識を探ってみたい。古代において系譜は歴史叙述のなかの最も重要な要素であり、自己認定の手段であったから、その分析によって『古事記』上巻の核心にある全体構想を引き出すことができると考えるのである。(7)

神話上の系譜記載ともいうべき神々生成記載（表1）は、明瞭な段階を立てながら意識的に書き記されている。それらは以下の四様式・四段階に分けられる。

a　〈……時〉、〈於……〉、**成**神名……。次……。次……。　(1)―(4)
b　〈……時〉、〈……而〉、**生**神（国・子）名……。次……。次……。　(5)―(12)
c　〈……時〉、〈……而〉、**所成**神名……。次……。次……。　(13)―(27)
d　……、**娶**……、**生**子……。次……。次……。　(30)―(40)

そして、表2の如く第Ⅰ期から第Ⅳ期に時期区分することができる。各々の様式と内容について説明を加えつつ、そのように時期区分した根拠を提示しよう。

まずbについて。これは、伊耶那岐・伊耶那美の婚姻により初めて現われた新しい生成の様式で、記序のいう「神世七代」の最後を占める存在であって、「成」った存在者である。このことをふまえたとき、かの二神の婚姻の際の有名なやりとりが重要な意味をもってくる。即ち、「吾が身は成り成りて、成り合はぬところ一処あり」「我が身は成り成りて、成り余れるところ一処あり」というとき、ここに「成」という字が意識的に用いられていることこそ注目されなければならない。この「不成合」「成余」という「成」のなかの「ひずみ」が、記序においては「陰陽斯開、二霊為二群品之祖一」に対応する事象である。(8)ただし、伊耶那岐・伊耶那美自身はあくまで「神世七代」の最後を占める存在であって、「成」った存在者である。

表1　古事記上巻にみられる神々生成記載（抄）

1．天地初発之時、於高天原、成神名、天之御中主神。次…。次…。
2．次、国稚如浮脂而、久羅下那州多陀用弊流之時、如葦牙因萌騰之物而成神名、宇摩志阿斯訶備比古遅神。次…。
3．次成神名、国之常立神。次…。
4．次成神名、宇比地迩神。次妹須比智迩神。次…。
5．雖然、久美度迩興而生子、水蛭子。次生淡嶋。
6．如此言竟而、御合生子、淡道之穂之狭別嶋。次生…。
7．然後、還坐之時、生吉備児嶋。…。次生…。
8．既生国竟、更生神。故、生神名。大事忍男神。次生…。
9．此速秋津日子・速秋津比売二神、因河海持別而、生神名、沫那藝神。次沫那美神…。
10．此大山津見神・野椎神二神、因山野持別而、生神名、天之狭土神。次国之狭土神。…。
11．次生神名、鳥之石楠船神。亦名謂天鳥船。次生…。次生火之夜藝速神。亦名謂火之炫毘古神。亦名謂火之迦具土神。…。
12．多具里迩、成神名、金山毘古神。次…。次於屎、成神名、波迩夜須毘古神。次…。
13．乃匍匐御枕方、匍匐御足方、而哭時、於御涙所成神、坐香山之畝尾木本、名泣沢女神。

14．尒、著其御刀前之血、走就湯津石村、所成神名、石柝神。次根柝神。…。
15．次著其御刀本血亦、走就湯津石村、所成神名、甕速日神。次…。
16．次集御刀之手上血、自手俣漏出、所成神名、闇淤加美神。次…。
17．所殺迦具土神之於頭、所成神名、正鹿山津見神。次淤縢山津見神…。
18．燭一火入見之時、於頭者大雷居、於胸者火雷居、…并八雷神成居。
19．尒、伊耶那岐命取黒御鬘投棄、乃生蒲子。…。
20．故、於投棄御杖、所成神名、衝立船戸神。次於…所成神名…。
21．初於中瀬堕迦豆伎而滌時、所成坐神名、八十禍津日神。次…。
22．此二神者、所致其穢繁国之時、因汚垢而所成神之者也。
23．次為直其禍而、所成神名、神直毘神。次…。
24．次於水底滌時、所成神名、底津綿津見神。次…。
25．於是、洗左御目時、所成神名、天照大御神。次…。
26．佐賀美迩迦美而、於吹棄気吹之狭霧、所成御名、多紀理毘売命。次…。
27．佐賀美迩迦美而、於吹棄気吹之狭霧、所成御名、天津日子根命…。

28．故、所殺神、於身生物者、於頭生蚕。
29．故、其櫛名田比売、以久美度迩起而、所成神名、謂八嶋士奴美神。
30．又娶大山津山見神之女、名神大市比売、生子、大年神。次…。
31．兄八嶋士奴美神、娶大山津見之女、名木花知流比売、生子。布波能母遅久奴須奴神。
32．此神、娶淤迦美神之女、名日河比売、生子、深淵之水夜礼花神。此神…。
33．故、其八上比売者、雖率来、畏其嫡妻須世理毘売而、其所生子者、刺挟木俣而返。故、名其子云木俣神。
34．故、此大国主神、娶坐胸形奥津宮神、多紀理毘売命、生子、阿遅鉏高日子神。次妹…。
35．大国主神、亦娶神屋楯比売命、生子、事代主神。亦娶…生子…。
36．故、其大年神、娶神活須毘神之女伊怒比売、生子、大国御魂神。次韓神。
37．羽山戸神、娶大気都比売神、生子、若山咋神。次若年神…。
38．此御子者、御合高木神之女、萬幡豊秋津師比売命、生子、天火明命。次…。
39．故其火盛焼時、所生之子、名火照命。次生子名…。
40．是天津日高日子波限建鵜葺草不葺合命、娶其姨玉依毘売命、生御子名、五瀬命。次…。

表2　古事記上巻のなかの時代区分

区分	内容	神々生成記載様式	
Ⅰ	造化三神 宇摩志阿斯訶備比古遅神 天之常立神 国之常立神 豊雲野神 宇比地迩神・須比智迩神 — 伊耶那岐神・伊耶那美神	a　型	———
Ⅱ	国土修理固成 二神の結婚 大八嶋・神々を生む 火の神を生み神避る	(a 型)	b 型
Ⅲ	火神被殺 黄泉国 三貴子の誕生 須佐之男の神逐らひ 天の安河のウケヒ 須佐之男の天降り 大蛇退治	c　型	(b 型？)
Ⅳ	櫛名田比売との結婚 大国主神 華原中国平定 大国主神の国譲り 天孫降臨 日向三代	———	d　型

陰陽と呼ばれ、「成」の「ひずみ」が二次的に「生」といった質的に異なる現象を引き起こした、という抽象的な思想が確認できるからである。単なる牧歌的な物語ではない。以上より、このb型の登場をもって第Ⅱ期の始まりを設定し、それ以前を「成」のみで「生」という現象がいまだ現われていない時代とみて、第Ⅰ期と名付ける。

次にa・cについて。この「成神名」と「所成神名」との差異は重要で、その間には生成構造の本質的な違いがある。前者が「神が成った（自動詞）」という自律的生成であるのに対し、後者では前に「所」の字がついているように「成」は他動詞であって——この場合、「所」の字は前に場を示す語がない用例が多いうえに、a・cの間で使われる文法上の文脈に特に違いがないことから、これらを関係副詞として理解するわけにもいかず、いわば関係代名詞とみるべきものであるから——、「神が生成された」という意味になる。なお、第Ⅱ期の部分にa型がさほど多くみられないのは、この部分では二神による「生」が中心主題となっているからにすぎない。事実、第Ⅱ期においても僅かではあるがa型もみられる(12)。従って、a型からc型への転換は伊耶那美の死の時点で起こったとみるべきであろう。ここに自律的な「成」という現象は完全に終焉し、何らかの外的な主体が「成」という現象を引き起こす「所成」の時代を迎えたことがわかる。外的主体が何であるか明確には断定することはできないが、私はそれを物語の冒頭で背景に身を隠した高御産巣日神や神産巣日神といったムスヒの神の力によるものと考える。これまでの諸研究では、「成」という現象すべてを漠然とムスヒ神による生成とみなしていたが、ムスヒ神自身やそれ以前の天之御中主神もまた「成」った存在者であることを考えれば、その説の成り立ちがたいことは容易に理解されよう。ともあれここで明瞭に記載様式が変化しているのだから、第Ⅱ期と第Ⅲ期との区分を設定することは妥当であろう。

dの様式は、須佐之男の大蛇退治と櫛名田比売との結婚以降に初めて使用されるものである。これは双系的な社会組織を基礎にもつ「両属系譜」と呼ばれる日本の古い系譜様式の一つの典型である。(9)『釈日本紀』所引の「上宮記」逸文や「天寿国繡帳銘」に類例があり、『古事記』の中・下巻のなかの帝紀的記事の系譜もこの様式を採っている。撰者がこの時代を中・下巻の神武天皇以降と連続した時代とみなしていることが確認できよう。29の櫛名田比売の最初の婚姻・出産の場面は「久美度に起して」という描写を組み込むために、「生む所の神の名は」と表現しているにすぎず、またa・b・cの様式とは全く異なる点を重視して、ここから新しい時代と捉えてもよいだろう。実際、「所生子」という表現は、その後の33の、嫡妻須世理比売を畏れて八上比売が自分の生んだ子を捨てたことを表現する際にも用いられているように、表現上のレパートリーと考えてよい。以上、このd型がみられる時期を第Ⅳ期と名付けることにする。(10)

以上の生成記載の様式に基づいた四期区分は、単なる原史料の投影ではない。旧来の日本神話研究の成果が語る原史料の区分とは一致しないからである。むしろ天地創成神話、黄泉国の話、出雲系神話といった『古事記』上巻の成立過程で最も新しく挿入されたと考えられている部分とは無関係に、これらの区分が設定されていることとを併せ考えると、この時代区分の意識は既往の様々な資料を利用しながらも、一定の構図をもって『古事記』を編纂した撰者の主体的な主張の現われとみなすことができる。神話の最終段階で付加された部分は、従来のように価値の低い部分として切り捨てられるべきものではなく、むしろ撰者の意志・構想を最もなまの形で読み取ることができる素材として重視すべきものである。

（二）「火」と「十拳剣」のイコノロジー

一つの完結した「作品」のなかに象徴的な意味が含意された事物（iconology）を見出すことができれば、これまた撰者の主張を引き出すための有力な手がかりとなる。ここでは『古事記』上巻のなかで使用された「火」の象徴的含意に注目する。そこには（1）「啓蒙（enlightenment）」の象徴としての「火（light）」と、（2）「試練」としての「火（fire）」といった二つの意味が込められているように思われる。ここで特に問題にしたいのは（1）の事例である。

① 次に、火之夜藝速男神を生みき。亦の名を火之炫毗古神と謂ひ、亦の名を火之迦具土神と謂ふ。……。故、伊耶那美神は火の神を生みしに因りて、遂に神避り坐しき。……。是に伊耶那岐命、御佩せる十拳劒を抜きて、其の子迦具土神の頸を斬る。

② 是に其の妹伊耶那美命に相ひ見むと欲して、黄泉国に追ひ往く。……。伊耶那岐命、語り詔る「愛しき我が那邇妹命、吾と汝の作れる国、未だ作り竟へず。故、還るべし」と。尓して伊耶那美命、答へ白く「悔しきかな、速く来ずて。吾は黄泉つ戸喫しつ。……。故、還らむと欲ふ。且く黄泉神と相論はむ。我をな視たまひそ」と、かく白して、其の殿の内に還り入りし間、甚だ久しく待ち難し。故、左の御美豆良に刺せる湯

津津間櫛の男柱一箇を取り闕きて、一つ火燭して入り見ます時、ウジたかれころろきて、頭に大雷居り、……。

③　故、避り追はえて、出雲国の肥の河上、名は鳥髪といふ地に降りましき。此の時、箸、其の河より流れ下りき。是に須佐之男命、人其の河上にありと以為して、尋ね覓ぎ上り往かば、老夫と老女二人在りて、童女を中に置きて泣けり。尒して、問ひ賜はく「汝等は誰ぞ」と。故、其の老夫、答へて言はく「僕は、国神大山津見神の子なり。僕が名は足名椎と謂ひ、妻の名は手名椎と謂ひ、女の名は櫛名田比売と謂ふ」と。亦た問ふ「汝の哭く由は何ぞ」と。答へ白し言さく「我の女は、本より八稚女ありしを、是の高志の八俣遠呂智、毎年来りて喫ひき。今、其の来たるべき時なるが故に泣く」と。尒して、問ふ「其形は如何」と。答へ白さく「彼の目は赤加賀智の如くして、身一つに八頭八尾あり。亦、……。尒して、速須佐之男命、其の老夫に詔る「是れ、汝の女は、吾に奉らむや」と。……。尒して、速須佐之男命、其の御佩かせる十拳劔を抜きて、其の蛇を切り散しませば、肥の河血に変りて流れぬ。

これらには一定の共通性が確認される。①では、「火」の神の頸を「十拳剣」で切ると「血」が散って「雷」その他の神々が現出する。②の例では、「火」を燭したことで「黄泉国」と多くの「雷神」が現出し、伊耶那岐はそれを「十拳剣」で威嚇しながら逃げるのである。また、③においては、「肥（火）[11]」の河の大蛇を「十拳剣」で切ると河は「血」と変じて流れたという。『古事記』上巻においては、このように十拳剣を火を統べるための道具とみなす観念が見出され、火は「現実世界」を現出させる光として現われる（後述）。火、および火に媒介されることで生じた現実世界、そして現実世界に直面したことで生じた様々な結果を乗り越え克服するための武器として、十拳剣が重要な役割を果すのである。

なお、このような象徴機能を担わされた火が現われる部分が、生成の記載様式から得られた時代区分の転換期と一致していることは、先に設定した時代区分の妥当性を傍証してくれるものでもある。

「火之迦具土神」＋「十拳剣」
「一つ火燭して」＋「十拳剣」　↔　第Ⅱ期から第Ⅲ期へ　（自律的「成」の終焉。黄泉の国の現出）
「肥の河の大蛇」＋「十拳剣」　↔　第Ⅲ期から第Ⅳ期へ　（「娶生子」様式の時代。現実世界への歩み）

（三）古事記上巻テキストの二元性

次に、『古事記』上巻の所々に挿入された神々のグループ化ともいうべき説明書的記述に注目しよう。ストーリーを段落に分けて一括整理するこの書き込みは、テキストの有する二元性を解くカギとなる。ただし、それを厳密に取り出すことがここでの目的ではないから、本文との分別が難しい部分はあえて問題とせず、「上件」「右件」の語を冠する注記部のみを取り出すことにする。


上件五柱神者、別天神。

上件自二国之常立神一以下、伊耶那美神以前、并称二神世七代一。上二柱独神各云二一代一。次雙十神、各合二二神一云二一代一也。

上件自二石析神一以下、闇御津羽神以前、并八神者、因二御刀一所レ生之神者也。

右件自二船戸神一以下、辺津甲斐弁羅神以前十二神者、因レ脱二著レ身之物一所レ生神也。

右件八十禍津日神以下、速須佐之男命以前十柱神者、因レ滌二御身一所レ生者也。

右件自二八嶋士奴美神一以下、遠津山岬帯神以前、称二十七世神一。

上件大年神之子、自二大国御魂神一以下、大土神以前、并十六神。

上件羽山戸神之子若山咋以下、若室葛根以前、并八神。

ここにみえる神々生成の記載様式に目を向けてみよう。先にこれらをいったん除外して行った記載様式の分析から得られた全体構想・時期区分と比較してみると、両者には全く整合性がないという事実が浮かび上がる。例えば、[12]「因二御刀一所レ生」というように「生」の字が「……によって生ぜしめられたもの」といった意味で使用されている三つの事例は、本来ならば「所成」と表現されるべき現象であったはずである。つまり「生」の字に本文とは全く異質な用法がみられるわけで、ここでは「所成」と「所生」の区別がなされていないのである。以上のことを敷衍すれば、これらの一連の説明記載は『古事記』本来の構想を十分に理解せず書かれたことを示しているのであり、従って後時的（二次的）に挿入された部分であると結論づけられる。

このことは、次節で天地創成の部分の構図を考える際にも手がかりを与えてくれる重要な事実である。というのも、そこで問題となる「上件五柱神者、別天神」「上件自国之常立神以下、伊耶那美神以前、称神世七代……」といった神々の所属に関わる文章が、本文の成立より遅い時期の挿入部分だということになるからである。

第二節　古事記神話のなかの啓蒙の構図

これまでの基礎的な作業を足場にして、以下『古事記』上巻神話のテキスト理解を行い、その全体構図を探ってみることにしよう。結論からいうと、そこには人間の精神の発達段階、即ち「啓蒙 enlightenment」と「社会化 socialization」の過程といった構図が内在していると考えられる。また、神話学においてこれまで漠然といわれてきた神話のもつ「成人儀礼」的性格の内実が、ここで具体的に把握されることになる。

（一）世界の発見としての天地創成――第Ⅰ期――

第Ⅰ期は、天地初発から神世七代の伊耶那岐・伊耶那美の登場まで、いまだ「生」という現象が成立していない「成」のみの時代である。神野志・水林両氏の間の論争では、特にこの天地創成の部分の解釈が一つの大きな焦点となっている。両氏の『古事記』の世界観の理解は、この部分の読みに多く依存しているからである。神世七代の神々が「国」に成った神であるということは、久しく諸家の説の一致するところであった。しかし、金井清一・毛利正守氏はこれらを別天つ神とともに「天」になった神であるとする解釈を提出し、神野志氏は『古事記』を徹底して天の立場から書かれた書物であるとみなして、高天原の始源的超越性を語ることがその基本構想であったと主張した[13]。これに対して水林氏は詳細な批判を加えたうえで[14]、むしろ別天神のうちの宇摩志阿斯訶備比古遅神や天之常立神は「国のもの」になった神とみなすべきだとし、『古事記』における天と地の互酬関係を強調して神野志説との違いを際立たせた。

まず、神野志氏の理解についてだが、既に水林氏の批判もあるように、そもそもそのように読むことには無理があろう。冒頭の「於高天原」の規定が伊耶那岐・伊耶那美の成の部分にまで係っていくというのだが、「於高天原」は「天地初発之時」という時制の制約を受けたものだから、その範囲でしか機能しない。このあと「次に国稚く……時」というように時制がリセットされている以上、それ以降の部分では当該の条件が生きていないのは当然のことである。冒頭部における「次に」とか「於て」はすべて、「……時」よりも文法的に低次の限定句として機能している。従って、「国稚く……時、……によりて」全体を「成りませる」に係る副詞句とみなすこともできない。

では、水林氏の描いた構図に賛同できるだろうか。宇摩志阿斯訶備比古遅神と天之常立神を「国」の物に成った存在者であると説明することには疑問を感じざるをえない。問題は、はじめの「次に国稚く浮ける脂の如くして、……時」の部分の理解にかかわるであろう。この部分は文法的にみて「天地初発の時」に対応する〈時制の設定〉である。国とその起源に語りの視点と関心の中心を置いているために、特定の時制を表現するのにその時点における国の側の状況をもって表現しているにすぎず[15]、生成の〈場〉を語ろうとしているのではない。この二神の起源が「国」にあると主張しているとは考えがたい。そもそもこの段階では、はっきりした〈場〉はいまだ準備されていない。まず〈場〉＝〈世界〉の設定が語られなければならない。先に考察したところによれば、『古事記』の第一次の語りは神の分類・帰属には関心が薄い。「別天神」「神世七代」といった神々の帰属・分類の意識を二次的なものとみなして注記部分を除いたうえで、神名の対応関係——天之常立神と国之常立神との対称性——を第一の手がかりとして構造理解を試みると、第一次の『古事記』の語りは次のような世界の構図を語っていると考えられてくる。

はじめ天地は一応分離したものの、両者はいまだ具体的な内実をともなっておらず、単なる即自的な空間にすぎなかったが[16]、そこに造化三神が現われた。この時点では国という世界は、いまだはっきりとした形を為していない無規定的で何ら具体性をもたない空虚な場にすぎず、従ってそれは無と変わるところがない世界であった。その時、地から天に向かって立ち上がるエネルギーを象徴する宇摩志阿斯訶備比古遅神が現われ、この神によって天と国とが互いに媒介され相互に規定されて、各々の基礎をなす天之常立神・国之常立神の二神が出現する。そして、その天と国の間に位置する存在者として豊雲野神（豊かな雲が野のように広がって天地を隔てるという風景の形象化）が誕生し[17]、両者はこれにより明確に分け隔てられ自律的な場として設定されることになる。

以上のように、『古事記』は天地の即自的な分離と別天神の登場に続いて、その後の舞台となるべき〈場の設定〉の語りを行っているのではなかろうか。ここまでの神々がすべて独神であるという共通性からも、ここで話が一段落することが確認される。

従って、宇摩志阿斯訶備比古遲神と天之常立神、そして国之常立神と豊雲野神をセットにして取り上げて性格付けを行う先行研究には賛同しがたい。そこには「神自体の性格」と「神の帰属分類」といった視点間の混乱がある。天之常立神と対応関係にあるのは国之常立神である。宇摩志阿斯訶備比古遲神は天と国の媒介者であり、豊雲野神は天と国の分割者であるから、本来は天・国のどちらに属する存在でもない。そもそも水林氏の掲げられた二神は、物語上の場の設定プロセスで現われる神、場を設定するための役割を担わされて現われた神であるから、それらに帰属を付すこと自体ナンセンスなのである。

『古事記』がこれら五柱の神の性格が互いに異なるにもかかわらず、「別天つ神」として一括し、それと対比した形で国之常立神から伊耶那美までを「神世七代」と規定するのは、物語の内部構造にとっては明らかに異質な要素だといえる。なぜこのような問題が起こるのか。それは、『古事記』自体に矛盾する二つの座標軸が内包されて並存しているためである。元来は〈場〉の誕生を語ることを意図した語りの構造になっていたにもかかわらず、そのような構造を無視して後次的に神々の分類の枠を上から重ねたから、こういうことが起こったのである。ゆえに今日の私たちは、この二重性を意識しつつ構造理解を行うべきであって、神々の所属が問題とされるようになった段階の二次的文章の語る区分を第一次の文章理解に適用して両者を混乱させると、テキスト論の遂行にとっては大きな誤りを犯す危険が生じるのである。

しかし、そもそも天と国のいずれが優先するかといった点を問題にすること自体、どれほどの意味があるのだろうか。両者の生成は近代的な有と無の二律背反の枠組みのなかで語られているのではなく、国の「修理固成」という言葉にも象徴されているように、天も国も互いに相互関係を維持しつつ、次第に規定され具体性を獲得しながら確立してくる存在である。確かに、最初に神話的な「世界」(社会)が完成したのは天(高天原)においてであった。しかしそれを知らしめす存在者は、あくまで伊耶那岐の禊ぎの際に所成《な》った三貴子のうちの一神にすぎない天照大御神であり、絶対的な存在者ではないのである。そして世界としての国に対する天はあくまでこの天照大御神の世界であって、それ以外に水林氏のいうような「別天つ神の世界」があるわけではない。世界の確立への運動を一貫して指導している影の主体は、「造化の首」と称されるように最初の造化三神である。そして先の読みに従えば、「天地初発」の天と地は場の設定以前のものだから、単なる空間概念であって世界概念ではない。その意味で冒頭の「於高天原」も、その段階で現実に存在している世界を指しているわけでなく、のちに高天原が生み出されることになる空間を国の視点から漠然と指したものにすぎない。従って、造化三神は世界の設定以前に成った存在者だということになる。三神は天に位置する存在者だが、決して天という世界に属する存在者ではないのである。そのような意味に読み替えるとき、天と国、そしてそれを受け継ぐ勢力の始原的対等性に関する水林氏の主張にようやく首肯しうる。なぜなら、造化三神こそが「世界」の成立以前から存在していた、いわば世界外存在としての影の主体であり、その存在者の眼前においては天も国も一つの世界として相対化され、ある種の対等な関係に置かれるからである。『古事記』の構造をこのように分析してくると、天か国かといった二律背反的な問題設定自体、あまりに図式的な考察だといわざるをえない。

結論をまとめておく。『古事記』のこの第Ⅰ期の部分には、異質な二つの構図が並存している。一つは天・国の成立を内面に語る構図であり、もう一つは形式的に神々の帰属を述べる構造である。そして前者は、（1）世界外存在＝影の主体たる造化三神の「成」、（2）歴史が繰り広げられることになる場としての「世界」の設定、（3）その世界のなかで「生」という現象を通して運動する主体＝陰陽神の準備、という三段構成をもっているといえよう。こうした立体的な文脈で登場してきた神々を、二次的に天と国のいずれかに帰属させるべく大別しているために、『古事記』上巻のなかには互いに矛盾する二つの座標軸が内包されることになったのである。

『古事記』がこのように作品としての二重性をもつとすれば、いくらテキスト論の立場に立つにせよ、近年の論考のように成立論的立場を簡単に切り捨てるわけにはいかなくなる。作品としての重層性の問題は単純な素材論とは区別されなければならない。例えば二次的語りが提示する神世七代は、別天つ神に対する国之常立神以降を指し、成のみで未だ生という現象の起こっていない段階における国におけるエポックと説明することができる。

ここで思い出されるのが、『日本書紀』本文が国之常立尊をもって語り出しているという事実である。『日本書紀』は、『古事記』の語るストーリーのうち国の起源に関する部分のみを切り離して、日本の歴史を語ろうとしている。第一次の『古事記』が天地の起源全体に構造的な関心を向けていることと比較すると、『日本書紀』は国の起源の方に視野が限定されている。神々が天・国のいずれに属するかという分類の意識を強くもつ『古事記』の二次的語りは、この『日本書紀』と共通の視点をもっているといえるのである。

『古事記』のなかの第二次の語りがこのように『日本書紀』と共通の時代精神をもつものだとすれば、作品的性格をもつ第一次の語りはそれを遡るどの段階で成立したのか、今後あらためて問われなければならないことになる。

（二）「生」の現出と現実世界への開眼（「啓蒙」）――第Ⅱ期から第Ⅲ期へ――

天と国がいったん自立的な場として確立すると、それに続いて陰陽の二神がセットとなって登場してくる。これが第Ⅱ期における重要な動因である。(18)

国生みの段で最初に出てくるオノゴロ嶋の「成」は、天つ神の命令「修理・固成」に応ずるものであった。「固」は「漂える」に対峙する概念で、オノゴロ嶋は「固まって成った」存在であり、その目的のために天つ神が与えた道具が天の「沼」矛であることから、ここまでは天つ神の積極的な関与が認められる。(19)『古事記』自体の語りによれば、「生」という現象は、成った存在者伊耶那岐・伊耶那美の内なる「成の偏り」によって自律的に起こる働きである。従ってその後の島や国の「生」は――もちろん影には天つ神の意向は存在していようが、――天つ神の命令によるものではない。二神の「自由な行為」によって「生む」という現象が切り開かれたことにこそ、後述のように重要な意義があると解されるべきである。天つ神からは指導を受けたにすぎないのである。

国生みに際し、はじめ二神は対等に振舞っていた。「男性的なるものと女性的なるもの」という役割をもち、のちには「現実的世界と神話的世界」といったものを担うことになるこれら二神もこの段階では無規定的で、即自的にそういった方向性を包含していたにすぎなかった。しかし「女人先言不㆑良」と注意されてしまう。国という自らの外の「対象化された世界」を発生させる「生む」という行為の第一歩から、既にこのように女神の地位の低下が引き起こされ始めている。そして「生」という行為の行き着いたところは、彼ら自身の生み出した「火」による女神の完全な否定化 negativieren であった。

この女神の火による否定的なるものへの変化は、『古事記』の論理、即ち「成」のひずみが「生」という現象を導くという論理からすれば、必然的な結果だといえる。神話的世界の存在者であった二神が、自らの内部のひずみを利用して現実の世界を生み出せば生む出すほど、女神は成の偏りとしての「陰（Das Negatives）」のファクターを拡大していくことになり、最後にはひずみが最大値となって女神は「非成」にまでもっていかれるからである。そして、即自的なものとしてのみ存立することができた神話的世界とそれを担う女神は、現実世界の出現を前にしてその現実性を陰で支え基礎づける否定的モメントへと落されることになる。[20]「生」という事象の完了を象徴すべく誕生した「火」は、男神の所持する十拳剣によって切られて統べられる。この十拳剣による火の統治は脱神話・啓蒙の第一歩を象徴する。

　こうして次の第Ⅲ期を迎える。伊耶那美の死（即自的な死、厳密には「否定化」）に始まる時期で、結論からいうと「世界の現実性（Wirklichkeit）の獲得過程」という概念で特徴づけられるエポックである。もはやこの段階ではこれまでのような「成」という現象は存在しえなくなり、[21]「所成」という外的主体の働きによらなければ成という現象は起こりえない時代を迎える。

　第Ⅲ期のストーリーの核は黄泉国の話である。ネガティブなものになってしまった伊耶那美を追って黄泉国を訪れた伊耶那岐は、[22]女神の「な見たまひそ」という願いにもかかわらず、「一つ火」を燭《とも》してその姿を見る。なぜ「火」を燭したのだろうか。私は黄泉国が物理的に暗黒だったからだとは考えない。佐藤正英氏のように「殿の中」だけが暗かったと解釈するのも表層的な説明であろう。[23]そもそも明暗は天照大神の誕生を待たねばならないのであって、光のないところには闇もないからである。

　むしろ語りの核心にあるのは、この時点での伊耶那美の容姿の変化とその意味である。火を燭して見たことで女神の腐敗した姿が現出し、そこで初めて死が確定した。それ以前には伊耶那美自身もいっていたように、まだ黄泉神との交渉の余地は残されていたのである。火を燭すことがそうした伊耶那美の姿に変化を引き起こし、不可逆性を与えた点が重要なのである。黄泉国を一つの独立した、行き来不可能な世界として確立したのは、伊耶那岐自身なのである。その原因は、彼の「見たい」「知りたい」という理性的欲求の働きにあった。つまり、ここにいう火の光は、伊耶那岐の「現実世界に対する蒙」を啓《ひら》く光（理性・知性）を象徴するものだといえる。そして実はその火は先に彼自身が伊耶那美と共に生み出したものなのであって、その火が彼の前に「死と現実の世界」を現出させたのである。それを見た伊耶那岐は怖くなって逃げ出す。千引の石で黄泉比良坂を閉塞したことは、これまで無自覚な即自的存在にすぎなかった死の世界を、一つの独立した世界として観念の上に確立したことを意味する。結局、黄泉国（死生観）は、彼ら自身が「自分の中から」引き出した世界であり、この段階に至って伊耶那岐の意識の前に明確に措定されることになった観念的実在だといえるのである。

なお、伊耶那岐が逃げる際に身につけていたものを投げ捨てると、それが別物に変化した理由も興味深い。黒御縵を投げると蒲子が生じ、湯津津間櫛を投げつけると笋が生じる。もとの素材に戻るというよりも、むしろ生命を得る、生き返るのである。黄泉国から生の国への空間的・線的な移動が、文物の死から生へという逆転的な時間の推移を引き起こしている。時間的距離が空間的距離として表象されているのである。そして最後に投げつけるのが「桃子三箇」、即ち不老長寿・生の象徴である桃の実であることもおもしろい。生と死（成と非成）の対立する空間的な線の上で、生の世界に最も近い一点においてこれが登場する。

以上のように見てくると、黄泉国は高天原・葦原中国とともに三段構造をなしているだとか、国の一部に含まれるだとか、あるいは葦原中国と同じ水平の空間に存在する、といった従来の『古事記』神話の世界観をめぐる議論は全く意味をなさないものなのである。[24]大切なのはこの黄泉国の本質が、天や地といった空間的な概念でもなく、また高天原や葦原中国（さらには海原）といった社会的政治的な意味領域でもなく、それとは全く次元を異にした性格を有する観念であるということである。即ち、「成」的存在者が自らの内部のひずみに導かれて自主的に生み出した世界、彼ら自身の責任 Verantwortung において生み出した観念としての世界、という特殊な意義を有する場なのである。

以上の啓蒙 enlightenment, Aufklärung とでも称すべき歩みは、如何なる結果をもたらしたであろうか。それは『古事記』自身が語ってくれている。（1）現実の社会、政治的な支配原理たる「葦原中国」の登場――この場面でのこの語が『古事記』における初見である――、（2）そこに住む人類「青人草」の登場と現実の「生死」、（3）「穢」意識の発生、（4）「三貴子」の誕生（光の誕生を含む）、（5）「知らす」存在者（支配者）の誕生、である。葦原中国の語が黄泉国との対比において初めて使われるという神野志氏の指摘は重要であるし、『古事記』が人類の始まりについて語らず、ここで突然登場させていることについての氏の着目も興味深いものがある。これまで述べてきたところによれば、この時点で初めて葦原中国が主人公である伊耶那岐の意識の前に「現実的に措定された」ということを意味しているといえよう。現実世界は死と隣り合わせに、言い換えるとそれとの対比において初めて現実性が獲得される存在なのである。人類の起源を積極的に語ろうとはしていない点についても、これまた主体が周りの人間を自分と異なる独立した「他者」として意識の上に措定しうる精神の発達段階に達したことを示そうとしているのである。

啓蒙の歩みの引き起こした結果は、決して良いものばかりとはいえなかったが、それこそが一言でいえば現実世界に目が開けた結果なのである。そしてその責任は自分自身にあるのだから、彼らはそれによって導き出される結果を甘受して生きていかなければならない。苦しみや悪の起源は、別天つ神が世界の設計ミスをしたことにあるのではなく、彼ら自身の自由な存在者としての行為の選択結果がそうしたものを導き出したと『古事記』は主張しているのである。伊耶那岐・伊耶那美は神話的世界の最後の存在者であると同時に、常に死と隣り合わせである現実世界を自ら導き出し、その現実の世界を初めて体験した存在者だった。神話的世界から現実世界への移行を啓蒙という形で成し遂げたのである。これが第Ⅱ期から第Ⅲ期に至る転換期の内実である。

（三）現実世界への歩み（「社会化」）――第Ⅲ期から第Ⅳ期へ――

ここから歴史が動き始める。現実世界には支配者の存在が不可欠となってくるが、その措定と同時に準備された三貴子に分割統治が命じられる所以である。ただし、問題の「国」の支配の完成には更なる段階と時間が必要であった。これ以降は須佐之男が主役である。しかし彼はあまりにも弱々しい姿で登場してくる。海原の支配を命じられてもなお、「社会化」への恐れや躊躇いのため、八拳の髭が胸先に至るまで啼き続ける。「妣《はは》ノ国、根ノ堅州国」に戻ることを望むのである。伊耶那岐の、

何の由にか汝は言依さしし国を治らさずて、哭きいさちる。

という問いに須佐之男は、

僕は、妣の国、根の堅州国に罷らむと欲ふが故に哭く。

と答えて、伊耶那岐を怒らせるのである。神話的世界という楽園への憧憬、現実世界に対する怯えが彼の言葉によく現われている。妣ノ国とは、母の胸に抱き守られた幼年期の甘美な温かさをもつ神話的世界のことである。これは先に伊耶那岐が初めて現実に直面したときに恐れ逃げ出したことを、そのまま受け継いだ行動でもある。

しかし、伊耶那岐・伊耶那美らの引き起こした現実世界はもう如何ともしがたい実在であって、逆戻りはできないのである。彼はその幼児性によって神逐ひされ、妣ノ国へと追放される。また、別れの挨拶をするために向かったはずの高天原において、ウケヒの勝ちに任せて罪まで犯すことになってしまう。ここで、従来の神話学者が須佐之男を幼児性やマザー・バウンドの概念で捉えようとしていたことが想起される。[25]『古事記』は、幼児性と現実社会とのぶつかり合い、現実に直面したときの心の葛藤を語っている。彼の行為は彼の幼児性＝蒙のなすところであり、客観的には悪であるが、悪意に基づくものではない。[26]

とはいえ、彼の為した行為は社会的に許さるものではない。彼はとうとう本当に追放されて妣ノ国へと向かう。ところが予定は意外なところで変化した。そこへ向かう道中で、偶然的にも彼は社会化を成し遂げることに成功したのである。そもそも彼は自分の力だけでは妣ノ国への憧憬を断ち切ることはできず、支配者になるどころか現実社会に出ていく勇気すら持ち合せていなかった。そのような彼に「勇気」を与えたのは一人の女性、クシナダヒメとの出会いであった。愛する女性への思いがこれまでになかった勇気を彼に与えたのである。その後の彼の変身ぶりには目を瞠るものがある。まさに悪神から善神への変身の如くである。

このことを象徴的な形で表現したのが、肥（＝火）の河の大蛇の十拳剣による退治という語りである。[27]火の蛇とは自分のなかに「自覚された」内的自然であり、それを十拳剣で統べることは自らの自然性を統べて（自律）、社会化を成し遂げることを意味する。須佐之男の変身は、彼が自分のなかの幼児性（内的自然）の乱暴さを自ら律していったことによって生じた変化なのである。

注目すべきは、そのことがクシナダヒメとの結婚の条件・前提として語られていることである。結婚には自律、社会化された成人たることが要請される。そして、これこそが――伊耶那岐・伊耶那美の陰陽混交が強調されるあまり従来は過小評価されがちだが――、『古事記』のなかで最初の現実の婚姻を記述したものであることを見落してはならない。この事実を『古事記』編者が明確に意識して叙述していたことは、まさにこの出来事から一般の人間の婚姻を表現する系譜様式「……娶……生子……」が用いられ始めることから証明することができる（第Ⅲ期から第Ⅳ期への転換）。ここから現在へと連続する「人の世」と認識されているのである。須佐之男は現実の歴史を動かし始めることに成功した最初の人間なのである。

この須佐之男の啓蒙の歩みは最終的には完了しなかったが、その課題は子孫の大国主神に受け継がれていく。大国主神は、兄弟たちの迫害を受けて何度も死を経験する。しかし彼はかえって「麗しき壮夫」となって復活して、最終的に須佐之男のいる根の堅洲国（黄泉国）へと向かい、死との直接対決を行うことになる。そこで彼は数々の秘儀的な「試練」を受けるが、その際も女性の愛と助けが彼の試練の完遂を可能にした。こうして死の世界からスセリヒメと、須佐之男の所持する「生太刀・生弓矢」を奪い去ることで[28]、葦原色許男は死への恐怖をも乗り越えた「大国主神」「宇都志国玉神」として出雲に入り、支配者としての資格と栄光とを勝ち取ることになるのである。

故れ尓して、黄泉比良坂に追ひ至り、遙に望みて、大穴牟遅神に呼びて謂ひて曰く「其の汝が持てる生大刀・生弓矢を以て、汝が庶兄弟をば坂之御尾に追ひ伏せ、亦た河之瀬に追ひ撥ひて、おれ、大国主神と為り、亦た宇都志国玉神と為りて、其の我が女の須世理毗売を嫡妻と為して、宇迦能山の山本に底津石根に宮柱ふとしり、高天原にひぎたかしりて居れ、是の奴や」と。

須佐之男が大国主神に贈ったこの言葉は、何と感慨深く愛情に満ちた賞賛の言辞であろうか。かつて伊耶那岐が発見し、須佐之男がその上を歩き始めた現実世界を、いまや「死」への恐れを乗り越えた大国主神が、社会の頂点に立つ支配者として治めるに至る。須佐之男の言葉もそうした歩みを立派に完遂してくれたことへの賞讃に満ちているのである。

『古事記』は、現実世界の発見、社会化、国と支配の頂点に立つ支配者へといった道程を、以上みてきたように生き生きと描き出しているのである。

なお、こののち第Ⅳ期においては、著名な天孫降臨と国譲りというクライマックスを迎え、さらに海原の支配を成し遂げて、次の神武天皇の時代が準備されることとなる。しかしこれらは『日本書紀』と基本的に同じ枠組みであると同時に、『古事記』はそういった部分には系譜様式上の区分を設けていない。『古事記』の独自な世界観は、むしろ以上述べ来たったようなところにあるのではないかと思われる。

むすび

本稿の分析から得られた結論をまとめておく。

（1）現在の『古事記』は、先行する完結したストーリーをもった原テキスト（第一次の『古事記』と呼ぶ）に対して、神々の帰属分類に関心を置いた二次的記述が加えられた重層的な性格を有するものである。従って、神話の構造分析を行う場合には注意を要する。（2）『古事記』神話には人間精神の発達段階とのアナロジーで「歴史の起源」を叙述しようという世界観が確認される。天皇統治の歴史的正当化の叙述という説明だけで一元的に割り切れるようなものではない。（3）第一次の『古事記』の天地創成の部分には、世界という場の設定過程についての論理的な説明が確認される。『古事記』は天地の起源について語っていないという近年の研究は誤りである。（4）『古事記』上巻を単純に神話と呼ぶことは正しくない。『古事記』は神話的世界をむしろネガティブなもの、もはや戻ることのできない世界として描き出しており、現実世界への歩み（啓蒙・社会化）というテーマで一貫して叙述する脱神話の物語である。歴史の不可逆性（直線的時間観念）を語っており、死と表裏一体の現実世界への歩みは、伊耶那岐・伊耶那美自身の自由な意志と責任において開始されたものと説明する。（5）支配の起源や支配者の資格は、社会化の過程＝成人儀礼と重ね合せて叙述されている。

以上の『古事記』神話がもつ重層性の実例分析は、日本古代史において記紀を扱う際の重要な定点となる。記紀の神話を日本律令国家の支配理念の投影とする従来のパラダイムに再考を促すものだからである。神話のなかに編纂の跡が層をなして残存しており、そのそれぞれが各段階における世界観と支配の形を投影している。このように保存された層を丁寧にトレースすることで、支配のあり方の変化の相が具体的に浮かび上がるのである。神話を歴史研究の素材として扱うための一つの方法を提示したものである。

神話的叙述は神話的世界の終焉をもって始まる。その意味で神話は既に啓蒙である。私のいいたかったことは、「啓蒙としての神話」は人間の社会化の過程、即ち現実世界を一人の人間が不可避に体験していくプロセスとのアナロジーで表象されるのではないかということである。啓蒙思想の基礎には、しばしば個体発生と系統発生とを重ね合せる観念が存する。『古事記』は、神話のなかに神話的世界から啓蒙を経て現実の歴史的世界へという歩み、神話的世界への不可逆性を描こうとした。古代の人々にとって「歴史」そのものではない「歴史の起源」は、このように個人の精神の発達成長過程として表象されたのである。『古事記』上巻は、古代日本における「意識経験の学」、また「神話的世界との決別の書」と評価されるのが最も適切だと思う。

(1) 従来の研究史は、神野志隆光「日本神話主要文献案内」(別冊国文学『日本神話必携』学燈社、一九八二年)、松村一男「日本神話」(『古代史研究の最前線』第三巻、雄山閣出版、一九八七年)に掲げられた参考文献に譲る。

(2) 津田左右吉『神代史の新しい研究』(『津田左右吉全集』別巻第一、岩波書店、一九六六年。初出は一九一三年)から『日本古典の研究』上・下(『津田左右吉全集』第一巻・第二巻、岩波書店、一九六三年。初出は一九四八・一九五〇年)に至る一連の研究。

(3) 岡田精司氏ら多くの戦後歴史学者の研究。

(4) 例えば、松村武雄・三品彰英・松前 健・大林太良氏の研究。国文学者の研究もどちらかの影響を強く受けている。

(5) 近年の神野志隆光・水林 彪両氏に代表される研究は前者の延長線上にあり、後者の一例としては河合隼雄・湯浅泰雄・吉田敦彦『日本神話の思想――スサノオ論――』ミネルヴァ書房、一九八三年、などがあげられる。

(6) 神野志隆光『古事記の達成』東京大学出版会、一九八三年、同『古事記の世界観』吉川弘文館、一九八六年、同『古事記――天皇の世界の物語――』日本放送出版協会、一九九五年、水林 彪『記紀神話と王権の祭り』岩波書店、一九九一年、など。以下、特に断らない限り両氏の説はこれらの著書による。

(7) 既に丸山眞男氏が神々生成のあり方に注目しているが、関心の所在は異なる。丸山眞男「歴史意識の「古層」」(『日本の思想6歴史思想集』筑摩書房、一九七二年)。

(8) 『古事記』序については、近年では青木和夫氏がそれを疑う諸説に丁寧な反批判を加えている。同「天平文化論」(同『白鳳・天平の時代』吉川弘文館、二〇〇三年。初出は一九九四年)。なお、序と本文との異質な性格をいう神野志説が論証不十分であると考える点は、水林氏の神野志批判に従う。

(9) 吉田 孝『律令国家と古代の社会』岩波書店、一九八三年、義江明子『日本古代系譜様式論』吉川弘文館、二〇〇〇年、など参照。

(10) ただし、この第Ⅳ期では、38の天照大御神の子となった忍穂耳命と高木神の娘との間の婚姻のみは、「娶……生子……」ではなく「御合……生子……」というやや異質な書き方がされており、他とは区別されている。天孫降臨を準備する婚姻が世俗的な一般の婚姻関係とは違う特別なものとみなされていることが知られる。

(11) 上代仮名遣いにおいては同音。「火」と「肥」が密接に関わることは、川副武胤『日本古典の研究』吉川弘文館、一九八三年、参照。

(12) オノゴロ嶋に関する注記「凡伊耶那岐・伊耶那美二神、共所生嶋壹拾肆。又、嶋・神参拾伍神。是伊耶那美神、未神避以前所生。唯、意能碁呂嶋者、非㆓所生㆒。亦、蛭子与㆓淡嶋㆒、不㆑入㆓子之例㆒也。」をみると、「生む」という概念についても多少の注意は払われている。

(13) 金井清一「神世七代の系譜について」(『古典と現代』四九号、一九八一年)、毛利正守「古事記冒頭の文脈論的解釈」(『美夫君志』三八号、一九八九年)、神野志註6第一・第二著書。

(14) 「地」は「海と国」とからなるという水林説は重要である。『古事記』の世界観によれば、世界は天原・国原・海原の三つからなる。しかし、『古事記』のなかでは海原は積極的な概念としては語られていないことにも注意を向けておく必要があろう。海は地の一部だが、国の創造・設定が進むにつれ、地のうちの国にならなかった部分といったネガティブな領域に落されていく。海は蛭子を捨てたところだし、人知の及ばない空間である。また海幸彦は山幸彦に敗北する。『古事記』は天と国の起源について両常立の神を登場させて説明するが、海についてはそうした語りはなされない。あくまで視点の中心は天と国にある。『古事記』が海の立場からの神話ではないことは、このように語りの一番最初から貫かれている基本的な視点である。

(15) 冒頭の「天地初発の時」という時制設定を受ける「高天原になりませる」も、「高」天原とあるように、国の視点から一貫して語られている。本居宣長『古事記伝』三之巻・神代一之巻、水林彪「『古事記』天地生成神話論――「天」の「日」と「地」の「葦」の物語の始発――」(『思想』八三五号、一九九四年)。

(16) 話の大筋をまず表題的に語った部分とも読める。

(17) 大野晋氏は『古事記』のこの表記が原型で、『日本書紀』にみえる他の表記は訛った結果だといわれる(日本古典文学大系『日本書紀』上、補注1―10)。なお、『古事記』のもつ一元的ストーリーと『日本書紀』の掲げる多様な異説との関係をどうみるか、これは元にオリジナルのテキストがあって、それがさまざまに伝承されるうちに多様化したとみるか、さまざまの伝承がまずあってそれが体系化されたとみるか、という難しい判断である。しかし、これまでの読みに基づくならば、『古事記』の天地創成の構図が非常に完成度の高いものであること、『日本書紀』の語りはそうした構図を前提として、そのうちの国に関わる部分のみを切り取ってきたという性格をもつものであること、豊雲野神は『古事記』の構図のなかではしっかりとした意味と役割を担っているのに対し、『日本書紀』ではその名は訛ってしまい、その性格すら不明になっていること、などから『古事記』の語る神話がオリジナルに近く、『日本書紀』の集めた諸伝承の段階になるとそれは崩れてしまっているということになる。そもそも、『古事記』の第二次的注記ですら第一次の語る構想を十分に理解して挿入されているのではないことは先述の通りである。私にはこれだけの体系的な作品が、自然発生的に生まれたとか、さまざまな伝承から自然に一元化してできたとは考えられない。漢字に十分な理解があり、卓越した構想力と思弁的思考力をもった特定の天才的個人が、ある特定の時点において作ったものだとしか考えられない。それが『帝紀』『旧辞』編纂者であったか天武天皇の段階かはわからない。

(18)『古事記』には、水林氏のいうように中国の陰陽思想そのものとは違って、天地そのものを直接に陰陽とみなす観念は存在しないものの、天地の分離と場（天と国）の設定が完了すると同時に陰陽神ともいうべき二神を登場させていることからして、陰陽思想に対する十分な理解が確認される。

(19)もちろん、大国主神による国の支配の完成までという広い意味も含まれてはいる。

(20)しかし、逆に世界の現実性はこのモメントに依存しているともいえる。例えば、黄泉国が葦原中国の有する現実性を保障していることは後述の通り。

(21)自律的な「成」は、有と無とが即自的なものとして、行き来できる段階にのみ起こりうる現象なのである。

(22)この段階では黄泉国もいまだ即自的存在にすぎない。先の「天地初発の時、高天原に……」と同様の語りの構造。これらは大筋を表題的に語ったものともいえるが、単なる語りの技法という次元の問題ではない。『古事記』はまず即自的な概念を設定し、語りの歩みを通してそれに現実性を付与していくという方法をとる。認識と存在とが密接に関係したものとして意識されている点こそが、『古事記』の語りの性格として注目されなければならない。

(23) 佐藤正英「黄泉国の在りか――『古事記』の神話をめぐって――」(『現代思想』一九八二年九月臨時増刊号)。

(24) その意味で神野志氏が、黄泉国を語ることによって人の死をはらむものとして定位された世界が「葦原中国」であるという理解を示されたことは、画期的な卓見である。

(25) 河合・湯浅・吉田註5著書は、須佐之男をマザー・バウンドの概念で捉えようとしている。ただし、それをもって安易に日本文化を母性社会として特徴づける点には賛同できない。『古事記』はこうした須佐之男の未熟な行動を否定的に語っているからである。

(26) 水林氏の説明では須佐之男を善神的に捉えすぎだと思う。確かに『日本書紀』の悪神的なスサノヲ像を『古事記』のそれと同一視したり折衷したりするのは誤りだが、『古事記』の須佐之男はひげが伸びるまで既に成長しているのであり、単に無邪気な少年なのではない。幼児性から抜け切れないでいるのである。

(27) こうしたモチーフは世界の神話に普遍的にみられる。ノイマンによれば、男性の英雄が龍を退治し、生け贄の女性を救い出して結婚するというテーマは、自我の確立のパターンを示す神話である。Erich Neumann, *Ursprungsgeschichte des Bewußtseins* (Olten, 1971)(エーリッヒ・ノイマン『意識の起源史』紀伊国屋書店、一九八四年)、河合・湯浅・吉田註5著書など参照。

(28) 天智天皇四年の甲子の宣には、こうした神話が政策の思想的基盤を与えているのかもしれない。

〔付記〕 初出論文公表以降、神々生成記載については、註で引用した丸山眞男氏の論考以外にも、国文学の分野における先行研究が存することに気づいた。結論は大きく異なるが、本来ならば行間において閑説すべきであった。早く本居宣長は、『古事記伝』巻一訓法において神々生成記載に注目しており、「さて又意得べきことあり、同言のいく処にもあるを、一ツは委く書き、一ツは字を略きたるは、委き方を相照して、略ける方をも、辞を添て訓べきなり、其例をいはゞ、成坐流神之御名者といふ語を、成神名とも、所成坐神名とも、所成神御名とも書きたるが如き、所ノ字、坐ノ字、御ノ字、たがひに略きもし、詳くも書るにて、皆同語なり。……」と記している。山田孝雄述『古事記上巻講義』志波彦神社・鹽竈神社古事記研究会、一九四〇年、はこれを大筋で認めながらも、「唯、ここに「所成」の略か、はじめからの「成」であるかについては問題である」と一部に疑問を呈していた。これを受けて、土井忠生「古事記の「所成神」」（『国語と国文学』一八巻三号、一九四一年）がこの問題を正面から検討し、「自然界を支配する神々」の誕生を「成神名」と記し、「人間生活や文化生活そのものを支配する神々」の誕生を「所成神名」と表現して両者を区別したもので、後者に「所」の字を付して強調したのは、国家の歴史にとってより重要な存在だからであると説いた。これに対して、野口武司「『古事記』にみる神の出生表現「所生神名」について」（『國學院雑誌』七四巻六巻、一九七三年）は土井氏の理解では割り切れない事例が多いと退けたうえで、〈生への志向度〉を示す「成神名」→「生神名」→「所成神名」という系列を想定し、須佐之男命と櫛名田比売の婚姻表現「所生神名」がその延長線上に現われる生成記載だと説明した。また、須佐之男の「娶……生子……」以降は『帝紀』に基づくもので、それ以前の『旧辞』に基づくストーリーとは原史料を全く異にすると切り離してしまう。以上、素材は共通するが結論は私説とは大きく異なる。併せ通読されたい。

また、本稿公表以降にも、阪口由佳「『古事記』神々生成表現に関する一試論」（『古代文化とその諸相』奈良女子大学21世紀COEプログラム vol. 15、二〇〇七年）、同「古事記の「生」と「産」」（『叙説』四〇号、二〇一三年）などがこの問題を論じている。個々の点では従いがたいところもあるが、別稿を期したい。

第七章　敏達紀「善信尼」考

――初期仏教と記紀神話――

はしがき

日本における仏教受容を考える際に大きく注目されてきたのが、『日本書紀』欽明天皇十三年（五五二）冬十月条の「仏教公伝」記事である。その年次については、戊午年（五三八）とする『上宮聖徳法王帝説』や『元興寺伽藍縁起并流記資財帳』の説もあるが、ここでは当該期の国家が仏教の継受をどのように捉えていたのかを史料に即して抽出することから始めよう。

冬十月。百済聖明王（更名聖王、）遣下二西部姫氏達率怒唎斯致契等一、献中釈迦仏金銅像一躯・幡蓋若干・経論若干巻上。別表、讃二流通礼拝功徳一云、是法、於二諸法中一、最為二殊勝一。難レ解難レ入。周公・孔子、尚不レ能レ知。此法能生二無量無辺福徳果報一、乃至成二弁無上菩提一。譬如下人懐二随レ意宝一、逐レ所レ須レ用、盡依上レ情。此妙法宝亦復然。祈願依レ情、無レ所レ乏。且夫遠自二天竺一、爰洎二三韓一、依レ教奉持、無レ不二尊敬一。由レ是、百済王臣明、謹遣下二陪臣怒唎斯致契一、奉レ伝二帝国一、流中通畿内上。果二仏所一レ記二我法東流一。是日、天皇聞已、歓喜踊躍、詔二使者一云、朕従レ昔来、未二曾得一レ聞二如レ是微妙之法一。然朕不レ自レ決。乃歴二問群臣一曰、西蕃献仏相貌端厳。全未二曾有一。可レ礼以不。蘇我大臣稲目宿禰奏曰、西蕃諸国、一皆礼レ之。豊秋日本豈独背也。物部大連尾輿・

中臣連鎌子同奏曰、我国家之王二天下一者、恒以二天地社稷百八十神一、春夏秋冬祭拝為レ事。方今、改拝二蕃神一、恐致二国神之怒一。天皇曰、宜下付二情願人稲目宿禰一、試令中礼拝上。大臣跪受而忻悦、安二置小墾田家一、懃修二出世業一為レ因。浄二捨向原家一為レ寺。於レ後、国行二疫気一、民致二夭残一、久而愈多。不レ能二治療一。物部大連尾輿・中臣連鎌子同奏曰、昔日不レ須二臣計一致二斯病死一。今不レ遠而復、必当レ有レ慶。宜早投弃、懃求二後福一。天皇曰、依レ奏。有司乃以二仏像一、流二弃難波堀江一。復縦二火於伽藍一、焼燼更無レ余。於レ是、天無二風雲一、忽炎二大殿一。

古くは、蘇我氏らの「崇仏派」と物部氏ら「排仏派」との対立を示すものと説明されてきた出来事だが、虚心に文脈を読んでみると仏教を敬うかどうかといった宗教論争ではないことに気づく。

聖明王は、仏像・荘厳具・経論を伝えて仏教受容の功徳を説明したうえで、天竺より三韓に及ぶまで仏教の教えを敬わない国はない、私が日本に仏教を伝えるのは仏法東流を果すためである、と語っている。これを受けて、欽明天皇は自分自身で決定することはできないとして、群臣に歴問するのである。

蘇我稲目は、同盟国の百済の忠告を素直に受け入れ「西蕃の諸国は一に皆な之を礼ふ。豊秋日本、豈に独り背かむや」と奏した。仏教を信仰するかどうかではなく、東アジアの国際的な政治状況のなかで日本だけが孤立することを強く危惧しているのである。近年の研究で明らかになってきたことだが、六・七世紀には中国を中心とした文化格差を利用した華夷思想が機能しなくなり、南朝の梁が仏教の社会的影響力と民族を超えた普遍性を利用して、「仏教外交」と呼ばれる新しい秩序維持を目指すことになった。「菩薩天子」「如来天子」といった観念が生み出され、普遍宗教を利用した仮想共同体意識が鼓舞されていたのである。[1] このような新しい国際秩序への参入を主張し、東アジア世界での孤立を危惧したのが、五世紀以来国際外交を主導した葛城氏の流れを引く蘇我稲目の意見であった。

これに対して、旧来の軍事氏族である物部尾輿や神祭りを掌る中臣鎌子は、伝統的君主権の正当性と国内秩序維持の重要性を問題にしている。彼らの発した「我が国家の天下に王たる者は、恒に天地社稷・百八十神を以て春夏秋冬に祭拝するを事となす。方今、改めて蕃神を拝すれば、恐るらくは国神の怒を致さむ」という言葉は、五世紀の王権の血を引く手白香皇女と入り婿的存在たる継体天皇との間に生まれた皇子、王権の基盤が脆弱な欽明天皇に対するある種の恫喝だといってよい。「あなたが天下に王である正当性が何処にあるかはご存じですね。神祭りを軽視するならば、あなたの地位の正当性は根本から失われることになるのですよ」といっているのである。

このように、それぞれの主張の核心は、第一義的には仏教信仰の問題にあるのではない。新しい国際秩序に参入するか、国内の王権の正当性をどう保持するか、という困難な選択が迫られていることを物語っているのである。欽明天皇は主体的な決定を行うことができず、蘇我稲目に私的に礼拝させるという曖昧な対応をするが、疫病が流行したことで仏像を難波の堀江に流させると、逆に風雲もないのに大殿に災害が起こった。何れを選んでも問題を回避することはできなかったのである。

この桎梏をそのまま背負って即位したのが、次代の敏達天皇であった。そのような文脈のなかで『日本書紀』が日本の「仏法の初」として掲載するのが、この司馬達等の娘「嶋」の出家伝承なのである。

第一節　敏達天皇十三年秋九月条の「仏法之初」

『日本書紀』の敏達天皇十三年（五八四）九月条は、日本の仏教の始まりについて次のように書き記している。

秋九月、従百済来鹿深臣、闕名字有弥勒石像一躯。佐伯連、闕名字有仏像一躯。
是歳、蘇我馬子宿禰、請其仏像二躯。乃遣鞍部村主司馬達等・池辺直氷田、使於四方、訪覓修行者。於是、唯於播磨国、得僧還俗者。名高麗恵便。大臣乃以為師。令度司馬達等女嶋。曰善信尼。年十一歳。又度善信尼弟子二人。其一漢人夜菩之女豊女。名曰禅蔵尼。其二錦織壺之女石女。名曰恵善尼。壺、此云都符。馬子独依仏法。崇敬三尼。乃以三尼、付氷田直与達等、令供衣食。経営仏殿於宅東方、安置弥勒石像。屈請三尼大会設斎。此時、達等得仏舎利於斎食上。即以舎利献於馬子宿禰。馬子宿禰試以舎利、置鉄質中、振鉄鎚打。其質与鎚悉被摧壊。而舎利不可摧毀。又投舎利於水、舎利随心所願、浮沈於水。由是、馬子宿禰・池辺氷田・司馬達等、深信仏法、修行不懈。馬子宿禰、亦於石川宅修治仏殿。仏法之初、自茲而作。

また、翌年（五八五）二月壬寅（十五日）条には、

春二月戊子朔壬寅、蘇我大臣馬子宿禰、起塔於大野丘北、大会設斎。即以達等前所獲舎利蔵塔柱頭。

とみえる。

百済から将来された弥勒石造一体と仏像一体を蘇我馬子が貰い受け、司馬達等の娘の嶋（善信）、漢人夜菩の娘の豊女（禅蔵）、錦織壺の娘の石女（恵善）の三人を出家させて法会を開いた。その際、仏舎利が斎食の上に出現し、その奇瑞を目にした馬子以下は仏法に深く帰依した。これが日本の仏法の始まりだというのである。『日本書紀』が日本仏教の始まりをここに置くのは、初めての出家者を得て仏法僧の三宝が出揃ったからであろうが、それが三人の「尼」であり、善信がわずか十一歳（「元興寺伽藍縁起并流記資財帳」では十七歳）であったことは注目に値する。

この記事の史料研究では、既に多くの成果が重ねられている。第一は、類似した記事がみえる「元興寺伽藍縁起并流記資財帳」との比較研究である。しかし、一方ではこの「元興寺縁起」を『日本書紀』編纂の原史料（現行本には後世の手がかなり入っているにせよ）とみなす説もあれば、他方では平安時代の全くの偽作とする説もあって、その評価は混乱を極めている。[2] 本稿は前者を是とするものだが、積極的にその判断に立ち入ることは避けて、ひとまず『日本書紀』の内容に従って考察を進めることにする。

第二は、後半の仏舎利奇瑞譚の部分の文飾問題である。早く津田左右吉氏は「仏舎利を鉄の槌で打つ」という話が、中国南朝の梁の慧皎（四九七―五五四）が撰した「高僧伝」巻一に収められた康僧会伝に基づく文飾であることを指摘していた。[3] また近年では、吉田一彦氏によって津田氏の指摘した文飾部分が唐の道宣の「集神州三宝感通録書」にもっと近い形でみえることが指摘され、「斎食の上に出現する」「水中で浮沈する」という部分についても、同書による文飾であることが確認されている。そのうえで、上記の文章が奈良時代の道慈による作文である可能性が示唆されるのである。[4]

このような堅実な典拠研究の蓄積にもかかわらず、ストーリーの根幹部分はそれなりに事実とみられて、なお初期仏教の基本的なイメージを形成しているのが現状である。文飾部分を除きさえすれば史実とみなしてよいのだろうか。あるいは吉田氏のいうように完全な造作なのだろうか。まずは、ストーリーの核が如何なる意味を含み、如何なる主張をもっているのか、その語りの構造と論理を正確に把握する必要があろう。最初の出家者が十一歳の女子とされていることにも何らかの積極的な意味が含まれていることは、容易に感じ取られるところである。

もちろん、このような問題点が全く看過されてきたわけではない。桜井徳太郎氏や田村圓澄氏は、仏が蕃神とみなされ、祟りをなす国神と同じ範疇で捉えられていること、善信尼ら三尼には在来の神祇に奉仕して託宣を受けるシャーマンの役割が重ね合わされていることを指摘していた(5)。また、近年でも曽根正人氏が「六世紀日本の仏教信仰とは、在来信仰と同質の「蕃神」信仰だったのであり、仏教の本質はまだほとんど顕現していなかった」とまとめている(6)。しかし、果して「外国の神に奉仕する巫女＝シャーマン」といった一般的な説明だけで、この記事の本質を十全に理解したことになるのだろうか。そこには、単なる仏教教義の無理解とは異なるレベルの、もっと積極的で意図的な意味が込められているように思われるのである。

第二節　善信尼の出家と天孫降臨神話

結論からいえば、このストーリーの基本構造は記紀の天孫降臨神話——ホノニニギノミコトの神婚譚——を下敷きにしたもので、王権神話に対する批判的言説が組み込まれていると考える。そこでまず、その本来の形を最もよく残している『古事記』上巻の神婚譚を素材に、その内容と意味を確認しておこう。

於レ是、天津日高日子番能迩迩芸能命、於二笠沙御前一、遇二麗美人一。尓、問「誰女」。答白之「大山津見神之女、名神阿多都比売。此神名以レ音。亦名謂二木花之佐久夜毗売一。此五字以レ音。」。又問「有二汝之兄弟一乎」。答白「我姉石長比売在也」。尓、詔「吾、欲レ目二合汝一奈何」。答白「僕不レ得レ白。僕父大山津見神将レ白」。故、乞二遣其父大山津見神一之時、大歓喜而、副二其姉石長比売一、令レ持二百取机代之物一奉出。故尓、其姉者、因二甚凶醜一、見畏而返送、唯留二其弟木花之佐久夜毗売一、以一宿為レ婚。尓、大山津見神、因レ返二石長比売一而大恥、白送言「我之女二並立奉由者、使二石長比売一者、天神御子之命、雖二雪零風吹一、恒如レ石而、常堅不レ動坐。亦使二木花之佐久夜比売一者、如二木花之栄一栄坐、宇気比弖、自レ宇下四字以レ音。貢進。此、令レ返二石長比売一而、独留二木花之佐久夜毘売一。故、天神御子之御寿者、木花之阿摩比能微、此五字以レ音。坐」。故是以、至レ于レ今、天皇命等之御命不レ長也。故、後、木花之佐久夜毗売、参出白「妾妊身。今臨二産時一。是天神之御子、私不レ可レ産。故、請」。尓、詔「佐久夜毗売、一宿哉妊。是非二我子一。必国神之子」。尓、答白「吾妊之子、若国神之子者、産時不レ幸。若天神之御子者幸」。即作二無レ戸八尋殿一、入二其殿内一、以レ土塗塞而、方産時、以レ火著二其殿一而産也。

天孫降臨神話の大まかな流れをまとめると、

①豊葦原之千秋長五百秋之水穂国は我が御子の知らさむ国
②言趣け
③大国主神の国譲り
④ホノニニギノミコトがアメノコヤネ・フトダマら五伴緒とともに天降る
⑤宮柱ふとしり坐す
⑥大山津見神の娘木花佐久夜毗売との神婚

となるのだが、ここで特に分析したいのは、⑥の天降ったホノニニギノミコトと大山津見神の娘との神婚譚の部分である。二人の娘の名は「神阿多都比売《かむあたつひめ》＝木花之佐久夜毗売《このはなさくやひめ》」と「石長比売《いわながひめ》」である。前者は「麗しき美人」で、後者は「甚だ凶醜」であったという。山の神の娘であるこれらの姉妹は、「山から流れ出る豊穣をもたらす生産力豊かな春の水」と「豊穣をもたらし終えて年老いて凍りつく山に帰っていく晩秋の水」とをそれぞれ象徴していると考えられる。稲穂がにぎにぎしく実るさまを象徴する皇孫ホノニニギノミコト（『古事記伝』十五）が、この「水の女」と神婚することで、稲の豊かな実りがもたらされるというストーリーである。

この話自体は天皇神話として書かれたものだが、その前提にあった思考形式が重要である。稲の霊魂たる皇孫ホノニニギノミコトがトモノヲらを引き連れて国造の支配領域に降って宮を立て、在地の女性を娶って米の実りを実現するという全体構想は、屯倉設定のイメージを神話化したもので、皇胤が在地に降ることも実際にあったのだろう。その繰り返しが地域の農業生産を宗教的に保障するのである。こうした観念の原型は、おそらく弥生時代の稲作文化にまで遡るもので、邪馬台国の台与（トヨ＝豊）の段階、同じ「宗族」＝血族のなかで王位が継承される方向性が発生する段階以降に、特定血族に農耕社会を安定させるという象徴機能が付加されていったのだろう。

しかし当然のことながら、弥生時代以来の伝統のみでそのような機能を持続させることは不可能である。大陸や朝鮮半島から持ち込まれる水田経営に関する新しい農業の知識や治水技術を中央の王権が独占し、生産力の圧倒的格差を見せつけるという文明の力が、そうした伝統的支配の正当性をバックで支え続けたのであろう。『常陸国風土記』の行方郡の話によれば、連姓を有する茨城国造壬生連麿は大規模な池の造営を行うことで、従来の箭括氏麻多智の祭政一致的な支配の上位に立つようになる。こうした方式は、それ以前からの国造支配領域への屯倉設置の方式に遡るものであろう。事実、『日本書紀』には屯倉の設置と池の造営とが密接にリンクしている事例が確認される。推古天皇十五年（六〇七）、壬生部を定めるとともに、倭国の高市池・藤原池・肩岡池・菅原池、山背国の栗隈大溝、河内国の戸苅池・依網池の造作を行い、諸国の屯倉設置を進めていることは偶然ではなく、同年に山川・神祇を祭っているのもこれと無関係ではないだろう。東国に王権ゆかりの屯倉を多く設置することができたのも、水稲耕作に関する知識の格差の力が大きかったためだろう。

また、倭王権が畿内を基盤として成長したものであるにもかかわらず、古くから地方へ降っている王族の姿が史料上に散見するのも、こうした慣例の結果であろう。市辺押磐皇子の遺児である億計王と弘計王は播磨縮見屯倉に居しており、継体天皇擁立時に最初に候補にあがった倭彦王は丹波国桑田郡にいた。また、近江国高嶋郡三尾には彦主人王とその子男大迹王がいた。恒常的に王族が地方に降る慣例があったからこそ、その所在と系譜が中央ではっきりと認知されていて、皇位継承者不在の時には順に候補を探し出すことができたのであろう。このように、皇孫の象徴的機能を基礎として各地に子代が設置され、それを核として屯倉の開発が行われたのである。実際には王族が直接降らない場合でも、そうした宗教的観念をバックにもつことで、国造側もそれを協力的に受け入れたのである(7)。

ここで想起されるのが祈年祭の起源である。祈年祭は御年の皇神等に一年の豊穣を祈る祭で、中臣が祝詞を宣し、忌部が幣帛を諸社の祝部に班つ。御年とは稲のことである。本居宣長はこの御年神等を祝詞冒頭に現われる天社国社のすべての祭神だとしたが、古川淳一氏により「神祇官西院の京内神」に対比された「諸国の神社」を指すとする修正が加えられている(8)。早川庄八氏は新しい律令制的祭祀という側面をことさらに強調するが(9)、岡田精司氏は各地の屯倉支配の宗教的基盤として「種稲分与→新穀献上」という儀礼が存在したことを指摘し、それが祈年祭の起源をなすとする(10)。「延喜神祇式」大嘗祭条にみえる「稲実公」が、初春に国造の代理として宮廷に上り、大王から種稲を授けられて持ち帰る役職の名残だというのである。これは大王直属の倭六御県で県主が挙行していた儀礼を全国支配に拡大したものらしい。

この岡田説を史料から実証することはなかなか難しく、既に多くの批判も出されているが、記紀神話にみえる天皇の穀霊的性格や、なぜ全国各地の県・山口・水分といった場所に「皇神」が鎮座するのかといった点を総合的に理解しようとする場合には、いまなお有効な仮説であり、多くの示唆を含んでいる。古川氏は「辞別」部分には天皇に直接かかわる内容が多く、祈年祭成立以前のヤマト王権の祭祀を継承したものである可能性を指摘しており、稲種分与論には批判的立場をとりながらも、「興味深いのは御県という非常に狭い地域の神々に対して広く「天下乃公民」の稲作のことを祈っていることで、御県神の象徴性が窺える」と主張している。

先の推定を敷衍すると、「皇神」は穀霊を象徴する皇孫を抽象化した存在ではないかと考えられてくる。皇孫がオオヤマツミの娘である「水の女」と神婚することによってにぎにぎしい実りを実現するという神話と、密接な関係を有する祭祀ではないか。既に祝詞に纏められた段階で、別の新しい意味が付与されたという面は否めないが、「県・山口・水分」という要素は春に山からアガタに下ってくる水に対する祭祀を想起させるのに十分である。これが広く国家祭祀へと拡大される一方で、それと同じ類型の祭祀が幣帛を受けた畿外諸社において繰り返し挙行されたのではないだろうか。

このような推定はいささか唐突の観を与えるかもしれないが、王権神話を起源とするにもかかわらず、柳田國男氏らのいう山の神・田の神に対する信仰として東国を中心とする日本各地に多様な形で残存していく。この事実は、そうした中央から地方への「回路」の存在を想定させる。民俗学の知見によれば、「山地は水の源で……里山を舞台とする者は同時に水田稲作農耕にも従事しているので、春になると山の神が田に降りてきて田の神となり、秋には山へ帰って山の神になるという去来信仰を特徴としており、東日本にかたよりながらほぼ全国的に分布し」、「祭日も農耕の段階に応じて春秋に分布し、とくに田植時に盛んにまつられ、秋は稲の刈上げにまつられる」という。(11) 山の神は田の神の分身であり、年老いた老婆の姿でイメージされる。

しかし、民俗学が設定する山の神の原型は「石長媛」に求められ、記紀では山の神はその父であった。この石長媛の山の神への転化は、王権神話の有する「皇孫と在地の山の神の娘との神婚」という政治的性格が消滅した結果生じたものであろう。笠井昌昭氏は文化史学の立場から、『日本書紀』のなかで「水辺の二人の女性」が池の伝承とリンクしながら様々なレパートリーをもって現われることを指摘している。(12)一例をあげると、景行天皇四年二月甲子（十一日）条には次のような記事がみえる。

四年春二月甲寅朔甲子。天皇幸㆓美濃㆒。左右奏言之「茲国有㆓佳人㆒。曰㆓弟媛㆒。容姿端正。八坂入彦皇子之女也。天皇欲㆓得為㆑妃、幸㆓弟媛之家㆒。弟媛聞㆓乗輿車駕㆒、則隠㆓竹林㆒。於㆑是、天皇権㆑令㆘弟媛㆒至㆖、而居㆓于泳宮㆒之。泳宮、此云㆓区玖利能彌揶㆒。鯉魚浮㆑池、朝夕臨視而戯遊。時、弟媛欲㆑見㆓其鯉魚遊㆒、而密来臨㆑池。天皇則留而通之。爰、弟媛以為「夫婦之道、古今達則也。然於㆑吾而不㆑便」。則請㆓天皇㆒曰「妾性不㆑欲㆓交接之道㆒。今不㆑勝㆓皇命之威㆒、暫納㆓帷幕之中㆒。然意所㆑不㆑快。亦形姿穢陋。久之不㆑堪㆑陪㆓於掖庭㆒。唯有㆓妾姉㆒、名曰㆓八坂入媛㆒。容姿麗美、志亦貞潔。宜㆑納㆓後宮㆒。天皇聴之。仍喚㆓八坂入媛㆒為㆑妃。生㆓七男六女㆒。

歴史時代の話として描写されているが、話の核心は先のニニギノミコトの神婚譚と同じである。景行天皇が行幸先の美濃において「容姿端正」な弟媛を娶ろうとするが、竹林に隠れてしまう。そこで天皇は「泳宮（くぐりのみや）」に居して鯉が遊ぶ池のほとりへと誘い出す。つかまえられた弟媛は、自分は「形姿穢陋」で「不㆑欲㆓交接之道㆒」と天皇の要求を強く拒絶し、「容姿麗美」な姉の八坂入媛を後宮に入れることを提案し、姉の方が多くの子を儲けることになる。水辺の美醜の姉妹との聖婚という基本モチーフに、時間の要素を加えてアニメーション化したものだといえる。時間の推移を象徴するイコノロジー「竹」の林のなかで、弟媛は「佳人」から「形姿穢陋」へと「をちかへり」、逆に石長媛を暗示する姉の八坂入媛は「容姿麗美」と化すのである。

このように「水の女」の伝承が早い段階で多様なレパートリーを生み出しており、また変質しながらも民間習俗として全国各地に残存している事実は、そのような神話が現実的な意味をもって機能していたこと、ある種の祭儀として演じられ続けたことを窺わせる。この景行紀の記事も祈年祭の行われる「二月」のこととして記述されており、舞台設定も非常に具象的である。また、民俗事例が「東国」で多く確認される事実も、直轄領たる屯倉の設置との関わりを想定させるが、景行紀の舞台も美濃である。王権の生み出した農耕信仰が次第にその政治性を払拭しながら各地に深く根付いていったのであろう。郡司による「形容端正（カホキラギラシ）」な采女の貢上も、このような神婚の儀礼的再生産なのである。

第三節　仏教の受容と王権の正当性の動揺

以上、憶測を重ねたが、記紀の天孫降臨神話の神婚譚が古代日本において王権と農耕文化との関係を説明する重要な意味をもつものであり、また各地の農耕儀礼に根付いていく物語であったとするならば、日本仏教の始まりを記す先の敏達紀の記事も、これとの関係からあらためて意味付けなおされなければならない。というのも、「史実」であるか否かということが問題なのではなく、ホノニニギノミコトの神婚譚を仏教の側から読み替えた積極的言説だと考えられるからである。

十一歳の女性「嶋」は、二人の弟子と共に出家して善信となる。ここで注目したいのは、弟子の禅蔵・恵善の年齢がなぜ記載されていないのか、そして二人の俗名が何を意味しているのかということである。「豊女」「石女」の名は、これまでの考察をふまえると、「豊穣を象徴するコノハナサクヤヒメ」と「石女（ウマズメ）たる石長媛」という二人の「水の女」を明確に意識して書かれていることは間違いないだろう。そのような目でみたとき、「嶋」もまた、水に囲まれた存在そのものであり、「水の女」の象徴であることが明らかとなる。二人の弟子の年齢が記されていないのは、未婚の十一歳の「水の女」嶋が有する二つの属性を象徴するもの、その分身として「豊女」「石女」が登場せしめられているからである。つまり、ここに語られているのは、記紀神話の「水の女」が出家したという重大な事実である。そして彼女が若い未婚女性であることは、在来の神ではなく「蕃神」に仕える巫女的存在となったこと、さらにいえば、仏と神婚すべき存在となったことを意味している。

このように敏達紀の記事のもつ含意を読み取ってくると、興味深いことがみえてくる。本来この「水の女」は、皇孫ホノニニギノミコト（繰り返し再生される天皇の本質）と象徴的に神婚すべき女性である。それによって日本の国土の米の実りが保障される。しかし、ここでは蕃神たる仏と神婚する存在として描きなおされているのである。これはまさに、米の実りは天皇によってではなく、仏教の仏の力によって保障されうるという露骨な政治的言説である。(13) 天皇神話をあえて仏教の立場から内在的に読み替えることにより、王権の伝統的な支配イデオロギーの根幹部分に対して強い攻撃を加えたことになるのである。

中国の高僧伝による文飾とされる部分も、数ある中国の仏舎利奇瑞譚のすべての要素を引用しているのではなく、そのなかの「仏舎利が斎食の上に出現する」「水の中を浮沈する」といった部分だけをあえて選択的に付加していることにこそ、積極的な意図が読み取られなければならない。現存する文献上で舎利と米のアナロジーが確認されるのは、伝空海撰『秘蔵記』上の「天竺呼レ米粒ニ為舎利一。仏舎利亦似ニ米粒一故曰ニ舎利一也」という記述まで降るが、「米」の上に仏舎利が現われることや、仏舎利が「水」の中で自由に動きまわることは、「高千穂」への稲霊ホノニニギの降臨と泳宮（ククリノミヤ）における水辺の祭祀といったモチーフを意識したものであって、こうした農耕神話の読み替えとみて、はじめて理解可能な内容になっている。これが吉田一彦氏のいうように道慈による文飾か否かによって当言説の成立時期は動くけれども、ここでは上記の構想に必要なものを積極的な意図のもとに選択引用しているという文飾の特徴に注意を向けるにとどめておきたい。

『日本書紀』に掲載されたこの話の根幹は、「元興寺伽藍縁起并流記資財帳」など仏教側の言説を基礎とするものであり、仏教受容による旧来の王権の揺らぎ、その権威の相対化を描き出したものである。仏教側からこのような新しい論理が提示されたことによって、天孫降臨神話を基礎に据えていた王権の正当性は否が応にも見直されざるをえなくなる。また、実質的にも仏教は治水や農耕に関する知識や技術を有していたから、「知の独占」による王権の優位性も維持できなくなる。これが、古代王権が旧来の農耕神話の上に安住することを放棄し、新しい君主権正当化の論理を模索するようになる――仏教を積極的に受容すると共に、他方で法的君主権の確立を目指す――一つの重要な契機となったのである。

『万葉集』の「おほきみは神にしませば」という表現には、――「オホキミ」に「王」「皇」の両表記が存在するように皇孫という枠組みは残されてはいるものの、――治水や農耕のみならず、都城を生み出すなど「自然を文明によって支配する主体としてのオホキミ」という従来の皇孫思想とは異なる新たな神格性を生み出そうという試みが見受けられる。[14] また、奈良時代には、皇孫思想も即位譲位宣命のなかに正当性の一つとして保存されてはいるが、それと並んで不改常典の法＝律令法に基づく統治が大きく語られるようになる。[15]

仏教受容に際して生み出された新しい言説と論理は、神話に基づく旧来の支配の正当性に大きな動揺と変革をもたらすことになったのである。

むすび

以上、敏達紀にみられる仏教側からの露骨な王権批判、権威の基礎であった天孫降臨神話への厳しい揶揄の出現は、まさに欽明朝の仏教受容段階で物部尾輿らが危惧していた事態が現実のものになったことを意味している。このののち、用明天皇二年（五八七）に物部守屋が蘇我馬子らに誅滅されると、国際秩序重視へと大きく舵が切られる。その後は「飛鳥の文明開化」とも称されるように仏教文化継受に拍車がかかるが、その代償も大きく、尾輿らの予言した通り王権権威の衰微は極限に達し、遂に崇峻天皇弑殺に至るのである。国家元首が臣下に殺されてもなお首謀者が罰せられないという異常な事態である。それほどまでに当該期の国際関係は緊迫した状況にあったのである。

近年の学説が白村江の敗戦を律令国家成立の重要な契機としていることは誤りではないが、同時にこの時期の王権権威の徹底した凋落と国際関係の緊迫もまた、律令国家成立の重要な契機として正当に評価される必要があると思う。このののち、推古天皇が神祭りをつかさどり、屯倉の復興などを進める一方で、聖徳太子が「摂政」として「法皇」として外交・仏教・軍事を統括するという君主権の権能分離が行われたのも、内政と外交の矛盾を乗り切ろうとした苦肉の策であったといえよう。推古天皇十五年（六〇七）には一年の豊作を祈る春二月（のちの祈年祭の行われる月）朔日に壬生部を設定し、九日には「朕聞く、曩者、我が皇祖天皇等、世を宰めること、天に跼り地に蹐みて、敦く神祇を礼す。周く山川を祠り、幽に乾坤に通す。是を以て、陰陽開け和ひて、造化共に調ふ。今、朕が世に当り、神祇を祭ひ祠ること豈に怠ること有らむや」との詔を発して、群臣と共に心を尽して神祇を拝している。十五日には、皇太子と大臣が百寮を率いて神祇を祭拝する。また同年の冬には倭国で高市池・藤原池・肩岡池・菅原池を作り、山背国の栗隈で大溝を掘り、河内国では戸苅池・依網池を作り、国ごとに屯倉を設置している。これは農耕や治水の技術を用いた伝統的な大王支配の正当性を強調するパフォーマンスであろう。

こうした施策と並行して、新たに聖徳太子が創始しようとした秩序維持の論理が、十七条憲法であった。「和」という復古的な秩序維持の理念を第一条で掲げたうえで、第二条で「篤く三宝を敬へ」として、仏法による秩序の保障を目指す手法は、彼自身が目にしてきた東アジアの仏教外交の秩序維持機能を、国内政治に応用しようとした素朴な試みであったといえよう。ただし、高度な法的意思を体現する国家という存在が、仏教の仮想的な秩序維持機能を自己の平和や安全のために巧妙に活用するという論理は、氏々の集合体といった素朴な奉仕集団や私利を追求する社会集団の統合には応用できないものであろう。聖徳太子の試みは失敗に終わり、ここに残された課題は、私的な利害意識を有する個を基礎に据えた法的国家秩序の形成であり、その具体的過程は大化改新から律令国家の形成を論じる第十章で詳しく検討することにしたい。

(1) 山崎宏『隋唐仏教史の研究』法蔵館、一九六七年、肥田路美「「等身像」考——唐代撰述史料にみえる皇帝像と仏教との関わりを中心に——」(『風土と文化』三号、二〇〇二年)、川勝賢亮「菩薩天子と如来天子」(佐藤良純教授古稀記念『インド文化と仏教思想の基調と展開』第一巻、山喜房佛書林、二〇〇三年)、河上麻由子『古代アジア世界の対外交渉と仏教』山川出版社、二〇一一年、など。

(2) 喜田貞吉「醍醐寺本「諸寺縁起集」所収「元興寺縁起」について」(『喜田貞吉著作集』第六巻、平凡社、一九八〇年。初出は一九二五・一九二六年)、福山敏男『日本建築史研究』墨水書房、一九六八年、日野昭「敏達紀の弥勒石造とその周辺」(田村圓澄先生古稀記念会編『東アジアと日本』宗教・文学編、吉川弘文館、一九八七年)、同「敏達朝の仏教伝承についての一考察」(『龍谷大学論集』四三一号、一九八八年)、水野柳太郎『日本古代の寺院と史料』吉川弘文館、一九九三年、吉田一彦「「元興寺伽藍縁起并流記資財帳」の信憑性」(大山誠一編『聖徳太子の真実』平凡社、二〇〇三年）など。

（3）津田左右吉『日本古典の研究』下、岩波書店、一九五〇年。

（4）井上薫「日本書紀仏教伝来記載考」（同『日本古代の政治と宗教』吉川弘文館、一九六一年。初出は一九四三年）、吉田一彦「『日本書紀』の仏教伝来記事と末法思想」（同『仏教伝来の研究』吉川弘文館、二〇一二年。初出は二〇〇七年―二〇一〇年）。

（5）桜井徳太郎「初期仏教の受容とシャマニズム」（同『日本のシャマニズム』下、吉川弘文館、一九七七年。初出は一九七五年）、田村圓澄『古代朝鮮仏教と日本仏教』吉川弘文館、一九八〇年。早くに、西田長男『日本宗教思想史の研究』理想社、一九五六年、が崇仏論争は廃仏か否かではなく、仏を神とみなしたうえでの神祇祭祀の二つのあり方の対立に本質があることを指摘している。シャーマン説については、勝浦令子氏によって東アジアの尼の事例のなかで理解すべきであるとの批判が加えられているが（勝浦令子「東アジアの尼の成立事情と活動内容」同『日本古代の僧尼と社会』吉川弘文館、二〇〇〇年）、新羅の尼の事例との本質的な相違点も無視できない。

（6）曽根正人「日本仏教の黎明」（『日本の時代史3倭国から日本へ』吉川弘文館、二〇〇二年）。

（7）本書第十二章で詳述。

（8）古川淳一「祈年祭・月次祭の本質」（『ヒストリア』一三四号、一九九二年）。

（9）早川庄八「律令制と天皇」（同『日本古代官僚制の研究』岩波書店、一九八六年。初出は一九七六年）。

（10）岡田精司「律令的祭祀形態の成立」（同『古代王権の祭祀と神話』塙書房、一九七〇年）。

（11）『世界大百科事典』平凡社、一九五五年、の「山の神」「田の神」の項目より。なお、折口信夫「水の女」（『折口信夫全集』第二巻、中央公論社、一九五五年。初出は一九二七・二八年）、同「大嘗祭の本義」（同全集第三巻、中央公論社、一九五五年。初出は一九三〇年）も参照。

（12）笠井昌昭「日本書紀を中心とした池の伝承について――立后の儀の周辺――」（同『古代日本の精神風土』ぺりかん社、一九八九年。初出は一九七〇年）。

(13) 尼をなぜアマと訓むのかについては、サンスクリットの「母」の音訳とする推定もあるが、ここでは和語の「あま」(=天・雨)に由来する可能性を指摘しておきたい。なお、西田註5著書二九四―二九五頁には、「「あま」は神に仕へる処女若しくは聖処女を意味する国語で、「尼」を斯く訓むに至つたのもその意味に於て等しいものがあつたためであらう……」という指摘がみられる。

(14) 直木孝次郎「文芸の創始と展開」(同『夜の船出――古代史からみた万葉集――』塙書房、一九八五年。初出は一九七六年)、拙稿「天皇号の成立とその重層構造――アマキミ・天皇・スメラミコト――」(『日本史研究』四七四号、二〇〇二年。本書第五章に再録)。

(15) 拙稿「律令法典・山陵と王権の正当化――古代日本の政体とモニュメント――」(『ヒストリア』一六八号、二〇〇〇年。本書第八章に再録)。

第八章　律令法典・山陵と王権の正当化
――不改常典と先皇霊に基礎づけられた新しい政体――

はしがき

近年の日本律令国家の研究は、律令条文の緻密な検討をふまえた日唐制度比較という比較史の方法によってめざましい成果をあげてきた[1]。日本における律令制受容の具体的な様相と日本律令国家の守旧性が明らかにされてきたのである。しかし、その方法的特質からすれば当然の結果ではあるが、日本古代国家に残存する固有法的側面により強く光があてられ、七世紀から八世紀への画期はかなり相対化されることになっている。本稿では、そうした具体的な統治システムの研究とは別の視点として、国家の構成にとって一つの根本的要素である君主権と君臣秩序を基礎づける正当化の論理を取り上げ、特に支配者層内部における意識構造の面からみた七・八世紀の画期を再評価してみたい。

従来こうした課題は、記紀神話や即位儀礼の研究を通して論じられてきたようである。しかしそのような素材においては伝統的要素が堅固に保持され、それが新しい思想と混ざり合いながら展開するから、画期の側面をはっきりした形で描き出すことは難しい。ともすれば通時性の方に目が向けられがちになる[2]。そこで、それ以外の切り口として「即位譲位宣命に現われた政治理念」「天皇霊・山陵観念の変質過程」の二つを設定し、前者では君臣意識の側面から、後者ではその支柱となる君主権そのものに重点を置いて考察を試みた。そのなかで、在来の皇孫思想と外来の天命思想という互いに矛盾する二つの君主権正当化の論理がどのように止揚されていったのか、その具体的様相を浮かび上がらせることができればと思う。

とはいえ、律令制度に対する当時の意識といった抽象的かつ大局的な問題を扱うとなると、制度史研究の如き厳密さは期待できないし、他の切り口もありうるだろう。転換期の一つの側面を照らし出す試みにすぎない。なお、ここで扱う君主権と君臣関係の構造転換という課題については、坂上康俊氏の論文「古代の法と慣習」でも検討されているが[3]、それとの相違点は以下の具体的叙述を通して理解していただくこととし、一々コメントすることはしなかった。

第一節　モニュメント化された律令法典——即位・譲位宣命にみる君臣意識——

本節では、即位譲位の際に発布された宣命体の詔を素材として、八世紀における「君臣関係の論理」を具体的に引き出すことを試みる。以下、二段階に分けて論を進める。第一は即位譲位宣命を扱うには避けて通ることのできない不改常典についての私見とその証明手続きの提示、第二はそれをふまえた政治思想の考察である。

（一）即位・譲位宣命にみえる不改常典の法

『続日本紀』に収められた元明即位詔、聖武即位詔、同譲位詔には、天智天皇が不改常典と初め定めた法なるものが現われる[4]。また、桓武即位詔以降、淳和・仁明・文徳・清和・陽成・光孝の歴代天皇即位詔においても

「不改常典の」という修飾語はないものの、天智天皇の初め定めた法についての言及がみられる。このいわゆる不改常典をめぐっては、これまで様々な説が提出されてきた。代表的なものとしては、律令法とする説（三浦周行・瀧川政次郎・高橋　崇・柴田博子・坂上康俊）、皇位継承法とする説（岩橋小彌太・井上光貞・直木孝次郎ほか多数）、八世紀のものを皇位継承法とし九世紀以降のものを近江令とする折衷説（坂本太郎・早川庄八・関　晃）、隋唐的君主像をモデルに天皇の在り方を規定したものとする説（水野柳太郎）、君臣の義を基礎とする皇統君臨の大原則を定めたものとする説（田中　卓）、皇太子からの即位の規定とする説（森田　悌・若井敏明）などがあげられよう[5]。ここでは研究史の詳細な紹介と批評を行うことは紙幅の都合もあって不可能であり、既に先行諸論文のなかでもなされているので、そちらに譲らせていただく。結論からいえば私説は律令法説に属し、内容的には田中・柴田・坂上説に近いのであるが、重要なのは結論ではなく論証手続き、さらにはその歴史的な意味付けだと考えるから、ここであらためて取り上げることにする。

　従来の不改常典論の多くは二つの問題点を共有してきたように思う。即ち、①律令嫡系主義の導入や皇統をめぐる政治情勢などの歴史的状況からその内容を推定するという方法を採っていること、②「皇位継承に際して言及される法」を無媒介に「皇位継承を規定した法」へとスライドして考えがちであったことである。特に近江令の存在そのものを否定して、律令制成立史の画期を持統朝に下げた青木和夫氏の論文の影響は、律令法（近江令）説にとっても大きな衝撃であった[6]。ただし、近江朝に律令制成立史上の実質的な画期が認められないという指摘は重要であるが、法典編纂そのものの存否については必ずしも決定的だとはいえないであろう。全面的に施行されたとは考えられないにしても、対外関係の緊迫などの政治的必要から編纂が開始されることはありうる。また史実として近江令が存在しなかったにせよ、坂上氏もいうように不改常典は奈良時代の法典編纂史についての観念上の問題として論ずればよいのである。

既往の諸説が今日なお一定の蓋然性をもって併存しているのは、時代状況から引き出された様々な外的要素を加えて立論されているからである。従ってこれと同じ方法を採る限りは、逐一先行研究を批判したとしても、結局は水掛け論にならざるをえないであろう。不改常典の法が何であるかは、あくまで当該史料の内面的な理解を足場にして決定されなければならないと考える。そこで、不改常典とは何かという問いの立て方ではなく、それが現われる諸宣命に描かれた政治理念の構造を明らかにするという視角を設定し、そのなかで不改常典についても自説を提示することにしよう。

1 元明天皇即位詔（『続日本紀』慶雲四年（七〇七）七月壬子（十七日）条。原宣命小書体、以下同じ）

前半では持統・文武天皇の共同執政が回顧され、後半では新たに即位した元明天皇の政治宣言が掲げられる[7]。

詔して曰く、……。関くも威き藤原宮に御宇しし倭根子天皇（持統）、丁酉の八月に、[a]此の食国天下の業を、日並所知皇太子の嫡子、今御宇しつる天皇（文武）に授け賜ひて、並び坐して此の天下を治め賜ひ諧へ賜ひき。[b]是は関くも威き近江大津宮に御宇しし大倭根子天皇の、天地と共に長く日月と共に遠く改るましじき常の典と立て賜ひ敷き賜へる法を、受け賜り坐して行ひ賜ふ事と衆受け賜りて、[c]恐み仕へ奉りつらく、と詔りたまふ命を衆聞きたまへと宣る。……。故、是を以て、[d]親王を始めて王臣・百官人等の、浄き明き心を以て弥務めに弥結りにあななひ奉り輔佐け奉らむ事に依りてし、[e]此の食国天下の政事は、平けく長く在らむとなも念し坐す。また、[f]天地と共に長く遠く改るましじき常の典と立て賜へる食国の法も、傾く事無く動く事無く渡り去かむとなも念し行さくと詔りたまふ命を衆聞き賜へと宣る。……。

2 聖武天皇即位詔（神亀元年（七二四）二月甲午（四日）条）

前半に引用された元正天皇詔のなかで、元正に譲位したときの元明天皇の詔が紹介されている。また後半では、元正天皇から譲りを受けた聖武天皇の政治宣言が掲げられる。

詔して曰く、……。「かく賜へる時に、みまし親王の齢の弱きに、荷重きは堪へじかと、念し坐して、皇祖母と坐しし掛くも畏き我皇天皇（元明）に授け奉りき。此に依りて是の平城大宮に現御神と坐して、大八嶋国知らしめして、[g]霊亀元年に、此の天日嗣高御座の業・食国天下の政を、朕（元正）に授け賜ひ譲り賜ひて、教へ賜ひ詔り賜ひつらく、『[h]挂けまくも畏き淡海大津宮に御宇しし倭根子天皇の、万世に改るましじき常の典と立て賜ひ敷き賜へる法の随に、後遂には[i]我子に、さだかにむくさかに、過つ事無く授け賜へ』と負せ賜ひ詔り賜ひしに、……、神亀元年として、天日嗣高御座食国天下の業を、吾が子みまし王に授け賜ひ譲り賜ふ」と詔りたまふ天皇が大命を、頂に受け賜り恐み持ちて、辞び啓さば天皇が大命恐み、（聖武が）被賜り仕へ奉らば、[j]拙く劣くて知れること無し。進むも知らに退くも知らに、天地の心も労しく重しく、百官の情も辱み愧しみなも、神ながら念し坐す。故、[k]親王等を始めて王たち臣たち、汝たち清き明き正しき直き心を以て、皇が朝をあななひ扶け奉りて、天下の公民を奏し賜へ、……。

3 聖武天皇譲位詔（天平勝宝元年（七四九）七月甲午（二日）条）

聖武天皇が元正天皇からの譲位を回顧し、さらに孝謙天皇への譲位を宣言する。

現神と御宇しし倭根子天皇が御命らまと宣りたまふ御命を、衆聞きたまへと宣る。……。平城の宮に御宇しし天皇（元正）の詔りたまひしく「[l]挂けまくも畏き近江大津の宮に御宇しし天皇の改るましじき常の典と初め賜ひ定め賜ひつる法の随に、斯の天つ日嗣高御座の業は、御命に坐せ、いや嗣になが御命聞こし看せ」と勅りたまふ御命を畏し物と受け賜りまして、食国天下を恵び賜ひ治め賜ふ間に、万機密く多くして、御身敢へ賜はずあれ、m法の随に、天つ日嗣高御座の業は朕が子王に授け賜ふと勅りたまふ天皇が御命を、……。

④ **孝謙天皇即位詔**（天平勝宝元年（七四九）七月甲午（二日）条）

皇位を受けた孝謙天皇の政治宣言。

また天皇が御命らまと勅りたまふ命を衆聞きたまへと宣る。……。故、是を以て、御命に坐せ、勅りたまはく、朕は拙く劣く在れども、親王等を始めて王等臣等、n諸の天皇が朝庭の立て賜へる食国の政を戴き持ちて、o明き浄き心を以て誤ち落すこと無く助け仕へ奉るに依りてし、p天下は平けく安けく、治め賜ひ恵び賜ふべき物にありとなも、神ながら念し坐さくと勅りたまふ天皇が御命を、衆聞きたまへと宣る……。

先にふれた「皇位継承を規定する法」か「皇位を受けて統治を行う際に従うべき法」かという問題は、史料に即していえば「法に随い」が「○○に授ける」「授けて統治させる」のいずれに強く係るかによって判断される。しかし、宣命文は話が次々にスライドして主語ですら途中で変わっていくから、係り具合について確定的な判別をくだすことは困難である。文法的にはいずれも可能というのが正直なところであろう。具体的には、①ではbの「是は」が、aのなかの「文武天皇に授けた」ことを指すのか、「授けてこの天下を治め諧えた」ことを指すのかということである。②では、元明天皇に対する統治上の注意にhとiの二つがあるとして——だから「のちには」の語が間に挿入されているのだと思うが——gとhとの関係を重くみるか、あるいはhとiとの関係を強くみて「我が子に授けよ」だけに係るとするかで解釈が分かれる。元明天皇を中継ぎとして軽視すると、hとiの関係が強調されることになるが如何であろうか。さらに[3]では、lを「ながみこと」に係るとみるか、「（天つ日嗣高御座の業を）聞こし看せ」に係るとみるかで解釈が分かれてくる。ただ「そのような御命を受けて食国天下を治めた」とあることからすれば、後者が有力に思われる。mも「朕が子に」に係るか「（天つ日嗣高御座の業を）授けたまふ」に係るかでニュアンスが変わってこよう。この段階で皇位継承法説を否定するつもりはないが、皇位継承の際に言及されるからといって、直ちに皇位継承法だと断定できないことだけは確認しておきたい。

そこで結論はいったん保留して、諸宣命に書き記されている政治理念を引き出すことになる。まず、[1]から次のことが読み取れる。aの正当性は「不改常典に基づくこと（b）」にあり、それゆえに承認されて「臣下の仕奉（c）」が獲得された。また、eとfとは並列されており、両者（「食国天下の政事」と「不改常典の食国法」）は「臣下の輔佐（d）」があってこそ安定し、未来に向けて永続する。また、[2]でも統治を実行するには受け継がれてきたhだけでなく、「臣下の扶け（k）」が必要であると語られている。なお、[4]には「諸の天皇が朝廷の立て賜へる食国の政を戴き持ち（n）」という表現がみられ、食国天下の政という概念が単なる統治という抽象名詞ではなく、歴史のなかで立てられてきた具体的な国制（服属関係の積み重ね）を指す概念であることが知られる[8]。臣下が君主と一体になって、「過去の国制を受け継ぎ（n）」「輔佐すること（o）」によって「天下の平安（p）」が導かれるのである。以上の統治原理と君臣関係についての観念を整理すると次のようになろう。

（1）①―1不改常典の法に従いつつ、①―2過去からの世々の国制を受け継ぐこと、②それを臣下が清明心をもって輔佐すること、の二点によって、③天下は治まる（君臣秩序の安定が得られる）。

（2）②の臣下の仕奉は、現統治が①―1・2という条件を満たすがゆえに得られるものである。

（3）逆に②は、①—1・2という国家体制を未来に向けて維持していくのに不可欠な条件となっている。

次に、唐突ではあるが、翻って奈良時代における法典編纂史の観念を語る史料として著名な『続日本紀』養老三年（七一九）十月辛丑（十七日）の詔に目を移そう。同年六月に首皇太子が朝政を聴き始めたことを受けて、舎人親王・新田部親王にその輔佐を命ずる漢文体の詔である。

辛丑。詔曰、開闢已来、法令尚矣。君臣定㆑位、運有㆑所㆑属。洎㆓于中古㆒、雖㆓由行㆒、未㆑彰㆓綱目㆒。降㆓至近江之世㆒、政張悉備。迄㆓於藤原之朝㆒、頗有㆓増損㆒、由行無㆑改。以為㆓恒法㆒。由㆑是、稽㆓遠祖之正典㆒、考㆓列代之皇綱㆒、承㆓纂洪緒㆒、此皇太子也。然年歯猶稚、未㆑閑㆓政道㆒。但以、握㆓鳳暦㆒而登㆑極、御㆓竜図㆒以臨㆑機者、猶資㆓輔佐之才㆒、乃致㆓太平㆒、必由㆓翼賛之功㆒、始有㆓安運㆒。況及㆓舎人・新田部親王㆒……。

本史料には致命的な点で校訂上の問題が二箇所あり、読解に際してどうしてもふれておく必要がある。

一つ目は「政張悉備」の部分である。蓬左文庫本は明確に「政張」と記し、他の古写本でも「政張」か「改張」のいずれかである。にもかかわらず、現行の諸活字本（新訂増補国史大系、新日本古典文学大系など）ではすべて「弛張悉備」に改められている。しかし、それは義公校本や狩谷校本など後世の諸本の意改に基づくものにすぎず、積極的な根拠があるわけではない。「政張」という熟語自体は存在しないけれども、これで十分意味は通じる。同じ『続日本紀』の和銅四年（七一一）七月甲戌朔条に、「詔曰、張㆓設律令㆒、年月已久矣。然纔行㆓一二㆒、不㆑能㆓悉行㆒。……」といった文言が確認されるし、『論語』為政の集解孔安国注には「政、謂法教也」とあり、また『後漢書』申屠伝に「張㆓設重法㆒」、『論衡』斉世に「法制張設」とみえる。「弛張」ではかえって意味が通らないと思う。

二つ目は「無改」についてである。こちらは蓬左文庫本の傍書イ本注記・兼右本傍書按などを受けて、「連改」

を「無改」と改める方がよいと判断する。確かに、田中 卓氏が強調されているように現行諸本はすべて「連」である。[9] しかし蓬左文庫本の巻十までは金沢文庫本ではなく兼右本系統の写しであり、[10] 結局のところ現在は一系統の写本しか残っていないのだから、すべてそうであるのも当然である。写本の事例数をもって「連」の字を絶対視するわけにはいかない。また『続日本紀』などにも「連」字を「しきりに」の意味で用いる事例は確認できず、「連」のくずしは「無」と酷似するから、遅くとも卜部本の孫本である兼右本以来「連」の字を不可解としてきた神道家の声を尊重すべきである。

これをふまえて、内容を咀嚼してまとめれば次のようになるだろう。

天の秩序としての法は開闢以来存在するが、意識的にそれに従うようになるのは中古からであり、近江朝に至って法典編纂が行われた。これ以後も藤原朝に至るまで、しばしば修訂作業が行われ、大宝令に至って完成の域（恒法）に達した。しかしこの恒法はあくまで近江朝の法典に由行したもの、さらに遡れば天の秩序に由行するものである。

恒法は大宝令を指すと考えられるが、[11] 大宝令はあくまで天智天皇が制定した近江令の修訂版であり、その意味で大宝令も天智天皇編の法典であるという意識が存したことが確認される（現在でも国語辞典など改訂が繰り返されても当初の編者の名が付され続ける）。そして、ここに提示されている政治の論理は、

①是れ（＝恒法に体現されるに至った法）に由り、②遠祖の正典・列代の皇綱を稽考して、
③洪緒を承け纂ぐ＝「皇太子」（普通名詞でない。皇太子執政を開始した「年歯猶ほ稚き」首皇太子を指す）
④輔佐の才・翼賛の功によって、⑤太平を致し安運あり。

というものである。新日本古典文学大系の脚注は当詔を「日本における皇位継承法を含む法令制度の沿革を述べ、

首皇子の皇位継承を正当づけ」たものとし、遠祖の正典・列代の皇綱とは過去の皇位継承の在り方のことだとするが[12]、首皇太子の皇太子執政を正当化するために皇位継承の原理を強調して果して意味があるのか。それを否定する論理ともなりかねないだろう。むしろ皇太子であっても「法」を受け継ぐ限り、その統治権は正当化されるということを語っていると解すべきである。

さて、この①から⑤の論理を見てみると、先に即位宣命から導き出した国家統治の論理ときれいに一致することに気づくであろう。

養老三年詔	即位譲位宣命
「無改の恒法」	「天智天皇の立て賜へる不改常典の法」
「遠祖の正典・列代の皇綱」	「（諸の天皇が朝廷の立て賜へる）食国の政」
「輔佐翼賛」	「あなない助け仕へ奉る」
「太平安運」	「天下は平らけく長くあらむ」

このように、漢文体の詔においても和文宣命体の詔においても全く同じ思想構造が確認されるということは、即ち、それが単なる文飾や慣用句ではなく当時の現実的な政治倫理であることを示している。そしてこの「無改恒法」が法典編纂史のなかで語られていることから、それと同じ位置にある「不改常典」もまた皇位継承法ではなく、国家統治の法典＝近江令の修訂版たる大宝令であることが導出される。「無改恒法」とは、即ち「不改常典」なのだろう。以上が不改常典の法を律令法典とみなす証明手続きである[13]。

（二）君臣関係承認の新しい論理

これで一応、皇位継承法説への批判は行いえたと思うが、単に不改常典の法が律令法であるという結論を得るためだけに迂遠な考察をしてきたのではない。そのこと自体は既に戦前の学者が主張していたことであり、むしろ宣命のなかで語られる政治倫理の構造とその史的意義を具体的に探ることが目的である。そこで本節では、先の諸宣命や養老三年詔に共通して確認された政治倫理を具体的に意味付けていくことになる。

その際に示唆的なのが、先に掲げた水野柳太郎・田中卓両氏の説である。両者は不改常典の法を、①かなり抽象的な観念とみるところで共通するが、②その内実を隋唐的な観念とみるか在来の伝統的な観念とみるかで対照的である。とはいえ、それを君主権や君臣関係の在り方そのものに関わる観念として積極的に論じた点では、両説とも他の諸説を超えた視点を内包しているので、まずこれらの説を検討してみよう。

水野説の結論は、「隋唐的君主像をモデルにした天皇の在り方を規定したもの」である。これはかなり抽象的で、氏が如何なるものを想定されているのかわかりにくい。「規定したもの」という言葉が使われていることからすれば単なる抽象的な観念とも思えない。だが、いずれにせよ①天命思想をともなう中国君主像をそのまま受け継ぐことができたとは考えがたい。律令国家成立の過程で日本の天皇が中国の皇帝像の影響を受けたのは事実としても、不改常典の語りは宣命のなかで皇孫思想と何ら矛盾する気配もなく併記されているからである。より伝統的な性格をもつ思想と考えた方がよさそうである。また、②そもそも天皇の在り方を規定する具体的な法の存在を想定することは難しいであろう。律令法ですら君主の在り方そのものは規定しないし、『群書治要』『帝範』『善言』のような君主のあるべき姿を記した皇帝学の教科書を想定してみたところで、それを法と呼ぶことはない。

他方、田中氏は「天壌無窮の神勅に類した皇統君臨の大原則を基礎にした君臣の義」という説である。しかし当説にも以下のような疑問がある。①皇孫思想そのものは、具体的には文武即位詔の「高天原に事初めて、……

天皇の御子のあれ坐さむいや継々に、大八嶋国知らさむ次と、天つ神の御子ながらも、天に坐す神の依し奉りし随に、……」といった表現で叙述されるものであるが、聖武即位宣命や同譲位宣命ではこうした語りと不改常典の語りが並列して現われる。これを単なる重複だとは考えがたい。不改常典の精神は皇孫思想と矛盾するものではないが、全く同一の思想でもないのであって、この微妙な違いこそが厳密に認識されるべきであると私は考える。また、②なぜ不改常典の法が文武即位詔にはみえず、元明即位詔以降に初めて強調されるようになるのかが田中説では説明できない。幼少の文武天皇が即位する際にこそ語られてもよさそうである。

以上より、私は両説をそのままでは受け入れることができないのだが、不改常典を具体的な律令法典とみれば、これらの問題点を解消するとともに、二説を止揚することができると思う。

まず、元明即位詔から殊更に語られる点については、大宝律令の施行当時の言説として理解されうるだろう。文武天皇即位と元明天皇即位の間には、大宝律令の施行、律令制度の本格的導入という出来事があった。律令を普及させそれをいつまでも維持していこうという熱意に満ちた時期に、何かにつけて「法に随いそれを守っていこう」と語ることは自然である。『続日本紀』慶雲四年（七〇七）四月壬午（十五日）条には「是を以て令文に載せたるを跡として、令の随に長く遠く、今を始めて次々に賜り往かむ物ぞと、食封五千戸を賜はくと勅りたまふ命を聞きたまへと宣る」（藤原不比等への賜封）という宣命もみえ、くどいほどに律令法を根拠にしていることを繰り返し強調する時代精神が読み取られる。[14]

ただし、律令の強調といっても、国制における法典の位置付けが中国と大きく異なっている点を見落としてはならない。中国の君主は受命の天子として天の意志を承けつつも、「秩序維持・統治の手段としての法を定め、法を体現する存在者」＝皇帝として臣下に対置する。[15] もちろん法が皇帝権力の暴走を避ける機能を果したという面を無視すべきではないが、それは専制的皇帝と門閥貴族層とが厳しい対抗関係にあることの裏返しにすぎず、君主が法的統治の直接の源泉であるという大筋は変らない。律令は皇帝の代替わりごとに制定しなおされるのが原則である。そして君主と天とは直結しており、その徳が失われ天命に反した場合には君主は易姓革命によって廃される。

天 ←― 天子・皇帝 ――（法典）―→ 臣下・民

これと比べて八世紀の日本の君主権はかなり異質な特質をもつ。先の分析で確認されたところによると、天皇は「臣下と共に、過去の政体を受け継ぎ、それを天智天皇の定めた律令法に基づいて保持する存在者」と位置付けられている。日本では法典の修訂は改定ではないとされ、歴代ごとの公布もない。天命開別と諡された天智天皇が天の法則に由行しつつ制定したものとして[16]、神聖化されモニュメント化されているのである。天の法則を過去の具体的な一君主に媒介させて固定することで、天命思想の恣意的利用は意識的に排除される。また、過去の政体を受け継ぐとは具体的には歴代の歴史を受け継ぐということである。大宝元年以前の単行法令は、編年体というよりも「歴代基準の史書」と称するにふさわしい『日本書紀』のなかに、編纂資料として組み込まれることになっている。法典の国制に占める位置は中国と大きく異なっているといってよい。

天 ――（法典＋世々の政体）←― 天皇・臣下 ―→ 民

では、このように位置付けられた法典は、具体的には如何なるものと観念されていたのか。この点においても独特の観念が確認される。国家を構成する一つの基本的エレメントに据えられることになった不改常典の思想は、日本における律令国家設立の基本理念と表裏一体の関係にある。そこで、それが素朴な形で表明されている大化改新の政治意識、具体的には大化の品部廃止詔に着目したい。八世紀の律令国家の出発点として描かれている大化改新が何を目指したと語られているか、そこには律令国家が自らを如何なるシステムと認識していたかが如実に反映されると考えるからである。

（大化二年（六四六）八月癸酉（十四日））……王者之児相続御宇、信知下時帝与二祖皇名一不上レ可レ見レ忘二於世一。……。凡王者之号、将随二日月一遠流、祖子之名、可下共二天地一長往上。如レ是思故宣之。始二於祖子一、奉仕卿大夫臣連伴造氏々人等、或本云名名王民。咸可二聴聞一。今以二汝等一使仕状者、改二去旧職一、新設二百官一、及著二位階一、以二官位一叙。

（大化三年（六四七）四月壬午（二十六日））……惟神、……我子応治故寄。是以、与二天地之初一君臨之国也。自二始治レ国皇祖之時一、天下大同、都無二彼此一者也。既而頃者、始二於神名・天皇名名一、或別為二臣連之氏一、或別為二造等之色一。由レ是、率土民心、固執二彼此一、深生二我汝一、各守二名名一。……。是故、今者随二在レ天神一、属下可二治平一之運上、使悟二斯等一、而将二治レ国治一レ民、是先是後、今日明日、次而続詔。然、素頼二天皇聖化一而習二旧俗一之民、未レ詔之間、必当レ難レ待。故始二於皇子群臣一、及二諸百姓一、将賜二庸調一。

ここに読み取られる歴史観および政策方針は次の如くである。①皇孫思想を根拠とする皇統の一系的統治を柱としつつも、これから新たに一元的な君臣関係を設定しようとしている。これまで現行の仕奉意識は、君臣関係が創設された時代の神名・天皇祖名を媒介にして基礎づけられてきたのだが、これからは現天皇が個別の歴代を一つの歴史として統括することによって、現天皇に直結する君臣関係を創始しようというのである。次に、②そのための具体策として、旧職を廃止して位階を付与し、それに応じて任命されるべき百官を設置して（官位相当制）、さらにそれに基づいた封禄制度の整備を目指すことが語られる。③このような契約をした以上、新しい君主は過去の歴史の継承者として位階制を基礎に据えた君臣秩序を守り続ける責任を果す限りで、臣下の仕奉を要求することができる。この構図は先の諸宣命に現われた政治理念と即応的である。そして、①の理念と②の制度とが表裏一体の政策として認識されている点が重要である。②の要素の実現が律令法典の完成であり、①の実現が国史の撰修と後述する一連の山陵政策にあたるのである。これ以降、国史と山陵をモニュメントとして固定していく作業が進められていく。その過渡的法意識が文武即位詔に現われている。

（文武天皇元年（六九七）八月）庚辰（十七日）、詔曰、「……。是を以て、天皇が朝庭の敷き賜ひ行ひ賜へる百官人等、四方の食国を治め奉れと任け賜へる国々の宰等に至るまでに、国の法を過ち犯す事なく、明き浄き直き誠の心を以て、御称々りて緩び怠る事なく、務め結りて仕へ奉れと詔りたまふ大命を、諸聞きたまへと詔る。故、如此の状を聞きたまへ悟りて、款しく仕へ奉らむ人は、其の仕へ奉れらむ状の随に、品々讃め賜ひ上げ賜ひ治め賜はむ物そと詔りたまふ天皇が大命を諸聞きたまへと詔る」とのたまふ。（原宣命小書体）

法に基づく仕奉（統治分担）を臣下に命じるこの詔は、先の即位譲位宣命や養老三年詔の定型化した思想と比べて、焦点の置き方は微妙に違っているが、異質なものではない。位階授与との関係で臣下の遵法と仕奉が求められているが、これを対立的な交換条件と捉えるべきではない。また官位制が法典としてモニュメント化されていないために、――浄御原令は暫定的施行と認識されているのだろう――君主権と法典との関係はいまだ明確な形では語られていないことも見落せない。

他方、『続日本紀』天平勝宝元年（七四九）四月朔条の東大寺行幸に際して発せられた宣命のなかに、天智天皇のなまの言葉が引かれていることが注目される。

また、天日嗣高御座の業と坐す事は、進みては挂けまくも畏き天皇が大御名を受け賜はり、退きては母大御祖の御名を蒙りてし食国天下をば撫で賜ひ恵び賜ふとなも神ながらも念し坐す。是を以て王たち大臣の子等、治め賜ふいし、天皇が朝に仕へ奉り、母に仕へ奉るには在るべし。しかのみならず、挂けまくも畏き近江大津宮に大八嶋国知らしめしし天皇が大命として、奈良宮に大八洲国知らしめしし我が皇の天皇と御世重ねて朕に宣りたまひしく「大臣の御世重ねて明き浄き心を以て仕へ奉る事に依りてなも、天日嗣は平けく安けく聞こし召し来る。此の辞、忘れ給ふな。弃て給ふな」と宣りたまひし大命を受け賜はり恐まり、汝たちを恵び賜ひ治め賜はくと宣りたまふ大命を、衆聞き食へと宣る。又……。（原宣命小書体）

元明・元正・聖武と「御世重ねて」受け継がれてきた天智天皇の言葉「大臣の御世重ねて明き浄き心を以て仕へ奉る事に依りてなも、天日嗣は平けく安けく聞こし召し来る。此の辞、忘れ給ふな。弃て給ふな」が、ここに引用されている。「御世重ねて」が二度も繰り返されているように、「天皇歴代を超えて」大臣たちが永続的に「仕へ奉る」ことと、「歴代を超えて」彼らを「治め賜ふ」こと（官位の授与）が「平安の基礎」だといっている。従来ほとんど注目されてこなかったが、この天智天皇の言葉のなかで強調されている君臣関係のあり方――個別の奉仕関係を超えた律令官位制を基礎とした君臣関係の永続――こそが、まさに不改常典の根本理念なのである。

以上の流れをみてくると、大化改新での契約が八世紀に完成する新しい政体の出発点になっていることが知られるであろう。そして不改常典の語りには如何なる国制が志向されてきたかが、端的に集約されているといえるのである。

最後に本節での考察をまとめて、当該期の政治思想の位置付けを行っておこう。

①不改常典の語りは、伝統的な君臣関係を基盤に置きつつも新たに律令法典に基づく統治を主張する言説である。日本の律令法が殊更に不改常典と表現される理由は、法典が統治の手段ではなく、改るまじじき契約である新しい君臣関係＝官位制のモニュメントと認識されていたからである。だから日本における律令継受は、刑罰法

である律よりも、政体に関わる令、しかも中国官品制とは異質な官位相当という君臣関係の原理の部分に重点を置いて進められたのである。天智朝はこうしたシステムの原型を作り出した画期とみなされていた[17]。

②不改常典は皇位継承範囲の限定であるどころか、血縁関係・年齢・性別などの個人的能力に左右されない統治を可能にする原理である。君主は法典と歴史という君臣関係のモニュメントを保持する限り、正当な統治者として認められる。このように君主権が個人の身体のなかに存していながらも本質的に法化されていれば、君主に対する個人攻撃は行いえない。これは君主制政体 monarchy の一つの基本スタイルである。この時期を境に、権力と王の身体が未分離な専制政体 despotism と表裏一体の関係にある「代替わりごとに君臣関係を再創造する殯儀礼」や「個別の服属儀礼」などの伝統が衰退していく[18]。

③その結果、君主は臣下の輔佐を受けつつも歴史と法典に対して責任を負うことになる。つまり天の意思からの制約は間接的になるが、逆に律令法や先例、さらに先帝からの制約を大きく受けるという代償を甘受しなければならない。律令法は統治手段以上に神聖化され、著名な大夫人称号事件（神亀元年（七二四）三月辛巳（二十二日）条）が示すように、勅が律令法を根拠に撤回されるという事態すらも起こってくる[19]。また、「生存する先皇」＝太上天皇からの制約や「崩じた先皇」＝山陵からの加護・譴責（先皇霊がもたらす祥瑞・災異）も増大する[20]。――天皇は法と先皇に仕え奉る存在となる。

第二節　天皇霊のモニュメントとしての山陵――君主権正当化の新しい論理――

前節では不改常典を素材として、臣下との関係における君主権の問題、即ち君臣関係を維持する新しい論理とそれに必要とされる君主の責任について考えてきた。本節ではこの同じ問題を、君主権の正当性がどのように変化するのかといった角度から描き出すことを試みる。従来の研究では、継承儀礼のなかで更新された新君主が如何なる手続きを通して認知を獲得するかという点から考察されてきたように思う。なまの政治関係を包み込んでそれを円滑に機能させる象徴的儀礼の意義を軽視するわけではないが、ここで扱いたいのは現実の君臣関係の構造と君主権の質である。皇孫思想に象徴される直接的で即自的にすぎなかった君主権の正当性がどのように再構築されて、新しい法的君主権が生み出されてくるのかを考える。素材としては、君主権の実体化である政治的霊魂＝天皇霊を取り上げる。天皇霊に関する語りには下敷きとなる漢籍の文例があるのだけれども、こうした言説が特定の時期に特定の様式で現われることの意味は無視することはできないと思う。

（一）天皇霊からみた君主権の再構築

天皇霊については従来、『日本書紀』と『続日本紀』のそれをひとまとめに意味付けてきたきらいがある。折口信夫氏から吉田　孝氏に至るまでの通説によれば、天皇霊は始祖から受け継がれた霊魂＝「マナ mana」のことだとされてきた[21]。それに対して、熊谷公男氏は天皇霊を王権の守護者たる先皇霊の集合体とみなし、漠然とした範囲の祖先たちの具体的功績の積み重ねを実体化したものとして位置付ける[22]。しかし既に指摘したように[23]、天皇霊観念自体がこの時期に大きく変化している。ここでは先に論じ残した点を補足しつつ、より広い視野から問題を深めていく。

まず『日本書紀』にみえる天皇霊については、前稿で三つの特徴を指摘しておいた（第四章表3参照）。①天皇霊は現天皇に属する現実的な霊威・権威を指す概念で、過去の天皇個人の霊魂ではない。②華夷観念（王化思想）

を基礎にした個別の征討・服属など仕奉関係に関わる場において語られ、「神祇の霊に頼り」＋「天皇の霊に頼り」＋「……を討つ」という叙述パターンをもって現われる。③語りの主体は天皇自身ではなく、天皇に既に服属している臣下である。『日本書紀』段階では、天皇の守護霊といった宗教的観念はほとんど確認できないのである。

本稿の課題は霊魂論ではないから、天皇霊の語は出てこないが、同様の論理を有している語りにも目を向けることになる。

①（欽明天皇十六年（五五五）二月条）……恵（百済王子）答へて曰く「天皇之徳に依憑して、冀はくは考王の讎を報いむ。……」と。

②（推古天皇八年（六〇〇）是歳条）仍りて表を奏りて曰く「天上に神有り、地に天皇有り。是の二神を除きては、何にか亦た畏き有らむや。……」と。（新羅任那の上表文）

③（天武天皇元年（六七二）六月丁亥（二十七日）条）天皇祈りて曰く「天神地祇、朕を扶くれば、雷雨息めむ」と。

④（天武天皇元年七月先是条）便ち亦た言はく「吾（事代主神・生霊神）、皇御孫命の前後に立ちて、不破に送り奉りて還る。今も且官軍中に立ちて守護す」と。……。即ち勅して三神の品を登進して祠る。

⑤（天武天皇八年（六七九）五月乙酉（六日）条）則ち草壁皇子尊、先ず進みて盟ひて曰く「天神地祇及び天皇、証めたまへ。……。倶に天皇の勅に随ひて、相ひ扶けて忤ふること無けむ。若し自今以後、この盟の如くあらずば、身命亡び子孫絶えむ」と。

（以上『日本書紀』、原漢文）

これらの史料に——天皇霊という言葉自体が天皇号成立を前提としているように——編纂時の文飾があることは

否めない。しかし天皇霊が他方では「天皇之徳」と表現されたりするように、表記に統一がみられないにもかかわらず、同様の内容が共通の様式で語られていることからすれば、核に何らかの現実的な意識構造が存在していたと考えてよいと思う。①から、天皇霊は現君主の徳とも表現されるように一つの価値要素を含み込むものである。服属という現実的な権力関係にこうした要素が直接組み込まれている点が注意される。また、②③④にみられるように、天皇は「天上の神」に比され、「天神地祇」と表現される神々は皇御孫命に仕え奉る下位の存在として描かれている。この言説は天武朝においてもなお残存する（⑤）。天皇によって神々に品が登進されていることも先の仕奉関係との関わりで注目されよう。

さて、これと先の天皇霊の特徴とをあわせ理解すると、当該期の君主権は君主の身体と未分離な「なまの権力」として存し、その正当性は君主個人の身体と密接に関わり合いながら存在していることが知られよう。もちろん、皇統に属しているべきだという伝統的支配の枠組みは早くから前提となってはいるけれども、それだけでは個々の君主の正当性は皇統に属する他者との関係において保障されえない。君主の地位は個人的資質＝政治的徳に左右される甚だ不安定な状態にあり、自律した法的君主権は未成立であるといってよい。

こうした国制は専制政体 despotism と規定されるべきものであり[24]、君臣関係もまた個別的・人格的な関係として存在する。君主は新たな服属関係を次々に創始し続ける主体であることによってのみ正当な君主たりえるのであって、当国家は征服的性格を原理とする。しかし、いったん国内の統一と安定した秩序が大枠において完成すると、それ以上の征服を容易には行いえない海に囲まれた立地という条件も作用して――具体的にはいわゆる伽耶（任那）などの朝鮮半島経営の失敗が直接的な行き詰りとなった――、こうした政体のままで秩序を維持することが困難になってくる[25]。国家統一の進展とは裏腹に君主の権威そのものは急激に低下していくことになる。

そこで、新たな君主権正当化の論理が模索されることになる。まず『続日本紀』にみえる天皇霊記事に目を向けてみよう。前稿で指摘した特徴は次の三点であった（第四章表4参照）。①先皇の霊魂であること、②天皇・王権の守護霊であること、③語りの主体は天皇自身であること、である。具体的には、立太子、陸奥国産金、橘奈良麻呂の変の未然発覚、祥瑞改元、県犬養姉女謀反の未然発覚などの際に注目されている。それらが先皇の霊魂であることは明らかだから、天皇霊の語が直接現われない山陵臨時祭祀も当該事例に含めてよい（第四章表5参照）。戦勝祈願、新羅・渤海からの貢物献上、新羅皇子来朝の報告、祥瑞改元の慶命使発遣、病気平癒の祈請などの対象にもなることが知られよう。外交や謀反との関わりで出てくる事例には『日本書紀』的な天皇霊との連続面も見受けられるものの、現統治を守護する過去の先皇霊魂として登場している点では全く異なっている。両者の間には大きな転換が確認される[26]。

加えてここでは、天皇霊という語は現われないが次の史料にも注目したい。『日本書紀』の語りと類似した様式を有するがゆえに、変化の相を捉えるために有効な史料となる。

①（霊亀元年（七一五）九月庚辰（二日）条）天皇、位を氷高内親王に禅る。詔して曰く「……。朕、天下に君として臨み、黎元を撫育するに、上天の保休を蒙り、祖宗の遺慶に頼りて、海内晏静にして区夏安寧なり。……」と。

②（神亀四年（七二七）十一月己亥（二日）条）詔して曰く「朕、神祇の祐に頼り、宗廟の霊を蒙りて、久しく神器を有す。新たに皇子を誕めり。立てて皇太子とすべし」と。（以上『続日本紀』、原漢文）

統治がこれまで円滑に遂行されてきた理由を回顧した文章である。一見すると、①②ともに中国的な郊祀・宗廟祭祀のことをいっているようにみえる。しかし、社会的機能を有する宗廟の制は古代日本においては受け入れられておらず、「祖宗」「宗廟の霊」という言葉が使われてはいても、実際には政治的性格を有する先皇霊を指していると考えるべきであろう。そして、それは『続日本紀』神護景雲三年（七六九）十月朔条にみえる「朕、必ず天翔り給ひて見行はし、退け給ひ、捨て給ひ、きらひ給はむ物ぞ。天地の福も蒙らじ」（元正天皇遺詔）といったヤマトタケルの白鳥伝説を想起させるイメージをもつ守護霊である。儒教的祖先観念とは異質な特質をもつものである。また、①の「上天の保休」は確かに中国的な天を指す表現であるが、それはもう一方の同一構文のなかでは「神祇の祐」と表現されたりもするのであって、両者は混同されている。中国的な天の観念は正確には根付いていない。そして天神地祇は『続日本紀』段階になっても、しばらくは天皇統治に対して仕え奉る存在として祥瑞を奉献する。

（和銅元年（七〇八）正月乙巳（十一日）条）此の物は、天に坐す神、地に坐す祇の相ひうづなひ奉り、福はへ奉る事に依りて、顕しく出でたる宝に在るらしとなも、神ながら念し行す。是を以て天地の神の顕し奉れる瑞宝に依りて、……。

（天平元年（七二九）八月癸亥（五日）条）此は太上天皇の厚き広き徳を蒙りて、高き貴き行ひに依りて顕れける大瑞の物そと詔りたまふ命を、衆聞きたまへと宣る。辞別きて、此の大瑞の物は、天に坐す神・地に坐す神の相ひうづなひ奉り、福はへ奉る事に依りて、顕し奉る貴き瑞を以て、御世の年号改め賜ひ換へ賜ふ。……。

（以上『続日本紀』、原宣命小書体）

関晃氏もいうように、漢字で書かれる文章が中国的文飾を受けがちであるなかにあって、この詔は瑞宝を出現させる主体についての当時のリアルな思想を伝えてくれている。[27]ここにみられる「祥瑞を奉る」という観念は中国の天が「祥瑞を賜ふ」のとは全く異質なものであって、むしろ先にみた『日本書紀』の天皇と天神地祇との関係に連続する位相にある。

以上の『続日本紀』の諸史料に現われた政治思想を整理しておこう。『日本書紀』段階と比較してみると、①天神地祇は天皇に仕え奉る輔佐的存在であり続けており、大きな変化は確認されない。それに対して、②天皇霊の方は統治を上から守護する先皇霊魂を指すようになり、現君主は語りの主体へと移動している。統治の守護者とは統治の正当性の神話的表現であるから、この変化は現天皇の身体に付属していた権威（正当性）が過去の先皇霊魂に譲渡されたことを意味する。天皇自身が自らの正当性を対自化していくプロセスを看て取ることができる。そして、③それに即応する形で「……を討つ」（君臣関係の創始）という部分が、「海内晏静……」「久しく神器を有す」（秩序の維持）へと変化する。時折現われる祥瑞出現の語りも、同じく天下平安＝君臣秩序安定の一つの表現である。とりわけ重要なのは、この②③の変化が密接な連関をもちつつ起こっている事実である。安定した統治は専制政体のままでは維持できず、新しい君主権の位置付けが要求されているのである。

また、祥瑞出現記事に明確に現われているように、山陵に宿る天皇霊は現天皇に対して「祥瑞を恵む」存在であり、天神地祇はその意思を受けて「祥瑞を献ずる」存在として位置付けられている。先皇霊は中国における天の位置に据えられているといってよい。さらに先の天平元年の史料において、祥瑞出現の一つの理由として「太上天皇の厚き広き徳を蒙りて」と語られていた点も見落せない。結局、この新しい政体にあって現君主に正当性を与える上位の存在として設定されたのは、過去の先皇霊――具体的には山陵と太上天皇――なのであって、本来の天の思想は天皇霊に取って代わられているといえよう。

こうして生み出された政治思想を前節で把握した即位・譲位宣命の論理と比較してみよう。観念の次元での語りになっているが、やはり両者に同一の論理が確認され、同じ土台をもつ政治倫理であることがわかる。法についての言及がないのは、本節で扱っている史料が現実の君臣関係ではなく、君主権の正当性の方に重点を置いた言説であるからにすぎない。

『続日本紀』に現われた天皇霊の語り	『続日本紀』即位譲位宣命
——	法典にもとづいて、
天皇霊の守護と恵みを受けて、	過去の政体を受け継ぎ、
天神地祇（既服属者）の仕奉によって、	臣下（既服属者）の仕奉により、
祥瑞出現（天下平安）。	天下の平安（君臣秩序の安定）を得る。

最後に、こうした君主権の再構築がいつから模索され始めたかについてふれておく。結論からいえば、こちらも第一節と同じく大化改新が一つの画期であり、それが八世紀に至って完成されると考えてよさそうである。改新政治が一段落した白雉改元の際の孝徳天皇の詔（『日本書紀』白雉元年二月甲申（十五日）条）を見てみよう。左大臣巨勢徳陀古が奉った賀辞、

公卿百官人等奉レ賀、陛下以二清平之徳一治二天下一之故、爰有下白雉、自二西方一出上。乃是、陛下及二至千秋萬歳一、浄治二四方大八嶋一、公卿百官及諸百姓等、冀磬二忠誠一勤将レ事。

に対して孝徳天皇は、

聖王出レ世治二天下一時、天則応レ之、示二其祥瑞一。……。夫明聖之君、獲二斯祥瑞一、適其宜也。朕惟虚薄、何以享レ斯。蓋此専由下扶翼公卿臣連伴造国造等、各尽二丹誠一、奉中遵制度上之所レ致也。是故、始二於公卿一、及二百官等一、以二清白意一、敬二奉神祇一、並受二休祥一、令レ栄二天下一。

と答えている。もちろん謙遜の言辞ではあるが、祥瑞＝天下の平安が得られたのは、天皇の徳治によるのではな

く、臣下が丹誠な仕奉を行い、制度を遵守したからであると明確に述べているところが注目される。前節で文武即位詔を「法による統治が志向され臣下の遵法が求められてはいるが、いまだ君主権との関係において法典が位置付けられていない過渡期的事例」と説明しておいたが、この語りはそれと共通する精神をもっている。祥瑞出現（統治の安定）と臣下の仕奉・遵法との関係にはふれながらも、君主権については「朕の薄徳」ということが語られるにすぎず、モニュメント化された君主権＝「天皇霊の恵み」についての積極的な語りはいまだ現われていないのである。

また当該期の微妙な意識を示す史料として、次の孝徳天皇の詔（同上の続き）も注目される。

又詔曰、四方諸国郡等、由㆓天委付㆒之故、朕総臨而御宇。今我親神祖之所㆑知穴戸国中、有㆓此嘉瑞㆒。所以、大㆓赦天下㆒、改㆓元白雉㆒。

表面的には中国の天命思想が語られているが、それと同時に祥瑞をかつて「我が親神祖」が服属させた穴戸国の天神地祇が捧げ出したものとみなす伝統的な珍物貢献の思想が濃厚に残存している。こうした伝統的思想は、大枠において八世紀の祥瑞観念にも流れ込んでいくものである。ただし、この段階では個別の服属が行われた特定の世を媒介として天神地祇の現王権への仕奉が語られており、それを一元的に束ねる歴代史の観念は未成立である。そして歴代史の観念と表裏一体の関係にある新しい先皇霊観念もまた未成立なのである。

以上、君主権を即自的なものから法化されたものへと再構築する試みが大化改新ころから模索され始め、八世紀になって先皇霊を中国的な天の位置に据えるという形で成し遂げられたことを明らかにできたと思う。先皇霊は普遍的な中国の天とは違って、現天皇の皇位の祖であり天皇統治の一系性の守護者である。従って天の位置にある先皇霊が現統治に対して譴責を加えることはあっても、それを否定する形で働くことはないのであって、革命思想は完全に払拭されている。これは、君臣関係を法典に基づいて法化するだけでは不十分であった部分を補足する論理であり、君主権の一系性を如何に保障するかという課題に対する答えであった。

（二）山陵政策と君主権

最後に、新たに先皇霊が宿ることになった山陵に対して、律令国家が如何なる政策を加えたかを簡単に通覧しておきたい。天の位置に据えられ君主権を基礎づけるという役割を担うことになった先皇霊は、個別の先皇霊魂の集合体のままであってはならない。これまでに結ばれてきた個々の君臣関係を象徴する歴代を束ねた歴代史のモニュメントとして一系的に編成される必要がある。国史編纂はその基礎作業ではあるが、現実的な規範機能を得るためには歴代天皇の政治性を具象化すること、即ち先皇霊のモニュメント化が必要となる。ここに、日本律令国家が全先皇陵の一系的管理を目指し、日本独特の一斉祭祀、荷前常幣を創始した理由がある。[28]

令制以前においては、山陵は個別の君主の身体とそれに直結する君臣意識のモニュメントであり、霊魂の宿る祭祀対象という観念は稀薄であった。その典型的な例として『日本書紀』推古天皇二十八年（六二〇）十月条の記事があげられる。

冬十月、以二砂礫一葺二檜隈陵上一。則域外積レ土成レ山。仍毎レ氏科之、建二大柱於土山上一。時倭漢坂上直樹柱、勝之太高。故時人号之、曰二大柱直一也。

これは山陵の霊魂に対する祭祀ではない。五十年忌に因んで欽明天皇陵を舞台として諸氏の王権への仕奉意識を確認させようという政治的デモンストレーションである。[29] 天皇と蘇我氏の関係性の淵源たる欽明天皇を結節点として仕奉意識を集約しようとする方向性は新しい要素だが、現在の君臣関係が過去の個別の先皇に対する人格的な意識を媒介にして基礎づけられていたことも窺われる。欽明陵はあくまで欽明天皇の身体モニュメントなのである。また、皇極天皇元年是年条には、蘇我蝦夷・入鹿が自らの政治的権力を誇示するために寿陵を造って陵と称したとあるが、これもまた陵墓が個々人の政治的能力のモニュメントとみなされていることを示している。

それに対して、律令国家は全く新しい山陵政策を開始する。持統天皇五年（六九一）十月に次のような詔が出された。

乙巳（八日）、詔曰、凡先皇陵戸者、置㆓五戸以上㆒。自余王等有㆑功者、置㆓三戸㆒。若陵戸不㆑足、以㆓百姓㆒充。免㆓其徭役㆒。三年一替。　（『日本書紀』）

全先皇陵の公的守衛のために陵戸の戸数を定めたもので、喪葬令1先皇陵条「凡先皇陵、置㆓陵戸㆒令㆑守。非㆓陵戸㆒令㆑守者、十年一替。兆域内不㆑得㆓葬埋及耕牧樵採㆒」に引き継がれる浄御原令の条文を受けた詔であろう。山陵治定の進行に応じて、兆域には溝と柵が設置され立ち入りが禁じられる。[30] また先皇陵条集解古記が語るように、「即位天皇以外は皆悉く墓と称」するようになり、先皇陵の超越性が確保される。しかし、この一連の治定は困難な仕事であった。偉大な先皇の山陵ならば個別に記憶され私的守衛者も置かれていただろうが、それ以外の多くは埋葬後に恒常的な管理や祭祀がなされていたとは思われず、既に七世紀末段階で所在不明になっていた天皇陵も多かったと思われる。記紀に吸収されている『帝紀』の山陵記事は日継の一部にすぎず、具体的な葬地・古墳に即して認識されていたわけではなかった。[31] 全先皇陵の一斉治定は、律令国家がその独自の目的のために初めて行ったことなのである。

さらに治定完了を受けて、毎年全先皇陵に調の初物を奉献する恒例の山陵祭祀「荷前常幣」が開始される。幣物が内蔵寮ではなく大蔵省から支出されるように、これは皇室の祖先祭祀ではなく政治的な国家祭祀である。[32] 宗、族以外には祭らせない排他的な中国宗廟祭祀とは異なる性格を有している。現行の全君臣関係の起源は過去のいずれかの天皇の世にあるのだから、それらを束ねた全先皇陵に対する祭祀は、現行の君臣秩序の一斉確認の意味をもつ。公民からの税の初物を献物に位置付けることには、律令公民制を基礎とした新しい奉仕意識を普及させようという意図も含意されている。そして先皇霊は、皇族の守護者ではなく現天皇一者を守護する存在、即ち地位の守護者と位置付けられる、言い換えれば君主権の正当性の象徴となるのである。山陵は個別の君臣意識のモニュメントから、天皇統治の一系性と一元的君臣意識のモニュメントとして再編されるのである。

ともすれば国政の大綱からみて些末なことと思われる山陵祭祀という思想的政策が、浄御原令の制定とほぼ同時に企画され、全先皇陵治定と守衛戸設置という大事業が律令制度の創設期を通じて推進されたことは、もっと注目されるべきである。ここには、当時の国家が山陵に対して如何に大きな政治的役割を期待していたかが端的に示されているのであり、逆にこれまで論じてきた立論がそれによって傍証されることになる。(33)

むすび——神の如く偉大な自然的君主から神聖化された法的君主へ——

七世紀から八世紀への国制改革の基盤にある政治意識の構造にはまだまだ論じ残された点が多い。大雑把な議論に終始してしまったが、自分なりに一つの切り口と見通しを提示したつもりである。最初にも述べたように、本稿は坂上論文と共通する課題を扱ってきたから、ここでその違いを簡単にまとめておくことにする。坂上氏の結論は次の如くである。——当該期の日本は、隋唐の如き絶対的君主権を基礎にした応務的君臣関係を創設しようと試みたが挫折した。結局のところ、統治権の正当性は、皇祖以来の統治権の委託の連続という伝統的思想に求められざるをえなかった。それゆえ現君主は先帝からの制約を強く受け、法は祖法化して柔軟性を失うことになった。そして臣下の遵法もまた叙位の交換条件であって、君臣関係は現実的な双務関係を超えることができなかった。

これに対して私説では、応務的君臣関係や専制的君主権などは最初から意図されていなかった、むしろそれからの脱却を目指していたと考えた。法典や先皇霊の固定化についても、皇孫思想の再構築を通して新しい政体への転換を意図する意識的なモニュメント化政策であると評価した。この新しい君臣関係は一つの契約関係ではあるが、現実的な駆け引き＝双務関係といった対立的なものとして捉えるべきではなく、あくまで両者は協力して政体を保持していくことを目指していたと考えるべきである。大津透氏が指摘する「令制以前の君主と畿内豪族との間の共同体的意識」を前提にして生み出された国制においては[34]、法は片務的に強制されなくても機能しうるものなのである[35]。

最後に、これまで考察してきたことを歴史の大きな流れのなかに位置付けて結びとしたい。日本古代国家の君主の地位は、既に六・七世紀には神話的論理によって特定血族の範囲を逸脱することのない伝統的支配として認知を受けるようになっている[36]。蘇我氏が崇峻天皇を弑した際にも王権を簒奪することはなかったのである。しかし、このいわゆる皇孫思想は国家元首の地位を一定範囲以上に拡散させないための規範にはなっても、君主権そのものの正当化としてはあくまで一方的な説明にすぎない。また政治の論理でいえば、皇孫に属する者を都合よく皇位に立てさえすれば、皇位簒奪や易姓革命といった面倒なことは必要ではないということになる。倭の五王の時代のように列島内で次々に君臣関係を創造していた段階、国際的な対外経営が順調であった段階においては、君主のカリスマはそれ自体として広く認知を受けるから君主権は専制的であってもよい。しかしそうした諸契機が行き詰まる六世紀末から七世紀になると、専制的君主権は一挙に揺らいでくる。継承時の争論が頻繁に起こり、臣下によって君主が弑されるという深刻な事態までが引き起こされるに至る。

従来、こうした事象は主に皇位継承に関わる問題として論じられてきた。もちろんこれ以降の皇位継承原理（皇太子制・譲位制）の模索を軽視するわけではないが、このような問題が引き起こされる根底には君主権自体の揺らぎがあったのである。氏の力関係によって君主の地位が諸王家の間を揺れ動く不安定性、王権の分裂とそれに応ずる臣下の分裂は、皇孫思想の枠が守られていようがいまいが、外国の目からみれば易姓革命が起こっているのと何ら変わらない危機的状況である。国際関係の緊迫や白村江の敗北といった状況のなかで、国家の存続という深刻な問題に直面していた当時の政治家たちは、従来の皇孫思想の論理の不十分さを痛切に意識せざるをえなかったであろう。根本課題は新しい君主権正当化の論理を模索し、君臣関係を再構築することにあった。

それまでの君臣関係は、個々の君臣関係が創始された世々の君主の偉大さに依拠していた。それを「世」を超えて永続させるために「名」の論理が用いられた。名と職を受け継ぐがゆえに、それを与えた過去の君主の子孫たる現君主に従ってきたのである。過去の歴史は現行の君臣関係の根拠《グルント》なのであり、現君臣関係は二次的関係である。それゆえに皇位そのものは前提的なものとして否定されることはないが、その地位につく個別の君主の正当性は臣下の総意――つまり現君主の自然的特質（政治の能力）と社会的特質（政治の立場）に対する判断――という曖昧で不安定な要素に依存することにもなる。このような構造を再構成する試みが大化改新から始められ、律令国家の成立とともに達成されることになる。

しかし新しい国制といっても、ここで中国的な専制政体を目指すわけにはいかない。君主そのものを権利の源泉に設定する国家、君主が強大な力と徳によって統治する専制国家――それが有効に機能した時期が日本にもかつてあったかもしれないが——を目指すことは、如上の状況下にあっては全く無謀な試みである。そのようなことをすれば、それこそ易姓革命が起こりかねない。そこで第二の道が選択されることになる。それは君主制国家、法的君主権の設定である。ここに日本がいわゆる東洋的専制国家から離脱していく出発点がある。国制再編は次のような段階を踏んで行われた。まず君主が従来の即自的で直接的な権力を放棄し、君臣関係の根拠であった過去の個別の世を一元的に管理する存在に自らを位置付ける。こうした理念は、先皇の政治的身体（天皇霊）を一系的先皇霊に編成して現君主の守護者と位置付け、そのモニュメントである全先皇陵を管理・祭祀することによって具現されることになる。また、新たな君臣秩序として官位制が創始される。日本の律令法典はその新しい永遠・不改の君臣秩序のモニュメントとして神聖化される。

この新しい君臣関係は一つの契約である。即位譲位宣命に直截的に語られているように、現君主は過去の君臣関係の集約的モニュメントである歴代史と山陵とを受け継ぎ、新しい君臣関係のモニュメントである官位制を核とする律令法典を厳守するという責任を担う。君主はそれらを保持する限りにおいてこそ、正当な君主として臣下の仕奉を要求することができる。そして、君主と臣下とが一体となってそれらに仕奉してこそ政体を保持していくことができるというのである。

君主制にとって避けることのできない限界は、君主が自然の身体と個性を有していることである。統治の正当性をそこに大きく依存させる限り、君主権は強力になると同時に不安定になる。専制君主は批判に身をさらしつつ、それを力で切り捨てねばならない。日本律令国家はこうした直接性をできる限り縮小させようと試みた。君主権の対自化・法化によって、現統治が臣下にたやすく否定されえない論理を生み出したのである。日本の新しい国制の特質である「君主は憲法 constitution として設定された法を守るがゆえに正当である」というテーゼは、聖武天皇が律令法に基づいた太政官の意見を簡単に受け入れて勅を撤回した大夫人称号事件に端的に現われている。法の体現者たる中国皇帝からすれば、勅を撤回するなどということは認めがたいことであって、自らの権威の否定にもつながりかねないであろう。しかしこの事件を日本の君主権の弱さ、貴族層の発言力の大きさという議論に還元して理解するのは誤りである。これまで述べてきたことからすれば、政体の質に由来する根本的差異だと考えられよう。中国君主が勅を撤回すべきではないこと、逆に日本の君主が場合によっては律令法に従って勅を撤回すべきことは、共にそれぞれの政体の基礎にある法の精神に基づいた正しい判断なのである。七世紀から八世紀にかけて起こった日本の国制の構造変化は、専制政体から君主制への移行と規定されよう。

以上の見通しはあくまで一つのデッサンである。扱った素材からくる限界でもあるのだが、君臣関係を一元的に捉えてしまい、畿内と畿外、五位以上と六位以下といった地理的・階層的ディテイルを捨象したことは否めない[37]。また、法治的側面を強調しすぎたために、近代国家との差異が曖昧になった面もある。しかし従来、専制か貴族制かというそもそも二律背反になっていない対概念をめぐって議論がなされてきたことをみる限り、君主権の法化の具体的様態を解明することは、権力構造論にとっても有効な切り口となるのではないかと思うのである。なお、奈良時代後半以降および桓武朝になると、こうした政体に新たな変化が起こっている。法は仏法により相対化され、天皇霊は仏教の救済思想の浸透により世俗化されていく。その結果、王権は再び専制化の傾向を強めていくことになる。孝謙女帝の専制とそれに直結した藤原仲麻呂・道鏡の政治、新羅侵略の計画などである。以上の捨象した側面や八世紀後半以降の変化については、あらためて別稿で論じていきたいと考えている。

(1)　青木和夫『日本律令国家論攷』岩波書店、一九九二年、吉田 孝『律令国家と古代の社会』岩波書店、一九八三年、

大津 透『律令国家支配構造の研究』岩波書店、一九九三年、など。

(2) 例えば、近年の大津 透「古代天皇制論」(『岩波講座日本通史』古代3、岩波書店、一九九四年)も、「形式化あるいは抽象化されているが、律令に規定された天皇制は、大化前代もしくは古墳時代以来の大王と同じように位置付けられ、氏姓制度のあり方を受け継いでいる」と結論づけている。

(3) 坂上康俊「古代の法と慣習」(『岩波講座日本通史』古代2、岩波書店、一九九四年)。そのほか、早川庄八「律令国家・王朝国家における天皇」(同『天皇と古代国家』講談社学術文庫、二〇〇〇年。初出は一九八七年)も参照。

(4) 「天地と共に長く、日月と共に遠く改るましじき常の典と立て賜ひ敷き賜へる法」という概念は、秦から前漢のころに纏められた『爾雅』釈古の「法、常也」、戦国時代末の『管子』正第四十三の「如二四時之不一レ貳、如二星辰之不一レ變、如レ宵如レ昼、如レ陰如レ陽、如二日月之明一、曰レ法」「当レ故不レ改曰レ法」、『史記集解』巻三十の「治レ器法、謂二之鎔一」といった、法とは物の依拠する基準・原理であって、具体的な実定法は天の原理の実在化でもあるという観念をふまえている。しかし、その内実は「致レ法、其民守レ慎以正」(『管子』同篇)とあるような法家思想とは異質である。古代日本の天皇即位の場で殊更に不改常典が言及される理由は、別に具体的な歴史的条件のなかに求められなければならない。

(5) 三浦周行『続法制史の研究』岩波書店、一九二五年、瀧川政次郎『律令の研究』刀江書院、一九三一年、高橋 崇「天智天皇と天武天皇――続紀宣命より見たる――」(『続日本紀研究』一巻九号、一九五四年)、押部佳周「近江令の成立」(同『日本律令成立の研究』塙書房、一九八一年。初出は一九七六年)、柴田博子「立太子宣命にみえる食国法」(門脇禎二編『日本古代国家の展開』上巻、思文閣出版、一九九五年)、坂上註3論文、岩橋小彌太「天智天皇の立て給ひし常の典」(同『増補上代史籍の研究』下巻、吉川弘文館、一九七三年。初出は一九五一年)、直木孝次郎「天智天皇と皇位継承法」(同『古代史の人びと』吉川弘文館、一九七六年。初出は一九五五年)、井上光貞「古代の女帝」「古代の皇太子」(同『日本古代国家の研究』岩波書店、一九六五年。前者の初出は一九六三年)、坂本太郎『日本全史』古代1、東京大学出版会、一九六〇年、早川庄八「天智の始め定めた「法」についての覚え書き」(早川註3著書。初出は一九八八年)、関 晃「いわゆる不改常典について」(『関晃著作集』第四巻、吉川弘文館、一九九七年)、水野柳太郎

「『不改常典』をめぐる試論――大王と天皇――」（『日本史研究』一五〇・一五一合併号、一九六九年）、田中卓「天智天皇の不改常典」（『神道史論叢』国書刊行会、一九八四年）、森田悌「不改常典について」（同『日本古代の政治と宗教』雄山閣出版、一九九七年。初出は一九九三年）、若井敏明「不改常典と古代の皇位継承」（『続日本紀研究』三〇九号、一九九七年）など。これ以外については各論考の註を参照されたい。

(6) 青木和夫「浄御原令と古代官僚制」（青木註1著書。初出は一九五四年）。

(7) 当詔前半の天智天皇の不改常典と後半の不改常典の食国法が同一か否かという議論がある。しかし、私は同じ文章内で「不改常典の」という独特の形容句をともなう概念が二度現われたならば、同一と考えるのが当然だと思うし、宣命を聞く側も率直にそう感じるに違いない。後者に「天智天皇の定めた」という形容句がないから云々という批判もあるが、議論のための議論であり、穿ちすぎであろう。二回目に出てきたから簡略に表現したにすぎない。

(8) 「食国」を語源的に追究して、これを畿外の服属という文脈に制限して考察する遡及的分析では、通時的な側面がクローズアップされて時間軸が曖昧になる。この語が宣命のなかで如何なる文脈で用いられているかが重要である。

(9) 『田中卓著作集』第六巻、国書刊行会、一九八六年、に再録された田中註5論文の補注。

(10) 北川和秀「続日本紀諸本の系統について」（『続日本紀研究』一八八号、一九七六年）、鎌田元一「卜部家本及び永正本「続日本紀」についての二、三の考察」（同『律令国家史の研究』塙書房、二〇〇八年。初出は一九七七年）、同「評制施行の歴史的前提――いわゆる大化前代の「コホリ」について――」（同『律令公民制の研究』塙書房、二〇〇一年。初出は一九八〇年）など。

(11) 田中卓「天智天皇と近江令」（田中註9著作集。初出は一九六〇年）。

(12) 『続日本紀』二、岩波書店、一九九〇年、五九・六〇頁。こうした位置付けは、既に青木和夫「律令論」（青木註1著書、初出は一九六五年）二二七・二二八頁などにも明確にみられる。

(13) 坂上註3論文は不改常典の解明を目的としたものではないが、養老三年の勅や弘仁格式序などに天智天皇の立法という観念が確認されるから不改常典も律令法とみておかしくないという説明では、他の説を主張する論者には納得されないと思う。また、柴田氏は不改常典が語られ始める時期に注目して大宝律令に絞り込んでいるが、言及される時期を証明過程で用いるとすれば、状況証拠以上のものにはならないだろう。

（14）持統・文武天皇の政治が不改常典に則ったもの（法典に基づいた統治）であったという元明即位宣命の言葉は、大宝令施行以降の現在の意識から振り返った正当化の言説である。このことは、大宝令の施行とほぼ時を同じくしてその起源を近江令に置く観念が流布していたことを示している。

（15）西嶋定生「皇帝支配の成立」（同『中国古代国家と東アジア世界』東京大学出版会、一九八三年。初出は一九七〇年）、尾形　勇『中国古代の「家」と国家――皇帝支配下の秩序構造――』岩波書店、一九七九年、など参照。

（16）関　晃「有間皇子事件の政治的背景」（『関晃著作集』第五巻、吉川弘文館、一九九七年。初出は一九九一年）。

（17）かつて石母田正氏は、八世紀の支配者層の間に近江令が大宝令の祖法として「観念された」理由を様々にあげていたが（同『日本の古代国家』岩波書店、一九七一年、二〇〇―二〇三頁）、これまでの考察をふまえれば、「一元的君臣関係の表現である官位制」こそが律令法の根幹であると日本で認識されており、天智朝の諸政策がその原型を作り出した出発点とみなされていたということになろう。

（18）和田　萃「殯の基礎的考察」（同『日本古代の儀礼と祭祀・信仰』上、塙書房、一九九五年。初出は一九六九年）、吉村武彦「古代の王位継承と群臣」（同『日本古代の社会と国家』岩波書店、一九九六年。初出は一九八九年）など。

（19）早川庄八「大宝令制太政官の成立をめぐって」（同『日本古代官僚制の研究』岩波書店、一九八六年。初出は一九七二年）一一六―一一八頁、筧　敏生「藤原宮子の大夫人号について」（同『古代王権と律令国家』校倉書房、二〇〇二年。初出は一九八三年）、倉本一宏「律令貴族論をめぐって」（同『日本古代国家成立期の政権構造』吉川弘文館、一九九七年。初出は一九八七年）。

（20）坂上氏もこうした傾向を明確に指摘している。

（21）折口信夫「大嘗祭の本義」（『折口信夫全集』第三巻、中央公論社、一九五五年。初出は一九三〇年）、吉田　孝「祖名について」（土田直鎮先生還暦記念会編『奈良平安時代史論集』上巻、吉川弘文館、一九八四年）。

(22) 熊谷公男「古代王権とタマ（霊）――「天皇霊」を中心に――」（『日本史研究』三〇八号、一九八八年）。
(23) 拙稿「律令陵墓祭祀の研究」（『史学雑誌』一〇八編一一号、一九九九年。本書第四章に再録）。
(24) こうした政体概念は権力の強弱とは別次元の問題であり、関　晃氏も「権力構造の在り方についていう語であって、……、階級支配のあり方についていう語ではない」（同「日本古代社会の基本的性格」関註5著作集。初出は一九八八年）と注意を喚起している。
(25) 八世紀にも隼人の服属儀礼や出雲国造の神賀詞奏上などが行われ続けるが、もはやそれは政体の根拠に据えられた不可欠な原理ではないだろう。
(26) なお、『続日本紀』の天皇霊といっても八世紀前半と後半の間で政治的機能が微妙に変化する。ここでは、七・八世紀の画期が課題であるから前半期の特徴に重点を置いて論ずる。
(27) 関　晃「律令国家と天命思想」（関註5著作集。初出は一九七七年）。
(28) 陵墓祭祀の制度史的変遷については、拙稿註23論文に詳しく述べておいた。
(29) 田中　聡「「陵墓」にみる「天皇」の形成と変質――古代から中世へ――」（日本史研究会・京都民科歴史部会編『「陵墓」からみた日本史』青木書店、一九九五年）。
(30) 「延喜諸陵寮式」陵墓側近条・諸陵墓条。当規定は令制当初の単行法令に由来するだろう。
(31) 拙稿「文献からみた天皇陵古墳」（森　浩一編『古代探究』中央公論社、一九九八年）。
(32) 坂上氏は、「いわば宗族を代表して宗廟を祀るという論理」の上に統治権の正当性の確立が試みられたというが、先皇霊祭祀の典型である荷前がこうした性格を明確にもつことをどう考えるのか。また皇祖霊を「自らに天皇として統治することを命じる存在」とみなして、旧来の皇孫思想との相違を明らかにしていない。しかし、新しい先皇霊祭祀は旧来の皇孫思想とは質を異にするものだと思う。
(33) 天皇霊とそのモニュメントたる山陵が現世に対して発する主張は、従って祥瑞災異思想のなかで位置付けられるべきものである。九世紀の山陵の祟りや天智陵の特別視もこの文脈で理解されうる。山陵の祟りの政治性については、西山

良平「御霊信仰論」(『岩波講座日本通史』古代4、岩波書店、一九九五年)参照。

(34) 大津註2論文。

(35) ただし、法を公民層にまでに機能させせうる論理が如何に模索されたかについては、支配者層内部の政治意識に焦点を置いた本稿では論じていない。これについては、井上勝博「明神としての天皇」(鈴木正幸編『王と公』柏書房、一九九八年)が一つの解答を試みている。

(36) 川口勝康「大王の出現」(『日本の社会史』第三巻、岩波書店、一九八七年)など参照。

(37) この問題に多少なりともコメントしておく。本稿で扱った新しい君臣関係契約の論理が如実に表現されているのが、大津 透氏も注目する公式令40天子神璽条の内印の規定「天子神璽。謂、践祚之日寿璽。宝而不レ用。内印。方三寸。五位以上位記、及下二諸国一公文則印。……」であろう(大津註2論文)。五位以上官人の位記には、国家意思を示す外印ではなく、天皇の直接的意思を表現する内印が捺される。ここに、①天皇と五位以上の臣下との関係が一つの契約関係であったこと、②その契約の証が位階授与=五位以上位記であったことが明確に示されている。国家から官僚として任命されるのではなく、国家機構内部の契約関係であるからこそ天皇の内印が捺されるのである。契約は、最初の段階では天皇と五位以上官人の前身である旧畿内豪族の氏上との間で交わされたことを示している。しかし、こうした関係は官僚制の浸透に応じて次第に普遍化されていく。そして、即位譲位宣命では公民までを対象として君臣関係の語りが宣されており、如上の枠組みは解消されつつある。また大津氏が「天つ日継高御座の業」と「食国天下の政」をそれぞれ畿内と畿外に対する関係とする点はそれ自体としては首肯されるが、既に八世紀初頭の即位譲位宣命において両者の区分が形骸化している点も見落せないと思う。

〔付記〕再録にあたって、「不改常典の内実」を示す天智天皇のなまの言葉が、『続日本紀』天平勝宝元年(七四九)四月朔条に引用されているという知見を第一節の最後に補った。

本稿執筆以降、藤堂かほる「天智の定めた「法」について——宣命からみた「不改常典」——」(『ヒストリア』一六九号、二〇〇〇年）、中西康裕「「不改常典の法」と奈良時代の皇位継承」（同『続日本紀と奈良朝の政変』吉川弘文館、二〇〇二年。初出は二〇〇〇年）、稲垣　彰「不改常典の意味するもの」（『続日本紀研究』三六三号、二〇〇六年）、長田圭介「「不改常典」考」（『皇學館史学』二三号、二〇〇八年）、佐藤長門「不改常典と群臣推戴」（同『日本古代王権の構造と展開』吉川弘文館、二〇〇九年）、熊谷公男「即位宣命の論理と「不改常典」法」（『歴史と文化〈東北学院大学論集〉』四五集、二〇一〇年）、水谷千秋「不改常典と『日本書紀』の思想」（『日本書紀研究』三〇冊、二〇一四年）、中村順昭「不改常典と天智天皇の即位に関する試論」・大町　健「違勅罪の成立と不改常典・和同開珎」（ともに、吉村武彦編『日本古代の国家と王権・社会』塙書房、二〇一四年）などの諸研究がある。

第九章　信貴山縁起絵巻にみる王権と仏教
――時間・運動表現と俯瞰法――

はしがき

信貴山縁起絵巻（朝護孫子寺蔵）三巻は、平安時代末に作られた日本の絵巻物の最高傑作の一つとされている[(1)]。信貴山に住した命蓮聖が倉や米俵を飛ばす奇想天外なストーリーとそれを描く自由闊達な筆づかいは、見る人の心を惹きつけて離さない。生き生きとした人や物の動きと共にストーリーがスピーディーに流れていく。時間・運動が見事に絵画化されているのである。

この「時間の絵画化」という問題を構図法という観点から扱った研究に、奥平英雄氏の著書『絵巻』がある[(2)]。氏によれば、絵巻は左右に長いという特殊な形をもつから、手で巻きながら右から左へと徐々に視線を動かしながら観ていくものであって、そこに現われる時間的・空間的な展開は、変転の多い人間世界の出来事、説話的な画題にこそふさわしい。広げられた個々の画面には連続する発展のなかの一部としての役割が課せられ、前後の画面に対する呼応性が重要な意味をもつという。

また、近年の面出和子氏の研究は、描かれた形や空間を図法的に分析し、場面ごとの俯瞰方向および角度を求めることで、動きの表現構造に切り込もうとしている[(3)]。その分析方法は斬新であるが、主題の移動線を辿ってみると上下の動きをも含み込んでおり、右から左への流れとそのリズムが鑑賞者を惹きつけているという指摘は、従来いわれてきたことを具体的な数字で裏付けたものだといえよう。

概していえば、画面の右から左への展開を最大限に活用したのがこの信貴山縁起絵巻であるとされてきたのであるが、そのような一般的説明だけでその傑出した時間の表現、そこから我々が受ける印象を十全に説明したことにはならない。本稿では、信貴山縁起絵巻における空間と時間の関わりについてもっと個別的に捉えなおし、そこに多様な時間表現の類型を読み取ることを目指す。そして、その優れた構想力・卓越性を理解し、絵巻の構図法を考える基礎となればと思う。また、あわせて古代中世の転換期における王権と仏教との関係を考える手がかりとしても位置付けたい。

第一節　時間・運動表現と俯瞰法の機能

絵巻物においては、巻子を左から右へと巻き取る手の動きとともに、画面は右から左へと移動していく。この運動にストーリーの進行を対応させることによって、連続的な時間表現が可能となる。閉じられた画面を設定し、それを内部へと分割していく源氏物語絵巻の如き構図法とは全く異なる性格のものである。しかし、内容が右から左へと連続的に進行していくという点に限っていえば、巻子に文字を書き記した経典類などと何ら変わるところはないのであって、絵画という独自の芸術領域においては、それと異なる「表現上の特質」こそが把握されなければならない。時間は対象の動き・移動として現出する。それは対象の重心が一定のベクトルを有するということであって、二次元化された抽象領域においてこそ対象の実体的《サブスタンシャル》な側面を止揚して、時間表現に対する構図の支配を十全に通底させることができる。

信貴山縁起絵巻においては、描かれた対象は躍動やリズムをもって画面の天地いっぱいに動いているし、笠井昌昭氏が指摘するように、僧坊の描写にはカメラレンズのズームの如き巧妙な効果も織り込まれている(4)。こうした工夫が平面上の右から左へという平行移動に豊かな彩りを加えていることは、粉河寺縁起などの単調さと比べてみれば一目瞭然である。そして単に物語の推移だけではなく、その上に秋↓晩秋↓冬↓早春といった季節の推移までもが描き重ねられる。このように巻子の右から左への動きという特質を十全に活かした表現を、仮にここでは〈時間・運動表現Ⅰ〉と名付けよう。

このように巻子の流れに沿ってストーリーが描き込まれるわけだが、しかしその構成のなかに、それとは別の類型の表現が設定されていることを見落してはならない。例えば、剣の護法の清涼殿東庭への登場に代表されるような、巻子の流れとは逆に「左から右へと動く」対象の表現も存在するのである。

これについて奥平氏は、「われわれの視線の方向は、右から左へと進むことが規定されているのであるから、この規定に順応する構図は視覚的に流動感（順応感）を与え、これに逆行する構図は時に不安、衝撃を与えることがある。画中人物の多くが左に向かって動くことは、構図的に言って自然であり、かつ基本的な約束ごとである。これに反して左から右にむかってくる人物は、鑑賞者の方に近づき、そしてわれわれの視線とすれ違って視野から去っていく。即ち、舞台を退場していく人物である。そしてこののちの事件の進行にはもはや関与しないことを意味する」という。童子の突然の登場は「不安・衝撃」を引き出す。異常なもの、もしくは路傍の存在として、鑑賞者との親和性を有しないと説明する。

しかし、このような説明は妥当であろうか。倉が突然動き出し、空高く飛び立つことも驚くべき非現実だが、その倉は右から左へと飛び立つ。また、事件の進行に関与しないというが、僧坊の場面において勅使たちは二度とも左から登場する。彼らがストーリーの進行に関与しているのは明らかである。

　このような実例を一つ一つ確認していくと、そこには明確な規則性が存在していることが確認できる。命蓮は米を返す際に一俵を鉢に乗せて飛ばし、残りの米もそれに続いて飛んでいく。「右から左へ」と飛ばすのであるが、最後の長者の家の場面になると同じ米俵が「左から右へ」と帰ってくる。この動きは長者一行が倉を追いかけて信貴山に至る場面でも同じである。彼らは「右から左へ」と倉を追いかけていく。ところが僧坊への訪問は必ず「左から右へ」である。信貴山訪問の場面は、長者一行・勅使一行・尼公と何度も描かれるのだから、もし「右から左へ」という連続性を尊重する意図があるならば、命蓮が僧坊の左奥に座し、右を入り口にする方が流暢であり、描きやすいはずである。にもかかわらず、絵師はそのたびごとに左から右へと訪問者を登場させるのである。

　結論からいうと、私は「右から左へ」の描写も「左から右へ」の描写も共に、巻子の動きに対応させた「直接的な自然の動き」「客観的な運動」の絵画化といったものではなく、「観者の意識によって媒介された運動」の絵画化であると考える。具体的にいえば、設定された視点から「行くもの」と認識されるか、「来るもの」と認識されるかという「意味付けられた対象表現」なのである。このような表現形式を、〈時間・運動表現Ⅱ〉と名付けることにしよう。

　最初の倉の動き始める場面では、鉢は倉のなかから左から右へと転がり出て「来て」驚かされる。そして方向を転じて倉を乗せて右から左へと飛び去って「行く」。人々は、――そしてそこに自己を重ね合せる鑑賞者は、――それを追いかけて「行く」。次に、場面が転換されて、新たに命蓮の僧坊とそこに座す命蓮に視点が据えられる。長者一行はその場面の中に左からに入って「来る」。命蓮は倉の所に「行って」、鉢に米を一俵乗せるように指示すると、倉から残りの米も左から右へと出て「来て」、右から左へと飛んで「行く」のである。一方、長者の家では、ひとあし先に帰った従者が右から左へと家に帰って「行く」と、既に向こう側では左から右へと米俵が帰って「来た」ことを目にするのである。枚挙に遑がないが、「尼公の巻」でも右から左へと旅をしているのに、設定された民家という構図の中に入って「来る」のは左の門から右へ向かってである。

もっとも、このような表現効果は奥平氏も注目している。しかし「絵巻はすべて右から左へと進行するのであるから、左に向かう人物はすべて行くことを意味し、右に向かう姿はすべて来ることを意味する（傍点筆者）」という〈流動性〉、将然形的・既然形的な効果を生むとする〈斜線描法〉といった構図の説明は示唆的ではあるが、このような説明だけで多様な事例を理解することは可能だろうか。表現の本質を捉えたことになるのだろうか。

例えば、「延喜加持の巻」の冒頭、勅使発遣の場面に注目しよう。この図から、我々は「勅使たちが内裏の方から右から左へとやって「来て」、陽明門（もしくは待賢門）と思しき門を出て「来」ようとしている」「それと入れ替わりに天台僧らしき人物[5]が左から右へと門に「入って」いく」という印象を受けるであろう。ここには、奥平氏の説明とは全く逆の印象が現出している。

如上の表現効果を成り立させているものは何であるかを本質的に問う必要があるだろう。勅使出発の場面は、他の大多数の場面と違って俯瞰の角度が左上から見下ろす形になっており、基準線が「右下がり」に切り替わっている。先の効果は実に俯瞰法と密接に関係しているのである。つまり、〈表現Ⅱ〉の効果は俯瞰法が設定する角度に決定的に基礎づけられているわけである[6]。「絵巻はすべて右から左へと進行するのであるから」なのではない。

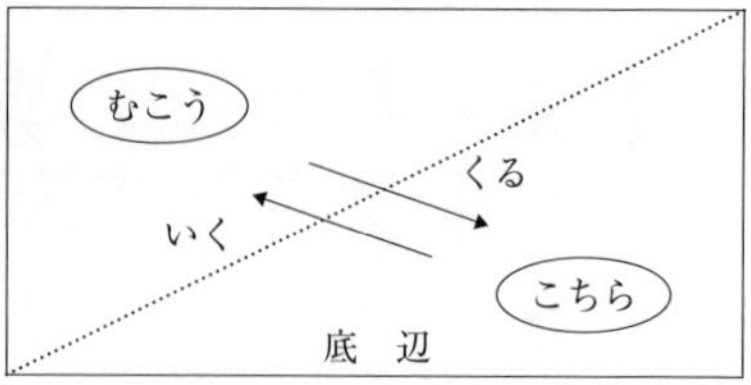

図1　右上がりの俯瞰法が生み出す構図の効果

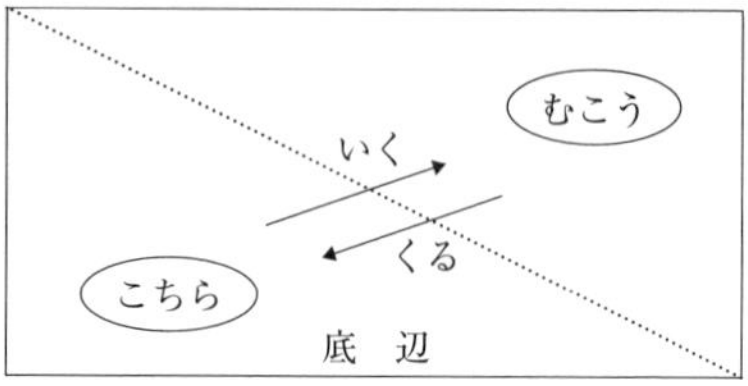

図2　右下がりの俯瞰法が生み出す構図の効果

俯瞰法が生み出す基準線が「右上がり」の場合、画面は右側が三角形、左が逆三角形として分断される。鑑賞者は左右に広がる細長い絵巻の天・地でいえば手前の地の側に立つから、その意識は底辺を共有する三角形が表現する空間の中に置かれることになる。従って、右が自己の立つ「開かれた空間」に、左がむこう側とでもいうべき「閉じられた空間」に転ずる（図1）。逆に、勅使発遣の場面のように俯瞰角度が「右下がり」に逆転すると、左側の陽明門外の広場に鑑賞者の視点が設定されることになり、勅使がむこうから「出て来る」というイメージが発現する（図2）。俯瞰角度が逆転すると効果も逆になるわけである。

　このように空間を分割する俯瞰法が生み出す斜め線は、画面を「むこう」と「こちら」というように「立体的に」分断する効果を有する。もちろんこれ以外の場面では倉や僧坊など、対象を画面に載せる形で描かれることが多く、画面全体を分断していないために、三角形・逆三角形という構図は直接目に見える形では意識されない。しかしその場合であっても、建物などの俯瞰角度＝「隠された基準線」によって画面は支配されており、同様の効果を生み出し続けている。信貴山縁起絵巻は、単に巻子の回転に応じた右から左への画面の運動、上下の躍動感といった感覚的な動きに支配されているのではなく、観者の意識を媒介させることによって、「むこう」と「こちら」という三次元的な「深奥性」を絵画化しているのである。そして、その画面の中に「運動する対象」をさらに配置することによって、遠近の距離感覚を「くる」「いく」といった時間・運動の表現に転換させているわけである。

以上のように〈表現Ⅱ〉を分析してくると、先の〈表現Ⅰ〉についてもさらに深い理解が可能になってくるだろう。信貴山縁起絵巻では、ほとんどの場面において対象を右上から見下ろす俯瞰法、つまり消失点をもたない「右上がり」の連続平行線によって画面が構成されている。その結果、潜在的に右側に三角形、左側に逆三角形の空間が設定され続ける。観者には常に右が「こちら（内）」、左が「むこう（外）」という感覚が与えられ、それが空間の遠近、時間の前後へと転換する。

逆にいえば、右から左へという巻子の「制約」のなかで時間の推移を連続的に描くためには、右上がりの平行線を多用することが不可欠だということになる。右下がりの構図では対象はこちらに近づいてくることになるが、どこまでも引き付けるわけにいかないから、絵巻の右から左への推移を連続的に表現することは不可欠である。例えていえば、伴大納言絵詞の冒頭のように、応天門に向かって走っていく検非違使や民衆を描いて長大な推移を表現する場面を、右下がりの基準線を設定して描くことができるだろうか。それは不可能であろう。こう考えると、〈表現Ⅰ〉についても、単に巻子の回転に応じた右から左へという画面の動きにストーリーの展開を対応させているから、ダイナミックな表現になっているという説明は誤りであって、俯瞰法が生み出す右上がりの平行基準線とリンクさせてこそ、積極的な表現効果が獲得されるということが知られよう。奥へ奥へと進んでいくという深奥性＝距離感覚を媒介にして初めて、「動き」「時間」もまた画面上に表現されるのである（図３）。

この表現法を信貴山縁起絵巻が意識的に使いこなしている点に、この作品の傑出したところがある。右上がりの基準線と直行する線は左上がりになるので、右から左へと推移する対象は「左上」に動くほど「遠ざかっていく」という印象を強く押し出す。「飛倉の巻」の米俵が飛んでいく場面では、その効果が見事に活かされている。

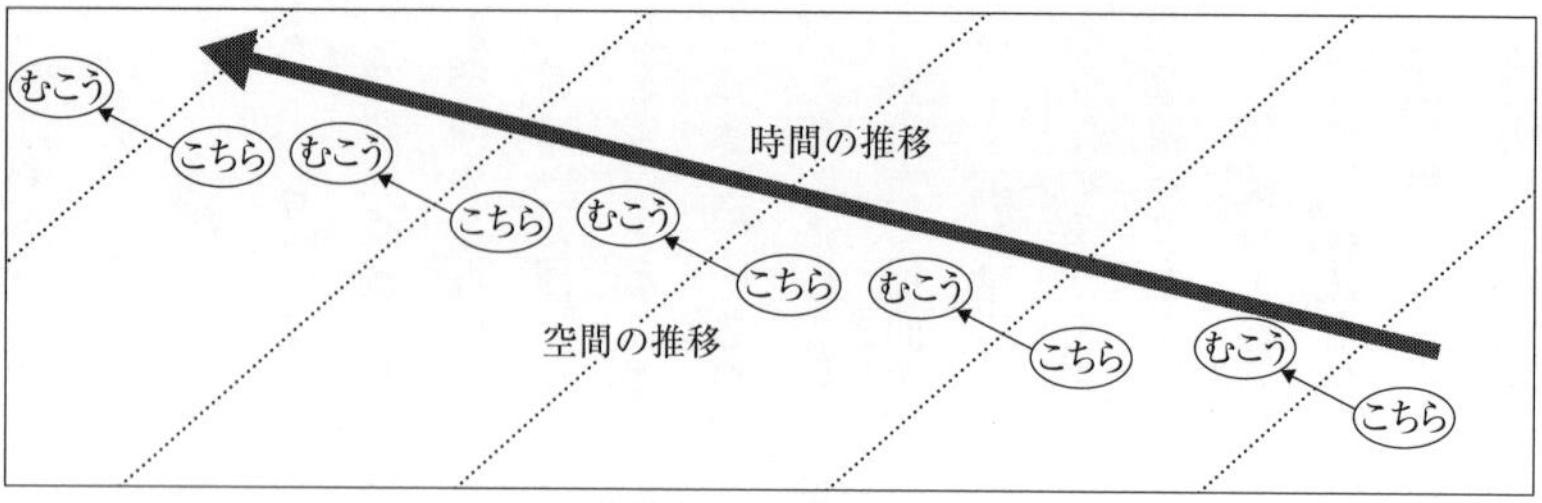

図３　俯瞰法と絵巻画面の複合効果

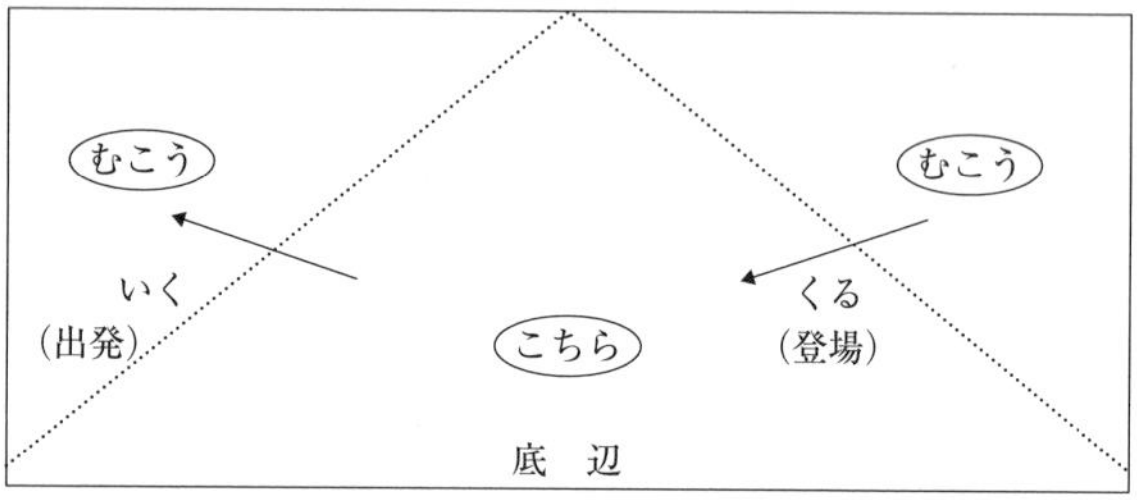

図４　「延喜加持の巻」の冒頭にみる二つの俯瞰法の複合構図

逆に、同巻末尾の米俵が帰ってくる場面では、右上がりの基準線に対して直行する「右下」へのベクトルで米俵を描くことによって、遠くから「こちらに」帰ってきたという印象を最大限に表現することに成功している。

　また、俯瞰方向を右下がりに設定すると、対象が左（左下）に動くほど「近づいてくる」と感じられる。絵師はストーリー表現の彩りとして、「延喜加持の巻」「尼公の巻」両者の冒頭部分にあえて右下がりの構図を用い、その後すぐに基準線の転換を図るという興味深い試みを行っている。いったん人物をこちらへ引き付けて「主人公の登場」というインパクトを鑑賞者に与え、そのあとすぐに構図を切り替えて奥へ奥へと投射していく。「延喜加持の巻」の冒頭では、陽明門は右下がりの俯瞰法で描かれるが、連続する同じ空間の広場左方の築地塀はその断面がその右側に見えているように右上から俯瞰されている。同一画面上で「右下がり」「右上がり」という複数の基準線が組み合わされている。その結果、画面の右側では陽明門を出て来ようとする勅使たちを画面の中に迎え入れ、画面の左側では勅使を馬に乗せて左上方向へ進ませることで信貴山に向かって出発する状況を描く。俯瞰基準線の巧妙な切り替えによって、門前に据えられた視点から認識される複合的動きがリアルに表現されているのである（図4）。

こうした「始まり（登場）」の表現は、各巻に共通するようである。「飛倉の巻」では、構図自体は変更しないが、その代わりに鉢が左から右へと出てきて驚きを与え、その後右から左へと倉を乗せて飛んでいく、という運動の切り替えがある。「尼公の巻」冒頭では、尼公が谷川沿いに山を降りてくる場面で右下がりの構図を設定して左上から俯瞰し、尼公一行が山のなかから「登場してくる」という様子を描いている。

以上を要するに、信貴山縁起絵巻の時間表現における卓越性は、「画面の連続的推移」にあるというよりも、むしろそれぞれの場面における「視点の頻繁な切り替え」にあるといってよい。この〈表現Ⅱ〉をふまえた視点の切り替えによって、巻子の生み出す冗長な推移、ともすれば粉河寺縁起のように右から左へという単調な時間の推移を表現してしまいかねない〈表現Ⅰ〉に、メリハリのあるトーンを与えているのである[7]。これによって絵が与える印象は常に再構成され続け、ストーリーの展開が小気味よく進められることになる。これを構図法の視点でいえば、右から左へという「自然的時間の推移」＝〈表現Ⅰ〉のなかに、「意識により媒介された運動・時間」＝〈表現Ⅱ〉がブロック的に配置されるという複合的な構図を取っているということになろう。両者に補完関係を保たせることによって、信貴山縁起絵巻は卓抜した動きの表現に成功しているのである。

なお、この構図法の応用として、二人の人物が左右並列に向き合う「対話構図」とでも呼ぶべきものが所々に現われることにも注意を向けておこう。勅使が二回目に僧坊を訪れた時の命蓮の座位は、一回目の座位と逆転している。単純にみれば、勅使に敬意を払って下座に座ったということであり、実際、長者の際とは違ってわざわ

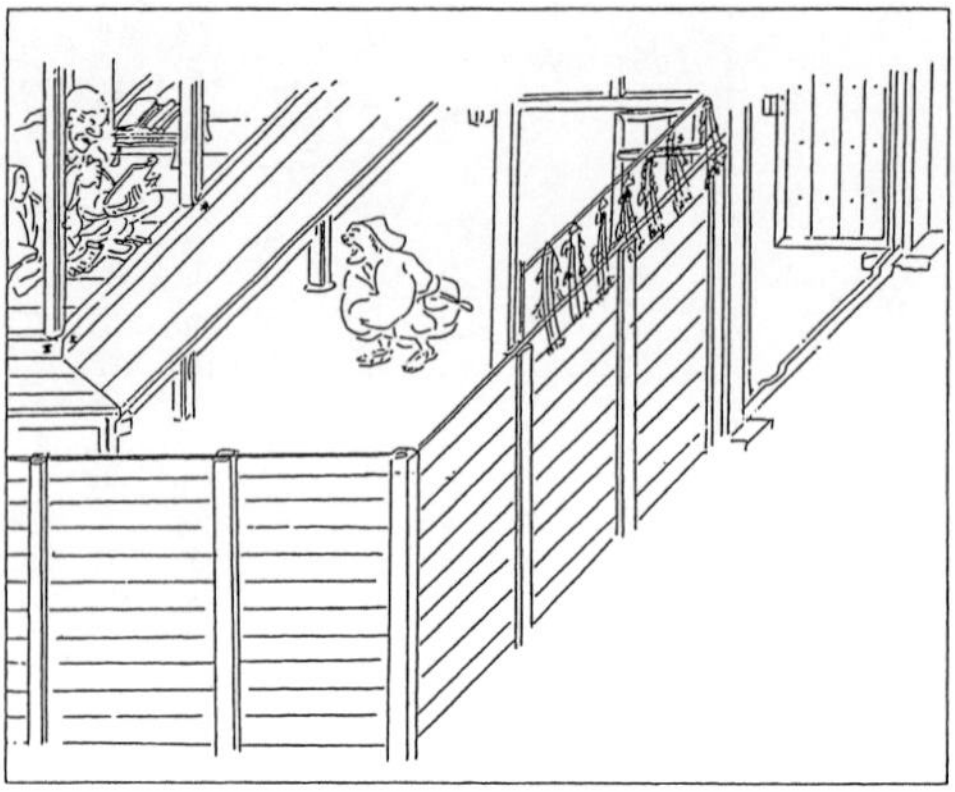

図５—b

図５—a

ざ畳が敷設されている。しかし、それはモチーフからの説明にすぎない。構図法としては、話している人物＝場面の主体（主人公）の位置である。一度目は命蓮が横にある鉢を指差しながら訪問者である勅使に話しかけている。その意味で勅使は命蓮の意識に媒介された客体である。二度目の絵では、勅使の方が扇子を持った手を振りながら話していて、命蓮は聞き役である。場面の主体は勅使であり、命蓮は客体にまわっている。この右上がりの対面場面においては、主体は右側、即ち観者の目線と重ね合せて描かれるという規則性がみられる。これもまた先の〈表現Ⅱ〉の応用である。この構図法は長者と命蓮との対話場面のみならず、命蓮が従者に一俵を乗せさせる場面などにも妥当する。

なお、信貴山縁起絵巻では、これら〈時間・運動表現Ⅰ〉〈時間・運動表現Ⅱ〉以外にも多様な時間表現が用いられている。即ち、「描かれる対象そのものに時間の推移を担わせる表現」である。例えば、空飛ぶ倉を追いかけて急ぐ長者一行、そのうちの一人が途中でしゃがみこんでいる姿が描かれる（図５—a）。その後の信貴山の僧坊前の場面をみると一人減っている。彼は草鞋の紐が切れたために脱落して、ひとあし先に帰ったのである。これは単なる絵師の筆の遊びのようにみえるが、実は長者の家の場面が再び現われると、彼は息を切らしながら子供に手習いをしている住み込み僧に「一行は信貴山に向かっています」と報告しているのである（図5―b）。それと同時に、向こう側では早くも米俵が庭に戻って来ている。このように、ストーリー自体にはさほど関与しない「一人の従者」を意識的に描き込むことによって、「途中から引き返した従者の報告が早いか、米俵が戻って来るのが早いか」といった場面展開のスピーディーさを見事に表現しているのである。こうした巧妙な細工による時間表現もまた、先の構図とともに豊かな時間表現を加えているといってよい。これを〈時間・運動表現Ⅲ〉と名付けよう。

第二節　超越的時間の表現――尼公の巻のモチーフ――

このように信貴山縁起絵巻の時間表現の基本構造をみてくると、あらためて注目されてくるのが第三巻「尼公の巻」における大仏殿の場面だろう。大仏殿は画面の天・地いっぱいに描き込まれ、右から左へという基本的な視線の流れを強烈な印象をもって分断する。また、大仏殿を真正面から描き出すことによって、右上がりもしくは右下がりの俯瞰法の生み出す画面構成を根本的に否定している。単に大仏殿の大きさを強調するためのものではない。これまでみてきた〈表現Ⅰ〉や〈表現Ⅱ〉をまさに正面から否定するものであって、そして、そこに異時同図法が設定されているのである。

右から左へという流れを分断して、それを超越する大仏殿の威容が描かれ、その前でこれまでは右から左へという時間のなかを旅してきた尼公が、異時同図法によって大仏殿の中へと導き入れられる。大仏殿の場面が表現する時間領域のなかでは、右から左への自然の時間・運動は「異時同図法」表現へと還元されている。この絵巻全体のなかで唯一かつ異常なこの表現は、何を意味しているのだろうか。

ここでもう一度「尼公の巻」のモチーフについて考えなおしてみよう。信貴山縁起の基本的性質については、既に下店静市氏がこの絵巻は経典説話の譬喩譚であり、命蓮は毘沙門天の化身で、「姉」とも「妹」とも記される尼公は毘沙門天と対をなす五穀豊穣をつかさどる吉祥天を象徴するとの注目すべき見解を提出していたが[8]、その意味するところは十分に咀嚼されてこなかった。そうしたなかで、笠井昌昭氏だけはこの指摘を積極的に受け止め、下店氏の指摘した仏教的含意の背後に、さらに日本古代の農耕神話が横たわっていることを指摘したのであった[9]。尼公は吉祥天であると同時に民俗学でいう「山の神」「田の神」にあたるという。私もこの説に基本的に賛同するものである。

ただ笠井氏は、東大寺の大仏にお告げを受け、「時が流れて、ようよう信貴山にのぼって行くときには山は紅葉に彩られている。つまり、尼公は、冬に山を下り、春・夏を里ですごして、秋の終り近く再び山にのぼって行ったのである。そして、山にのぼりついた尼公には、やがて姉から妹への若返りが暗示される」という。また、「山ノ神を迎えて、春先きにまつり、これを田ノ神に転化させるのは、これまた一般的にみられる神事だからである（傍点筆者）」とも記している。

確かに、尼公が単に吉祥天であるばかりではなく、伝統的な農耕信仰における「田の神」的な性格を有するという指摘は卓見である。だからこそ村人は山を降ってきた尼公に精一杯の接待をしているのである。これが早春の風景であるように、在地の祈年祭の様子を描き出していると考えられる。また従来指摘されていないが、山から下ってきた尼公と従者が背負っている物が、象徴的な「米俵」であることもまた、この仮説に有力な証左となるだろう。

しかし、信貴山に尼公が向かう風景は秋の描写ではない。いまだ早春のままである。ヲチカヘリ（変若）は季節の巡りと共に自然に起こっているのではない。尼公の変身が、この絵巻においては如何に表現されているのか、それが何の力によって成し遂げられているか、ということこそが問われなければならない。もちろん笠井氏もいうように、絵画上、年老いた老婆を急に若い女性に描きなおすことはできないだろう。しかし、「その転化は、詞書のさいごにおいて、姉から妹に書きかえられることによってのみ暗示された」にすぎないのだろうか。

ここに手がかりがある。尼公の被る「市女笠」である。民家などで休憩する場面では傍らに置いてはいるけれども、旅路において尼公と笠とは不即不離の関係にある。「旅」という空間と時間の推移を象徴するイコノロジーである。ところが、大仏殿の前で一夜を過して以降はそれが完全にみられなくなっている。大仏殿の扉、古代寺院の金堂の扉が夜も開けっ放しになっているとは考えがたいから、尼公は「市女笠」を傍らに置いて閉ざされた扉の前で眠っていたのである。しかし、そのあと異時同図法で不思議な時間の推移が表現される。――尼公は大仏殿の基壇の上で市女笠を傍らに置いて眠っている。すると右側の扉が半分だけ開く（その他の正面の扉は閉まっているのであって、内部を見せるために絵画表現として捨象されているにすぎない。半開きの扉と違って他の扉は完全に省略されている）。彼女は大仏殿の内部へと導き入れられ、そこで夢のお告げを聞き、目覚めて現実には閉まっている左側の扉をすり抜けて外に出て、信貴山に向かって旅立つ。よく見ると、大仏殿の内に導き入れられて以降、尼公は「市女笠」を有していない（図6）。

これが尼公のヲチカヘリ（変若）の表現であり、東大寺の大仏、仏法の力がそれを可能にしたということになる。これ以降は、それまでの「自然的な時間の推移」とは連続しない「夢のなかの時間」、即ち「仏法に媒介された時間」が表現されている。大仏の力ゆえに尼公は命蓮＝毘沙門天のいる信貴山に到達することができたので

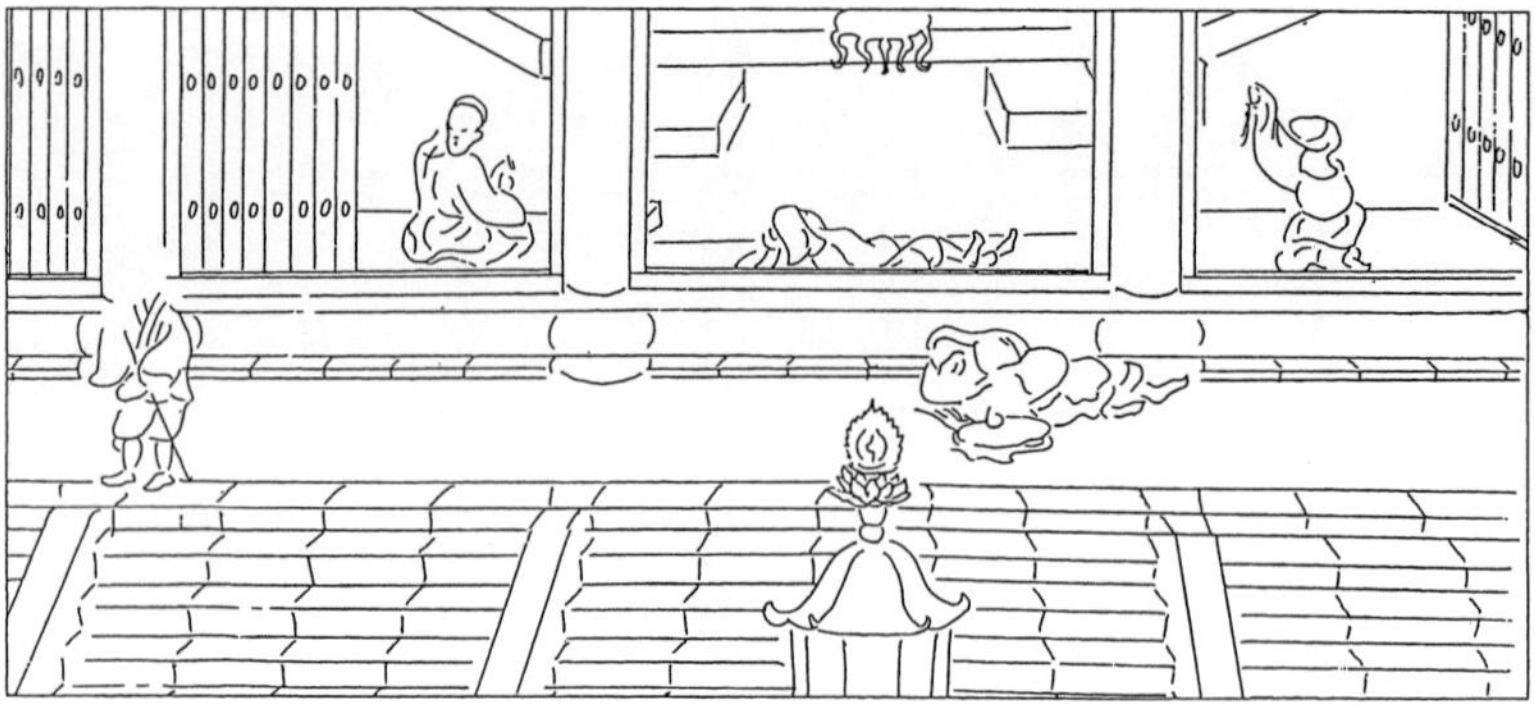

図6

ある。

先にみた下店・笠井両氏の指摘は、信貴山縁起の核心をついたものであるが、両氏がそれぞれ提示した仏教説話と在来農耕神話という二つの特質は二者択一ではないし、経典説話の隠喩という議論を在来信仰の問題に還元しすぎると、かえって事の核心が曖昧になりかねない。むしろ「仏法」と「在来信仰」との間のある種の《緊張関係》こそが看て取られなければならないと思う。

この仏法と在来信仰との《緊張関係》は、三巻すべてに当てはまる基本テーマである。

第一巻「飛倉の巻」では、笠井氏が指摘したように、『風土記』の「餅の的伝説」にみえる「古代の農耕信仰と富裕の観念」がテーマである。古代信仰において富裕は、稲の穀霊＝ウカノミタマを祭ることによって保障される（『山城国風土記』逸文、稲荷起源譚）。祭らなければ、『豊後国風土記』速見郡田野の伝承にみられるように、稲の霊は白鳥と化してその地から飛び去って荒野になってしまう。しかし、信貴山縁起絵巻の段階においては、そうした神祭りのみでは実りを実現することができなくなっているのであって、仏法に布施してこそ富裕は保障されると説かれる。

第二巻「延喜加持の巻」では、天皇が不予になり、仏法の力によって

「れいさま」になることが語られる。古代天皇が、祈年祭と新嘗祭によって国土の米の実りを保障するという任務を象徴的に有したことを想起すれば[10]、天皇の不予・不例とはこの機能が十全に働かないことを隠喩する。ここでの言説もまた、記紀の天孫降臨神話以来の君主観をふまえながらも、仏教の助けがなければ国王は実りを実現できない、天皇の機能不全は、鎮護国家の毘沙門天（命蓮）が遣わした剣の護法の加護によってはじめて「れいさま」になりうる、といった露骨な仏教的国家論を提示しているのであって、第一巻と同じ文脈をもつ。

このようにみてくると、第三巻「尼公の巻」もまた、同様の主張を有することが容易に想定されよう。早春、信濃の山奥から凍りつくような雪解けの水と共に山を降りてくる「老婆」がなぜ描かれるのか。そして村人たちに接待されながら里を巡るころには、若菜が芽生え、桃の花が咲き始めている。これは笠井氏のいう「田ノ神」「山ノ神」、もっと突き詰めていえば記紀神話における「オオヤマツミ（山の神）」の娘である「コノハナサクヤヒメ」と「石長媛《イワナガヒメ》」を明確に意識したものであろう。この二人の女性は、一方は山から下ってくる春の豊穣をもたらす水、他方はすべてを生み終えて山に帰っていく秋の水を象徴する[11]。分水嶺における水の若返りが「変若水（をちみづ）」の信仰で、そこには水分社が設けられる。稲の霊魂を象徴するホノニニギノミコトが前者の「水の女」と神婚して秋の実りをもたらすのである。

しかし、この伝統的な神話の論理もまた、第一巻・第二巻と同様に仏教の立場から読み替えられることになる。まず「ヲチカヘリ」は「季節の自然な巡り」「それを予祝する祭り」によって実現できなくなっている。尼公は村人たちに祭られても老婆のままである。変化は仏法に媒介されてこそ可能となる。その萌芽は、村人の館に座す尼公の背後に米俵とともに須弥壇の「格狭間」がわざわざ描かれることで暗示されているが、最終的に彼女は大仏の導きによって変身し――それは市女笠を脱ぎ捨てることにより象徴的に表現された――、信貴山に登って命蓮と「いもうと」なる関係として結ばれる。下店氏が指摘しているように、既に第二巻のなかで、命蓮が毘沙門天であることは、使者として剣の護法を遣わした事実から明らかにされているのだから、老婆の姿で山を降りる冬の水（石長媛）は、「コノハナサクヤヒメ」に変身することなく、この毘沙門天の妻であり五穀豊穣を掌る「吉祥天」に変身したことになる。ホノニニギノミコトと神婚するのではなく、毘沙門天の妻（「いもうと」）となったのである。これは記紀の天孫降臨神話神婚譚の読み替え、露骨な王権批判である。その後は季節の巡りによって再び石長媛に戻ることもなく（「このいもうとのあまきみも、とのくにへもかへらさりけり」）、「五穀豊穣の吉祥天」として、「鎮護国家の毘沙門天」と共に富裕を保障する信貴山に居続けることになる。――信貴山の本尊毘沙門天と吉祥天の由来を語るというこうした特徴は、この絵巻が宮廷絵師によって描かれた「説話絵巻」ではなく、明確な自己主張をもった「宗教絵巻」であることをはっきりと示している。

このことは突き詰めれば、季節の巡りという自然の時間から超越した宗教的時間の存在を説明していることになるわけだが、これが先の「正面からの構図」「左右の流れの分断」「異時同図法による自然の時間の相対化」といった特殊な構図法とまさに対応関係にあるのである。「自然の時間」を表現するのに用いられた〈表現Ⅰ〉〈表現Ⅱ〉を正面から否定する、あるいは相対化するこのような表現を、〈時間・運動表現Ⅳ〉と呼んでおこう。モチーフによる時間の転換が絵画の構図法による時間の表現と見事に結びつけられている。

さらに重要なことは、命蓮と尼公の出会いを導き、「尼公が命蓮に与えた「たい」をおさめた倉」という「現在（いま）」における利生譚へとストーリーを集約させるターニングポイントになっているのが、この大仏殿の場面だということである。命蓮の時代から三百年後の「現在（いま）」との時間の橋渡しは、この時間描写によってはじめて可能になるのである。季節の巡りという時間の推移を表現すべく、場面を切り替えながら右から左へと描いていく、――長者の家、内裏、里の風景は次々に「通り過ぎて」いく。

しかし、そのなかに三巻にわたって変わらないものがある。繰り返し描き続けられる命蓮のいる信貴山である。そのことを示すべく、絵師はさらに重要な象徴的事物を要所に配置している。〈鳥のイコノロジー〉である。

信貴山の遠景描写では、鳥が連なって飛んでいる様子が何度も描き込まれている。「延喜加持の巻」では、剣の護法が飛んできた遠方の山で、信貴山の霊験が実現される瞬間である。「尼公の巻」でも同様で、大仏のお告げを受けて二人の再会が約束されるというクライマックスにおいて、紫雲たなびく遠景の信貴山に鳥が連なって飛んでいる様子が描き込まれる。

結論からいうと、これは単なる遠景描写ではない。先の『風土記』の「餅の的」伝説を持ち出すまでもなく、鳥は米が空を飛ぶ様子の隠喩となっているのである。「飛倉の巻」では鳥は全く見られないが、それはその代わりに米俵自体が連なり飛んでいるからである。つまり、各巻のストーリーで一度ずつ「鳥＝米」が飛んでいるという構成になっているわけである。この視角を、従来から議論されてきた「詞書問題」に絡めて、さらに追究してみよう。

第一巻には詞書がない。元々あったものが失われたのか最初からなかったのかをめぐって古くから議論がある。笠井氏は「古本説話集から想定される第一巻にはあえて文字によって説明されなければならないような固有名詞はなく、その意味では絵だけみても分るようになっている。必要なことは第二巻以下で解き明かされていくという構成になっている」と、もともと第一巻に詞書がなかった可能性を慎重に匂わせている。詞書が第一巻の冒頭や途中に挿入されると、絵巻のスピィーディーな表現効果が損なわれるのも確かである。

しかし、もし詞書が本来なかったという立場を採れば、第一巻に詞書があったという立場を採る下店氏によって説明がつけられた問題[12]――なぜ第二巻の冒頭において第一巻の内容がわざわざ詞書として書き込まれているのか、――があらためて再燃してくる。笠井氏が慎重な書き方をしたのもそれゆえかもしれない。

最近では、第一巻には詞書があったという説が有力である。例えば村重寧氏は、単に絵の連続性云々から詞書の存在を否定するのは「都合のよい解釈」であり、絵巻の始まりが突発的であることを効果的とみなすことも「独善的」だとして批判する。[13]しかし、村重氏が本来は二段構成の予定であった詞書が、「連続的画面構成を活かすべく、途中に言葉を挿入することを止め、長文を削って前へ出し、あるいは残りを中巻へ移すことによって一段構成へ設計変更されたと考えられるのである」といった時にも、なぜ後半の詞書が他の巻のように第一巻末尾に入れられず、不自然を冒してまで第二巻冒頭に挿入されなければならなかったのか、これについての説明がない限りその立論は完結しない。計画変更の議論は、早くに上野直昭氏が指摘した事実の繰り返しにすぎない。[14]なぜ、第一巻末尾に詞書の後半を置かなかったのか。

具体的に検討すると、まず第一巻の冒頭部分にさらに今日失われた絵や詞書があったと想定するのは、現行第一紙にそれほどの切り詰めがみられないこと、そして先に述べたように第二巻・第三巻の始まりと同種の表現方法が用いられている事実、そして縁起の基本テーマを含意すべく朱色に描かれた台盤の上に高々と盛られた「ご飯」から絵が始まっている事実からみて無理であろう。また、第一巻後半の詞書が後世の錯簡によって第二巻冒頭に移動したと想定する五味文彦氏の仮説も成り立ちがたいであろう。[15]というのも、紙継ぎとは無関係な行において、しかも行の途中において、第一巻の話から第二巻の話への転換（「かやうにおこなひてすくるほとに、えむきのみかと、……」）がなされているからである。当初から第二巻詞書と連続していたことは明らかである。やはり上野氏がいうように、作家は途中でその構想を大きく変更したのであろう。最初は第二巻・第三巻と同様に冒頭と途中の二箇所に詞を挿入する計画であったが、絵の連続性・スピィーディーな動きを中断すべきではないこと、絵だけでストーリーが十分把握できることに気づいたのである。このように考えた作家が、いつまでも第一巻に詞書を残すことに拘泥し続けたとは考えがたい。冒頭第一巻全体から詞書すべてを排除することに決したと考えた方がよいように思う。類似の事例は、詞書をわずか一行で済ませた伴大納言絵詞にもみられるからである。

それでは、なぜ不自然を冒してまで、第二巻の冒頭に至って第一巻の詞書をわざわざ付載する必要があったのだろうか。絵画だけでストーリーの大筋は理解できたはずではないか。答えは詞書自身が語ってくれている。そこにどうしても書き込んでおかなければならない内容が存したからだろう。しかもそれは、第一巻の説明に必要というものではなく、むしろそれ以降の第二巻・第三巻への展開にとって必要な事柄、第一巻で絵画化できなかった事柄である。あらためて第二巻の詞書冒頭をなぞってみると、

　このはちにこめをひとたはらのせてとはするに
　のこりのこめともつゝきたちたり
　たしかにぬしのいゑにみなをちゐにけり

これらは絵画化することができる。しかしその間に挿入された比喩表現の部分、

　かりなとのつゝきたるやうに
　またむらすゝめなとのやうにつゝきて

これはどう頑張っても描けない。つまり「米が空を飛ぶ様子は鳥が連なって飛ぶようだ」という情報を鑑賞者に植え付けておきたかったのである。そのことを頭に入れられた鑑賞者は、第一巻の背景に古代信仰の隠喩が響いていたことを振り返って確認すると同時に、第二巻・第三巻のターニングポイントで遠景の信貴山に鳥（信貴を

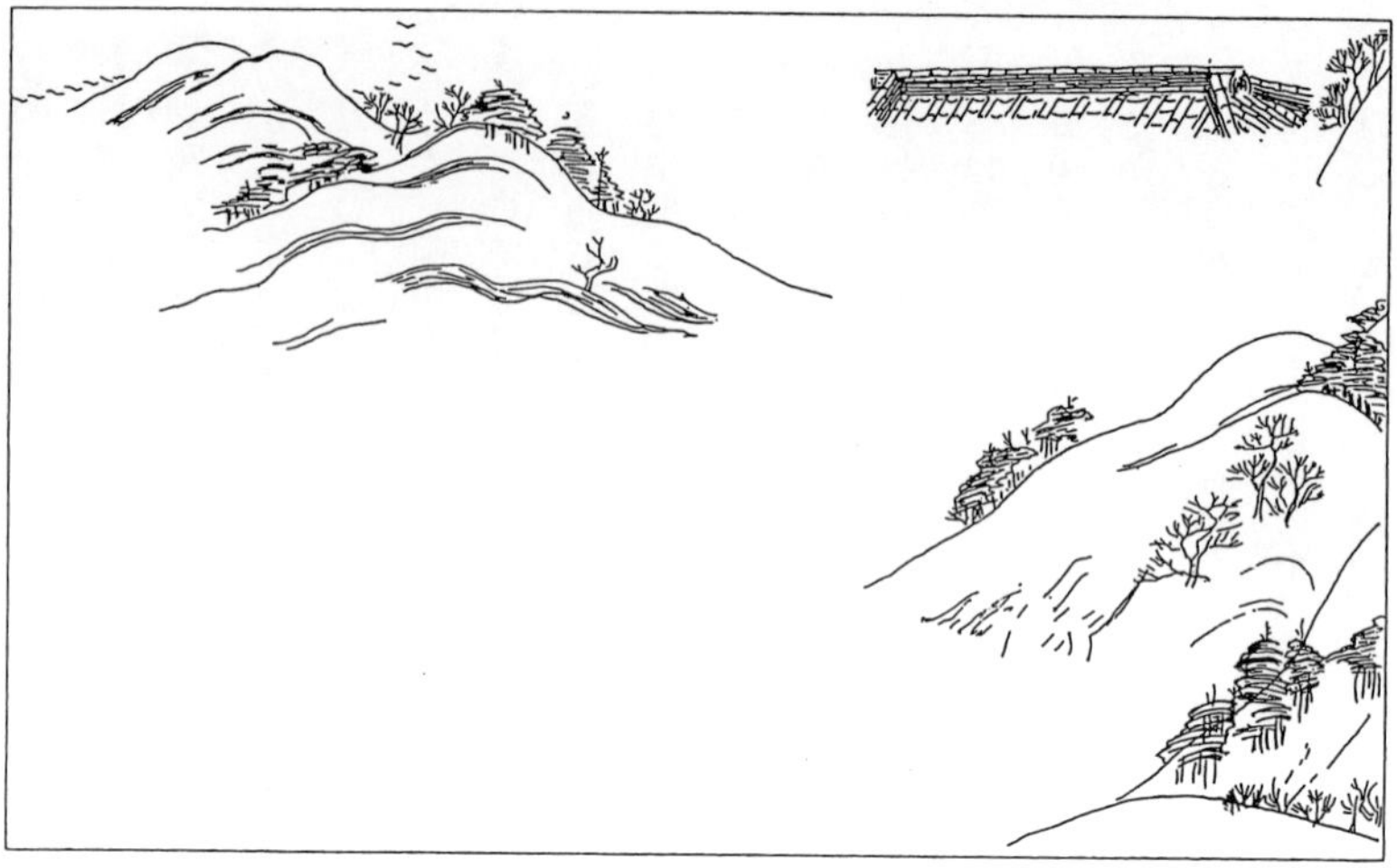

図7

鳴にも響き合せている）が連なって飛んでいる様子が繰り返し描き込まれていることを発見していくことになる。

最も大切なのは、絵巻の最後のフィナーレの場面である。そこには三百年の時間が推移した現在の信貴山の遠景が静かに描かれている。朽ち果てた信貴山の倉、尼公から貰った「たい」を納めた倉が残り、人々はその木の切れ端をお守りとし、毘沙門天の像を刻んだのである。

そのくらもいまにくちやふれて、そのきのはしをもつゆはかりえたる人はまもりにし、ひさもむつくりたてまつりてちしたてまつる人は、かならすとくつかぬ人はなかりけり。さて、しきとて、えもいはすけんしたまふ所に、いまに人〳〵あけくれまいる。このひさもむは命れんひしりのをこなひいてたてまつりたるところなり。（傍点筆者）

今ひっそりと横たわるその倉には、過去の時間・ストーリーがすべて集約されている。しかしそれだけではない。その背後には、今なお生き生きと米俵を象徴する鳥が連なって飛んでいる（図7）。「三百年の推移を象徴する朽ち果てた倉」と「時間を超越して今なお変わることなく信貴山上空を飛ぶ鳥の連なり」——絵巻はこうした時間の描写で幕を閉じるのである。時間の重なりを現在へと集約させる歴史意識、信貴山縁起絵巻こそ、かつて石田一良氏が指摘した当該期の文化の特質、「絵伝の理念」を最もよく体現した、まさに「縁起絵巻」と称するにふさわしい作品であるといってよいだろう(16)。

むすび

信貴山縁起絵巻のなかに用いられている時間表現は、単に巻子の右から左への動きとストーリーとを対応させ、それに抑揚を与えるといった単純なものではなかった。絵巻の左右に開かれた画面を基礎に据えて、消失点をもたない俯瞰法の生み出す連続平行線をそこに重ね合せることで、二次元の平面上に深奥性を表現する。そして、その空間の中にさらにベクトル性を有する対象を配置することによって、意識に媒介された時間観念「いく」「くる」という感覚を発現させることに成功している。左右に広がる画面という「自然の流れ」を基調としつつも、そのなかに俯瞰法という構図を意識的に配置することで、「意識によって媒介された空間と時間」を表現し、その時間のなかに精神的な意味を付与することによって、メリハリのある場面展開を実現しているわけである。そして、さらにその背後にある仏教的な悠久の「超越的時間」を書き込んで、それを介して「歴史（過去）」を「現在」に収斂させる。ここに信貴山縁起の提示する主張の核心が見事に絵画化されている。画面の転換が内容の転換と響き合い、我々を超越的時間へと導いていく構想力には圧倒される。こうした「時間の絵巻」として、信貴山縁起絵巻は我々に大きな感動を与えてきたのである。

また、第二節でふれた仏教と国家・社会との緊張関係という当絵巻のライトモチーフは、仏教受容以来の対抗関係の行き着く先だともいえるが、この段階であらためて如上の主張が強く提示されてくることの意味はどのように理解されるべきであろうか。従来、この絵巻の成立は、治承四年（一一八〇）の平重衡南都焼討以前の大仏殿が描かれていることから、それ以前の十二世紀後半とされてきたが、清涼殿などの建物が粉本を用いて描かれている事実や詞書にみえる後京極流の書風が確立する時期などを勘案すると、焼失以降の東大寺・興福寺再興期に制作された可能性も否定できない[17]。

神話に基礎づけられた古代王権が急激に凋落していく姿、古代仏教を象徴する東大寺と興福寺が灰燼に帰した風景は、古代という一つの時代の終焉を当時の人々に生々しく体感させたに違いない。古代神話や王権を仏教の立場から読み替えて批判するだけではなく、社会的な広がりをもつ水分《みくまり》の信仰を毘沙門天・吉祥天・善膩師童子という三尊で上書きしていくという構図には[18]、そして民間からの「布施」の重要性を語り、信貴山の倉の断片への庶民の素朴な信仰で締め括る物語をあえて絵画化した所為には、民間の勧進を基礎とした南都復興の機運がはっきりと投影されている。信貴山縁起絵巻は新しい中世の幕開けを象徴する絵巻だといえるだろう。その意味で、信円を制作者と想定する源豊宗説はあらためて再評価されるべきであろう[19]。信円は興福寺の五院家を兼帯し、治承五年以降は九年間別当として南都復興に尽力した人物である。絵画にも造詣が深かった。東大寺開眼供養の呪願師を務めた文治元年（一一八五）には、信貴山の塔婆建立供養も行っている。彼は天台座主慈円の異母兄弟でもある。時代の目まぐるしい変化を体感しつつ、時間というものを何とか説明しようと試みた作品が、『愚管抄』であり、またこの信貴山縁起絵巻であったといえよう。

（1）信貴山縁起絵巻に関する諸研究については、新修日本絵巻物全集『信貴山縁起』角川書店、一九七六年、日本絵巻大成『信貴山縁起』中央公論社、一九七七年、藤田経世・秋山光和『信貴山縁起絵巻』東京大学出版会、一九五七年、笠井昌昭『信貴山縁起絵巻の研究』平楽寺書店、一九七一年、社寺縁起絵研究会編「現存社寺縁起絵簡明目録（上）」（『国書逸文研究』二九号、一九九六年）に収めるリストを参照。その後の論文に、並木誠士「縁起としての信貴山縁起絵巻」（『京都工芸繊維大学工芸学部研究報告・人文』四五号、一九九六年）、百橋明穂「信貴山縁起再考」（『美術史論集』四号、二〇〇四年）などがある。

（2）奥平英雄『絵巻』美術出版社、一九五七年。以下、奥平説の引用はすべて本書による。

（3）面出和子「「信貴山縁起絵巻」における空間表現について」（『女子美術大学紀要』二五号、一九九五年）。

（4）笠井昌昭「信貴山縁起絵巻の画面構成について」（『人文学』一三八号、一九八三年）。

（5）大串純夫「信貴山縁起画面解釈」（『國華』七三八・七三九・七四〇号、一九五三年）、同「信貴山縁起絵巻の成立をめぐる歴史的諸条件」（『美術研究』一七七号、一九五四年）。

（6）俯瞰法に関する研究史については、山本謙治「中国絵画と大和絵における俯瞰法の研究――その考察法と問題点をめぐって――」（『文化史学』四一号、一九八五年）参照。

（7）面出氏は、信貴山縁起絵巻の主題の動きを線にして描いたうえで、連続性が「断絶」していると説明するが、これは〈表現Ⅰ〉と〈表現Ⅱ〉との区別を明確に意識しない結果である。

（8）下店静市「信貴山縁起の内容」（『下店静市著作集』第八巻、講談社、一九八五年。初出は一九三八年）。

（9）笠井註1著書。以下、笠井説の引用は本書による。

（10）拙稿「敏達紀「善信尼」覚書――初期仏教と記紀神話――」（続日本紀研究会編『続日本紀の諸相』塙書房、二〇〇四年。本書第七章に再録）。

（11）折口信夫「水の女」（『折口信夫全集』第二巻、中央公論社、一九五五年。初出は一九二七・一九二八年）、『世界大百科事典』平凡社、一九五五年、の「山の神」「田の神」の項目などを参照。

（12）下店静市「信貴山縁起詞書の問題」（下店註8著作集。初出は一九三七年）。

(13) 村重寧『日本の美術298 信貴山縁起と粉河寺縁起』至文堂、一九九一年。
(14) 上野直昭「信貴山縁起について」(『画説』三〇号、一九三九年)。
(15) 五味文彦『絵巻で読む中世』ちくま新書、一九九四年、など。
(16) 石田一良「鎌倉時代の肖像と絵伝――その内的関係の文化史学的研究――」(同『文化史学 理論と方法』ぺりかん社、一九九〇年。初出は一九五一年)、笠井昌昭「絵巻物にあらわれた歴史意識の展開」(同『日本文化史――彫刻的世界から絵画的世界へ――』ぺりかん社、一九八七年。初出は一九六一年)。
(17) 源豊宗「信貴山縁起絵の南都的作風」(『源豊宗著作集 日本美術史論究』第四巻、思文閣出版、一九八二年。初出は一九六一年)。
(18) このような古代の農耕社会を基盤とする水分社の信仰を、仏教側が毘沙門天・吉祥天信仰をもって読み替えて吸収していくという戦略は、単に信貴山にのみ見られるものではなく、貴船社に対する鞍馬寺など各地で確認されるものである。なお、善膩師童子は「尼公の巻」で尼公とともに旅をする特有の服装をした童子によって象徴されていると考えられる。旅の風景のなかで尼公と童子の後ろには小さな社と丸石が描かれ、その間から生え出た木の二つの枝の大小の塊があたかも仏像の天蓋のように二人の頭上を覆っている。山梨の丸石信仰を象徴する存在である。また、童子は奈良に入る直前に鹿の姿を見て姿を消していることから、春日社の武甕槌命に負けた信濃国諏訪大社の建御名方神をも象徴しているると考えられ、東国の諸信仰を仏教化させた存在と説明されているのであろう。
(19) 源註17論文。

第三部　日本古代君主権の成立過程

第十章　日本律令国家法意識の形成過程

――君臣意識と習俗統制から――

はしがき

本稿は、日本律令法を背後で支えた法意識の構造と特質を、その形成過程にまで遡って把握することを試みるものである。法を広く現実的な所有・権利意識を基礎として設定される秩序の体系とみなしたうえで、継受法たる律令がなぜ古代日本において法として機能しえたのかを考えたいのである。

しかし、素材となるべき律令国家形成期の研究状況を概観すると、公民制成立過程における孝徳朝の再評価は評制や五十戸制の施行という視点から着実に進められてはいるものの(1)、君臣秩序の再編と官人制の創設における孝徳朝・天智朝の意義については、いまだ十分な評価が与えられているとはいいがたい(2)。

ここでは、史料に残された当該期の為政者の時代認識と改革の論理、即ち古墳時代以来の支配構造や旧秩序が如何なる機能不全を引き起こしていると説明しているのか、現実的な権益が絡む領有関係の改革を如何なる正当化の論理をもって遂行しようとしたのか、この二点に注目して律令官人制の成立過程を所有・権利意識という土台のうえに描き出すことを試みる。そのなかで大化改新・天智朝・近江令の史的意義を再評価し(3)、律令官人秩序を背後で支えた法意識の構造を解明したい。

第一節　大化改新における旧俗と所有——新しい法意識の基盤——

本節では、大化の部民廃止諸詔と旧俗廃止詔の分析を通して、改新政府が向き合った基本課題を把握する。そこには〈私有意識に侵食される伝統的秩序〉という社会問題が繰り返し語られており、これが日本律令国家形成の一つの重要な契機をなしたと考えられる。

（一）伴造品部制の行き詰り——祖名観念と部民領有のあいだ——

倭王権の支配構造は伴造品部制と称され、名を負ったウヂの王権への奉仕とそれにともなう部の領有という構造をもつ。鎌田元一氏の、ウヂはカキたる品部を存立基盤として王権に奉仕するという部民制論にしても、吉田孝・熊谷公男氏の、霊的な祖名、もしくは功績の積み重ねである祖名を負うことで、ウヂの結集は保障されているといった祖名論にしても、『日本書紀』が掲載する大化の諸史料A～Eに描かれたウヂと名の関係を主要な根拠としているところに特徴がある。(4)

A　大化元年九月甲申（十九日）詔
B　大化二年正月甲子朔詔
C　大化二年三月壬午（二十日）皇太子奏請
D　大化二年八月癸酉（十四日）詔
E　大化三年四月壬午（二十六日）詔

『日本書紀』が語る論理を書紀編者の歴史観の反映にすぎないとして切り捨ててきた従来の方法との違いが目に付く[5]。しかし、これらの史料が伴造品部制の実態を客観的に描写しているといえるだろうか。それが歴史観を含み込んだ政治的言説であることは早く津田左右吉氏が指摘し、改新否定論もこの視角を積極的に推し進めた学説であった[6]。本稿では、すべてを律令国家の造作した歴史像として切り捨てる立場は採らないが、そこから直接史実に迫るのではなく、当該期の政策の論理をできるだけ内在的に理解することから出発したい。改新政府が如何なる「現状認識」をもち、また如何なる政治的意図のもとに「戦略的発言」を提示したのかを正確にトレースして、国制の変化を当時の時代精神の展開と関わらせながら描き出すことを試みようと思うのである。

（1）大化の諸史料が描く部の領有形態――品部廃止詔の読み直し――

まず、根本史料である大化二年（六四六）の品部廃止詔Dと、そこに現われた「王名」について検討する。この史料の読みこそが、部民制についての多様な理解を生み出す淵源となっているからである。先行研究すべてを再検討するわけにいかないので、ここでは近年多くの賛同を得ている鎌田元一氏の読みを吟味する形で自説を提示する[7]。

D 詔曰、原夫天地陰陽、不レ使下四時一相乱上。惟此天地、生二乎万物一。万物之内、人是最霊。最霊之間、聖為二人主一。是以、聖主天皇、則レ天御寓、思二人獲レ所、暫不レ廃レ胸。而始二王之名々一臣連伴造国造、分二其品部一、別二彼名々一。復、以二其民品部一、交雑使レ居二国県一。遂使二父子易レ姓、兄弟異レ宗、夫婦更互殊レ名。一家五分六割。由レ是、争競之訟、盈レ国充レ朝。終不レ見レ治、相乱弥盛。粤以、始二於今之御寓天皇一及二臣連等一、所レ有品部、宜三悉皆罷、為二国家民一。其仮二借王名一為二伴造一、其襲二拠祖名一為二臣連一、斯等、深不レ悟レ情、忽聞二若レ是所一レ宣、当レ思、祖名所レ借名滅。由レ是、預宣、使レ聴二知朕所一レ懐。王者之兒、相続御寓、信知時帝与二祖皇一名、不レ可レ見レ忘二於世一。而以二王名一、軽掛二川野一、呼二名百姓一、誠可レ畏焉。凡王者之号、将随二日月一遠流、祖子之名、可下共二天地一長往上。如レ是思故宣之。始二於祖子一奉仕卿大夫臣連伴造氏々人等、或本云、名々王民。咸可二聴聞一。今以二汝等一、使レ仕状者、改二去旧職一、新設二百官一、及著二位階一、以二官位一叙。今発遣国司、并彼国造、可二以奉聞一。……。

まず問題となるのは、「而始王之名々臣連伴造国造、分其品部、別彼名々。復、以其民品部、交雑使居国県。……」の部分の読みである。鎌田氏は「王の名名（王宮名を付した部、子代）をはじめとして、臣連伴造国造もそれぞれの所有する品部を彼らのウヂの名に分別する（名を付すことで他と区別する）。そのカキであるところの品部を……（一面では王家の品部も伴造氏族の部である）」と解釈している。品部を部一般とみなす論は妥当であるが、なお以下のような問題を指摘することができる。

①史料B～Eには一貫した歴史認識が確認されるが、この読みではE大化三年（六四七）四月詔との整合性に問題が生じる。また、②同じ文章中の「名」は同等に理解すべきで、詔前半の「名々」だけを子代のことと解するのは不自然である。そもそも『日本書紀』のなかには「名代」の語は存在しない。③そもそも「始王之名々、臣連伴造国造、分其品部、別彼名々」と「始於今之御寓天皇及臣連等、所有品部」が対句的関係にあるという立論の前提そのものが疑問である。文法的にみても「始於……」と「始……」という明確な差があり、また前者には「及」の字がない。「王之名々」と「今之御寓天皇」にも概念上のずれがある。

問題点①を具体的に検討しよう。Eの大化三年四月壬午詔には、

E　詔曰、惟神、……。自二始治レ国皇祖之時一、天下大同、都無二彼此一者也。既而頃者、始二於神名・天皇名々一、

或別為㆓臣連之氏㆒。或別為㆓造等之色㆒。由㆑是、率土民心、固執㆓彼此㆒、深生㆓我汝㆒、各守㆓名々㆒。又拙弱臣連伴造国造、以㆓彼為㆑姓神名王名㆒、逐㆓自心之所㆑帰㆒、妄付㆓前々処々㆒。前々、猶謂㆓人々㆒也。爰以㆓神名王名㆒、為㆓人賂物㆒之故、入㆓他奴婢㆒、穢㆓汚清名㆒。遂即民心不㆑整、国政難㆑治。是故、……。而習㆓旧俗㆒之民、未㆑詔之間、必当㆑難㆑待。故始㆓於皇子群臣㆒及㆓諸百姓㆒、将賜㆓庸調㆒。

とあり、その趣旨が、「臣連の氏や造等の色は神名・王名から別れて生まれたものであるが、強い自己意識のもとに姓たる名々を頑なに守ろうという意識が生じている。その名はみだりに人や土地に付され、賂の物と化している」であることは動かせない。これは、Dの後半で叙述されている内容と全く同じ現象を表現したものだから、D前半部もまた同じ論理で読むべきである。

以上より、私は「王の名々に始まれる臣連伴造国造、其の品部を分ち、彼の名々を別つ」と読む説を提示したい。実は、これと類似した読みは早く中田 薫氏が提示していた（「始め王之名々の臣連伴造国造……」）[8]。結論では私見と異なる点もあるが、自らの由来を王名にもつ臣連伴造国造たちが、領有を任されていた品部の一部を割き取り、そこに自分の名を付して実質上の私有に帰している、という当時の現状認識こそが重要である。また、そのような状況を引き起こしている主体を、「旧俗を習へる民」と総称している点も興味深い。大化二年三月甲申詔に現われる「旧俗」「愚俗」と共通する時代認識である。

では、部の起源については如何なる認識が見出せるだろうか。A大化元年九月詔、B改新詔、C皇太子奏請は共に、歴代ごとに例として「代民」を設置する制度の存在を記している。Aでは「標代民（代民）」、Bでは「子代之民」、Cでは「子代入部」と表記されている[9]。この慣習は、『日本書紀』が他の巻で語っているところとも一致する。武烈天皇六年九月乙巳朔条には「依㆓天皇旧例㆒、置㆓小泊瀬舎人㆒。使㆘為㆓代号㆒万歳難㆖㆑忘者也」とあり、これを『古事記』は小泊瀬部と記している。設置は天皇の旧例であるが、無嗣の場合でも代民を置くか否かという議論である。また安閑天皇元年十月甲子（十五日）条にも、「夫我国家之王二天下一者、不レ論二有嗣無嗣一、要須二因レ物為レ名」とある。これらは、子がいないために子代を設置するという意味に解される向きもあるが、史料自体は有嗣の際にこそ設置されるものだという文脈になっている。王宮の経営のための部民なのであろう。

ここで注目すべきは、豪族の領有する部もまた子代に起源があると説明していることである。Bの大化二年正月甲子朔詔とCの大化二年三月壬午皇太子奏請を詳細にみてみると、

B　二年春正月甲子朔。賀正礼畢。即宣二改新之詔一曰、「其一曰、罷二昔在天皇等所レ立子代之民・処々屯倉、及別臣連伴造国造村首所レ有部曲之民・処々田庄一。仍賜二食封大夫以上一、各有レ差。降以二布帛一賜二官人百姓一有レ差。……」。

C　壬午。皇太子使レ使奏請曰、「昔在天皇等世、混二斉天下一而治。及二逮于今一。分離失レ業。謂二国業一也。属下天皇我皇、可レ牧二万民一之運上、天人合応、厥政惟新。是故、慶之尊之、頂戴伏奏。現為明神御八嶋国天皇、問二於臣一曰、「其群臣連及伴造国造所レ有、昔在天皇日所レ置子代入部、皇子等私有御名入部、皇祖大兄御名部入部謂二彦人大兄一也。及其屯倉、猶如二古代一而置以不」。臣即恭承レ所レ詔、奉レ答而曰、「天無二双日一、国無二二王一。是故兼二并天下一、可レ使二万民一、唯天皇耳。別以二入部及所封民一簡二充仕丁一、従二前処分一。自余以外、恐二私駈役一。故献二入部五百廿四口、屯倉一百八十一所一」。

子代の方は「置く所」「立つる所」と記すのに対して、豪族の部の方は「別ちて」「有てる所」と表記しており、両者は意識的に書き分けられている。また、「別」の用字には系譜的に分化することや割き取るという意味がある。このことから、「設置」と「占有」とがはっきりと区別されていることがわかる。この認識は、まさに先の

D前半の「臣連伴造国造、分二其品部一、別二彼名々一」という叙述とも相即するものである。問題を引き起こしている部はすべて子代起源であって、それらが臣連伴造らにより私的に占有されることによって社会問題が引き起こされている、という現状認識が提示されているのである。

以上をまとめると、大化の諸史料からは事実か否かは別として、

Ⅰ　臣連伴造国造らは王名・神名に由来をもつ集団であり、その名を負って奉仕している。

Ⅱ　品部はすべて歴代天皇の設定した子代を起源とするが、それを管理する臣連伴造国造たちにより割き取られ、名が付されてその私有に帰している。

という歴史認識が抽出される。

（２）伴造品部制の本源的スタイル

この二つの歴史認識Ⅰ・Ⅱのもつ意味を考えるために、いったん別の断片的な史料から伴造品部制の本源的なあり方を復元する。

まず、「名を負う意識」について。『日本書紀』垂仁天皇三十九年十月条に注目しよう。

卅九年冬十月、五十瓊敷命、居二於茅渟菟砥川上宮一、作二劔一千口一。因名二其劔一、謂二川上部一。亦名曰二裸伴一。

裸伴、此云二阿箇播娜我等母一。蔵二于石上神宮一也。是後、命二五十瓊敷命一、俾レ主二石上神宮之神宝一。一云、五十瓊敷皇子、居二于茅渟菟砥河上一。而喚下レ鍛名河上、作中大刀一千口上。是時、楯部・倭文部・神弓削部・神矢作部・大穴磯部・泊橿部・玉作部・神刑部・日置部・大刀佩部、并十箇品部、賜二五十瓊敷皇子一。其一千口大刀者、蔵二于忍坂邑一。然後、従二忍坂一移レ之。蔵二于石上神宮一。……。

井上光貞氏はこの史料を職業部の類型設定に用いたが、ここでは名を負って王宮に奉仕するという意識を典型的

な形で表している史料として注目したい[10]。註の部分に河上に「居す」とあることから、五十瓊敷入彦皇子が「河上という地」に宮を設置経営したことがわかる。その「河上宮」に召還された鍜の名は「河上」であったとも書かれているが、これは固有名ではなく、むしろ河上宮に仕えることで一般の鍜と区別してそう称された、もしくは自ら称したのであろう。そして、彼に従う工人集団もまた「河上部」と呼ばれたであろうし、さらに彼らの作った劒（大刀）までもが「川上部（河上部）」と称されている。一方、工人集団が精錬の熱ゆえに赤くなった肌で働くことから「アカハダガトモ」とも呼ばれ、大刀もまた「アカハダガトモ」という名で呼ばれることになっている。

これが「名を負う」という意識の本源的な形であろう。この史料は石上神宮の大刀一千口の由来を語るものであるから、河上宮に付属する部の一例をあげたものにすぎない。事実、この時「天皇から十箇の品部を賜った」とも書いてある。武器関係のみならず玉作部・日置部など祭祀関係の部もみられるように、河上宮に付属して設定された子代の内実を伝えたものとみてよい[11]。「王名を負う」とは、その王宮で奉仕する者の誇りと自己認定の表現であり、それがこのような重層構造をなしているのである。宮の造営とともに設定される子代などの職業部民のみならず、伴やそれを統率する伴造などの豪族層もまた、宮の職務を分掌することで名を負うのであろう。このように復元される奉仕意識の類型は、稲荷山鉄剣銘にみられる職務を担って奉仕することで集団を構成するカバネ成立以前の意識とも連続する[12]。王宮への奉仕（職務分掌）を通してその名を負い、それが氏の結集を基礎づけていたのである。

他方、「名を付す」という意識も並行して存在した。先の武烈天皇六年や安閑天皇元年の史料に典型的な形で確認される。子代は現実には皇子の資養物として設置されたものだが、名を残したいという意識のもとに設置されていることも見落せない。物に名を付すことは自己を対象化する普遍的な行為であり、権利・所有意識の最も原初的な発現形態である。従って、それは私有意識が強くなるにつれて広範に現出するようになる。子代によって経営される宮に屯倉の田地などが付属する段階になると、私有意識はより強度で現実的なものへと転化していく。Aの大化元年九月甲申詔は、

　A　自レ古以降、毎二天皇時一、置二標代民一、垂二名於後一。其臣連等伴造国造、各置二己民一、恣レ情駈使。又割二国県山海林野池田一、以為二己財一。争戦不レ已。或者兼二并数万頃田一、或者全無二容針少地一……。

と、天皇の子代のみならず豪族層による領有の実態をもリアルに描写している。こうした私有意識の高揚と共に、当然豪族層もまた「名を付す」という行為を積極的に行うようになるだろう。

（3）品部廃止詔特有の論理

さて、これを先のⅠ・Ⅱの論理と対比してみると、そこには大きなねじれが発生していることが確認されるだろう。「神名王名を負うことで氏という集団が構成される（奉仕と地位継承）」という論理と、「負っている名を子代や屯倉に付して、自己の所有に帰す（部の領有）」という論理とが混ざり合い、しかも次第に後者の方に重点が移動してきている。名が私有の各分と化すという逆転が生じているのである。

ただし、Ⅰ・Ⅱの歴史像は改新政府の側が恣意的に生み出した単なる空想ではない。B～E以前に、既に現実に存在していた論理であることも見落してはならない。例えば、大化元年八月庚子（五日）条の東国国司詔には、「有二求レ名之人一、元非二国造、伴造・県稲置一、而輙詐訴言、自二我祖時一、領二此官家一、治二是郡県一」という社会状況が問題視されている。「領有を正当化するために名を利用する意識」や「私有対象を名と一体のものとみなす

観念」は、むしろ在地の側で発生していたのである。他方、大化元年段階の政府側の言説Aには、いまだ「己が民を〈置く〉」という認識しか示されていない。

ここから次のことがわかる。①大化諸詔はあくまで政治的意図を込めた言説であって、部の本来の構造を客観的に説明しているわけではない。②王家の領有と並行して臣連伴造国造の私的領有も実際には広範に存在していたが、この私的領有を正当化するための手段として、本来は奉仕意識に基づく集団のアイデンティティであった「名を負う」という意識が名分として利用されるという事態が発生していた。③大化二年以降、改新政府は豪族たちが現実に用いていた「名のための領有」という名分を逆手にとって、私有民もまた過去の天皇が設置した王民であるという共通認識を引き出す。その上で品部廃止詔にみられるような「王名は人民や土地に付さずとも政府が保持するから奉仕由来も失われない」という戦略的宣言を創始する。相手側の論理を見据えつつ、部を領有する正当性を巧妙に剥奪し、名の観念に基づく奉仕意識と現実の私有意識とを明確に切り離してみせたのである[13]。

（二）旧俗廃止詔と大化改新の基本的性格――旧俗と「利を貪る」意識――

強い私有意識が伝統的秩序のなかに胚胎して、その秩序自体を切り崩していくという図式は、支配者層における奉仕意識のみにみられる現象ではなく、より広い階層において確認されるものであった。当該期の社会問題をリアルに描く大化二年（六四六）三月甲申（二十二日）条の旧俗廃止詔に注目して、この問題をもう少し広い時代像のなかに位置付けておこう。

甲申詔をどう位置付けるかは改新の性格を判断する重要な手がかりになるはずだが、意識的にそれを行った研究は少ない。前半の薄葬令部分を取り上げた関晃氏にしても、部民廃止にともなう公葬制の導入という指摘にとどまり、後半の庶民までを含む葬礼規定の部分については同時に出されたものではなく、『日本書紀』の編者の付加であろうと処理してしまう[14]。また中国的礼制の導入という説明にしても、大化二年三月という最重要時点で出された必然性について十分な説明がみられないのである[15]。

甲申詔の叙述は基本的に、

現状説明 → その弊害に対する立制宣言 → 制の内容 → 制の厳守命令

の繰り返しであり、次のような段落構成をなしている[16]。

Ⅰ ①埋葬施設造営の労働力公給規定と葬礼日数・葬具公給規定
　②庶民までを含む葬送習俗の規制
Ⅱ 婚姻など生活習俗の規制
Ⅲ 都鄙間交通の整備
Ⅳ 勧農政策

Ⅰ―①は「廼者、我民貧絶。専由㆓営墓㆒」と述べて、古墳造営を「富の浪費」であると非難する。そして埋葬施設や労働力支給の基準などを設定するのである。前代には権力の正当化や継承儀礼の場という機能を有した古墳造営の制も次第に形骸化し、群集墳の無秩序な乱立がみられるようになる。本来意味をもっていた習俗が、時代の変化とともに無意味な「因習」と化しているのである。こういった視点でみてみると、庶民に至るまでの葬送習俗Ⅰ―②においても同じ問題が発生していることに気づく。殯も本来は死の認定期間という固有の意味を有する慣習であった。詔のなかに描かれた個々の習俗も死体遺棄が一般的な時代においては日常であっただろうし、「為㆓亡人㆒断㆑髪刺㆑股而誄」も、おそらく「魏志倭人伝」に描かれた「喪主哭泣、他人就歌舞飲食」の習俗以来の伝統をもつものであろう。しかし、殯は地位継承儀礼と融合して異常に長期化することになり、散埋・殉死も未開な旧習と認識されるに至る。そして新たに主張されるのは単なる薄葬ではなく、王から庶民に至るまでの帷帳を用いた文化的葬礼である。

ⅡやⅢにおいても同じ構図が確認される。帰京した第一次東国国司の報告に基づくものだから、とてもリアルな内容である。この時期にはいまだ流動的な婚姻関係が一般的であったようだが、屯倉などの拠点で編戸造籍がなされ始めると、婚姻関係や家族構成が文字の上に固定されるようになる。こうした新旧の結婚規範の齟齬を利用して、ここに描かれた結婚詐欺の如き「利を貪る」犯罪が多発することになる。また、夫を亡くした未亡人が再婚したり、未婚だった女性が恵まれた結婚をしたりすると、村人たちが妬んで穢らわしいと称して祓除を要求する。祓除とは祓の代金としての「祓つ物」を請求することである。人が河に溺れたりすると、自分に溺れ死ぬ姿を見せたと言いがかりをつけ、上京する百姓が路頭で炊飯していると、家の前を穢したと言い掛かりをつけて祓除を強要する。上京する百姓から預かった馬に対し、三河尾張の人たちが自分の家で出産したと言い掛りをつけて祓除を要求し、払えないとなると代償としてその馬を奪う。本当に祓を要求するなら、穢を発生させた当の馬を手中に収めるはずがない。しかし、穢と認定されれば祓除料を払うべしという慣習法が生きている以上、言い掛かりであっても当事者はそれに従わざるをえない。祓除料が正当に要求されるわけである。ここにも、残存する古い慣習や観念を名目として利用しつつ「利を貪る」という構図がはっきりと確認されるわけである。

こうした旧俗の粛清と並行してⅢⅣでは、都鄙間の交通を阻害する慣習を撤廃して、市司・要路津済の渡子など交易の民にも田地を与えて農業民化し、農作月には営田に務めよという公民の新しい生活倫理を提示している。

以上、「旧俗」「愚俗」の語りは、それを単に野蛮なものとみなして廃止するものではないし、単純に中国的礼制の導入を主張しているのでもない。むしろその趣旨は次の点にある。①古墳時代には意味をもっていた習俗が、現実の生活倫理から乖離して形骸化したにもかかわらず因習として残存し、新しい生活感覚との間に齟齬を生じている。②その齟齬のなかに「利を貪る人間の犯罪」（「己が利となす」「強ちに祓除せしむ」）や「富の浪費」といった社会問題が胚胎している。③このような社会問題や犯罪を解消するためには、旧俗そのものを廃止して新しい慣習や習俗を普及させる必要がある。改新政府は自ら率先して推進していた古墳造営や殯儀礼を含む様々な慣習を、「旧俗」「愚俗」の名をもとに否定してみせたのである。

興味深いのは、穢観念を悪用してまで利を追求するような個人がここに誕生し、新しいトラブルが生み出されていることである[17]。当時の社会の実態を客観的に伝えるものではないかもしれないが、強力な私有意識の発現、富を蓄積した中間層の誕生が大きな社会問題を引き起こしている現実は認めてよいであろう。この時期に活発な動きを見せ始める彼らは、おそらく各地に群集墳を造った新興豪族層にあたるのだろう。

ここで気づくのは、これが先にみた旧来の奉仕観念を利用して部の私的領有を正当化するという現象と、全く同じ構造を有していることである。部民廃止は単なる政治権力レベルの改革ではなく、旧俗廃止詔と共通の社会問題への対策であった。事実、「旧俗」の言説は部民廃止史料にも確認される。Eの大化三年詔には「旧俗を習へる民」という語がみえ、「始二於皇子群臣一及二諸百姓一」に相応する。部民の代替として庸調を受けるこの「百姓」は民衆一般ではなく、部を領有していた下級のトモ（百八十部）などの階層を指すと考えられる。改新詔において、「臣連伴造国造村首」が「大夫以上、官人・百姓」と言い換えられる際の「村首」「百姓」にあたる中間層だといってよい。改新政府は、伴造品部制と生活習俗、即ち君臣関係と社会秩序のなかに生じた諸問題を〈旧俗と所有をめぐる社会問題〉という一貫した観点で捉えて、その根本的な改革を目指したのである。

こうした自我と私有意識の高揚が引き起こす問題は、既に聖徳太子が十七条憲法のなかで明確に意識化していた現象であった[18]。憲法は礼を基本とする一君万民思想を主張したもので、仏教を新たな共有すべき価値基準としたことは新基軸であった。しかし、そこで語られる「和」とは「党」をなさず上下の和睦を求めることであり、

「餮《むさぼり》を絶ち、欲を棄てて」訴訟を弁ずるべきで、「利を得る」「賂を見る」ことを強く禁じている。また、「任ずるところの官司は皆是れ王臣なり、何ぞ敢えて公と与に百姓より賦め斂らむ」として、私の利益追求の意識を厳しく戒めている。しかし、聖徳太子の政策は、新たに発生した諸現象を理念的に非難することによって旧来の秩序に復帰しようとしたにすぎなかった。強力な私有意識の高揚のまえに、時代錯誤になった旧来の秩序を理念主導で復興することなどできるわけがない。

改新政府は、聖徳太子のように伝統的な君臣意識や秩序意識を復古的に再建することを目指すのではなく、むしろ新しい動きを真正面から受け止め、現実を見据えた新秩序の創始を目指した。機能不全や社会問題を引き起こしていた伴造品部制や生活習俗といった伝統的秩序を「旧俗」と称して撤廃し、新たに芽生えた私有意識・権利意識を新しい秩序の基礎に据えた。これが後に述べるように、日本律令国家の法意識形成にとって重要な土台となったのである[19]。

第二節　日本律令国家法意識の形成——大化改新・近江令・大宝令——

前節では、「王名を負って奉仕することにより結集する重層的な君臣秩序」が「品部領有を第一に考える私有意識」に侵食され、「王名」が私有を正当化する手段に転じ、さらには所有対象自体を指す概念に化していく状

況を明らかにした。

私有意識は個人の権利の対象化として現出する。中国のように父子同気の観念を基盤とし、宗廟祭祀によって保障された「宗（家）」が永続的な権利主体となりうる場合には、それを単位として法的秩序や支配関係が形成される。[20]しかし、そうした団体が存在せず重層的な奉仕関係によって結集していた古代日本においては、権利意識という契機は、既存の秩序を権利主体たる個々人とそれを核にした流動的家族の集合体へと還元しかねない。氏は血縁集団化の傾向を示しはするが、新しい秩序の基本単位にはなりえなかった。如何にして従来の奉仕意識を保持しつつ、個人の権利意識を法的秩序のなかに位置付けていくかが、これ以降の大きな課題となる。

その方針は、Dの大化二年品部廃止詔に明瞭に宣言されている。「凡そ王者の号は、将に日月に随ひ遠く流れ、祖子の名は、天地と共に長く往くべし」「今、汝等を以て仕へしむ状は、旧職を改去し、新に百官を設け、及び位階に著けて、官位を以て叙せむ」と。名を負う意識を切り捨てながらも伝統的な君臣意識は堅持し、個人に賜与される位階を基礎に据えた官人制を介して、私有・権利意識を法秩序に転化させようというのである。本節では、日本律令国家を支えた法意識の形成過程をこの重要な宣言の延長線上に描いていく。

（一）大化改新の歴史的前提――前代の秩序とその変質――

大化改新以降の歴史過程を描くまえに、大化前代の国制の根幹に据えられていた伴造制とそれを基礎づけている名の意識、位階制のヒントとなった冠位十二階など、改新の歴史的前提にまずは考察を加えておく。

（1）王名と伴造制

先に少しふれたように、品部廃止詔Dには「王の名々より始まれる臣連伴造」「其れ王名を仮借して伴造となれる、其れ祖名を襲拠して臣連となれる……」という表現が出てくる。またEには「神名・天皇名に始まり、或は別れて臣連の氏となり、或は別れて造等の色となる」「彼の姓となれる神名王名……」とみえる。この神名王名という表現は一見すると、のちの『日本書紀』や『新撰姓氏録』が提示する皇別神別の氏の類型に擬似しているが、[21]血縁関係を感じさせない微妙な表現で書かれており、それらと直接連続するものではない。

二年詔では王名→伴造、祖名→臣連という対応関係が、三年詔では王名→造等の色、神名→臣連の氏という対応関係が語られ、表現は異なるものの両者には一貫性がある。それに対して、神別皇別系譜では、早く太田亮氏により神別≒連姓、皇別≒臣姓という関係が指摘されている。[22]つまり、両者は異質な内実をもつものなのである。臣連が負っている「神名」は「祖名」とも表現されているように、元来は集団の始祖として奉祭されていた神のことであって、記紀神話のなかに政治的に体系付けられた神ではない。神別皇別の区分がそのまま大化前代にまで遡るとする溝口睦子氏の説は正しくない。[23]

また、神名王名の区分が語られながらも、全体としては「王の名々より始まれる臣連伴造」とか「王名を人や土地に付す」というように、伴造に関する話として纏められる傾向も見落してはならない。独自の姓や始祖（神名）をもつものは臣連と呼ばれるが、臣連もまた王名を負って王権に奉仕するという意味では広義の伴造であるという認識が、この作文の大前提になっている。

従来、王名を文字通り負っている氏が現実には存在しないことに疑問がもたれ、さまざまな苦渋の理解が示されてきた。[24]例えば溝口氏は名とは氏の出自のことだという。確かに名が出自の意味に転化することもありうるが、人や土地に付して呼ぶものだという以上、もとからそのような抽象的なものであっては意味をなさない。垂仁紀の分析の際に指摘したように、名は奉仕集団――伴造層であれ部民層であれ――が自らのアイデンティティーとして負うもの、付されるものであるから、むしろ複数個の名を負っていたと考えればよいのである。先にみた河上宮の名を負う河上部にしても、同時に鍛冶部でもあり、また職人形象からくるアカハダガトモの名をも併せ負っている。律令時代の部姓の実例には白髪部・若桜部など王名・王宮名を負うものもあれば、玉作部・日置部など職掌を名乗るものもあるわけだが、本来は両者が二律背反にあったわけではなく、王名を負うと同時に職掌名をも負っていたのであろう(25)。

これは王宮に奉仕する伴造層においても同じであっただろうし、臣連レベルともなれば、それに加えて自らの勢力基盤となった土地の名（蘇我氏にとっての葛城の名など(26)）や祖名（神名）をも合わせ負っていた。今日、我々がウヂの名を単一と考えてしまうのは、庚午年籍において名が一つに固定されたためであり、また記紀などの史書においても読解の使をはかって統一が施されているからである。

むしろ多くの名を負うことこそが、その集団の政治的ポテンシャルの指標であったに違いない。もちろん日常的には「王名・王宮名・職名・地名・祖名・神名・容姿名」などのうち、自己の集団にとって最も利益のある名を称する傾向があった。王権に対して自立性の高い臣姓氏族は地名（祖名）を冠するものが多く、王権への求心性が高い連姓の氏や伴造は職掌名を負うものが多い。そして、庚午年籍に登録される段階になって、複数の名のうちの一つに確定することが求められたのであるが、その際の選択基準もその段階で自己の集団にとってどれが最も有益な名であるかにあったのだろう。

河上部の場合、もはや大昔の五十瓊敷入彦の宮名を負うことにはさほどの利益はないはずである。にもかかわらずその名が選択され残存した理由は、当時石上神宮に河上部と称される大刀が伝世しており、自分たちが「あの」大刀を作った集団であると主張することに大きな意味があったからである。意味のある名を選択した結果が『日本書紀』に残るウヂ名なのであり、それが戸籍に職掌名・王宮名などと斑《まだら》に残存する部姓である。氏族名に王名がほとんど残らないのは、改新政府が臣連伴造らに王名を部に付すことを「誠に威し」として禁止し、部の領有からも切り離したために、実質的なメリットがなくなったからであろう。

以上より、臣・連・伴造・国造から下級のトモに至るまで、すべてが広義の伴造というべき奉仕集団の側面をもち、王名を負うことによって政治的に結集していたことがわかる。

（2）冠位十二階の守旧性――徳冠二階 ＋ 五常冠十階――

こうした倭政権の支配構造の根幹をなす伴造制を基礎としたウヂは、推古朝にいったん明確に整理され秩序付けられることになる。ただし、それが必要であったのは、既に伴造制的な奉仕意識が個人の私有意識に侵食されつつあったからでもある。

推古天皇十一年（六〇三）十二月には、大徳・小徳・大仁・小仁・大礼・小礼・大信・小信・大義・小義・大智・小智からなる冠位十二階が制定された。冠は当色の絁で作られ、翌年正月に賜与された。この冠位十二階の位置づけは、それ以降の歴史の理解にとって非常に重要なポイントとなる。黛 弘道氏の画期的研究以降は、位階制度の変遷のなかに位置付けるという方向で研究が進められ、その賜与範囲は正四位上から少初位下に対応するとされてきた[27]。しかし、その立論には疑問がある。即ち、①位階制度は理念的に全官人を秩序付ける枠組みでなければ意味がないはずだが、冠位十二階にそのような目的があったのかは疑問である。冠位位階対応表の作成はこうした質的変化の側面を捨象してしまう。[28] ②『日本書紀』のなかの数少ない昇進の実例や信憑性の低い史料などから、制度の一般を復元することは可能か。冠位記載をともなわない叙述の方が多いのであり、わざわざ記されるのは特殊な抜擢や贈位だからではないだろうか。

黛氏自身はこの点を十分に意識していた。『冠位通考』に対する批判と『釈日本紀』所引「私記」の再評価から筆を取ったのは②を意識してのことだし、①についても注意深く「施行の実際面から考察した結果が、この表では十分に示されない」と述べて、「「私記」が冠位十二階を後世の四位から始まるとしたのは冠位制度の構造比較から推して行く限りあくまで正しい。しかし冠位・官職の授与基準が推古十一年から大宝元年に至る約一世紀の間に右にみたように変化したことから推せば、冠位十二階は決して後世の四位程低い位から始まるものではあるまい。私見を以てすれば徳冠などやはり公卿の階に当るのであろうが、それにしても尚これが一位に当るほどの高位ではないことは大化の制と比較して明らかである」(傍点筆者)とまとめている。しかし、その後の研究では「私記」の再評価だけが注目され、便利な対照表が一人歩きしてきたのである。

ここではこのような限界をもつ実例からではなく、まず制度の枠組みの継承関係から推定を試み、そのうえで実例との間に矛盾が生じないかを判定するという順序で考えていきたい。実は冠位十二階の内実を具体的に探る手がかりになる史料は大化薄葬令くらいしかない。その営墓基準は四段階に大別される。

王以上　↔　上臣・下臣　⟺　大仁・小仁　↔　大礼～小智

この区分は、推古天皇十九年(六一一)五月五日条の髻華の金・豹尾・鳥尾の使用区分とも対応する。下臣と大仁との間の区分は非常に大きい。大仁以下は「封せず平かならしめる」のであり、墳丘を造ることができるか否かという厳然たる差である。石槨規模の格差も白布公給の有無もここで分かれており、上臣下臣はむしろ王以上に近い位置にある。他方、関晃氏が公葬制と解した労働力公給は、[29] 小智以上すべてに対して行われている。これらを令制の葬送規定（喪葬令8親王一品条、同11皇親及五位以上条）と比較してみると、明確な対応関係が確認される（第一章図1参照）。ここからみる限り、上臣下臣はのちの三位以上議政官レベルに、また大仁～小智はのちの五位以上の範囲に相当していることになる。

また、官職の秩序と冠位の秩序とが並存していることも注目に値する。先の大きな格差を挟んで上位は、「大徳・小徳」ではなく「上臣・下臣」と記される。大仁以下の者は上臣下臣たりえないのであり、上臣下臣は王以上の側に立つ。徳冠はそれ以下から超越した冠位なのである。逆に、徳冠を除く十階は儒教の五常の徳目を陰陽五行説に従い配列して大小に分けたもので、[30] 徳冠とは明確に区別された纏まりを成している。冠位十二階というが、実際には「徳冠二階＋五常冠十階」の構成になっているのである。

推古天皇十六年（六〇八）八月壬子（十二日）条には、「召二唐客於朝庭一。……。是時、皇子諸王諸臣、悉以二金髻花一着レ頭。亦衣服皆用二錦紫繡織及五色綾羅一。一云、服色皆用二冠色一」（傍点筆者）とみえる。「錦紫繡織」は「錦の紫地の刺繡した織物」のことであり、[31] 服制の「錦紫繡織＋五色綾羅」という構成は、「徳冠＋仁礼信義智の冠」に対応する。「一云」には服飾は冠の色を用いると書いてある。十階が五行思想に基づく色であるのに対し、王の冠と上臣下臣の冠はそれらを超越した紫の徳冠なのだろう。皇極天皇二年（六四三）十月壬子（六日）条にみえる病床の蘇我蝦夷が入鹿に紫冠を勝手に譲り大臣に擬したという記事も、素直に大臣レベルの冠が紫の徳冠であると読むべきであり、大化以降も紫冠が大臣の冠とされていたことはその伝統を受け継ぐものなのである。

ここであらためて黛説を検討しておこう。まず賜与範囲の上限については、黛氏も「公卿の階に当る」とされていたので、大筋では私見と一致している。「一位に当るほどの高位ではない」という点については、『冠位通考』の「徳冠＝一位」説への批判に拘泥しすぎたための極論であろう。のちの織繡冠や一位も実際に賜与される例は非常に少ないのであって、徳冠が一位相当をも含みうると緩やかに捉えておけば問題は生じない。小野妹子が最高冠位である大徳を賜っている例は不自然だが、これは『続日本紀』や『新撰姓氏録』にみえるもので贈位であろう(32)。また、大徳境部臣雄摩侶・小徳中臣連国、そして小徳河辺臣禰受・小徳物部依網連乙等・小徳波多臣広庭らの例も、新羅に発遣された軍の大将軍・副将軍たちであったという特殊性を考慮すべきで、全権委任するがゆえの一時的賜与ではないだろうか。のちの征夷大将軍坂上田村麻呂も公卿レベルの従三位を賜与されていることが想起される。冠位の実例は個々の歴史的文脈のなかで理解されるべきものなのである。

昇進の実例についても、徳冠に一位から三位という幅をもたせれば不自然な降位という問題は生じない。巨勢徳太・大伴馬飼・安曇比羅夫らの昇進も自然に理解されうる。中臣連国の例は上記のように大将軍任命で特別に小徳に上がったわけで、大化以降は本来の錦位に降りている。また高向玄理の小徳（大化二年）から大錦上（白雉五年）へという例も、国博士への抜擢により一時的に公卿レベルに引き上げられたにすぎず、大化三年冠位制以降には錦位に降りたのであろう。高向氏が漢人系であることを大きくみれば、薬師恵日の大仁（舒明天皇二年）から大山下（白雉五年）へ、秦河勝の小徳から大花上へ（年代不明）という降位と共通の時代背景を想定することもできよう。冠位十二階が位階制の素朴な萌芽にすぎず、個人的賜与がのちの位階よりもずっと自由に行われていることをも併せ考えれば（鞍作鳥の大仁位など）、『日本書紀』があえて書き残した実例の特殊性を配慮せずに、そこから制度の枠組みを復元するのはますます危険なことがわかるであろう。

他方、賜与の下限についてであるが、対照表のように小智を初位に対応させると、最下級の官人までを覆っていることになってしまう。しかし、そもそもこの段階で、初位までの広範囲の官人層すべてに冠位が賜与されたなどということはありえないだろう。なお、一部の者が抜擢されて冠位が授けられたと考える向きもあるが、そうだとすれば位階との対応関係を問うこと自体に意味がなくなるし、一定範囲の集団を網羅していなければ、薄葬令のように明確に段階付けられた制度を冠位に従って設定することもできないはずである。先の分析からは五位以上に対応するという結果が出たが、もちろんそれに拘泥するのも、両者が直接連続する制度ではないのだからナンセンスである。しかし、こういう結果が出たことにも一定の意味があるのであって、結論からいえば、特別な賜与の例を除くと、伴造層のうち中央政府が直接把握していた伴造の氏上にあたる階層くらいまでが、冠位十二階の賜与範囲であったと考えられる。

(3) 冠位十二階と「氏姓の本」

傍証を加えよう。推古天皇二十年（六一二）二月庚午（二十日）条には、堅塩媛の欽明天皇陵への改葬の際の誄奏上の記事がみえる。誄は、天皇之命・諸皇子等・大臣之辞・氏姓之本から構成されている。天皇の誄もみえることから、欽明天皇と堅塩媛とを一体とみなした儀礼であることがわかる。「氏姓の本」の部分では蘇我氏のみが誄したかのような書き方になっているが、これは「大臣の誄」が既に終わっているにもかかわらず、蘇我大臣が自分の氏が誄する折にも再び登場して誇らしげに八腹臣を引きつれて奏上したことを、『日本書紀』が揶揄して書き記しているにすぎない。当然、他の氏々も「氏姓の本」を誄したと考えるべきであろう。同二十八年（六二〇）十月の堅塩媛改葬終了の儀式でも「以二砂礫一葺二檜隈陵上一。則域外積レ土成レ山。仍毎レ氏科之、建二大柱於土山上一。時、倭漢坂上直樹柱、勝之太高。故時人号レ之、曰二大柱直一也」とあるように、他の氏々も参加している。そして、これと同じ二十八年に「是歳、皇太子・嶋大臣共議之、録二天皇記及国記、臣連伴造国造百八十部并公民等本記㆓」とあるのも重要である。欽明天皇陵を舞台に氏ごとに柱を建てさせたことは、「氏姓之本」の意識をはっきりと物象化させるセレモニーであって、同年完成の『国記』＝『臣連伴造国造百八十部并公民等本記』（「臣連伴造……本記」が「国記」に付された注記だという説に従う[33]）により確定された氏々の奉事根源を、儀礼的に表現させたものと考えられるからである。欽明天皇の諡「天国排開広庭」は、『天皇記』『国記』の対概念と同じ世界観を基礎にもつもので、この儀礼において諡られた可能性が高い。

『天皇記』『国記』というと、皇極天皇四年（六四五）六月己酉（十三日）の蘇我氏滅亡の際に「天皇記・国記・珍宝」が焼かれ、船史恵尺が炎のなかから『国記』を救い出したという記事が想起されるが、この記事が殊更に書かれた意味こそが問われるべきであろう。文章は「即、疾取㆓所㆑焼国記㆒、而奉㆓献中大兄㆒」と続くのであり、蝦夷は天皇に叛したが、氏姓之本の管理は無事に中大兄に引き継がれたということを象徴的に語っている言説なのである。実際に『天皇記』『国記』が各一本しか存在しなかったとは考えがたい。

私は、この二書が『古事記』序の語る『帝紀』『旧辞』と同一の書物であると考えている。『帝紀』『旧辞』の成立を継体朝にまで遡らせる通説には積極的な根拠はない。記序に「旧辞」が「本辞」とも表記されるのは共に和語では「モト」と訓んだからであり、注記説に従えば『国記』もまた『……本記』なのであり、両者は同一の書物である可能性がある。『天皇記』と『帝紀』も漢字表記の差にすぎない。『天皇記』『国記』は天と国の対概念をあえて強調した書名にすぎず、国記とはまさに「氏姓之本」を体系的に書き記した本辞なのであろう。『新撰姓氏録』序には、『国記』を允恭朝の盟神探湯と庚午年籍との間の位置を占める氏姓確定の書とみなす観念が確認され、戸令22戸籍条集解の庚午年籍に関する歴史認識と即応する。『国記』に『臣連……公民等本記』という説明が付加されたのは、国記が庚午年籍の作成に利用されたという事実が拡大解釈された結果なのであり、本来は臣連伴造の氏上までを書き記した書物であったと考えられる。記序が「諸家之所レ賷帝紀及本辞」と書いているように、『天皇記』『国記』は氏々に班かたれたのであろう。

少なくとも推古天皇の二十年代に氏ごとの奉事根源が文字化され、統合・体系化された事実は認めてよい。そして、誄の「(天皇之命)＋諸皇子等・大臣之辞＋氏姓之本」という構成は、先にみた薄葬令の「王以上・上臣下臣＋大仁〜小智」という序列や冠位十二階の「徳冠＋十階」の序列と対応する。これは当時の中央の政権構造、そしてそれを視覚化した朝庭における座位、——左右に「王族（オホキミ層）」と「大臣公卿（マヘツギミ層）」が座し、その前庭に「臣連伴造等の氏上」が列立するという小墾田宮の構造——を示すものであると考えられる[34]。朝庭に座を有する王族と大臣公卿は別格であるがゆえに、「王」「上臣下臣」という地位呼称が用いられたのであり、両者は紫の徳冠を被ったと推定される。これは、例えば崇峻天皇即位前紀七月条の物部追討軍の人名序列「①〇〇皇子、②氏＋名＋宿祢（＋大臣）、③氏＋姓＋名」が、「①王以上、②上臣下臣（卿大夫）、③一般の臣連」に対応することからも傍証され、この政権構造が推古朝以前にまで遡ることを示している。

迂遠な考察をしてきたが、大仁以下小智以上は、やはり「氏姓の本」を誄するような臣連伴造の氏上層に対応すると考えてよい。そして徳冠を除く「十階」は特別の賜与を除けば、氏上に賜与される冠位であり、それを通して氏々は礼秩序に組み込まれたのである。しかし、礼によって旧来の奉仕関係を維持しようとする聖徳太子の政策は、皮肉にも逆の効果を生み出すことになった。流動的であった奉仕関係を文字によって固定することは、かえって氏の意識を現実の奉仕から乖離させ、自律した実体的・主体的集団化という方向へと導くことになるからである。大化期にみられるような名を自己の集団の領有の正当性に利用する巧妙な意識は、ここから芽生えてきたものであろう。

（二）天智朝の歴史的意義——官人範囲の確定から官位制度の導入へ——

話を先のDの品部廃止詔における「旧職を改去して新たに百官を設け、位階につけて官位をもって叙せむ」という宣言に戻そう。改新政府は、重層的な奉仕意識とそれに癒着しながら発生してきた私有意識とを明確に分離した。その結果、伴造層のなかから、現実の奉仕対象や部の領有から切り離されたばらばらの個人が権利意識を孕みつつ出現してくることになる。彼らを如何なる形で国家秩序のなかに位置付けていくかが、これ以降の新たな課題である。個々人に位階を賜与し、それに従って奉仕すべき官職が与えられる。そして奉仕に対する禄がまた位階に従って支給される。所有をいったん国家に集約したうえで、天皇を核にした求心的秩序である位階に従って個人に再分配されるという論理である。位階は官人の条件であるとともに、給与を受ける条件となる。

（1）甲子の宣——氏の範囲確定策としての部曲支給——

こうした政策の上に制定されたという意味では、大化三年冠位制こそが位階制の出発点だといえる。これ以降の冠位が次第に細分化していくのは、昇進という現実的な機能が付加されたためであり、大化五年冠位制における文字の簡略化は、上日や禄に関する木簡を作成する便宜のためであると推定されている[35]。冠位十二階との間には質的な段階差があるのである。しかし、ここで素朴な疑問が起こる。位階である限りは全官人を原則として覆っていなければならないが、官人の把握と序列化がこの大化三年段階でどこまで可能であったかということである。

冠位十二階は氏上レベルにしか賜与されていなかった。大化改新で問題とされたのは伴造やトモ（百八十部）

といった広範な中間層であったが、この植物の根のように入り組んだ奉仕集団を十全に把握し、官人身分と公民身分との間に線引きをするには相当な困難がともなうはずである。また現実の利害関係が絡んでいる以上、慎重かつ厳正に行われなければならない。孝徳朝に急スピードで進められた公民制の導入に比して、官人制の整備が遅れるのはそのためである。大化三年制は理念的に制度の枠を提示してはいるものの、その内実は官人制からは程遠いものであったと考えられる。官人範囲の確定作業を政府主導で行うことは困難であるのみならず、混乱や不満を誘起することになりかねない。結局、この政策の十全たる実現は白村江の敗戦以降に持ち越され、中大兄称制の下でようやく実行に移される。

天智天皇三年（六六四）二月丁亥（九日）、甲子の宣と呼ばれる著名な法令が出される。

春二月己卯朔丁亥。天皇命二大皇弟一、宣下増二換冠位階名一及氏上民部・家部等事上。其冠有二廿六階一。大織・小織……小乙下・大建・小建、是為二廿六階一焉。改二前花一曰レ錦。従レ錦至レ乙加二十階一。又加二換前初位一階一、為二大建・小建二階一。以レ此為レ異。余並依レ前。其大氏之氏上賜二大刀一、小氏之氏上賜二小刀一。其伴造等之氏上賜二干楯弓矢一。亦定二其民部・家部一。

旧来は国際関係の緊迫と白村江の敗戦のなかで、諸氏族の不満に応じて部民を一時的に復活させた対氏族策と理解されてきたが、[36]平野邦雄氏の批判もあるようにそれは誤りであろう。[37]そもそも社会団体としての氏族 clan の存在を日本で想定すること自体が困難であるし、奉仕集団としての氏は既に形骸化している。むしろ注目すべきは、官人制を象徴する「位階」との関係において「氏」が問題にされている点である。

このセット関係は、朱鳥元年九月の天武天皇の葬送儀礼における誄の次第から推定される天智朝官制における法官と理官の重要性とも対応する。[38]誄では法官・理官が大政官に続く序列を占めており、当該期の国制の根幹に据えられた最重要官司であることがわかる。[39] 法官は文武官の朝廷列立と冠位・上日に関わる官司で、理官は氏姓の本を統括する官司である。[40]「冠位」と「氏」は、天智朝の政策の基本的枠組みを象徴しているのである。

では、このような構成をもつ甲子の宣の目的は何処にあったのだろうか。私はこれまでの政策の流れからみて、官人の範囲確定を氏の帰属確定策を介して遂行しようとした法令であると考える。[41] 既存の枠組みである氏に注目し、まずはその構成員の認定を氏上の主導で行わせることにしたのである。しかし、たとえ旧来の主従関係が残存していたとしても、奉仕関係に起源をもつ複雑に絡まり合った秩序を整理・再編するのは容易なことではない。その際に用いられた手段が氏上への民部家部の支給であった。[42]

また、史料に即して「其」の字の位置に注目すると、全体が大きく「大小の氏」と「伴造層の氏」の二つのグループに区分されていることに気づく。

其大氏之氏上賜二大刀一、小氏之氏上賜二小刀一。

其伴造等之氏上賜二干楯弓矢一。

それを受けて、

亦定二其民部・家部一。

とあり、民部・家部と称する部曲がそれぞれに支給されたのである。後者は「伴造等の氏上には」と括られてはいるけれども、与えられる文物に「干・楯・弓・矢」の四種類があるように、伴造等の氏はさらに四ランクに細分されている。弓と矢は個別のレガリヤゆえにセットと見ない方がよい。また、干・楯も「干楯」という用語はなく、大刀・小刀のように別個のレガリヤとすべきであろう。ここに、臣連相当の大氏・小氏に支給される二ランクの部曲と、伴造等の氏に支給される四ランクの部曲といった2＋4の階等をもつ構成が確認される。

大化二年の品部廃止詔では部民廃止の代替処置として、大夫以上には食封を賜い、「官人百姓」には臨時に布帛を賜っていた。また、Eの大化三年四月詔でも、新しい制度――品部廃止詔で宣言された官位制導入にともなう禄制――の実行まで「待ち難い」であろうから、「皇子・群臣から諸百姓まで」に「庸調」を賜うといっている。これまた暫定的な生活保障であった。その給付対象は部を領有していた階層であるが、「官人百姓」「始㆓於皇子群臣㆒及㆓諸百姓㆒」と曖昧に表現せざるをえなかったように、そこには支配者層か庶民層か判別しかねるような微妙な中間層が多く含まれていたのである。

私は、この民部家部の支給こそがそうした中間層（百八十部）の生活保障を氏上に委託しようとした政策であると考えるのである。暫定的な庸調支給はここで打ち切られたのであろう。公的に認定した氏上に合計六等級の定数額を設定して部曲を支給する[43]。現実的な利害を絡ませた結果、中間層は自主的に氏上を核にして結集せざるをえない。氏上は彼らを「氏人」に編成していくが、氏上が抱えうる氏人の数は部曲支給の定数化によって間接的に統制・制限される仕組みになっている。氏と部曲支給は、官人範囲の確定という目的のために利用された道具なのである。

このように見てくると、冠位制の変遷についての見通しも大きく変わってくるだろう。天智三年冠位制は、実質的には古い氏姓の枠組みをいまだ引きずっているのではないか。紫以上は「大臣以下の卿大夫レベル」に、大錦・小錦は臣連たる「大氏・小氏の氏上」に、大山・小山・大乙・小乙の四冠位は「四ランクの伴造の氏上」にそれぞれ綺麗に対応することに注目したい。そして、この天智三年制は大化三年制以来の枠組みを受け継いだもので、それはさらに冠位十二階の「徳―仁―礼信義智」という氏上の序列にまで遡るのである（表1）。この継承関係は、冠位十二階の二重構造――徳冠は上臣下臣という官職の秩序に基づき、大仁以下は氏姓の秩序に基づく――と「卿大夫」＋「臣連・伴造の氏上」という構造との共通性からも証されよう。もちろん、大化の冠位制以降、個別の昇進や臨時の賜与により、その内実は単なる氏上の序列からずれてきてはいるけれども、枠組みという点においては、天智三年冠位まではなお冠位十二階以来の氏上の序列をいまだ濃厚に残していたと考えられるのである。このような推定は一見奇異にみえるかもしれないが、官人条件の確定ができていない段階に、初位までを含む位階制の実質的な実行を想定する方がもっと不自然なことなのである。

（2）近江令から天武朝へ――天智三年冠位制と天武十四年冠位制の非連続――

天智天皇九年（六七〇）二月、最初の全国的戸籍である庚午年籍が完成する。井上光貞氏が指摘したように、戸令22戸籍条の「庚午年籍」に掛けられた集解諸説には「古記云、水海大津宮庚午年籍莫レ除。謂小朝津間稚子宿祢尊御世、氏々争レ姓分乱。煮二沸湯一、以レ手攪。詐者被レ害、信者得レ全。以レ此定レ姓造レ籍也」などと書かれ、庚午年籍を定姓の籍とみなす観念が存在した(44)。これまでの考察からすれば、これはまさに甲子の宣の氏の帰属確定政策＝官人層と公民層の分離政策の成果を、この庚午年籍が吸収したからである。そして、それを待ち望んでいたかのように、翌年天智天皇十年（六七一）には近江令が施行されるのである。官人の範囲確定を受けた律令官人制の導入ということになる。

壬申の乱を跨いだ天武天皇二年（六七三）の五月乙酉朔には、次のような詔が出されている。

詔二公卿大夫及諸臣連并伴造等一曰、夫初出身者、先令レ仕二大舎人一。然後、選二簡其才能一、以充二当職一。又婦女者、無レ問二有夫無夫及長幼一、欲二進仕一者聴矣。其考選、准二官人之例一。（傍点筆者）

これは、甲子年の政策で氏の範囲確定に主導的役割を果した氏上らに命じて、その眷属たる氏人たちを順次官人

礼	信	義	智
大　小	大　小	大　小	大　小

〔伴造〕

大青	小青	大黒	小黒	建武

大山	小山	大乙	小乙	立身
上　下	上　下	上　下	上　下	

大山	小山	大乙	小乙	建
上　中　下	上　中　下	上　中　下	上　中　下	大　小

〔四ランクの伴造の氏上〕

定・庚午年籍・近江令官人制施行）

色の姓による旧来の姓秩序の解体）

勤	務	追	進
壱　弐　参　肆	壱　弐　参　肆	壱　弐　参　肆	壱　弐　参　肆
大広　大広　大広　大広	大広　大広　大広　大広	大広　大広　大広　大広	大広　大広　大広　大広

六位	七位	八位	初位
正　従	正　従	正　従	大　少
上下　上下	上下　上下	上下　上下	上下　上下

として出身させていくことを指示した詔とみるべきである。後半に「官人考選の例に准へよ」とあることから、官人の考選制は既に提示されていたことがわかる。それは二年前の近江令の規定だと考えられる。さらに、天武天皇四年（六七五）二月には甲子年の部曲が廃止される。これは中下級官人層にまで禄を賜う給与制が実行に移された結果であろう。近江令の禄令が機能し始めていることを示している。

なお、天武天皇十一年（六八二）八月癸未条には、

且、詔曰、凡諸応二考選一者、能検二其族姓及景迹一、方後考之。若雖二景迹行能灼然一、其族姓不定者、不レ在二考選之色一。

とみえるが、前半部分をこの段階になって初めて発布された法令とみるべきではない

表１　冠位変遷表

推古天皇11年	徳 大　小 〔王・上臣下臣〕	仁 大　小 〔臣・連〕
大化３年	織　繍　紫 大小　大小　大小	大錦 ／ 小錦
大化５年	織　繍　紫 大小　大小　大小	大花 上　下 ／ 小花 上　下
天智天皇３年	織　縫　紫 大小　大小　大小 〔王・卿大夫〕	大錦 上　中　下 〔大氏の氏上〕 ／ 小錦 上　中　下 〔小氏の氏上〕
天智天皇３年～10年		(氏の範囲確
天武天皇10年ころ～13年		(賜連姓・八
天武天皇14年	正 壱　弐　参　肆 大広大広大広大広	直 壱　弐　参　肆 大広　大広　大広　大広
	明	浄
大宝元年	一位 正従 ／ 二位 正従 ／ 三位 正従	四位 正　従 上下　上下 ／ 五位 正　従 上下　上下
	一品 ／ 二品 ／ 三品	四品

ことは、先の天武天皇二年詔をみれば明らかである。考選制が軌道に乗った段階で、近江令文「諸応二考選一者、……方後考レ之」を引用しつつ、あらためて族姓の厳格なチェックを指示した詔であろう。そして全体が「凡」の字を冠していることから、この詔全体が七世紀末の単行法令としていったん整理されていたと考えられる。なお、考選の条件、官人の条件として「族姓」があげられているのを氏族制的要素・家柄主義の残存と評価するのは誤りで(45)、氏の枠組みを利用して官人範囲を確定した甲子の宣の名残である。近江令の選任令や禄令は、壬申の乱を経て着実に動き始めていたのである(46)。

天武天皇十年前後になると、頻繁に連姓の賜与が行われ、それと連動して錦位・氏上を賜う例もみられる。これは大山以下の中下級層に至るまで官人制の内実が整い、冠位が純然たる位階に転じてきた結果であろう。多様な姓（首・直・造・君・吉士・史など）をもつ伴造の氏に統一的に連姓を賜うことは、古い枠組みの払拭を意味する。また、冠位の性格が変化した結果、伴造層の氏上を氏人レベルと同じ中下級の冠位に残しておくわけにはいかなくなったので、順次錦位を賜ったのである。しかしこの政策は、伴造の氏が大氏小氏と同じ姓になるという新たな問題を引き起こす。そこで天武天皇十三年（六八四）の八色の姓では、臣連のうちの上位の者を朝臣・宿祢に「更に」引き上げたのである(47)。

　天武天皇十年（六八一）九月甲辰（八日）、同十一年（六八二）十二月壬戌（三日）には、氏上の認定を理官へ申請することを求める法令が出される。

・甲辰。詔曰、凡諸氏有二氏上未レ定一者、各定二氏上一而申二送于理官一。
・十二月庚申朔壬戌。詔曰、諸氏人等、各定下可二氏上一者上而申送。亦其眷族多在者、則分各定二氏上一、並申二於官司一。然後斟二酌其状一、而処分之。因承二官判一。唯因二少故一、而非二己族一者、輙莫レ附。

大筋は庚午年籍において確定済みであり、理官にも名籍が存していたはずである。これは、天智天皇三年以前に既に出仕している者（「其族姓不レ定者、不レ在二考選之色一」）、氏姓の賜与や氏の分割が行われたために自分の属する氏上を申請していない者が存在していたのであり、それに対する最後通告であろう。申請主体はもはや「氏上」ではなく「氏」「氏人」であり、「氏上未定者」とある。申請していない場合は新しい姓をもらうことができない。これも天武八姓を意識したものであろう。

　以上のように、天武朝の十年前後から八姓の制定に至るまでの時期に、官人制のなかに受け継がれていた臣連伴造といった旧来の要素が払拭されていく。天武天皇二年以降の氏人レベルの出身により、中下級官人層が充実して官人制が軌道に乗ってきたことを見据えた政策であろう。ここで注目すべきは、天武八姓を受けて制定される天武十四年冠位制がそれ以前の位階とは構成原理を全く異にするという青木和夫氏の重要な指摘である[48]。ただし、この断絶は天智朝の歴史的意義を否定するものではなく、むしろ天智朝以来の中下級までの官人化政策が、ここに至って十全に実現されたことを意味するものである。甲子の宣による官人範囲確定を受けて近江令が施行され、天武朝前半に内実が充実、八姓で古い要素を完全に払拭し、天武十四年冠位で中下級官人までの官人制が完成するという流れである。

しかしながら、八姓による伝統的枠組みの放棄は奉仕意識の破壊を招き、位階制を骨抜きにしかねない。世々に仕へ奉り来たったという歴史の積み重ねこそが、彼らの奉仕意識の基礎をなしていたからである[49]。三年前の天武天皇十年三月丙戌に国史の編纂が開始される必然性はここにある。編年体とも紀伝体とも異なる「歴代史」のスタイルをとることで伴造の負ってきた王名は保存され、臣連の負っていた祖名は神別皇別の系譜に分類整理される。これはかつての日嗣とは違う質をもつものである。

奉仕由来が氏の擬制的血縁系譜に転化する過程は、品部廃止詔において始祖が「祖子」と表記され、古訓で「ミコ」と読まれていることに象徴されている[50]。奉事根源たる始祖は、奉仕対象である王宮からみれば宮の「子」(名を負う)であり、代々の奉仕集団にとっては「祖」でもあるという意識から「祖子」と呼ばれたのだろう。そして、その地位継承者もまた「子」(名を襲う)である。これを「ミコ」と読むようになるのは、こうした奉仕由来が血縁系譜に転化し、始祖があたかも天皇の子であるかの如く認識されるようになったからであろう。

王(天皇)――祖子(ミコ)――子――子――……

Dの品部廃止詔が語っていた「凡そ王者の号は、将に日月に随ひ遠く流れ、祖子の名は、天地と共に長く往くべし」という名の保持の契約は、こうして〝『日本書紀』三十巻と「系図」一巻〟として実現される。(51)八色の姓によって旧来の臣連伴造の枠組みが最終的に放棄され、本格的な官人制が導入されるのとまさに同時に、旧来の秩序は「歴史と系図」のなかに君臣意識の土台として保存されることになったのである。(52)

(3) 近江令から大宝律令へ ——契約のモニュメントとしての不改常典——

最後に、近江令がそれ以降の日本律令国家にとって如何なる象徴的な意味を担い続けたかを考えておこう。近江令の実在を直接語る史料は少ない。『日本書紀』天智天皇十年（六七一）正月癸卯（五日）条に、

> 癸卯。大錦上中臣金連命、宣二神事一。是日、以二大友皇子一拝二太政大臣一、以二蘇我赤兄臣一為二左大臣一、以二中臣金連一為二右大臣一、以二蘇我果安臣・巨勢人臣・紀大人臣一為二御史大夫一。御史、蓋今之大納言乎。

という近江令官制を想定させる任命記事と、同月甲辰（六日）条に、

> 甲辰。東宮太皇弟奉宣、或本云、大友皇子宣命。施二行冠位法度之事一。大二赦天下一。法度冠位之名。具載二於新律令一。

という曖昧な記事がみえるのみである。(53)この史料の薄弱さと天智天皇十年条の重出記事問題とを立論の基礎に据えて、天武朝以降の制度上の可視的整備を傍証として生み出されたのが、青木和夫氏の近江令存在否定説であった。(54)この説は壬申の乱などの内乱の契機を大きく評価する戦後の潮流とも合致して、(55)律令国家形成における天武朝の画期性を強調する強靭なパラダイムを作り上げた。

しかし、史料の薄弱性は天智紀そのものの限界にすぎない。これまで見てきたように律令国家形成の主要な契機は大化以前に遡る。改革の基本方針は大化の諸詔で提示され、律令官人制の基礎は甲子の宣から近江令制定に至る過程で形成されたものであった。そして、何よりも奈良時代の官人たちによって、天智天皇の制定した近江

令はまさに自分たちの国制の出発点であると認識されていたのである。

『続日本紀』の養老三年（七一九）十月辛丑（十七日）詔をみよう。

辛丑。詔曰、開闢已来、法令尚矣。君臣定レ位、運有レ所レ属。洎二于中古一、雖二由行一、未レ彰二綱目一。降至二近江之世一、政張悉備。迄二於藤原之朝一、頗有二増損一、由行無レ改。以為二恒法一。由レ是、稽二遠祖之正典一、考二列代之皇綱一、承二纂洪緒一、此皇太子也。然、年歯猶稚、未レ閑二政道一。但以、握二鳳暦一而登レ極、御二龍図一以臨レ機者、猶資二輔佐之才一、乃致二太平一、必由二翼賛之功一、始有二安運一。……。

これは首皇太子が朝政を聴き、実質的に天皇大権を行使し始めたときの詔であり、君主や君臣秩序のあり方を語るとともに法典編纂史が素描されている。「法（秩序）は開闢以来存在した。中古（氏姓の基礎を築いたとされる允恭朝）[56]になって、それに基づくべきことが意識されるようになるが、いまだ綱目という形で表されていなかった。近江令こそが綱目を有する日本最初の法典であり、文武朝の大宝令はこの天智天皇の近江令の修訂版であって、根本では改めるところが無いから恒法と呼ぶべきものだ」と言っている。浄御原令は増損のプロセスにすぎないのであって、近江令の制定こそが日本律令国家にとって重要な出発点だというのである。

また、『続日本紀』慶雲四年（七〇七）七月壬子（十七日）の元明天皇即位宣命には、著名な「天智天皇の定めた不改常典の法」が現われる。

関くも威き藤原宮に御宇しし倭根子天皇、丁酉の八月に、此の食国天下の業を、日並所知皇太子の嫡子、今御宇しつる天皇に授け賜ひて、並び坐して此の天下を治め賜ひ諧へ賜ひき。是は関くも威き近江大津宮に御宇しし大倭根子天皇の、天地と共に長く日月と共に遠く改るましじき常の典と立て賜ひ敷き賜へる法を、受け賜り坐して行ひ賜ふ事と衆受け賜りて、恐み仕へ奉りつらくと詔り賜ふ命を、衆聞きたまへと宣る。……。

故、是を以て、親王を始めて王臣・百官人等の浄き明き心を以て弥務めに弥結りにあなひ奉り輔佐け奉らむ事に依りてし、此の食国天下の政事は、平けく長く在らむとなも念し坐す。また、天地と共に長く遠く改るましじき常の典と立て賜へる食国の法も、傾く事無く動く事無く渡り去かむとなも念し行さくと詔りたまふ命を衆聞き賜へと宣る。……。（原宣命小書体、傍点筆者）

別稿で詳細に論じたように、これは統治が律令法に基づくべきことを語ったもので、「不改常典」とは先の養老三年詔にみえる「無改恒法」、つまり天智天皇の近江令＝大宝令のことである[57]。それに基づいた統治であるがゆえに臣下もそれに奉仕し、天皇は臣下の清き明き心による輔佐を受けて、天下の政事と不改常典を未来に永続させていくことができるというのである。

なぜ、このように天智天皇の近江令について繰り返し語られ続ける必要があったのか。ここでもう一度、大化の品部廃止詔における政治宣言を想起しよう。

①凡そ王者の号は、将に日月に随ひ遠く流れ、祖子の名は、天地と共に長く往くべし。

②今、汝等を以て仕へしむ状は、旧職を改去し、新に百官を設け、及び位階に著けて、官位を以て叙せむ。

これは、部の領有を否定する際に天皇と臣下との間に結ばれた「契約」であり、伝統的君臣意識の保持と位階を基礎に据えた新しい官人制秩序の創始が宣言されていた。この約束の実現こそが天智天皇の制定した「律令官人制」なのであった。名の永続と君臣関係の象徴として付されていた「与二天地一共長、与二日月一共遠」という語が、「不改常典の法」にも付加されていることは重要である。日本律令法は統治技術である以上に、官位制度を根幹に据えた君臣関係のあり方についての「契約のモニュメント」という性格をもつ。それゆえに、「改めてはならないもの」なのであり、現天皇は即位の時点でこの契約更新を繰り返し宣言して、臣下を「治め賜ひ」（位階に叙し）、臣下はそれが法に基づく統治であるがゆえに明き清き心で「仕へ奉る」（官職により奉仕する）のである。日本律令法は、中国律令のように歴代皇帝ごとに発布されなおすような統治手段ではない[58]。天皇自身も厳守すべきものであり、君主と臣下が共に守っていくべき天智天皇の制定した神聖な法であると観念されていた。

また、天平勝宝元年（七四九）七月甲午（二日）の孝謙天皇即位宣命には、

朕は拙く劣く在れども、親王等を始めて王等臣等、諸の天皇が朝庭の立て賜へる食国の政を戴き持ちて、明き浄き心を以て誤ち落すこと無く助け仕へ奉るに依りてし、天下は平けく安けく、治め賜ひ恵び賜ふべき物にありとなも、神ながら念し坐さくと勅りたまふ天皇が御命を、衆聞きたまへと宣る……。

（原宣命小書体、傍点筆者）

とあり、先の養老三年詔の後半部分にも「由レ是（＝恒法）、稽二遠祖之正典一、考二列代之皇綱一、承二纂洪緒一、此皇太子也。然、年歯猶稚、未レ閑二政道一。但以、握二鳳暦一而登レ極、御二龍図一以臨レ機者、猶資二輔佐之才一、乃致二太平一、必由二翼賛之功一、始有二安運一」とある。律令法によるだけではなく、「諸の天皇が朝庭の立て賜へる食国の政」＝「遠祖之正典・列代之皇綱」を併せ受け継いでこそ、君臣関係は「太平・安運」をなすといっている。

大化品部廃止詔の二つの契約①②は、このように律令国家の君臣秩序を支える二つの政治理念、①′「過去の君臣関係の積み重ね」と、②′「天智天皇の律令法」として実現されたのである。

むすび——日本律令国家と祖名相続的法意識——

日本律令国家の形成は、実態のレベルにおいても意識のレベルにおいても、大化期・天智朝の諸政策の延長線

上に位置付けられることが明らかになったと思う。本稿の結論をまとめておこう。

①大化改新は、新たに芽生えた強い私有意識が伝統的奉仕意識を侵食している状況を解決すべく進められた改革で、伴造・百八十部などの広範な中間層を官人化して、考選制における叙位・賜禄を媒介にして、彼らの利益追求心のエネルギーを国家に吸収することを目的としたものであった。対外戦争や内乱の契機を軽視するつもりはないが、非日常的な交通関係のみが歴史の契機ではない[59]。強力な私有意識の胎動もまた日常的な文化交流や内外の富の移動といった広義の交通関係の結果であり、国家はそのような社会の動きを積極的に受け止めて、それに即した新しい秩序を生み出していったのである。

②日本律令法は、実質的な利害・権益をめぐって交わされた品部廃止詔の契約を象徴するモニュメントとみなされ、天皇と臣下が協力して改めることなく、未来に向けて守り続けるべき君臣秩序の法とされた。近江令が神聖視され、恒法たる大宝令もその修訂版とみなされて祖法化の傾向を辿るのは、官人の範囲確定の完了をふまえて施行された最初の法典が官位令・選任令・禄令などを備えた近江令であり、大化の契約の実現とみなされたからである。こうした契約の観念が、それ以降の律令官人の奉仕意識を背後で支えていたのである。

坂上康俊氏の「古代の法と慣習」は、法がなぜ法たりえたかという法の正当性にまで踏み込んだ注目すべき研究である[60]。ただ唐制との比較という方法ゆえに、日本法の足りない部分ばかりが強調され、君臣関係は双務的・個別的で、その正当性の論理は未成熟であるかのように描き出される。しかし、日本古代国家にも特有の秩序は存在し、逆に中国諸王朝より安定的ですらあった。法における応務的関係が形成されなくとも維持されうる独自の秩序形式、対抗関係とは異なる柔らかい一体の意識、つまり天皇と官人がともに天智天皇の不改常典の法を保持していくという特有の国制が存在したのである。

③強い私有意識が「氏」のなかに芽生えていたにもかかわらず、日本古代社会は権利主体間の契約関係から国制レベルの法を生み出すという方向には進まなかった。「氏」は本来的に名と職を負う奉仕集団であって、それは個人の権利・所有意識と相即的たりえず、結局は法的団体に転化しえなかったのである。律令政府は、「氏」を奉仕意識の基礎として国史のなかに保存したが、職や禄といった現実的な権利意識は個人の帯する位階のなかに集約させた。

かつて中田 薫氏は、日本の相続を祭祀相続ではなく祖名相続であると説明した。(61) これは中国の家と日本の家との本質的な相違を考える重要な視点を提示している。日本的な祖名相続と法意識とが一体化して法的団体を生み出すには、中世的な家の成立を待たなければならなかった。(62) 古代においては、この独自の祖名相続的な法意識はいったん位階へと止揚され、それを通して法秩序は維持された。これが、「氏」の結束にこだわらず個人を核にした自然的「家族」の利害に基づき分化し続けた藤原氏のみが隆盛を誇り、それ以外の古代貴族は次第に終焉を迎えていかざるをえなかった理由である。(63)

本稿では、制度の流れとその背後にある意識構造を大きく捉えることに注意を向けた。個別事例からの実証は別稿で補足するつもりである。

(1) 鎌田元一「評の成立と国造」（同『律令公民制の研究』塙書房、二〇〇一年。初出は一九七七年）、岸 俊男「「白髪部五十戸」の貢進物付札」（同『日本古代文物の研究』塙書房、一九八八年。初出は一九七八年）、二〇〇二年度石神遺跡発掘調査（第15次）で出土した乙丑年木簡。

(2) 野村忠夫『律令官人制の研究（増訂版）』吉川弘文館、一九七〇年、吉川真司『律令官僚制の研究』塙書房、一九九九

八年、が代表的成果だが、壬申の乱以前の官人制の歩みについては、青木和夫氏の近江令存在否定説（同「浄御原令と古代官僚制」『日本律令国家論攷』岩波書店、一九九二年。初出は一九五四年）以降、否定的に捉えられる傾向が強い。

（3）田中卓「天智天皇と近江令」（『田中卓著作集』第六巻、国書刊行会、一九八六年。初出は一九六〇年）、押部佳周『日本律令成立の研究』塙書房、一九八一年、が天智朝・近江令について正面から考察を加えている。本稿と重なる論点も多いが、それとの相違点は具体的な叙述を通して理解していただくこととし、逐一関説することはしなかった。

（4）鎌田元一「「部」についての基本的考察」（鎌田註1著書。初出は一九八四年）、吉田孝「祖名について」（土田直鎮先生還暦記念会編『奈良平安時代史論集』上巻、吉川弘文館、一九八四年）、熊谷公男「〝祖の名〟とウヂの構造」（関晃先生古稀記念会編『律令国家の構造』吉川弘文館、一九八九年）。

（5）井上光貞「部民の研究」（『井上光貞著作集』第四巻、岩波書店、一九八五年。初出は一九四八年）は、部の類型論から立論する。

（6）津田左右吉『日本上代史の研究』岩波書店、一九四七年、原秀三郎「大化改新論批判序説――律令制的人民支配の成立過程を論じていわゆる「大化改新」の存在を疑う――」（同『日本古代国家史研究――大化改新論批判――』東京大学出版会、一九八〇年。初出は一九六六・一九六七年）、門脇禎二『「大化改新」論』徳間書店、一九六九年。

（7）鎌田註4論文。井上光貞氏の「王が自分の名名をつけるように（名代）、臣連伴造国造も天皇の品部を分けてそれぞれの名をつけ、部曲と品部を国県に雑居せしめる」（井上註5論文）、関晃氏の「王の名を付した部（御名代）を始めとする各種の品部を、臣連伴造国造らがそれぞれ分掌して、その名称ごとに別々に管理しており、その管理している各種の品部を国県に雑居させている」（同「いわゆる品部廃止の詔について」『関晃著作集』第二巻、吉川弘文館、一九九六年。初出は一九七二年）などが影響力のある読みだろう。

（8）中田薫「祖名相続再考」（同『法制史論集』第三巻下、岩波書店、一九四三年。初出は一九三三年）。

（9）栗田寛氏は、入部を壬生部とする（同「氏族考（上）」『新訂増補史籍集覧』第三十六冊）。「壬・生（ニン・ウ）」が音を借りた字であり、「ニウ」「ニュウ」と読む地名もあることから、入部＝壬生部＝乳部は同一発音「ニウ」の多様な表記なのであろう。『日本書紀』分註は「美父」と読ませるが、これは別系統の和語「ミブ」（御＋ブ）を当てたものか。皇太子奏請で「子代入部」「御名入部」と書かれるように、実態は子代だろう。即ち、意味で表記する場合は「子代」「（標）代民」などと代の字が用いられ、音で表記する場合には「入部」「乳部」「壬生部」とされた。皇太子の地位に付属するものとして、壬生部の画期性を説く向きもあるが（鎌田元一「七世紀の日本列島――古代国家の形成――」鎌田註1著書。初出は一九九四年）、朱鳥元年の天武天皇崩御の誄で「壬生事」「諸王事」が対比されているように、広く皇子資養の部のことであろう。

（10）井上註5論文。ここでは河上・川上の表記の別は捨象する。

（11）五十瓊敷入彦の墓は宮と同じ和泉国に存在。「延喜諸陵寮式」陵墓歴名に掲載され、荷前奉幣の対象とされる。

（12）義江明子『日本古代の氏の構造』吉川弘文館、一九八六年、同『日本古代系譜様式論』吉川弘文館、二〇〇〇年。

（13）この見通しは、鎌田註4論文のべとカキの一体性という図式を歴史化して捉えなおしたものといえる。また、『日本書紀』が示す大化改新の年代に問題がないことを示している。

（14）関　晃「いわゆる大化薄葬令について」（関註7著作集。初出は一九五八年）。

（15）奥村郁三「大化薄葬令について」（『葬送墓制研究集成』第五巻、名著出版、一九七九年。初出は一九七七年）、西本昌弘『日本古代儀礼成立史の研究』塙書房、一九九七年など。山尾幸久「孝徳紀の旧俗改廃の詔について」（『立命館文学』五〇九号、一九八八年）、田中　聡「「陵墓」にみる「天皇」の形成と変質――古代から中世へ――」（日本史研究会・京都民科歴史部会編『「陵墓」からみた日本史』青木書店、一九九五年）はその年代を大きく下げる。

（16）拙稿「大化二年三月甲申詔の葬制について」（『続日本紀研究』三一〇号、一九九七年。本書第一章に再録）参照。

（17）関係を合法的に調停する基準は未確立だが、役所に妻の不倫を訴える夫に対して、「三証」を得たうえで証人をともなって訴え出るようにと注意しており、呪術的神判以上の裁判手続きの萌芽がみられる。

（18）『日本書紀』推古天皇十二年四月戊辰（三日）条。十七条憲法については、坂本太郎『日本全史』古代Ⅰ、東京大学出版会、一九六〇年、石母田正「古代法」（『石母田正著作集』第八巻、岩波書店、一九八九年。初出は一九六二年）参照。

(19) 在地に発生した素朴な権利意識は、国制を規定する法に転化することなく習俗統制の対象となる。これは、①権利主体としての家が未成熟であったこと、②権利意識や契約関係を生み出すのに必要な文字の普及がいまだ十分ではなかったこと、③公民制による一律的な口分田班給は権利意識を成長させる契機を磨滅させ、私法の成立を鈍らせたこと、などによる。

(20) 『諸橋轍次著作集』第四巻、大修館書店、一九七五年、滋賀秀三『中国家族法の原理』創文社、一九六七年、参照。

(21) 佐伯有清『新撰姓氏録の研究』研究編、吉川弘文館、一九六三年、『田中卓著作集』第九巻、国書刊行会、一九九六年。

(22) 太田　亮『全訂日本上代社会組織の研究』邦光書房、一九五五年。

(23) 溝口睦子『日本古代氏族系譜の成立』学習院、一九八二年。

(24) 吉田　孝氏は「始祖の霊威 mana」と、熊谷公男氏は「祖先の名声」とし（吉田・熊谷註4論文）、溝口睦子氏は「出自・家筋」とする（溝口註23著書）。

(25) 従来の部の類型論が提示してきたような、設定時期の問題として考える視点を否定するものではない。

(26) 『日本書紀』推古天皇三十二年十月朔条。

(27) 黛　弘道『律令国家成立史の研究』吉川弘文館、一九八二年。初出は一九五九年、増田美子「冠位十二階の当色について」（『服飾美学』七号、一九七八年。改題整理して、同『古代服飾の研究——縄文から奈良時代——』源流社、一九九五年、に再録）、若月義小「冠位制の基礎的考察——難波朝廷の史的位置——」（『立命館文学』四四八—四五〇号、一九八二年）、武光　誠『日本古代国家と律令制』吉川弘文館、一九八四年、虎尾達哉「冠位十二階と大化以降の諸冠位——増田美子氏の新説をめぐって——」（同『日本古代の参議制』吉川弘文館、一九九八年。初出は一九九三年）など。

(28) 青木和夫氏が、註2論文で明確に指摘した天智天皇三年以前の冠位と天武天皇十四年冠位との間の決定的な断絶が、それ以降の研究者の論文に掲載される表では捨象されている。

(29) 関註14論文。
(30) 坂本太郎『大化改新の研究』至文堂、一九三八年。
(31) 若月義小『冠位制の成立と官人組織』吉川弘文館、一九九八年。大化三年冠位以降はこの語が分割されて、個別の冠位名称に利用される。
(32) 天武朝に大紫・小紫を壬申功臣に賜っている例が多くみられることから、遡及的に想定できよう。
(33) 榎 英一「推古朝の「国記」について」(『日本史論叢』五号、一九七五年)。
(34) 『日本書紀』推古天皇十八年十月丁酉(九日)条、岸 俊男「朝堂の初歩的考察」(同『日本古代宮都の研究』岩波書店、一九八八年。初出は一九七五年)参照。マヘツギミ＝大夫がのちの五位以上よりも狭い範囲を指していたことは、関 晃「大化前後の大夫について」(関註7著作集。初出は一九五九年)。その語義から考えても、本来は大王の前に座を有する公卿層であろう。虎尾達哉「律令国家と皇親」(同『律令官人社会の研究』塙書房、二〇〇六年。初出は一九八八年)は、朝堂の西第一堂(親王)、東第一堂(大臣)が難波長柄豊碕宮の朝堂配置に遡り、かつては王族が国制の一角を占めていたことを指摘している。
(35) 坂本註30著書、若月註31著書。
(36) 坂本註30著書など。
(37) 平野邦雄『大化前代政治過程の研究』吉川弘文館、一九八五年。
(38) 『日本書紀』朱鳥元年九月甲子～丁卯(二十七～三十日)条。青木和夫氏はここから六官の成立と天武朝の画期性を主張されるが(青木註2論文)、坂本註30著書や井上光貞「太政官成立過程における唐制と固有法との交渉」(同『日本古代思想史の研究』岩波書店、一九八二年。初出は一九六七年)は近江令官制とする。
(39) 二十七日は天皇の身内と内廷的官司の、二十八日は大政官・法官・理官・大蔵・兵政官など外廷官司の、二十九日は民政関係官司と国内服属民の、三十日は広い意味で外交的関係にある集団の誄。この序列には当該期の国家構造が投影されている。

(40) 職員令13式部省条、同16治部省条。内藤乾吉「近江令の法官・理官について」(同『中国法制史考証』有斐閣、一九六三年。初出は一九五七年)、熊谷公男「治部省の成立」(『史学雑誌』八八編四号、一九七九年)。
(41) 関　晃「天武朝の氏族政策」(『関晃著作集』第四巻、吉川弘文館、一九九六年。初出は一九七七年)、平野註37著書、大山誠一『古代国家と大化改新』吉川弘文館、一九八八年、も官人の範囲確定とするが、前二者は民部家部の理解や画期の設定で私見と相違し、後者は食封支給とみなして氏再編と並行する政策とする点で、部民支給を氏再編の手段と考える私見とは異なる。
(42) 先行研究に、北村文治「改新後の部民対策に関する試論」(同『大化改新の基礎的研究』吉川弘文館、一九九〇年。初出は一九五七年)、関　晃「天智朝の民部・家部について」(関註7著作集。初出は一九五七年)、平野註37著書などがある。
(43) 五十戸制は既に施行されており、甲子部曲は戸数で計上しうる食封の如きものである(平野註37著書)。部の語を使ったのは、氏の結集のための手段として氏上に賜うもので、氏にとって馴染みのある概念であったからであろう。
(44) 井上光貞「庚午年籍と対氏族策」(井上註5著作集。初出は一九四五年)。
(45) 野村註2著書など。
(46) 時野谷滋『律令封禄制度史の研究』吉川弘文館、一九七七年、もこの天武天皇二年詔から近江令の存在を想定する。押部氏の指摘のように(押部註3著書)、近江令の官位令(官員令)が数字を冠した純然たる位階制を有し、大宝令制と類似していた可能性もあるが、壬申の乱で近江令の全面導入はいったん挫折し、段階を踏んでの導入へと方針転換されたのだろう。また、階層ごとの官人制導入の時間差は、禄令の構成にも投影されている。卿大夫相当の階層は早くに確定しているので、大化の「大夫以上に食封を賜ふ」をそのまま受け継ぎ、天武天皇五年四月に西国から東国に移されはするが、令制の職封に至る。位封・位禄は、官職ではなく位階に直接結びついており、「位」といいながら五位以上のみを対象とする。これは、甲子部曲の廃止後の天武天皇五年八月に小錦以上に賜った氏上レベルへの食封の系譜を引くものであろう。それに対して、季禄は唐制を参照して官職の相当位に従って賜うもので、近江令と天武天皇二年出身法とを受けた六位以下官人考選法と不可分に定められたものと考えられる。
(47)　天武天皇十三年十月己卯朔条。八色の姓については、竹内理三「天武「八姓」制定の意義」(同『律令制と貴族政権』第一部、御茶の水書房、一九五七年。初出は一九五〇年)、関註42論文、熊谷公男「天武政権の律令官人化政策」(関晃先生還暦記念会編『日本古代史研究』吉川弘文館、一九八〇年)参照。
(48)　青木註2論文。朝臣宿祢が臣連に完全に対応しないのも当然である。
(49)　吉村武彦『日本古代の社会と国家』岩波書店、一九九六年、義江註12第二著書、参照。
(50)　兼右本の巻第二十五に「ミコノ」「ミコヨリ」とある。北野本にはみえない。
(51)　『続日本紀』養老四年(七二〇)五月癸酉(二十一日)条。
(52)　直接的な「名」の意識は、現実の奉仕や所有から切り離されて形骸化していく。『万葉集』の大伴家持の歌も文学的でノスタルジックな修辞であり(18—四〇九四、20—四四六五)、山上憶良の「士やも空しくあるべき万代に語り継ぐべき名は立てずして」(6—九七八)も『文選』の士大夫の理想に仏教的無常観を融合したもの。もはや「古代の人々の熱い思い」や「切望」(吉田・熊谷註4論文)ではない。
(53)　分註の「具載二於新律令一」は「御史、蓋今之大納言乎」と同様に『日本書紀』編纂段階での付記で、大宝律令のことだろう。近江令は大宝令とかなり近い官位制をもっていた可能性がある。両者は一体のものと観念されていた。のちの史料では『藤氏家伝』「弘仁格式序」にみえる。
(54)　青木註2論文。
(55)　北山茂夫「壬申の乱」(同『日本古代政治史の研究』岩波書店、一九五九年。初出は一九五一年)、上田正昭『日本古代国家成立史の研究』青木書店、一九五九年など。
(56)　戸令22戸籍条集解諸説、『古事記』允恭天皇段、『日本書紀』允恭天皇四年九月己丑(九日)条。
(57)　拙稿「律令法典・山陵と王権の正当化——古代日本の政体とモニュメント——」(『ヒストリア』一六八号、二〇〇〇年。本書第八章に再録)。

(58) 西嶋定生『中国古代国家と東アジア』東京大学出版会、一九八三年。
(59) 井上光貞氏が、「律令国家は唐律令国家を模倣したものではなくて、日本古代国家のもとに形成された法秩序の、唐律令法の継受による創造的な自覚形成の成果である」と述べておられたことがあらためて想起されよう（同『日本古代国家の研究』岩波書店、一九六五年、終章）。
(60) 坂上康俊「古代の法と慣習」（『岩波講座日本通史』古代2、岩波書店、一九九四年）。
(61) 中田　薫「古法制三題考」（同『法制史論集』第一巻、岩波書店、一九二六年。初出は一九一二年）、中田註8論文。
(62) 本稿の見通しを敷衍すると、律令制の浸透を経て分化した「職」に、小単位の自然的「家族」が再び付着し、加えて私有が「得分」として計量可能になって初めて、法的主体としての中世的「家」が成立するといえる。
(63) 長山泰孝「古代貴族の終焉」（同『古代国家と王権』吉川弘文館、一九九二年。初出は一九八一年）参照。「家」が存在せず、個人を核とした家族の集合体であったからこそ、奈良平安時代には天皇との婚姻関係に直接左右されるような政治史が、藤原氏内部ですら展開するのである。

〔第二刷付記〕第二節（二）の「（1）甲子の宣——氏の範囲確定策としての部曲支給——」の記述の一部に手を加えて、論旨を明確にした。

第十一章　冠位十二階・小墾田宮・大兄制
――大化前代の政権構造――

はしがき

大化前代の政権構造については、治天下大王に対する「仕奉」と大王からの「治賜」という互酬的君臣関係の構造分析、君臣秩序の歴代ごとの再生儀礼の個別的検討といった点から、多くの研究が蓄積されてきた[1]。また、政権内部の権力要素とその構成については、マヘツギミによる合議制、令制の四位につながる階層が有した独自の権力核などが注目されてきたが[2]、それらの構造の変化の相については、なお検討の余地が残されている。史料の限られている当課題にあって、新しい切り口はないものだろうか。

本稿は、冠位十二階の史的意義を詳細に再検討することで、大化前代の権力の構成原理を復元し、皇位継承法との関わりで論じられてきた大兄制を六世紀以降の政治史のなかに位置付けなおすことで、両者が小墾田宮の構造に象徴される当該期の政権構造の表出であることを提示するものである。

聖徳太子の一君万民理念の提示、大化改新によるその実現と天智朝の近江令制定、ここに律令国家成立の契機を設定した黒板勝美氏以来の歴史像は、戦後歴史学の進展のなかで根本的に見直されることになった。内乱の契機を重視して壬申の乱を転機とみる学説、近江令存在否定により天武朝を積極的に評価する学説、対外関係緊迫と白村江敗戦を重視し、軍国体制の確立を直接の契機とみなす学説などが提出され、結果として天智朝以前の史的意義を否定的に捉える歴史像が席巻し、大化改新否定論、ひいては聖徳太子否定論が提出されるまでに至ったのである。こうした動向に対して最も穏健な立場をとっていた関 晃氏ですら、推古朝段階はいまだ律令国家への道を既定の方向としてはもっておらず、そのまま中世へつながる可能性も秘めていたとする(3)。

こうした研究動向のなかで推古朝の守旧性が強調されて、少なくとも律令国家の前史として位置付ける研究はほぼ完全に否定された。それにもかかわらず、冠位十二階の研究のみはそうした動向から取り残されて、いまだに冠位変遷表の筆頭を飾り、律令官位制度の出発点の如く冠位の対応関係が議論されている。そして、氏族制から個人の能力を評価する律令官人制への第一歩とも説明され、旧来の蘇我氏などの有力豪族はそのなかにいまだ取り込まれていなかったといった歴史像が語られる。先の研究動向によってこの時期に関する研究が低迷期を迎えたために、黒板・坂本太郎氏以来のパラダイムが化石化して残っているともいえる。

むしろ、冠位十二階のもつ守旧性、律令官位制度との断絶性こそが十分に認識され、検討されるべきだと私は考える。律令国家へ舵を切る前の王権構造の完成形態が、ここにはっきりと現われていると考えられるからである。

第一節　冠位十二階と小墾田宮

（一）冠位十二階研究の動向と実例の検討

推古天皇十一年（六〇三）十二月に施行され、翌年元日に諸臣に賜ったとされる冠位十二階は、これまで一貫して我が国の官位制度の起源という観点から研究されてきた。そのことは、冠位十二階をめぐる論争が、黛弘道氏の提示した「冠位変遷表」をめぐって進められてきたことに明瞭に現われている。[4] また、十二階の冠位がのちの「四位以下初位以上」に相当する階層に賜うもので、蘇我氏などの大臣には賜与されなかったとする認識もなお不動の定説をなしている。しかし、従来の諸研究が共有する分析方法や前提には二つの点で疑問がある。

第一は、史料に残された賜与の実例を無批判に綜合して、制度の一般を復元することが可能かということである。黛説は坂本太郎氏の蒐集した実例を増補したうえで組み立てられた実証的な成果であるから、正面からそれに異論を差し挟むことは困難である。[5] しかし『日本書紀』に掲載された当該期の人名を通覧すると、冠位記載をともなわないものの方が圧倒的に多い。史書があえて書き残したものは何らかの意味で特殊事例なのではないか。ましてやのちの史料に現われる実例となると、贈位や仮託の可能性も十分にある。

第二の疑問は、冠位十二階を単純にそれ以降の冠位・官位制度の流れのなかに置いて、それぞれを対照させる表を作ることが妥当であるかということである。事実、黛氏自身も徳冠を四位に対応させる変遷表を提示しつつも、同時に割り切れない感覚を吐露していた。[6]

> 決して後世の四位程低い位から始まるものではない。私見を以てすれば徳冠などはやはり公卿の階に当るのであろうが、……。（傍点筆者）

黛論文以降の研究では、こうした表作成に対する「微妙な躊躇」が完全に切り捨てられてしまっている。単純に変遷表に集約できない事実こそ、冠位十二階がそれ以降の冠位・位階とは異質なものであることを端的に示している。また、変遷表の抱える問題は賜与の上限についてのみではない。下限についてものちの位階のように全官人を対象としたかどうかが問われるべきであろう。

既往の通説は、推古朝を日本律令国家の出発点とみなす歴史観と表裏一体をなすものである。能力に応じて個人に与えられ、かつ世襲されないという点では、確かに旧来の氏姓制度を脱却する方向性を有していた。しかし、夙に推古朝の律令国家への非連続性を説いた関　晃氏の「推古朝政治の性格」[7]や、律令国家形成の契機を対外関係の緊迫と白村江の敗北に置く近年の研究動向をふまえると[8]、推古朝という歴史段階をどう評価すべきか、ひいては冠位十二階とは何であったのか、位階制の前史に還元してしまうのではなく、当該期固有の政治状況のなかでいったん理解してみる必要があるだろう。

そこでまず冠位十二階授与の実例を掲載史料の性格によって巨視的に分類したうえで、個別に検討を加えていこう。大別すると以下の四類に分けられる（表1）。

A類　……『日本書紀』掲載の事例で、編纂時に用いた原史料に基づくもの。
B類　……『隋書』東夷伝に記されたもの。
C類　……『先代旧事本紀』や『続日本紀』薨卒伝・古系図などに祖先の肩書きとして現われるもの。
D類　……「太子伝」など伝説・説話に散見するもの。

最初にA類についてである。一見すると大徳・小徳が授けられた事例は豊富に残存しているようにみえるが、実はその多くが特定の記事に集中している。大徳の境部雄摩侶、小徳の中臣 国・河辺禰受・物部依網乙等・波多広庭・近江脚身飯蓋・平群宇志・大伴某・大宅軍の計九名は、すべて推古天皇三十一年（六二三）是歳条の新羅征討大将軍・副将軍任命記事に纏まって現われるもので、前二人が大将軍に、残り七名が副将軍に任命されている。節刀を賜う「任将軍」において特に高い冠位が与えられることは、坂上田村麻呂が三位に叙され参議に任ぜられるなど、のちの律令時代以降の将軍にもみられるところである。特別な賜与だからこそ、国史はこれらを

表1　冠位十二階の実例

A類…『日本書紀』掲載の事例で、編纂時に用いた原史料に基づくもの。

〔大徳〕境部臣雄摩侶。

〔小徳〕中臣連国、河辺臣禰受、物部依網連乙等、波多臣広庭、近江脚身臣飯蓋、平群臣宇志、大伴連某、大宅臣軍、巨勢臣徳太、粟田臣細目、大伴連馬飼、高向博士黒麻呂（国博士）、長福（百済の質）。

〔大仁〕鞍作鳥、犬上君三田耜、薬師恵日、安曇連比羅夫、土師娑婆連、上毛野君形名。

〔大礼〕小野臣妹子（蘇因高）、吉士雄成（乎那利）。


B類…『隋書』東夷伝に記されたもの。

〔小徳〕阿輩台（大河内直糠手《カ》）。

〔大礼〕哥多毗（額田部比羅夫《カ》）。


C類…『先代旧事本紀』や『続日本紀』薨卒伝・古系図などに祖先の肩書きとして現われるもの。

〔大徳〕小野臣妹子（続紀小野毛野薨伝、新撰姓氏録）、大伴連咋子（続紀大伴牛養薨伝）。

〔小徳〕中臣連国子（続紀大中臣清麻呂薨伝）、中臣連御食子（中臣氏本系帳）、巨勢大海（続紀巨勢朝臣奈氏麻呂薨伝）。

〔大仁〕矢田部御嬬連公（帝皇本紀推古天皇二十二年）、船首王後（墓誌）、渡会神主久遅良（豊受太神宮禰宜補任次第）、小野臣妹子（帝皇本紀推古天皇十六年）。

〔小仁〕吉志雄成（帝皇本紀推古天皇十六年）。

〔小礼〕（鞍作）福利（旧事本紀推古天皇十六年）、犬上君三田鉏（帝皇本紀推古天皇二十二年）。

〔大義〕坂上首名連（坂上氏系図）、大三輪君弟隅（大三輪朝臣系図）。


D類…「太子伝」など伝説・説話に散見するもの。

〔小徳〕平群臣神手（補闕記）、秦川勝（補闕記、伝暦）、巨勢臣徳太（伝暦）。

〔大仁〕秦川勝（補闕記）、膳臣清国（伝暦）。

〔小仁〕物部連兄麿（伝暦）。

〔大信〕大部屋栖野古連公（日本霊異記）。

殊更に掲載したのではないだろうか。舒明天皇九年（六三七）条にみえる上毛野君形名の大仁もまた、征夷将軍に任ぜられたことによる。

推古天皇十六年（六〇八）九月辛巳（十一日）条の大礼の蘇因高（小野妹子）・乎那利（吉士雄成）は、隋への国書に記されたもので、舒明天皇二年（六三〇）八月丁酉（五日）条にみえる犬上三田耜・薬師恵日が大仁を冠するのも、任遣唐大使の記事だからである。また、皇極天皇元年（六四二）正月乙酉（二十九日）条の大仁安曇比羅夫の例も、百済使人の任命記事として現われるものである。大化二年（六四六）九月条の小徳高向博士黒麻呂も遣新羅使の任命記事にみえる。ただし、彼の小徳賜与は国博士という重職に就いたためだろう。ともあれ、A類のうち実に十五例は、将軍任命や外国遣使に関わる事例を殊更に書き記したものであり、また全権委任に応じた特別な賜与を含んでいるという点で、母集合自体に既に大きな偏りが存するのである。

残る六例のうち、長福は百済の質として特別に賜与されたものである。また、鞍作鳥の大仁は仏像を堂の扉を壊さずに入れたという伝説的な記事のなかに現われ、「南淵坂田尼寺縁起」によったものと考えられるので、D類に含めてしかるべきものである。これらを除くと、皇極天皇元年十二月甲午（十三日）条の舒明天皇葬送儀礼において誄奏上の代を務めた小徳巨勢徳太・小徳粟田細目・小徳大伴馬飼、および皇極天皇二年（六四三）十一月朔条の山背大兄王襲撃記事にみえる小徳巨勢徳太（既出）・大仁土師娑婆の実質四例が残るにすぎない。巨勢徳太の冠位は両記事で確認できるものであるし、巨勢氏自体が継体朝の大臣許勢男人・欽明朝の稲持以来、大伴・物部と並ぶ名族であって、大化五年（六四九）四月甲午（二十日）には大伴馬飼（長徳）と共に左右大臣に昇進するほどの人物であるから、事実を映したものと判断してよかろう。土師娑婆や粟田細目の冠位は他史料から裏付けることはできないが、巨勢徳太と同じ記事に現われるものゆえ信用してよいだろう。

以上、A類においては一般的賜与はこの四例しか確認できないのである。史書に記述されていない多くの一般的な賜与にこそ、冠位十二階の本来の姿があったというべきではないだろうか。

B類は、『隋書』の大唐客使裴世清の倭国訪問記事に「倭王、遣二小徳阿輩台一、従二数百人一、設二儀杖一、鳴二鼓角一来迎」「後十日、又遣二大礼哥多毗一、従二二百余騎一郊労」とみえるもので、それぞれ推古天皇十六年（六〇八）六月丙辰（十五日）条の難波津における掌客の一人大河内糠手、八月癸卯（三日）条の入京時に海石榴市の衢で礼辞を告げた額田部比羅夫にあたるとされる。共に外交史料にみえるもので、記事そのものには信憑性が認められるが、人物比定が正しいかどうかに問題は残る[9]。

次に、多くの実例を残すC類について検討する。『先代旧事本紀』（帝皇本紀）の推古天皇十六年九月辛巳（十一日）条にみえる大仁小野妹子・小仁吉志雄成・小礼（鞍作）福利、および同二十二年（六一四）六月己卯（十三日）条の大仁矢田部御嬬・大礼犬上三田鉏に注目する。前者の十六年の記事は、『日本書紀』同日条に引く国書が語る「大礼」と齟齬している。また後者についても、この「詔二大仁矢田部御嬬連公一、改レ姓命レ造、則遣二大唐使一。復、大礼犬上君御田鉏、為二小使一而遣之」という記事を『日本書紀』推古天皇二十二年六月己卯（十三日）条の「遣二犬上君御田鍬・矢田部造、闕レ名、於大唐一」と比べてみると、『日本書紀』が筆頭に記す犬上御田鍬をこちらでは大礼位の小使とし、他方、矢田部御嬬を上位の大仁としており、あたかも遣唐大使であるかの如き書き様である。そもそも推古朝段階の使者は大礼相当が一般的であり、大仁相当を任命することが例となる舒明朝以降の知識が投影している可能性もある。信憑性には心許ないところが残る。

『続日本紀』の薨卒伝に現われる事例は、延暦七年（七八八）七月癸酉（二十八日）条の大中臣清麻呂薨伝にみえる中臣国子の小徳位のように『日本書紀』で確認できるものもある。大伴咋（囓・咋子）も、崇峻天皇四年

（五九一）十一月壬午（四日）に任那官家再興の大将軍の一人として筑紫に出兵、推古天皇三年（五九五）七月に一度帰朝するも、同九年三月戊子（五日）には高句麗に遣され、十年に百済より帰朝している。十六年に裴世清のもたらした国書を奏上する役を務め、十八年（六一〇）十月丁酉（九日）には蘇我蝦夷を含む四大夫の筆頭として現われる。任大将軍の経歴を有し、筆頭大夫でもあることからすれば、既にこの段階で特別に大徳を得ていた可能性はあるし、これ以降に昇進したとも考えられる。巨勢大海の小徳についても特に否定する理由は見あたらない。ただしC類には贈位が含まれている可能性もある。二度目の遣隋使の時も大礼のままであった小野妹子が、そののち一挙に大夫相当の小徳を超えて最高冠位の大徳にまで昇進することは考えがたく、これについては贈位とみる方が穏当であろう。

古系図や墓誌、補任次第などの信憑性は個別に判断すべきものであるが、小徳の中臣御食子（彌気）は兄の小徳中臣国子（国）と共に「延喜本系」で「前事奏官兼祭官」とされており、関晃氏によれば「前事奏官」とは大臣・大連に次ぐ大夫を指す。[10] この小徳も事実だと考えてよかろう。なお、D類は伝説的なものゆえここでは保留する。

以上、現存する実例としては、遣使や任将軍の記事が圧倒的に多い。冠位制導入の国際的契機が論じられてきた所以だが、冠位から国内の政権構造を抽出するという課題にとっては、必ずしも豊富な事例が残されているわけではないのである。[11] 信用できる一般的賜与の事例に限定して考えてみると、小徳を冠する者がほぼ「大夫」相当の地位にあることは間違いない。中臣国子は天皇が大臣・群卿に諮った際に率先して発言しているし、高向黒麻呂は改新政府において左右大臣・内臣に次ぐ国博士に任命されている。巨勢徳太ものち大化五年には右大臣に昇進することになる人物であり、同じ時に諫奏上に携わった土師娑婆や粟田細目も同等の地位にあったと考えてよいだろう。これは虎尾達哉氏が抽出した四位につながる独自の階層にあたる(12)。

小徳→大錦（大化三年）→大花上下（大化五年）→大錦上中下（天智天皇三年）→直大壹〜直広弐（天武天皇十四年）→四位（大宝元年）

『日本書紀』天武天皇五年正月癸卯（四日）条、持統天皇五年十二月乙巳（八日）条、『続日本紀』大宝元年正月庚寅（十六日）条などの限られた史料から、「徳・仁両冠の格差という実態的な階層区分」を見事に抽出した虎尾説は首肯されるべきものである。

ただし、四位の枠組みに大徳までが含まれていたと考える点には疑問を感じる。大徳の事例は小徳に比して僅少で、推古天皇三十一年にみえる新羅征討大将軍の境部雄摩侶、『続日本紀』小野毛野薨伝にみえる妹子、大伴牛養薨伝にみえる咋子の三例にすぎない。境部雄摩侶の場合は、八名もの小徳を冠する将軍たちを率いる筆頭大将軍の大役を担わされたという特殊性を考慮すべきであるし、小野妹子は第二回遣隋使の際にもなお大礼以上に昇らなかったことからみて、大徳は贈位もしくは死を目前にした賜与であった可能性が高い。大伴咋子の大徳にも贈位の可能性は残るが、大将軍に任ぜられた経歴をもつことをふまえれば、大夫ではあるが筆頭大夫だということもあり、特に大徳位が賜与されたとしてもおかしくはない。大徳の一般的事例はこれくらいであり、前述のように『日本書紀』が書き記さなかった実例が多く存在したであろうことを考慮すれば、大徳については大夫層よりも上位の地位を占める者に賜与された冠であるという評価にここでは留めておくべきであろう。

(二)　冠位十二階の構造と徳冠の性格

冠位十二階の一般的な賜与の姿はこれ以上復元できないのだろうか。もう一つ重要な手がかりが残されている。

大化二年（六四六）三月甲申（二十二日）条の大化薄葬令である。これこそ、冠位十二階の構造を考える際に中心に据えるべき史料である。

> 廼者、我民貧絶。専由二営墓一。爰陳二其制一、尊卑使レ別。夫王以上之墓者、其内長九尺、濶五尺。其外域、方九尋、高五尋。役一千人。七日使訖。其葬時帷帳等、用二白布一。有二轜車一。上臣之墓者、其内長濶及高、皆准二於上一。其外域、方七尋、高三尋。役五百人。五日使訖。其葬時帷帳等、用二白布一。擔而行之。〔蓋此以レ肩擔レ輿而送之乎。〕下臣之墓者、其内長濶及高、皆准二於上一。其外域、方五尋、高二尋半。役二百五十人。三日使訖。其葬時帷帳等、用二白布一、亦准二於上一。大仁・小仁之墓者、其内長九尺、高濶各四尺。不レ封使レ平。役一百人。一日使訖。大礼以下小智以上之墓者、皆准二大仁一。役五十人。一日使訖。

薄葬令に規定された営墓のランクは、

①王以上、②上臣、③下臣、④大仁・小仁、⑤大礼～小智、

となっており、大化三年の新冠位施行以前の現行法である冠位十二階が使用されている。

ここで第一に注目すべき点は、中下位の④⑤の範囲において冠位十二階のうち大仁から小智までの「十階」を基準としているにもかかわらず、①～③の方では「大徳」「小徳」の二階が用いられず、これに代えて「王以上」「上臣」「下臣」という別種の基準が現われていることである。なぜ同一の法令のなかに異質な基準が混在しているのだろうか。

早く坂本太郎氏は、上臣・下臣をそれぞれ大徳・小徳に当てる『日本書紀通証』の説と、上臣を群臣の上として左右大臣・内臣に当て、下臣を大徳・小徳に当てる『書紀集解』『日本書紀通釈』の説を紹介したうえで、「なぜ大徳・小徳を用ゐず、これに代ふるに上臣・下臣等の名称を以てしたか」という重要な疑問を喚起していたが、

結論としては新官制の制定を模索していた改新政府が新羅官制を試用したものではないかと言及するにとどまっている(13)。そののち関 晃氏が、大徳を令制の四位に相当するとみる黛説をふまえて『書紀集解』の説に賛意を示して以降は(14)、岩波日本古典文学大系や小学館日本古典文学全集などの注釈書もそろってそれを踏襲している。その後の研究者は、坂本氏の提起した重要な疑問に対して積極的な説明を試みてこなかったのである。しかしこの「上臣」「下臣」こそが、後述するように冠位十二階の内実――十二階と一言でいうが、そのうちの徳冠は特異な性格を有し、他の十階を超越した階層に賜与されるものであったこと――を構造的に示しているのである。

注目すべき第二の点は、この営墓基準において下臣以上と大仁以下との間に第一の決定的格差があり、大仁・小仁と大礼以下との間に第二の格差があるということである。

王以上・上臣・下臣　⟺　大仁・小仁　↔　大礼～小智

王以上・上臣・下臣の埋葬施設（石槨）の規模は「内長九尺、高さ・濶さ各五尺」と共通であり、大仁・小仁および大礼～小智の十階は共に「内長九尺、高さ・濶さ各四尺」である。外部構造たる墳丘造営が認められているのも王以上・上臣・下臣までで、十階では「不レ封使レ平」とされている。さらに、白布公給規定の有無も、下臣と大仁との間で分かたれている。大仁・小仁と大礼～小智との格差は提供される労働力の差にすぎない。前者がより大きな区分なのである。

この区分は、推古天皇十九年（六一一）五月五日条にみえる髻華のランクとも一致する。

薬二猟於兎田野一。……。是日、諸臣服色、皆随二冠色一、各着二髻花一。則大徳小徳並用レ金、大仁小仁用二豹尾一、大礼以下用二鳥尾一。

服色を冠の色に対応させつつ、髻華については大徳・小徳が金、大仁・小仁が豹尾、大礼以下は鳥尾と三区分を視覚化している。それと同時に徳冠の金に対して、大仁以下では動物の尾を用いており、やはり徳冠二階と大仁以下十階との間に、より大きな格差が設けられている点も見落せない。

十二階の冠に具体的な「当色」があったことは、上記の推古天皇十九年条や同十一年（六〇三）十二月壬申（五日）条の「始行㆓冠位㆒。……、並以㆓当色絁㆒縫㆑之。頂撮㆑総如㆑嚢」、同十六年（六〇八）八月壬子（十二日）条から確認されるところであり、その比定については五常の徳目に対して陰陽五行説に基づく当色を充てて、それを大小に分けたとするのが有力な説である。しかし、五行説に依拠するというならば、五色×大小二階、即ち十階分しか設定できない。この点からも、十二階が「五行に基づく十階」＋「それを超越する二階」という構成を有しているといえるのである。

以上をふまえて、あらためて何故に「大徳」「小徳」という枠組みが薄葬令において用いられなかったのか、その積極的な理由について考えてみよう。喪葬令8親王一品条をみると、

凡親王一品、方相轜車各一具、鼓一百面、大角五十口、小角一百口、幡四百竿、金鉦鐃鼓各二面、楯七枚。発喪三日。二品、鼓八十面、……。三品四品、鼓六十面、……。其轜車・鐃鼓・楯鉦及発喪日、並准㆓一品㆒。諸臣一位及左右大臣、皆准㆓二品㆒。二位及大納言、准㆓三品㆒。唯除㆓楯車㆒。三位、轜一具、鼓四十面、……、金鉦鐃鼓各一面。発喪一日。太政大臣、方相轜車各一具、鼓一百四十面、……、金鉦鐃鼓各四面、楯九枚。発喪五日。以外葬具及遊部、並従㆓別式㆒。五位以上及〔皇親の誤り〕親王、並借㆓轜具及帷帳㆒。若欲㆓私備㆒者聴。女亦准㆑此。

とあり、同11皇親及五位以上条には、

凡皇親及五位以上喪者、並臨時量給㆓送葬夫㆒。

とある。先の大化薄葬令をこれら喪葬令の規定と比較してみると、葬具の種類が格段に増えて華美になっているが、枠組みそのものには共通性が確認される。

第一に、喪葬令では、労働力の提供範囲が皇親および五位以上であるのに対して、葬具（薄葬令では白布帷帳）の支給範囲の方はそのうちの親王および三位以上に限られている。この枠組みは大化薄葬令においてもほぼ同じで、労働力は小智以上に提供されるものの、白布支給はそのうちの下臣以上にしか行われない（第一章図1参照）。両法令の間には直接的な系譜関係が想定され、親王一品条に「以外葬具及遊部、並従㆓別式㆒」とある「以外の葬具」（義解は帷帳のこととする）を規定する別式は、まさにこの大化薄葬令を継承する七世紀後半の単行法令であったと考えられる。

第二に、喪葬令では「諸臣一位及左右大臣」の葬礼は「皆准㆓二品㆒」とあるにもかかわらず、わざわざ「唯、除㆓楯車㆒」と記され、三品四品ですら使用が認められている轜車の使用が、臣下の方では最高位にあっても禁じられていることが注目される（太政大臣は例外だが、大宝令にその規定があったかは疑問である。百官在職条参照）。この点、大化薄葬令でも「轜車」の使用は王以上のみに認められた特権であり、「上臣」でも「擔而行之」と注記されている。さらに大化段階では、墳丘規模においても王族と臣下との間に明確な格差が設定されている。葬礼においては冠位（位階）の序列を超えて、王族と臣下との間に明確な格差が設けられていたのである。おそらくこの格差は古墳時代以来の王墓（皇孫の古墳）のもつ特殊性を継承するものであろう。

以上のことをふまえると、大化薄葬令において「大徳」「小徳」を葬制の基準に用いることができず、それに代えて「王以上」「上臣」「下臣」という枠組みをわざわざ設けなければならなかった理由は、徳冠が諸臣のみならず王以上にも賜与されるものであったからだとしか考えられない。具体的にいえば、葬制において特別扱いすべき「大徳小徳たる王以上の営墓基準」を、「大徳小徳たる諸臣の営墓基準」と一律に規定することができなかったのであり、「大徳小徳と有する王以上」「大徳と有する上位の臣」「小徳を有する下位の臣」という三区分を設定せざるをえなかったのである。

なお、営墓や殯に関する基準を「王」という枠で設定するのではなく、「王以上」や「王以下」という表現が用いられていることは、そこに既に皇子と諸王の二階層が実質的に存在していたことを示しているのであって、例えば「王以下」とする殯の禁止規定では、天皇・皇子の殯は禁止対象になっていないということになる。

こうした分析をふまえたとき、もはや大徳・小徳を薄葬令の下臣の枠のみに押し込んで考える必要はない。冠位十二階の徳冠は、大臣・大夫といった議政官全体に賜与された冠であり、かつ王族までもが賜与の対象とされていたのである。

ただし、のちに詳述するが、大化段階の葬制と律令葬制の枠組みが単純に一致しているわけではないことにも注意を向けておく必要がある。親王一品条においては、王以上のうち親王のみが葬具公給の権限を維持して、諸王がそこから抜け落ちていくように、議政官の方でも葬具公給を受けるのは左右大臣と大納言相当の三位までに絞られ、大夫層を受け継ぐ四位はその枠から抜け落ちていく。

以上、徳冠を「王以上・上臣・下臣」の冠とする私見は、これまでの通説とは大きく乖離したものとなり、①冠位十二階がのちの四位以下に与えられた冠位とされてきたこと、②蘇我氏などの大臣は賜与の対象ではなかったとされてきたこと、この二点に正面から疑問を投げかけることになった。また王族にも賜与されていたという点でも大きく異なる。

しかし、①についていえば、冠位十二階が大化以降の冠位・位階制と直接連続するという先入観そのものが見直されるべきであって、変遷表を作った黛氏自身が、十二階は「決して後世の四位程低い位から始まるものではない。私見を以てすれば徳冠などやはり公卿の階に当る」と述べていた点をあらためて想起すべきである。この黛氏の微妙な躊躇を虎尾達哉氏の参議制研究と擦り合せるならば、徳冠はむしろ「四位以上」に相当する「公卿層（議政官と大夫）」および「王族（皇子と諸王）」に相当する冠であったと考えるべきだろう。黛氏が一方で「公卿の階に当る」としながらも、他方では「一位に当るほどの高位ではない」と躊躇したのは、『冠位通考』の「徳冠＝一位」説への批判に拘泥しすぎたためであり、また当時は四位の有する独自の階層性がいまだ十分に認識されていなかったためである。徳冠に一位から四位までに相当すると幅をもたせて、大徳が大臣相当に、小徳が大夫相当にあたるとすれば、従来問題にされていたような不自然な降位も生じない[15]。

中臣国の小徳の事例は、大夫として議政官に列していたようであるから妥当だが、子の鎌足が藤原氏として独立することで中臣氏の職掌が祭祀に特化したため、その後はさほどの昇進をみることなく大錦上（のちの中納言・正四位上相当）に留まったにすぎない[16]。高向玄理の小徳（大化二年）から大花下（白雉五年。『日本書紀』本文の「大錦上」は追記であろう）へという事例も、大化二年の国博士への抜擢により特別に冠位が引き上げられたにすぎないから、その僅か一年後の大化三年冠位制において平行移動であっても何ら不自然ではない。秦河勝の小徳から大花上へ（年代不明）も同様である。降位の例と断言できるのは、薬師恵日の大仁（舒明天皇二年）から大山下（白雉五年）の一例のみであるが、これは黛氏や虎尾氏もいうように、彼に何らかの特殊事情があったとみて、そのまま受け取るべきものであろう。

なお、賜与の下限について、従来の変遷表では小智を初位相当に対応させているが、この段階でのちの初位にあたる層にまで網羅的に冠位が賜与されたということは常識で考えてもありえないだろう。先の喪葬令との比較からみても、大礼～小智の労働力提供範囲は五位以上官人の枠に受け継がれている。そのまま五位に対応するとはいえないが、一般に畿内豪族の氏上レベルに賜与されたと考えるべきであろう。[17]

また、②の点についても、皇極天皇二年（六四三）十月壬子（六日）条に、

蘇我大臣蝦夷、縁レ病不レ朝。私授二紫冠於入鹿一、擬二大臣位一。

とあることが根拠とされてきたのだが、蘇我蝦夷が自分の被っていた冠を入鹿に私的に授けた行為が批判されているのであって、紫冠が大臣相当の冠であることがむしろ広く認知されていたがゆえに、大王の人事権に対する侵害との批判を受けたと解すべきである。そのような目で、あらためて推古天皇十六年（六〇八）八月壬子（十二日）条の裴世清来朝記事をみてみよう。

皇子諸王諸臣、悉以二金髻花一著レ頭。亦、衣服皆用二錦紫繡織及五色綾羅一。一云、服色皆用二冠色一。

「服色はみな冠の色を用ゐよ」とあり、「五色綾羅」に対応する「錦紫繡織」は、若月義小氏の指摘の如く「錦できた紫色の繡の織物」の意味であると考えてよかろう。[18]「五色綾羅」に材質記載がないのは、四文字の対句が意識されたことと、絁によって縫うことが別に明記されているからである。この記事からも、「五色からなる十階」を超越する「徳冠二階」の当色が「紫」であることは明らかであり、かつその賜与対象に「皇子諸王」が含まれていることが確認される。そもそも、王族冠位が明・浄位として独自に設定されるようになるのは天武天皇十四年冠位制以降なのだから、逆にそれ以前は一般の冠位と未分離であったと考えるのが自然である。少なくとも諸王が以前から冠位の賜与を受けていたことは、天智天皇三年冠位制下において三位を冠する諸王が『日本書紀』に散見することからも知られよう。

以上、紫冠が十二階とは別に設定された大臣固有の冠とみる従来の説を基礎づける積極的な史料は存在しない

のである。冠位十二階のうち大徳・小徳の冠が、五行に基づき設定された十階を超越した層に賜与される紫の冠なのであり、「王以上」（皇子および諸王）および「上臣下臣」（大臣および大夫）がその賜与の対象であった。冠位十二階は「徳冠二階」＋「五常冠十階」という構成になっていたのである。

なお、この構成は、『日本書紀』に散見する外交儀礼における蕃客への位階授与の実例からも証することができる。舒明天皇十一年（六三九）十一月庚子朔条に、

冬十一月庚子朔。饗二新羅客於朝一。因給二冠位一級一。

とあり、舒明天皇十二年（六四〇）十月乙亥（十一日）条には、

冬十月乙丑朔乙亥。大唐学問僧清安・学生高向漢人玄理、伝二新羅一而至之。仍百済新羅朝貢之使、共従来之。則各賜二爵一級一。

と、また皇極天皇元年（六四二）八月丙申（十三日）条にも、

丙申。以二小徳一授二百済質達率長福一。中客以下、授二位一級一。賜レ物各有レ差。

とみえる。従来、ここにみえる「冠位一級」「爵一級」「位一級」について納得のいく解釈が与えられてこなかったが、「小徳」に対比する形で「位一級」が中客以下に賜与されているのだから、これはまさに十階のセットのうちの第一位たる「大仁」の賜与を指すと考えられる。ここからも、一般の冠位十階の枠外の上位に徳冠二階が位置しているという冠位の構成を確認することができるであろう。

（三）冠位十二階の場としての小墾田宮

冠位十二階を歴史的に位置付ける際に見落としてはならないことは、それが小墾田宮と不可分なものとして制定

されたという事実である。『日本書紀』推古天皇十一年（六〇三）十月壬申（四日）条には、

　冬十月己巳朔壬申。遷二于小墾田宮一。

と記されるにすぎないが、小墾田宮が古代宮都史の上で大きな画期をなしたことは周知の通りである。[19] そして冠位十二階が制定されたのは、その僅か二ヶ月後のことなのである。

　十二月戊辰朔壬申（五日）。始行二冠位一。大徳、小徳、大仁、小仁、大礼、小礼、大信、小信、大義、小義、大智、小智、并十二階。並以二当色絁一縫之。頂撮レ総如レ嚢、而著レ縁焉。唯元日着二髻花一。髻華、此云二于孺一。

これは、まさに翌年の元日朝賀、小墾田宮における最初の朝賀に間に合わせるためであって、「元日着二髻花一」とあるように元日に着する冠と礼服という性格をもっていた。同年十一月条に「皇太子請二于天皇一、以作二大楯及靫一。靫、此云二由岐一。又絵二于旗幟一」とみえるのも、翌年の盛大な朝賀における儀礼の準備である。そして、明くる十二年（六〇四）正月朔条に、

　十二年春正月戊戌朔。始賜二冠位於諸臣一。各有レ差。

とあるように、元日朝賀に際して推古天皇から正式に賜与される。冠位十二階は新しい小墾田宮と共通の政治理念をもって制定されたものなのである。このように考えてくると、冠位十二階に示された新しい理念は、小墾田宮の朝堂構成にも具象化されているのではないかと考えられてくる。

　そこで注目したいのが、平安京朝堂院の東西第一堂の構成である。「延喜式部省式上」には、

　凡朝堂座者、昌福堂太政大臣・左右大臣、含章堂大納言・中納言・参議、承光堂中務・図書・陰陽、明礼堂治部・雅楽・玄蕃・諸陵、延休堂親王、含嘉堂弾正、顕章堂刑部・判事、延禄堂大蔵・宮内・正親、已上八堂以北為レ上。……。

とあり、東第一堂にあたる昌福堂には太政大臣・左右大臣の座が、西第一堂の延休堂には親王の座が、互いに対称的な位置に設けられている。官司ごとの座が配置された東西第三堂以南の諸堂とは根本的に相違する。第二堂の性格は少し複雑だが、東の含章堂には大納言・中納言・参議の座が、西の含嘉堂には弾正台の座が設けられている。また同式に、

凡朝堂座者、昌福堂北端太政大臣、次左右大臣・大納言・中納言・参議並西面北上。少納言及左右弁並一列北向〔面カ〕東上。但勅使座、当二大臣座一北面。含章堂大納言以下参議以上並一列西面。大納言以下必先就二含章堂座一。若大臣不参者、大中納言当堂聴レ政。大臣就二昌福堂座一、訖乃大納言先進就二昌福堂座一。于レ時大臣喚二召使一二声。称唯就レ版而立。大臣命曰、召二大夫等一。召使称唯、退就二含章堂版一、北向召之。中納言以下共称唯。進就二昌福堂座一。……。

とあり、

凡就二朝座一者、昌福堂北階太政大臣、中階左右大臣、南階大納言・中納言・参議・少納言・左右弁、延休堂北階一品、中階南階二品以下、四品以上、各当二其座一昇降。含章堂北階大納言、中階中納言・参議、南階少納言・左右弁、皆至二於階下一北向而揖。退亦如レ之。……。

とも記されている。大臣が聴政を行う昌福堂の座に着いたのをうけて、既に含章堂に着座していた大納言が昌福堂の座に移動する。その後、召使により伝えられる大臣の召し（「大夫等を召せ」）を受けて、大夫、即ち中納言以下もまた昌福堂の座に移ることになる。第二堂は、中納言以下の職員増加と弾正台の創始により新たに設定された堂なのであろう。大臣不参の場合には、大納言・中納言が含章堂で聴政する。

ここで注目すべきは、次の三点である。①東第一堂は大臣固有の聴政の場であり、大納言以下の本座は第二堂

にある。②大臣不参の場合は第二堂において大納言が聴政する。③大納言と「大夫等」（中納言・参議・少納言・左右弁官）との間には、東第一堂への移座作法に格差があり、中納言以下は大臣の命をうけてはじめて陪席することが許された大夫にすぎない。

この大臣・大納言が聴政を統括する権限は、政務の場が外記庁・南所・左近衛陣に移って以降も継続する。そして相当位についていえば、左右大臣は二位であり、大納言は正三位、中納言は当初正四位上相当の者が任官した[20]。参議も四位レベルである。大納言以上と中納言以下との差異が、まさに三位以上と四位の格差なのである。実際、この史料でも四位以下の者が「大夫」と称されており、移座にも「大臣の召」が必要であって、自ら昌福堂に移ることが許される大納言とは対照的な処遇だといえよう。

また、「延喜弾正台式」には、

凡弾二親王及左右大臣一者、弼已上在二台座一。而遣二忠一人於堂上一弾之。諸王諸臣三位已上及参議者、就二其前座一弾之。預仰二所司一令レ設レ座。四位已下不レ問二王臣一、皆喚二其身於台一弾之。五位已上、設レ座。其被レ弾人者、起レ座称唯、弾竟之後、亦起称唯。若不レ起者、亦弾之。

凡弾二大納言以下一者、就二第二堂座一弾之。太政官庁不レ得。

と、朝堂における弾の作法が詳細に規定されている。東西第一堂に座をもつ親王や左右大臣を弾ずる場合には、尹もしくは弼が西第二堂にある台の座に着いて、忠一人を遣して行われる。また、諸王・諸臣の三位以上および参議を弾ずる場合にも、諸司に設置させた前座に忠一人を遣して弾ずることになる。大納言以下については第二堂において弾を受ける。これに対して、四位以下は王臣を問わず、みな弾正台側に呼びつけられて弾ぜられる。ここにも三位と四位との格差が明確に確認される。

この式文は、朝堂における日常的な政務を前提とした規定になっており、「第二堂」という表現も残存していることから、ここにみられる第一堂の有する意義は平城京の東西第一堂にまで遡ると考えてよかろう。さらに東西第一堂の特殊規格からみると、難波長柄豊碕宮にまで遡及されうる。[21]親王の座が大臣聴政の場である東第一堂に相対する西の第一堂の位置を占めることは、律令制的な官人秩序や政務処理の実態からすれば時代錯誤なものである。そこには歴史的な沿革、即ち旧来の政権構造とそれに対応した宮都構造が守旧的に保存されているのではないだろうか。[22]

ここで想起すべきが、これまで論じてきた小墾田宮と冠位十二階との関係である。小墾田宮が推古朝の新しい政治構想を体現すべく、冠位十二階と一体のものとして生み出されたことを強調してきたが、のちの朝堂の中核部分にはこの時の宮都構造が化石化して残存しているのである。従来、小墾田宮の構造については、その位置の比定を含めて十分な解明が進んでいるとはいいがたい。岸　俊男氏は『日本書紀』の外交使節謁見記事などから、「宮門の奥に朝庭があり、左右に庁がある。その奥に閤門があり大殿に通じる」という朝堂構成を復元した。[23]史料から復元できる確実な範囲での禁欲的復元案だといえるが、これに先の視点、小墾田宮が冠位十二階に示された政権構造を視覚的に体現する場であるという視点を加えると、もう少しその実態を具体的に想定することができる。即ち、左右の庁はのちの東西第一堂に継承される意義を有するものであり、西の庁には皇子・諸王の座が、東の庁には上臣の座が置かれ、両者が対峙する位置を占めていたのであろう。彼らが冠位十階を超越した存在として政務を遂行する主体であり、紫の徳冠と服を着し、元日朝賀では金の髻華を付ける。そしてその前庭に冠位を授与された臣連伴造層が十階の秩序に従って列立する。彼らは五行に従った五色の冠と服を着し、前二列の大仁・小仁は豹尾の髻華を、後ろ八列の大礼以下小智以上は鳥尾の髻華を付けている。

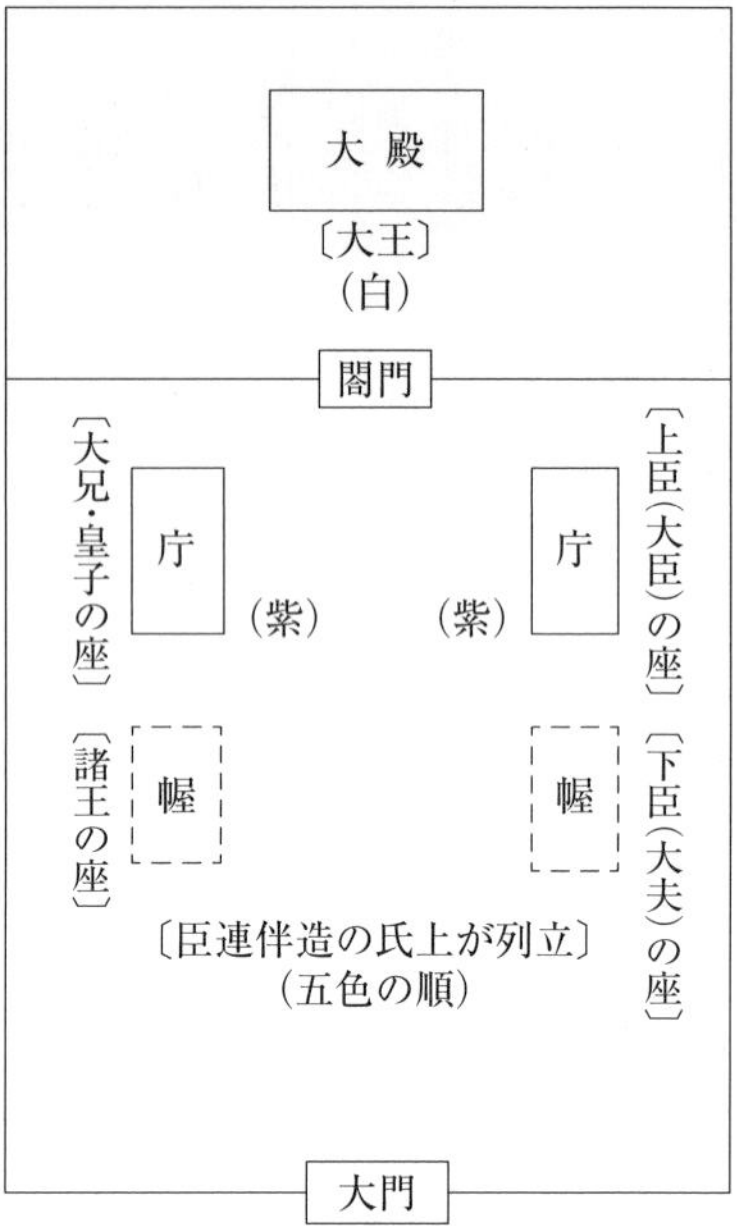

図1　小墾田宮の構造

なお、大夫相当の下臣の座の位置は不明であるが、推古天皇十八年（六一〇）十月丁酉（九日）条に、

丁酉。客等拝二朝庭一。於レ是、命二秦造河勝・土部連莵一、為二新羅導者一。以二間人連鹽蓋・阿閉臣大籠一、為二任那導者一。共引以自二南門一入、立二于庭中一。時、大伴咋連、蘇我豊浦蝦夷臣、坂本糠手臣、阿倍鳥子臣、共自レ位起之、進伏二于庭一。於レ是。両国客等各再拝、以奏二使旨一。乃四大夫、起進啓二於大臣一。時、大臣自レ位起、立二庁前一而聴焉。既而賜二禄諸客一、各有レ差。

とあり、大臣のみならず四大夫の挙動についても「自レ位起」と表現されているから、朝庭に独自の座を有していたようである。しかし、他方では「乃四大夫、起進啓二於大臣一。時、大臣自レ位起、立二庁前一而聴焉」とも書かれており、大臣の座が置かれた庁、即ち東の第一堂には大夫の座はなく、先の「式部省式上」にみられた大臣による大夫召呼の作法を考え合せれば、四大夫の座は大臣の庁の南付近に臨時に敷設された幄舎に設けられていた可能性が高い。

以上を要するに、小墾田宮は、五色の十冠を着けた臣連伴造の氏上層が庭中に列立し、その向こうの東西堂および幄舎に紫冠を被った親王諸王と上臣下臣が対峙して座し、さらにその奥に大王の座す大殿を望むという、新たな政権構造を視覚的に具象化する効果が期待された宮であったと考えられるわけである（図1）。

第二節　大兄制と小墾田宮

小墾田宮に体現された推古朝の政権構想は、具体的に如何なる内実をもったものであったのか。本節では、従来直系皇位継承法や皇太子制創始との関係から論じられてきた「大兄制」に再検討を加えることを通して、推古朝の政権構想とその史的意義を解明する。

（一）大兄制と王族の宗主権

井上光貞氏は、大兄制を「長子相続的な慣習法」とみて兄弟継承の伝統と並ぶ皇位継承原理と位置付けたうえで、これを皇太子制の創始の問題と絡めて論じた㉔。確かに大兄とは、荒木敏夫氏も強調しているように本来広く長子を指す概念であるが㉕、何故に特定の時代に大兄なる呼称が政治的な意味をもって使用されたのか、即ち大兄の政治史的意義を問うことが不可欠であり、それは長子相続的な固有法という説明では尽くせないものである㉖。結論からいえば、大兄制とは、天皇の長子が王族内の有力年長者という立場で諸皇子を結集・統括して、天皇の統治を補佐する慣習法であり㉗、大臣を中心とする群臣（貴族層）に対峙するもう一つの権力核を設定することを目指したものであったと考える。大兄制の起源、制度化、そして終焉は、こうした六世紀から七世紀前半期に特有の政権構造と密接な関わりをもって消長する。『日本書紀』敏達天皇元年（五七二）五月壬寅朔条には、

天皇、問三皇子与二大臣一曰、高麗使人、今何在。大臣奉対曰、在二於相楽館一。天皇聞レ之、傷惻極甚。愀然而歎曰、悲哉、此使人等、名既奏二聞於先考天皇一矣。乃遣二群臣於相楽館一。検二録所レ献調物一。令レ送二京師一。

と、皇子と大臣が藩屏として天皇の諮問の相手となっている。また皇極天皇四年（六四五）六月戊申（十二日）条の飛鳥板蓋宮における乙巳のクーデターでは、

天皇御二大極殿一。古人大兄侍焉。中臣鎌子連、知二蘇我入鹿臣為レ人多疑、昼夜持レ劔、而教二俳優一方便令レ解。入鹿臣、咲而解レ釼、入侍二于座一。倉山田麻呂臣進而読二唱三韓表文一。

と描写され、朝堂において「大兄」古人と「大臣」入鹿とが相対して「侍」している。この時、中大兄は座に着いていない。二十歳に満たない葛城皇子のことを『日本書紀』が「中大兄」と記しているのはのちの呼称を遡及させたにすぎない。政治的な意味をもって大兄と称された人物はその時々に一人であって、王族の代表という位置を占めたと考えるのである。(28) 実際、キサキ所生長子でも大兄の称号をもたない者も少なくない。当時のことゆえ、史書に第一子と書かれていても実際には成人できた子の順位にすぎないからである。

井上氏は「皇太子の皇嗣としての側面を、天皇家における古代氏族の族長権の継承、即ち皇位継承法の問題との関連において掘りおこしていくのが正統であろう」と述べたが、ある意味でこの前半の視点こそが十全に継承されるべきであって、「天皇家の族長権・宗主権」と「宗教性を帯びた皇位」とはいったん区別して論ずべきものなのである。皇位には政治的諸条件によって女帝や幼帝が即くこともあるが、王族の宗主権を担う者は、当該期の一般的な氏の族長権と同様に現実の政治力を有する成人男性が通例であった。次項以降では断片的な史料から大兄をめぐる政治過程を復元し、上記の仮説を傍証していくことになる。

（二）大兄制の第Ⅰ期――萌芽期――

（1）勾大兄皇子――継体朝の大兄――

大兄が六世紀の勾大兄に始まるという点は一応の通説をなしている。五世紀の皇統が絶えて、手白髪皇女との婚姻を介して皇位を継いだ継体天皇にとって、既成の政権内における権力基盤は脆弱であった。即位と共に通例に従って大伴金村大連・許勢男人大臣・物部麁鹿火大連の再任を行ったが孤立は否めず、即位以前から身近な親子として信頼関係を有していた勾大兄を政権の中枢に抜擢することは、政策の円滑な遂行に不可欠な処置であった。

『日本書紀』継体天皇六年（壬辰、五一二）十二月条のいわゆる任那四県割譲の記事に、

百済遣レ使貢レ調。別表請二任那国……四県一。哆唎国守穂積臣押山奏曰、……。大伴大連金村具得二是言一、同レ謨而奏。迺以二物部大連麁鹿火一、宛二宣勅使一。……。由レ是改レ使而宣勅、付二賜物并制旨一、依レ表賜二任那四県一。大兄皇子、前有レ縁レ事、不レ関レ賜レ国、晩知二宣勅一、驚悔欲レ改。……。

とみえるが、この記述は裏返せば外交という国政上の重要案件に関する意思決定においては、大連たる大伴金村と共に「大兄皇子」が「関わる」はずであったということ、両者のコンセンサスのもとで奏宣が行われて然るべきであったことを示している。

翌年の七年十二月戊子（八日）条には、

詔曰、朕承二天緒一、獲レ保二宗廟一、兢々業々。間者、天下安静、海内清平、屢致二豊年一、頻使レ饒レ国。懿哉、摩呂古、示二朕心於八方一。盛哉、勾大兄、光二吾風於万国一。日本邕々、名擅二天下一。秋津赫々、誉重二王畿一。所レ宝惟賢、為レ善最楽。聖化憑レ茲遠扇、玄功藉レ此長懸。寔汝之力。宜レ処二春宮一、助レ朕施レ仁、翼レ吾補レ闕。

とあり、「摩呂古」（八年正月条にも「朕子麻呂古」と称する詔がみえる）と愛称する勾大兄の身位を春宮に擬して、その影響力拡大を意図している。

最初の大兄である勾大兄には、大王の側に立って大連大臣層の暴走をコントロールすることが期待されていたのであり、ヒツギノミコとは別の、「王の藩屛」というべき性格を有していた。この段階で大兄の呼称にこのような明示的含意があったかどうかはわからないが、継体天皇の置かれた脆弱な政治的立場が大兄制を生み出す最初の契機になったことは確かであろう。

（2）箭田珠勝大兄皇子――欽明朝の大兄――

安閑・宣化天皇の即位が現実に行われたかは議論のあるところだが、いずれにせよ短期で終わり、続く長期政権を築いたのが欽明天皇であった。他方、勾大兄に続いて確認される大兄は、欽明天皇の皇子箭田珠勝大兄である。『日本書紀』からはその積極的活動を確認することはできないが、継体朝の大兄の先例を受けて、一定の政治的役割を果したことは想像できる。欽明天皇十三年四月条に「箭田珠勝大兄皇子薨」とみえ、これを受けて二年後の十五年正月甲午（七日）には「立二皇子渟中倉太珠敷尊一、為二皇太子一」という記事が現われる。しかし、他方では敏達天皇即位前紀に「渟中倉太珠敷天皇、天国排開広庭天皇第二子也。母曰石姫皇后。……。廿九年、立為二皇太子一」とあって、崩御の三年前に立太子したとも書かれている。さらに欽明天皇は崩御直前に渟中倉太珠敷皇子を呼び寄せて遺詔している（欽明天皇三十二年四月壬辰（十五日）条）。

天皇寝疾不予。皇太子向レ外不レ在。駅馬召到、引二入臥内一、執二其手一詔曰、朕疾甚。以二後事一属レ汝。汝須下打二新羅一、封中建任那上。更造二夫婦一、惟如二旧日一、死無レ恨之。

立太子が十五年だったとすれば箭田珠勝皇子の後を受けた如くであるが、後者を取れば皇太子の選定は欽明天皇の晩年まで降ることになる。皇后石姫との間には二人の男子しかなかったにもかかわらず、晩年にあえて立太子の宣言がなされ、崩御に際して遺詔まで残して後事を託したのはなぜであろうか。

私は、箭田珠勝大兄の後を受けて橘豊日大兄（欽明天皇第四子、母は蘇我稲目の娘で妃の堅塩媛。のちの用明天皇）が大兄の地位に就いていたからだと推測する。このことはその後の皇位継承の順位「敏達→用明→押坂彦人（予定）」からも推されるところであり、だからこそ次期継承者は橘豊日大兄ではなく、渟中倉太珠敷皇子であるということを明示しておく必要があったのである。このような問題がスムーズな皇位継承を阻み、政争に発展しかねないことは、推古天皇崩御直前に出された遺詔、山背大兄の置かれた微妙な立場などを想起しても明らかである。

宣化朝（もしくは欽明朝）から、許勢男人に代わって新たに「大臣」の地位に就いた蘇我稲目の発言力は、欽明朝に大連が物部麁鹿火から物部尾輿に交代し、筆頭大連の大伴金村も欽明天皇元年（五四〇）九月己卯（五日）条を最後として姿を消すということもあって、相当大きなものとなっていた。箭田珠勝大兄が十分な活躍ができなかったこともあり、他方、天皇自身が渟中倉太珠敷皇子への継承を望むなかで、稲目は堅塩媛を母とする橘豊日皇子を大兄の地位に就けて政務の円滑化を図り、後々の皇位継承資格者としてその存在をアピールしたと考えられる。

（3）押坂彦人大兄皇子――敏達朝の大兄――

渟中倉太珠敷皇子は敏達天皇として即位するが、この敏達朝の大兄には押坂彦人大兄皇子が立てられたと推定される。先にもふれた敏達天皇元年（五七二）五月朔条に、

天皇問三皇子与二大臣一曰、高麗使人、今何在。大臣奉対曰、在二於相楽館一。……。

とあり、敏達天皇四年（五七五）二月乙丑条にも、

　百済遣レ使進レ調。多益二恒歳一。天皇、以二新羅未レ建二任那一、詔三皇子与二大臣一曰、莫レ懶二懈於任那之事一。

とみえて、両者を対で扱って諮問の対象としている。ここに大兄の地位の制度的確立を看て取ることができるが、同時にその後は特に遺詔が出されることもなく、円滑に用明天皇へと皇位が継承され、押坂彦人大兄がその次の継承予定者と目されたことも重要である。大兄経験者が順に皇位を継承していく慣例が定着してきていることを示している。

以上が大兄制の確立過程であり、その第Ⅰ期をなす。継体朝を萌芽期として天皇の藩屏、王族の結集核としての大兄の地位が作られていくのであるが、欽明朝に抬頭した蘇我氏は王権内部に入り込み、母の血統が内親王であるか否かという血統の尊貴性を継承資格の一つの基準とする観念を相対化するべく(29)、大兄という地位に就いた人物の政治能力を判断したうえで、次期皇位継承者を選定するという新しいシステムに纏めあげていく。

（三）大兄制の第Ⅱ期――王弑の時代――

（4）厩戸皇子――用明朝の大兄――

これまでの流れを前提にすれば、用明天皇の皇位継承の正当性は理解できると思うが、あわせて用明天皇の長子たる厩戸皇子が政権の中枢に上がってくる契機も、彼の能力云々とは別次元で理解可能となる。用明天皇の治世は僅か二年で、敏達天皇の殯の期間にあたる。この短い期間に正式に大兄が設定されたかどうかは史料で確認できないが、厩戸皇子が用明天皇にとっての大兄的存在であったことを前提として考えなければ(30)、これ以降の推古天皇による厩戸皇子の抜擢や山背王の大兄就任は理解しがたい。大兄として活動した期間が極端に短く、のち

「摂政」として「天皇事を行」い、「法皇」の称号（法隆寺金堂釈迦三尊像光背銘）を得ることになったから、大兄の呼称が史料上には残らなかったのであろう。

しかし、目下の継承予定者は用明天皇に次ぐ大兄経験者たる押坂彦人大兄であり、そう目されていたからこそ、崩御直前の用明天皇二年（五八七）四月丙午（二日）には、「遂作三太子彦人皇子像与二竹田皇子像一厭レ之」という中臣勝海による敏達系の皇子二人に対する呪詛がなされるのである。この事件は、大連の物部守屋・中臣勝海が奉じる「皇弟皇子」＝穴穂部皇子の即位計画のなかで起こったもので、殯宮における「何故、事二死王之庭一、弗レ事二生王之所一也」との発言や殯宮侵入事件は、敏達天皇の寵臣として仕え、殯宮に参ることを妨害する三輪君逆に対する穴穂部皇子の憤りによるものでもあった。

用明天皇が即位したのち、正当な順位にあるはずの彦人大兄の即位が揺らぐなかで、馬子は大后炊屋姫を奉じて〈反敏達勢力〉たる穴穂部皇子・宅部皇子を滅ぼし、あわせてそれを背後で支えていた物部守屋を襲撃する。注目されるのは、この時に泊瀬部・竹田・厩戸の諸皇子からなる「皇子軍」と、蘇我馬子・紀男麻呂・巨勢比良夫らからなる「群臣軍」が編成されていることである。そして、その「皇子軍」の筆頭をなした泊瀬部皇子を大兄的存在と見立てて、炊屋姫の意向と群臣の推戴を経て即位させたのである。このことは彦人大兄の有した大兄としての経歴を剥奪・解消したことを意味する。

こうして即位した崇峻天皇の時代には大兄が設置された形跡はない。これは大后炊屋姫がなお臨朝していたからであろう。崇峻天皇も結局のところ馬子により弑されるに至る。馬子は、敏達系勢力の反仏教政策には組みしていなかったが、炊屋姫を奉じて一度は敏達系勢力と手を結んで穴穂部皇子一派を滅ぼし、その後は敏達系の押坂彦人大兄・竹田皇子の即位を拒み、両グループをともに凋落せしめた。崇峻天皇の馬子に対する内心の憤りもそこにあったのだろう。馬子はその崇峻天皇をも弑したのであって、時代はまさに〈王弑の時代〉と称すべき様相を呈したのである。

（四）大兄制の第Ⅲ期――大兄制の確立期――

（5）山背大兄王――推古朝の大兄――

穴穂部皇子・物部氏をめぐる紛争はいったん終息したが、当該期の最大の課題は王家の危機であり、神話に裏付けられた伝統的な皇孫思想の権威が仏教思想により相対化されたことがそれに拍車をかけた[31]。用明・崇峻朝に行われてきた炊屋姫による大后臨朝を実質化して女帝となし、続く大兄経験者であり即位の第一順位にあった厩戸皇子が「天皇の事を行ふ」ことになる。これは皇位継承の決定を曖昧にしておくとともに、大兄より上位に座せしめることで、彼を大臣の上に位置付けようという意図があった。その結果、推古朝の大兄には天皇の事を行う厩戸皇子の長子、山背大兄王が就くことになる。王家側に「大后臨朝＋厩戸皇子（行天皇事）＋山背大兄」という重層的に強化された権力核が生み出されたのである。これは上記の〈王弑の時代〉への対抗策であった。

推古天皇十一年（六〇三）二月丙子（四日）条に、

来目皇子、薨二於筑紫一。仍駅使以奏上。爰天皇聞レ之大驚、則召二皇太子・蘇我大臣一、謂之曰、征新羅大将軍来目皇子薨之。其臨二大事一、而不レ遂矣。甚悲乎。……。

とあるように、従来の大兄の権能は実質的には厩戸皇子に占められていた。とはいえ山背大兄は王でありながら大兄となった唯一の人物であり、このことは大兄という地位の設定が政治的な補佐という現実の必要性から半ば独立し、一つのシステムとして機能し始めたことを意味している。

（6）古人大兄皇子――舒明朝の大兄――

厩戸皇子が没して以降、山背大兄は浮き上がった存在とならざるをえない。その結果、蘇我氏との対立が表面化することになる。年老いた推古女帝は曖昧な遺詔を残さざるをえず、それを名分として大兄経験者の優先という慣習は強引に反故にされ、田村皇子の即位が実行された。これは欽明天皇の遺詔という先例を受けたものであり、新たな大兄には舒明天皇の皇子古人大兄が就任する。

（7）古人大兄皇子――皇極朝の大兄――

舒明天皇崩御後も古人大兄が即位することはなく、皇極天皇が即位する。それは山背大兄王がなお健在であり、従来の慣例では先行する大兄経験者に優先権があったからである。敏達朝の大兄である古人大兄の順位には、なお問題が残ったのである。この障害を超えるために起こされたのが山背大兄襲撃事件である。これにより初めて古人大兄は次期皇位継承順の第一位を獲得することになる。事実、皇極天皇四年（六四五）六月戊申（十二日）条に、クーデター直前の飛鳥板蓋宮において大兄古人が大臣入鹿と共に「侍」している姿が描写されていることは、先に述べた通りである。

（8）中大兄皇子――孝徳朝の大兄――

しかし、予想外のことが起こった。乙巳の変である。皇極女帝の譲位の事情については、孝徳天皇即位前紀に皇極天皇四年（六四五）六月庚戌（十四日）の興味深い出来事が掲載されている。最初、皇極女帝は中大兄に皇位を譲ろうとするが、中大兄がそれを中臣鎌足に諮ったところ、以下の如き含みのある示唆を与えられたという。

　古人大兄、殿下之兄也。軽皇子、殿下之舅也。方今、古人大兄在。而殿下陟㆓天皇位㆒、便違㆓人弟恭遜之心㆒。且立㆑舅以答㆓民望㆒、不㆓亦可㆒乎。

中大兄は「深嘉㆓厥議㆒、密以奏聞」した。中大兄は舒明・皇極両天皇の間に生まれた皇子ではあるが、大兄経験という点では古人大兄に優先順位があった。そうした議論に持ち込まれるのを避けるべく舅の軽皇子に譲り、古人大兄との間で譲り合いをさせた。叔父にあたる軽皇子を間に挟むことで尊属卑属という別の座標軸を設定し、大兄の順位という議論を解消させたわけである。予想だにしなかった軽皇子は再三固辞して、古人大兄に転譲する。山背大兄事件以来入鹿と行動を共にしてきた古人大兄にとって、クーデター後の立場は自ら知るところである。大兄ならぬ尊卑という基準においては、もはや「民望」（社会的認知、正当性）を得ることはできない。古人は出家して廟堂を去るしかなかった。

　固辞する軽皇子が「大兄命、是昔天皇所㆑生。而又年長。以㆓斯二理㆒、可㆑居㆓天位㆒」と語ったことからもわかるように、この段階で大兄命は即ち古人大兄のことだけを指していた。葛城皇子が中大兄を名乗るようになるのは古人大兄失脚以降であろう。孝徳即位の影の立役者であり、古人大兄の異母兄弟でもあり、そして何よりも天皇大権を分有する「皇祖母尊」（皇極）の長子であることを根拠として、大兄の地位に就き、中大兄と称するに至ったことは、『日本書紀』に「奉㆓号於豊財天皇㆒曰㆓皇祖母尊㆒、以㆓中大兄㆒為㆓皇太子㆒」と暗示的に表現されている。他方、今上孝徳の皇子として資格を有するはずの有間皇子は、結局大兄と称されることはなかった[32]。

　ただし、彼の大兄就任は単に政争の結果と解されるべきではない。皇祖母尊の長子という理屈をつけてまで孝徳朝の大兄の地位に就いたのはなぜか、それは、クーデターによってまず世襲化された大臣という権力核を切り崩したことに続いて、もう一つの権力核である大兄、本来天皇の藩屏でありながら実際には皇位継承をめぐる紛争を誘起し、「皇祖大兄御名入部」という巨大な経済基盤を有することになっていた大兄という地位を解体するには、自分自身がその地位に就く必要があったからである。[33] 大化二年（六四六）三月壬午（二十日）のいわゆる「皇太子奏請」は、単に率先して部民の収公の手本を見せたというものではなく、大兄の地位を基礎づけてきた入部の返上によって、大兄制に象徴される前代の王権構造自体を終焉せしめることを意図したものであった。[34]

（五）推古朝の政権構想と小墾田宮の史的位置

古代日本の大兄は、長子を指す単なる普通名詞ではなく、一つの政治的な地位であった。史書には複数の大兄が並存したかのように記されているが、それは一度大兄に就任した人物がそれ以降も大兄を冠して呼ばれ続けたために起こる現象にすぎない。六世紀末に既往の大連・大臣を核とする権力バランスが崩れて大臣の専横が進み、さらに天孫降臨に基礎づけられた皇孫の神聖性が仏教思想により相対化されるなかで、緊迫した〈王弑の時代〉が現出する。ここに王族の政治的結集を意図する大兄制が創始されたのである。その結果、王族集団もまた、ある種の「家」と意識されるようになり、大兄はその宗主権の遂行者という色彩を帯びることになる。かの「皇祖大兄御名入部」は、この王家の家産として設定されたものといえるだろう。「壬生部《ニフ》」（「入部《ニフ》」「乳部《ニフ》」に同じ）[35]の設定は推古天皇十五年（六〇七）二月朔条にみえるが、続く戊子（九日）には、

詔曰、朕聞之、曩者、我皇祖天皇等宰レ世也、跼レ天蹐レ地。敦礼二神祇一。周祠二山川一、幽二通乾坤一。是以、陰陽開和、造化共調。今当二朕世一、祭二祀神祇一、豈有レ怠乎。故、群臣共為竭レ心、宜レ拝二神祇一。

との詔が出され、さらに六日後の甲午（十五日）には、

皇太子及大臣率二百寮一、以祭二拝神祇一。

とみえて、壬生部の設定と二月の祈年祭の挙行とが一連のものとして実行されていることも注目される。『日本書紀』分注は、皇祖大兄御名入部の「皇祖」を押坂彦人大兄のことだとするが、広くいえば過去の皇祖たる大兄たち、天照大神の子孫たる皇孫に代々伝領されてきた入部という観念をその背景に有していたのではないか。壬生部の設定は、思想史的にみれば推古朝における皇孫の意識の復興を意図したものであった。

　大兄経験者が有力な次期皇位継承者として浮上したのは、大兄が他の諸皇子・諸王を統括する年長者であり、朝堂における政務運営の経験・実績を有するという信頼があったからである。このような認識により、皇位を大兄経験者が順に継承していくという慣習が定着していくことになるのである。

　最後に、あらためて大兄制と小墾田宮・冠位十二階との関係を見直してみよう。冠位十二階の制定と小墾田宮の造営は表裏一体の政策であったが、その朝堂配置は大兄を中心に結集し始めた王族集団を一つの権力核に位置付けようとする意図を具現化したものであった。推古天皇二十年二月（六一二）二月庚午（二十日）条には、堅塩媛を欽明天皇陵に改葬した際の誄奏上の様子が記されている。

　二月辛亥朔庚午。改㆓葬皇太夫人堅塩媛於檜隈大陵㆒。是日、誄㆓於軽街㆒。第一、阿倍内臣鳥誄㆓天皇之命㆒。則奠㆑霊。明器明衣之類、萬五千種也。第二、諸皇子等以㆓次第㆒各誄之。第三、中臣宮地連烏摩侶誄㆓大臣之辞㆒。第四、大臣引㆓率八腹臣等㆒、便以㆓境部臣摩理勢㆒、令㆑誄㆓氏姓之本㆒矣。……。

「氏姓の本」の部分では蘇我大臣のことが特記されているが、これは大臣としての誄を終えているのに、自分の氏が誄する折に、八腹臣を引きつれて誇らしげに再び登場したことを皮肉っている語りにすぎない。注目すべきは、誄の奏上が「天皇之命」「諸皇子等」「大臣之辞」「氏姓の本」の順に行われており、のちの天武天皇の殯宮儀礼における官職ごとの序列とは全く異なることである。この構成は、薄葬令の「王以上、上臣・下臣、大仁～

小智」という序列とやはり一致する。当該期の政権構造とそれを視覚化した朝廷における座位――左右に「王族（オホキミ層）」と「大臣・マヘツギミ」が座し、その前庭に「臣連伴造等の氏上」が列立するという小墾田宮の構造――をはっきりと示すものである。

そのような構想の直接的な起源は推古朝直前にあった。先にふれた崇峻天皇即位前紀（五八七）七月条の物部追討軍の人名序列に注目すると、

秋七月。蘇我馬子宿祢大臣、勧三諸皇子与二群臣一、謀レ滅二物部守屋大連一。泊瀬部皇子・竹田皇子・厩戸皇子・難波皇子・春日皇子、蘇我馬子宿祢大臣・紀男麻呂宿祢、巨勢臣比良夫・膳臣賀拕夫・葛城臣烏那羅、倶率二軍旅一進討二大連一。……。

となっている。一見すると単に列記しているだけにみえるが、順に「○○皇子」「氏＋名＋宿祢」「氏＋カバネ＋名」という表記ごとにグループに纏められている。この枠組みこそが、泊瀬部皇子に大兄的身位を付与して即位を可能にしたことは先述の通りであり、また推古朝に小墾田宮に象徴される政権構造を設定していく直接の契機となったのである。

なお、皇極天皇の飛鳥板蓋宮においても、古人大兄と入鹿大臣とが朝堂に侍す様子が描かれているように、大兄は大臣の座と対峙する座を有している。また、壬申の乱以降も、天武天皇の政権において皇親勢力をもう一度結集する必要が現出し、高市皇子が「大兄」的な統率力を担うことになった。大宝三年（七〇三）には、知太政官事が任命されている。こうした折々の事情による皇親勢力の復活が、旧来の朝堂構成をそれ以降も固定させた理由であり、東西第一堂の機能も藤原京以降平安京に至るまで、形骸化しながらも保持されることになったのである。

むすび

以上の考察から明らかになった点は、以下の通りである。

（1）史料に残る冠位十二階の実例は、将軍任命や外国への遣使の記事に集中しており、この偏りを考慮して制度の復元を行うべきである。そのうえで、小徳は大夫（マヘツギミ）相当位であり、のちの四位につながる階層であることがあらためて確認された。

（2）冠位十二階を基準とする大化の営墓規定では、徳冠の語は用いられず、代えて王以上・上臣・下臣という枠組みが使用されている。これは、徳冠が他の十階を超越した位置を占めることを暗示するとともに、徳冠の賜与対象には諸臣のみならず皇子・王までもが含まれていたことの証しである。

（3）大徳が小徳の大夫よりも上位の者に賜与される冠位であること、皇子までを含む「王以上」と対称的な位置を占めて法文化されている「上臣下臣」には、臣下の最高位までが含まれてしかるべきであることから推せば、大徳は大臣相当の冠であると判断される。

（4）小墾田宮における最初の元日朝賀で冠位十二階が施行されたことは、両者が一体の政治理念の下に構想されたことを意味する。朝庭の東西堂とその南の幄に、十階を超えた紫の徳冠を冠する「皇子・諸王」と「大臣・大夫」とが対峙して座し、その前に当色を有する残り十階の冠を着けた者たちが列立する。この構成はのちの朝堂院東西第一堂の起源をなす。

（5）この座位の対称性は、「大臣を中心とする豪族集団」と「大兄を中心に結集する王族集団」という二つの権力核の均衡の上に成り立つ王権を象徴し、大兄制の消長と軌を一にしている。

（6）大兄制は、継体天皇が子勾大兄を王権の藩屏に据えたことを淵源とし、〈大連・大臣制解体〉と〈王弑の時代〉の現出という政治的緊張関係のなかで整備されたものであり、年長者たる天皇の長子が核となって諸皇子を結集し、王族の宗主権を担うという新しいシステムであった。

（7）大兄の政務経験が、大兄を次期皇位継承者と認知させる理由であり、次第に大兄経験者の順位が皇位継承資格の順位とみなされるに至る。大兄制とそれに象徴される政権構造は、最後の大兄たる中大兄がその財政基盤「皇祖大兄御名入部」を国家に返上することで終焉する。

本稿は、冠位制導入の国際的契機を否定するものではない。国際関係の変化のなかで現出した当該期の政治課題を受けつつ、如何なる政権構造が生み出されたのかを描き出すことを意図したものである。大兄が中大兄をもって終るのは、大兄制が皇太子制に止揚されたからではない。大兄制とその終焉は六世紀の王権が生み出し、聖徳太子によって整備された特有の政権構造、冠位十二階と小墾田宮に象徴される「皇子・諸王」と「大臣・大夫」との均衡関係の上に築かれた政権構造の創始とその終焉とを意味するものなのである。

（1）枚挙に遑がないが、代表的なものとしては、和田　萃「殯の基礎的考察」（同『日本古代の儀礼と祭祀・信仰』上巻、塙書房、一九九五年。初出は一九六九年）、吉村武彦「古代の王位継承と群臣」（同『日本古代の社会と国家』岩波書店、一九九六年。初出は一九八九年）、同「仕奉と貢納」（『日本の社会史』第四巻、岩波書店、一九九六年）、坂上康俊「古代の法と慣習」（『岩波講座日本通史』古代2、岩波書店、一九九四年）、熊谷公男「〝ヲサム〟考」（新日本古典文学大系月報60、岩波書店、一九九五年）など。

（2）関晃「大化前後の大夫について」（『関晃著作集』第二巻、吉川弘文館、一九九六年。初出は一九五九年）、虎尾達哉「参議制の成立――大夫制と令制四位――」（同『日本古代の参議制』吉川弘文館、一九九八年。初出は一九八二年）、倉本一宏『日本古代国家成立期の権力構造』吉川弘文館、一九九七年、佐藤長門『日本古代王権の構造と展開』吉川弘文館、二〇〇九年、など。

（3）黒板勝美「聖徳太子と大日本の建設」（『聖徳太子論纂』平安考古会編、一九二一年）、坂本太郎『大化改新の研究』至文堂、一九三八年、北山茂夫『日本古代政治史の研究』岩波書店、一九五九年、青木和夫「浄御原令と古代官僚制」（同『日本律令国家論攷』岩波書店、一九九二年。初出は一九五四年）、原秀三郎『日本古代国家史研究――大化改新論批判――』東京大学出版会、一九八〇年、など。なお、『シンポジウム日本歴史3大化改新』学生社、一九六九年、の関晃氏の推古朝の歴史的意義に関する発言参照。

（4）黛弘道「冠位十二階考」（同『律令国家成立史の研究』吉川弘文館、一九八二年。初出は一九五九年）、井上光貞「冠位十二階とその史的意義」（同『日本古代国家の研究』岩波書店、一九六五年。初出は一九六三年）、武光誠「冠位十二階の再検討」（『日本歴史』三四六号、一九七七年）、同『日本古代国家と律令制』吉川弘文館、一九八四年、増田美子「冠位十二階の当色について」（『服飾美学』七号、一九七八年）、同「冠位制の変遷と位冠の性格について」（『日本歴史』四九一号、一九八九年。両論文は改題統合して、同『古代服飾の研究――縄文から奈良時代――』源流社、一九九五年、に再録）、黛弘道「冠位十二階の実態と源流」（黛前掲著書。初出は一九七九年）、虎尾達哉「冠位十二階と大化以降の諸冠位――増田美子氏の新説をめぐって――」（虎尾註2著書。初出は一九九三年）、同「冠位十二階と大化以降の諸冠位・再考――増田美子氏の高説に接して――」（虎尾註2著書。初出は一九九七年）など。なお、大隅清陽「古代冠位制度の変遷」（同『律令官制と礼秩序の研究』吉川弘文館、二〇一一年。初出は一九八九年）が研究動向とその問題点を適切に纏めている。

（5）坂本註3著書。

（6）黛註4第一論文。黛氏は「この表からは互いに相隣る冠位制の間の関係は窺いえても、相隔たる制度間の関係を直ちに推してはならない」「冠位制施行の実際面から考察した結果が、この表では十分には示されない」とも述べている。

(7) 関晃「推古朝政治の性格」(関註2著作集。初出は一九六七年)。

(8) 森公章『「白村江」以降』講談社、一九九八年、吉川真司「律令体制の形成」(歴史学研究会・日本史研究会編『日本史講座』第一巻、東京大学出版会、二〇〇四年)など。

(9) 阿輩台を「あへと」と読み、四大夫の一人阿倍鳥臣(あへのとりのおみ)を指すとも考えられる。

(10) 関註2論文。マヘツギミ＝大夫はのちの五位以上よりも狭い範囲を指していた。その語義から考えても、本来は大王の前に座を有する公卿層の一角を占めたものであろう。

(11) 同じ傾向は大化三年冠位制以降の『日本書紀』の実例にもみられるが、他史料から政権構造が把握できるから、冠位を外交問題に過度に引きつけて論じられることはないのである。

(12) 虎尾註2著書。

(13) 坂本註3著書。

(14) 関晃「いわゆる大化薄葬令について」(関註2著作集。初出は一九五八年)。

(15) 時野谷滋「黛弘道氏「冠位十二階考」を読む」(『日本上古史研究』三―七号、一九五九年)、武光・増田・虎尾註4論文参照。

(16) 『太神宮諸雑事記』に「大錦上小徳官前事奏官兼祭主中臣国子大連公」とみえる。

(17) 冠位十二階は一部の者が抜擢・賜与されたと考える向きもあるが、そうすれば位階との対応関係を問うこと自体に意味がなくなるし、一定範囲の集団を網羅していなければ、薄葬令のように段階付けられた制度を冠位に従い設定することもできない。特殊な賜与例を否定するものではないが、それなりの階層性に従って賜与されたものであろう。

(18) 若月義小「冠位制の基礎的考察――難波朝廷の史的意義――」(『立命館史学』四四八―四五〇号、一九八二年)。

(19) 小澤毅『日本古代宮都構造の研究』青木書店、二〇〇三年など参照。

(20) 慶雲二年(七〇五)に大納言の定員を割いて設置され、相当位は正四位上、天平宝字五年(七六一)に従三位。浄御原令の中納言を復活したもの。

(21) 虎尾達哉「律令国家と皇親」(同『律令官人社会の研究』塙書房、二〇〇六年。初出は一九八八年)は、朝堂の西第一堂(親王)、東第一堂(大臣)が難波長柄豊碕宮の朝堂配列に遡り、かつては王族が国制の一角を占めていたことを指摘している。

(22)「延喜式部式」元正行列次第条の朝堂院列立作法をみても、全体が位階による次とされているなかで、参議以上は「左」に、親王諸王は「右」に列立することになっており、ここにも薄葬令と同じダブルスタンダードが残存している。なお、公卿以外の三位以上が「右」(西側)に立つのは、普段彈正台の座が置かれている西第二堂の前が空いているからである。なお、「太政大臣」以下の割注では「西」と書かれ、本文の「左右」と記載様式が異なるので、おそらく『延喜式』段階での『弘仁式』への二次的な追記である。

(23) 岸 俊男「朝堂の初歩的考察」(同『日本古代宮都の研究』岩波書店、一九八八年。初出は一九七五年)。鬼頭清明「日本における朝堂院の成立」(狩野 久編『日本古代の都城と国家』塙書房、一九八四年)、橋本義則「朝政・朝儀の展開」(同『平安宮成立史の研究』塙書房、一九九五年。初出は一九八六年)も参照。

(24) 井上光貞「古代の皇太子」(井上註4著書)。

(25) 荒木敏夫『古代の皇太子』吉川弘文館、一九八五年。

(26) 大兄制については、直木孝次郎「厩戸皇子の立太子について」(同『飛鳥奈良時代の研究』塙書房、一九七五年。初出は一九六八年)、井出久美子「「大兄制」の史的考察」(『日本史研究』一〇九号、一九七〇年)、門脇禎二『「大化改新」史論』上巻、思文閣出版、一九九一年、荒木敏夫『日本古代の皇太子』吉川弘文館、一九八五年、大平 聡「日本古代王権継承試論」(『歴史評論』四二九号、一九八六年)など。荒木敏夫『日本古代王権の研究』吉川弘文館、二〇〇六年、第Ⅲ部第一章が詳細に研究史を整理している。

(27) 谷口やすよ「古代日本の皇位継承に関する一考察」(『早稲田大学大学院文学研究科紀要・別冊』二号、一九七六年)も、井上氏が大兄の制を皇太子制と直接結びつけることを批判し、類似の見通しを述べている。

（28）井出註26論文には結論において従いえない点も多々あるが、大兄が生得的な身位ではなく制度的呼称であると早くに指摘した点は評価できる。
（29）河内祥輔『古代政治史における天皇制の論理〈増訂版〉』吉川弘文館、二〇一四年。初版は一九八六年、参照。
（30）谷口註27論文も厩戸皇子の皇太子が実質的に大兄を意味することを指摘している。
（31）拙稿「敏達紀「善信尼」覚書――初期仏教と記紀神話――」（続日本紀研究会編『続日本紀の諸相』塙書房、二〇〇四年。本書第七章に再録）。
（32）それでも中大兄の即位の正当性は、皇祖母尊の長子という薄弱なものであった。それゆえに斉明天皇が重祚し、かつ有間皇子を廃する必要もあったのである。
（33）薗田香融「皇祖大兄御名入部について」（同『日本古代財政史の研究』塙書房、一九八一年。初出は一九六八年）。
（34）高句麗冠位の大兄が王族冠位の最高位であったことも、以上の文脈からあらためて見直すならば、古代日本の大兄と共通のイメージを有していたことになるだろう。
（35）拙稿「日本律令国家法意識の形成過程――君臣意識と習俗統制から――」（『日本史研究』五〇一号、二〇〇四年。本書第十章に再録）。

〔付記〕再録に際して、冠位十二階が徳冠二階と大仁以下十階からなることについて、外交儀礼における位階授与の史料を用いて論証を補強した。

第十二章　国造制と大化改新

——大化前代の支配構造——

はしがき——二つの郡の等級規定——

日本古代の郡の等級は、戸令2定郡条で以下のように規定されている。

凡郡、以二廿里以下十六里以上一為二大郡一、十二里以上為二上郡一、八里以上為二中郡一、四里以上為二下郡一、二里以上為二小郡一。

この一見整然とした区分も、詳細にみると、なぜ大郡が20～16里の五里の幅に、上郡から下郡に至るまでは各々15～12里、11～8里、7～4里の如く四里の幅に、そして小郡では3・2里の二里の幅にと不均等に分割されているのか、またそれぞれの上限にはどのような意味があるのか、など不可解な点が多い。他方、大化改新詔の第二条の副文には、令制とは異なる郡の等級規定が収録されている。

凡郡、以二四十里一為二大郡一、三十里以下四里以上為二中郡一、三里為二小郡一。其郡司、並取下国造性識清廉堪二時務一者上、為二大領少領一。強幹聡敏、工二書算一者、為二主政主帳一。

後半の郡司の任用において国造たることを条件とするなど、旧制を濃厚に残す規定である(1)。前半も戸令の規定と大きく相違するようにみえるが、分割基準という観点から比較してみると両者の間には密接な関係が確認される。

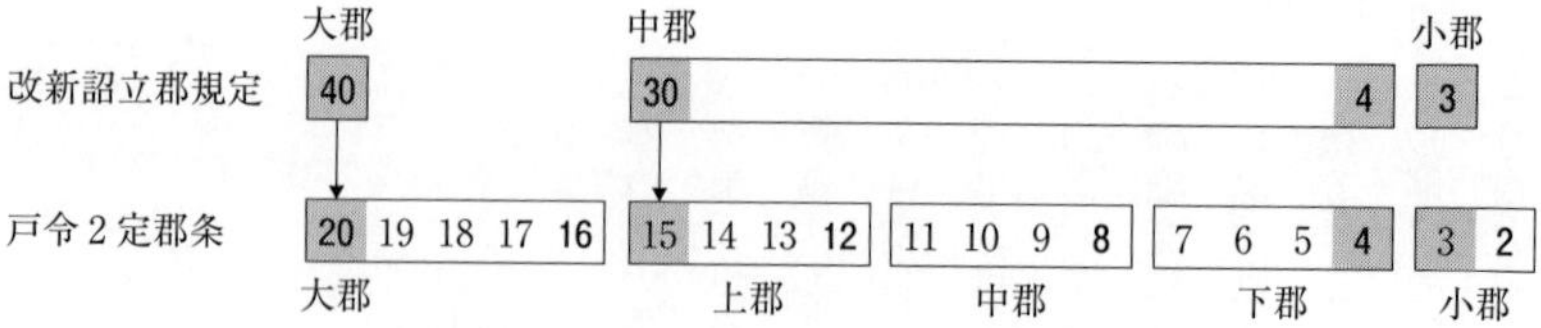

図1　改新詔および戸令2定郡条にみえる立郡規定の比較

即ち、定郡条の区分は改新詔の枠組みを前提としつつ、その上限をなす数字40と30とを半分の20と15にしたうえで、中郡内部を上中下の三つに均等細分した結果なのである（図1）。

このことは、言い換えれば改新詔の方がより本源的な枠組みをなしているということを意味する。そこで、その立郡規定の数列に基準を読み取ることが求められてくるのであるが、ここには令規定よりもさらに異常な歪みが確認される。この歪みこそが立郡（立評）の歴史的前提をなす秩序を投影したものであり、大化前代の地域編成を探る一つの重要な手がかりを我々に与えてくれるものなのである。

改新詔の郡の規模にかなり大きな格差があることは、従来から指摘されている。早く坂本太郎氏は「唐制戸の多少によつて県を上中下に分かつたこと（唐会要巻七十所引武徳令）などに倣ふ所あるのであらう。しかし彼の規定は戸五千を上県とし、以下千戸以上を標準とするものであり、両者の大きさには非常な隔たりがあるから、郡の大きさについての標準は、これ迄の地方区画、県の大きさなどが参考されたとすべきであらう」（傍点筆者）として、大化前代の地域編成の投影であるという重要な視角を提示していた[2]。しかしもう一歩進めて、①なぜ三十里から四里までという大きな幅に中郡を当てる不均衡な分割がなされているのか、換言すれば、四十里と三里だけをなぜ特別枠として設定したのか、②全体が4と3とを基本数として組み立てられていることの意味は何か、③「四十里以下」となっておらず、三十九里から三十一里までの間が空いているのはなぜか、このような点についてはいまだ十分な説明がなされていない。③については「以下」が脱落したにすぎないとする見方もあるが、青木和夫氏もいうように、まずは史料の語るがままに理解してみるべきものであろう[3]。

また、里数に基づく郡の等級付けが改新詔にまで遡るとなると、問題はさらに複雑になってくる。というのも、戸令2のそれは条文の相互関係から五十戸一里を前提とするものであろうが、このことを大化の制にそのまま遡及することができるかといえば、話は別だからである。そもそも孝徳朝における立評の前提に、里制といった地域編成の存在を認めることができるのか、さもなくばこの等級設定は如何にして可能なのか、当規定は孝徳朝のものではないのか、といったことが問題になってくる。

里制の起源については、佐々木恵介氏が今日の通説的理解を打ち立てており、「里の編成は郡内を標準課口数に基づいて均等な単位に編成していくという形でおこなわれたと思われるが、……、このような里の編成によって、郡の規模を定量的に捉えることが可能になった」「里の編成は本来郡司（＝在地首長）の支配領域として存在していた郡をも、そこからの徴税量が予測・計算され得るような行政単位へと変貌させた」と述べている[4]。在地首長の支配領域を受け継ぐ郡（評）の規模が定量的に測定可能になるのは、庚寅年籍による里の編成段階だというのである。

しかし、近年では天智朝に遡る可能性がある五十戸荷札木簡が石神遺跡から出土しており[5]、吉川真司氏のように孝徳朝における非部姓の一般公戸までを含む広範な五十戸編成の実施を主張する研究者も現われている[6]。また、徴税量の計測可能化という点に限っていえば、早く狩野久氏が天智朝以前の五十戸編成に言及し、既存の部集団を温存しつつ、仕丁の徴発を直接的な契機として五十戸編成が行われたという見通しを提示していた[7]。孝徳朝以降天智朝に至るまでの評と五十戸との関係は、あらためて再考されるべき段階に至っている。

課題は、族制的・部民制的秩序を濃厚に残す孝徳朝段階から庚寅年籍に至るまでの地域編成の実態、ひいては大化前代の画一的地域編成の存否に収斂する。その際に想起されるのが仕丁徴発の旧制である。鎌田元一氏は「評制施行は部民制の廃止に対応する体制であり、なおその評の内部には各種族長層の私的隷属民が厳として存在し、その点では以前の状態と何の変わるところもなかった」「旧部民と族長層の私民との混在の状態によっては地域的な編戸は困難と思われる」としつつも、他方では「旧制として示された三十戸に一人の差発単位が、或いは評制施行当初の編戸単位を示しているかもしれない」とも述べている(8)。

私は、このような問題こそが先の不規則な郡の等級規定と不可分の関係にあると考えるものである。いまだ五十戸制が十分に施行されていない段階で、里数を基準に立評が行われているとするならば、そこに現われる里数なるものは何を指しているのか。令制では郡の等級は郡領の員数を決定するものであるが、評司員数に等級など存在しなかったとするならば、評の等級規定は何のために必要であったのか。孝徳朝における全国的な立評を認める今日の研究段階からすれば、新たに立てられた評は旧来の秩序を自らのなかに飲み込みながら、同時に新しい地域編成を生み出していく主体となるような存在であり、そういう意味で改革の要の位置を占めるものであったといえるわけである。

本稿は、改新詔の郡の等級規定に現われた数字を一つの定点として、大化前代の地域編成が如何なるものであったか、そうした前提を如何ように吸収しながら孝徳朝の立評が遂行されたのかについて解明することを目的とするものである。

第一節　改新諸詔に現われた大化前代の地域編成

本節では、『日本書紀』に掲載された改新諸詔が自らの歴史的前提、改革の対象として描く大化前代の地域編成を抽出する。改新政府により否定された旧制であり、新しい国制への転換点を語る必要から否定的に叙述されたものであるから、あえて造作される類のものではなく、『日本書紀』の記事のなかでは相対的に実態を映し出した部分だと考えられる。

（一）国司国造制（国宰制）

まず、個々の改新関係記事が当該期の国司発遣のサイクルにしっかりと組み込まれていることを明らかにし、あわせて国司制度の起源について若干の検討を加えておきたい。大化前代の国司については、黛弘道氏の研究以来、「ミコトモチ（国宰）」と称される臨時の使者で、ミヤケの管理を本来の役割として生み出されたとする見解が有力である[9]。しかし、薗田香融氏の指摘もあるように恒例常駐の官とすべきであろう[10]。私がそのように考える根拠は以下の通りである。

第一に、『日本書紀』に描かれた大化の諸改革が八月と三月とを基準とするサイクルで組み立てられていることに着目したい（表1）。東国国司は八月の政策発布を受けたうえで任国に下向し、約半年間駐在する。彼らが帰朝・朝集するのは翌年の二月末ころで、政策の実行状況や地方に関する情報が報告され、それを受けて三月には新たな対策が打ち出されている。しかもこうしたサイクルが、孝徳朝になって全く新しく創始されたようには

表1　改新の過程と二つの政策の流れ

年　月	事　項	国司発遣サイクル	I　公戸対象政策	II　入部・部曲対象政策
大化元年六月	乙巳の変			
大化元年**八月**	東国国司詔 鐘匱の制	**〔大化元年度国司〕**発遣	東国を含む全国の国家民・公的ミヤケの造籍校田 造籍校田に際して発生しうる諸問題の判断方法の指示	
大化元年九月	民の元数を録す			私有民の概数チェック
大化二年正月	改新の詔			私有民廃止宣言と食封制導入
大化二年**三月**	東国国司の判定 旧俗廃止詔	**〔大化元年度国司〕**帰京・朝集	「官司の屯田」の廃止	皇太子奏請
大化二年**八月**	品部廃止前詔	**〔大化二年度国司〕**発遣	大化元年度の造籍校田の成果をふまえた班田の実行	私有民廃止を国司に命じ、并せて官位制による禄制導入を宣言
大化三年**三月**		**〔大化二年度国司〕**帰京・朝集		
大化三年四月	品部廃止後詔			二年度国司の帰京報告をふまえた私有民廃止への譲歩政策

書かれていない。既往の制度を前提として改革が進められているかの如くである。西国や東の近国（尾張・美濃までの範囲）では、以前からこうした形での国司発遣が行われていたのではないだろうか。

第二に、実際、皇極天皇二年（六四三）十月己酉（三日）条には、

饗二賜群臣伴造於朝堂庭一。而議二授位之事一。遂詔二国司一。如二前所一レ勅、更無二改換一。宜下之二厥任一、慎中爾所上レ治。

という記事がみえる。舒明天皇の葬礼、皇祖母命（吉備姫王）の病と葬送（同年九月壬午（六日）・丁亥（十一日）・乙未（十九日）・丙午（三十日）条）が重なり、皇極女帝は「その床側をさらず視養倦《おこた》ることなし」という状況に置かれて朝政を行うことができなかった。八月恒例の国司発遣が遅れたのであろう。だからこそ、十月の発遣を「遂に国司に詔す」「前に勅せる所の如く……」と表現しているのである。(11)

第三に、推古天皇十二年（六〇四）四月戊辰（三日）条に掲載された十七条憲法には、

十二曰、国司・国造、勿レ斂二百姓一。……。所レ任官司、皆是王臣。何敢与レ公、賦二斂百姓一。

とあり、「国司国造」という語が現われる。後世の潤色もあり、本来は「国宰国造」であった可能性もあろうが、国司が在地の国造を引き連れて部内を巡行することが前提として記されており、大化二年三月辛巳（十九日）条にみえる「莫下因二官勢一、取中公私物上」や「於二百姓中一、毎レ戸求索」と事情は一致する。大化元年八月庚子（五日）条の「上京之時、不レ得三多従二百姓於己一。唯得レ使レ従二国造・郡領一」という上京・朝集の制も、この段階で確立していた可能性が高い。(12)

第四に、安閑天皇元年（五三四）四月朔条には、

内膳卿膳臣大麻呂、奉レ勅、遣レ使求二珠伊甚一。伊甚国造等詣レ京遅晩、踰レ時不レ進。

という上総国伊甚屯倉の起源譚が掲載されている。「踰レ時」とあるように四月では遅延だといっているのである。

この大麻呂の事例は臨時の発遣であり、膳氏の管する部民制的秩序をふまえた真珠貢納の話ではあるが、国造が使（ミコトモチ）と共に早春に上京するという観念を前提として記述されていることから、少なくとも大化前代国司（国宰）の原型をなすものと位置付けることもできよう。

以上より、大化前代、遅くとも七世紀初頭の推古朝までには、八月に国司が発遣され、複数の国造領域を跨ぐ任国に駐在、国造を率いて「部内」を巡行し、翌年二月末には国造らと共に上京・朝集するというサイクルをもつ〈国司国造制〉と称すべき制度が確立していたと考えられる。このサイクルはのちの国司制とは大きく異なるが、農繁期を終える収穫期に地方に出向いて新嘗祭を挙行し、収納を監察、新春の二月に祈年祭を挙行したうえで[13]、国造をともない入京・報告したのであろう。西国と一部の東国（尾張・美濃）では既に、国造を伴った国司の上京という〈国司国造制〉が推古朝ころまでには機能し始めていたようで、東国において東国国司詔で初めて国造領域を跨いだ総領的存在として制度化されたのは、それに学んだものだと考えられる。なお、畿内においては東国国司詔段階でも専使が発遣されており、改新詔で初めて畿内国が設定され、国の一つとして位置付けられた。大化二年三月の甲申詔でも、

凡始二畿内一及二四方国一、当二農作月一早務二営田一、不レ合レ使レ喫二美物与一レ酒。宜レ差下清廉使者一告中於畿内上、其四方諸国国造等、宜レ択下善使一依レ詔催勤上。

とあるように、なお畿内使が他の地域とは別扱いに発遣されていることも見落せない。

（二）改新諸詔からみた地域編成（Ⅰ）——公戸系統——

如上の国司発遣のサイクルを想定したうえで、あらためて改新諸詔の分析を行ってみよう。先の表1で示した

ように、大化の諸改革は、（Ⅰ）公戸系統の改革、（Ⅱ）子代入部・豪族部曲系統の改革という二つの流れに大別することができる。この整理によって、はじめて改革の複雑な過程を整合的に理解することが可能となる。

最初に（Ⅰ）の公戸系統の改革、即ち大化元年（六四五）八月庚子（五日）の東国国司詔・鐘匱の制から、大化二年三月辛巳（十九日）の「官司屯田」廃止、大化二年八月癸酉（十四日）における大化元年度造籍校田をふまえた班田実行の命令に至るまでの一連の改革に目を向けよう。詳細にみると、元年八月庚子条に現われる諸概念には明確な対応関係が確認され、〔A〕〔B〕二つの秩序を前提とした記述になっていることが確認される。まず、

a 凡国家所ㇾ有公民、大小所ㇾ領人衆、汝等之ㇾ任、皆作二戸籍一。及校二田畝一。

とあり、この部分から大化元年の第一次国司発遣で指示された造籍・校田の対象は、「国家の有てる所の公民」と「大小の領する所の人衆」の二つであることがわかる。一見すると、後者は諸豪族の領有する私民と解されかねないが、元年段階でいち早く掌握されうる対象であること、大化二年に始まる入部・部曲の廃止とは明確に区別されていることから、そう考えるべきではない。実際、品部廃止詔の方では廃止後にはじめて「国家民」となるわけだが、こちらは既に「国家所有公民」と並び称されており、一段階早い改革の対象となっている。また、〔A〕〔B〕の部分を単なる対句とみる向きもあるが、これは以下に一貫して現われる実態的な分類である。

b 若有二求ㇾ名之人一、元非二国造、伴造・県稲置一、而輙詐訴言「自二我祖時一、領二此官家一、治二是郡県一」。汝等国司、不ㇾ得三随ㇾ詐便牒二於朝一。審得二実状一、而後可ㇾ申。

ここにみえる「国造」「伴造」「県稲置」を文字通り三者の並列と読む説もあるが、後半に「此の官家を領す」「是の郡県を治む」という二類型の支配方式が併記され、それらが前半の「伴造」と「県稲置」とにそれぞれ対応していることこそ重視すべきである。「官家（ミヤケ）」を「領」するのが「伴造」であり——aの「大小所ㇾ領

人衆」の表現とも一致する――、「郡県」は語順の対応や同一文章内での同一語「県」の使用から判断しても「県稲置」の所轄とみられる。「国造」が筆頭に置かれているのは、この両者を部内に含み込んでいるからであって、支配系統からすればいうまでもなく県稲置の上に位置する。ここはやはり石母田正・笹山晴生氏の読みの如く、「国造、伴造・県稲置」と解するのが妥当であろう。(14) 前者は「領」字の使用からa―〔B〕部分（大小ミヤケの伴造が率いる部民）に対応し、後者はa―〔A〕に対応すると考えられる。なお、この読み方は当然、当該期の「国造と地方伴造との統属関係」の理解如何に関わってくるが、それについては以下の考察をふまえて後述する。

　c　又、国司等、在レ国不レ得レ判レ罪。

この部分は、次に掲げた同日の鍾匱の制と表裏一体のものである。

　d　是日、設二鍾匱於朝一。而詔曰、若憂訴之人、〔B〕有二伴造一者、其伴造先勘当而奏。〔A〕有二尊長一者、其尊長先勘当而奏。若其〔B〕伴造・〔A〕尊長不レ審レ所レ訴、収レ牒納レ匱。

ここにみえる「尊長」は、「伴造」と対比的に語られる概念であり、勘当権を行使する主体とされていることから、――また、古代日本において血を構成原理とする宗族の意識が希薄であることをふまえるならば、尚更、――単なる尊属の意だとは考えがたい。また、この鍾匱の制をうけた処断が大化二年二月戊申（十五日）条に具体的に記されているが、前半で「京官における役民留役」を禁止すると共に、後半では「集在国民、所レ訴多在。今将レ解レ理。諦聴レ所レ宣。其欲レ決レ疑、入京朝集者、且莫二退散一、聚二侍於朝一」という詔が続く。「卿等、臣連」に加えて「国造、伴造、及諸百姓」に語りかける当詔において、傍点部分はまさにcと関わる部分であって、二月に大化元年度国司と共に朝集した国造・伴造らを指す。以上をふまえると、dの「尊長」は広く京官・外官を含めて「自己の所属する官司の長」を指す概念として使用されていることがわかる。地方においては国造を指し、上述の〔A〕にあたると判断されるのである。なお、成務天皇四年二月朔・五年九月条は国造のことを「君長」「長」「首長」「造長」と呼び慣わし、県稲置のことを「首渠」「首」「稲置」と称している。この法令は、続く「男女の法」や癸卯（八日）条の仏教興隆詔「巡二行諸寺一、験二僧尼・奴婢・田畝之実一、而盡顕奏」でも確認されるように、実際には造籍・校田の過程で発生した領有・婚姻・奴婢などをめぐる諸問題の処理に関するものであって、その最終決裁を国司が在地において独断で下すことを禁じ、奏上裁可を義務付けたところに眼目がある。[15]

最後に、

e　上京之時、不レ得三多従二百姓於己一。唯得レ使レ従二国造〔A〕・郡領〔B〕一。

の部分だが、c・dと共に朝集・訴訟に関わるものである。これまでの対概念からみて、ここに「郡」とあるのは大化前代のコホリ＝ミヤケのことであり、早く田中 卓氏も指摘しているように、「郡領」はその管理者たる伴造を指すと考えるべきであろう。[16]「郡領」を令制の語として、すぐ直前の国造に対する注記だとする坂本太郎氏の解釈は成立困難である。[17]当事者たる百姓自身を多く証人としてともない上京するのではなく、dにあるように、一応の判断を行った国造・伴造からの報告・説明に限ろうとしていることは先述の通りである。

以上、各史料に現われる構成要素には一貫して厳密な対応関係が確認され、〔A〕〔B〕二つの秩序を前提とした叙述になっていることがわかった。即ち、国司（国宰）の下には、

〔A〕　国造――県稲置――公民（「国家所有公民」）

〔B〕　大小ミヤケの地方伴造――伴・部民（「大小所領人衆」）

という二つの支配系統が存在し、国司がこれら国造・伴造を引き連れて上京するというシステムが機能していた。そして、両者が国制を構成する公的秩序であったことは、国造管下の民が「国家所有公民」と表現されているこ

と、大小ミヤケを管理する伴造が他の諸官司と同じく勘当権を有していたことなどから明らかである。ここにいう大小ミヤケは、王権もしくは官司《ツカサ》に直属する施設・経営体であり、領される「人衆」もまた入部・部曲とは次元の異なる国家部民であった。これらは大化元年度に発遣された第一次国司が造籍・校田を施した対象であって、大化二年三月辛巳（十九日）詔に「宜レ罷二官司処々屯田及……一。以二其屯田一、班二賜群臣及伴造等一」とあり、大化二年度の国司発遣では「今発遣国司并彼国造、可二以奉聞一。去年付二於朝集一之政者、随二前処分一。以二収数田一、均給二於民一。勿レ生二彼我一」（なお、既に去年に朝集に付した政については、前の処分通りにチェック済みの田を順次班給するように）とあるように、大化二年以降の入部・部曲廃止政策とは異なる段階を踏むものであった。

（三）改新諸詔からみた地域編成（Ⅱ）——入部・部曲系統——

次に、大化元年九月甲申（十九日）詔に始まり、大化二年の改新詔、そして八月の品部廃止詔へとつながる、国造部内に設定された子代入部や豪族部曲に対する一連の改革に注目する。これらの史料には「〇〇の立てたる（置きたる）〇〇の民」という語が必ずともなっており、それがメルクマールとなる。（Ⅰ）とは別系統の政策群（Ⅱ）である。

まず大化元年九月甲申（十九日）詔に、

遣下使者於諸国一、録中民元数上。仍詔曰、自レ古以降、毎二天皇時一、置二標代民一、垂二名於後一。其臣連等・伴造国造、各置二己民一、恣レ情駈使。又、割二国県山海林野池田一、以為二己財一。

とあるが、この「民（カキ）の元数を録す」はあくまで「己民」「己財」（私民・私地）の概算調査であり、大化元年八月詔との重複ではない。そして「為二私地一買二与百姓一、年索二其価一。従レ今以後、不レ得レ買レ地。勿三妄作レ主兼二并劣弱一」という文章が続くように、とりあえず私的な賃租や部曲化にストップをかけていることも、翌年の本格的な改革の準備であることを示している。[18] これを受けた新方針の宣言が大化二年正月朔の改新詔である。

罷二昔在天皇等所レ立子代之民、処々屯倉、及別臣連伴造国造村首所レ有部曲之民、処々田荘一。

さらに、大化二年三月壬午（二十日）に皇太子奏請が出される。

皇太子使レ使奏請曰、……。現為明神御八嶋国天皇、問二於臣一曰、「其群臣連及伴造国造所レ有昔在天皇日所レ置子代入部、皇子等私有御名入部、皇祖大兄御名入部、謂二彦人大兄一也。及其屯倉、猶如二古代一而置以不」。……。

そして、大化二年八月癸酉（十四日）の品部廃止詔である。

詔曰、……。而始二王之名名一臣連伴造国造、分二其品部一、別二彼名名一。復、以二其民品部一、交雑使レ居二国県一。……。由レ是、争競之訟、盈レ国充レ朝。……。粤以、始二於今之御寓天皇一及二臣連等一所レ有品部、宜悉皆罷為二国家民一。

これは改新詔の単なる繰り返しではない。八月の詔であること、これに続く詔後半に国司に対する呼びかけがあることから、大化二年度発遣の国司に対して発せられた詔であることがわかる。改新詔の実質的施行である。そして大化三年四月壬午（二十六日）詔には、

詔曰。……。而習二旧俗一之民、未レ詔之間、必当レ難レ待。故始二於皇子群臣一及二諸百姓一、将レ賜二庸調一。

とある。帰京した大化二年度発遣国司の報告を受けて、あらためて出された詔である。

これら一連の流れを有する政策は、子代入部や豪族部曲に対する処置であって、「昔在天皇等所レ立子代之民、処々屯倉」や「別臣連伴造国造村首所レ有部曲之民、処々田荘」は、（I）の「大小所レ領人衆」「郡領」「官家」とは明らかに別系統の対象なのである。大化元年九月の民数調査を受けて大化二年の改新詔で宣言され、同年八

月から大化二年度発遣国司により実行に移されていく改革である。入部・部曲廃止の代替として大夫以上に食封を支給するが、食封設定は滞ったようで、一年後でもなお「官人百姓」のみならず「皇子群臣」以下にも庸調の支給を行っている。

（四）大化前代の地域編成の枠組み

以上、『日本書紀』の改新諸政策から抽出された国制を纏めると、次のようになる。

国造 ┬ 〔A〕県稲置 ―――――――――――――― 公民（国家所有公民）
　　 └ 〔B〕大小伴造（ミヤケ）――――――― 王権直属部民
〔C〕王族、臣連伴造（ミヤケ・ヤケ）――― 入部・豪族部曲

逆にいえば、改新諸詔はこの三系統の地域編成をふまえて叙述されているわけである。そして、このうちの〔A〕と〔B〕が公的な制度と認識されていたこと、〔C〕はそれらとは別の範疇と捉えられていたこと、従って両者の処置においても、それぞれ独自の過程を経たということに注意しておきたい。

復元されたこの〔A〕〔B〕〔C〕の三つの類型を最も典型的な形で示してくれているのが、皇極天皇元年（六四二）是歳条にみえる著名な蘇我蝦夷・入鹿による雙墓造営の記事である。

盡発二挙国之民〔A〕并百八十部曲〔B〕一、預造二雙墓於今来一。……。更、悉聚二上宮乳部之民〔C〕一、……役レ使二塋垗所一。……。

上宮大娘姫王発憤而嘆曰、蘇我臣専擅二国政〔A・B〕一、多行二無礼一。……。何由任レ意悉役二封民〔C〕一……。

ここで「挙国之民〔A〕并百八十部曲〔B〕」と対比する形で、「更、悉聚二上宮乳部之民一〔C〕」と書き加えら

れ、これを受けて「専擅二国政一〔A・B〕」と「悉役二封民一〔C〕」という二つの弊害へと括られている。「国政」に直結する〔A〕国造稲置系統と〔B〕公的ミヤケ系統の民のみならず、上宮王家の「封民」たる〔C〕私的ヤケ系統（入部・部曲系）の民にまで手を伸ばしたことを大娘姫王が非難したという文脈であり、両者は明確に峻別されているといえよう。

ただし、大化二年三月壬午（二十日）条の皇太子奏請をみると、

別以二入部及所封民一簡二充仕丁一、従二前処分一。自余以外、恐二私駈役一。故献二入部五百廿四口、屯倉一百八十一所一。

と、「前の処分」なるものにより、暫定処置として入部・所封民からの仕丁簡充が指示されていることが知られる。このことが可能なのは、入部、即ち〔C〕系統の役民徴発率が〔B〕系統で用いられていた仕丁徴発率と同じだからである。[19]〔B〕〔C〕は領有の主体こそ異なれ、同じミヤケ系として仕丁徴発率が三十戸単位であるという点で同じ質を有するものであった。

なお、以上の考察は、当時〔B〕朝廷に直属する部民とそれの属する経営体・施設といった公的ミヤケと、〔C〕入部・部曲などの封民的部民とそれの属するヤケが、二つの異なる類型と認識されていた事実を抽出したものであって、鎌田元一氏の把握した「べとカキとの一体性」という領有実態を否定するものではない。[20]王権により設定された〔B〕〔C〕は同じ構造をもち、その何れもが、管掌を委ねられた伴造らによる領有対象（カキ）という性格を帯びることになっていたからである。

ただし、かつて井上光貞氏や平野邦雄氏が部を、①朝廷に直属する品部、②王族所有の名代・子代、③豪族私有の部曲、という三つの類型に分類したこともまた重要である。[21]「品部」を職業部に限定したことの誤りは鎌田

氏の批判通りだとしても、私有民的性格を濃厚にもつ②③と並行して、官司制の先蹤となる経営形態をもつ①の類型が存在していた事実は捨象すべきではないのである。

第二節　大化前代の地域編成〔A〕——国造稲置系統における八十戸編成——

前節では、孝徳紀の記事から〔A〕国造稲置系統、〔B〕公的ミヤケ系統と、〔C〕私的ヤケ系統、という地域編成を抽出した。これを一つの仮説的スケッチとして、本節では、まず〔A〕の国造稲置系の支配系統をより具体的に描き出してみよう。

（一）国造の起源に関する『日本書紀』の認識——景行天皇四年二月甲子条から——

国造制研究の基礎を築いた井上光貞氏は、国造・県主からなる国県制の制度的確立を高く評価した。しかし同時に、その地域的偏差をも描き出し、族制的関係の存続を認めた。[22] その後、後者の側面が関晃氏の畿内制論や石母田正氏の在地首長制論と融合することで強調され、[23]「畿内王権と国造との関係は外交的とも称すべき関係である」「国造は反乱伝承をともなう服わぬ在地首長である」といった国造イメージが生み出されることになった。統一的な地方制度という意義を重視していた国県制論の形骸化ともいえる。しかし前節でみたように、改新政府は国造管下の民を「国家所有公民」と呼び、政府直轄のミヤケと並ぶ公的な秩序と位置付けていた。また、外交時の国造の使者任命（応神天皇十五年八月条）や、東国国司の功過判定に際しての国造への聴き取り（大化二年三月辛巳条「今問下二朝集使及諸国造等一、国司至レ任奉レ所レ誨不上」）などからみても、政府が国造に対して一定の信頼を置いていたことも無視できない。ここでは、国造を「地域に蟠踞する服わぬ在地首長」というイメージで捉えることがそもそも妥当かどうかを検討する。

国造の起源については、成務天皇四年二月朔条や同五年九月条にみえる国造設置伝承が著名だが、むしろ注目すべきは、それに先立つ景行天皇四年二月甲子（十一日）条の美濃国巡行記事である。

四年春二月甲寅朔甲子。天皇幸二美濃一。左右奏言之、茲国有二佳人一。曰二弟媛一。容姿端正。八坂入彦皇子之女也。天皇欲レ得為レ妃、幸二弟媛之家一。弟媛聞二乗輿車駕一、則隠二竹林一。於レ是、天皇権レ令二弟媛至一、而居二于泳宮一。泳宮、此云二区玖利能弥揶一。鯉魚浮レ池、朝夕臨視而戯遊。時、弟媛欲レ見二其鯉魚遊一、而密来臨レ池。天皇則留而通之。爰弟媛以為、夫婦之道、古今達則也。然於吾而不便。則請二天皇一曰、妾性不レ欲二交接之道一。今不レ勝二皇命之威一、暫納二帷幕之中一。然意所レ不レ快。亦形姿穢陋。久之不レ堪レ陪二於掖庭一。唯有二妾姉一。名曰二八坂入媛一。容姿麗美。志亦貞潔。宜納二後宮一。天皇聴之。

仍喚二八坂入媛一為レ妃、生二七男六女一。第一曰二稚足彦天皇一、第二曰二五百城入彦皇子一、第三曰二忍之別皇子一、……。第十三曰二弟姫皇女一。又妃三尾氏磐城別之妹水歯郎媛、生二五百野皇女一。次妃五十河媛、生二神櫛皇子、稲背入彦皇子一。其兄神櫛皇子、是讃岐国造之始祖也。弟稲背入彦皇子、是播磨別之始祖也。次妃阿倍氏木事之女、高田媛、生二武国凝別皇子一。是伊予国御村別之始祖也。次妃日向髪長大田根、生二日向襲津彦皇子一。是阿牟君之始祖也。次妃襲武媛、生二国乳別皇子与国背別皇子、一云、宮道別皇子。豊戸別皇子一。其兄国乳別皇子、是水沼別之始祖也。弟豊戸別皇子、是火国別之始祖也。夫天皇之男女、前後并八十子。然除二日本武尊・稚足彦天皇・五百城入彦皇子一之外、七十余子、皆封二国郡一、各如二其国一。故当二今時一、謂二諸国之別一者、即其別王之苗裔焉。

景行天皇が弟媛に求婚するも拒否され、代わりに姉の八坂入媛を娶って多くの子をなしたという前半部を受けて、後半では「別王の分封」が語られ、『日本書紀』構成上、成務紀の国造設置の前提をなしている。「当二今時一謂二諸国之別一者、……」とあり、この言説が生み出された段階に「別《ワケ》」なる存在が諸国に居住しているという現実をふまえた地方支配の遡及的説明になっている。[24] ここにあげられた実例には、祖たる皇子の名に「別」の語が含まれない例や子孫が「別」の称を帯していない例も散見するが、「三太子以外の七十余子は別王として地方に下り、その苗裔が現在「諸国の別」と称されている」と一体的に説明する叙述形式になっているわけだから、「播磨別之始祖」である稲背入彦皇子も別王と認識されているはずだし、兄の神櫛皇子も当然別王であろう。従って神櫛皇子を「讃岐国造之始祖也」と記すのは、諸国之別が国造になっているという認識であり、「日向襲津彦皇子。是阿牟君之始祖也」も阿牟君が諸国之別であるという前提で記されているといえよう。実際、『上宮記』系図や「和気系図」からもワケから君姓への推移がリアルに跡付けられる。

また、前半は「天皇が在地の女性姉妹に池のほとりで求婚して子を生む」という天皇巡行譚の典型であり、笠沙の御前における皇孫ホノニニギノミコトと大山津見の娘であるコノハナサクヤ媛・石長媛との神婚譚をベースにもつものである。[25] そして、この物語が郡司の采女貢上の基礎をなしていることも見落せない。改新詔には、

其四曰、……。凡采女者、貢二郡少領以上姉妹及子女、形容端正者一。従丁一人、従女二人。……。

とあり、この「形容端正（カホキラギラシ）」というキーワードは景行紀、ひいてはホノニニギの神婚譚をふまえたものとなっている。この郡司の采女貢上こそ、ワケの観念の基礎にある神婚というフィクションの儀礼的再生産なのである。

以上、在地の「水の女性」と「稲霊たるスメ（皇）」との神婚を象徴する話が付されていることには、別王に

よる在地支配の正当性を説明しようという意図が込められているといえるのである。

（二）別と国造――国造制の第一段階――

他方、現実の国造の姿に目を向けてみると、それらは二つの典型的な類型に分けられることに気づく。第一が反乱伝承をともなう国造で、その多くは君姓を有する。第二は直姓の国造である。

国造に付された服わぬ存在というイメージは、この第一類型の国造から作り上げられたものである。しかし、その典型的な実例として上毛野君・吉備臣・筑紫君を検討してみると、以下の二つの特徴が抽出される。

①上毛野君・筑紫君は、ともに「君」姓の国造である（応神天皇十五年八月条「時、遣二上毛野君祖、荒田別・巫別於百済一」、継体天皇二十一年十二月条「筑紫君葛子恐二坐レ父誅一、献二糟屋屯倉一、求レ贖二死罪一」）。吉備臣は中央貴族の姓である「臣」を得ているために君姓が表面には現われないだけである。

②上毛野君・吉備臣は、ともに「別」を祖にもつ（応神天皇十五年八月条（前掲）、同二十二年三月丁酉（十四日）条「兄媛者、吉備臣祖御友別之妹也」、同二十二年九月庚寅（十日）条）。筑紫君の祖は『日本書紀』には見えないが、君姓を共有し、大彦の子孫であることから、やはり別であると考えてよいだろう。

これらの特徴はまさに、先の景行紀から導き出された別《ワケ》国造の特徴と一致する。特定の国造が地域に大きな勢力を誇り反乱伝承を有するのは、在地に根を張る服わぬ在地首長だからではない。むしろ地方に流れ至った大王の末裔＝「別」を祖とする君姓国造にこそ反乱伝承がみられるのである。大王の末裔である、もしくはそれがたとえ「仮冒」「虚構」であれ、末裔であると自称する「貴種性」ゆえに自主自立の意識が強く、地方における反乱の結集核になったと考えるべきであろう。[26]在地豪族が自立的「氏族clan」の如き強固な結束をもたず、独自に反乱を起こすことができない王権依存性・未熟性を残している点こそが、古代日本の「氏」の特徴だといえる。「別」の起源が「水辺の神婚譚」と共に語られているように、祝詞にいう「皇神《すめがみ》」としての権威、即ち穀霊的権威を掲げて在地に根を張っていったのであろう。[27] このように「別」がそのまま国造の始祖になっている類型を、君姓を有する〔ワケ型国造〕と名付けよう。

他方、国造で最も典型的なものは直姓国造であるが、これまた「別」を介して国造の地位を得たのではないかと考えられる。景行紀でも、神櫛皇子の如く子孫がそのまま讃岐国造になっているような例がある一方で、稲背入彦皇子や武国凝別皇子のように播磨別・伊予国御村別の始祖とのみ記されているものもある。この書き分けは、のちの「国造本紀」などのように、国造が自らの始祖を好んで皇族系譜に仮託する以前の「国造と別との並存状態」を直截的に描き出している。即ち、「別」と主従関係や婚姻などの密接な関係を得ることで、国造の地位を得た在地首長（県主）が直姓国造なのではないか。[28] そして、「別」を奉じて国造の地位を得た特定の有力県主との間に支配隷属関係を結んだ周辺の県主たちが、「稲置」と称されるようになったと考えられる。

直木孝次郎氏は欠史八代系譜において県主家から多くの后妃が出ていることに注目したが、[29] 大和においては大王自身が強力なワケ王に相当し、周辺の有力県主は大王家との血縁関係を重ねることで直姓を付与されて、国造（倭国造、葛城国造、都祁国造）となったのである。まさにこの大王家と県主家との濃厚な婚姻の構図こそ、地方におけるワケ王と直姓国造との関係を暗示する事例だといえよう。[30] また、允恭天皇二年二月己酉（十四日）条にみえる闘鶏国造の「貶二其姓一謂二稲置一」という記事は、直姓国造と稲置との間には質的な差がなかったこと、本来は同等の県主であったことを示している。安閑天皇元年七月辛巳朔条、閏十二月壬午（十日）条にみえる三嶋県主飯粒の行動も、王権への屯倉献上という行為を通して、国造凡河内直味張との間の旧来の支配隷属関係を脱しようという試みであったと解することができる。このような有力県主が別王を奉じて国造の地位についたものを、直姓を有する〔在地首長型国造〕と呼ぶことにする。[31]

以上、景行紀の分封とそれを受けた成務朝の国造任命は、仁徳天皇十六年七月朔条の「播磨国造祖、速持」や履中天皇六年二月朔条の「是（筆者註：鯽魚磯別王の子鷲住王）、讃岐国造・阿波国脚咋別、凡二族之始祖也」などの記述の存在からみて、そのまま当該期の史実とするわけにはいかないが、国造支配の正当性が「別」なる貴種性に直接的もしくは間接的に媒介されることによって担保されていたことは、事実として認めてよいのではないか。なお、この段階では、各地域において国造管下に入っていない県主が少なからず存在したことはいうまでもない。

（三）部内支配の確立と国司国造制――国造制の第二段階――

それでは、この五世紀ころに「別」の下向という触媒を介して国造の地位を得た有力県主が、周辺の諸県主を稲置と位置付けて作った族制的秩序は、何時・如何にして部内支配へと転化したのであろうか。

ここで注目すべきは、先に復元した大化前代の〈国司国造制〉、即ち毎年八月に発遣された国司（国宰）が国造を率いて部内を巡行し、二月～三月に共に上京・朝集して報告を行うシステムであり、少なくとも推古朝までには確立したと考えられる。毛利憲一氏の提示した「国宰の立ち寄る「国」が国造に先行する」という仮説には、それがなぜ一二〇ケ所程度になったのか十分に説明できないなどの疑問もあるが、「別」に媒介された旧式の国造制が新たに発遣されることになった国宰の下に位置付けなおされた、即ち旧来の国造制が〈国司国造制〉というべき第二段階へと脱皮した、という意味では首肯すべき説だといえよう。[32]既往の国造は、国宰（くにのみこともち）への供給を義務付けられる代わりに、「くにのみやつこ」として認定されていくわけである。

ここに国造は〈国司国造制〉に組み込まれた国制上の地位となり、それゆえ伴造の管するミヤケもまたその部内に組み込まれていくことになる。石母田氏は二次的に編成された在地首長として「大国造」を想定したが、大国造・小国造の区分に問題が残ることは近年指摘されているところである。むしろ私はこれを先述の推古朝の〈国司国造制〉に組み込まれた第二期の国造制として捉え、地域によっては新制度を円滑に運用すべく旧来の国造を超える「凡国造」のような地位が新たに設定されたと考えるものである。先述の東国国司詔にみられる国造の下に地方伴造と稲置が属するかの如くみえる構造は、大国造制云々の問題ではなく、国司を奉じた国造が旧来の稲置のみならずミヤケの伴造をも管下におさめて領域支配を成し遂げた〈国司国造制〉の秩序を反映したものなのである。なお、崇峻天皇二年（五八九）七月朔の国境画定は、この国司制度を東国にまで拡大する準備作業であり、東国国司発遣は既に六世紀中葉には西国近国で施行されていた当該の制度を東国にまで適用したものであろう。

東国国司が〈国司国造制〉の遅れた実行だとすると、東国国司詔にみえる国司と国造との関係には、国司巡行を契機として「国造部内」が設定されていく旧来の地方支配展開の姿が垣間見られるはずである。大化二年八月癸酉（十四日）条の、

宜下観二国々疆堺一、或書或図、持来奉上レ示。国県之名、来時将定。国々可レ築レ堤地、可レ穿レ溝所、可レ墾レ田間、均給使レ造。当レ聞二解此所一レ宣。

という記事もこれと対応するものであろう。また、『常陸国風土記』行方郡条が描くように、継体朝の人物とされる箭括氏麻多智は、この地で恐れられていた自然神夜刀神（氾濫する谷川の水の象徴）を山口の方へ追い払って地域の開墾を成し遂げたのであるが、その首長制的支配は孝徳朝の行方立評に際して、茨城国造の壬生連麿による領域的支配に取って代わられることになる。

設レ社初祭者。即還、発二耕田一十町余一。麻多智子孫、相承致レ祭、至レ今不レ絶。其後、至二難波長柄豊前大宮臨軒天皇之世一、壬生連麿、初占二其谷一、令レ築二池堤一時、……。

ここに「相承致レ祭、至レ今不レ絶」とあるように、その後麻多智の子孫は自らの政治性を払拭しつつも、夜刀神（水神）を祭る祭祀集団となって奈良時代以降も生き延びていく。これが従来いわれる県主の祭祀的性格なのであろう。[33] 東国ゆえに時代がやや下った事例となるが、この麻多智こそ、これまで国造の管下に組み入れられていなかった県主の実例であって、国司巡行とともにその支配領域が国造部内に組み入れられていく様子がリアルに示されている。

以上を整理すると、国造制には、①別（ワケ）を媒介とした宗教的かつ族制的な秩序をもって構成された、もしくはそういった虚構観念を利用して構成された〈プレ国造制〉と称すべき国造制の第一段階、②大化前代のミコトモチ制の成立に触発されて部内支配を実現する〈国司国造制〉と称すべき国造制の第二段階、という二つの歴史的段階があるということになる。[34] これは石母田正氏が想定した「大国造・小国造」なる視角を歴史化して捉えなおしたものだともいえよう。[35]

（四）『隋書』倭国伝にみえる八十戸編成

『隋書』倭国伝には、開皇二十年（推古天皇八年、六〇〇）の遣隋使が習俗等を問われた際の答弁として、

内官有二十二等一。一曰大徳、次小徳、次大仁、次小仁、次大義、次小義、次大礼、次小礼、次大智、次小智、次大信、次小信。員無二定数一。有二軍尼一百二十人一。猶二中国牧宰一。八十戸置二一伊尼翼〔冀カ〕一、如二今里長一也。十伊尼翼属二一軍尼一。……、戸可二十万一。

という文章が載せられている。冠位十二階の紹介と共に倭国の国制を説明しているのだが、「軍尼」の下に十の「伊尼冀」が属し、「伊尼冀」には八十戸が置かれていると書いてある。(36) ただし八十戸の存在を示す史料はこれ以外になく、国県制論自体に否定的な意見が強まるなか、近年では積極的な評価が与えられなくなっていた。実際、井上光貞氏自身も述べているように、「八十戸置二一伊尼冀一」をそのままに捉えて計算してみると、『三国志』魏書東夷伝（魏志倭人伝）にみえる戸数よりも少なくなってしまう。

しかし、近年では「軍尼一百二十人」が『宋書』倭国伝の倭王武の上表文にみえる倭国の支配国数、『国造本紀』の国造数と近似することなどから、記述の信憑性を積極的に認める研究が現われてきている。(37) また前節でも、『日本書紀』の改新記事において、国造―県稲置が公的地方支配の枠組みと認識されていたことを確認している。

本節で詳説してきた国造制の二段階をふまえれば、この史料に一つの新たな解釈を与えることが可能となる。即ち、第一段階の古い国造制において国造が人格的主従関係（トモ的関係）を結んでいた一定数の県主（十稲置程度）の支配領域が、八十戸で編成されていたのではないか。そして、この八十戸制が第二段階に至ってもなお、国造の権力が直接的に及ぶ範囲として他の秩序と併存・存続し、エダチの徴発や国造軍編成の際にはその中核となったのであろう。

第三節　大化前代の地域編成〔B〕——ミヤケ系統における六十戸編成——

（一）「三十戸」単位と六十戸編成

研究史を振り返ると、改新詔にみえる仕丁差点の旧制など、「三十戸」という数字が諸史料に散見し、五十戸一里に先行して三十戸一里の制が存在したことを主張する八木 充・平田耿二氏らの説が有力であった(38)。しかし、「白髪部五十戸」木簡が出土して以降、こうした議論は振り出しに戻っている。これをそのまま地域編成とみて、里制の問題と短絡的に結びつけることには慎重でなければならない。

しかし、三十戸の「差点単位」が一定期間現われることもまた無視できない事実である。この問題を考える際の根本史料は、改新詔第四条の仕丁徴発規定であるが(39)、これは本来の内容をのちの賦役令の書式に無理やり押し込んで表現したものであって、文意が不明瞭になっている。これだけならば如何ようにでも読めるので暫く措き、他のいくつかの史料から推考を進めていきたい。結論からいえば、ミヤケにおける地域編成は六十戸を基準としており、三十戸という数字はそれとの関係で現われるのではないかと考える。その根拠は以下の通りである。

第一に注目したいのは、戸令1為里条に関する集解諸説である。ここには、六十戸という纒まりが存在した場合の処置をめぐる議論が繰り返し現われる。「古記」の段階では、「六十戸があった場合には三十戸二つに分割する」ことが語られている（「古記云、若有二六十戸一者、為二二分一、各以二卅戸一為レ里也」）。ところが「令釈」になると、三十戸説を紹介しつつも非とし、五十戸と十戸への分割が主張されるようになる（「釈云、師説云、若満二六十戸一者、割二十戸一立二一里一、置二長一人一。或説、為二二分一、各以二卅戸一為レ里者、非也」）。そして「義解」では、五十戸編成を当然のものとして採用するようになる（「謂、若満二六十戸一者、割二十戸一立二一里一、置二長一人一。其不レ満二十家一者、隷二入大村一、不レ須二別置一也」）。これらは単なる明法家の机上の空論なのだろうか。「六十戸」という秩序が広範に実在したことが、こうした議論の前提になっているのではないだろうか。

第二は、『常陸国風土記』行方郡の立評記事である。「割二茨城地八里、那珂地七里、合七百余戸一、別置二郡家一」

とあるのだが、「那珂地七里」の部分は西野宣明校本にはなく、宮本元球が五十戸一里を前提にして逆算して補ったものにすぎない。栗田　寛氏も『標注風土記考証』で「尚疑あり」といっている。従って吉川真司氏のように、これを論拠の一つとして、一五里×五〇戸＝七五〇戸≒七〇〇余戸、と五十戸制の施行を唱えるのは循環論であるし[40]、そもそも七五〇戸という五〇戸もの端数を「〇〇余戸」とはいわない。

私の復元案は「割二茨城地八里、那珂地四里、合七百余戸一、別置二郡家一」である。実は篠川　賢氏も非常に実証的な手法から「那珂地四里」を復元している[41]。『常陸国風土記』行方郡条に「立項」され、『和名類聚抄』の郷名に続いていく里数は、一二里（行方里、提賀里、曽尼村、男高里、麻生里、香澄里、板来村、当麻郷、芸都里、田里、相鹿里、大生里）である[42]。ここから篠川氏は「那珂地四里」と復元するのだが、五〇戸×一二里では六〇〇戸となる。七五〇戸に合わないとして、五十戸制が徹底していなかったためだと説明されている。しかし、そのような苦しい説明をする必要はない。

ここで想起すべきは、行方評には茨城・那珂の両地域に跨る壬生部が存在したことである。建評申請者である茨城国造小乙下壬生連麿、那珂国造大建壬生直夫子の二人は、国造であるとともに当該地域に置かれていた壬生部の管掌者でもある伴造国造であった。この壬生部を核にして設定されたのが行方評である。麿は「連」姓を受けているが、夫子は「直」姓しか有しておらず、壬生部の支配系統においては麿の管下にあるわけである。麿は、壬生部の勢力の及ぶ行方地域に対する権益を失いたくないが、自身は最も豊かな茨城地域に対する旧来の支配を継続すべくその評司に就くことを希望、そこで夫子を行方評の初代評司に推薦・配置したというのが立評の実態ではないだろうか[43]。

このことは、八・九世紀の郡司の実例からも裏付けることができる。正倉院調布墨書には「擬主帳従八位□茨城□□」（天平勝宝四年十月ヵ）とみえ、茨城郡では茨城某が擬主帳の地位にあり、従八位を帯びている。筑波郡の擬主帳が无位の中臣部廣敷（調布墨書、天平宝字七年十月）、信太郡では擬主政であっても无位の物部大川（同、天平勝宝四年十月）であることに比して、茨城郡の卓抜性は明らかである。茨城国造壬生連麿の後裔一族が郡領を継承しているのであろう。他方、行方郡では天平勝宝五年十月段階でも大領は外正八位下壬生直足人（同）であって、壬生直夫子の後裔が大領を継いでいる。なお、那珂郡は那珂国造壬生直夫子の手を離れて宇治部に属していた同族の者が評司となったことは、『続日本紀』や調庸墨書の実例から推測される（養老七年二月―大領宇治部直荒山、天平宝字元年十月―擬少領宇治部大成、天応元年正月―大領宇治部全成）。行方郡は壬生部の支配の及ぶ地域を評に設定した例であるといえよう。

迂遠な検討をしたが、この壬生部の置かれた地域がもともと六十戸で編成されていたと仮定して計算してみると、（八里＋四里）×六〇戸＝七二〇戸となる。「七百余戸」にふさわしい数字が現われ、篠川氏の疑問も氷解するわけである。

（二）仕丁徴発規定と六十戸編成

次に、『播磨国風土記』揖保郡越部里条の記事をみてみよう。

越部里。旧名二皇子代里一。土中中。所三以号二皇子代一者、勾宮天皇之世、寵人但馬君小津、蒙レ寵賜レ姓、為二皇子代君一而造二三宅於此村一、令二仕奉一之。故曰二皇子代村一。後至下上野大夫結二卅戸一之時上、改号二越部里一。一云、自二但馬国三宅一越来。故号二越部村一。

「安閑天皇の世に、但馬君小津が皇子代君の称を得て、この村に設定された子代の三宅に仕奉したので、皇子代村と呼ばれるようになった。そののち上野大夫がそれを三十戸に結んだ時に至って、越部里と改称された」という。但馬君小津は但馬のワケとして但馬国造の地位にあった一族の一人であろうが、安閑朝に設定された子代の伴造を兼任することにもなったのであろう。

上野大夫は、同書の飾磨郡条にみえる庚寅年（六九〇）の国宰「上大夫」と同一人物とするのが有力な説ではあるが(44)、大化前代の国宰制を認めるとすれば、宮本救氏による曽我部論文批判があるにもかかわらず(45)、舒明天皇二年（六三〇）に比定してもかまわない。天皇治世の記載がなく干支年のみである点で飾磨郡条と記載様式が相違しているし、里数に関する記事は当里にしかみえず、浄御原令施行早々の里制整備の画期とみられてきた庚寅年において、なぜ三十戸という旧制を採用したのかも不可解である。『風土記』の編者が集めた伝承を整理する段になって、持統朝の庚寅年と思い込んで記したということもありうる。いずれにせよ、ミヤケが設置されて以来、改名はあっても分割したという事実は記されていないことに注意する必要がある。そして、もとが三十戸の集落であったならば、舒明朝もしくは持統朝になってわざわざ「三十戸に結ぶ」と書く必要はないであろう。

ここで再び、先の改新詔第四条の仕丁規定に立ち戻ろう。

其四曰、……。凡仕丁者、改下旧毎二卅戸一一人以二一人一充レ廝也。上而毎二五十戸一一人、以二一人一充レ廝。以充二諸司一。以二五十戸一充二仕丁一人之粮一。一戸庸布一丈二尺、庸米五斗。凡采女者、貢二郡少領以上姉妹及子女、形容端正者一。従丁一人、従女二人。以二一百戸一、充二采女一人粮一。庸布庸米、皆准二仕丁一。

先に述べたように、徴発人数一人に対し「以二一人一……」と注記を付す文脈は全く不可解である。これは賦役令38仕丁条の、

凡仕丁者、毎二五十戸一二人。以二一人一充二廝丁一。三年一替。……。

という表現をふまえて作文したために生じた混乱である。坂本太郎氏のように、三十戸ごとの一人に加えて別に

一人の廝を充てると読んで合計二人だとする説もあるが、賦役令の読み方との間で一貫性が保たれず、場あたり的な読みという印象は拭えない(46)。また続く改正後の新制でも「以㆓五十戸㆒充㆓仕丁一人之粮㆒」とある以上、実際は廝を含めて二人なのだという論は成り立たない(47)。確実な定点は、大化二年八月癸酉条の品部廃止詔にも「凡仕丁者、毎㆓五十戸㆒一人」とある点で、「三十戸から一人」を「五十戸から一人」に改めたという読みは絶対に動かせない。ここで想起されるのが、仕丁徴発の起源が旧ミヤケからの差発にあったことである。これまで述べてきたように六十戸編成がその前提にあったとみれば、「六十戸のうちの三十戸から一人ずつ差点し、計二人のうちの一人を仕丁に、一人を廝にする」という意味になり、「以㆓一人㆒充㆑廝也」が自然に理解されてくる。六十戸ごとに「仕丁＋廝」の一セットが簡充される制度なのだろう。

このように考えてくると、先の『播磨国風土記』越部里条の「三十戸に結ぶ」という記載もまた、舒明朝に六十戸編成のミヤケを仕丁差点基準に従って三十戸＋三十戸に内部編成しなおした、という意味で理解することができよう。その時、この子代地域は「越部里」と呼ばれるようになり、仕丁が徴発されるようになったのであろう。

第四節　立評と地域編成——再び郡の等級規定について——

（一）　立郡規定にみえる数字の意味——ミヤケ系の評と国造稲置系の評——

これまでの考察をふまえて、あらためて改新詔に記された郡の等級規定について考えてみたい。従来、孝徳朝の天下立評を評価する場合、五十戸を基礎に置く立評が如何にして可能だと考えられてきたのであろうか。新た

表2　改新詔立郡規定にみられる既存の秩序の擦り合せ

ミヤケ系領域	郡の等級	国造稲置系領域
60戸×40里＝2400戸〔旧大郡〕	大郡	
	中郡	80戸×30里以下＝2400戸以下 ↑ 80戸×10里〔旧稲置〕＝800戸 ↓ 80戸×4里以上＝320戸以上
60戸×4里＝240戸〔旧小郡〕	中郡	
	小郡	80戸×3里　＝240戸

な五十戸の設定には「それを遂行する主体」が必要であり、評は五十戸に先立って存在する必要がある。

　これまでの考察から、立評の前提には国造稲置系の八十戸編成とミヤケ系の六十戸編成という二つの秩序が並存したことが示されたが、両者を一元化しようとする場合にはそれぞれの枠組みを根本的に解体することはせず、それらを利用した擦り合せが志向されるのが自然であり、また至便である。実は、改新詔にみえる郡の等級規定の数字は、この八十戸編成と六十戸編成とを一元化する際に必要な数字とみてこそ十全に理解されうるものであり、逆にこのことがこれまで述べてきた仮説を保証してくれている。以下、具体的にそのことを示す（表2）。

　①改新詔の立郡規定には、四十里、三十里、四里、三里という4・3からなる規則的な数列が現われるが、これは60・80の間に最小公倍数を生み出す数字である。八十戸と六十戸という二つの異質な秩序が混交されることなくそのまま一里に見立てられ、八〇戸×3＝二四〇戸、六〇戸×4＝二四〇戸、もしくは八〇戸×30＝二四〇〇戸、六〇戸×40＝二四〇〇戸という摺り合わせが行われたことが暗示される。これに基づき設定される基準戸数は二四〇戸と二四〇〇戸である。

　②擦り合せの基準になるのは、国造部内に上から設定され、画一的な規格を

有したミヤケ系の秩序であろう。東国国司詔には「大小所ㇾ領人衆」という語がみられ、難波や筑紫に「大郡」「小郡」なるものが存在したことからみても、ミヤケには現実に大小二つの規格が存したようである。大郡は難波・筑紫などの外交施設や官衙・居館を含む大規模な特別区、小郡はミヤに転化できる程度の標準的なミヤケで、子代規模のものである。(48) それらが六〇戸×四〇里＝二四〇〇戸と六〇戸×四里＝二四〇戸という基準戸数にあたるのではないか。この二つの基準となるミヤケ系の郡を、新たな「上郡」「中郡」とする。こちらを基準にしたことは、新名称にミヤケ系統の「コホリ（郡・評）」の語が採用されたこととも対応する。

③この二つの基準をにらみながら、多様性を有する旧来の国造稲置系の秩序を「郡のランク」と「包含する戸数の多少」とが逆転しないように擦り合せていく。標準的な国造の領有は一〇稲置×八〇戸＝八〇〇戸程度であり、八〇戸×「三〇里」＝二四〇〇戸、八〇戸×「三里」＝二四〇戸が、戸数に逆転が発生しないための極限値となる。国造稲置系の郡をミヤケ系の郡よりも下位の存在と位置付け、その間に配される国造稲置系の郡をそれぞれ「中郡」「小郡」とする。

このような形で立評が行われたのではないかと考えるのであるが、このことは端的にいえば、当規定の数字が、五十戸一里の編成を遂行していく主体＝郡（評）を設定するべく、旧来の六十戸・八十戸をそのまま一里に見立てて設定した「換算数値」であることを意味する。旧来の支配系統をそのまま利用する形で郡（評）が確定され、その後あらためて内部を五十戸編成へと切り替える作業が開始されるわけである。

（二）立評以降の評の内部編成

傍証を掲げよう。第一は、『出雲国風土記』の郷数記事である。出雲国の諸郡を構成する郷数は、「八郷」「四郷」が圧倒的多数を占める。例外は、意宇郡の一一郷と飯石郡の七郷のみである。そして、かつて石母田正・井上光貞両氏が指摘したように、意宇郡を除く出雲国の郡司や戸主の大多数が部を冠する氏の名を有している(49)。天平十一年（七三九）「出雲国大税賑給歴名帳」の戸主は部姓の者が非常に多く、全体の約四割の一三〇戸、「部＋姓」を加えると八割の二四〇戸を占める。また『出雲国風土記』の天平年度の郡司名一八のうち約六割に及ぶ一六が部臣である。出雲国の大部分がミヤケ支配で透徹されているのであり、「四郷（里）」を基本単位とした立評があったのではないだろうか。

先述のミヤケの基準規模六〇戸×四里＝二四〇戸ということから考えると、「四里」「八里」が頻出するのは、二四〇戸の小ミヤケ、もしくはその複合として当該地域の郡が構成されていることを意味する。ミヤケを核にして郡を立てていくという形を取ったのであろう。ただ意宇郡は例外である。その特殊性は国造の本拠地ゆえに国造稲置系統の支配が敷かれていたことに由来するのであろう。ここが一一郷であり、一〇稲置に近い数字であることも偶然ではない。

第二に、大化二年三月のいわゆる皇太子奏請において、「皇祖大兄御名入部」として入部五二四口、屯倉一八一所という数字がみえる。この数字は、細かい「端数」まで記載した具体的なもので、何らかの根拠のあるものだと考えられる。そして文脈からみて仕丁差点率で計算すべきものである(50)。これまでの考察からすると、六十戸から仕丁一人（厮は含めず）となる（厮も広義の仕丁ではあるが、大宝令に至るまであくまで「厮」と書く。「厮丁」と呼ぶようになるのは養老令からで、のち仕丁の頭数に取り込まれ、『延喜式』では厮を設定しなくなる）。子代系の一ミヤケを二四〇戸とすると、そこからの徴発人数は四人となり、屯倉一八一所×四人＝七二四人となる。五二四人と類似した端数が現れる。北野本でも五二四になってはいるが、仕丁徴発率で計算して端数がぴたりと合うことは

表3　「禄令」の位封規定と「慶雲三年二月十六日格」の位封規定との比較

	正一位	従一位	正二位	従二位	正三位	従三位	正四位	従四位
禄令10食封条	300	260	200	170	130	100	位禄	位禄
(戸数差)		(40)	(60)	(30)	(40)	(30)		
慶雲三年格	600	500	350	300	250	200	100	80
(戸数差)		(100)	(150)	(50)	(50)	(50)	(100)	(20)

示唆的で、「五二四」が「七二四」の誤記である可能性をあえて提示しておきたい。

第三は、先の常陸国行方郡の「七〇〇余戸」である。「茨城地八里、那珂地四里」という既述の復元案を取るならば、壬生部の伴造が領するミヤケを評に見立てたものが行方郡で、やはり「四里」「八里」が基準になっていたことが知られるのである。

(三) 食封規定に投影された里の構成

最後に、里制と密接な関係にある食封規定の数字を見てみよう。食封は直接的な利害が絡むだけに、卓上の計算に基づく戸数ではなく、実在の里を想定して支給されるものであろう。職封の支給は改新詔第一条に子代・部曲廃止の代替としていち早く現われ、皇太子奏請にも確認されるもので、天武天皇五年（六七六）四月条を経て職封に至るという沿革を有する。ただその数字は巨大で何とでも解釈できるので暫く措いて、ここでは位封に注目する。位封は、甲子年部曲の廃止後、天武天皇五年八月に小錦以上に賜った食封の系譜を引くものだと考えられる。

その数列に注目すると、一見不規則にみえる数字の間隔に30と40という数字が繰り返し現われていることに気づく（表3）。これが50を基準とする数列に是正されるのは、ようやく慶雲三年（七〇六）二月十六日格（禄令10食封条集解古記所引）においてである。改新詔の「賜二食封大夫以上一、各有レ差」に始まる食封は部曲に替わるものであったから、当初は六十戸・八十戸を分割した三十戸・四十戸という既成の編成を用いた、単位ごとの組み合せによる再支給で処理した可能性がある。利害が絡む対象でもあり、国司制度の整備に前後して支給されていくことから、見立てではなく現実の戸数が問題になったのである。令制食封の規定から、実態として三十戸・四十戸の枠組みが大宝令制定前後まで残存し続けていたことが知られるわけである。[51] 大化前代の旧来の秩序は八世紀初頭に至るまで五十戸制の背後で機能し続けていた。

むすび

最後に本稿の結論をまとめておく。

（1）大化前代の地域編成は、〔A〕国造―県稲置―公民（国家所有公民）、〔B〕大小伴造のミヤケ―部民、〔C〕王・臣連伴造のミヤケ・ヤケ―子代入部・豪族部曲、という三系統からなり、〔A〕〔B〕は公的な国家制度、〔C〕は私的な領有と認識されていた。東国においては、大化元年に発遣された第一次東国国司により〔A〕〔B〕に改革のメスが入り、〔C〕の方は改新詔を受けて大化二年発遣の第二次東国国司によって処理された。

（2）〔A〕の国造―県稲置の支配系統は、①別《ワケ》の貴種性という観念（仮冒を含む）を媒介として生み出された、宗教的・族制的性格を濃厚に有する〈プレ国造制〉（五世紀ころに確立）、②ミコトモチ発遣を受けて国造が部内支配を実現し、内部に〔B〕〔C〕をも取り込むことになった〈国司国造制（国宰制）〉、という歴史的な二段階を経て発展した。『隋書』倭国伝から読み取られる十稲置八十戸編成は、①の段階における国造管下の編成が残存したものである。②は八月に国司が発遣され、国造と共に部内を巡行し、二月に朝集してその成果を報告するという制度で、そのサイクルは西国と一部東国（近国）においては既に六世紀初頭に萌芽的に成立し、推古朝には確立していた。

（3）〔B〕の官司に付属する公的ミヤケ系統の領有、〔C〕の王臣の入部・部曲の領有は、公私の違いはあるものの、中央から規格性をもって設定されたという共通の淵源を有し、六十戸単位で編成されていた。三十戸ごとの仕丁差点規定はこれと密接な関わりをもつもので、六十戸ごとに「仕丁＋厮」の一セットが簡充されていたことになる。

（4）天下立評（立郡）は、先行する複線的な地域編成〔A〕および〔B〕〔C〕が〈国司国造制〉のもと、国造部内に取り込まれたことを受けて行われたものである。まずは五十戸の編成を遂行する主体＝評を創設するべく、既存の六十戸編成と八十戸編成という異質な秩序をそのまま里に見立てて、両者を擦り合せる換算数値として大化の立郡規定を設定した。しかし、旧来の秩序は「禄令」の位封規定に垣間見られるように、八世紀初頭まで制度の背後で存続した。

近年の孝徳朝天下立評の再評価と石神遺跡における評制木簡の出土を受けて、旧部民のみならず一般の公民までもが五十戸に編戸され、孝徳朝以降の新たな税制を支えたという説が提出されている現在、あらためて立評と編戸との相互関係が問われることが必要である。本稿では、五十戸制を実施していく主体としての評が、まずは五十戸とは無関係に生み出されなければならなかったことを示した。そこには旧来の枠組みがそのまま取り込まれ、伴造国造たちは「伴造の地位」「国造領の保持」のいずれかを選択しつつ、評の官人となっていった。

ここで想起されるのが薗田香融氏の学説である。氏は大化前代の地域編成として、国造領・皇室領の二系統が存在し、律令制はこれらの支配を継承、改編することにおいて、いわば複合的に成立したという。口分田の田租、出挙の営料税、賃租の地子は、それぞれ国造領、皇室領のミヤケ、王臣の私的なヤケの農地経営法に起源をもち、

図2　〈プレ国造制〉の理念型と〈国司国造制〉による領域支配化

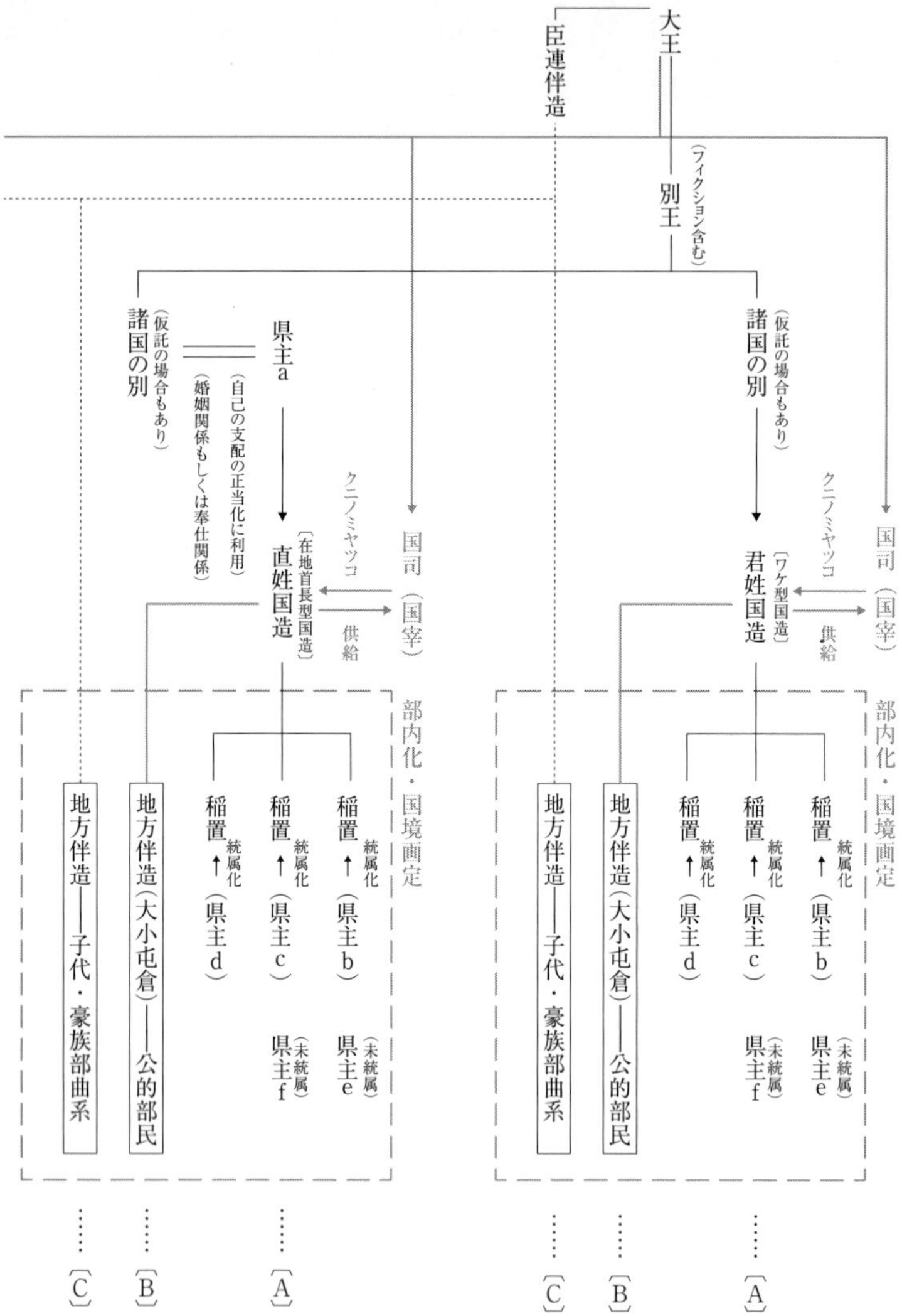

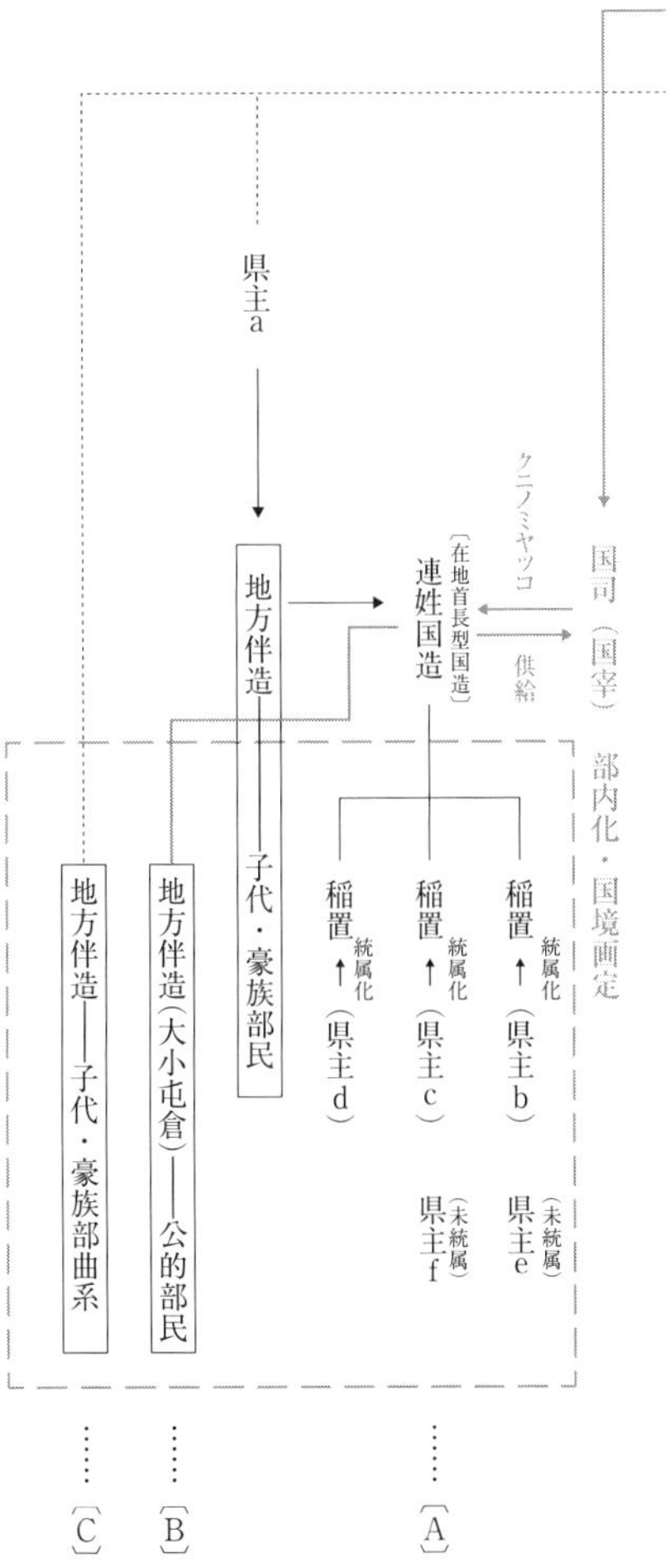

歳役・雑徭、仕丁などの力役もまた、国造領のエダチ・ミユキ、皇室領の仕丁の性格を受け継ぐものだという。
本稿は、こうした薗田氏の提示したスケッチを別の角度から具体化したものでもある。

（1）郡評論争を通して郡字使用は大宝令以降と決着したかの如くで、『日本書紀』に散見する郡も文飾とされている。しかし、当規定を大宝令以降の造作とみなさず、旧制に淵源をもつとみる限り、「凡評、……」と単純に書き換えることはできない。というのも、そうであるならば里字も五十戸の文飾とすべきであろうが、「以四十里……」が「以四十五十戸」となって表記できないからである。口頭言語を反映する木簡は、記述言語たる法制と異次元の言語領域をなす。大宝令以前でも、法令の位相では唐制を意識した郡字が用いられていた可能性が高い。

(2) 坂本太郎『大化改新の研究』至文堂、一九三八年。
(3) 青木和夫『日本の歴史5古代豪族』小学館、一九七四年。
(4) 佐々木恵介「律令里制の特質について――日・唐の比較を中心として――」(『史学雑誌』九五編二号、一九八六年)。
(5) ただし、この木簡は天武朝期の溝から出土しており、書体からもなお慎重な判断が求められるものである。独立行政法人文化財研究所奈良文化財研究所編『評制下荷札木簡集成』東京大学出版会、二〇〇六年。また、岸 俊男「「白髪部五十戸」の貢進物付札」(同『日本古代文物の研究』塙書房、一九八八年。初出は一九七八年)も参照。
(6) 吉川真司「律令体制の形成」(歴史学研究会・日本史研究会編『日本史講座』第一巻、東京大学出版会、二〇〇四年)。
(7) 狩野 久「部民制――名代・子代を中心として――」(同『日本古代の国家と都城』東京大学出版会、一九九〇年。初出は一九七〇年)。
(8) 鎌田元一「評の成立と国造」(同『律令公民制の研究』塙書房、二〇〇一年。初出は一九七七年)。井上光貞氏も白雉三年までの三十戸制の永続を認めていた。井上光貞「大化改新の詔の研究」(同『日本古代国家の研究』岩波書店、一九六五年。初出は一九六四年)。
(9) 黛 弘道「国司制の成立」(同『律令国家成立史の研究』吉川弘文館、一九八二年。初出は一九六〇年)、井上光貞「大化改新と東国」(井上註8著書。初出は一九五四年、改稿一九六五年)。
(10) 薗田氏は『日本書紀』敏達天皇六年(五七七)五月条の分註などから、「宰は常駐の官人で現地人の首長を監督する行政官であった」とする。薗田香融「律令国郡政治の成立過程――国衙と土豪との政治関係――」(同『日本古代財政史の研究』塙書房、一九八一年。初出は一九七一年)。
(11) 坂本太郎「朝集使考」(同『日本古代史の基礎的研究』下、制度篇、東京大学出版会、一九六四年。初出は一九三一年)。
(12) 早川庄八「選任令・選叙令と郡領の「試練」」(同『日本古代官僚制の研究』岩波書店、一九八六年。初出は一九八四年)参照。

(13) 国家儀礼としての祈年祭の成立は天武朝に下るが、任地に二月初頭まで駐在することや、大化元年に東国国司と共に任命された畿内使が、のちの『延喜式』の祈年祭祝詞にもみえる倭の六県に発遣されたことからすれば、東国国司、ひいては大化前代国司が、祈年祭の原型となる年穀豊穣祭祀を行ったうえで帰京したことが想定される。

(14) 石母田正『日本の古代国家』岩波書店、一九七一年、第四章第二節、井上光貞監修・笹山晴生訳『日本書紀』中央公論社、一九八七年。

(15) 薗田註10論文も、裁判権を有する国造の支配権への干渉を戒めたものとする従来説（井上註9論文など）を否定し、訴訟問題の現地での解決を禁じたものとしている。

(16) 田中卓「郡司制の成立」（『田中卓著作集』第六巻、国書刊行会、一九八六年。初出は一九五二・一九五三年）。

(17) 坂本註2著書。

(18) 「吉備嶋皇祖母処々貸稲」の廃止も、この時の政策を受けたものであろう（大化二年三月辛巳〈十九日〉条）。

(19) 薗田氏は、引用史料の前半部を、新制によってみとめられた食封に近い新の入部で、壬生部が後の東宮湯沐となった如きものとしている。薗田香融「皇祖大兄御名入部について――大化前代における皇室私有民の存在形態――」（薗田註10著書。初出は一九六八年）。

(20) 鎌田元一「「部」についての基本的考察」（鎌田註8著書。初出は一九八四年）。

(21) 井上光貞「部民の研究」（『井上光貞著作集』第四巻、岩波書店、一九八五年。初出は一九四八年）、平野邦雄『大化前代政治過程の研究』吉川弘文館、一九八五年、の第六編第一章。

(22) 井上光貞「国造制の成立」（井上註21著作集。初出は一九五一年）。

(23) 関晃「畿内制の成立」（『関晃著作集』第二巻、吉川弘文館、一九九六年。初出は一九五〇年）、石母田註14著書、早川註12論文、大津透「律令国家と畿内――古代国家の支配構造――」（同『律令国家支配構造の研究』岩波書店、一九九三年。初出は一九八五年）など参照。

(24) 別（ワケ）については、佐伯有清「日本古代の別（和気）とその実態」（同『日本古代の政治と社会』吉川弘文館、一九七〇年。初出は一九六二年)、上田正昭「倭国の政治形態」、同「倭王権の成立」(同『日本古代国家論究』塙書房、一九六八年。初出は共に一九六二年)。井上光貞氏は『史学雑誌』七二編五号、一九六三年、の「回顧と展望」において上田説の方を支持している。また、阿部武彦「国造の姓と系譜」(同『日本古代の氏族と祭祀』吉川弘文館、一九八四年。初出は一九五〇年)、新野直吉『国造と県主』至文堂、一九六五年、太田亮『全訂日本上代社会組織の研究』邦光書房、一九五五年、なども合わせ参照。

(25) 拙稿「敏達紀「善信尼」考——初期仏教と記紀神話——」(続日本紀研究会編『続日本紀の諸相』塙書房、二〇〇四年。本書第七章に再録)。

(26) 皇胤が反乱勢力の結集核となるのは、奈良時代の皇族を奉じた政争、平将門の乱、鎌倉将軍と地方武士団との関係などと同じ構造である。

(27) 播磨国縮見屯倉の億計・弘計王、丹波国桑田郡の倭彦王、三国坂中井の男大迹王とその父近江国高嶋郡の彦主人王などが別王の実例だといえる。また、泉谷康夫「服属伝承の研究」(同『記紀神話伝承の研究』吉川弘文館、二〇〇三年。初出は一九七〇年)が、ワケと穀霊信仰との関係を論じている。

(28) 「県」の概念については、「あがちた」説など古くから議論があるが、語源的な分析が必ずしも有効だとは思えない。むしろ平安時代において、県の語が「いなか」「地方」の意味で使用されていたことを重視すべきだろう。「県召除目」とは「地方官の任命」、「県見」(『古今和歌集』九三八)は「田舎見物」、「あがたありき」(『蜻蛉日記』)は「いなかまわり」「地方官赴任」だから、県の第一義は素直に地方・田舎である。このことをふまえて、その語源を憶測すれば、「あ+かた」であろう。「あ」は「あちら」「あそこ」「あなた」のように対峙する他者を指し、「かた」は「いづかた」など「方向」「箇所」「所」の意。従って、「あがた」とは「むこうの方」「あちらのかた」というニュアンスである。ゆえに、国制としての「県」も「王権の側からみた地方」もしくは「王権によって意識化された地方」を指し、「県主」も本来は「王権によって認知された地方・地域の首長」といった広いニュアンスを有する概念であろう。

(29) 直木孝次郎「県主と古代の天皇——綏靖以下八代の系譜の成立をめぐって——」(同『日本古代の氏族と天皇』塙書

房、一九六四年）。

(30) 大津透氏は、古代天皇が畿内の国造という性格を有していたとする（大津註23論文）。

(31) 以上の二類型は、古代日本の貴種観念と豪族の王権依存性を象徴するもので、王権側からすれば、自らの抱える多くの皇子の資養料を確保すべく分封の名のもと地方に下したのであろうが、地方豪族の側からすれば、当該地域の勢力図において他の豪族に対する自己のプライオリティーを獲得するという利益があった。地方において首長墓系列からみて、不自然に隔絶した規模の前方後円墳が突発的に発生する事例がみられるのは、こうしたスメミマ下向を受けたモニュメント造営と解せるのではないか。豪族勢力の消長とみる古墳編年の設定、地域相互の階層秩序とみる前方後円墳体制論には疑問がある。なお、こうした構図は、これ以降も平将門の事例や鎌倉武士団における源氏とそれを奉ずる北条氏という関係に受け継がれていく。また多くの皇女についても、中央貴族の妻になった実例は僅少で、史料上で行方がみえないのは、未婚のまま地方の式内社に下され、巫女になったからではないか。伊勢の斎宮はその代表格にすぎないのかもしれない。

(32) 毛利憲一「六・七世紀の地方支配――「国」の歴史的位置――」（『日本史研究』五二三号、二〇〇六年）参照。

(33) 井上光貞「カモ県主の研究」（井上註8著書。初出は一九六二年）。

(34) 高天原のアマテラスの弟であるスサノヲが天下り、アシナヅチ・テナヅチの娘であるクシナダヒメを娶り、生まれた子孫大国主神が国作りを行うという『古事記』上巻のストーリーは、畿内の治天下大王の一族である別王が地方に下向し、在地の県主の娘を娶って、その子孫が国造になるという現実の秩序を、神話的に説明したものだといえよう。そして続く天孫降臨、即ち国造領有域に「職を奉じる百八十部」を率いて天降るということは、国宰の発遣もしくはミヤケの設置を象徴するのであろう。

(35) 石母田註14著書。

(36) 中田薫「我古典の「部」及び「県」に就て」（同『法制史論集』第三巻上、岩波書店、一九四三年。初出は一九三三年）、井上註22論文。

(37) 毛利註32論文。早く岸　俊男「律令体制下の豪族と農民」(『岩波講座日本歴史』古代3、岩波書店、一九六二年)の指摘もある。
(38) 両氏ともに、五十戸一里制の成立を庚寅年籍以降と考える。なお、平田氏は天武天皇十三年(六八四)ころにその制が敷かれたとみる。八木　充「律令制村落の形成」(同『律令国家成立過程の研究』塙書房、一九六八年。初出は一九六一年)、平田耿二「庚寅の編籍について」(同『日本古代籍帳制度論』吉川弘文館、一九八六年。初出は一九六二年)。以下の論文もあわせ参照。津田左右吉『日本上代史の研究』岩波書店、一九四七年、曽我部静雄「我が律令時代の里と郷とについて」(『史林』三三巻五号、一九五〇年)、宮本　救「里制の成立について――三十戸、五十戸の問題を中心に――」(『日本歴史』五八号、一九五三年)、彌永貞三「大化大宝間の造籍について」(同『日本古代社会経済史研究』岩波書店、一九八〇年。初出は一九五八年)。
(39) 彌永貞三「仕丁の研究」(彌永註38著書。初出は一九五一年)。
(40) 吉川註6論文。
(41) 篠川　賢「律令制成立期の地方支配――『常陸国風土記』の建郡(評)記事をとおして――」(佐伯有清編『日本古代史論考』吉川弘文館、一九八〇年)。
(42) このほか里名として、布都奈村・安伐里・吉前邑の三者がみえるが、これらは板来村の項目に引用された古老による地名由来譚に登場するにすぎず、板来村の一部を構成する自然集落である。現に、この三者を除く一二里が『和名類聚抄』の郷名で確認することができる。
(43) 鎌田元一氏は『常陸国風土記』にみえる建評申請者二人を初代評司とし、国造の肩書きは地位ではなく国造一族を意味するというが(鎌田註8論文)、疑問である。国造拠点に対するこだわりは伴造国造の場合は相対的なもので、国造の地位自体が脱政治化する。夫子は壬生部の勢力の及ぶ行方の評司として移動している。なお、壬生連麿の行方地域への勢力拡大は、行方郡条の麻多智の話にみえる。
(44) 井上通泰『播磨国風土記新考』大岡山書店、一九三一年。近年でも、毛利憲一「ミコトモチの派遣と播磨」(坂江　渉編著『風土記からみる古代の播磨』神戸新聞総合出版センター、二〇〇七年）は、上大夫と同一人物とみて「余戸三十戸」とするが、『風土記』自身は「余戸」だから「越部」と呼ばれるようになったなどとは一言もいっていない。

(45)　曽我部註38論文に対する宮本註38論文による批判。

(46)　坂本註2著書。

(47)　資養物の量は、庸米五斗×五〇戸＝二五〇斗である。他方、「一人一年分」の米を奈良時代の支給量を参考に計算すると、六斗×一九ヶ月＋五・八斗×一八ヶ月＝二一八・四斗（閏月含めて三年分）、二一八・四斗÷三年＝七二・八斗（一年分）である。この数字は、一人一年分と考えてみても、一人三年分と考えてみても合わない。庸米規定は資養物という性格から既に乖離しているようである。なお、庸米という表現については、岸 俊男氏の疑義がある。

(48)　坂本太郎「大化改新詔の信憑性の問題について」（『坂本太郎著作集』第六巻、吉川弘文館、一九八八年。初出は一九五二年）。

(49)　石母田正「天平十一年出雲国大税賑給歴名帳について」（『石母田正著作集』第一巻、岩波書店、一九八八年。初出は一九三八年）、井上註22論文。

(50)　横田健一「壬申の乱前における大海人皇子の勢力について」（同『白鳳天平の世界』創元社、一九七三年。初出は一九五六年）。

(51)　八木 充「大化改新詔の述作について」（『山口大学文学会誌』一一巻一号、一九六〇年）は、「信頼できる賜封記事は、天武六年紀以降ほぼ持統元年―五年をさかいに三〇戸ないし六〇戸から五〇戸ごとに賜給される傾向を検出できる」とし、「封戸は通常里単位に支給されるから、……持統初年以前三〇戸一里制施行の可能性が推論される」としている。この時期は、荷札木簡の表記が「五十戸」から「里」に変化する天武天皇十年ころと対応することも注目されるが、その後も遺制として大宝禄令規定にまで残存しているわけである。

第十三章　大王とウヂ

――「天皇と官人」の淵源――

はしがき

本書で行った個別研究をふまえて、古墳時代の「大王とウヂ」という関係が、日本律令国家の「天皇と官人」という関係のなかに如何なる形で昇華されていくのかを時系列で整理するとともに、そこに浮かび上がる古代日本特有の君臣関係や集団構成のあり方について、広い視野から検討を加えることにしよう。

ウヂは単なる社会集団ではなく、大王権力の確立を受けて生み出された政治組織であるというのが今日の一般的な理解である。津田左右吉氏は古代日本に族外婚的慣習を有する部族（クラン clan）の如き社会集団は存在しなかったと主張し、社会組織としてのウヂの存在を否定した[1]。これを受けて戦後は、進展した部民制研究との関係から政治組織としてのウヂの存在形態について緻密な研究が進められた[2]。平野邦雄氏によれば、ウヂは国家権力を背景に部民を領有管理することで伴造・伴の官職を世襲した同族集団として誕生するが、国家機構の拡大とともに地方豪族も系譜の擬制によってウヂの組織に編入されていったという[3]。こうしたウヂの政治性に注目した研究は、国家権力との関係からトモ制・部民制の展開を具体的に描き出すことに成功し、無姓の農民やウヂに編成されない族長の存在をも浮び上がらせたが、津田説の根幹にあった血族団体を基礎として社会が組織されていなかったという指摘、生活の基礎が血族・部族ではなく村落と小家族に置かれていたという主張は十分には継承されていなかった。

この津田説の一面的継承を修正したのが吉田　孝氏の研究である。[4] 古代日本の基層社会が血族団体、即ち単系出自集団の集合体ではなく、双系的親族組織からなる流動的なものであったことをふまえたうえで、そこにウヂという永続的団体が生み出される原理を解明せんと試みたのである。その際に参照されたのが「祖の名」に関する古典的研究であった。本居宣長はウヂ統合の象徴たる名を「氏々の各先祖より仕奉来る職業《わざ》也」と説明しており、[5] また中田　薫氏は日本の相続法の基礎には中国の祭祀相続とは異なる祖名相続の伝統があったことを指摘して、それを世界諸民族の名継承の類型のなかに位置付けるとともに、中世の家督相続と財産相続への流れを見通していた。[6]

また、吉田氏は『万葉集』の大伴家持の歌に現われる「遠つ神祖、大来目主」の名の継承などを念頭に置きつつ、ウヂの中核にあったのは始祖の名であり、始祖からの系譜を骨格としてウヂが成立したことを論じ、ウヂ名はそれを前提として六世紀以降に賜与されたとした。出自集団の存在を前提とせず水田開発や征服によって生み出された支配従属関係は、共通の始祖をもつという信仰で結ばれた父系の血縁系譜へと翻訳され、その首長は循環的神話的時間のなかで始祖から直接に霊威（マナ mana）を継承するのであり、「名を負う」ことは始祖の霊を受け継いで始祖がかつて大王に仕えたように「仕へ奉る」ことであったというのである。これと並行して熊谷公男氏も、ウヂは王権の臣・連・伴造・国造といったツカサの継承を示す父系系譜を基軸に編成された人為的団体で、成員はツカサの地位にある首長の下でトモとして王権に奉仕したとするが、吉田氏が祖を始祖に限定した点や名をマナという神話的呪術的なものと解した点には疑問を呈し、「祖の名」は祖先たちの名声・功績のことで

あって、それを傷つけてはならないという規範意識がウヂの結集を支えていたと説いた。(7)

こうした熊谷氏の批判もあるが、名の霊的性質に注目した石母田正氏や名を出自（始祖の別）とみなす溝口睦子氏の研究を巧みに取り入れ、(8)人類学・神話学の知見を吸収した吉田氏の仮説は、義江明子氏の系譜様式論とも合流して、今日のウヂ研究の強固なパラダイムを形作っている。(9)吉田氏は「双系性の原理」と「始祖・出自の原理」を整合的に理解すべく、井上光貞氏の「律令国家の二重構造」論を読み換えて、双系的な基層社会の上に父系的な系譜関係に基づく支配組織が形成された、即ち日本古代社会は父系の出自集団を基礎にしていないが、父系の系譜関係を骨格として形成されたと説明した。しかし、これは律令制の継受により一時的に生じた二重構造とは異なる性質のものである。この問題に対して、義江氏は自ら抽出した「双方（双系）的親族関係を基礎にもつ娶生系譜」と「地位継承次第を示す児（子）系譜」という二つの系譜様式を、家持の歌にみえる「生の子《うみのこ》」と「祖の子《おやのこ》」に対応するものとみなして二つの原理を並列してみせたが、(10)両原理の具体的関係を通史的にどう位置付けるかについてはなお議論の余地が残されているだろう。

また、吉田氏は始祖の名と系譜に基づく結集を首長制の一類型として想定しながら、議論はいつしか大王・天皇への奉仕という問題に一元的に集約されていく。宣長が「職業《わざ》」と解し、中田氏が世界史的視野から論じた祖名を簡単に「ツカサ」と言い換えてしまったことも、名の社会的機能を軽視し、その歴史的展開を捨象する結果を招いている。こうした理解は、吉村武彦氏の貢納を基礎づける「仕奉《しぶ》」の観念に関する研究や、狩野久氏から鎌田元一氏に至る部民制研究の基礎にある王民論的理解、即ち豪族私有民としての「カキ」は同時に王民たる「べ」の特質を併せもつという認識と表裏一体の関係にあるが、(11)平野氏もいうように王民一元論というべき均質な統合を前提にすることには疑問がある。中田氏が諸民族の事例から検討したように、「名を負う」意識は普遍的で通時的な観念なのだから、名の社会的機能をふまえつつウヂ結集の特質や王権との関係について解明することが求められる[12]。

本稿では既往の諸研究をふまえながら[13]、①必ずしも大王権力に集約されない名の社会的機能からウヂの特質を捉えなおし、名を選択するウヂの主体的意志に注目する[14]。また、②流動的小家族からなる基層社会のなかで始祖からの系譜を軸とした永続的集団が発生する契機を段階的に把握することに努め、出自集団としての家の成立をゴールとして描く「氏から家へ」という図式に再検討を加えたい。

第一節　トモからウヂへ

（一）名への多属性――トモの論理――

「姓」という漢字が同姓不婚の語に象徴されるように同一血族を意味するのに対し、「氏」は目を潰された被支配者を象った象形文字で、居住地・職業・身分などの政治的条件が付された特定の家柄を意味した[15]。政治性が濃厚な古代日本の氏《うぢ》が漢字本来の意味をある面で継承しているのに比して、姓はウヂの上位概念たるカバネの表記として採用されたことは、血族意識の希薄さを示すとともに、義江氏のいう出自系譜の後発性とも対応する。

『日本書紀』は、倭の五王の済に比定される允恭天皇の時代に盟神探湯で氏姓が定められたと記すが、五世紀後半の稲荷山鉄剣銘でもウヂ名は確認されていない。推古朝における堅塩媛改葬時の氏姓之本の誄や檜隈陵辺での氏ごとの立柱は一定の史実を反映するが、制度としての明確な用例は天智天皇三年（六六四）の甲子の宣が最初である。それ以前にも呼称としては通用していただろうが、ウヂなる和語が「氏」と表記されるようになった時点は不明なのである。

ウヂが祖の名を負って王権に奉仕する祖の子の集団であることは、『万葉集』にみえる大伴家持の陸奥国出金詔書を賀す歌の「……、大伴の、遠つ神祖の、その名をば、大来目主と、負ひ持ちて、仕へし官《つかさ》、……、大夫の、清きその名を、いにしへよ、今のをつつに、流さへる、祖の子どもぞ、大伴と、佐伯の氏は、人の祖の、立つる言立、人の子は、祖の名絶たず、大君に、まつろふものと、言ひ継げる……」（18―四〇九四）、喩族歌《やからにさとすうた》の「……空言も、祖の名絶つな、大伴の、氏と名に負へる、大夫の伴」（20―四四六五）などから窺われる。奈良時代の律令官人のノスタルジックな吐露ではあるが、名の分析がウヂの淵源を探るための重要な手がかりとされてきた所以である。ただし、名はウヂ固有の要素ではなく、社会関係を固定維持する媒体であり、より広い人間関係の位相で機能する点も見落すべきではない。

この名と集団結集の本源的関係をリアルに示しているのが、『日本書紀』垂仁天皇三十九年十月条の伝承である。垂仁天皇の皇子五十瓊敷入彦が茅渟の菟砥の川上宮（河上）に居し、河上という名の鍛を呼んで劔（大刀）一千口を作らせた。劔は川上部とも裸伴（阿箇播娜我等母《あかはだがとも》）とも称された。この時、川上宮に楯部・倭文部・神弓削部など十品部が下賜された。一千口の大刀は最初は忍坂邑に、のちに石上神宮に収められ、五十瓊敷入彦にその神宝をつかさどらせることになった。のち神託で物部首の始祖たる春日臣の族の市河に治めさせたとある。この伝承が示す名の論理は以下のように整理することができる。

①工人の容姿に因む「アカハダガトモ」の名に垣間見られるように、トモという和語は単に王権に直属する伴造系のウヂや部民に限定使用されるものではなく、より広い職業集団・社会集団に通底する。②「河上」の名は、

「宮の名」から「工人の棟梁の名とメンバーの名」「生産された刀の名」へとタテに連鎖し、「アカハダガトモ」の名も「工人集団の名」から「生産された刀の名」へ連鎖して先の連鎖と並列する。③工人たちは、本来の「鍛治部」の名と並んで「河上部」「アカハダガトモ」などの複数の名を同時に負ったのであり、この時に設置された「楯部」「倭文部」などの品部も同時に「河上部」と称されたであろう。

もちろん、この垂仁紀の史料をもって、並列するこれらの「名」が当該期の国家の下で同等の政治的役割を担ったと主張しているのではない。ここでは「名」の社会的機能を抽出するために、あえて王権の政治的統合原理という側面を捨象しているのである。「名」の政治的利用の背後にある社会的基盤を抽出することで、逆に「名」の政治的な統合機能を段階的に把握する視座を設定することができると思うのである。

そもそも名は、個人または集団の指標であるから、その人格を把握し意味付けるもので、端的にいえば人格を言語空間に現出させるものである。名を与えることは人格を生み出すことであり、その意味で名を与える者と名を受ける者との間には擬似オヤ―コ関係が発生し、名を付与する主体は名が付された対象に隷属を要求する。このような関係ゆえに「天皇、子無きことを恨み、乃ち大伴室屋大連を諸国に遣して白髪部舎人・白髪部膳夫・白髪部靫負を置かしめ、遺跡を垂れて後に観しめむことを冀ふ」（清寧天皇二年二月条）のように、名を付した対象を「子に代わるもの」とみなす観念も発生する。

また、当該期を描く史料のほとんどが国家の編纂物であるがゆえに、トモもまた王権に隷属して各種の奉仕義務を担う職能集団という側面が強調され、ウヂや部の祖形とされてきた。しかし、「ともなう」「ともがら」「……ども」「おとも」といった語が示すように、本来は「伴造《バンゾウ》」「伴部《バンブ》」と漢字表記される地位呼称より幅のある概念であった。内廷的なトモとされるトノモリ（殿部）、カドモリ（門部）、カニモリ（掃部）といった和語呼称も、邪馬台国下の辺境防衛集団の長とおぼしき「ヒナモリ（卑奴母離＝鄙守）」に遡及されるし、シシヒト（宍人）、フミヒト（史部）、クラヒト（蔵部）の呼称も、『周礼』など中国文献にみえる「酒人」「縫人」などの影響はあるが[16]、蔵人《くろうど》、寄人《よりうど》、若人《わこうど》のように時代や階層を超えて「……うど」と和語で読まれる言葉と共通の基盤をもつ。渡来系技術集団を編成したクラツクリ（鞍部）、ウマカヒ（馬飼部）、ニシゴリ（ニシキオリ、錦部）にしても動詞を名詞化した和語である。いずれも普通名詞であって、首長レベル、さらに一般の社会集団レベルでも使用される語である。これらの集団や組織のうち王権に付属するものを国家が一元的に集約したのは、「部」の字を統一的に加えた時点なのであろう。

この必ずしも王権に集約されない重層性と多属性を有する名に媒介された社会関係のことを、あらためて「トモの秩序」と名付けることにしよう。名はウヂ結集の基礎というより、このような広い人間の間の繋がり、集団への帰属という領域で機能する。[17] 先の垂仁紀でもみたように、トモは地名・職名・宮名・容姿名、時には名声・揶揄を含む多くの名を並列的に帯した。また、名の通用は名を与える側の意志のみならず、与えられる側の選択意志にも依存する。名を変えることは帰属する対象を変更し、新たな関係に自己を位置付けることを意味する。要らない名は放棄され、必要であれば複数の名を負う。遠い昔の河上宮に因む名が継承され続けたのも、河上の名を負った剣の一部が石上神宮に伝世していたからであり、自分たちがそれを製作した工人の後裔であるという誇りと宣伝の効果ゆえである。自己にとってどの名が最も有益かという現実的な判断がなされるのであって、この時間のなかでの名の取捨選択という流動運動がトモの本質である。

このように名とトモの位相を捉えてみると、第一に、「仕奉」「奉事根源」という王民意識もまた、名を負う側の現実的利害に基づく選択結果という側面をもつことがわかる。また第二に、系譜様式論でいう娶生系譜「A娶レB生メル子C」が表現する両属性（双系性）の議論も、多属性の伝統からすれば再検討が必要となる。

その典型とされる天寿国繡帳系譜は、義江氏が指摘したように聖徳太子と橘妃の婚姻を過去に遡及して意味付ける構造をもつが、[18]これに双系（双方）的な婚姻関係を投影させて「娶」の字を「みあひて」と読むことには疑問を感じる。「阿米久爾意斯波留支比里爾波乃弥己等《あめくにおしはるきひろにはのみこと》〔欽明天皇〕、娶二……吉多斯比弥乃弥己等《きたしひめのみこと》〔堅塩媛〕一、為二大后一、生二名多至波奈等已比乃弥己等《たちばなとよひのみこと》……一」の部分をみると、直後に「大后となし」と続き、主語が欽明天皇で、堅塩媛が目的語であることは文法的に明白であり、堅塩媛を「めとりて大后となし」と読むべきで、全体が男系で貫かれている。[19]系譜構成と婚姻形態とは別次元のものである。また、義江氏が女性を主語とする系譜とした山ノ上碑系譜「佐野ノ三家ヲ定メ賜ヘル健守命ノ孫ノ黒売刀自《のくろめとじ》、此、新川臣ノ児ノ斯多々弥足尼ノ孫ノ大児臣、娶リテ生メル児タル長利僧、母ノ為ニ記定セル文也。放光寺ノ僧」も、間に「此」の字が挿入されているように倒置文だと考えられ、「黒売刀自、此を大児臣が娶って生んだ子」の意味であろう。僧長利が母の追善のために刻んだものゆえ母の名が強調されているのであって、正体漢文の「以レBA娶之」にあたる。ただし男系であれ双系であれ、そこに出自集団を想定する意味付けはあたらない。義江氏自身も指摘するように繡帳系譜には橘妃の母の名が欠けている。両属性ではなく、もっと漠然と過去を負っているわけで、[20]先の多属的な名の観念の一現象形態とみるべきものである。欽明天皇と蘇我稲目という当代の最もモニュメンタルな名に自己を遡及させうることを主張しているのである。

八世紀末には母方の姓を誤って登録したと改氏姓を求める史料が散見するが、[21]必ずしも母姓に限られない点こそが重要である。例えば、『続日本紀』延暦十年（七九一）十二月甲午（八日）条に庚午年籍で登録された母姓の変更申請がみえるが、直後の丙申（十日）条では佐婆部首牛養らが、自分たちは紀田鳥宿祢の子孫だが仁徳朝に讃岐国に移って以来現在の名を得て今に至っており、今改めて居処の寒川郡岡田村に因んで岡田臣と称したいと申請している。そのなかで「官に在りて氏を命せ、土に因りて姓を賜ふこと、諸を往古に行ひ、これを来今に伝ふ」と述べている。改氏姓は父系母系の問題に限られない。大化前代では自己にとって有意義な名を選択的に名乗るのが一般的で、権益を意識した確信犯的な誤登録と変更申請がその実態なのである。

（二）名の継承とウヂの成立――名と権益――

物に名を付すことは所有の形式であり、人に名を与えることは支配の形式である。にもかかわらず、それを受ける側に積極的な名を負う意識が発生するのは不可解な現象にみえる。しかし、この逆転は名を受ける側の選択意志の延長線上にある。名を負う意識の基礎は生《なま》の君臣関係に即した名声や誇りにあるが、それ以外の要素が付着してくる。既に河上部の事例でも利害が名の積極的継承に関わっていたが、これがさらに進むと名の交換・献上へと展開する。『古事記』によれば、小碓命が九州の熊曽建二人の新室の宴に美少女に変装して忍び込んで兄の建を斬り、続いて弟の建に刃を突き立てた。死に臨んだ弟の建はその武勇を嘆賞し、倭男具那王を名乗る小碓命に倭建の名を献じた。熊曽建の帯した権威や地域支配を象徴する「建」の名を献上したのである。同様の例は応神天皇の諱ホムタワケが角鹿の気比大神との名の交換で得られたとする伝承にもみられる。ここに至って名は種々の権益の象徴となり、名を付した主体から遊離して時代を超えて継承され、授受の対象となる。

推古天皇三十二年（六二四）十月朔条に、蘇我馬子が推古女帝に対して「葛城県は、元と臣の本居なり。故、其の県に因りて姓名となす。是を以て、冀はくは常に其の県を得て、以て臣の封県と為さんと欲す」と主張した話がみえるが、これもまた名の権益化の延長線上で十全に理解される。注目すべきは、馬子が同時に葛城の名を負っていること、その名の保持により権益が堂々と主張されている事実である。複姓と称される「物部弓削」

「阿倍布勢」と同じく、二つの名に象徴される権益が世襲されているのであろう。逆に大化改新以降は蘇我を名乗る者がみられなくなり、石川麻呂は倉山田の名を押し出すことで、誅滅された蘇我氏との相違を強調する。多くの名を負うことは権益の集積を意味し、権益を失った否定的な名はすぐに放棄される。

東国の伴造国造の例もこうした名の論理からより良く理解される。『常陸国風土記』によれば、行方郡は壬生部の支配の及ぶ地域を評に設定したものである。[22] 行方立評の申請者である茨城国造壬生連麿は、国造としての「茨城」の名と伴造としての「壬生連」の名を帯し（天平勝宝四年（七五二）十月調布墨書「擬主帳従八位□茨城□□」参照）、那珂国造壬生直夫子は「那珂直」と「壬生」の名を負っていた。伴造の名を負うか国造の名を負うかの選択は戦略的で、二つの権益を共に受け継ぐために一方で直姓もしくは地名を負って国造の出自を有することを示し、他方では伴造のウヂ名を併せ負う。『続日本紀』養老七年（七二三）三月戊子（二十三日）条にみえる常陸国信太郡の物部国依が信太連の姓を改め賜わった例も、郡領就任を受けたものと思われ、名が単一化された奈良時代のことだが、信太の名を得ることでその権益をアピールしつつ、連姓を帯して物部連の名を保持せんとしている。延暦五年（七八六）十月丁丑（二十一日）条には、子孫と思しき物部志太連大成が信太郡大領としてみえる。

この地名を冠する名については、須原祥二氏が藤原氏や土師氏改氏姓の事例とともに説明を加えているが、[23] 両者の本質的差異こそが認識されるべきであろう。土師氏の秋篠・菅原・大枝三氏への改氏姓は、土師という自己のウヂ名に付着した職掌イメージを忌避し、無色透明な立場での律令官人への出身を求めたものであって、名が有した権益性は既に解消されている。国造や郡司が地名姓を負い、蘇我氏が地名姓を用いて権益を主張したのとは全く逆であり、中臣の名を捨てた藤原氏がこの新しい改氏姓の先駆をなす。

では、権益化した名の世襲はいつ始まったのだろうか。稲荷山鉄剣銘の系譜は、上祖より世々杖刀人の首として奉事し来り今に至るという奉事根源文言をともなう一系系譜の典型で、近年では地位継承系譜と説明されている。上祖オホヒコ―タカリスクネ―テヨカリワケ―タカハシワケ―タサキワケ―ハテヒ―カサハヨ―ヲワケ臣と連なるなかで、前五代は尊号をともなう首長の称号的名辞で、ヲワケ臣の先代・先々代は具体的な個人名である。このことから溝口睦子氏は、ハテヒ以降がこの家独自の系譜部分で、前半部分はオホヒコ系の系譜を取り込んで加上したものと推定し、阿倍・高橋（膳）などの氏の共同先祖とみて、当該期の系譜の重層的同祖構造の一例と位置付けている(24)。より具体的に考えれば、ヲワケと時間を共有した祖父・父以来のヲワケの一族が、杖刀人首の地位継承の歴史や同祖のウヂとのネットワークを負っている事実を説明しているのである。名を権益として特定の親族が負うようになる過渡期をリアルに示しているといえよう。

原初的とみられがちな一系系譜だが、そもそも個別的で直接的な君臣関係を基礎とするトモの段階には生まれる必然性はなく、むしろ特定親族が種々の権益を系譜として負うようになる段階の意識に相応しい。系譜を鉄剣に刻むのは、大津　透氏が指摘する石上神宮神府《ほくら》への在地からの神宝献上とそれに代わる剣の分与が(25)、権益たる名の授受と相互に響き合う類似の関係にあったからであろう。

このように五世紀後半以降、地位世襲・土地用益・部民領有などの権益と化した名を系譜として負うようになることを契機として、即ちそうした名を保持世襲せんとする意志によって、流動的な世帯家族は永続的団体へと転じるのである。これがトモからウヂへの転換である。ただし、名への多属性はなお残存したから、多くの名と権益を集積するという方向に転じて、改新諸詔に描かれた弊害へとつながっていく。

大化元年（六四五）八月庚子（五日）条には「若し名を求むる人ありて、元より国造、伴造・県稲置に非ずして、輙く詐り訴へて言さく「我が祖の時より、此の官家を領し、是の郡県を治む」と」とあり、同二年八月癸酉（十四日）の品部廃止詔では「祖子より始めて奉仕せる卿大夫、臣連伴造、氏氏人等」に対して「或本に云く、名名の王民」と注記する。また、同三年（六四七）四月壬午（二十六日）詔には「頃者、神名・天皇名名に始まり、或は別れて臣連の氏となり、或は別れて造等の色となる。是に由りて率土の民心、固く彼此に執し、深く我汝を生み、各名名を守る。又た拙弱なる臣連伴造国造、彼の姓と為れる神名王名を以て、逐に自心の帰する所に随ひ、妄りに前前処処に付す。前前は、猶ほ人々を謂ふなり。爰を以て神名・王名、人の賂物となりし故に、他の奴婢に入り清き名を穢す」とあり、過去に大同の時代があったという下降史観で描かれてはいるが、神名・王名がウヂ結集の契機で、名はそれに付着する権益であるがゆえに守り受け継がれ、時には「賂」の対象となっていると説明する。

また、重層性も残存したから、ウヂの名はそれ自体として特定の親族呼称や身分表象とはなりえない。大伴の名は、「大伴連―大伴直―大伴部」のように中央貴族から部民階級へと縦に貫く統属系統を表す記号として機能したから、王権内での政治的地位を明示するには、ウヂ名の縦の連鎖を補完するものとして氏々を横断するカバネの基準が不可欠となる。カバネは「開中費直」「船史王辰爾」の如き職掌名に由来するが、のちには特定親族が国造や伴造など一定の職掌を世襲すべく王権から付与された直や造などの称号となる。先の壬生直は壬生連の下で壬生部の管理にあたる壬生のウヂに属するが、同時に直のカバネを有して那珂国造家の出身であることが表示される。カバネがウヂ自体の称号となり、両者が一体化して姓《セイ》となるのは、加藤　晃氏がいうように中国的な姓の概念が導入される律令制形成期以降であり、[26] 甲子の宣から庚午年籍に至る擬似出自集団としての「氏」の創造を経て初めて可能となる。複姓は解消され、氏をランク付けるという機能を有する新しい天武八姓が制定される。

（三）ウヂの結集核としての大王権威

名の授受による帰属の論理は普遍的通時的に存在し、そこには大王支配の傑出性はいまだ含意されていない。名は一方的に付されるものではなく、付与される側にも選択意志があるのだから、名が権益化し集積世襲されるようになる狭義のウヂの成立以降においては、尚更その主体性の契機は見落とされるべきではない。にもかかわらず、結果的には王権への依存性・求心性が非常に強い国制が成立した[27]。これはなぜであろうか。

第一の要因は、自律的な血族団体の不在、ウヂの他律性である。流動的家族は権益たる名の世襲を契機として初めてウヂに転じえた。ウヂがより強力な名を追い求めるとき、自己の祖の名を過去の王名へと擬制的に遡及させるか、祖の名を神名として王権神話に組み込ませることになり、名に依存するウヂも同時に王権へと回収される。古代日本の諸豪族が独自の神話体系や世界観をもちえず、真の貴族制を生み出しえない体質を有した所以である。

第二の要因は、王権権威の先駆的確立である。数ある名のなかで何故に王名が権益保持の最終権威となりえたのかが問われなければならない。ウヂはあくまで利己的に動くのだが、同時に自己の永続性が名の世襲に基礎づけられていることを知っている。早くに王名が超越的権威を獲得したがゆえに、ウヂ結集の名分として利用されたのである。この権力とは異なる超越的権威の獲得については、王権発祥以来の伝統的支配や外交を介した中国官爵の獲得とそれにともなう府官制の導入など種々の要因が想定されるが[28]、ここではその宗教的な一面をトレースする。

まず検討すべきは、『万葉集』の「おほきみは神にしませば」に始まる一連の歌である（2―二〇五、3―二三五、3―二四一、19―四二六〇、19―四二六一）。「壬申年之乱平定以後の歌」として「皇は神にしませば赤駒の腹這ふ田ゐを京師と成しつ」（四二六〇）が掲載されることから、乱を勝ち抜いた天武のカリスマ的権威、天皇の神格化という流れで説明されるが、「おほきみ」には王・皇・大王など多様な漢字が当てられ、故弓削皇子や忍壁皇子にも献じられているように、特定の即位天皇に向けた讃美ではない。「赤駒の腹這ふ田ゐ」「水鳥のすだく水ぬま」を破壊し都に変えること、雷神の宿る山に宮を作り庵すること、原生林の山中に海、即ち灌漑用の池を作ることを、「神にしませば」と表現する。自然を破壊し克服する文明への讃歌である。自然神を制御する上位存在を逆説的に神と称したレトリックであり、この脱自然神というべき啓蒙的語りを天武天皇讃美に応用したにすぎない。

こうした語りは、かつて青木和夫氏が「神を恐れぬ人びと」と称して明快に位置付けた『常陸国風土記』行方郡条の夜刀神伝承に遡及される[29]。継体朝の話では、箭括氏麻多智が葦原を開墾して、谷川の水を象徴する夜刀神を山口へと追いやり、神の地と人の田を分離したことが記される。神の祝となって水の制御による田の保全を実現した彼の姿には、共同体首長の支配の正当性が端的に表現されており、その職務が今に至るまで相承されていると説明される。後半の孝徳朝の話では、行方地域を中央の威を受けた壬生連麿が占拠して土木技術を駆使して灌漑池の築造を開始、「活民のために」夜刀神を「風化」に従わない魚虫の類として打ち殺させて椎井池を完成する。水を制御し、農耕を保障する文明の力により自然神を否定していく過程が、「夜刀神」→「神蛇（神と称されてきた蛇）」→「魚虫の類（単なる蛇）」と文学的に表現される。自然を理解不可能な畏怖対象＝神とみなす者にその制御をリアルに見せつけると、神を否定する存在たる神という幻想が生み出される。王権支配の正当性は、弥生時代以来の水稲耕作社会における自然の脅威、共同体の存亡に直結する水を、大陸から独占受容した灌漑技術や池溝造営という知や技術により制御してみせることで保障されていた。

次に、皇孫が地域の水の女性と神婚して豊穣をもたらすという記紀の神話に注目しよう。高千穂峯に降臨した天孫ホノニニギノミコトは、笠沙の岬で「麗しき美人」コノハナサクヤヒメと出会い求婚する。父の大山津見神は喜んで姉のイワナガヒメと共に差し出すが、「姉は甚だ凶醜きに因り見畏みて返し送り」、コノハナサクヤヒメだけを留めて一夜で子をなすのである。この神話は天皇短命の起源譚として締め括られているが、柳田國男氏が注目した〈山の神〉〈田の神〉の去来信仰や〈水の女〉に関する研究を参照すると、(30) コノハナサクヤヒメは新しい生命をもたらす「春の水」を、イワナガヒメは実りを生み果てた「冬の水」を象徴すると考えられる。前者が稲穂のにぎにぎしいさまを象徴する穀霊ホノニニギとの間に子をなし、後者が変若《おちかえり》の場である大山津見神（分水嶺）の元に送り帰されるというモチーフである。

この神話をふまえた話が『日本書紀』景行天皇四年二月甲子（十一日）条にみえる。景行天皇が美濃に行幸したとき「容姿端正」な弟媛に出逢い求婚するが、彼女が竹林に隠れたので、「泳宮《くくりのみや》」を造り池に鯉を放って誘い出す。池に現われた弟媛は「妾、性に交接之道を欲せず。今、皇命の威きに勝へずして暫く帷幕の中に納されり。然るに意に不快なるところなり。亦た形姿穢陋し」といって、「容姿麗美」な姉の八坂入媛を後宮に召すことを勧めたという。ここでも水辺の醜美の姉妹が設定されるが、春二月当初「容姿端正」であったヲトヒメ（ヲチカエリを含意）が、時間の推移を象徴する竹林に隠れている間に「形姿穢陋」「交接之道を欲さない」存在と化し、姉の方が妃となって多くの子を生む。先の神話に時間の要素を組み込んだものである。これに続けて「夫れ天皇の男女、前後并せて八十子。然るに日本武尊、稚足彦天皇、五百城入彦皇子を除きての外、七十余の子は、皆な国郡に封じて、各其の国に如かしむ。故、今の時に当りて諸国の別と謂へるは、即ち其の別王の苗裔なり」とあり、景行天皇の七十七子が別王として国郡に封ぜられ、その後裔が現在の「諸国の別《わけ》」にあたると説明している。

この話が書かれた時点で各地には別《わけ》と称する者がいて、水辺の神婚の神話を負っていたことが重要である。これを受けて成務紀の国造設置記事が記されるのであり、別王の末裔が「君」姓を得てそのまま国造になる場合があること、直姓の国造と別《わけ》との婚姻関係が散見することから、この神話を負った別《わけ》の貴種性が国造の地域支配を根拠づけていたことがわかる。皇孫支配は、「自然神の制圧」と「水の女との神婚譚」という治水や水稲耕作の物語により正当化されていたのである。出自集団を前提とせず、水田開発などによって生み出される類型の支配隷属関係は、共通の始祖への信仰で結ばれた血縁系譜へと翻訳されると論じた吉田　孝氏の議論がここであらためて想起されよう。

ウヂの側は、自己の祖を擬制的に王権へと集約させて相互依存の関係を生み出していく。王権権威の否定は自己の名を失うことにつながるがゆえに由々しきことなのである。崇峻天皇を弑殺した蘇我馬子ですら自らそれに取って代わろうとはしない。他方、皇孫ならば誰でもよいということになり、政局の不安定を生む。五・六世紀に散見する君姓氏族（筑紫君、上毛野君。吉備臣も別《わけ》系）の反乱伝承は、別《わけ》がそのまま国造となっている事例であり、その貴種性が反乱の結集核になっているのだろう。皇孫の血は権力とは直結しないが、政争の核として奉じ続けられる。

第二節　推古朝・大化改新におけるウヂの構造転換

（一）大王権威の動揺とウヂの集約化

欽明天皇十三年（五五二）十月条の仏教伝来記事は、中国南朝の梁を中心とする仏教的国際秩序への参入が迫られた深刻な状況を映し出している。欽明天皇は受容の可否を群臣に歴問する。蘇我稲目は国際的な孤立を危惧して受容を進言するが、物部尾輿や中臣鎌子は「我が国家の天下に王とましますは、恒に天地社稷の百八十神を以て、春夏秋冬に祭拝するを事となす」と答え、王権権威の根幹に関わる問題だと強く反対した。用明天皇二年（五八七）に物部氏が誅滅されると、国際秩序参入へと大きく舵が切られることになるが、その代償も大きく、伝統的権威の衰微は極限に達して遂に崇峻天皇弑殺に至った。これを受けて推古朝には、君主の権能を「神祭りを掌る天皇」と「外交の担当者たる摂政」に分離して欽明十三年紀以来の矛盾を回避するとともに、推古天皇十五年（六〇七）二月には壬生部を定めて、皇太子・大臣・百寮と共に神祇を祭拝して祭祀の復興を宣言する。同年冬には倭国で高市池・藤原池・肩岡池・菅原池を修造し、山背国で大溝を栗隈に掘り、河内国で戸苅池・依網池を作って、国ごとには屯倉を置いている。治水と農耕に基づく伝統的権威の復興を期したのである。

また、トモからウヂへの転換自体が、地位世襲・部民領有といった権益を象徴する名の継承を契機としたものであったから、ウヂが王権への依存性を保持しつつ自己の利益追求へと傾倒していくのは当然であった。こうした利を追求する意識が、ウヂの奉仕意識を内側から磨滅させていたのである。推古天皇十二年（六〇四）の十七条憲法は、当該期の状況をリアルに映し出している。第五条では「饕《むさぼり》を絶ち欲を棄てた」裁判が求められ、「利を得るを常とし、賄を見て讞《ことわりもう》すを聴く」現状を咎めており、第六条では「諂《へつら》ひ詐る者」の弊害が語られる。第十条に「人皆な心有り、心に各の執有り。彼是ならば則ち我は非なり。我是ならば則ち彼は非なり」、第十五条に「私を以て公を妨ぐ」、第十七条には「事、独断すべからず」とあって、公と私、我と彼という対抗関係、利を貪る意識が論じられ、自己に執着する対立の意識を批判している。第三条の「詔を承れば必ず謹め」、

第十二条の「国に二君非ず、民に両主無し」も君臣意識を磨滅させる「私」の問題が背景にある。

こうした状況に対して提示されたのが、第一条の「和」なのである。利を貪る私を捨て公につき、党を組んで対立を煽る意識を廃し、旧来の「上和下睦」の秩序を目指す。ただし単純に「和」の復古を主張したのではなく、第二条で「篤く三宝を敬へ」と説かれるように、「万国の極宗」たる仏法をその基礎に据えた。外交を担当してきた聖徳太子が自ら体験した東アジアにおける仏教の平和維持機能を、内政に応用せんとする試みであった。

古墳儀礼改革と国史編纂によるウヂの奉仕意識の集約も進められた。推古天皇二十年（六一二）二月庚午（二十日）条に堅塩媛の欽明陵への改葬の誄で氏姓之本が奏上されたことがみえ、同二十八年（六二〇）十月条には檜隈陵辺で氏ごとに大柱を建てさせたとある。律令陵墓祭祀の荷前と様相が異なるから古墳儀礼の本源的な姿とされがちだが、巨大古墳の造営は王の身体と権力との未分離状態（厳密な意味での専制政体の様相）における権力表象、身体モニュメントの設定を本質とする。長期にわたる殯も個別の王の身体に密着する君臣関係を更新する時間を確保するためのものである。個別的な君臣関係の所産であり、名代設置の意識とも相応する。これに比して、推古朝の儀礼は欽明天皇と堅塩媛が合葬された檜隈陵前で挙行されており、古墳という場を用いる点で守旧的要素を残すものの、トモからウヂへの転換をふまえて現在の君臣関係を直近の権威たる欽明天皇と蘇我稲目へと遡及集約させるもので、天寿国繍帳銘と共通の歴史意識をもつ。五世紀後半に古墳がその巨大化を停止し、横穴式石室を有する埋葬施設という世俗的性格を濃厚にしていく現象は、個別の王の身体に直結する君臣関係の終焉と表裏一体の関係にある。

同二十八年の『天皇記』『国記』『臣連伴造国造百八十部并公民等本記』の編纂もウヂの奉仕意識を一元的に集約する試みであった。既に継承儀礼において奉仕の次第が繰り返し語られることで、ウヂに残存した多属性というトモ的要素は次第に整理解消されつつあったが、その傾向を決定づけたのが文字による筆録であった。「本記」は先の「氏姓之本」と対応し、始祖を核とした系譜の確定を意味したのであろう。同じ年に「氏ごとに大柱を建てる」儀礼が挙行されたのも両者が一連の政策であったことを物語る。系譜と歴史が一つの説明へと還元され、それを前提に歴史は動いていく。

ウヂが自己の祖の名を『天皇記』『国記』に描かれる王権の神話や歴史のなかに始祖として位置付けていくのもこの時期のことであろう。自己の上祖を神話・伝承中の存在と同一視したり、ストーリーそのものに組み込んだりするのである。実際、天孫降臨神話をみても、『日本書紀』神代下第九段の一書第一では中臣の上祖天児屋命と忌部の上祖太玉命以下の五部の神を伴ったとあり、『古事記』の五伴緒と一致するが、紀本文はシンプルで、天児屋命等は天石窟の話に登場する神々の一つにすぎない。また、一書第二では「天児屋命・太玉命、及び諸部の神等」とあり、一書第四では大伴連の遠祖天忍日命が来目部の遠祖天槵津大来目を率いて先導したことになっている。大伴氏が自分の祖を強引に天孫降臨神話に組み込んだ形跡がある。逆にいえば稲荷山鉄剣銘の「上祖オホヒコ」は『日本書紀』の四道将軍と必ずしも一致してはいなかったのだろう。溝口氏は、氏族系譜が朝廷の神話伝承に登場する人物を必ず始祖とし、始祖の役割が子孫の朝廷内における地位の基礎となっていると説明するが[31]、逆に歴史的順序からいえば、職掌や権益の保持を求めるウヂに対して各自の上祖を王権の歴史のなかに位置付けることを許し、大きな物語として一体化させることが試みられたのである。大伴家持が熱く語った始祖の名への想いも、こうした歴史的産物をふまえた奈良時代の言説なのである。

（二）大化の旧俗廃止

推古朝の施策の延長線上で考察すべきは、大化の諸法令、特に大化二年三月甲申（二十二日）に出された大化薄葬令である。十七条憲法と共通の社会問題と向き合った習俗統制の法だからである。薄葬令は古墳の終末を考える手がかりとして考古学の方面から研究され、また関晃氏により公葬制という説明もなされたが[32]、詔全体を虚心に見渡すと単なる古墳の規格ではなく、広く庶民にわたる葬送習俗、社会倫理、結婚習俗、穢と祓除、都鄙間交通、勧農政策など多様な内容を擁している。三河尾張の個別事例など、大化元年（六四五）東国国司が持ち帰った情報に基づくと考えられる具体的内容を含んでおり、大化二年三月という重要な時期に出された意味を考える必要があろう[33]。

全体は、①古墳造営による民の貧絶、殯と殉死、断髪刺股をともなう誄、庶民の死体遺棄といった喪葬旧俗の廃止、②虚偽を語り他を詐る所為、婚姻トラブルや詐欺、祓除料要求や倫理観の崩壊といった社会問題の解決、③三河尾張における養馬の法制化と都鄙間交通の整備、④流通経済に携わる民の農業民化、農作月の美食飲酒禁止といった勧農政策、の四段落で構成される。③と④は中央集権化にともなう都鄙間交通の恒常化と公民制を念頭に置いた勧農など新しい国制を準備する内容である。他方、①と②に描かれた伝統的習俗は否定すべき「旧俗」「愚俗」と称されている。

注目すべきは、その多くが王権自身の率先して行ってきた慣習であることである。巨大古墳の造営や長期にわたる殯は安定的王位継承や奉仕関係の継続に必要な慣習であったが、世襲王権が定着し冠位制が導入された七世紀中葉においては現実から乖離した旧俗にすぎず、民の貧絶を導いている。また祓は元来衛生観念から生まれた共同体の自己防衛であったが、穢観念が希薄化してもなお祓除の作法だけは残っており、それを悪用して、人が溺れ死ぬのを見せた、貸した甑が倒れて穢れたと言掛りをつけて祓除料を要求し、預かった馬が出産したといって祓除料に代えて当の馬の譲渡を求める。穢を名分とした私利追求であることは明らかである。婚姻トラブルも、各地のミヤケにおける編戸によって固定化した夫婦関係と旧来の対偶婚的慣習という新旧の婚姻倫理の齟齬に、利を貪る詐欺的行為が巣食ったものである。

薄葬令が一貫して向き合っているのは、前代の社会が生み出した慣習が時代の転換のなかで形骸化するも旧俗として残存し続け、現実と旧習の間に生じた齟齬が社会問題や犯罪の巣窟となっているという現実である。そこには私利の追求が常に存在する。奴婢もまた自己の利害を第一に考え、長く仕えた主人でも、貧するや簡単に見限って勢家に付くと書かれている。

こうした現状認識を確認したうえで、あらためて先の十七条憲法の内容を想起すると、両法令が共通の社会問題と向き合っていたことが明らかになるであろう。ただし、改新政府は十七条憲法のように「和」への回帰を目指してはいない。むしろ旧来の慣習が機能不全を起こし犯罪・浪費の元凶になっていることを見抜き、利を追求する個の存在を是認する方向を前向きに選択したのである。

（三）「名」と「位」の位相——品部廃止詔の論理——

権益化した名を負ったウヂが利益追求に傾倒しているという現状認識は、大化二年（六四六）八月癸酉（十四日）のいわゆる品部廃止詔のなかにも通底している。

詔して曰く「……。而るに、王の名々に始れる臣連伴造国造、其の品部を分ちて、彼の名々に別つ。復た其の民品部を以て、交雑して国県に居せしむ。遂に父子をして姓を易へしめ、……。是に由りて、争競の訟、国に盈ち朝に充つ。終に治められずして、相ひ乱るること弥盛んなり。粤を以て、今の御寓天皇より始めて臣連等に及ぶまで所有せる品部は、宜しく悉く皆な罷めて国家民と為すべし。其れ王名を仮借して伴造と為れる、其れ祖名を襲拠して臣連と為れる、斯等、深く情を悟らず、忽ちに是くの若く宣する所を聞きて、当に思ふべし、「祖の名、借りる所の名、滅せむ」と。是に由りて、預め宣して朕が懐ふ所を聴き知らしめむ。王者の兒、相ひ続ぎて御寓せば、信に時帝と祖皇の名、世に忘らるべからざることを知る。而るに王名を以て軽しく川野に掛けて名を百姓に呼ぶは、誠に可畏し。凡そ王者の号は将に日月に随ひて遠く流れ、祖子の名は天地と共に長く往くべし。是くの如く思ふが故に宣す。祖子より始めて奉仕せる卿大夫、臣連伴造、氏々人等、或本に云く、名々の王民。咸な聴聞くべし。今、汝等を以て仕へしむ状は、旧職を改去して新たに百官を設け、及び位階に著けて官位を以て叙せむ。……」と。

同じ弊害は大化三年四月壬午（二十六日）詔にも記されており、両者をあわせ理解すれば「臣連伴造国造など氏々は王名・祖名（神名）を負うことで結集したものだが、[34]その名に固執して彼此・我汝という対抗意識をもつようになり、名を品部や土地（前々処々）に付している。いま品部を廃止するに際し、彼らは王名・祖名が滅すると危惧している」ということになろう。ウヂの側の関心事は、建前では名に象徴される奉仕由来の永続だが、本音は権益の保持にある。名は誇り高き奉仕の象徴ではなく領有権と化していたのである。

そこで改新政府は氏々の王名保持という名分を逆手にとって、氏々を「名々の王民」と称するが如き王民観念を措定し、名は人民や土地に付さずとも政府が管理するから、氏々が仮借してきた王名や王権と関係付けられた祖子の名といった奉仕の由来も、「日月に随って遠く流れ、天地と共に長く往」くであろうという戦略的宣言を打ち出した。奉仕意識と私有意識とを明確に切り離すことで領有の正当性を巧妙に剥奪する。王名・祖名は現王権が一元的に管理することとし、名の代替として天皇との距離を視覚化する位階制の導入が宣言される。
名の一元管理は、名をめぐる多様な異説を内包する歴代史「日本書紀三十巻、系図一巻」として実現する。また、歴代の先皇霊が現天皇を守護していることを示すべく全先皇陵に陵戸を置いて管理させ、毎年十二月に調庸の初物を献じて祭る荷前常幣を創始する。古墳は王の身体モニュメントから先皇守護霊の宿る場へと位置付けなおされる。(35)

また考選により位階に叙され、相当官職に基づいて禄が支給されるというシステムは、先の個の利益追求エネルギーを国制のなかに止揚する回路である。実際、奈良時代の宣命や『万葉集』には叙位が旧来の名と一体のものであるが如く語られる史料が散見する。『続日本紀』天平十五年（七四三）五月癸卯（五日）条の宣命に、「君臣祖子の理を忘るることなく、継ぎ坐さむ天皇が御世御世に明き浄き心を以て祖の名を戴き持ちて、天地と共に長く遠く仕へ奉れとして、冠位上賜ひ治め賜ふ」とみえ、天平宝字八年（七六四）九月甲寅（二十日）条の仲麻呂の乱の将軍凱旋の際の詔にも、「夫れ人として己が先祖の名を興し継ぎひろめむと念はずあるは在らず。是を以て、明く浄き心を以て仕へ奉らむをば氏々の門は絶ちたまはず治め賜はむと勅りたまふ御命を、諸聞きたまへと勅る。また宣りたまはく、仕へ奉る状に随ひて冠位あげ賜ひ治め賜はくと宣る」とあって、名は戴き持つべき精神的観念に還元され、祖の名を継いで仕奉することが「治め賜ふ」こと、即ち叙位の条件となる。(36)ここに名が日本特有の位階へと転化する連続相が看取される。

養老継嗣令3定嫡子条の「承重」の語について、『令集解』所引の「令釈」や「義解」が「父を継ぎて祭を承くなり。祭事尤も重し」とするなかで、大宝令の注釈書たる「古記」だけは「謂ふこころは、祖父の蔭を説きて承け継ぐなり」と解説しており、この史料から中田薫氏は日本における祭祀相続の非本源性、祖名相続と蔭位相続の連続性を説いている[37]。蔭位は伝統的な名の継承に基礎づけられたものであった。位階は個人に賜わるものだから、ウヂはいったん解消されて個人を包む流動的家族が再び浮遊する。位階に基づき設定される家令職員令の公的「家」は蔭位を介してのみ、その永続性を保持することになる。

第三節　律令官人制の導入と新しい君臣秩序

（一）ウヂの擬似出自集団化と官人制の導入過程——甲子の宣から庚午年籍へ——

重層的かつ多属的に入り組んだ旧来のウヂを再編成することは非常に難しい。改新政府は、奉仕意識と権益意識をいったん分離したが、その結果、領有対象から切り離されたバラバラの個人が権利意識を孕みつつ現出する。彼らを如何なる手続きを経て国家のなかに位置付けていくかが、直近の課題であった。現実の利害が絡むがゆえに慎重厳正に条件を確定する必要がある。大化三年冠位制は理念的には新しい枠組みを提示しているが、内実は全官人を覆う位階制からは程遠いものであったと考えられる。というのも、早く青木和夫氏が強調したように「天智までの冠位が推古の冠位十二階の分化発展であり、大宝の位階は天武のそれの整理統合であるのに対して、天智までと天武以降とでは区分の基準が全く異なつてゐる」からである[38]。

天智天皇三年（六六四）の甲子の宣は、白村江敗戦後の諸氏の不満に対応すべく部民を一部復活させた対氏族策とされたこともあったが[39]、氏上を公的に設定して民部家部を一括支給し、それを核に氏人の範囲を確定させて官人出身条件を絞り込むことを意図したものであろう[40]。

大化二年（六四六）正月朔の改新之詔は、旧権益を有した「大夫以上」「官人百姓」に食封・布帛を賜うことと し、同三年四月詔でも禄制施行まで「待ち難い」からと「皇子・群臣・諸百姓」に庸調を賜っていた。賜与対象 が曖昧に表現されているように、支配者層か庶民か判別しかねる微妙な中間層が含まれていた。また、複数の名 を負う場合もあったから、その整理を政府主導で行うことは困難で不満を誘起しかねない。民部家部支給は保障 の再分配を氏上に委託する政策であり、先の暫定的庸調支給はここで打ち切られたのだろう。利害を絡ませた結 果、中間層は自主的に氏上を核として結集せざるをえない。氏上が抱えうる氏人の数は支給額により制限される。 その意味で天智天皇九年（六七〇）の庚午年籍は、氏上を中心とする氏人の帰属確定、氏人からすれば自分が 負ってきた名々のなかから最も有意義な一つを最終選択して文字で固定することを意味した。ここにトモやウヂ の流動性は消滅し、氏上・氏人からなる擬似出自集団としての氏が誕生する。

天武天皇二年（六七三）五月朔には、「夫れ初めて出身せむ者は、先づ大舎人に仕へしめよ。然る後に其の才能 を選簡びて、以て当職に充てよ。また婦女は、有夫・無夫及び長幼を問ふこと無く、進仕せむと欲せば聴せ。其 の考選は、官人の例に准へよ」という詔が出される。庚午年籍で氏の所属が確定した者を官人として出身させて いくことを指示した詔である[41]。壬申の乱を跨いでいるため天武朝固有の政策とみられがちだが、前提となる法整 備もなく乱の直後に突如実行に移せるわけがない。婦女の考選は官人の例に准えよとあり、官人考選法はこの二 年前の近江令もしくは天智朝の単行法令で提示されていたと考えざるをえない。同四年（六七五）二月には「甲 子年に諸氏に給へる部曲」が廃止される。給与制が実行に移された結果であろう。

また、天武天皇十一年（六八二）八月癸未（二十二日）条には「凡そ諸て考選すべき者は、能く其の族姓及び景迹を検へて、方に後に考ぜよ。若し景迹行能灼然たりと雖も、其の族姓定らずば、考選の色に在らざれ」とみえる。考選が軌道に乗った段階で、近江令文もしくは天智朝の単行法令「諸て考選すべき者は、……方に後に考ぜよ」を引用しつつ、あらためて族姓確定を厳格に指示した詔と考えられる。同十年（六八一）九月甲辰（八日）、十一年十二月壬戌（三日）にも氏上の理官（のちの治部省）への登録が命じられている。[42] 大半は庚午年籍で確定済みで理官にも名籍が存したはずだから、天智天皇三年以前に既に出仕していた者や新たな氏姓賜与・別祖設定ゆえに氏上を申請していない者への最後通告だろう。

こうした過程を経て天武天皇十四年（六八五）、従来とは構成を異にする新しい冠位制が制定される。天智朝以来の官人化政策はここに至って完了した。その冠位名称が「明き浄き心をもって正直に勤務すれば追って進あり」という言葉で構成されていることは、利益追求心を昇華吸収する律令官人制の本質を見事に象徴している。

（二）不改常典の思想――「天地・日月と共に」の言説――

『続日本紀』慶雲四年（七〇七）七月壬子（十七日）条の元明天皇即位宣命には、不改常典として知られる天智天皇の定めた「天地と共に長く日月と共に遠く改るましじき常の典」が現われる。[43]

関くも威き藤原宮に御宇しし倭根子天皇、丁酉の八月に、此の食国天下の業を、日並所知皇太子の嫡子、今御宇しつる天皇《文武》に授け賜ひて、並び坐して此の天下を治め賜ひ諧へ賜ひき。是は、関くも威き近江大津宮に御宇しし大倭根子天皇の、天地と共に長く日月と共に遠く改るましじき常の典と立て賜ひ敷き賜へる法を、受け賜り坐して行ひ賜ふ事と衆受け賜りて、恐み仕へ奉りつらくと詔りたまふ命を衆聞きたまへと宣る。……。故、是を以て、親王を始めて王臣・百官人等の、浄き明き心を以て弥務めに弥結りにあなひ奉り輔佐け奉らむ事に依りてし、此の食国天下の政事は、平けく長く在らむとなも念し坐す。また、天地と共に長く遠く改るましじき常の典と立て賜へる食国の法も、傾く事無く動く事無く渡り去かむとなも念し行さくと詔りたまふ命を衆聞き賜へと宣る。……。

これ以降、即位に際してこの不改常典に言及されることが一般的となり、桓武朝以降は「此の天つ日嗣高座の業を掛まくも畏き近江大津の宮に御宇し天皇の初め賜ひ定め賜へる法の随に仕へ奉れと仰せ賜ひ授け賜ふ大命を受け賜はり」と定型化する。(44)

この不改常典について今日なお断案が得られないのは、文章が曖昧でそれ自体から意味が確定できず、即位・譲位をめぐる政治状況を交えた憶測が混入するからである。文中の「是は」が何を受けると考えるかで如何ようにも解釈できる。「今御宇しつる天皇に」を受けるとすれば皇位継承法となり、「並び坐して」を受けるならば共同執政説となり、「日並所知皇太子の嫡子」を受けるとすれば嫡系継承や皇太子制という解釈が出てくる。「此の天下を治め賜ひ諧へ賜ひき」を受けるとすれば、詔後半の「不改常典の食国法」と同じものとなって律令法と解される。口頭で読み上げられる同一文章中に登場する特殊な修飾語を冠する二つの不改常典を別物と考えるのは不自然だし、そもそも儀礼の場で継承者選抜の個別事情を説明するのも場違いであって、統治の基本精神を語るのが普通だと思うが、曖昧な文章をどう読むかで議論しても水掛け論になってしまう。

この問題を解決するカギは、『続日本紀』養老三年（七一九）十月辛丑条（十七日）の詔にある。(45)

詔して曰く、開闢已来、法令尚し。君臣位を定めて運属くる所あり。中古に洎びて由行すると雖も、未だ綱目を彰さず。降りて近江の世に至りて、政張悉く備る。藤原の朝に迄りて、頗る増損あるも、由行して改むること無し。以て恒法となす。是に由りて、遠祖の正典を稽へ、列代の皇綱を考へて、洪緒を承け纂ぐは、

　此れ皇太子なり。然るに、年歯猶ほ稚く、未だ政道に閑はず。但し以みるに、鳳暦を握りて極に登り、龍図を御して機に臨む者は、猶ほ輔佐の才に資り、乃ち太平を致し、必ず翼賛の功に由り、始めて安運あり。……。

首皇太子の国政参与を説明する内容だが、法典編纂史を素描する史料でもある。ただ、「政張悉備」と「由行無改」の部分に内容理解を左右する校訂上の問題が存在する。前者は、基本史料集である新訂増補国史大系や新日本古典文学大系までもが「弛張」とし、多くの研究者も無批判に採用しているが、新古典大系の底本たる蓬左文庫本には明確に「政張」と書かれており、他の古写本も「政」か「改」のいずれかに限られる。「弛」は江戸時代の学者の意改にすぎないからあえて改める理由にはならない[46]。他方、後者は現存の古写本では「連」だが、蓬左文庫本・兼右本等の傍書には「無イ」「無イ本」と記され、かつて「無」と書かれた異本が存在していたことがわかる。「連」を「しきりに」と読む用法は続紀にみられず、「無」のくずし字と酷似するから、「無改」であった蓋然性が高い。こちらは新古典大系では既に「無」と修正されている。

この法典編纂の文脈で語られる近江の世に完備した「政張」が近江令を指すことは疑いなく、その後の修訂でも基本精神は変えていないから大宝律令は「無改恒法」であり、これに「由行」して皇位を受け継ぐと説明している。「無改恒法」は和語で読めば「不改常典」と同じで、不改常典も律令法に基づく統治の宣言とみるのが妥当であろう。文章全体の論理をみても、即位譲位宣命に現れる統治の正当性を語るキーワードと綺麗に対応する。

〔養老三年格〕	〔即位譲位宣命〕
近江の世に由行する無改恒法	天智天皇の不改常典
遠祖の正典を稽へ列代の皇綱を考へて	諸の天皇が朝廷の立て賜へる食国の政を戴き持ち（孝謙天皇即位宣命）

あななひ助け仕へ奉る（元明・聖武天皇即位詔）

補佐翼賛

天下は平らけく長くあらむ（元明・孝謙天皇即位宣命）

太平安運

元明即位宣命も、統治が不改常典に基づくものであるがゆえに、臣下もそれに仕奉してきたと語り、後半では親王王臣百官人らが浄き明き心で「あななひ奉り輔佐け奉らむ事に依りてし、此の食国天下の政事は平けく長く在らむ」と述べ、「天地と共に長く遠く改るましじき常の典と立て賜へる食国の法も、傾く事無く動く事無く渡り去かむ」と法治国家の永続を説く。官人の仕奉は、統治が律令法と先例（「諸の天皇が朝廷の立て賜へる食国の政」）に基づくがゆえに得られるもので、君臣一体となってその統治と国制を守っていくべきだという。また天平勝宝元年（七四九）四月朔の宣命には、元正・聖武へと「御世重ねて」受け継がれてきた天智天皇の言葉「大臣の御世重ねて明き浄き心を以て仕へ奉る事に依りてなも、天日嗣は平けく安けく聞こし召し来る。此の辞忘れ給ふな、弃て給ふな」が引用され、「御世重ねて」が繰り返されているように、天皇歴代を超えた大臣の永続的奉仕こそが平安の基礎だといっている。

こうした理念が典型的な形で現われた事例が、神亀元年（七二四）三月の大夫人称号事件である。母藤原宮子に大夫人の称号を贈った即位後間もない聖武天皇に対し、律令には皇太夫人の称号しかなく、だからといって大夫人号を認めなければ違勅罪になる、法と勅の何れを優先すればよいかと左大臣長屋王以下公卿が問い詰め、聖武天皇は素直に勅を撤回する。律令法に基づかない権力の発動を太政官は認めないという律令法と天皇権力との特有の関係が映し出されている[47]。ただし、天皇と太政官の対立を過度に強調して貴族政権論へ結びつけるのは極端で、君臣が一体となって法を戴きもつ関係こそが重要なのである。

ここで注目すべきは、この不改常典に「天地と共に長く」「日月と共に遠く」という特徴的な修飾語が付されている点である。これは天平十五年五月癸卯（五日）条に「祖名を戴き持ちて天地と共に長く遠く仕へ奉れとして」とあり、『万葉集』に「……、皇祖の、神の御門に、外の重に、立ち候ひ、内の重に、仕へ奉りて、玉葛、いや遠長く、祖の名も、継ぎ往くものと、……」（3―四四三）、とあるように、名を負って奉仕する君臣関係の永続を表現する言葉として用いられている。さらにこの表現は品部廃止詔の「凡そ王者の号は、将に日月に随ひ遠く流れ、祖子の名は、天地と共に長く往くべし。……。今、汝等を以て仕へしむ状は、旧職を改去し新に百官を設け、及び位階に著けて官位を以て叙せむ」に遡及される。名に体現された君臣関係は官位制施行によって今後も揺らぐことはないという。この新しい契約たる官人制の実現が律令法であり、「天地と共に長く」「日月と共に遠く」改めることなき君臣関係を保障する天智天皇の法を受けて統治を行うがゆえに、臣下も明き浄き心をもって仕奉するべきだと説明されるわけである。

近江令の実在については議論のあるところだが、奈良時代の官人がそれを官位制に基づく新しい君臣秩序のモニュメントと認識していたことは確かである。それゆえに「改めてはならないもの」であり、現天皇も即位の時点で関係の更新を宣言して官人を「治め賜ひ」、官人も法に基づく統治ゆえに「仕へ奉る」のである。不改常典が律令制の全面施行と同時に、即ち大宝律令施行後の最初の皇位継承に際して殊更に宣言されるようになったのは、吉村武彦氏のいう群臣推戴と王位継承ごとのツカサへの再任命といった旧来の君臣関係再生儀礼の慣例から脱却するからで[48]、列立する大臣以下官人たちに「位階や官職は（律令法に基づいた文武朝の君臣秩序をそのまま引き継いで）自動的に更新されるけれども、それは律令を共に奉じる限りにおいてのことである」と宣言して、そのことを認識させておく必要があったのである。日本律令法は中国律令のように歴代ごとに発布される権力の表出ではなく、天皇と臣下が共に守り伝えていくべきモニュメンタルな法と観念されていた。

坂上康俊氏は、法の遵守が義務付けられる論理を唐と日本の制度から具体的に検討し、唐の遵法は応務と代耕で説明され、絶対的な天の観念によって基礎づけられていたことを確認し、他方日本では応務の論理（片務的関係）が未成熟で、君恩と奉仕を請求し合う世襲的双務的関係のなかで統治権正当化の論理が模索され続け、最終的には皇祖以来の統治権委託の連続に求められざるをえなかったと説明する(49)。

しかし、中国における法の応務を基礎づけているのは一貴族から実力で王権を簒奪した皇帝の生の権力、実質的な武力であり、天の観念はむしろ現実の権力の写し鏡である。門下省の称揚・封還の権限や皇帝の徳の強調も、逆に成熟した門閥貴族層・士大夫層との妥協の産物だといえる。それに対して古代日本では、法における応務的関係を構築せんとする努力は最初から存在しなかった。日本律令国家の天皇は、むしろ直接的な権力から脱して律令法と先皇霊を戴く位置に立つことを明確に宣言し、臣下の奉仕を受けつつ一体となって秩序の維持に努める存在となる。そうした即自的な秩序が安定的に維持されえたのは、ウヂの王権依存性が強固で成熟した貴族制が前提になかったからである。真の双務的互恵的な緊張関係も生まれなかった。個別の天皇統治の正当性が問われることはあっても、皇孫支配そのものの正当性が問われることはほとんどなかったのである。

（三）知識とトモの融合――白鳳期から聖武朝への底流――

ウヂを基礎づけていたトモの論理、人格的な結集と奉仕の論理は、律令官人制の導入によって完全に消滅したわけではない。仏教における知識（願主の下に結集して造仏・写経などの事業を実践する集団）の観念と融合しつつ生き続けたのであり、最後にこうした側面をトレースしておきたい(50)。

娶生系譜が双系的な構造をもち、その古い事例の多くが追善関係史料であることから、仏教の「七世父母」の観念の影響が想定されることは先に述べたが、仏教の知識と伝統的なトモの観念の直接的な融合は白鳳期に進行する。丙寅年（天智天皇五年（六六六））に刻まれた野中寺弥勒像の銘文は、栢寺の知識により造像された中宮天皇奉為の弥勒像を指して「此の教えを相るべし」と呼びかけており、知識の観念が檀越を核とする集団結集に活用されている。(51) 銘文内で「栢寺智識《チシキ》之等」の語が「友等人《ともらのひと》」という和語に言い換えられている点も見落せない。のちの『類聚名義抄』も「知」を「トモ」と訓じている。また、薗田香融氏が注目した天平七年（七三五）八月の「慈姓知識経」は、(52) 慈氏《（弥勒）》の弟子を名乗る願主慈姓と「慈」を名に負った慈法・慈信ら多くの知識たちによって書写されたもので、「弥勒慈氏―願主慈姓―知識慈法・慈信ら」と名の重層性が看て取れる。さらに古代日本の僧侶は複数の法名を並列的に所持することが多く、「行基菩薩舎利瓶記」によれば、行基は薬師寺僧として法行の名を併せ持っている。名への多属性も確認される。

こうした両者の融合を前提として、聖武朝には知識の観念を国家規模で活用することが試みられるのである。天平十五年（七四三）十月辛巳（十五日）の大仏造立詔には、「菩薩の大願を発して、盧舎那仏金銅像一躯を造り奉る。……広く法界に及して朕が知識と為し、遂に同じく利益を蒙りて共に菩提を致さしめむ」とあり、あえて知識による造仏を志し、自らを〈所化〉の頂点たる大檀越に位置付けている。これは天皇が風化の主体から降りて、法や先皇霊を戴く存在として臣下と共に秩序維持に努めるという先述の枠組みを前提としたものであり、当該期の宣命において、仏を天神地祇・先皇霊と並べて王権守護者に据えるようになることとも対応する。

『東大寺要録』巻二縁起章第二には、同十七年（七四五）のこととして「天皇、専ら御袖を以って土を入れ、持ち運びて御座に加ふ。然る後、氏々の人等を召集して、土を運びて御座を築き堅む」とみえ、天皇と氏々の人が知識をなして造仏に奉仕しているさまが記されている。天平勝宝四年（七五二）四月乙酉（九日）の大仏開眼供養会は、「雅楽寮及び諸寺の種々の音楽、並びに咸な来り集る。復た王臣諸氏の五節・久米儛・楯伏・蹋歌・袍袴等の歌儛有り」という様相で、大仏を中心とする華厳世界を表現するが、[53]同時に王臣・諸氏に服属儀礼的歌舞を奏させる守旧性も見落せない。

このようにみてくると、天平勝宝元年（七四九）四月朔の聖武天皇宣命の復古的色彩もあらためて注目されよう。先皇陵や有功者墓の顕彰を求めるとともに、自分が父母双方の名を受けていること、女性も父の名を負うことを強調し、父系に集約されない伝統的な名の観念を鼓舞している。先の家持の歌（18—四〇九四）も、この宣命が彼らの奉仕意識を刺激したことが契機となって作られたものである。こうした聖武天皇の復古政策と仏への臣従は天平九年（七三七）の疫病流行の打撃という国家的危機を受けたもので、[54]直近の社会不安の解消には一定の効果をあげたであろうが、本来の意図を超えて皇孫思想の神話的基礎を破壊し、道鏡即位という危機を招くことにもなった。

むすび

古代日本のウヂは、流動的な世帯家族が権益化した名を系譜として負うことで永続性を獲得した団体で、始祖が王権神話に吸収され権益が王権権威により保障されるに至って、強固な王権依存性を獲得するに至った。こうした沿革をもつがゆえに、ウヂは特定の家族を核とはするが、同一の名の下に配下の部民階級に及ぶ縦割りの集団構成をとり、名の永続のためならば血縁世襲を排することもありえた。このように、ウヂは自然発生的な血族団体ではなく、歴史的な諸条件のもとに生み出されたものだから、その特徴を段階的に把握する必要がある。

ウヂの成立過程には三つの段階が想定される。第Ⅰ期は、トモの段階で、名を付すことで支配を及ぼし、名を負うことで集団に帰属するという直接的な人格関係の段階である。複数の名を負って複数の集団に帰属することもあり、別基準の名を並列的に追うこともあった。トモは中国の姓の如き強固な血族意識を前提にもたない社会においては、第一義的な集団結集の様式として顕著に現われる。第Ⅱ期は、名が設定者の手を離れて実体化し、名を負うことが権益の継承であると観念される段階である。個々の家族は権益たる名々を集積し、その世襲を継承次第として負うことで永続的団体へと転ずるとともに、重層的な奉仕関係を自己のなかに吸収する。これが狭義のウヂである。ただし名への多属性はなお生き続けている。第Ⅲ期は、名の権益否定と律令官人制への移行を期して、公認した氏上を核に擬制的出自集団が設定される段階である。単一のウヂの名を選択して理官に登録することが官人出身の条件とされ、王名に代えて位階が授与され禄が支給される。ウヂに生命を吹き込んでいた名は抽象的な奉仕理念に還元され、位階を負った個人と流動的な家族が現出する。

五世紀後半から巨大古墳の造営が縮小傾向に転じることは、個別の君主の身体モニュメントが不要になったことを示しており、直接的な人格関係たるトモの段階の終焉を意味する。トモからウヂへの転換は稲荷山鉄剣銘の如き一系系譜を生み出す。七世紀前半の推古朝には、古墳儀礼の欽明陵への集約と国史の編纂を通して名への多属性の解消、系譜の一元化が図られ、ウヂは自己の祖名を王権の歴史のなかに位置付けていく。七世紀中葉の大化改新では名と権益とが分離され、庚午年籍により名の単一確定が迫られ、位階を基礎とする律令官人制が導入された。

官人制導入に際して氏上を核とする「氏」が設定されたが、これは血族出自集団の誕生を意味しない。これ以降氏神や氏寺が史料上に現われ、義江氏が指摘するように桓武朝以降の出自集団化の様相は特に顕著である。しかし出自集団の体裁をもつ「氏」は既に甲子の宣から庚午年籍に至る過程で生み出されているし、桓武朝にみられる現象はウヂの内的発展の結果ではなく、長山泰孝氏が指摘したように長岡平安遷都による大和盆地の地縁秩序からの乖離浮遊、奈良朝末の王権権威の動揺という外的要因によって一時的に血縁意識が高揚したものにすぎない[55]。当該期の皇統意識の高揚も一時的なもので、八世紀末に成立する陵墓祭祀である荷前別貢幣は当初天智天皇を始祖とする宗廟祭祀の様相を呈するが、その本質は自己から逆三角形に遡る近親父母祖父母に対する祭祀という点にある。九世紀中葉以降には天智陵は律令国家の創始者の山陵、桓武陵は平安京の創始者の山陵と目され、出自意識に基づく祭祀は根付かない[56]。皇族の出自集団化、王家の成立も、天皇や院の家産の確立を受けて初めて進行する。種々の氏文の作成や『新撰姓氏録』に結実する氏族志の編纂事業も桓武朝に集中し、畿内を中心に作られたという特殊事情を見落とすべきではない。

むしろ『古語拾遺』が嘆いている「書契より以来、古を談ることを好まず。浮華競ひ興り、還た旧老を嗤ふ。遂に人をして世を歴て弥新たに、事をして代を逐ひて変改せしむ。顧みて故実を問ふに、根源を識るもの靡し」といった若い世代の歴史意識の欠如こそが当該期の実態なのである。土師氏の改氏姓も出自集団化ではなく、官人制の進行のなかで旧職のカラーを払拭することに目的があった。にもかかわらず、氏結集の核として氏寺や氏神祭祀が整備継続していくようにみえるのは、いったん出来上がった寺院や神社という組織は自律的に自己保存を目指す団体だからで、経営維持のために氏の構成員に結集を鼓舞するからにすぎない。

結局のところ、日本では血縁に基づく出自集団は成立しないのではないか。高橋秀樹氏もいうように、中世になっても一門の中から家が発生し、その家がまた一門と称されてその中に家が胚胎する[57]。常に分化し別祖が設定される。流動的な家族は政治的経済的な権益を触媒として初めて永続団体として固定する。その要因が時代や階層によって家名・家職・芸道・暖簾などと変化するのみである。徳川家康が源朝臣として将軍職に就くように、豊臣秀吉が藤原朝臣として関白職に就き、木下系図と藤原系図と豊臣系図を併せ負うように、名への多属性は厳然として継続する。こうした家の非自立的性格が逆に王権依存性を永続させたともいえる。

そもそも血族意識に基づく出自集団は普遍的に発生するものではないのだろう。断続的戦争状態に置かれた民族や定住しない遊牧民族にとって土地の上の共同性は仮象にすぎない。不安定な政治状況や過酷な自然環境による緊張が、直接的なアイデンティティーたる血の観念を社会規範として高度に具象化させるのである。従って日本の氏や家を歴史的に考える場合には、家族の流動的な生成消滅を基本として、時にそれを永続団体へ転ぜしめる個別の契機を把握することが求められる。

（1）　津田左右吉『日本上代史の研究』岩波書店、一九四七年。
（2）　関晃「古代日本の身分と階級」（『関晃著作集』第四巻、吉川弘文館、一九九七年。初出は一九六三年）、阿部武彦『日本古代の氏族と祭祀』吉川弘文館、一九八四年、直木孝次郎『日本古代の氏族と天皇』塙書房、一九六四年、など。
（3）　平野邦雄『大化前代社会組織の研究』吉川弘文館、一九六九年。
（4）　吉田孝『律令国家と古代の社会』岩波書店、一九八三年、同「祖名について」（土田直鎮先生還暦記念会編『奈良平安時代史論集』上巻、吉川弘文館、一九八四年）。
（5）　本居宣長「続紀歴朝詔詞解　巻二」（『本居宣長全集』第七巻、筑摩書房、一九七一年）。
（6）　中田薫「古法制三題考」（同『法制史論集』第一巻、岩波書店、一九二六年。初出は一九一二年）、同「祖名相続再考」（同『法制史論集』第三巻、岩波書店、一九四三年。初出は一九三三年）。
（7）　熊谷公男「〝祖の名〟とウヂの構造」（関晃先生古稀記念会編『律令国家の構造』吉川弘文館、一九八九年）。

（8）石母田正「古代の身分秩序」（同『日本古代国家論』第一部、岩波書店、一九七三年。初出は一九六三年）、溝口睦子『日本古代氏族系譜の成立』学習院、一九八二年。

（9）義江明子『日本古代の氏の構造』吉川弘文館、一九八六年、同『日本古代系譜様式論』吉川弘文館、二〇〇〇年。

（10）義江註9著書、同『古代王権論――神話・歴史感覚・ジェンダー――』岩波書店、二〇一一年。義江氏は当初用いた「一系系譜」「両属系譜」の概念を修正し、前者を「児（子）系譜」、さらに「地位継承次第系譜」と、後者を「娶生」系譜」と改名するが、系譜の性質による呼称と形式による呼称とを不統一に混在させるべきではない。

（11）吉村武彦『日本古代の社会と国家』岩波書店、一九九六年、狩野久『日本古代の国家と都城』東京大学出版会、一九九〇年、鎌田元一『律令公民制の研究』塙書房、二〇〇一年。

（12）松木俊曉『言説空間としての大和政権』山川出版社、二〇〇六年、もこうした視点から王権に集約されない仕奉の観念を抽出している。

（13）近年の研究として、吉村武彦「六世紀における氏・姓制の研究――氏の成立を中心として――」（『明治大学人文科学研究所紀要』三九号、一九九六年）、中村英重『古代氏族と宗教祭祀』吉川弘文館、二〇〇四年、中村友一『日本古代の氏姓制』八木書店、二〇〇九年、鈴木正信『日本古代氏族系譜の基礎的研究』東京堂出版、二〇一二年、などがある。

（14）須原祥二『古代地方制度形成過程の研究』吉川弘文館、二〇一一年、も合わせ参照。

（15）中国の家や同姓不婚の観念については、滋賀秀三『中国家族法の原理』創文社、一九六七年を、周代以来の概念の変遷については、尾形勇『中国古代の「家」と国家』岩波書店、一九七九年、を参照。

（16）吉村武彦氏は漢字表記に注目して、養鳥人・典馬人（動詞＋目的語＋人）から鳥養部・馬飼部（目的語＋動詞＋部）への変化を人制から部民制への転換とみたが（同「倭国と大和王権」『岩波講座日本通史』古代1、岩波書店、一九九三年）、これは五世紀の文筆が渡来系集団に専属していたことを示すもので（江田船山古墳鉄刀銘「書者張安」など）、文字言語が口頭言語と乖離していたにすぎない。それゆえ六世紀以降も、和語職名と漢字表記に不一致が残存するのである。

(17) 狩野註11著書は、部を人間の人間による人格的所有（隷属関係）と規定し、その歴史的諸相に着目するが、トモ（王の奉仕者）とベ（王民の呼称）を一体の王民と理解する。
(18) 義江明子「「娶生」系譜にみる双方的親族関係——「天寿国繡帳銘」系譜——」（義江註9第二著書。初出は一九八九年）。
(19) 拙稿「天寿国繡帳銘文再読——法隆寺と膳氏——」（『文化史学』六二号、二〇〇六年。本書附論二に再録）、吉川敏子『氏と家の古代史』塙書房、二〇一三年。
(20) それにもかかわらず双系の形式をとる系譜様式が生み出されたのは、その古い残存例が仏教関係銘文であるように、仏教の七世父母観念が契機となった可能性がある。
(21) 義江明子「冒母姓改姓史料と「娶生」系譜」（義江註9第二著書。初出は二〇〇〇年）参照。
(22) 行方立評については、篠川賢「律令制成立期の地方支配」（佐伯有清編『日本古代史論考』吉川弘文館、一九八〇年）、森公章「評の成立と評造——評制下の地方支配に関する一考察——」（同『古代郡司制度の研究』吉川弘文館、二〇〇〇年。初出は一九八七年）を参照。
(23) 須原註14著書。
(24) 溝口註8著書。
(25) 大津透『天皇の歴史01神話から歴史へ』講談社、二〇一〇年。
(26) 加藤晃「我が国における姓の成立について」（坂本太郎博士古稀記念会編『続日本古代史論集』上巻、吉川弘文館、一九七二年）。
(27) 大王権力正当化の論理に関する近年の研究成果を総括したものに、大津透『古代の天皇制』岩波書店、一九九九年、義江註10著書などがある。
(28) ウヂ成立の対外的契機については、鈴木靖民「倭の五王の外交と内政——府官制秩序の形成——」（同『倭国史の展開と東アジア』岩波書店、二〇一二年。初出は一九八五年）の府官制にともなう下部機構の整備という理解がある。

(29) 青木和夫『日本の歴史5古代豪族』小学館、一九七四年。

(30) 柳田國男『年中行事覚書』講談社学術文庫、一九七七年、修道社版は一九五五年。

(31) 溝口註8著書。

(32) 関　晃「いわゆる大化薄葬令について」（『関晃著作集』第二巻、吉川弘文館、一九九六年。初出は一九五八年）。

(33) 拙稿「大化二年三月甲申詔の葬制について」（『続日本紀研究』三一〇号、一九九七年。本書第一章に再録）。

(34) 大化三年四月壬午（二十六日）詔は「神名・天皇名々に始まり、或は別れて臣連の氏となり、或は別れて造等の色となる」「彼の姓となれる神名王名を以て、遂に自心の帰する所に随ひ妄りに前々処々に付す」と表現するから、品部廃止詔の冒頭も「王の名々に始まれる臣連伴造国造」と読み、各々が負っている名を品部に付すと解すべきである。祖名（神名）は略されているが、それは「王名を以て軽しく川野に掛けて、名を百姓に呼ぶは誠に可畏し」とあるように主題を王名に置いているからで、「王名」「祖名（祖子の名）」が「時帝」「祖皇の名」と対として言い換えられていくように、広くみれば王名を契機として氏々が結集したという認識である。日本古典文学大系も書き下しでは旧来の読みを踏襲するが、注釈では「名々を、自分たちがそれぞれに分ち支配する品部につけるの意」とし、三年四月詔とほぼ同じ意味と解説する。祖名相続について論じた中田氏も従来の書き下しを訂正し、私見と類似の読みを提示していた（中田註6第二論文）。鎌田氏の「王の子代をはじめとして、臣連伴造国造もそれぞれの所有する品部を彼らのウヂの名に分別する」という読み（鎌田註11著書）には従えない。

(35) 拙稿「律令国家陵墓制度の基礎的研究――「延喜諸陵寮式」の分析からみた――」（『史林』七九巻四号、一九九六年。本書第二章に再録）。

(36) 熊谷公男「〝ヲサム〟考」（新日本古典文学大系月報60、岩波書店、一九九五年）。

(37) 中田註6第一論文。

(38) 青木和夫「浄御原令と古代官僚制」（同『日本律令国家論攷』岩波書店、一九九二年。初出は一九五四年）が指摘したこの重要な断絶の問題を、近年の研究は十分に継承していない。

(39)　井上光貞「庚午年籍と対氏族策」(『井上光貞著作集』第四巻、岩波書店、一九八五年。初出は一九四五年)。
(40)　平野邦雄『大化前代政治過程の研究』吉川弘文館、一九八五年、拙稿「日本律令国家法意識の形成過程——君臣意識と習俗統制から——」(『日本史研究』五〇一号、二〇〇四年。本書第十章に再録)。吉川真司「律令体制の形成」(歴史学研究会・日本史研究会編『日本史講座』第一巻、東京大学出版会、二〇〇四年)は「氏上食封」と呼ぶが、あくまで部民であり、賜与の意図も氏人の帰属確定であろう。
(41)　野村忠夫『律令官人制の研究（増訂版）』吉川弘文館、一九七〇年、参照。
(42)　倉本一宏「天武天皇殯宮に誄した官人」(同『日本古代国家成立期の政権構造』吉川弘文館、一九九七年。初出は一九九四年)が、法官・理官が太政官に次ぐ重要な位置を占めることを示す。
(43)　佐藤長門「「不改常典」と群臣推戴」(同『日本古代王権の構造と展開』吉川弘文館、二〇〇九年)が近年の研究史を丁寧に整理しつつ、群臣による皇太子推戴という視点から自説を展開する。拙稿「律令法典・山陵と王権の正当化——古代日本の政体とモニュメント——」(『ヒストリア』一六八号、二〇〇〇年。本書第八章に再録)も参照。
(44)　早川庄八「天智の初め定めた「法」についての覚え書き」(同『天皇と古代国家』講談社学術文庫、二〇〇〇年。初出は一九八八年)は、桓武朝以降の天智の法と不改常典との差異を強調する。
(45)　田中　卓氏はこの史料に基づき近江令否定説への反批判を展開するが(同「天智天皇と近江令」『田中卓著作集』第六巻、国書刊行会、一九八六年。初出は一九六〇年)、不改常典については「天壌無窮の神勅に類した皇統君臨の大原則」という理解を提示する(同「天智天皇の不改常典」田中前掲著作集。初出は一九八四年)。守旧性を強調する田中説に対して、私見ではその革新性を強調する。
(46)　『続日本紀』和銅四年（七一一）七月朔条には「律令を張り設けたること」とみえ、『論語』為政の集解孔安国注に「政とは法教を謂ふなり」、『後漢書』申屠伝に「重法を張り設けて」、『論衡』斉世に「法制の張設」とあるように、「政張」が正しく、「政（法教）を張設する」の意である。
(47)　早川庄八「大宝令制太政官の成立をめぐって」(同『日本古代官僚制の研究』岩波書店、一九八六年。初出は一九七九年）。
(48) 吉村註11著書。
(49) 坂上康俊「古代の法と慣習」（『岩波講座日本通史』古代2、岩波書店、一九九四年）。
(50) 僧侶や商人の統合原理は地縁を基礎とする農業民とは異なり、人格関係に基づくトモの論理が基盤をなす。近年、僧侶と商人の国際ネットワークが注目されているが、両者は共通の基盤を有したのである。
(51) 竹内　亮「古代の造寺と社会」（同『日本古代の寺院と社会』塙書房、二〇一六年。初出は二〇一二年）。
(52) 仏教における能化・所化の概念については、薗田香融「古代仏教における宗派性の起源」（同『平安佛教の研究』法藏館、一九八一年。初出は一九七二年）参照。
(53) 栄原永遠男「大仏開眼会の構造とその政治的意義」（『都市文化研究』二号、二〇〇三年）。
(54) 吉川真司『天皇の歴史02聖武天皇と仏都平城京』講談社、二〇一一年。
(55) 長山泰孝「古代貴族の終焉」（同『古代国家と王権』吉川弘文館、一九九二年。初出は一九八一年）。
(56) 拙稿「律令陵墓祭祀の研究」（『史学雑誌』一〇八編一一号、一九九九年。本書第四章に再録）。
(57) 高橋秀樹『日本中世の家と親族』吉川弘文館、一九九六年。

附論一　聖徳太子研究と太子関係史料

はしがき

日本古代史で聖徳太子について言及される場合、議論は推古朝の国制、対外関係、飛鳥の仏教文化など多様な問題へと波及していく。しかし、聖徳太子存在否定論が大手を振って闊歩し、高等学校の教科書においてすら「厩戸王」と記載されるようになった今日において、あえて推古朝の史的意義を再評価する本書にとっては、推古朝政治に大きな役割を担った聖徳太子の実像がどこまで復元されるかを、もう一度基本に立ち返って確認しておくことは不可欠な作業である。

そのために、後次的に付加されていく太子信仰の位相はいったん捨象するとしても、なお歴史的人物としての聖徳太子と最も早い段階から付加されてくる太子の偶像という二つの側面を並行して扱っていかざるをえない。個別の史料の検討から出発し、伝説のベールを一枚ずつ剥いで、虚像と実像との間を確定していくことになる。

明治三十六年（一九〇三）に久米邦武が著した『上宮太子実録』は、虚実混交する太子関係史料をその確実性に従って、甲類・乙類・丙類の三等に分類するところから出発する。最も確実とされたのは金石文、即ち法隆寺金堂の中ノ間に坐す釈迦三尊像の光背銘と東ノ間の薬師如来坐像光背銘であった。前者については今日でもほぼ当初のものとするのが通説であるが、後者は多方面からの徹底的な批判を受けており、それを史料として用いる研究者は少ない。しかし、奈良時代には間違いなく法隆寺に伝来していたことが確認できるこれら二体の仏像の銘文、さらには天寿国繡帳銘などを研究の足場に据えることは、太子の実像に迫る方法としてなお有効であろう。

以下、附論一〜四において、根本史料となる『日本書紀』の太子関係記事と法隆寺関係の三つの銘文について個別に再検討を加え、本書の研究の基礎としたい。まず、この附論一では聖徳太子が歴史的にどのように扱われてきたのかを概観し、そのイメージが各時代における歴史観と表裏一体の関係にあったことを確認するとともに、太子信仰の雲に早くから覆われていると説明されてきた『日本書紀』の記事の基本的性格について自説を提示する。

第一節　聖徳太子研究と推古朝の評価

聖徳太子（厩戸皇子、トヨトミミ）は、用明天皇と穴穂部間人皇女との間に生まれた皇子で、推古朝の政治と文化を主導した人物だが、実際にその実像を復元しようとすると、これほど困難な人物も少ないであろう。伝記類は今日伝わっているものに限っても厖大な数にのぼるが、そこに描かれた姿は種々の伝説に覆われており、逆に近年では聖徳太子の実在そのものが問われるに至っている。

彼の実像は没後まもなく太子信仰という雲に覆われ、行信による上宮王院（のちの東院伽藍）の整備とともに伝説的人物へと祭り上げられていく。さらに救世観音信仰との融合、叡福寺太子墓の三棺一廟を阿弥陀三尊に見立てる観念など、仏教界では信仰対象としても深く社会に根付いていくことになる。(1)

他方、古くから聖徳太子に対する厳しい非難の目が存在し続けたことも忘れてはならない。周知のように、江戸時代、林道春らが激しい批判を加えたことに始まり、水戸学者・国学者・神道家からも国体に背いた人物として批判の対象とされてきた。日本史上、先にも後にも例をみない大事件、蘇我馬子が東漢直駒に命じて崇峻天皇を弑させた事件をきちんと裁くこともなく、かえって馬子と手を取り合ってそれ以降の政治を推進したということは、朱子学の理念からも水戸学の立場からも許しがたい暴挙であった。こうした太子に対する敬仰と嫌悪という二つの相反する評価が併存するなかで、明治維新における王政復古と神仏分離・廃仏毀釈の波を受けて、太子は日本を外来宗教たる仏教一色に染め上げた張本として、さらに厳しい批判の前に立たされるに至った。

こうした批判の淵源は、古代末中世にまで遡る。日本最初の歴史哲学の書と呼ばれる『愚管抄』を書いた天台座主慈円は、同書第三において次のように記している。

この崇峻のころされ給ふやうは、時の大臣をころさんとおぼしけるをききかざどりて、その大臣の国王をころしまいらせたるにあり。それにすこしのとがもなくて、つつらとしてあるべしやは。なかにも聖徳太子おはしますおりにて、太子はいかに、さては御さたもなくてやがて馬子とひとつ心にておはしましけるぞと、よに心えぬことにてあるなり。さて其後かかりければとて、これを例と思ふをもむきつやつやとなし。

神道家ではなく、むしろ仏家のなかから太子の行動に対する深い疑問が先駆的に提示されていたのである。仏教の歴史観＝縁起という史観が、歴史叙述にとどまらず歴史の原因、歴史の意味を問わせることになる。なぜ天皇を中心とした貴族政権は没落したのか、なぜ武士の抬頭を許したのか、どうしても説明をせざるをえない現実であった。こうした慈円にとって仏教導入に大きな役割を果した聖徳太子、浄土教では既に聖人とさているはずの太子が、馬子を罰することもせず、その後も手を取り合って政治を行うというのはどういうことなのか。彼が仏家であるだけに避けては通れない問いであり、王権の斜陽を前にしてあらためて問われるべき課題でもあった。

仏教界においてすら違和感がもたれたのであるから、水戸学者や朱子学者から厳しい非難を受けたのも当然であった。

こうした思潮に対して正面から反批判を加えたのが、近代の帝国大学の史学者たちであった。最初期の帝国大学国史科の教授、重野安繹・久米邦武・星野　恒らは清朝考証学を基礎にもつ漢学者で、勧善懲悪による歴史の評価を廃し、史料に基づく史実の確定に熱意を燃やした。特に大隈重信の欧米回覧に付き添った久米は、田口卯吉に代表される文明史観の影響を強く受けていたこともあって、聖徳太子の文明受容における功績を高く評価した。「上宮太子は尚武の日本に文明を啓誘したる君なり」と評し、その「偉大な人物にて八面玲瓏な、玉の如き品格は日本の誇りであるが、仏法を興隆されたによって、非仏者の目には悪魔のごとく幻影し、聖徳太子といえば、彼は弑逆の大罪人の蘇我馬子を容認して倶共に仏法を興隆した、崇峻帝を弑した首悪は寧ろ厩戸と、無法な論まで出た。是が知識の貧弱な思想から出る愛憎論である」と反批判を加えている(2)。

筆禍事件により久米が大学を去り、重野も国史科から漢学科へと移籍することになると、一時的に栗田　寛のような水戸学者が第一講座を担任するようになり、内藤耻叟のように講義で「妖僧最澄、怪僧空海」と仏家を評し、西洋を「金殿玉楼屎っ壷」と罵るような講師も現われたが(3)、学科の実質的な運営を任されていた温厚な三上参次の庇護のもと、自由に学問を形成して大学卒業後すぐに田口卯吉のもとで国史大系の校訂に従事した黒板勝美が、次代の国史学科の一翼を担うようになる。

黒板は、聖徳太子擁護の筆をとり、太子の聖徳宣揚をその畢生の事業として「聖徳太子奉賛会」を立ち上げた。大正十年（一九二一）には、法隆寺貫首佐伯定胤の念願を受けて正木直彦と共に千三百年忌奉賛会を主幹する。渋沢栄一男爵にその経済的援助を頼みに行くと、「予は水戸学徒にして聖徳太子は大嫌いなり」と言下に拒絶された。崇峻天皇が弑されたことについて、「是過去の因縁なり」と太子が語ったという言い伝えが水戸学者の間に流布し、当時の小学校歴史教科書にも掲載されているほど普及していた俗説であった。黒板はそれが根拠のない俗説であることを説明し、最後には渋沢も「ご高教ありがとう存じます。私が悪うございました。太子様を御誤解申しおり誠に相済みませぬ。その償いとして今後は太子様の御ために出来うるだけ微力を尽くさせていただきましょう」と誓った。会長に徳川頼倫侯を推薦してもらい、総裁には久邇宮邦彦殿下を奉戴しえたことで、ようやく太子の再評価は公にも正当性を獲得したのである(4)。

黒板がなぜここまで聖徳太子の顕彰に熱意を燃やしたのかは、近代史学史上の重要問題ではあるが、いまだ十分な説明を与えることはできない。彼は池上本門寺に葬られているように日蓮宗であるが、高野山に対する思いも深く、いつも明王院の宿坊を拠点として高野山文書の調査を行うのみならず、江戸時代以来再建されずにいた根本大塔や大正十五年に焼失した金堂の再建にも中心的な役割を果している。金堂の本尊、秘仏阿閦如来像は七十九歳の老齢で強く固辞する高村光雲を、「像の完成まで高野山の僧に日々延命読経をさせて死なせない」と説得して造立してもらったものである(5)。さらに田口の文明史の影響からか西洋文明にも強い関心を示し、欧米各地の博物館を廻り、若い時からエスペラントにも興味をもち、日本エスペラント協会を主宰している。また、歴史における個人の役割を高く評価する歴史観をもっており、近代的な国体論の基礎をも有している。こうした黒板の一つの立場にとらわれない懐の深い学問的基礎を顧みると、彼が聖徳太子に対する深い畏敬の念をもつことになるのもおのずから理解できる。

しかし、黒板の太子評価は単にその人物顕彰や文明史的観点からの評価にとどまらず、久米の行った以上の評価を与えた。明治維新と並ぶ大改革たる大化改新から律令国家確立までの道程を、聖徳太子の理想実現として説明してみせたのである。また、聖徳太子の時代を大化改新の単なる先駆ではなく、「大化改新の準備が既に太子によってある点まで為し遂げられたのであり、大化改新は太子の御事業を継承して実現されたものと見るのが、寧ろ妥当である」と説明する。(6)氏姓時代の旧制度がなお多く続いているなかで、古い殻を打破するにはいまだ力が十分ではなく、直ちに完成することは困難であったにすぎないという。

こうした歴史像は当時としては必ずしも一般的なものではなく、すぐに津田左右吉が論文「大化改新の研究」のなかで「あの如き改革が忽然として企画され、また急激に行はれたとは解し難いようであるから、局部的にはその前から徐々に新制度が立てられていたのではあるまいか、遡っていうと聖徳太子にその端緒が開かれていたのではなかろうか、というような憶測が行われてはいまいかと思われる」とし、端緒とは改新を推進することになる留学生の派遣だとか、文物や政治に関する知識が輸入されたという点に限定した意味ならわかるが、「太子が大化改新の如き改革を企画していたとか、または大化改新が太子の理想の実現であったとか考えるならば、それは誤りであり、太子薨後の二十余年間における歴史の発展を無視するものである」と黒板を痛烈に批判している。(7)

黒板の提示した歴史像は非常に斬新なもので、また検討を要する大問題であったが、帝国大学教授の設定した枠組みは大きな影響力を有し、ベストセラーの『更訂國史の研究』を通して広く受容されることになる。(8)また、黒板は大学卒業後すぐに東山御文庫の調査に従事させていた弟子の坂本太郎を、聖徳太子奉賛会の研究生に推薦し、古代交通史をテーマとしていた坂本に一方的に研究課題「大化改新の史的研究」を与えて、津田に対する実証的反批判という使命を担わせた。実際、坂本の自叙伝には、史料編纂掛への奉職を勧めてくれた辻善之助から津田学説などに目くじらを立てなくてもよいではないかと窘められたと記されているが、(9)成果は学位論文の『大化改新の研究』に結実し[10]、その歴史像は日本古代史の古典的パラダイムを確立することになる。なお、この奉賛会は若き坂本のみならず、戦後古代仏教史に大きな影響を与えた花山信勝・石田茂作ら多くの大学者を生み出した史学史上看過できない研究者養成機関であった。

戦後の古代史研究はこのパラダイムに対する挑戦から始まった。当時国史学科で古代史を学び始めた学生の最初に手にする書は、主任教授の主著『大化改新の研究』であったという。仏教史研究から出発した井上光貞も、大学院時代からこの書を座右に置きながら『日本書紀』の逐条審議を始めて、「庚午年籍と対氏族策」を書く[11]。改新詔の近江令転載を主張し、改新当時の方針はまだ漠然としていて、試行錯誤の過程として七世紀後半の歴史を描かれるべきとする津田学説を妥当としながら、「津田説にも積極的な論証が欠けていたので、通説を支持していられた恩師の坂本太郎氏の立場をおそっていた」といっている[12]。また、青木和夫もこの書を出発点として、北山茂夫などの内乱の契機を重視する視点から壬申の乱を再評価する言説を横眼にみながら[13]、「浄御原令と古代官僚制」を書き、近江令否定説、浄御原令画期説を打ち出して天武朝の再評価を行う[14]。

近江令肯定否定という点から井上・青木の古代史像は対立的に捉えられがちだが、両者は同じ坂本批判から出発しているのである。後に関西の日本史研究会が改新否定論を打ち出すが、原秀三郎が改新否定論は青木論文の坂本批判に触発されつつその不徹底さを突き詰めたものだと語っているように[15]、黒板・坂本パラダイムへの挑戦の延長線上に誕生したものなのである。

戦後の七世紀史の研究動向は、一方で推古朝の評価の空洞化を導く。井上も最終的に推古朝を律令制受容に対峙する固有法の時代と位置付けて、実質的画期を天武朝に置くことになるし、近年では近江令の再評価や白村江の敗戦という視点から天智朝の意義が見直されつつあるが、その多くは対外的契機を重視する石母田正の学説との折衷である。こうした戦後歴史学の行き着く先が聖徳太子否定論なのである。天武朝もしくは白村江敗戦を画期に設定するとき、大化改新の意義は相対化され、推古朝はさらにその向こうの霧になかに隠れていく。

大化改新肯定論者で坂本の最大の擁護者であった関　晃ですら、「推古朝政治の性格」という論文のなかで、推古朝政治は蘇我氏の主導下に行われた氏姓制度に基づく政治であって、大化改新の先駆とする正当な根拠がほとんど見あたらない、聖徳太子の政治とされてきたものは決して蘇我氏の政治に対立するような性格をもったものではなく、氏姓制度を根本から否定するような要素を含むものではないとする。改新の直接的な原因は、舒明朝・皇極朝における唐の太宗による高句麗遠征の如き大陸情勢の緊迫が最も重視されるべきで、律令制が古代社会の必然的な到達点だという論は自明のことではない。推古朝は二つのコースの分かれ道であり、非律令的コース＝貴族社会へという第二のコースの可能性があったと説明するのである。[16] 黒板・坂本学説の本質が推古朝の評価にあることからすれば、これまた黒板・坂本批判である。

口では聖徳太子存在否定論を過激な俗説のように評する人も多いが、実は推古朝の意義の否定の上に七世紀史を描いている人がほとんどなのである。否定論の代表的論者大山誠一自身、井上光貞を師として原秀三郎の改新否定論を横眼で睨みながら東大アカデミズム史学のなかで自らを磨き、大化改新を研究テーマにしてきた研究者である。[17] 大山の否定論は、戦後古代史が生み出してきた推古朝に対するイメージの正直な吐露なのである。

ここに至って、聖徳太子存在否定論の背後には巨大な戦後歴史学のパラダイムが立ちはだかっていることに気づくだろう。ともすれば郡評論争や近江令問題などの個別の論争が話題になりがちであるが、本質的な問題は推古朝や孝徳朝を含めた七世紀の歴史過程をどう捉えるべきか、黒板・坂本パラダイムは現在の研究段階からみてどう評価されるべきか、この問題への新たな解答が求められているのである。

以上、聖徳太子と推古朝の評価が表裏一体のものとして如上の研究史を背負っているとするならば、やはりもう一度基本に立ち返って、聖徳太子その人を語る基本史料の再検討を行うことも不可欠な作業となる。本書でも推古朝の政権構造や支配構造に検討を加えて、そのなかに聖徳太子の姿を浮かび上がらせてきたが、既存のパラダイムに左右されがちな推古朝の国制や対外関係、飛鳥の仏教文化といった太子の生きた時代から迫るだけではなく、個別の史料からも聖徳太子の姿がどこまで具体的に復元できるのか確認していきたい。そこでは「歴史的人物としての聖徳太子」と「最も早い段階から付加されてくる伝説的要素」という二つの側面を並行して扱っていくことになる。

第二節　『日本書紀』太子関係記事の性格

断片的な切り口から聖徳太子の姿を垣間見ることになる金石文などの銘文に比して、『日本書紀』は聖徳太子の事跡を包括的に描いている。しかし、そこに収められている太子関係記事には、既に伝説的で超人的なイメージが付与されており、その実像に迫ろうとする者にとっては無力感を感じるほどである。しかし、これらの記事を虚心に見渡すとき、『日本書紀』の同時期の記事と比べてその筆法があまりに伝説的にすぎることが逆に注目されてくる。

坂本太郎氏は、『日本書紀』が聖徳太子の記事を書く際に法隆寺側に資料を求めなかった、「たまたま手に入った縁起を用いただけで、進んで寺々に縁起を求める労はとらなかったから」だというが[18]、私は『日本書紀』編者が資料の存在を認識していなかったとか、使うことができなかったとかと考えるのは誤りだと思う。あれほどまで資料を博捜している『日本書紀』が、法隆寺の資料だけを見落したとは考えがたいからである。むしろ、何らかの理由があってあえて採用せず、積極的に他説、即ち既成の太子伝を用いたと考える方が自然であろう。確かに『日本書紀』の太子像は既に相当伝説化されているが、のちの太子信仰とは異質なものでもある。坂本氏も一種の太子伝を『日本書紀』は採用したのだろうとの憶測を提示している[19]。この点を以下、具体的に論じていこう。

『日本書紀』の描く太子像で最も特徴的な点は、二月五日薨去説の採用である。これまでみてきた法隆寺関係史料のみならず、「法隆寺伽藍縁起并流記資財帳」から確認される聖武天皇や光明皇后による聖徳太子忌日法会からみても、奈良時代には太子の崩日は二月二十二日と広く認識されていたことは確かである。にもかかわらず、『日本書紀』は二月五日説をあえて採用している。それ相応の意図がなければなるまい。ここにこそ『日本書紀』太子関係記事の評価を確定する糸口がある。

太子の薨去に関係して想起されるのは、高句麗僧慧慈の事跡である。慧慈は三論・成実の学僧で、太子の内典の師となった人物であった。推古天皇三年（五九五）五月に百済僧慧聡とともに高句麗から来訪し、法興寺の完成にともない入寺、三宝の棟梁と称された。推古天皇二十三年（六一五）に帰朝するが、推古天皇二十九年（六二一）に太子の薨去を伝え聞いた慧慈は大いに悲しんで、翌年の同日に自分も死のうと言い残して、事実その日に病なく命終したと伝える。

この太子慧慈同日逝去説の初見が『日本書紀』であるという事実が、これまで意外に看過されてきたように思う。のちに『上宮聖徳法王帝説』が二十二日の出来事と読み換えたうえで採用し、太子伝の系譜にも流れ込んでいく伝説であるために目立たないのだが、もともとは法隆寺内から発生した伝説ではない。平安時代にまとめられた太子伝の最初の集大成『聖徳太子伝暦』の「一説」には「吾、来年二月五日を以て必ず死なむ。或説に曰く、二月二十二日に必ず死なむ。竟りて其の言の如く、明年二月二十二日に病無く逝く」とあり、前半はほぼ『日本書紀』に従って書き、後半を聖徳太子二十二日没の常識をもって書き加えたために、本文に矛盾・混乱が引き起こされている。二月五日という日付は、本来慧慈の没日から派生したものなのだろう。

ここであらためて『日本書紀』の慧慈が卒する場面の叙述をみてみよう。

（推古天皇）廿九年春二月己丑朔癸巳。夜半、廐戸豊聡耳命、斑鳩宮に薨ず。……。是月、上宮太子を磯長陵に葬る。是の時に当りて、高麗の僧慧慈、上宮皇太子の薨を聞きて、以て大いに悲む。皇太子の為に僧を請せて、而して設斎す。仍りて親ら経を説く日に、誓願して曰く、「日本国に聖人有り。上宮豊聡耳皇子と曰ふ。固に天に縦されたり。玄聖の徳を以て日本の国に生まれり。三統を苞み貫きて先聖の宏猷を纂ぎ、三宝を恭み敬ひて黎元の厄を救ふ。是れ実に大聖なり。今、太子既に薨ず。我、国異ると雖も、心断金に在り。其れ独り生くとも何の益かあらむ。我、来年二月五日を以て必ず死なむ。因りて以て、上宮太子に浄土にて遇はむ。以て共に衆生を化さむ」と。是に、慧慈、期りし日に当りて死す。是を以て、時の人、彼も此も共に言ふ「其れ独り上宮太子の聖にましますのみにあらず。慧慈も亦た聖なり」と。（原漢文、傍点筆者）

注目すべきは、この短い一節に「聖人」「玄聖之徳」「先聖之宏猷」「大聖」「上宮太子之聖」「慧慈亦聖」と、実に「聖」の語が六回も現われていることである。『日本書紀』が採用した太子慧慈二月五日逝去説には濃厚に「聖」の言説がともなっているのであり、むしろそれと一体のものだと言ってもよいくらいである。

ここで注目されるのが、『日本書紀』に散見する聖徳太子に関する伝説的記事のすべてに、これと同様の「聖譚」とでも称すべき性格が確認できるという一貫性である。あらためて列挙しよう。

○聖徳太子誕生

（推古天皇元年）夏四月庚午朔己卯（十日）。厩戸豊聡耳皇子を立てて皇太子とす。仍りて政を録摂す。万機を以て悉く委ぬ。橘豊日天皇の第二子なり。母の皇后を穴穂部間人皇女と曰ふ。皇后、懐妊開胎の日に、禁中に巡行して諸司を監察す。馬官に至り、乃ち厩戸に当りて、労かずして忽に産む。生まれながら能く言す。聖の智有り。壮に及びて、一たびに十人の訴を聞き、以て失なく能く弁ず。兼ねて未然を知る。且つ、内教を高麗の僧慧慈に習ひ、外典を博士覚哿に学ぶ。並に悉く達す。父の天皇、之を愛し、宮の南の上殿に居らしむ。故、其の名を称して上宮厩戸豊聡耳太子と謂ふ。

○片岡山飢人説話

（推古天皇二十一年）十二月庚午朔。皇太子、片岡に遊行す。時に飢者、道の垂に臥す。仍りて姓名を問ふ、而るに言さず。皇太子、視て飲食を与ふ。即ち、衣裳を脱ぎ飢者を覆ひて言ふ「安かに臥せ」と。則ち、歌ひて曰く「しなてる片岡山に、飯に飢て、臥せる、その旅人あはれ、親無しに、汝生りけめや、さす竹の、君はや無き、飯に飢て、臥せる、その旅人あはれ」と。

辛未。皇太子、使を遣して飢者を視しむ。使者、還り来りて曰く「飢者、既に死す」と。爰に、皇太子大いに悲む。則ち因りて当処に葬埋せしむ、墓固く封ず。数日の後、皇太子近習者を召して謂ひて曰く「先日、道に臥したる飢者、其れ凡人に非ず。必ず真人ならむ」と。使を遣して視しむ。是に、使者還り来りて曰く「墓所に至りて視るに、封埋動くことなし。乃ち開きて以て見るに、屍骨既に空し。唯、衣服のみを棺の上に畳み置けり」と。是に、皇太子、復た使者を返し其の衣を取らしむ、常の如く且た服す。時の人、大いに異みて曰く「聖の聖を知ること其れ実なるかな」と。逾よ惶る。

○聖徳太子薨去

（推古天皇）廿九年春二月己丑朔癸巳（五日）。半夜、厩戸豊聡耳皇子命、斑鳩宮に薨ず。是の時、諸王諸臣及び天下百姓、悉く、長老、愛児を失へるが如くにして、而して塩酢の味、口にあれども嘗めず。少幼、慈父母を亡へるが如くにして、哭泣の声行路に満つ。乃ち耕夫は耜を止め、舂女は杵かず。皆曰く「日月輝を失い、天地既に崩れぬ。自今以後、誰をか恃まむ」と。是の月、上宮太子を磯長陵に葬す。是の時に当りて、……。

（以下、前掲の聖たる太子慧慈同日逝去説を引く）

これらすべてに通底する「聖」の言説は、まさにそれらが「同一の書からの一括転載」である可能性を示唆している。薨去記事では途中から「是の時に当り」と不自然な話の転換をして高句麗の慧慈を登場させ、同じ二月五日に没した二人は「ともに聖であった」と結んでいる。

坂本氏は太子記事に高僧伝的な要素がみられるとするが、まさにそれは「聖徳太子と高句麗僧慧慈を主人公とする聖譚」というべき内容の書物であろう。この聖譚の作成段階で、玄奘三蔵の没日二月五日が更なる隠喩として利用された可能性もあるだろう。そして薬師如来像光背銘に初めてみえる「聖王」の呼称や用明天皇紀の引く「聖徳」という名も、この書から発生したと考えることもできる。

『日本書紀』編者はこの聖譚に満ちた伝記をどうしても用いたかったからこそ、法隆寺に伝わる信憑性の高い太子関係資料を採用しなかったのだろう。編纂段階でリアルな文学的描写をそのまま利用できるという便宜もあったであろうが、それだけではない。『日本書紀』という書物の性格を考えれば以下のように考えるべきだろう。――慧慈の協力によって成り、慧慈によって国外の高句麗に持ち帰られたという「三経義疏」（『上宮聖徳法王帝説』）によりアジア仏教界に名を馳せている聖徳太子を、国際的な仏教者として描くことこそ時宜を得たストーリーであり、太子と慧慈を一体とみなしつつさらには玄奘の卒日をも暗示するこの物語こそ、[20]『日本書紀』

にとって非常に魅力的な素材だったのである。井上光貞氏もいうように、これ以降、国内で太子信仰が発達するにともない、次第に慧慈協力説の影は薄くなり、太子ひとりの著作とする思想のなかに埋没していくのである。(21)

むすび

以上より、『日本書紀』の太子関係記事は太子の国際性を強調する意図をもって、慧慈と太子とに関する伝記を用いて記されたものであって、八世紀中葉から法隆寺において生まれ九世紀以降普及する太子信仰や、四天王寺の絵伝系統の太子伝とは異質なものである。(22)従って、『日本書紀』の編者がいわゆる太子信仰に傾倒していると判断してはならない。逆に言えば、伝説的な記事がみられることを一般化して、『日本書紀』に採録されたそれ以外の太子関係記事——系譜、冠位十二階・十七条憲法の制定、『天皇記』『国記』の編纂——までを疑うことは控えなければなるまい。他の『日本書紀』の記事と同じレベルの信憑性を保っているといえるのである。

最後に、聖徳太子の生没年、呼称についても略述しておこう。聖徳太子の生没年は、『上宮聖徳法王帝説』に「甲午年、生。壬午年二月二十二日薨逝也。年四十九年」とあり、甲午年は敏達天皇三年（五七四）にあたる。これは『上宮聖徳太子伝補闕記』から復元できる数字と一致する。また薨日の方は法隆寺金堂釈迦三尊像光背銘文と一致している。生年の月日を欠いているのは、没年から七七＝四十九年を逆算した数字だからであろう。そもそも、このころ生年までが記憶された人物はどれぐらい存しただろうか。蘇我物部の戦いで蘇我側の軍に参加していることからおよその年齢は想像できるが、生年は不明だと考えておくのが正しい。

『日本書紀』で最初に太子が登場するのは用明天皇元年（五八六）正月朔の記事で、皇后穴穂部間人を母とする第一皇子として「厩戸皇子」の名で登場する。これに続けて「更名、①豊耳聡、聖徳。②或名、豊聡耳、法大王。③或云、法主王」（番号筆者）と多様な呼称が列挙されている。先に述べた書紀編者の意識に対応する「聖徳」を含む①説が筆頭に置かれているが、釈迦三尊像光背銘に「上宮法皇」とあることや、古代の人名に「〇〇ミミ」が散見することからすれば（耳が聡いと解するのは後世の付会であろう）、おそらく②説「或名、豊聡耳（とよとみみ）、法大王」が本来の称を最もよく実態を伝えているであろう。聖徳太子は、諱をトヨトミミといい、厩戸王（うまやどのおほきみ）、のち法大王＝法皇（のりのおほきみ）とも称されたと考えられる。

『日本書紀』はこれに続いて「是皇子、初居二上宮一、後移二斑鳩一。於二豊御食炊屋姫天皇世一、位居二東宮一、総二摂万機一、行二天皇事一。語見二豊御食炊屋姫天皇紀一」と記す。上宮は用明天皇の池辺双槻宮の南に建てられた王宮である。「総二摂万機一、行二天皇事一」は、推古天皇元年（五九三）四月己卯（十日）条の「立二厩戸豊聡耳皇子一為二皇太子一。仍録二摂政一。以二万機一、悉委焉」と書かれているのと対応し、天皇大権を代行していたといえよう。

この時期に「皇」の字が使用されていたかどうかわからないという理由から、近年では「法王」「厩戸王子」「推古王」などと表記する歴史書がみられる。「皇」字の使用時期については慎重でなければならないのはもっともだが、「皇」字を「王」に書き換えて架空の語を創作することは、かえって混乱を引き起こすことになるだろう。「〇〇皇子」「皇子〇〇」は天武朝以降に現実に存在した用語だが、「〇〇王子」が国内称号として使用された痕跡は全くないからである。また、「〇〇王」は広く皇族の身分呼称であり、君主の地位についた者は「治天下大王」と区別されている。当時の中国人の意識からすれば「王」「王子」であるかもしれないが、この時期は冊封を受けていない。

釈迦三尊像光背銘に現われる「王后」「王子」も、「厩戸王の后」「厩戸王の子」という意味であって普通名詞として用いられているにすぎない。これに対して、厩戸王自身のことは「法皇」と区別して書かれている。この「法皇」呼称に基づいて、そのキサキや子のことを「皇后」「皇子」と書くことはできないことを思うべきで、「皇」字の使用には王族身分呼称「王」とは次元を異にする、君主権に関わる政治的含意が新たに込められている。「法皇」の語は『日本書紀』の「法大王」「天皇の事を行う」に即応するものであって、光背銘の「法皇」の語から逆に、厩戸皇子の天皇大権代行の事実が証明される。

(1) 小倉豊文『聖徳太子と聖徳太子信仰』綜芸社、一九六三年、林幹彌『太子信仰——その発生と発展——』評論社、一九八一年、小野一之「聖徳太子墓の展開と叡福寺の成立」(『日本史研究』三四二号、一九九一年)など参照。
(2) 久米邦武「聖徳太子についての歴史批評」(『久米邦武歴史著作集』第一巻、吉川弘文館、一九八八年。初出は一九二〇年)、久米邦武『上宮太子実録』井洌堂、一九〇五年。
(3) 三上参次の受けた諸講義についての回想による(同『明治時代の歴史学界』吉川弘文館、一九九一年)。
(4) 村田俊彦「聖徳太子奉賛会」(黒板博士記念会編『古文化の保存と研究』一九五三年)。
(5) 「高村翁の感慨」(昭和九年一月東京報知新聞社における座談会での談)(『弘法大師壹千百年御遠忌紀要』総本山金剛峯寺、一九四三年)。
(6) 黒板勝美『更訂國史の研究』各説上巻、岩波書店、一九三二年。また、同「聖徳太子と大日本の建設」(平安考古学会編『聖徳太子論纂』一九二一年)参照。
(7) 津田左右吉『日本上代史の研究』岩波書店、一九四七年。
(8) 黒板註6著書。
(9) 坂本太郎『わが青春』(『坂本太郎著作集』第十二巻、吉川弘文館、一九八九年)。
(10) 坂本太郎『大化改新の研究』至文堂、一九三八年。

(11) 井上光貞「庚午年籍と対氏族策」(『井上光貞著作集』第四巻、岩波書店、一九八五年。初出は一九四五年)。
(12) 井上光貞『私の古代史学』(『井上光貞著作集』第十一巻、岩波書店、一九八六年。初出は一九八二年)。
(13) 北山茂夫「壬申の乱」(同『日本古代政治史の研究』岩波書店、一九五九年。初出は一九五一年)。
(14) 青木和夫「浄御原令と古代官僚制」(同『日本律令国家論攷』岩波書店、一九九二年。初出は一九五四年)。
(15) 青木和夫・田辺昭三編『藤原鎌足とその時代』吉川弘文館、一九九七年。
(16) 関　晃「推古朝政治の性格」(『関晃著作集』第二巻、吉川弘文館、一九九六年。初出は一九六七年)。
(17) 大山誠一『古代国家と大化改新』吉川弘文館、一九八八年。
(18) 坂本太郎『六国史』吉川弘文館、一九七〇年。
(19) 坂本太郎「日本書紀と聖徳太子の伝記」(同『古典と歴史』吉川弘文館、一九七二年。初出は一九七一年)、同『聖徳太子』吉川弘文館、一九七九年。
(20) 大山誠一『〈聖徳太子〉の誕生』吉川弘文館、一九九九年、が玄奘三蔵没日の影響を指摘している。
(21) 井上光貞「三経義疏成立の研究」(同『日本古代思想史の研究』岩波書店、一九七二年)。
(22) 太子信仰の展開については、小倉註1著書、林註1著書、など参照。

附論二　法隆寺釈迦三尊像光背銘文再読
――膳氏と法輪寺――

はしがき

法隆寺金堂の中ノ間に安置されている釈迦三尊像は、その大光背に刻まれた銘文から聖徳太子の追善のために作られたもので、推古天皇三十一年（癸未年、六二三）三月中に完成したと考えられており、美術史の方面では飛鳥彫刻の貴重な基準作例として尊重されている。早く一九三五年、福山敏男がこの銘文を推古朝から「や、降った時代に於いて、推古朝当時の状態に擬して書き記されたもの」とする見解を提出し、それ以降も釈迦三尊像および銘文の推古朝成立に対するいくつかの疑義が現われたが、(1)学界の大勢はほとんどそれを顧みなかったのである。こうした状況を反省した笠井昌昭氏は再びこの問題を取り上げ、きちんとした議論をすべき基本課題であると強く主張した。(2)そして三尊像自体の様式検討から「西脇侍」「本尊ならびに東脇侍」「大光背」「脇侍光背」「台座」「天蓋」の鋳造時期が少しずつ異なり、本来ばらばらであったパーツが法隆寺再建の最終段階、天平期に一つにまとめられたとする見解を打ち出したのである。銘文もこの三尊像完成段階に撰文されたもので、藤原京時代に鋳造された光背に追刻したものだという。

この否定説の復活に対して、大橋一章氏は多くの研究者のように無視することなく、笠井氏の論拠の一つ一つに丁寧な反論を加え、あわせて周囲にも正面から議論すべきことを呼びかけた[3]。ここにいわゆる笠井―大橋論争が展開した。この論争は釈迦三尊像に関する研究史上、二つの重要な意義を有するものであった。第一は、銘文および像の成立年代について古くから燻ってきた疑問をめぐって、ようやく正面対決の場が得られたということである。大橋氏もいうように各方面からの研究者の参加が望まれるところである。第二は、これまで意識するしないにかかわらず「銘文の分析」と「像の成立年代」とが安易に結びつけられる傾向が少なからず存在したが、それが是正され、銘文は銘文の文献研究によって、像は像そのものの様式分析によって考察されるべきだという当然の研究スタイルが定着した点である。笠井氏は銘文研究と像の様式分析とを意識的に区分して論じているし、大橋氏も二つの論文に分けて各々に反論された。銘文の追刻、光背と像との年代差などが問題とされる現段階では、その必要性は特に高まっているのであって、逆に銘文の制約を離れて、釈迦三尊自体の純粋な様式論が本格的に出発する兆しがみえてきたということも慶ぶべきことであろう。

そうなると逆に銘文も現存像に左右されることなく、それ自体としてどう読めるかという視角から再検討されるべきであろう。

第一節　銘文の構成要素をめぐる議論

まず、光背銘文の全文を以下に掲げておく。

法興元丗一年歳次辛巳十二月鬼

前太后崩明年正月廿二日上宮法
皇枕病弗悆干食王后仍以勞疾並
著於床時王后王子等及與諸臣深
懐愁毒共相發願仰依三寶當造釋
像尺寸王身蒙此願力轉病延壽安
住世間若是定業以背世者往登浄
土早昇妙果二月廿一日癸酉王后
即世翌日法皇登遐癸未年三月中
如願敬造釋迦尊像并俠侍及荘厳
具竟乗斯微福信道知識現在安隠
出生入死随奉三主紹隆三寶遂共
彼岸普遍六道法界含識得脱苦縁
同趣菩提使司馬鞍首止利佛師造

笠井氏はこの銘文に対する疑問点を五つに整理した。（1）私年号「法興」の実在性（「法興元卅一年」）、（2）当該期における皇字の存否（「法皇」）、（3）当該期における知識による造像の存否（「信道知識」）、（4）この三人をセットとする観念の成立時期（「随奉三主」）、（5）当該期における仏師の語の存否（「止利仏師」）、である。そして特に（4）の聖徳太子・母后・妃の三人の没した日付が同一または接近していることを三位一体で彼らを崇拝する観念の現われと解する藪田嘉一郎説をすすめて、三者の没日が伝説的背景をもとに作為されたことを詳述し、銘文の推古朝成立を疑う根拠の中心に据えたのであった。大橋氏はそれに対して、これまた説得力のある反論を一つ一つ加えたけれども、氏自身も「一たび笠井説のような解釈が提起されると、たとえ同意したくなくとも、正面から批判・反論ができないことも事実である」といっているように(4)、結局のところ水かけ論的な議論に留まっているというのが実態であろう。

そうなるのも理由がある。両論に共通するのは、銘文中の要素（素材）が推古朝に存在したか否かを論じている点である。そして、笠井氏が歴史学の方法論からすれば一つだけ年代的に飛び離れて孤立する事例は疑うのが鉄則だという考えに基づいて立論しているのに対して、大橋氏は該当時期の残存史料が少ない時代においてはその方法は適用できないのであって、むしろ存在しえた可能性を暗示する状況も認められる以上、無碍に否定すべきではないという立場をとっている。これでは水かけ論になって当然である。

そこで私は、その視点にさらに多元性から一元性へという視点を導入したい。飛鳥時代から奈良時代へという時代の流れは、律令国家形成による中央集権化の過程である。法や制度により文化の多元性は相対的に画一化され、文書行政の普及は言語使用を意識的無意識的に規制する。そのような動向からすると、私年号の「法興元卅一年」や「法皇」といった、律令制の言語体系のなかでは生まれえない多元的な年号や称号がみられることは、銘文を天平期まで下げることに不利な要素ということになるまいか。また「止利仏師」の語についていえば、正しい漢文の知識が普及する八世紀にもなれば、このように中国語として不自然な語はかえって生まれなくなるに違いない。むしろ在来の伝統的に慣習化・固定化している用語が、八世紀以降にも残存した事例だと考えるべきであろう。もし八世紀に初めて作られた文ならば「仏師止利」とあるべきだろう。

以上より、八世紀に作文された可能性は相対的に低下するのだが、次のような反論も十分に成り立つだろう。それ以前の古い文章をまねて、または下敷きにして偽作したのだと。確かに銘文などは国家に提出する公文書ではないから、作為も擬古的文体使用も行われうる性格のものであろう。結局、このように要素の分析からは確定的なことはいえないわけである。永遠の謎とせざるをえないのであろうか。しかし、銘文の内容や制作目的や制作動機を銘文そのものの語るところから抽出し、それにふさわしい年代を確定するという道が残されている。

第二節　膳妃の造像願文

この釈迦像は、銘文に「釈像尺寸王身」とあるところから、推古天皇三十一年（六二三）三月に太子の追善のために作られた「太子等身像」とされてきた。しかし、この銘文を虚心坦懐に読んでそういえるだろうか。結論からいえば、この銘文は聖徳太子のための造像願文ではなく、「王后」即ち膳菩岐岐美郎女自身の造像願文とみるべきものであろう。先入観を除いて読むと、聖徳太子を中心に書かれた文章だとは到底考えられないのである。以下、銘文そのものの詳細な読解と再検討を行う。

〔書き下し〕

法興元世一年、歳《ほし》は辛巳に次《やど》る十二月、鬼前太后《かむさきのおおきさき》崩ず。明年正月廿二日、上宮法皇、病に枕《まくら》し悆《よろ》しからず。干食王后《かれいいのおうきさき》、仍《よ》りて以て疾に労《いた》づき、並に床に着く。時に王后、王子ら及び諸臣と深く愁毒を懐き、共に相ひ発願すらく「仰ぎて三宝に依り、当に釈像の尺寸王身なるを造るべし。此の願力を蒙りて、病を転じて寿を延し、世間に安住せむことを。若し是れ定業《じょうごう》にして、以て世に背《そむ》かば、往きて浄土に登り、早く妙果に昇らむことを」と。二月廿一日癸酉、王后即世す。翌日、法皇登遐す。癸未年三月中、願の如く敬みて釈迦尊像、并せて俠侍及び荘厳具を造り竟《おわ》りぬ。斯の微福に乗じて、信道の知識、現在安隠に、生を出でて死に入らば、三主に随ひ奉《まつ》り、三宝を紹隆して、遂に彼岸を共にせむことを。普遍の六道、法界の含識も、苦縁を脱するを得て、同じく菩提に趣《おもむ》かむことを。司馬鞍首止利《とり》仏師をして造らしむ。

〔現代語意訳〕

法興元卅一年歳次辛巳の十二月に鬼前太后が亡くなったかと思うと、次いで翌年には、死のちょうど一ヶ月前にあたる日（正月二十二日）のことであったが、夫の上宮法皇も病の床に臥してしまった。そうした二人に対する看病につかれたためであろうか、それが原因で干食王后（膳妃）までもが病に倒れることになってしまったのである。そこで、王后は、王子らや諸臣とともに深く悲しんで、共に次のような願を発した。「仰いで三宝に帰依いたし、尺寸王身（釈迦の等身＝丈六）の釈迦像を造ろうと思います。その願力によって、病を転じて寿となし、この現世に安住させて下さい。もし定まった業であって死なざるをえない場合には、浄土に登って早く妙果に昇れるようにして下さい」と。この祈りもむなしく王后は二月廿一日癸酉に世を去った。翌日には夫の法皇も没した。さて、この癸未年三月中になって、私たち願主は彼女の願の通り敬んで釈迦三尊像と俠侍・荘厳具を造り竟えることができた。「この微福によって、私たち信道の知識も、現世では安穏に暮らすことができ、死後は先に往かれた御三方に随って三宝を紹隆して、遂に彼岸を共にすることができますように。また普遍の六道・法界の含識たちも苦縁を脱することができ、同じく菩提に赴くことができますように」。当像は、司馬鞍首止利仏師に造らせたものである。

最初に、先行研究において読み方が分かれていた部分について、自説の根拠を提示しよう。

①まず「歳次辛巳十二月鬼前太后崩」の部分について、古く、「鬼」を「一日」の意とする説、晦の意味とみて「十二月二十九日、前の太后」と解釈する説、二十八宿の鬼宿とみる説などが提出されているが[5]、いずれも認めがたい。というのも、銘文の他の日付部分がすべて数字で表記しているという記載法の一貫性からみて唐突であるし、そもそも「鬼」を晦などの意味に使用した事例は、当該期の史料に確認することができないからである。「鬼前」は「神前」に通じ、ともに「かむさき」と読んだのであろう。別人だが、『日本書紀』継体天皇元年三月癸酉条・安閑天皇二年十二月是月条に継体天皇の娘として「神前皇女」がみえ、『続日本紀』天平九年九月己亥条にも「神前王」(系譜未詳)が現われる。古代の王族の名前としては一般的なものであったようである。

②次に「仍以労疾」の部分だが、「仍りて」には積極的な因果関係のニュアンスが込められている。また「労」は野中寺弥勒銘や『続日本紀』宣命にみられるように、当時の日本の用法では動詞で読むべきものだから「以」も前置詞ではなく前の内容を原因として受ける語である。従って、「仍りて以て病に労き」と読んで、王号后が倒れた原因を説明していると考えるべきである。『奈良六大寺大観』解説のように「王后また労疾を以て」と読むのは疑問である。

③最後に「枕病弗悆于食王后」の部分である。「于」を前置詞とみて、「食するにもよろしからず」の意味にとる説を完全に否定することはできないけれども、「弗悆」はのちに「不予」「不例」と表記される概念で、これだけで完結する語である。また「于食王后」も「かれいいの王后」と読むことができる。清涼殿において天皇が日

常的な食事をとる部屋を「あさがれいのま（朝餉間）」と称するように、天皇の食事は「かれいい」と呼ばれる。膳氏の娘である彼女がこの語を冠して呼ばれることは全く自然なことである。これを無理に「かしわで」と読む必要はないだろう。

以上のことをふまえて、王后を主人公として読む根拠は以下の通りである。

（1）この銘文の前三行「……弗悆」までの部分は、文章構成上、王后が「仍りて以て」病の床に倒れることになった原因を説明する前話部になっている[6]。鬼前太后と上宮法皇の二人は王后を柱とするストーリーに従属している。太后の没日は省略されているし、法皇の倒れた日付は没日のちょうど一ヶ月前という二次的数字にすぎない[7]。

（2）願主はあくまで「王后」自身であり、これに子と従者が加わっている。発願日も、「時に」とあるように、聖徳太子が病にふした時点ではなく、自分が病に倒れた時点のことである。自分自身の病の平癒を仏法に帰依して願っているのである。そもそも、文章中に現われる同じ用語で示される人物は同一人物と考えるのが自然だから、三つの「王后」も特別な理由のない限り同じ女性を指していると考えるべきである[8]。しかし、従来の説のなかには一つ目と三つ目を膳妃と読み、二つ目をそれ以外の后たちと解するものもあるが[9]、冷静にみると何と恣意的な読みであろうか。なお、『聖徳太子伝私記』上巻に朱筆で記された[10]、

今此寺、為二太子御脳消除一、推古天皇卅年壬午歳、大兄王并由義王、立二此寺一云々。大施主者、膳妃也云々。

という膳妃を大施主とする法輪寺草創伝承と類似してくることも、ここで指摘しておきたい（後述）。ちなみに『奈良六大寺大観』では、前半の願文部分に勝手に敬語を挿入し、自分のことは捨て置き、夫の聖徳太子の病気平癒だけを願っているかの如く読んでいるが、太子のための造像だという先入観にとらわれた書き下しである。

（3）三人の没した日付記事のなかで、王后のそれが最も丁寧に「日の干支」まで書き記されている。それに対して聖徳太子の没日は、単に「翌日」としか書かれていない。このことに対する笠井氏の鋭い着目も、「この銘文中に明瞭に書き記されなければならない一番重要な日付は、聖徳太子の薨日」という前提さえ取り除けば、かえって納得のいくものとなる。後半の追善の造像願文において最も大切な日付であるはずの命日が、「翌日」としか記されていない聖徳太子が、銘文の主人公であるはずがない。

（4）「釈迦像尺寸王身」とは一般に聖徳太子の等身像と解され、太子の神格化の一例とされている。しかし釈迦（法王）の等身大＝丈六と解する方が自然ではあるまいか。①銘文では聖徳太子には、王后や王子とは違って、法皇の用字があえて用いられていることからすると、「王身」と別の文字で表記されているものを「法皇」の等身と解することには無理がある。他方、「法王」は漢訳仏典の新造語で、理法・仏法の王・宗主である仏を意味する。法華経譬喩品にも「我、法王たりて、法において自在なり」とある。近年、中国皇帝の等身像造立の事例から太子等身像の造立を意味付ける研究も出されているが、「王身」を等身像とする根拠は薄弱である。むしろ日本における等身像は救世観音に始まったとすべきではなかろうか。②銘文のなかに聖徳太子を特別に神格化する観念はいまだみられないことや、肖像芸術を忌み、その成立がかなり遅れる日本の宗教意識から考えると、没後ならいざしらず、いまだ生きている段階でその人間の等身仏の造像を計画することは考えがたい。③実際の法量が丈六に遥かに満たないのは、第一次の願文における予定がその後に変更されたからにすぎない。膳妃の没後、上宮王家との密接な関係を失った膳氏にとって丈六像の制作は困難となり、計画変更がなされたのであろう。実際、現在の大光背を詳細に観察すると、その下部には切断の跡がみられ、また周囲には飛天を付すための穴が確認されており、半丈六像にふさわしい光背であったことが指摘されている[12]。造像開始段階では半丈六の像を計画、

結局のところ丈六→半丈六→現行法量と何度も変更されることになったのである。こうなると人間の等身などという人はいないだろうから、やはりこの解釈は現行の釈迦像に引きずられたものだといえる。この三点からみても聖徳太子の等身と読む根拠は十分なものではないし、そもそも銘文の他の部分が王后を中心に話が展開されているなかで、これをあえて太子等身と解することは文脈的にあまりにも唐突である。

確かに銘文中には「三主」という語があって、先に亡くなった王后・上宮法皇・鬼前太后の三人を浄土への導き手とする観念が確認されるが、これを過大評価するのは正しくない。藪田氏のように三位一体的信仰で捉えるのは後世の既成の枠組みを通して銘文を読むからであり、笠井氏が「天寿国繡帳銘」という別の撰述事情を有する史料から鬼前太后の没日だけを借りてきて補い、日付の作為性を論じることには方法論上の疑問を感じざるをえない。銘文そのものをみれば三者には明らかに扱われ方の軽重がみられ、三位一体という信仰を前提とするものだとは考えられない。また、日付記事の核になるのは、鬼前太后没日の「辛巳年十二月」、王后の「壬午年二月廿一日」、上宮法王の「翌日」の三つであり、これらから作為などとはいえないだろう。

太子の母の没日を日付まで記す古い史料は「天寿国繡帳銘」しか存在しない。しかもその「歳在辛巳十二月廿一日癸酉」は干支に問題の残る微妙な史料である。また『上宮聖徳太子伝補闕記』には[13]、太子が夫人の膳大郎女に対し「汝、如二我意一触レ事不レ違。吾得レ汝、我之幸大」と感謝の意を表し、自分の愛馬に例えた話が載せられているが、その馬は辛巳年十二月廿二日に斃じたと書かれている。膳臣の家記を用いて書かれた『補闕記』に、王后の没日の異説が記されているのである。この日付は繡帳銘の間人母王の没日と類似しており、両者の混乱が想定される。いずれにせよ二次的に生まれた伝説的日付とみるべきものだろう。

間人母王の死や埋葬に関する伝えで、古くまで遡れるものは実はほとんどないのである。三位一体信仰の基礎である太子墓の三骨一廟伝承については、小野一之氏が詳細な検討を加えられているが[14]、それによるとこの伝承は平安時代末期以来の浄土信仰の隆盛とともに三棺合葬形式の墓を阿弥陀三尊に見立てることで発生したもので、それ以前の史料には全くみられない。『聖徳太子伝暦』や『日本往生極楽記』の時代においても膳妃との二棺合葬を伝えるのみである。

以上より、釈迦三尊光背銘文は三位一体的信仰を前提とするものではなく、王后を主人公として作文されたものと結論付けられる。

第三節　法隆寺と法輪寺

次に、銘文の成立年代とその制作事情について考察する。先述のように銘文は造像の事情について、王后（膳妃）が王子や従者とともに、自分と夫の病気平癒を願って造像の発願をしたことに契機があると語っている。ところが、天平十九年の「法隆寺伽藍縁起并流記資財帳」では、

金渥《ママ》洞釈迦像壹具

右奉二為上宮聖徳法王一。癸未年三月、王后敬造而請坐者。

と、王后により上宮聖徳法王のために造られたという解釈を打ち出している。これが銘文の誤読か、意識的な読み替えかははっきりしないが、この時期には法隆寺は用明天皇発願をもとに推古天皇と聖徳太子が建立した国家の寺であるという観念や、東院伽藍を拠点とした僧行信による太子信仰の普及によって、膳氏を中心とする私的な造像を伝えているはずの銘文に、別の新たな意味が付与されてきていることがわかる。

奈良時代の金堂の本尊が薬師像であったことは、資財帳の筆頭に掲げられていることや『聖徳太子伝私記』の語るところなどから推定される。薬師如来光背銘には、丙午年に用明天皇は自分の病気平癒のために寺と薬師像の造立を誓願して推古天皇と聖徳太子に託したが、用明天皇が崩じたので丁卯年に二人はその遺志を実現した、という法隆寺草創の縁起を伝えている。しかし、この銘文の推古朝成立に対する疑問は今日ではほぼ承認されており、「坂田寺縁起」を粉本として天武朝後半以降天平以前に作文されたとする説や[15]、天武天皇九年に国の大寺に加えられた飛鳥寺の縁起をもとに、法隆寺の再興計画が進められた時期（天武天皇九年以降まもないころ）に作られたとする大西修也氏の説などがある[16]。大西氏はさらに銘文造作の目的は、法隆寺再建のために寺と皇室・国家との関係を強調して、本来の私寺的性格を脱して官寺へと転換させることにあったとする。

これと比較してみると、釈迦三尊銘は如何にも古風である。国家との関係を強調しようという意図は全くみられない。聖徳太子ですら付加的な登場人物である。外的目的をもたぬ完全な願文であって、このような私的造像によって利益を得るのは、造像に関わった膳后を中心とする知識たちだけであろう。そうした記事を下った時代にわざわざ創作する目的は全く見出しがたい。以上より、私は銘文の記すところの年代をそのまま信じてよいと考えるのである。

膳氏は古くから外交の方面でも活躍した氏族で、推古朝には皇室との血縁関係を得るに至った。その記念すべき飛躍の一歩は、膳妃を皇太子妃に送り込んだことである。そして膳妃所生の春米女王は皇位継承の有力候補である山背大兄の妃となる。そのような期待のさなかの膳妃と聖徳太子の突然の死に際し、両人の折角の深い関係を何らかの記念碑的な形で残しておきたいと考えた膳氏側の感慨は十分に理解できるものである。

では、この銘文が語る像はどこに存在していたと推定されるだろうか。天平十九年（七四七）の「法隆寺伽藍縁起并流記資財帳」によれば、金堂の中央本尊は現在東ノ間に安置されている薬師如来坐像だったようで、釈迦三尊は「東ノ間」に安置され、客仏的な扱いを受けていた可能性もある。そして釈迦三尊の法量は金堂の内部空間や須弥壇の規模とあまりに不均衡である。

そこで注目したいのは、この銘文が造寺についても仏像を安置すべき寺についても何のコメントもしていないという事実である。自明なことだから記されなかったと考えられる。発願者とその周辺の者にとって自明な場所といえば、大きく二つの可能性が想定されるだろう。

第一は、この光背銘にいう像がもとは法隆寺とは別の、推古天皇三十一年段階に既に存在していた「膳氏の関係寺院」に安置されていた可能性である。そして天智天皇九年の法隆寺火災後の再建段階で、膳氏が太子と因縁のあるこの釈迦像を法隆寺に寄贈したと考えるのである。上宮王家滅亡以降、皇室との関係も低下して落ち目にあった当時の膳氏にとって、このような機会に過去の輝かしい時代を喧伝できるのは望ましいことであったに違いない。それに想定することができるのは以下の寺院である。

一つ目は、今日の天理市櫟本町膳史あたりに存在したと考えられる膳部寺である。(17)平尾山と高橋山の間を流れる高橋川（現在の高瀬川）に沿ったこの地域は高橋邑と呼ばれ、『神名帳』の高橋神社もこのあたりに存在したようである。のち高橋朝臣と改名された膳氏が本貫とした地域であったと考えられる。この膳部寺は膳氏の氏寺であろう。

二つ目は法輪寺である。(18)聖徳太子が斑鳩に宮地を選んだ理由として、そこが龍田を越えて河内に通じる交通の要衝であるとともに、妃の本貫地、つまり膳氏との関係が指摘されている。法輪寺や法起寺が存在するあたりには後期古墳が近接して存在し、一つの纏まった地域をなしており、法輪寺の別称御井寺も豪族居館の存在を暗示する。一九七二年の三重塔の基壇の発掘調査により、飛鳥時代末の単弁蓮華文軒丸瓦や重弧文軒平瓦が検出されると共に、その東側の地山から掘立の柱穴が発見されている。また、『聖徳太子伝私記』には、

或云、高橋妃者、此妃為㆓少壮㆒之時、着㆓紺服衣㆒、遊㆓高橋㆒。（高橋者、葦垣之東、富河辺在㆑之。）太子自㆓橘寺㆒還給、此女御覧、食寄為㆑妃給。

とあって、膳氏が斑鳩に住んでいたことが窺えるし、その他の氏族を比定することもできそうにない。以上より、この地域が膳氏の拠点であった可能性は高い。先述の『私記』の法輪寺草創の伝承と銘文の伝えとが類似している事実も重要である。この地に存在した氏寺または宮室的仏殿に安置されていたと憶測することもできる(19)。現在の法輪寺には、白鳳期の擬古仏とみられる木造の仏像と観音像が伝来し、それぞれ法隆寺金堂の止利様式釈迦・薬師像と百済観音を模したものである。本仏を順次再建法隆寺に譲った結果、もしくは召し上げられた結果、それらを模刻した像が本尊に据えられたと考えられるのである。寺院再建時のこうした仏像の移動は、鎌倉時代の文治三年（一一八七）に、興福寺再建東金堂本尊として飛鳥の山田寺から丈六仏が奪い去られた事例などにもみられるものであり、釈迦三尊像にもそうした事情があったからこそ、奈良時代以降殊更に聖徳太子のための造像という意味付けがなされた可能性もある。以上より、この法輪寺説が最も蓋然性が高いと考えられる。

しかし第二に、像はもともと法隆寺に存在したということも完全には否定できないだろう。ただし、その場合には先の銘文解釈をふまえると、初期の法隆寺は今日一般にいわれている以上に膳氏との関係が深いものとして(20)、むしろ太子妃の家の膳氏あっての法隆寺といったくらいに位置付けられなければならないであろう。

むすび

本稿の結論をまとめておこう。法隆寺金堂釈迦三尊像の光背銘文は、現存像そのものの研究とは明確に区別して考察されるべきものである。その銘文は、再建後の奈良時代の「法隆寺伽藍縁起并流記資財帳」が積極的に主張し始めて以来、今日に至るまで聖徳太子のための造像を語っていると説明されてきたが、むしろ王后（膳妃）を主人公とする文章構成と内容をもっている。銘文の成立時期は銘文自身のいう通り推古朝でよい。それが語る釈迦三尊像は膳氏をバックに王后のために私的に造像されたもので、おそらくは法輪寺に安置されていた、さもなくば膳部寺にあったものと考えられる。もし法隆寺に当初から存在していたとすれば、初期の法隆寺は膳氏の私寺的色彩を濃厚にもっていたことになる。

法隆寺金堂の釈迦三尊像には、以上のような伝来が想定されるわけであるが、しかしそれだけに、この銘文には聖人化される以前の聖徳太子の姿が刻まれているといえよう。知識たちが浄土への導きを希望するのも「三主」に対してであり、聖徳太子を特別視しているわけではない。太子が没した時点での実情を語った最も信頼に足る史料であるといえよう。

（1）福山敏男「法隆寺の金石文に関する二三の問題」（『夢殿』一三冊、一九三五年）、藪田嘉一郎「法隆寺金堂薬師・釈迦像光背の銘文について」（『佛教藝術』七号、一九五〇年）、小林太市郎「日本上代彫刻の展開」（『史迹と美術』二〇二―二〇六号、一九五〇年）など。詳細な研究史は、大橋一章「釈迦像と薬師像はどちらが先か――法隆寺釈迦・薬師像の銘文と様式――」（同編『寧楽美術の争点』グラフ社、一九八四年）、斎藤理恵子「法隆寺金堂釈迦三尊像の制作年代――笠井・大橋論争――」（大橋一章編『論争奈良美術』平凡社、一九九四年）など参照。なお、笠井氏から最近の斎藤氏に至るまで、福山氏がのちに自説を撤回したかのようにいわれているが、氏は新しい論考のなかでも推古朝をやや降るとしかいっておらず、飛鳥時代の銘文たることはもとより否定していない。所論は一貫していると考えられる。

（2）笠井昌昭「法隆寺問題の再検討」（『日本書紀研究』第六冊、塙書房、一九七二年）、同「法隆寺金堂釈迦三尊像光背銘について」（『佛教藝術』一八九号、一九九〇年）。

（3）大橋註1論文および、同「法隆寺金堂釈迦三尊像の光背銘文について」（『佛教藝術』一九八号、一九九一年）、同「法隆寺金堂釈迦三尊像の制作年代について」（『佛教藝術』二〇四号、一九九二年）。後者二論文は「法隆寺釈迦三尊像の制作と原所在」と改題統合して、同『奈良美術成立史論』中央公論美術出版、二〇〇九年、に再録。

（4）大橋註1論文。

（5）大矢透『仮名源流考』国家教科書共同販売所、一九一一年、久米邦武『上宮太子実録』井洌堂、一九〇五年、福田良輔「法隆寺釈迦仏造記中に見えたる「鬼前太后」管見」（『台大文学』四巻四号、一九三九年）。

（6）上原　和『斑鳩の白い道のうえに』朝日新聞社、一九七五年、もそう読み下しているが、銘文が太子のための造像を語っているという従来の説はそのまま受け入れられている。

（7）今日でも病の床についた日付まで記憶しているだろうか。

（8）会津八一『法隆寺法起寺法輪寺建立年代の研究』東洋文庫、一九三三年、も、この第一の根拠のみから同様の見通しを提示していた。

（9）久米註5著書、家永三郎『上宮聖徳法王帝説の研究』三省堂、一九五一年など。

（10）『顕真自筆古今目録抄――聖徳太子伝私記――』鵤叢刊、一九三四年。以下同じ。

（11）笠井註2第二論文。

（12）佐々木進「法隆寺金堂釈迦三尊像挙身光背の再検討」（『文化史学』三三号、一九七七年）。

(13) 飯田瑞穂「『上宮聖徳太子伝補闕記』について――特に本文校訂に関連して――附、彰考館蔵『上宮聖徳太子伝補闕記』翻印」(『飯田瑞穂著作集』第一巻、吉川弘文館、二〇〇〇年。初出は一九七一年)。また、新川登亀男『上宮聖徳太子伝補闕記の研究』吉川弘文館、一九八〇年、参照。
(14) 小野一之「聖徳太子墓の展開と叡福寺の成立」(『日本史研究』三四二号、一九九一年)。
(15) 福山註1論文。
(16) 大西修也「再建法隆寺と薬師銘成立の過程」(同『日韓古代彫刻史論』中国書店、二〇〇二年。初出は一九八〇年)。
(17) 膳部寺については、堀池春峰「山辺の道の古代寺院と氏族」(『南都佛教』一〇号、一九六一年)、『改訂天理市史』上巻、一九七六年、など参照。
(18) 上原 和・宮上茂隆氏も簡単にこうした見通しを出している。上原註6著書、宮上茂隆「解説」(西岡常一・宮上茂隆『法隆寺――世界最古の木造建築――』草思社、一九八〇年)。
(19) 日本の古寺美術15『斑鳩の寺』保育社、一九八九年。
(20) 既に福山氏は、註1論文のなかで「初めは恐らく膳氏によって創立されたらしい」という指摘をされているが、本稿の銘文の読みもこの推定を裏付ける。

〔付記〕 再録にあたって「干食王后」の読みについて初出論文の考えを修正している。なお、東野治之「法隆寺金堂釈迦三尊像の光背銘」(同『日本古代金石文の研究』岩波書店、二〇〇四年)が、私説と同じく膳氏との関係を重視して、像の原所在地を法輪寺と想定している。それまで孤立した自説であっただけに、大家のご賛同を得て信念を新たにすることができた。なお、これ以降にも、井上一稔「法隆寺金堂釈迦三尊像光背銘を読む」(『文化史学』六二号、二〇〇六年)、石井公成「聖徳太子研究の問題点」(『藝林』六一巻一号、二〇一二年)、同『聖徳太子――実像と伝説の間――』春秋社、二〇一六年、新川登亀男「法隆寺金堂釈迦三尊像光背銘の成り立ち」(『国立歴史民俗博物館研究報告』一九四集、二〇一五年)など、多様な視点からの研究が重ねられている。

附論三　法隆寺金堂薬師像光背銘文再読
――「大王天皇」と舒明天皇宣命詔――

はしがき

法隆寺の金堂東ノ間に安置されている金銅薬師如来坐像は、天平十九年（七四七）の「法隆寺伽藍縁起并流記資財帳」の筆頭に掲載され、法隆寺草創と深い関わりをもつ由緒ある像とされてきた。その光背に刻まれた銘文は次のように語っている。――病に臥した用明天皇は、丙午の年（用明天皇元年、五八六）にのちの推古天皇と聖徳太子の二人を枕元に召して、病気平癒のために寺を建て薬師仏を造立するという誓願を立てたが、成し遂げることができなかった。そこで丁卯の年（推古天皇十五年、六〇七）になって、推古天皇と聖徳太子がその願を受けて、法隆寺を造立して薬師仏を完成させた。

この銘文については古くから疑義が提出されてきた。まず、一九三五年に福山敏男氏が銘文に対する疑問点を列挙して天武朝以降天平以前の撰文であるとの説を発表した。(1)また、様式研究の進展や鋳造法についての新知見から、像自体の成立年代も同じく金堂に安置されている釈迦三尊像より下ることがほぼ承認されるようになり、俄然銘文否定論は有力となるに至った。(2)さらに、福山説を批判的に継承した大西修也氏は、天智天皇九年（六七〇）の火災後しばらく滞っていた復興を円滑に進めるため、天武天皇七年（六七八）から間もない時期に飛鳥寺の縁起を参照しつつ銘文を造作し、自らを国家の寺であるかの如く主張したものだと考えた[3]。このような歴史的な位置付けがなされたことで薬師銘否定論は一つの完成をみる。その後も大橋一章氏らによる部分的修正案が提示されてはいるが[4]、天武朝を最大の画期とみる大筋は変更されていない。当銘文の解釈は、単なる仏像の造立年代に関する議論ではなく、初期法隆寺の歴史の再構築という営みでもあった。

しかし、研究史を大きく規定した福山論文には次のような問題点が存する。第一は、その銘文否定の方法が、天皇号や薬師信仰など推古朝において不適切な要素が銘文中に存在するという視点から展開されたことである。しかし、残存史料の母集合が絶対的に少ない時代の史料を扱う際には、こうした方法は循環論法に陥る危険がある。当該期にそれ以外には事例が存在しないとして否定することもできるが、逆に当史料がその実在を証する唯一の事例にもなりうるからである。また第二に、疑義は銘文の推古朝成立批判という形で展開されているが、そもそも銘文は自分が推古朝に書かれたものだとは言っていないのである。この銘文は像の「縁起文」であって「願文」ではないのだから、そもそも刻まれた年次が銘文の語る造立年代と一致する必要はないのである。銘文にとってみれば、不本意な解釈を与えられたうえで否定されるという甚だ迷惑なことに捲き込まれてしまったものである。これが研究史の実態である。

否定論という形ではなく、虚心に縁起文そのものの成立時期と成立事情を議論すべきであった。その点で大西論文の果した役割は重要である。しかしその立論は時代状況からの推論に大きく依存しており、銘文そのものの史料批判は後述のように必ずしも盤石ではない。銘文の史料性への問いかけがもっとなされるべきだと思うし、それを基礎にしてこそ初期法隆寺史は再構築されることになる。

限られた史料の解釈であるため、本稿の主張も一試案に留まらざるをえないのは致し方ないところであるが、事は法隆寺の歴史、ひいては初期仏教寺院史に波及する重要な問題であるから、さまざまな可能性が提起されたうえで議論が深められていくべきだと考える。

第一節　銘文の読解と文体史上の位置付け

銘文の全文を掲げておこう。

池邊大宮治天下天皇大御身勞賜時歳
次丙午年召於大王天皇与太子而誓願賜我大
御病太平欲坐故将造寺藥師像作仕奉詔然
當時崩賜造不堪者小治田大宮治天下大王天
皇及東宮聖王大命受賜而歳次丁夘年仕奉

書き下すと次のようになる。

池辺大宮に天下治《あめのしたしろし》めしし天皇、大御身《おほみみ》労《いたづ》き賜ひし時、歳《ほし》は丙午に次《やど》る年に、大王天皇《おほきみのすめらみこと》と太子とを召して、誓願し賜ひき、「我れ大御病《おほみやまひ》を太平《たいら》げむと欲し坐《まし》すが故に、将に寺を造り薬師像を作りて仕《つか》へ奉《まつ》らむ」と詔《の》りたまひき。然るに当時、崩《かむさ》り賜ひて造るに堪へざりしかば、小治田大宮《おはりだのおほみや》に天下治めしし大王天皇および東宮聖王、大命を受け賜りて、歳は丁卯に次る年に仕へ奉りき。

この文章で最初に注目されるのは、その文体が正体漢文ではなく、語り言葉を基礎にした和文的なものである事実である[5]。このようなスタイルは文体史の上で、どのように位置付けられるであろうか。古くから変体漢文の初期の事例として注目されてきたが、ここでは最近の国語学の研究成果を参酌しながら考えてみよう[6]。

まず、遡って五世紀の雄略天皇の名が刻まれた埼玉県行田市の埼玉稲荷山古墳出土鉄剣の銘文を見てみると、固有名詞については「乎獲居」「意冨比垝」などと音仮名で表現されているものの、文章全体は漢文の文法を崩していない。これは既に知られていた江田船山古墳出土の大刀銘でも同じで、書は「張安」という渡来人らしき人物に書かせている。「魏志倭人伝」にみられる「卑狗」「卑奴母離」などの語に窺われるように、口頭のレベルでは早くから独自の日本語が存在していたが、文章を文字で表記するとなると漢文体に頼らざるをえなかったのである。それが、七世紀末から八世紀になると、口頭の和文をそのまま文章に表現することが可能となっている。『古事記』上巻冒頭の「久羅下那州多陀用弊流之時」といった表記や『続日本紀』宣命では、構文レベルでも日本語をそのまま表記している。また藤原宮北辺地区（FG26–A, SD145）出土木簡（『藤原宮址出土木簡概報』㈠、『木簡研究』五号、八五頁）でも、

・←□御命受止食国々内憂白
・←□止詔大□□〔御命カ〕乎諸聞食止詔

などのいくつかの事例が確認されている。しかしながら、このような宣命大書体という助字を有する和文表記はこれより古くは遡らない。滋賀県野洲郡中主町西河原森ノ内遺跡出土の天武朝の木簡を見てみよう（『中主町文化

財報告書』第九集)。

・椋□□之我□往稲馬不得故我者反来之故是汝トア

・自舟人率而可行也　其稲在処者衣知評平留五十戸旦波博士家

この木簡は稲岡耕二氏もいうように、七世紀後半浄御原朝における下級官人の書き記したものである。(7) 日本語の語順で漢字を並べ、和文として読まれることが期待されているけれどもいまだ助字はともなわない。当様式は天武天皇十年(六八一)の群馬県高崎市の「山ノ上碑」、さらに遡って白雉元年(六五〇)の法隆寺金堂四天王の造像銘、白雉二年(六五一)の東京国立博物館辛亥年銘観音立像の造像銘にも確認される。

○山口大口費上而、次木閈二人作也。(広目天)

○薬師徳保上而、鐵師𠛬古二人作也。(多聞天)

○辛亥年七月十日記、笠評君名左古臣、辛丑日崩去辰時、故児布奈太利古臣又伯在建古臣二人乞願。(辛亥年銘観音立像)

以上のような文体の変遷からすれば、法隆寺の薬師銘はこの助字をともなわない和文的漢字表記に属するものである。当様式の下限は天武・持統朝くらいに設定されるが、上限となるとはっきりしないというのが正直なところであろう。既に白雉年間には実例が確認されるわけだが、残存事例の希少性からして、これをもって上限とすることはできない。むしろ辛亥年銘のような私的な造像願文においても実例が確認されるということは、逆にこの表記法が白雉段階で既に広く普及している事実を明示している。そもそも五世紀以降、白雉に至るまで新しい文体が何ら模索されなかったとは考えがたい。

特に推古朝は、欽明朝以来の対外関係の緊迫のなかで自国意識が急激に強まってきている時期である。『後漢書』東夷伝や『三国志』魏書東夷伝（魏志倭人伝）が記録する倭の国々は、国内では「卑狗」「卑奴母離」などの和語を使いながら、外交の場では使人たちは自らを中国語で「大夫」と称していた。これは倭の五王の時代になっても同じで、中国皇帝に仕える外臣として対外的には中国語を用い、王号に甘んじて臣と自称し、中国風に讃・珍などと自称していたのである。しかし、井上光貞氏も強調するように、推古朝の遣隋使になると『隋書』倭国伝に「開皇二十年、倭王、姓は阿毎、字は多利思比孤、阿輩雞彌と号して、使を遣し闕に詣る」とあるように、対外的にも母国語で称号を提示し、それまでとは全く違った態度を表明するようになる。(8) また、この時期には『天皇記』『国記』などの史書編纂が進められており、それが文字表記変革の大きな契機となったということは容易に想像されよう。

以上の二点から、推古朝に日本的な文章表現法が鍛え上げられていった模索期を設定することは妥当であり、逆にそれ以降白雉以前の期間に文字文化における転換の契機を見出すことは難しいであろう。ともあれ白雉以前に和文体の文章表現が存在しなかったと断定する必要はないと思う。

第二節　銘文の成立時期――「大王天皇」について――

薬師銘をさらに細かく見てみると、「…… 誓願し賜ひき「我れ大御病を太平げむと欲し坐すが故に将に寺を造り薬師像を作り仕へ奉らむ」と詔る」「大命を受け賜りて、歳は丁卯に次る年に仕へ奉る」といった表現が注目される。これらは単なる和文体とは異なる宣命体の詔を想起させるものである。助字が付加されているかいないかという年代差は存するけれども、『続日本紀』文武天皇即位詔の「倭根子天皇命の …… 大命を受け賜り恐み坐して」「……と詔りたまふ天皇が大命を諸聞きたまへと詔る」や、元明天皇即位宣命の「朕御身労き坐すが故に、暇間得て御病治めむと欲す……」など表現に通ずるところがある。(9) 銘文にこのような宣命体の特徴が見出されることの特異性を、従来は十分に認識してこなかったように思う。私はここにこそ、銘文読解のカギが潜んでいると考えるものである。

　これまでの諸研究をみると、「銘文に対する疑義」から「政治的利用のための縁起の造作」へと一足飛びに飛躍してきたきらいがある。しかし、これが宣命文だとすると、〈典拠〉となった何らかの詔が存在した可能性が想定されてくる。では、ここで想定される宣命の主体は誰であろうか。銘文中にみえる「大王天皇（ダイオウテンノウ）」の語がそのことを推定するための手がかりとなる。この語については、従来天皇号成立史のなかで議論され、現在執政中の天皇の称で最大限の敬意を表した語であるとか、推古天皇に対してのみ使われることから、大王号から天皇号への過渡期に一時的に誕生した称号だと説明されてきた。(10) しかし、こうした議論においては、この語が口頭の宣命体の文章のなかで使用されていることが十分に意識されていない。これは和文的に「おほきみの天皇《すめらみこと》」と読むべきものである。(11) そこで当表現が一般に和文体もしくは宣命体のなかでどのように使用されているかを、『万葉集』と『続日本紀』宣命にみられる事例から探ってみよう。

　まず、『万葉集』にみられるいくつかの事例を列挙しよう。

○八隅知之、吾大王之、所聞食、天下尓、国者思毛、……。（1―三六）

○八隅知之、吾大王、高照、日之皇子、神長柄、神佐備世須等、……。（1―四五）

○八隅知之、吾大王、高照、日之皇子、荒妙乃、藤原我宇倍尓、……。（1―五〇）

○明日香能、清御原乃宮尓、天下、所知食之、八隅知之、吾大王、高照、日之皇子、……。（2―一六二）

○……吾王、皇子之命乃、天下、所知食世者、……。（2―一六七、草壁皇子の挽歌）

○……吾大王皇子之御門乎、神宮尓、装束奉而、……。（2―一九九、高市皇子挽歌）

○……都智奈良婆、大王伊摩周、許能提羅周、日月能斯多波、阿麻久毛能、牟迦夫周伎波美、……。（5―八〇〇）

これらから「わがおほきみの……」が、身近な尊格（必ずしも天皇に限定されない）に対する親愛と敬意の念を込めた呼びかけの表現であることが知られよう。単独で使用されることもあるが、四五・五〇番歌のように後ろの尊称に付属させる用法も多い。特に一九九番歌の「大王皇子」などは「大王天皇」の表現を想起させるのに十分であろう。多くは「やすみしわがおほきみ」という枕詞をともなう固定化・形式化した言い回しになっているが、そのことは逆に当表現が古い伝統を有するものであることを物語っている。

次に、歌謡ではない宣命文のなかでは、どのような制約をもって使用されるかを、『続日本紀』の宣命の実例から見てみよう。

○如是仕奉侍尓、去年十一月尓、威加母我王朕子天皇乃詔豆羅久、……。（慶雲四年七月壬子（十七日）、元明即位宣命）

○可久賜時尓、美麻斯親王乃齢乃弱尓、荷重波不堪自加止所念坐而、皇祖母坐志々、掛畏岐我皇天皇尓授奉岐。……。（神亀元年二月甲午（四日）、聖武天皇即位宣命）

○我皇太上天皇大前尓恐古士物進退匍匐廻保理白賜比受被賜久者、……。（天平元年八月癸亥（五日）、改元宣命）

○現神大八洲国所知倭根子天皇我王祖母天皇乃、始斯皇后乎朕賜日尓勅豆良久、……。我児我王、過无罪無有者、捨麻須奈忘麻須奈止負賜宣賜志大命依而、……。（天平元年八月壬午（二十四日）、光明立后宣命）

○我皇天皇大前尓貢事乎奏。……。（天平十五年五月癸卯（五日）、皇太子五節舞について太上天皇に奏す）

○挂畏遠我皇天皇御世始弖拜仕奉利、……。加以、挂畏近江大津宮大八嶋国所知之天皇大命止自、奈良宮大八洲国所知自我皇天皇止御世重弖朕宣自久、……。(12)

（天平勝宝元年四月朔、陸奥国産金）

○挂畏我皇天皇、斯天川日嗣高御座乃業乎受賜弖仕奉止負賜閇、……。

（天平勝宝元年七月甲午（二日）、孝謙即位宣命）

○掛畏現神坐倭根子天皇我皇、此天日嗣高御座之業乎拙劣朕尓被賜弖、仕奉止仰賜比授賜波閇、……。

（天平宝字二年八月朔、淳仁即位宣命）

○掛畏我皇、聖太上天皇御所尓奏給波倍……。

（天平宝字三年六月庚戌（十六日）、父母顕彰）

「わがおおきみの天皇」の表現は即位宣命に多くみられ、原則として現天皇からの「前天皇」に対する呼びかけの語として使用されている。少なくとも身近な先帝への呼びかけである。特に注目されるのは天平勝宝元年四月朔条の事例で、そこでは天智天皇と聖武天皇とが併記されつつも、前帝である聖武天皇に対してのみ「我皇」の語が付されていることは注目される。

以上のことをふまえると、薬師銘に引用された宣命体の詔の発話者として誰が想定されるだろうか。推古天皇のことを「大王《おほきみ》の天皇《すめらみこと》」と呼ぶのは次帝の舒明天皇であろう。そうなってくると、史料の信憑性には問題はあるが、「大安寺伽藍縁起并流記資財帳」の縁起部に「唯命受賜而、奉ニ為遠皇祖并大王及継治天下天皇御世御世一、不レ絶流ニ伝此寺一、……」という田村皇子の言葉がみえることも注目されてこよう。のちに即位することになる田村皇子（舒明天皇）の立場から、過去の諸天皇〔「遠皇祖」（とほすめろぎ）〕や未来の諸天皇〔「継治天下天皇御世御世」（あめのしたつぎまさむすめらがみよみよ）〕と対比する形で、推古天皇への指示語として「大王」（おほきみ）の語が使用されているのである。「おほきみのすめらみこと」とは前帝を指す言葉であることは明らかである。

このことをふまえると、薬師銘は舒明天皇の詔からの引用文である可能性が濃厚となる。[13] 現薬師像が天智天皇九年の火災後の再建時に新たに本尊の位置に据えられた仏像であり、銘文がその時点で追刻されたということは通説の通りでよいと思うが、追刻時に恣意的に造作された文章なのではなく、舒明天皇の詔という具体的な「典拠」に基づいて撰文・追刻されたと考えるのである。

第三節　舒明天皇の勅願と法隆寺

以上の自説の立場から、あらためて従来の銘文に対する疑問を再検討していきたい。これまでの銘文否定説のなかで今日でも有効かつ最大の論拠とされてきたのは、法隆寺が勅願寺として描かれている不自然さである。確かにこれはおかしい。史実としては、法隆寺は用明天皇の勅願に由来する寺ではないだろう。そこで問題になるのがそのようなフィクションの成立時期・成立事情である。これまでの諸説では、フィクションであるから造作である、法隆寺再建を目指す僧侶たちが天武朝に「坂田寺縁起」もしくは「飛鳥寺縁起」を真似て造作したのだ、と推論を進めてしまうのである。天武朝という枠組みがいわば前提のように設定され、その枠内で議論が深められてきた。

しかし、私はこれに次の三つの点で違和感をもつ。①全く根拠をもたないそのような造作を行うということが果してありうるだろうか、意味があるのだろうか。事実、当説を支持する大橋氏もそれは失敗に終わったといっている。[14] 素朴な国家段階ならともかく、七世紀末の天武朝の国家ともなれば、根も葉もない作り話で騙せるものではあるまい。造作説を唱える論者は当時の国家を軽視しすぎているのではないか。飛鳥寺が天武天皇九年（六八〇）四月に特例として国大寺の枠に加えられえたのは、飛鳥寺縁起の造作の成果ではなく、既に皇極朝から制度上でも大寺として扱われてきた既成事実があったからである（『日本書紀』皇極天皇元年七月庚辰（二十七日）条、天武天皇九年四月是月条）。縁起の造作はその前提の上で可能であったにすぎない。

②国家の寺と王家の寺との区別が明確になされずに、「勅願寺」という言葉で括って論じられてしまう論調は、福山説以来大西説に至るまで確認されるところである。しかし大化改新以降は、氏の部曲や田荘だけではなく、天皇や皇族の私的な財産までもが収公されて国家の民、国家の土地とされるのである。[15] 大橋氏もいわれるように、天武天皇九年に設定された新たな国大寺制以降は、同じ大寺の語で表現されてはいても内実が違ってきている。大官大寺という寺名は寺院を地名で呼ばなくなったというだけではなく、天皇の私的な寺ではない官の寺であるという意思の表明でもある。[16] 翻って銘文の内容を読みなおしてみると、国家の安寧のためといった名目――典型的な例として国分寺造立の詔――ではなく、用明天皇が自分の病平癒のために私的な願をかけ、それを受けて推古天皇と皇太子が成就したと書いてある。既に遠い過去になった王家内部での私的造像の経緯を造作して、国家の経済援助が得られるなどということは到底考えられないことである。時代錯誤である。もちろん薬師寺のように天皇の私的な勅願寺が大寺の列に入れられることもあったが、それはごく近年の、しかも天武持統両天皇に関わる寺だからであろう。むしろ「法隆寺伽藍縁起并流記資財帳」の縁起部において、薬師銘に基づいて「奉二為池辺大宮御宇天皇一」とするだけでは不十分だと感じて、「奉二為……并坐御世御世天皇一」と書き加えて、過去の諸天皇ための寺であると主張している部分にこそ、新たな造作の跡を読み取るべきであろう。ともあれ、自らを国家の寺のように語り援助を得ようとして造作された文章だとは思えない。

③そもそも、こうした大西説の基礎には、檀越の滅亡によって存亡の危機に瀕した寺院は――法隆寺の場合は

上宮王家の滅亡――、皇室との関わりを強調するために新たな縁起を造作する傾向があるというテーゼが、暗黙の前提として存在しているようである。しかしながら、山田寺のように造営途中でならいざ知らず、いったん完成した寺院においては、恒常的経営は寺の財産によって自立して行われるものである。法隆寺は大化三（四）年に巨勢徳陀古の奉じた宣命によって食封三百戸を賜わっている。[17] これは私寺推進策とか徳陀古の政治的立場などと関わるのではなく、[18] 前年正月の大化改新詔の第一条や八月の品部廃止詔との関わりで理解されるべきものである。

其一曰、罷㆓昔在天皇等所㆑立子代之民、処々屯倉、及別臣連伴造国造村首所㆑有部曲之民、処々田荘。仍賜㆓食封大夫以上㆒、各有㆑差。……。（『日本書紀』大化二年正月朔）

氏々や王族の私有財産も収公され、その代替として食封が与えられたのである。たまたま法隆寺の食封三百戸が史料に残ったのであって、これは寺院の私有財産（寺領）の収公の代替として食封を与えるという普遍的寺院政策の一例にすぎないのだろう。それから「三十年」を過ぎた天武天皇八年四月、同九年四月――おそらく両者は重出記事であろうが――に、寺家所有の食封停止政策が出されたことと対応している。法隆寺は食封三百戸――ちなみに三百戸とは正一位の位封と等しく、かなりの封戸である――に相当する程度の私有財産を大化前代に所有していた可能性がある。改新によってすべての私有財産が収公されたとは考えがたいので、法隆寺は上宮王家滅亡以降も存亡の危機というほどの状況には至っていなかったのであって、少なからぬ経済基盤を有していたのである。天智天皇九年の火災はもちろん大きな痛手ではあったが、そうした経済基盤を基礎にすれば――寺地の確定に手間取りはしたものの[19]――、天武朝初年から再建を開始することは何とか可能であっただろう。

銘文を天武朝の後半の造作とみないとすれば、私見ではどう考えるのか。ここで舒明天皇の詔と薬師銘との関係についての自説を提示することになる。舒明天皇が薬師銘に記されたような内容をその一部に含む宣命を発するという状況が想定できるか、ということである。しかし私は十分にありうることだと思う。

　現在、百済大寺の縁起は残っていないが、天平十九年の「大安寺縁起并流記資財帳」の縁起文を紐解くと、不自然なまでに大寺造立と聖徳太子・推古天皇との関係が強調されていることに気づく。田村皇子（即位前の舒明天皇）は、推古天皇から太子の病気見舞いを委託される。そこで太子のことを慕うようになった皇子は、その後も自主的に見舞いを繰り返した。喜んだ太子は、熊凝精舎を皇子に与えて仏教の興隆と大寺の造立を委託した。百済大寺はこの熊凝精舎に由来をもつもので、太子の強い意思を舒明天皇が受けて造立したものである――このように大安寺の縁起は書き記しているのである。

　この「大安寺伽藍縁起」の記述は、おそらく大官大寺、ひいては百済大寺の縁起を引き継いだもので、舒明天皇による「大寺造立の詔」にその起源を求めることができよう。なぜ舒明天皇は自ら積極的に遂行したはずの大寺造立について、聖徳太子の意思を繰り返し織り込まなければならなかったのだろうか。

　舒明天皇は『日本書紀』の舒明即位前紀に記されているように、即位に際して大きな混乱を体験している。[20] 推古天皇が明確に皇太子を定めないままに崩御し、田村皇子と聖徳太子の子山背大兄王のいずれが即位すべきか、宮廷内で意見の大きな対立が生まれ、緊迫した状況のもと舒明の即位が実行されたのである。その後も政敵であった山背大兄は健在で、依然大きな反対勢力の核となっていた状況だから、舒明天皇の彼に対するコンプレックスが相当大きなものであったことは想像に難くない。特に大寺造立などの仏教政策ともなれば、仏教興隆に大きな役割を果した聖徳太子、仏教興隆の詔を発した前帝推古の先駆的功績に配慮しておくことは、当時の政治状況を考えれば不可欠なことであった。百済大寺造立は日本における最初の天皇の寺として寺院史の上で大きな画期をなしたものであったが、造立に際してその先例を推古や聖徳太子にゆかりのある法隆寺に求めたのであろう。

この推定は銘文の構造そのものからも裏付けられる。既往の諸説のなかには、用明朝の段階で推古天皇と聖徳太子の二人をセットで召すことなどありえないとして、銘文に疑問を突きつける説もあった。しかし、それは銘文の語りの構造やレトリックを理解せぬ意見であろう。むしろこのような語りにこそ、銘文全体が「推古天皇と聖徳太子による造像」を基軸として組み立てられている事実が投影されているのである。用明天皇の勅願はストーリー上あくまで二次的要請にすぎない。

では、なぜそのような文章が法隆寺の薬師銘に引用されることになったのだろうか。聖徳太子の法隆寺（若草伽藍）は天智天皇九年（六七〇）に「一屋も余すところ無く」焼失した。檀越である上宮王家は皇極天皇二年（六四三）に蘇我入鹿に襲撃されて既になく、再建は困難を極めた。そしてようやく新しい本尊薬師如来像――この時期に新鋳された擬古作か、他所から移安された何らかの由緒ある像であるかについては議論の余地があるが――、が本堂に安置されたとき、この縁起の存在に注目し、自分の寺に関わる部分だけを切り取って現薬師像の光背に刻んだのであろう。再建に際して自らの寺の草創を再確認し、それをさまざまな典拠に基づいて書き記すことは、例えば火災後の広隆寺が作成した「広隆寺縁起（承和縁起）」（『朝野群載』巻第二）の事例にもみられるようにごく自然な行為である。このように考えれば、薬師銘が法隆寺を勅願寺のように位置付けていることは何ら不自然なことではない。そして、そのようなイメージを付与したのは舒明天皇であった。

逆に、従来いわれているように、法隆寺を天皇所願の官大寺に擬すべく、飛鳥寺縁起を真似て銘文を造作するというようなことがありうるだろうか。推古朝を生きた人物が当時まだ存命しているような状況下で、何の根拠も有さない銘文を彫り込んだとしても、それが効果的であったとは思えない。権威ある舒明天皇の「詔」に典拠を置いていたからこそ、追刻も意味をもちえたのである。また、このように考えると、「大安寺縁起」が推古天皇のことを「太帝天皇」「太皇天皇」と表現する理由も氷解する。「大王天皇」の語の本意が忘れ去られて多様な表記が発生したにすぎないのである。

　最後に、残るいくつかの疑義に対しても反論を加えておきたい。まず、当該期の薬師信仰・天皇号の存否について。これについては水掛け論に陥るので、大橋氏もいうように論点からは除外しておく方がよいだろう[21]。前者については、龍門石窟から北魏孝昌元年（五二五）の比丘尼僧造弥勒観音薬師像記が見つかっているし、南朝でも宋代以来薬師経の信仰、薬師仏の造立がなされていたことが確認されているから、日本に入っていた可能性も否定できなくなっている[22]。また後者についても、公式令に規定されるような正式の称号としては令制にまで下るが、称号は一時に突然生み出されるものではない。栗原朋信氏や井上光貞氏がいうように、推古朝には君主権を「天」に関わらせて語る志向が確認されるのであり、天皇の呼称の萌芽を推古朝に置いて問題はない[23]。文字では「天皇」と書き、詞では隋への国書にみられるように「アマキミ」と読まれていたのだろう[24]。

　また、天智天皇五年（六六六）の野中寺弥勒像の造像銘記と酷似した表現があることについてだが、このような表現は天智朝に一時的にみられるものではない。例えば『続日本紀』元明天皇即位宣命にも「朕御身労き坐すが故に、暇間得て御病治めむと欲す……」とあり、『万葉集』にも「……、奉仕ろはぬ、国を治めと、皇子ながら、任したまへば、大御身に、大刀取り佩かし、大御手に、弓取り持たし、……」（2―一九九、柿本人麻呂の高市皇子挽歌）とみえるなど、表現や用字の点では八世紀になっても続くものなのだから、年代判定の基準にはならない。すると、問題は助字をともなわない日本的漢文表現に還元されることになるが、これについては白雉以前に遡りうることは既に述べた通りである。

　宮号をともなう天皇呼称は崩御した過去の天皇に対して用いるものだという点についても、銘文成立を舒明朝だとすれば問題ではなくなる。むしろ大宮号の使用については、まさにこの時期がふさわしいであろう。舒明天皇は最初、岡本宮を営み、のち田中宮・厩坂宮へと遷るが、舒明天皇十一年（六三九）には新たに百済川のほとりに宮を造営し始める。このことを『日本書紀』舒明天皇十一年七月条は「詔して曰く、今年大宮及び大寺を造作らしむ」と記している。ここに初めて大寺とともに大宮号が現われるのである。舒明天皇は勅願の大寺の起源とともに大宮の起源をも先帝の宮に懸けたのである。

厩戸皇子を聖王と呼ぶのは太子薨後のことだとする主張についても、舒明朝なら問題にならなくなる。むしろ舒明朝から厩戸皇子の神聖化が現われていることになる。先述のように舒明朝には山背大兄王を核とした反対派が存在していたから、舒明天皇にとって先帝推古と並んで聖徳太子への配慮も不可欠なものであった。ここで詳論する遑はないが、むしろそこにこそ太子信仰興隆の一つの政治的契機を想定することができるのではないかと思う。

む す び

以上の考察結果を纏めておく。薬師銘は、天智天皇九年の法隆寺火災後に現薬師像が新たに本尊の地位に据えられた時点で追刻されたものではあるが、再建援助を国家から受けるために天武朝に新たに造作されたというようなものではない。再建に際してあらためて寺の草創由来を確認するという目的で、大官大寺の縁起に収録されていた舒明天皇の百済大寺造立詔のなかの、法隆寺について記された部分を切り取って追刻したのである。法隆寺には、舒明天皇の百済大寺の造立に際して勅願寺の先駆という新しい位置付けが与えられた。また、太子信仰の興隆も舒明朝に萌芽がありそうである。これらは舒明天皇の置かれた微妙な政治的立場と関係する。

最後に、新たに安置された薬師如来像についても一言しておこう。本像は「法隆寺伽藍縁起并流記資財帳」では筆頭に掲載され、奈良時代の金堂中尊であった可能性がある。わずか六三・八センチの小さな仏像が、太子ゆかりの銘文をもつ釈迦三尊像よりも重要視され、金堂の内部空間における極端なアンバランスを無視してまで中尊に据えられたからには、それ相当の由来をもつ像として持ち込まれた可能性が高い。斑鳩宮の小堂もしくは若草伽藍の小堂に安置されていた仏像であった可能性も否定できないと思う。像に現われている丸みを帯びたやわらかさも、白鳳様式の基準作例と巨視的に比較してみれば、まだまだ硬質である。鋳造技術が釈迦三尊より進んでいるという点についても、釈迦三尊像の制作主体が斜陽にあった膳氏であり、対するこの薬師像が王家によって造像され若草伽藍に安置されていたとするならば、両者の間には圧倒的な財力の差が存するはずである。それが実際の鋳造技術の差となって現われるのも当然である。もちろん憶測の域を出るものではないが、薬師像を飛鳥時代の像と考えても問題はないのではないかという考えをあえて提起しておきたい。

本稿で提出した私説は畢竟一つの仮説であって、断案だとは思っていない。しかし最初にも述べたように、薬師銘の解釈はそのまま、飛鳥時代の寺院史の枠組みをどのように考えるかという大問題に直結する。さまざまな可能性が提示されたうえで淘汰されることが望ましいと考えるがゆえに、拙い稿を草したのである。

（1）　福山敏男「法隆寺の金石文に関する二三の問題」（『夢殿』一三冊、一九三五年）。その後も、金森 遵「法隆寺戊子銘釈迦三尊像を中心として」（『国宝』三巻一二号、一九四〇年）、東伏見邦英「法隆寺薬師如来像管見」（京都帝国大学文学部編『紀元二千六百記念史学論文集』、一九四一年）、藪田嘉一郎「法隆寺金堂薬師釈迦像光背の銘文について」（『佛教藝術』七号、一九五〇年）、町田甲一「法隆寺金堂薬師像の擬古作たることを論ず」（『國華』九五一号、一九七二年）などが銘文に否定的見解を提出してきた。

（2）詳細な研究史は、大橋一章「釈迦像と薬師像はどちらが先か――法隆寺釈迦・薬師像の銘文と様式――」（同編『寧楽美術の争点』グラフ社、一九八四年）を参照。

（3）大西修也「再建法隆寺と薬師銘成立の過程」（同『日韓古代彫刻史論』中国書店、二〇〇二年。初出は一九八〇年）。

（4）大橋一章「薬師銘の成立と創建法隆寺」（同『奈良美術成立史論』中央公論美術出版、二〇〇九年。初出は一九九九年）。

（5）東伏見註1論文。

（6）稲岡耕二「続日本紀における宣命」（新日本古典文学大系『続日本紀』二、岩波書店、一九九〇年）。

（7）稲岡耕二「国語の表記史と森之内遺跡木簡」（『木簡研究』九号、一九八七年）。

（8）井上光貞『飛鳥の朝廷』小学館、一九七四年。

（9）『続日本紀』文武天皇元年八月甲子庚辰（十七日）条、慶雲四年七月壬子（十七日）条。

（10）竹内理三「大王天皇考」（同『律令制と貴族政権』第一部、御茶の水書房、一九五七年。初出は一九五一年）、栗原朋信「日本から隋へ贈った国書――とくに「日出処天子致書日没処天子」の句について――」（同『上代日本対外関係の研究』吉川弘文館、一九七八年。初出は一九六五年）、大橋一章「「天皇号」成立の時代について」（同『天寿国繡帳の研究』吉川弘文館、一九九五年。初出は一九七〇年）。なお、天皇号そのものの成立時期について今日の通説とされるものに、東野治之「天皇号の成立年代について」（同『正倉院文書と木簡の研究』塙書房、一九七七年。初出は一九六九年）、森　公章「天皇号の成立をめぐって――君主号と外交との関係を中心に――」（同『古代日本の対外認識と通交』吉川弘文館、一九九八年。初出は一九八三年）などがある。

（11）『奈良六大寺大観』法隆寺二、岩波書店、一九六九年の解説が「おおきみのすめらみこと」とふりがなを付し、近年の石田尚豊編『聖徳太子事典』柏書房、一九九七年、の東野治之「聖徳太子関係銘文史料」の解説では宣命文との類似性が簡単に指摘されているが、それ以上の考察はなされていない。

(12) 現行写本には「挂畏遠我皇天皇御世治弖拝仕奉利」とあるが、これは既に『歴朝詔詞解』が「かにかくに我皇ノ二字は衍なるべし」といっているように明らかに不自然な文章である。

(13) なお、「元興寺伽藍縁起并流記資財帳」にみえる「大々王」や「大安寺伽藍縁起并流記資財帳」に見える「太皇天皇」などは、この薬師銘の表現を前提として、それが文脈から切り離されて固有名詞化した二次的な用語であろう。

(14) 大橋一章「法隆寺美術理解のために」(大橋註2編著) 六二頁、大橋註4論文。

(15) 『日本書紀』大化二年正月朔条の改新詔、同年八月癸酉(十四日)条の品部廃止詔など。

(16) 大橋一章「勅願寺と国家官寺の成立」(大橋註4著書。初出は一九九六年。原題「大寺考」)。

(17) 「法隆寺伽藍縁起并流記資財帳」。

(18) 大西註3論文。

(19) 『上宮聖徳太子伝補闕記』。なお、現法隆寺の建築に古い様式が濃厚に残存し、金堂と五重塔の間に年代差があって再建にかなりの時間を要している事実は、十分とはいえないながらも、独自の経済力で古い工人を役しつつ再建を進めたという事情を示している。

(20) 『日本書紀』舒明天皇即位前紀。

(21) 大橋註2論文。

(22) 水野清一他『龍門石窟の研究』座右宝刊行会、一九四一年、津本了学「本邦上代仏教の一形態――法隆寺金堂薬師仏像銘文偽作説批判――」(『龍谷大学論集』三三七号、一九四九年)、大西修也「百済仏立像と一光三尊形式」(大西註3著書。初出は一九七七年)。

(23) 栗原註10論文、井上註8著書。

(24) 拙稿「天皇号の成立とその重層構造――アマキミ・天皇・スメラミコト――」(『日本史研究』四七四号、二〇〇二年。本書第五章に再録)。

〔付記〕本稿執筆以降、乾　善彦「古代造仏銘寸考」（『国語と国文学』七八巻一一号、二〇〇一年）などの研究がある。

附論四　天寿国繡帳銘文再読
――橘大郎女と殯宮の帷帳――

はしがき

天寿国繡帳は、聖徳太子の没後、その正妃ともいうべき橘大郎女が太子の天寿国における往生の状を目にしたいと望み、推古天皇の援助を受けて制作したものである。太子の生前の諸行と死後の様子が繊細な刺繡によって描写されている。現在は中宮寺にその断片をわずかに残すにすぎないが、亀甲に付された四百字の銘文は『上宮聖徳法王帝説』に筆録されて今日まで伝わっており、その制作事情を知ることができる。個々の文字の復元問題については狩谷棭斎以来議論があるが、飯田瑞穂氏の考証に従って全文を掲げておく(1)。

〈原文〉

斯帰斯麻宮治天下天皇、名阿米久尓意斯波留支比里尓波乃弥己等、娶巷奇大臣名伊奈米足尼女、名吉多斯比弥乃弥己等、為大后、生名多至波奈等已比乃弥己等、妹名等已弥居加斯支移比弥乃弥己等、復娶大后弟名乎阿尼乃弥己等、為后、生名孔部間人公主、斯帰斯麻天皇之子名蕤奈久羅乃布等多麻斯支乃弥己等、娶庶妹名等已弥居加斯支移比弥乃弥己等、為大后、坐乎沙多宮治天下、生名尾治王、多至波奈等已比乃弥己等、娶庶

妹名孔部間人公主、為大后、坐瀆辺宮治天下、生名等已刀弥弥乃弥己等、娶尾治大王之女、名多至波奈大女郎、為后、
歳在辛巳十二月廿一癸酉日入、孔部間人母王崩、明年二月廿二日甲戌夜半、太子崩、于時多至波奈大女郎、悲哀嘆息、白畏天皇前曰、啓之雖恐、懐心難止使、我大王与母王、如期従遊、痛酷无比、我大王所告、世間虚仮、唯仏是真、玩味其法、謂我大王応生於天寿国之中、而彼国之形眼所叵看、悕因図像、欲観大王往生之状、天皇聞之悽然告曰、有一我子、所啓誠以為然、勅諸采女等造繡帷二張、画者東漢末賢、高麗加西溢、又漢奴加己利、令者椋部秦久麻、
　右、在法隆寺蔵繡帳二張、縫着亀背上文字者也。

（書き下し文）

斯帰斯麻宮に天下治めしし天皇、名は阿米久尓意斯波留支比里尓波乃弥己等、巷奇大臣、名は伊奈米足尼の女、名は吉多斯比弥乃弥己等を娶りて大后と為し、名は多至波奈等已比乃弥己等、妹、名は等已弥居加斯支移比弥乃弥己等を生む。復た、大后の弟、名は乎阿尼乃弥己等を娶りて后と為し、名は孔部間人公主を生む。斯帰斯麻天皇の子、名は蕤奈久羅乃布等多麻斯支乃弥己等、庶妹、名は等已弥居加斯支移比弥乃弥己等を娶りて大后と為し、乎沙多宮に坐して天下治め、名は尾治王を生む。多至波奈等已比乃弥己等、庶妹、名は孔部間人公主を娶りて大后と為し、瀆辺宮に坐して天下治め、名は等已刀弥弥乃弥己等を生む。尾治大王の女、名は多至波奈大女郎を娶りて后と為す。
歳辛巳に在る十二月廿一癸酉日入に、孔部間人母王崩ず。明年二月廿二日甲戌の夜半に、太子崩ず。時に、

多至波奈大女郎、悲哀嘆息し、畏き天皇の前に白して曰く、「啓すこと恐しと雖も、懐心止使め難し。我が大王と母王と期すが如く従遊す。痛酷比无し。我が大王の告げし所は、「世間虚仮、唯仏是真」。其の法を玩味ふに、謂ふに我が大王、応に天寿国の中に生るべし。而るに、彼の国の形、眼に看がたし。悕はくは図像に因り、大王の往生の状を観むと欲す」と。天皇聞きて悽然びて告げて曰く、「一我が子有り。啓す所、誠に以て然りと為す」と。諸の采女等に勅して、繡帷二張を造らしむ。画は、東漢末賢・高麗加西溢。又、漢奴加己利。令は椋部秦久麻。

右、法隆寺の蔵に在る繡帳二張に縫ひ着けたる亀背の上の文字なり。

近年では大橋一章氏による作品に即した研究の集大成、義江明子氏の系譜様式論からの分析、さらには王家家産伝領論からの検討などの研究成果が蓄積されており、論点は多岐にわたり、繡帳研究は大きな進展を迎えている。(2)しかし作品の復元問題や古代史の諸テーマへの利用に比して、銘文そのものの検討はかえって等閑に付されてきたように思われる。本稿は、従来の銘文研究の成果にいくつかの疑問を呈するとともに、繡帳銘文に見え隠れする制作者の意識を具体的にすくい上げ、そこから繡帳の制作意図を明らかにしようとするものである。

第一節　天寿国繡帳銘をめぐる疑義

繡帳そのものの飛鳥時代成立を疑う論者は少ないが、そこに付された銘文については従来から多少の疑問が提出されてきた。(3)今日では概ね信憑性を認める見解が有力であるものの、なお疑問視する研究も少なからず存在する。間人公主の忌日干支の誤り、天皇号の使用時期、橘妃を中心とする系譜内容などが問題とされ、これが成立年代を引き下げる根拠とされてきたのである。

天皇号の使用については、この史料自体が天皇号推古朝成立説の根拠になるか否かというところに議論が集約してきているので、繡帳銘自体の研究結果が逆にそれに解答を与えることになるのであろう。従って現在の研究状況で焦点となるのは、干支の誤りと系譜の性格如何との二点に絞られてくる。

第一は、太子の母穴穂部間人皇女の没日「歳在辛巳十二月廿一日癸酉」をめぐって宮田俊彦氏が提出した疑問で、ここに記された日の干支を推古朝当時の現行暦である元嘉暦で計算してみると「二十一日甲戌」となることから、推古朝成立説に疑問を投げかけた(4)。これに対して、飯田瑞穂氏は当時中国で用いられていた戊寅暦によればこの日は癸酉であり、推古朝の暦が如何なる暦法であったかはわからないのだから、これをもって繡帳銘の成立年代を疑うことはできないとして宮田氏の疑問を退け、議論は収束したかにみえた(5)。

しかしこの反論はやや強引なものであった。当該期の『日本書紀』紀年が元嘉暦に基づいていることは、『三正綜覧』以来、近年の『日本暦日原典』に至るまで認められているところであり(6)、逆に戊寅暦が当該期の倭国で用いられていた形跡はどこにも確認できない。唐建国の武徳元年（六一八）に制定されたという暦が倭国に入ってくる可能性があるのは、早くとも推古天皇三十一年（武徳六年、六二三）七月の学問僧薬師恵日ら帰国の際である。しかしこの段階では唐との通交をようやく進言している段階にすぎず、暦のことも史料上に現われない。一歩譲ってこの時点で新しい暦が採用されたとしても、天寿国繡帳銘が太子没後十七ケ月以上も遅れて作文され、二十ヶ月も前に没した間人皇女の没日干支に遡って換算しなおすといったことは考えられない。やはり太子の没日「明年二月廿二日甲戌夜半」は元嘉暦に基づく可能性が高いのであり、また一連の文章のなかにそれと唐の暦法とが並列的に混用されることも想定しがたい。雑多な資料を寄せ集めて作文された後世の文章とみなし、史料そのものの信憑性を根本的に否定しない限りは、このような論は成立しないのである。

また近年、銘文の推古朝成立に根本的な疑問を投げかける論文が金沢英之氏により提出されている。(7) 繡帳銘の干支は、すべて持統天皇四年（六九〇）以降に使用された儀鳳暦によって計算されているというのである。明解な事実提示ゆえにその波紋は大きかったが、実際のところは儀鳳暦で計算してみると干支の一日のずれが発生しなくなるという事実を示したにすぎず、銘文そのものが儀鳳暦によったと判断する積極的根拠が示されているわけではない。氏は、法隆寺釈迦三尊光背銘の王后の没日干支も儀鳳暦で計算してみると同じ干支になるというが、逆にこの事実こそ氏の方法の限界を端的に示している。多くの研究者によってその信憑性が認められている釈迦三尊銘すらも、持統朝以降の儀鳳暦によっているとも主張できてしまうのであり、その制作年代を引き下げる一つの根拠とされかねない。

『日本書紀』が、述作度の高い神武紀から仁徳紀までに編纂時の現行暦である儀鳳暦を用いている（しかも煩瑣な定朔法を避けて平朔法を用いている）のに対し、推古朝を含む相対的に新しい時代史には当該期の暦である元嘉暦を尊重して用いていることは無視できない事実である。繡帳銘が書紀編纂と同じ持統朝前後の作文であるならば、しかも資財帳にみえる持統天皇施入の繡帳にあたるとするならば、『日本書紀』と違って繡帳銘の方だけが暦の切り替えが行われ、過去に亡くなった人物の没日にまで遡って干支換算がなされるということになるが、そのようなことは想定しがたい。一歩譲って儀鳳暦による換算を認めたとしても、『日本書紀』編纂以上に厳密な換算を行うことは考えがたく、金沢氏の依拠した複雑な定朔法を避けて、『日本書紀』と同様の平朔法が用いられたに違いない。この干支の誤りはやはり誤りとして文字通り受け取るべきで、その上で誤りの意味を問う必要があ

図1　「天寿国繡帳銘」系譜の構成（義江註2論文の図16）

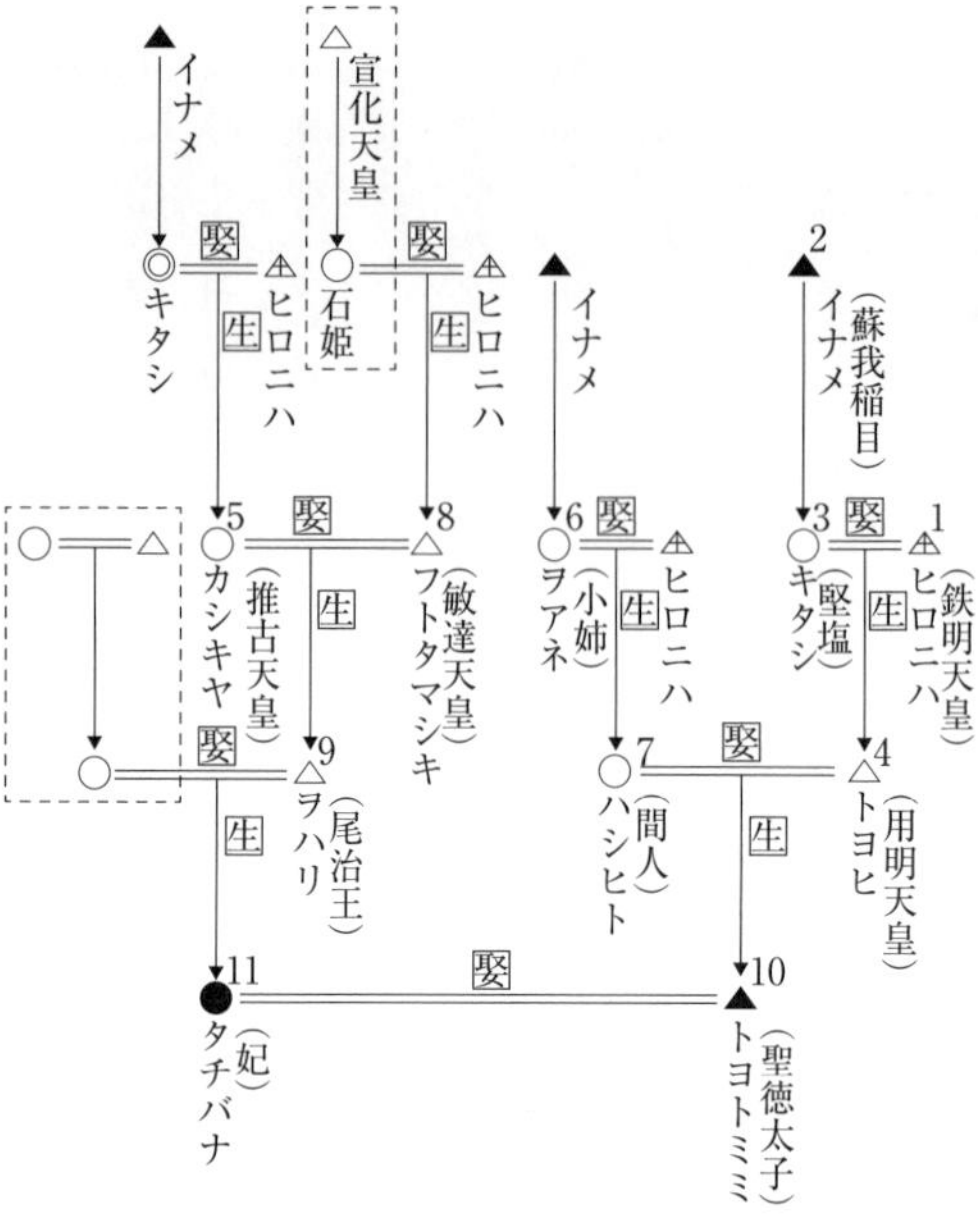

るのである。

第二の疑問は、系譜部分が太子を中心とするものではなく、橘妃を中心とする内容になっていることをどう解すべきかという問題である。宮田氏は「大郎女を通して見たる太子である。太子は副であって決してこの文章の表現せんとする主たる人物ではない」として、ここから銘文そのものへの疑義を展開していく。しかしこの問題については、義江氏が斬新な系譜様式論の立場から再検討を加えており、当系譜が聖徳太子と橘妃との婚姻から遡る双方的な両属系譜の典型であって、推古朝の作文としてむしろ相応しいことを証明している(8)（図1）。

その論旨は明解であり、それ以降の繡帳研究や天皇号成立問題で常に参照・依拠されるものとなっている(9)。しかし、その分析方法には全く問題がなかったのだろうか。既に官文娜氏が日中の出自意識の相違という視点から鋭い批判を行っている(10)。両者の見解にはやや意見のすれ違いがあるようだが(11)、同一の登場人物を補って逆三角形の系図を復元してみせる方法にはやはり落し穴があったのではないかと思われる。具体的に私見を述べよう。

義江氏の論でまず疑問に思われるのは、系譜のなかの「娶」の字を「……にみあいして」と読む点である(12)。男性が女性を娶《めと》る（女《め》を取る）という婚姻形態はこの時代に一般的でないから、この読みは不適切であるというのであるが、婚姻形態という社会的な実態と系譜構成という政治的な原理とは本来別次元のものである。また、「女性＋娶＋男性＋生子＋〇〇」という系譜の存在を傍証するものとして、山ノ上碑系譜や『日本書紀』神代下第九段をあげているが、それらの史料の読みには疑問がある。

前者については、「佐野三家定賜健守命孫黒売刀自、此、新川臣児斯多々弥足尼孫大児臣娶生児長利僧、母為記定文也、放光寺僧」のなかの「新川臣児斯多々弥足尼孫大児臣」を「通常の漢文に直すと」といって動詞の後ろに移して目的語とみなし、女性が主語になった事例であるというのだが、これは如何なものであろうか。むしろ、通常の漢文に直せば「新川臣児斯多々弥足尼孫大児臣、娶佐野三家定賜健守命孫黒売刀自、生児長利僧」であり、そう考えなければ「此」という文字がこの位置に入っている積極的な理由が説明できないのではないか。放光寺僧長利が「母の為に記定せる文なり」と刻んでいるように、敬愛していた亡き母の名を書き残し、その母がこの地域のミヤケを設定した健守命の孫にあたることを強調すべく文頭に提示し、それを受けて文章が続けられているのである。即ち「佐野の三家を定め賜ひし健守命の孫である黒売刀自、「此の」女性を、大児臣が娶って生んだ子が長利僧で、……」という意味である。

後者の事例「妾、是天神娶大山祇神所生児也」は、確かにその読みで正しい。しかし『古事記』や『日本書紀』のコノハナサクヤヒメ神婚譚の伝承群を見渡せばわかるように、神話の核は「天孫がオオヤマツミの娘を娶る」というところにある。コノハナサクヤヒメの出自を天孫の系列に加えた一つの異説である可能性があり[13]、漢文で書かれた原神話を語部が和語で誦んだ際におかした混乱がそのまま文字化された可能性すらある[14]。多元的で不統一な原史料を尊重する『日本書紀』が引いた多くの諸伝のなかのわずか一例にすぎず、しかも伝承核に対して付加的な要素から発生した異説であることからすれば、これをもって当時の系譜意識の一般とみることには違和感を覚えざるをえない。

少なくとも繍帳銘においては、その後ろに続く部分との関係、即ち「○○を娶りて后と為す」という文章構成が繰り返されていることから判断して、全体が男性を主語として「女子を娶る」という視点で貫かれていることは間違いない。義江氏の読みでは叙述法におけるこのような制約が捨象されてしまうし、さらに両属系譜の類型として平板に図化されると、あたかも系譜そのものが双方的な構造をもっているかのようにみえてしまうのである。そしてそのことを前提にして、それに欠けた部分の意味は云々という議論が展開されるわけである。

そこで、あらためて「主語の切り替え点」を基準としてあらためて全体を分割してみると、繍帳系譜は以下の三つの「単位」で構成されていることが確認される。

（A）斯帰斯麻宮治天下天皇名阿米久尓意斯波留支比里尓波乃弥己等娶巷奇大臣名伊奈米足尼女名吉多斯比弥乃弥己等為大后生名多至波奈等已比乃弥己等妹名等已弥居加斯支移比弥乃弥己等復娶大后弟名乎阿尼乃弥己等為后生名孔部間人公主

（B）斯帰斯麻天皇之子名蕤奈久羅乃布等多麻斯支乃弥己等娶庶妹名等已弥居加斯支移比弥乃弥己等為大后坐乎沙多宮治天下生名尾治王

（C）多至波奈等已比乃弥己等娶庶妹名孔部間人公主為大后坐瀆辺宮治天下生名等已刀弥弥乃弥己等娶尾治大王之女名多至波奈大女郎為后

（A）は欽明天皇に始まる系譜で、（B）は敏達天皇に始まる系譜、（C）は用明天皇に始まる系譜である。これらを裏返して、各々の系譜が何を導き出すために設定されているかを考えると、

（A）…①用明天皇、②推古天皇、③間人皇女
（B）…①尾治王
（C）…①聖徳太子

となる。最後の（C）には、「生める子」がさらに妃を娶るという形で下に続けていく連続系譜表記が確認されるから、本来ならば（A―①）と（C）との間も切り離される必要はなく、一本線で叙述できたはずである。即ち、

（X）斯帰斯麻宮治天下天皇、名阿米久尓意斯波留支比里尓波乃弥己等、娶巷奇大臣名伊奈米足尼女、名吉多斯比弥乃弥己等、為大后、生名多至波奈等已比乃弥己等、娶庶妹名孔部間人公主、為大后、坐瀆辺宮治天下、生名等已刀弥弥乃弥己等、娶尾治大王之女、名多至波奈大女郎、為后。

となる。これが系譜の基本ラインをなしているのである（図2）。そして、このラインにおいて娶られる身位に置かれた女性は「△△（之）女〇〇」というような表記を取るのが原則である。この単位で必要なのは双方出自ではなく父の名のみである。あたかも女子名に付属する修飾語の如く父の名が付加されるのであって、これ全体で系譜の一要素をなすものである。先のホノニニギノミコトがコノハナサクヤヒメに名を問うた際の会話を例にとってみても、『古事記』ではコノハナサクヤヒメは「大山津見神之女、名神阿多都比売、……」と答えているし、『日本書紀』

図2　天寿国繡帳系図の構成原理

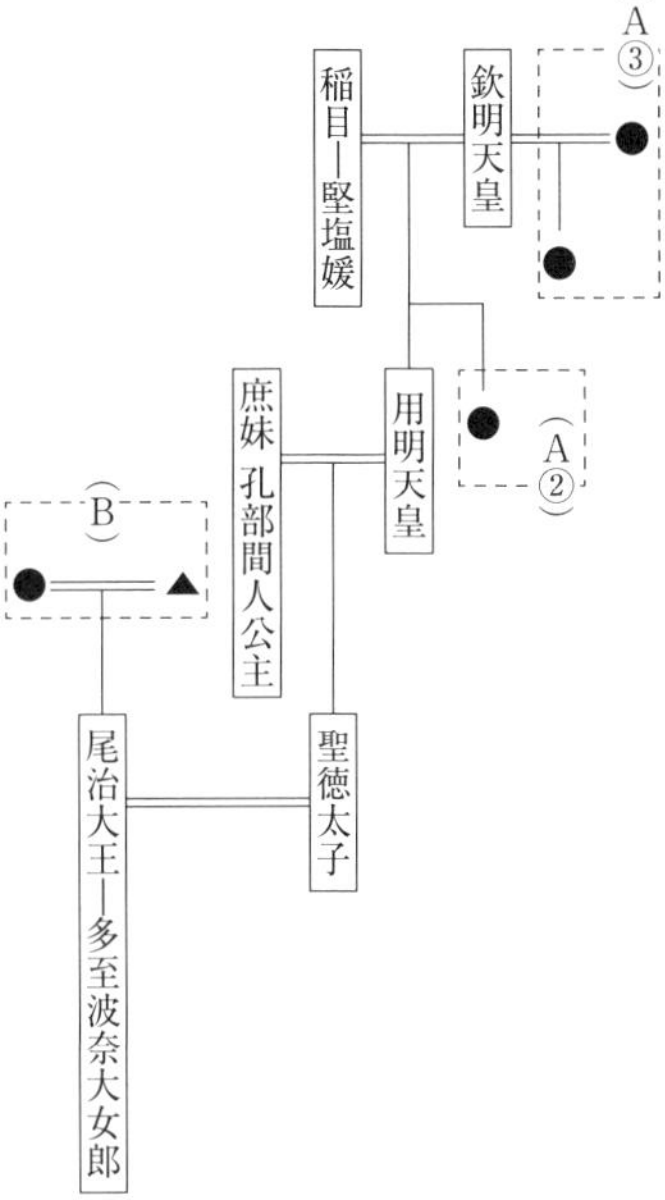

の該当部分でも同様の例が認められる。また、天降った須佐之男の「汝等者誰」という問いかけに対して、足名椎・手名椎は「僕者、国神大山津見神之子焉、僕名謂足名椎、……」と答えていることからすれば、より広く自己を提示する際に用いられる表現だともいえよう。さらにいえば、平安時代の女性の呼称も「△△之女（○○）」が固有名詞に代わる呼称として使用されている。その点ではここに時代的な変化は確認されないのである。

以上のことをふまえれば、義江論文が問題にした「系譜上省略された人物」についても、義江氏自身が「対称性」にとらわれつつ補足復元した系図から二次的に生み出された問題点にすぎないのである。そもそも橘妃の系図における母方記載の欠損を強調するならば、なぜ義江氏は自らの作成した図のなかで堅塩媛の母が記されないことについては問題にしなかったのであろうか。

軸になる人物に娶られる妃の出自については、父の名のみを書くのがむしろ一般的なのである。また敏達天皇は系譜において起点となる人物であるから、これを導き出す際に母の石姫は必要なかったにすぎないのであって、欽明天皇が文脈上既出であるから、両者の親子関係を付記したにすぎない。このように理解すれば、これらの人物の欠如は系譜論として何ら問題がないことになるのである。

さて、このような制約をふまえてこそ、逆にこの系譜のもっている一定の歪みや特殊性を正確に把握することが可能となるだろう。即ち、欽明天皇から聖徳太子に至る系譜が柱をなし、そこに付された女性の表記が上述の様式で書かれるものであったにもかかわらず、繡帳系譜にはこれと異なる原理で不自然に付加されたいくつかの単位・要素が存在するのである。

第一は、（X）の流れを分断している系譜単位（B）の挿入である。これは尾治王を導くという目的だけからここにわざわざ設定されたものである。第二は（A）の後半部分「……妹名等已弥居加斯支移比弥乃弥己等、復娶大后弟名乎阿尼乃弥已等、為后、生名孔部間人公主」の付加であり、これも（X）系譜に必要不可欠という要素ではない。何のために（X）系譜を分断してまで、これら二つの要素が挿入される必要があったのだろうか。（B）は橘妃の祖父母までを筆記するための挿入であり、（A②）の推古天皇も（B）を導き出すのに必要不可欠な要素であるがゆえにあがってきているのである。そして橘妃の父の尾治王が二回目には「尾治大王」と美称されていることも見落せない。他方、（A③）の間人皇女は、一見すると聖徳太子の系譜に必要だから掲載されているようにみえるが、上述した女性表記の原則（堅塩媛や橘妃自身ですら単に「△△之女○○」という表記を取っている）からみれば、（X）に掲げた情報のみで十分であるはずである。にもかかわらずその系譜までを書き込んでいるのは、他でもない「我が大王と母王と期すが如く従遊す。痛酷比无し」と橘妃が天寿国繡帳で語った間人皇女への意識が、――後述するように、たとえそれが本心からではなかったにしても――即ち、間人母王を系譜上の主人公の一人とみなす意識が、反映されたからである。

以上のことを見落さなければ、「タチバナ大郎女中心の系譜などではない。太子と大郎女の婚姻関係を焦点」としたものだと言い切ることはできないであろう。「図16に明らかなように」というその図自体に問題があるからである。むしろこれらの付加要素にこそ橘妃自身の自己主張がはっきりと見出される。まさに「自分を娶った太子のこと」と「自己の出自の神聖さ」、さらに「間人母王の出自」という三点をアピールした文章だといえるのである。

この作為の意味を理解するためには、系譜だけで議論を立てるのではなく、もう一度それを史料全体のなかに戻して考えてみることが必要になってくるだろう。このような仰々しい系譜、銘文全体の半分以上を占める長大な系譜が、なぜ聖徳太子の死を機に作られた繡帳の如き物に克明に書き込まれる必要があったのか、――このことを説明しなければ問題は解決されたことにはならない。しかし、これについては、義江氏は何も語らないのである。

第二節　天寿国繡帳と葬送儀礼

天寿国繡帳といった敷設用具に、このような系譜がなぜ書き記されなければならなかったのか、つまり天寿国繡帳とは何であったのか、どのような場で使用されたのかというところに問題は収斂する。我々は、悲しみに打ち拉がれた橘妃がその邸で繡帳を前に涙しているイメージをもちたくなる。しかし、大橋氏の復元によれば、繡帷二張の大きさは各々縦 221.7 cm、横 372.2 cm という巨大なものであり[15]、またその制作費用も常識を超える豪勢なものである。単に私的な用途に用いられたとは思われない。従来、橘妃の寝所を囲む帳といったイメージが漠然ともたれてきたが、既に指摘されているように、繡帳は片面からのみ鑑賞可能なもので、背面は他人に見せることができる代物ではない。

どうも我々は、「繡帳」という特有な言葉が広く定着しているために、その使用目的をあえて考えなくてもよくなってしまっていたようである。単なる誤植かもしれないが、義江論文においても原文の「繡帷二張」の部分を書き下した際に、つい「繡帳二帳」と記してしまっており、金沢論文でも同様に「繡帳二張」と誤って翻刻している。しかし、銘文自身は自分のことをはっきり「繡帷二張」と書いている。つまり「刺繡の施された帷帳」なのである。

帷帳は本来「とばり」「たれぎぬ」、つまりカーテンを意味する漢語で、多様な用途をもつ調度である。平安時代の寝殿造の居住空間においては、帷帳のことを「かたびら」と読んで、几張に付属する布のことを指す場合が多い。しかし遡って八世紀以前の日本において帷帳といえば、かなり限定されたイメージをともなっていたように思われる。国史の用例では「天平十三年（七四一）正月癸未朔、天皇始御二恭仁宮一受レ朝。宮垣未レ就、繞以二帷帳一」（『続日本紀』）、「天平十七年（七四五）正月己未朔、廃朝。乍レ遷二新京一、伐レ山開レ地、以造二宮室一。垣牆未レ成、繞以二帷帳一」（同）の二例が確認されるが、これは『史記』以来の中国史書にもみえる「本営」「幕府」をなす幕のことである。これ以外の用例となると「帷幕」「帷房」即ち、閨房を指す比喩的な抽象表現として用いられているにすぎない。

七・八世紀において最も実際的な用途は、葬時に用いる帷帳であった。養老喪葬令8親王一品条には、親王・諸王から五位以上官人までの葬具支給と発葬日に関する規定がある。

> 凡親王一品、方相轜車各一具、鼓一百面、大角五十口、小角一百口、幡四百竿、金鉦鐃鼓各二面、楯七枚、発喪三日。二品、鼓八十面、……。三品四品、鼓六十面、……。其轜車・鐃鼓楯鉦、及発喪日、並准二一品一。諸臣一位及左右大臣、皆准二二品一。二位及大納言、准二三品一。唯除二楯車一。三位、轜一具、鼓四十面、……。発喪一日。太政大臣、方相轜車各一具、鼓一百四十面、……。発喪五日。以外葬具及遊部、並従二別式一。五位以上及親王（親王は皇親の誤写）、並借二轜具及帷帳一。若欲二私備一者聴。女亦准レ此。

傍点部にみえる「別式」に規定されているという「以外葬具」に最も基本的な葬具たる「帷帳」が含まれていることは、それに続く「五位以上及皇親」が借りうる葬具が「轜具及帷帳」を指すことからも明らかである。そしてこのことは、令の規定が先行する単行法令「式」を前提にして制定されていることを意味している。即ち大化二年（六四六）の大化薄葬令の葬制である。

三月甲申。詔曰。……。廼者、我民貧絶、専由二営墓一。爰陳二其制一、尊卑使レ別。

（A）夫王以上之墓者、内長九尺、濶五尺。其外域、方九尋、高五尋。役一千人。七日使訖。其葬時帷帳等、用二白布一。有二轜車一。上臣之墓者、……。役五百人。五日使訖。其葬時帷帳等用二白布一。擔而行之。蓋此以レ肩擔輿而送之乎。下臣之墓者、……。役二百五十人。三日使訖。其葬時帷帳等、用二白布一亦准二於上一。大仁・小仁之墓者、……。役一百人。一日使訖。大礼以下小智以上之墓者、……。役五十人。一日使訖。

（B）凡王以下小智以上之墓者、宜レ用二小石一。其帷帳等、宜レ用二白布一。庶民亡時、収二埋於地一。其帷帳等、可レ用二麁布一。一日莫レ停。

（C）凡王以下及至二庶民一、不レ得レ営レ殯。……。

縦有下違レ詔犯二所レ禁者、必罪二其族一。

別稿で詳論したが[16]、（A）の部分の白布規定と（B）の部分のそれとは範囲がずれている。これは（A）の規定が王・上臣・下臣までに限られているのに対して、（B）の方は庶民の用いる麁布の帷帳にまで規定が及ぶことからみても基準が異なるのであって、（A）は国家からの葬具公給規定であり、（B）は一般葬送習俗に対する規範の設定である。この（A）規定が喪葬令のいう「別式」につながるのである。

白布帷帳の使用がわざわざ「薄葬」の一環として大きく取り上げられているのだから、大化前代における帷帳はかなり華美なものであったことは間違いない。古墳の巨大な墳丘造営と同じ精神で、殯宮を飾る豪華な帷帳もまた制作されたのであろう。薄葬令では同時に「殯」が禁止されているが（C）、まさにその殯の場において帷帳の華美が競われたと考えられ、参列者に見せるために制作されたものであった。迂遠な説明になったが、このような法制に明確に現われているように、広い階層において葬具としての帷帳使用が一般的な帷帳の使用に先駆しているのである。

以上のことをふまえれば、もし当該期の帷帳に葬具以外の用途があったとしても、聖徳太子の「死」に際して没後すぐに制作された豪勢な帷帳となると、やはり聖徳太子の殯宮儀礼に使用される帷帳以外には考えられないだろう。室内使用には不適切なほど巨大な帷帳であり、大橋氏もいうように裏側は見るに堪えない代物であるから、橘妃が太子を追想すべく個人的に室内で使用したようなものではなく、殯宮に麗々しく掛けられるものとして制作されたとしか考えられない。天寿国繡帳はまさにこのような古墳時代の葬礼の伝統の上にあり、「仏教色が加味された葬具帷帳の貴重な遺品」であるといえよう。

では、聖徳太子の殯宮で人々に見せるべく制作された天寿国繡帳、このような文脈に置いたとき、この帷帳のもっている意味はどのように姿を現わすであろうか。

第三節　天寿国繡帳の制作と橘大郎女の意識

聖徳太子の没日は『日本書紀』によれば二月五日となっているが、これは法隆寺関係の金石文の記載と矛盾をきたすものである。坂本太郎氏は、『日本書紀』が法隆寺関係史料を用いなかったためであると微妙な言い方をしているが[17]、多くの寺院関係資料のなかで法隆寺のもののみが見落されたということは考えがたい。私は慧慈同日薨去説を説く伝記資料を『日本書紀』が積極的に採用し、聖徳太子の国際性を主張しようとしたためだと考えている[18]。太子没後、すぐに制作された法隆寺釈迦三尊像光背銘文の「願文」こそが事実を伝えていると考えてよいだろう。聖徳太子は、辛巳年十二月に「鬼前太后」（「孔部間人公主」）が没したのに続いて、翌年から膳郎女と共に病の床につき、彼女の没した翌日の二月二十二日に亡くなったのである。

聖徳太子が、それまでの上宮を去って斑鳩の地に宮を営んだことには様々な政治的事情が介在していたのであろうが、斑鳩の地は膳氏の拠点であり[19]、少なくとも太子が膳妃とともに恒常的に生活することになったのは事実であろう。実際、膳妃との間には八人もの子を儲けているし、病に倒れた時にも膳妃に看病してもらうことになり、さらに二人並んで病の床につくことになったと記されている。看病を尽くしてくれた愛妻の膳妃と手を取り合うようにこの世を去ったことは、当時の人々にとってもかなり印象的な出来事であっただろう。

しかし、天寿国繡帳銘はこの公然たる事実に全くふれないのである。むしろ黙殺しているといってもよい。繡帳は次のように明記する。

我が大王と母王と期するが如く従遊す。

「期するが如く」というなら、誰しもが膳妃のことを想起したであろう。まさに今、斑鳩宮の庭に殯宮が設けられ、共に没した聖徳太子・膳妃の二人の遺体が安置されているからである。そのことには全くふれず、没後既に足掛け三ヶ月を経た間人皇女の死のみを引き出して、母王と太子とが「期すが如く」亡くなったと書くのは、相当強引な曲筆である。当時嫁と姑というような密接な生活感覚が両者にあったとも思えないから、太子の母の死をそこまで強く悼むことも不自然であろう。これは逆に膳妃の存在を強く意識した言葉であるといえる。

あるいは飛鳥の上宮に居残ったかもしれない橘妃からすれば[20]、このような最期は相当ショッキングな出来事であったに違いない。歴史学が個人の感情に深入りすることは差し控えるべきかもしれないが、繡帳が橘大郎女の太子への個人的な思いから制作された遺品であることを想起するとき、制作者の「心」の問題を切り捨ててしまうことはかえって一面的であるように思うのである。このように考えてこそ、天寿国繡帳銘文の一つ一つの言葉が初めて重い意味をもって理解されてくるからである。

舒明天皇と推古天皇とを祖父母にもち、太子の正妻というべき地位にある気位の高い橘大郎女にとって、これまでも素直にその寂しさを吐露することができなかっただけに、このような太子と膳妃の最期はますます歯がゆいものであり、やるせない憤りを感じたことであろう。実際、彼女の自己意識はこれに対する反応によく現われている。彼女の心は、膳妃以上の深い愛情をもって太子追善の造像をなして冥福を祈ろうという方向には向かなかった。彼女のプライドの根拠たる祖母の推古天皇、共に「悽然びて」自分のことを「一の我が子あり」とやさしく呼びかけて、「啓すところ誠に以て然り」と慰めてくれる祖母のもとに泣きつくのである。祖母に頼んで采女たちに葬具帷帳に刺繡させる。下絵も当時の最高の絵師たちに描かせた。ここには膳部加多夫古の娘にすぎない膳妃を見下し、自己の尊貴な出自を顕示しようとする痛々しいプライドが感じ取られる。

さらに橘妃は「太子は生前いつも私に「世間虚仮、唯佛是真」と語ってくれていたので、天寿国で今なお生きていることを知っている」と述べて、自分こそが太子の仏教思想の真の理解者であったという点をアピールしている。

繡帳銘文のなかに見え隠れするこのような強い対抗意識を勘案するとき、太子と共に仲睦まじく死んでいった膳妃に対する橘妃のさびしい嫉妬から作られたのが、この天寿国繡帳なのではないかと考えられてくる。

先にふれた系譜の問題、即ち太子の死を悼んで作られた帷帳であるにもかかわらず、なぜ橘妃はかくも豪華なものを制作し、そこに「追善の言葉」ではなく自分と太子との婚姻関係を語る長大な系譜を麗々しく書き込むという特異な行動に走ったのかという問題も、このように考えてこそ説明がつくであろう。しかし、橘妃にあっては、自分の系譜を欽明天皇から太子に流れる系譜に付加させるのみでは満足しなかった。自己を「尾治大王之女名多至波奈大女郎」と表現するだけではなく、先に述べた尾治王系譜というべき要素（B）を系譜の中間に打ち込み、自分が天皇を祖父母にもつ存在であることを積極的に示したのである。自己の母を系図内に入れることにも容赦はなかったはずである。にもかかわらず、そこに全くふれられていないのは、逆に母の身位が彼女のプライドにとってネガティブなもの、少なくとも満足できる十分なものではなかったからである。

また、干支の誤りの問題についても次のような憶測がなされよう。釈迦三尊光背銘には間人皇女の没日は十二月としか記されていない。「十二月二十一日癸酉」と書いているのは天寿国繡帳のみである。そしてこの日付干支に問題があるのである。この文字群を見て想起されるものがある。あえてふれられていない膳妃の没日であり、「二月二十一日癸酉」と干支までもが酷似している。これは果して偶然なのだろうか。

この類似を発生させる事情には二つの可能性が想定される。第一は、「太子は二十一日癸酉に没した女性と相従うように没した」という曖昧な伝承核が存在し、そこから二次的に「二十一日癸酉」を母・膳妃のそれぞれの没日とみなす二種類の伝承が発生した可能性である。これを取るとすれば、光背銘と繡帳銘の成立年代を、共にかなり下げて後世の偽作と考えざるをえなくなる。むしろ次の第二の可能性を考える方がよいと思う。即ち一方が他方を明確に意識して書いたという事情である。釈迦三尊光背銘は「願文」であって造像との同時性を評価すべきものであるのに対し、繡帳銘の方には作為性が感じ取られる。

先に述べたように、このとき聖徳太子と膳妃の殯が同じ斑鳩宮で行われていた。そして帷帳は殯宮という葬送儀礼が執り行われる公共の場に懸けられるものである。そこに「二月二十二日甲戌、太子崩」と並んで「二月二十一日癸酉、王后崩」という文字が記されていたらどうであろう。橘妃は、あえて立派な人目をひく「刺繡の帷帳」――推古天皇の命令で一級の絵師と采女の手によって制作された権威ある繡帳――を新たに制作し、太子の殯宮に掛けて公衆に見せたのである。そこには「十二月二十一日癸酉、王后崩」という紛らわしい没日が記され、「期すが如く」この世を去ったのは「母后」なのだと主張される。そして、それは推古女帝によっても「啓す所、誠に以て然りと為す」という権威ある承認を受けた「事実」、第三者が表立って否定することが許されない「事実」なのである。そのことをふまえて、自分と太子との婚姻の偉大さを示す系譜が提示される。

おそらく膳妃の没日が無視できなかったのは、「二月二十一日癸酉、王后崩」という文字が殯か法会といった公共の場に懸けられた帷帳か幡に既に記されており、広く認知されていたためであろう。だからこそ仏像の銘文などとは違って、人に見せるという性格をもつ巨大な「繡帳」で「十二月二十一日癸酉、王后崩」との読み替えがなされる必要があったのだろう。繡帳銘にはそう考えないと理解しえないほどの執念が混有している。

むすび

以上をまとめると次のようになる。近年の儀鳳暦計算による推古朝成立否定説は積極的根拠を欠く。天寿国繡帳は太子の葬送に際して作られた葬具の帷帳であり、そこに記された銘文の文脈や系譜には、太子と共に没した膳妃に対する橘妃の強い対抗感情が表出している。このような生々しい制作意図が確認される以上、銘文の飛鳥時代成立説を疑うことは不可能である。病の平癒を祈る造像銘や追善に際して制作された文物には個人的な感情が見え隠れするものであり、こうした個人の心の問題を歴史学は切り捨てることはできないと考える。

なお、最後に付言すれば、もう一人の妃であった刀自古郎女は何一つ文化財を残さなかった。しかし、彼女が太子の死に何も感じずに暮らしていたわけではないだろう。なぜならば、彼女は山背大兄王という子を残したからである。『日本書紀』皇極天皇二年（六四三）十一月朔条は、蘇我入鹿に襲撃されたときの山背大兄の最期の言葉を次のように書き残している。

十一月丙子朔。蘇我臣入鹿、遣下小徳巨勢徳太臣・大仁土師娑婆連一、掩中山背大兄王等於斑鳩上。……。三輪文屋君、進而勧曰、「請、移二向於深草屯倉一、従レ茲乗レ馬、詣二東国一、以二乳部一為レ本、興レ師還戦。其勝必矣」。山背大兄王等対曰、「如二卿所一レ導、其勝必然。但吾情冀、十年不レ役二百姓一。以二一身之故一、豈煩二労万民一。又於二後世一、不レ欲丁民言丙由二吾之故一喪乙己父母甲。豈其戦勝之後、方言二丈夫一哉。夫損レ身固レ国、不二亦丈夫一者歟」。……。於レ是、山背大兄王等、自レ山還、入二斑鳩寺一。軍将等、即以レ兵圍レ寺。於レ是、山背大兄王、使三三輪文屋君謂二軍将等一曰、「吾起レ兵伐二入鹿一者、其勝定之。然由二一身之故一、不レ欲レ残二害百姓一。是以、吾之一身賜二於入鹿一」。終与二子弟・妃妾一一時自経、倶死也。……。

虚仮たる世間における一身への執着が、十年間は民を役さないという自らの誓いを破らせ、さらには民の子孫の世代までをも因果の歯車に巻き込んでいくということの罪深さを思い、「吾が一身を入鹿に賜はむ」といって自害して果てた山背大兄とその一族の清廉な最期を想うとき、太子の「世間虚仮、唯仏是真」の精神を伝え継ごうという強い使命感をもって我が子を育てた刀自古郎女の姿が、伝説のあいだから少しだけ垣間見られるような気がするのである。

（1）飯田瑞穂「天寿国繡帳銘の復元について」（『飯田瑞穂著作集』第一巻、吉川弘文館、二〇〇〇年。初出は一九六六年）による。なお、復元問題に関する研究史も飯田論文に丁寧に整理されている。

（2）大橋一章『天寿国繡帳の研究』吉川弘文館、一九九五年、義江明子「「娶生」系譜にみる双方的親族関係――「天寿国繡帳銘」系譜――」（同『日本古代系譜様式論』吉川弘文館、二〇〇〇年。初出は一九八九年）、仁藤敦史『古代王権と都城』吉川弘文館、一九九八年、荒木敏夫「上宮王家と橘大郎女」（同『日本古代王権の研究』吉川弘文館、二〇〇六年。初出は二〇〇二年）など。

（3）福山敏男「法隆寺の金石文に関する二三の問題」（『夢殿』一三冊、一九三五年）、宮田俊彦「天寿国繡帳銘成立私考」（『史学雑誌』四七編四号、一九三六年）、重松明久『日本浄土教成立過程の研究』平楽寺書店、一九六四年、東野治之「天皇号の成立年代について」（同『正倉院文書と木簡の研究』塙書房、一九七七年。初出は一九六九年）、大山誠一『長屋王家木簡と金石文』吉川弘文館、一九九八年、など。

（4）宮田註3論文。

（5）飯田註1論文。

（6）内務省地理局編纂『新訂補正三正綜覧』芸林舎、一九七三年。初版は一八八〇年、内田正男『日本暦日原典』雄山閣出版、一九七五年、の「暦法編」参照。

（7）金沢英之「天寿国繡帳銘の成立年代について――儀鳳暦による計算結果から――」（『国語と国文学』七八巻一一号、二〇〇一年）。

（8）義江註2論文。

（9）例えば、大津　透『古代の天皇制』岩波書店、一九九九年、森　公章編『日本の時代史3倭国から日本へ』吉川弘文館、二〇〇二年、など参照。

（10）官　文娜「氏族系譜における非出自系譜の性格」（大山喬平教授退官記念会編『日本社会の史的構造』古代・中世、思文閣出版、一九九七年）。

（11）義江註2論文の再録「補記」に反論がなされている。

（12）義江明子「「ミアヒテウム」をめぐって」（義江註2著書。初出は一九九七年）。

（13）この伝承の類型は、景行紀四年二月甲子条の美濃国巡行記事にみえる二人の水辺の女性との婚姻譚とその構造を共有する（笠井昌昭「日本書紀を中心とした池の伝承について——立后の儀の周辺——」（同『古代日本の精神風土』ぺりかん社、一九八九年。初出は一九七〇年）、拙稿「敏達紀「善信尼」覚書——初期仏教と記紀神話——」（続日本紀研究会編『続日本紀の諸相』塙書房、二〇〇四年。本書第十章に再録））。景行紀では在地の女性を娶るのではなく、八坂入彦皇子の娘の八坂入媛を娶ったことになっている。こうした婚姻譚の類型展開を受けた書き換えが、この一書に投影していると考えられる。また、日本古典文学大系本は大山祇神を女性とする。大山祇神がのちの「山の神」という老婆のイメージへ転化していく先駆的事例として捉えることもできるだろう。

(14)『帝紀』『旧辞』が純然たる漢文で書かれていたであろうことは、拙稿「天皇号の成立とその重層構造——アマキミ・天皇・スメラミコト——」（『日本史研究』四七四号、二〇〇二年。本書第五章に再録）で論じた。

(15)大橋註2著書参照。

(16)拙稿「大化二年三月甲申詔の葬制について」（『続日本紀研究』三一〇号、一九九七年。本書第一章に再録）。

(17)坂本太郎『聖徳太子』吉川弘文館、一九七九年。

(18)拙稿「聖徳太子——基本史料の再検討——」（鎌田元一編『古代の人物』第一巻、清文堂出版、二〇〇九年。該当箇所は本章むすびに抄録）。

(19)『聖徳太子伝私記』には「或云、高橋妃者。此妃為㆓少壮㆒之時、着㆓紺衣服㆒、遊㆓高橋㆒。（高橋者、葦垣之東、富河辺在之。）太子自㆓橘寺㆒還給、此女御覧、食寄為㆑妃給」とあり、また法輪寺の平安初期の檀越は膳氏の後身たる高橋朝臣であった。

(20)膳妃については、斑鳩宮においてであれ、飽浪宮においてであれ、両者の同居は想定されうるが、橘妃については、仁藤註2著書が中宮における間人皇女と橘妃との居所を推定しているものの、荒木註2論文もいうように根拠に乏しい。

終章　日本古代君主制の構造と展開
――全体のまとめと展望――

最後に、あらためて各章で明らかにした結論と意義を整理するとともに、序章で掲げた本書の大きな課題に対して現段階での自分なりの答えをまとめてみたいと思う。

一　各章の結論

第一章　大化薄葬令の研究――大化の葬制から律令葬制へ――

大化薄葬令は、大仁以下の墳丘の造営が一律に禁止されているのだから、政治的地位の視覚化を意図したものだとは考えがたい。関晃氏のいうように公葬制を意図したものであって、喪葬令親王一品条はそれを前提として規定されたものである。君主の身体モニュメントである古墳の造営を「愚俗」と切り捨てるこの法令は、新しい君主権の誕生を象徴するものであった。

しかし、単に古墳造営に関する法令ではなく、古墳時代以来の政治的慣習や生活習俗全般を時代錯誤な「旧俗」「愚俗」と称して否定する法令であることも見落せない。古墳造営、殯などの葬送儀礼、婚姻形態、穢と祓除といった習俗は、王権や共同体の秩序維持、死の認定、君臣秩序の再生、待遇婚的な婚姻慣習、共同体の罪や不安からの自己防衛、といった積極的な役割を担ってきたものだが、社会が文明化されても様式化した旧習は簡単には変化せず、現実との間に桎梏を生み出すことになる。現実から乖離した因習の残存が、富の浪費や民の貧絶の原因となり、「私利を貪る個人」が巣食う犯罪の巣窟となっているというのである。私利追求の意識は聖徳太子の十七条憲法でも問題とされており、聖徳太子と改新政府が同じ問題に向き合っていたことがわかるが、前者が現実を非難して和という伝統的秩序に回帰しようとするのに対して、後者は伝統的な慣習の方を破棄して、官人考選システムの導入によって私利追求のエネルギーを奉仕意識へと昇華させた。

なお、本章では、日本令のなかにはそれに先行する明文化された「式」（単行法令）を前提として規定された条文が存在することを指摘している。ここで検討した喪葬令の親王一品条以外にも、第二章で扱う三位以上条も氏の始祖墓の制に対する補完規定となっている。特に伝統的慣習を前提にもつ喪葬令では、そうした特徴が顕著に現われるのかもしれないが、従来の賦役令研究においても、唐令には存在しない日本独自の条文が指摘されている。それらが「式」として令制以前に成文化されていた可能性も想定してよいだろう。「式」を施行細則とする「弘仁格式序」の説明は『弘仁式』編纂段階の通念にすぎない。

第二章　律令国家陵墓制度の基礎的研究――「延喜諸陵寮式」の分析からみた――

陵墓研究の根本史料である『延喜式』陵墓歴名のなかには、先行する『弘仁式』『貞観式』の記載が手を加えられることなく取り込まれており、さらに弘仁の歴名の起源は、令制当初の陵墓治定台帳にまで遡る。この地層化して残る古い記載を一枚ずつめくっていくことで、大化前代の陵墓機能、律令国家による全先皇陵の公的管理制度の設定、大陵制・近陵制の導入から外祖父母墓の重視、近親葬地重視が荷前本来の意義を形骸化させていく過程、貞観期の藤原氏始祖墓の再興など、陵墓管理の実態と陵墓に期待された機能の変化の相を段階的に復元することができた。『延喜式』の財政関係条文には既に反故となった規定が多く含まれているという早川庄八氏の指摘や、虎尾俊哉氏による『延喜式』の基礎研究からすれば当然の結果かもしれないが、陵墓歴名のようなリストのなかにもそういった重層性がそのまま残存しているという事実を示したことになる。

持統天皇三年に浄御原令先皇陵条が制定されると、先皇の葬地のみが陵と称されるようになるが、浄御原令制下には皇子の葬地を陵と称する旧来の秩序も残存した。令制以前には皇族の葬地を「陵」と呼んで、一般の氏の葬地と区別していたことが窺われる。こうした皇族葬地全般を特別視する伝統は、先の大化薄葬令のなかでも確認される特徴であった。「王以上」の墳丘規格は別箇に設定され、葬具においても上臣・下臣にすら認められていない轜車使用が特に許可されている。この轜車の使用制限は、品位をもつすべての親王に認められる轜車使用を、政治的には上位にあるはずの左右大臣には認めない喪葬令親王一品条に受け継がれる。「陵」が元来は君主権や政治権力にかかわる枠組みではなく、「皇孫思想」を基礎とした王族葬地の特権的呼称であったこと、葬送儀礼においても王以上（のちには親王）を特別扱いする伝統が存在したことが知られるのである。この伝統はおそらく古墳時代に遡るもので、かなり早い段階から「政治権力」の大きさとは別の次元の「身体」を収める葬地の優遇において、皇孫思想という規範が君主権の所在と並んで王権の重要な構成要素をなしていたことが暗示されている。

第三章　陵墓治定信憑性の判断基準

『延喜式』の陵墓歴名が、律令国家の陵墓治定の成果たる先皇陵リスト、即ち諸陵正が掌る「諸陵および陵戸の名籍」に遡及できるという第二章の結論をふまえて、文献史学の立場からみる天皇陵被葬者推定の問題点と考古学への提言をあらためてまとめたものである。『延喜式』に基づいた幕末明治期の治定の信憑性と陵墓歴名の起源をなす律令国家の陵墓治定の信憑性といった二つのフィルターを意識するとき、最も基礎的な作業は律令国家が陵墓と治定した古墳をその真偽はさておき、まずは正確に確定することであろう。たとえその治定が誤っていたとしても、その後千年以上にわたって天皇陵として扱われてきた歴史的事実もまた切り捨てるべきものではないからである。特定の古墳が八世紀以来陵墓として扱われてきたことは、墳丘から一定距離にある柱列や鳥居の遺構、兆域内の樹木伐採などの痕跡、毎年の荷前にともなう祭祀遺構などから確認できるのであり、「天皇陵遺跡（陵墓遺跡）」と称することを提案した。もちろん考古学からの墳丘型式や埴輪などの出土遺物から古墳の相対年代を確定することはできるが、これを天皇陵と擦り合せるとなると、結局のところ記紀や『延喜式』の陵墓記載を用いざるをえない。

また、具体的に論争になっている天皇陵を取り上げて自説を展開した。今城塚古墳を継体陵とするのは今日の通説的理解であるが、実はその根拠は十分だとはいえない。太田茶臼山古墳が嶋下郡にあることは否定の根拠にならないし、五世紀の市野山古墳と墳丘型式が酷似することによる否定論も、記紀編年に基づく継体の六世紀即位を前提としたものにすぎない。記紀の記述を尊重するなら、むしろ継体天皇が応神・允恭系皇統の入り婿的な存在であることこそが重要で、太田茶臼山古墳が允恭系王統の墳丘型式を受け継いでいると積極的に評価することもできるのである。他方、今城塚古墳は、欽明天皇即位後に蘇我氏主導で造られた新継体陵であり、欽明陵と同じように盛大な改葬パフォーマンスが行われたと推定した。

第四章　律令陵墓祭祀の研究

大化前代において君主権の安定的継承や地域の共同性維持を保障してきた古墳のモニュメント機能も、国家機構が整備されてくる六世紀になると、固有の意義を失って縮小傾向をみせ始める。また、君主権と君主の身体は未分離であったから、君主権と君臣関係の継承がいったん完了すると古墳はそのまま放置され、永続的祭祀の対象にはならなかった。こうした過去の王陵をあらためて神武天皇以来の先皇陵として整備し、毎年十二月に調の初物で祭るのが、荷前常幣と称する律令国家の山陵祭祀であった。現天皇の守護者たる先皇霊に対する祭祀によって天皇統治の正当性を表現したものであり、皇孫思想とは異なる新しい統治権正当化の論理が創造される。持統天皇三年の浄御原令で規定されたが、すべての先皇陵を治定するには相当時間がかかったため、その実行は天平元年まで遅れた。八世紀後半の孝謙朝になると、特定の山陵を優遇する大陵制の枠組みのなかに孝思想に基づく血縁的意識が流れ込んで現天皇の近親の陵墓を祭る別貢幣の儀が成立し、桓武朝には天智天皇を始祖に見立てた宗廟祭祀的な様相を呈するようになる。これを天皇家における家の成立と評価する向きもあるが、こうした現象は一時的なもので、結局のところは顔の見える範囲での父母・祖父母の陵墓に対する祭祀へと還元されていく。その結果、別貢幣も内実は形骸化し、荷前使役に奉仕させることを通して現天皇との君臣関係を確認させる儀式という性格を帯びるようになるが、同時に先皇陵祭祀の有した固有の機能を否定する方向性をも内包していた。天安二年の十陵四墓制では先皇陵より近親陵墓を優遇する近墓制が成立するが、この近墓を遠陵よりも重視する制度は律令陵墓祭祀の枠組みの根本的解体を象徴している。

これまで理解の分かれていた常幣と別貢幣の成立時期と変質過程を制度史的に確定することを目指した基礎的研究だが、律令陵墓祭祀の創始によって、個別の君主の権威（天皇霊）をその身体から分離して過去の歴代天皇陵のなかに先皇霊として保存し、それらの祭祀と守護を通して現君主権を正当化するという構造は、従来の専制的な政体からの脱却を意味するとともに、皇孫思想を超えた「君主権」を意識的に基礎づける営為であったといえよう。

第五章　天皇号の成立とその重層構造――アマキミ・天皇・スメラミコト――

天皇が君主号として制度的に設定されるのはいうまでもなく律令においてであり、近江令を認める立場では天智朝の成立ということになる。しかし、重要なことは、天皇号の問題を成立時期の議論に矮小化したり、対外関係の大局的な流れのなかに位置付けたりするだけではなく、天皇という存在を基礎づけている「皇孫思想」と「君主権」という、時に相矛盾する二つの要素の関係を歴史的に把握することである。そのためには、天皇という語が口頭言語たる和語と表記言語たる漢語の二重性を内包しながら、如何なる過程を経て熟成されてきたのかを段階を追って跡付けることが必要である。

『隋書』にみえる「阿輩雞彌」は先行研究では「オホキミ」もしくは「アメキミ」と読まれてきたが、記紀歌謡や『万葉集』の使用文字との共通性、国語学で被覆形と称される母音交替からみて「アマキミ」と読むべきものである。「倭王」という冊封称号からの脱却を意図してあえて和語呼称を外交の場に持ち込んだもので、開皇国書で提示された「アメタリシヒコ」「アマキミ」が大業国書では「天子」「天皇」と表記されるようになり、儀制令1天子条にみえる祭祀用の「天子」号と詔書用の「天皇」号へとつながっていく。「天子」は「アメタリシヒコ」の翻訳であり、「天皇」もまた「アマキミ」の表記として誕生した。中国側は一貫して「倭王」という認識を変更しなかったが、こうしたやり取りのなかで国内君主号の原型が練り上げられていく。

奈良時代になってもなお和語呼称を用いて外交していることが、玄宗の開元二十四年国書から知られるが、「アマキミ」から「スメラミコト」へと変化している事実は、後者が推古朝まで遡らないことを意味する。「スメ」は、「スメミマ」「スメロキ」などが示すように、本来は天皇ではなく、広く皇孫を指す語であった。神亀元年の藤原宮子大夫人称号事件で表記と読みのズレを過剰に問題にしているのも、皇太夫人の「皇」は漢字表記では「天皇の……」の意味になるが、和語で読むと「スメミオヤ」となって「皇孫たる……」の意味に取られかねないからである。最初の勅で「大夫人」としたのも、後詔で「オホミオヤ」と読む注記を付すのも、そのことへの配慮からであった。

「スメ」という皇孫思想を象徴する和語が「皇」と結びつくのは、宣命体的文体が確立する舒明朝のことで、皇極紀以降「皇祖母命（スメミオヤノミコト）」など和語を前提とした表記が散見するようになり、それを前提として「天皇」の語に「スメミマ」「スメラミコト」の読みが当てられていく。君主号の分析から、天皇という存在が、「君主」と「皇孫」という相異なる二つの属性を内包する一つの観念体系であることが浮かび上がるのである。

第六章　古事記神話の構成原理と世界観——神々の「成」「生」「所成」と〈歴史の起源〉の観念——

『古事記』上巻のなかの神々生成記載に注目すると、「成」「生」「所成」「娶……生子……」という四つの基本様式が一定のエポックをなして整然と現われることが確認できる。しかし、所々に挿入された注記部分では、この規則性を無視した表現が散見する。この事実は、完結したストーリーをもった原テキストの上に、別の基準をもった二次的記述が上書きされていることを意味する。第一次の『古事記』は、人間精神の発達段階という構図――世界の措定、死と現実世界の発見、啓蒙（社会化）の歩み、支配者の資格獲得、――のもとに歴史の起源を叙述する脱神話の物語であり、歴史の起源を個体発生と重ね合せて叙述する「成人儀礼的な歴史意識」を基礎にもつ。他方、第二次の要素は、神々が天に属するか国に属するかの分類に第一の関心をもっており、第一次の構図とは無関係に挿入されている天孫降臨神話（おそらく舒明朝に完成し、別途筆録されていた神話）もまたこの段階で書き加えられたのであろう。こちらの世界観は、国常立尊から記述を開始する『日本書紀』神話の世界観とも通底するものである。皇孫による国の統治を正当化する叙述はこの第二次の位相に属する。

神々生成記載における厳格な様式区分、種々のイコノロジーを活用した緻密なストーリー構成の存在をふまえると、この神話を自然発生的な神話群の集合と捉えることはできない。そこには先行する成書としての『帝紀』『旧辞』もしくは『天皇記』『国記』の痕跡がはっきりと確認される。口伝された日本の神話を素材としながらも、史部の頭脳を十全に活用して、人工的に作り上げた緻密な論理構成をもつ物語を前提としているといえよう。

逆に、こうした既成の書物が口頭で誦まれ再び筆録されるという過程を繰り返すなかで、『日本書紀』の「一書」群のような多くの異説が意識的・無意識的に派生してきたのであろう。神名の多様性やアマテラスの性別の異説などもそうした過程の結果である。こうした混乱こそが、『古事記』序において天武天皇自身が懸念していた現実であった。従来は多様な神話の統合という視点で語られることが多かったが、むしろ一つの成書神話の派生という視角で捉えるべきだと思うのである。

第七章　敏達紀「善信尼」考――初期仏教と記紀神話――

日本最初の出家者善信尼の物語は、従来は伝統的神祭りをつかさどる女性の役割、もしくはシャーマン的機能の、仏を「蕃神」とみなす初期仏教との融合として説明されることが多かった。しかし、そこにはもっと積極的な含意、天孫降臨神話に対する仏教からの痛烈な批判が含意されていた。ホノニニギの高千穂峯への降臨を仏舎利の斎食への降臨に擬して揶揄し、コノハナサクヤヒメとイワナガヒメを連想させる豊女と石女（嶋の二つの属性を象徴）を登場させ、ニニギノミコトとではなく仏と神婚させる（出家させる）。泳宮（クグリノミヤ）の言説を想起させるべく水中を潜り抜ける仏舎利奇瑞譚を提示する。それがたとえ仏典説話を素材とするものであったとしても、それを新たな文脈に位置付けていることが重要だと思うのである。

このような危機的状況は、欽明天皇十三年紀の仏教公伝において物部尾輿や中臣鎌子が危惧していた王権の神話的基盤への悪影響が現実のものになったことを意味している。逆にいえば、この言説は記紀の天孫降臨神話が単なる律令国家の机上の造作ではなく、伝統的君主権を基礎づける水稲耕作神話として社会的に機能していたことの傍証ともなる。いわゆる崇仏論争の内実は、東アジアにおける仏教外交の秩序に参入するか、王権の神話的基盤を守るかという国内秩序と国際秩序の桎梏、対外関係の基本方針をめぐる論争であった。用明天皇二年に物部守屋が蘇我馬子らに滅ぼされると、国際秩序重視へと大きく舵が切られ仏教継受に拍車がかかる。その結果、王権権威の衰微は極限に達し、遂に崇峻天皇の弑殺に至る。君主が臣下に殺害されても首謀者が罰せられないという異常な事態である。このの ち、推古天皇が神祭りをつかさどり、屯倉の復興などを進める一方で、聖徳太子が摂政として法皇として外交・仏教・軍事を統括するという君主権の権能分離を行ったのも、内政と外交の矛盾を乗り切ろうとした苦肉の策であった。こうした王権権威の衰微もまた律令国家創設の重要な契機であった。

第八章　律令法典・山陵と王権の正当化──不改常典と先皇霊に基礎づけられた新しい政体──

新たに生み出された日本律令国家の君主権と君臣関係は、「不改常典の法」の順守と先皇霊祭祀の遂行によって支えられた。不改常典については厖大な研究史があるが、本章では即位譲位宣命の構造分析と法典編纂史を語る『続日本紀』養老三年十月辛丑詔との対比から、皇位継承法説や皇太子制説を廃して、「天智天皇の制定した律令法」（近江令の修訂版である大宝律令）であることを主張した。律令法と先皇霊を戴いた君臣共治、官位制に基づく「世」を超えた君臣関係の永続を主張する言説なのである。

こうした新しい国制の設定について、坂上康俊氏は隋唐的な専制的君主権の導入と挫折という視点から、統治権の正当性は皇祖以来の統治権の委託の連続という伝統的思想に求めざるをえなかったと説明する。現君主は先帝からの制約を強く受け、法は祖法化して柔軟性を失い、臣下の遵法もまた叙位の交換条件であって、君臣関係は現実的な双務関係を超えることができなかったというのである。

実態認識としては坂上説と類似するのであるが、私は隋唐の如き権力関係を基礎とした専制的君主権や応務的君臣関係の定立は最初から意図されていなかったと考える。むしろ個別の君臣関係に依存する政体からの脱却、権力の合法化を目指していたのである。法の祖法化や先皇霊の設定も新しい政体を基礎づける意識的なモニュメント政策である。先皇霊を君主権の正当性として位置付ける政策も、皇族ならば誰でもいいという皇孫思想を国家的な君主権へと集約させる積極的な試みなのである。新しい君臣関係は品部廃止詔以来の契約関係ではあるが、現実的な駆け引きという対立的なものではなく、両者は協力して政体を保持していく関係である。ここに日本がいわゆる東洋的専制国家から離脱していく出発点がある。大津　透氏が指摘する「令制以前の君主と畿内豪族との間の共同体的意識」を前提にして生み出された国制においては、法は片務的に強制されなくても機能しうるものなのである。

第九章　信貴山縁起絵巻にみる王権と仏教――時間・運動表現と俯瞰法――

信貴山縁起絵巻は世俗的な説話絵巻ではなく、明確な主張を内包した宗教絵巻であった。従来の十二世紀後半成立説の根拠は薄弱で、粉本を用いて建物が描かれている事実や詞書の後京極流が確立する時期を勘案すると、東大寺・興福寺消失以降の再興期に制作されたと考えて問題はない。古代王権を構成した天皇家と藤原氏を象徴する東大寺と興福寺が灰燼に帰した風景は、当時の人々に古代という一つの時代の終焉を強く実感させただろう。

古代の農耕祭祀や天皇の神話的能力が機能不全を起こしていることを強調し、仏教の救済が不可欠であることを主張しつつも、民間からの「布施」の重要性を語り、信貴山の倉の断片への庶民の素朴な信仰で締め括る物語には、民間の勧進を基礎とした東大寺・興福寺復興の機運が投影されている。信貴山縁起絵巻は新しい中世の幕開けを象徴する絵巻なのである。源　豊宗氏が制作者と推定した信円は絵画に造詣が深かっただけではなく、興福寺別当として南都復興に尽力し、文治元年（一一八五）には東大寺開眼供養の呪願師を務めるとともに、信貴山の塔婆建立供養も行っている。時代の目まぐるしい変化を体感しつつ、時間というものを説明しようと試みた作品が、彼の異母兄弟慈円の『愚管抄』であり、この信貴山縁起絵巻であった。

こうした歴史の変動への鋭い感性が、信貴山縁起絵巻のなかの運動表現・時間表現を背景で支えている。十二世紀初頭の制作とされる（私は十一世紀に遡ると考えているが、別の機会に論じたい）源氏物語絵巻と比較すれば、そのことは一目瞭然である。源氏は同じ巻子という形式をもちながら、それを左右に開かれた画面として活用しない。閉じられた画面を内へ内へと分割して構図を設定する。それに対して信貴山は絵巻の画面を積極的に活用して、そこに消失点をもたない俯瞰法の連続平行線を重ね合せて深奥性を表現するとともに、そのなかにベクトル性を有する対象を配置して「いく」「くる」という時間感覚を発現させる。時間を意識によって意味付けるという行為は、宗教的な超越的視点を介して過去から流れる時間を今に収斂させる。『愚管抄』に象徴される当該期の時間観念とまさに一致するものである。

第十章　日本律令国家法意識の形成過程――君臣意識と習俗統制から――

大化改新には、強い私有意識の発現が伝統的な奉仕意識を侵食している事態を打開するための改革という側面がある。伴造品部制として重層的に編成されていた秩序を個人へと還元し、律令官人制の考選法を介して、その利益追求のエネルギーを国家に吸収することを目指したものであった。その意味で日本律令国家の形成は、大化期・天智朝の諸政策の延長線上に位置付けられる。壬申の乱の翌年の天武天皇二年からすぐに官人の考選法整備に本格的に着手できたのは、大化における改革方針の提示、甲子の宣による「氏」の範囲確定、庚午年籍の作成、近江令の制定という準備作業が着実に進められていたからである。天智朝と天武朝の間に断絶を想定するのは誤りである。青木和夫氏が官位変遷表において明確に指摘していた「天智三年冠位制と天武十四年冠位制の間の断絶」という重要な事象が、当時の壬申の乱という単なる後継者争いを過剰評価する学説の影響を受けて近江令否定という議論に矮小化されたことが、その後の研究史を長らく縛ってしまったのである。天智天皇三年から天武天皇十四年までを一つの改革の過程として捉えるべきであろう。

日本律令法は、「名」という権益をめぐって交わされた大化の契約の実現なのであり、新しい官人制に基づく奉仕契約のモニュメント、天皇と臣下が協力して守り続ける君臣秩序永続の法＝不改常典とみなされた。その意味で、自律的な貴族集団間の権力関係を基礎とする唐の君臣関係のように法における応務的関係が求められることはなく、まさに位階制の特質に象徴されるように、前代の王権求心性が新しい官人制的秩序をもその背後で支え続けた。権利主体間の契約関係から国制レベルの法を生み出すという方向には進まなかったのである。

第十一章　冠位十二階・小墾田宮・大兄制——大化前代の政権構造——

冠位十二階を、いったん律令官位制に直接つながっていく天武十四年冠位制以降の流れから切り離して分析してみると、そこには大化前代の政権構造が端的に映し出されていることに気づく。また、冠位十二階を基準とする大化の営墓規定では徳冠の語を用いることができず、換えるに王以上・上臣・下臣という枠組みを使用している。この事実は、徳冠が他の十階を超越した位置を占めるものであることを示すとともに、徳冠の賜与対象には諸臣のみならず王以上が含まれていたことの証しとなる。「紫の徳冠二階」＋「五常冠十階」という構成は、対外関係史料からも確認することができる。

小墾田宮における最初の元日朝賀で冠位十二階が施行されたことは、両者が一体の政治理念の下に構想されたものであることを示している。朝庭の東西の堂と幄に、紫の徳冠を冠する「皇子・諸王」と「大臣・大夫」が対峙して座し、その後ろに当色をもつ十階の冠を被った氏の代表者たちが列立する。この東西の座位の対称性は、「大兄を中心に結集する王族」と「大臣を中心とする貴族集団」という権力核の均衡上に成り立つ推古朝の政権構造を視覚化したものであり、のちの朝堂院の東西第一堂に形骸化しつつ残存していく。

大兄制は、継体天皇が子の勾大兄を自己の藩屏に据えたことを淵源とし、旧来の大連大臣制の解体と君主権の弱体化という危機のなかで新たに整備されたもので、年長者たる天皇の長子が核となって諸皇子を纏め上げ、王族のいわば宗主権を担って、大臣を核とする権力核と対峙する制度であった。大兄が次期皇位継承者の性格をもつようになるのは、王族集団を束ねる政治経験が重視されたためである。大兄が中大兄をもって終るのは、皇太子制が創始されたからではなく、固有の財政基盤を国家に返上して上記の政権構造を放棄した結果である。

第十二章　国造制と大化改新――大化前代の支配構造――

大化前代の地域編成は、〔A〕国造―県稲置―公民（国家所有公民）、〔B〕大小伴造のミヤケ―部民、〔C〕王・臣連伴造のミヤケ・ヤケ―子代入部・豪族部曲、という三系統からなる。改新政府の認識では〔A〕〔B〕は公的な国家制度、〔C〕は私的な領有とみなされていたが、地域編成としてみれば国造制下の八十戸編成と伴造系の六十戸編成の二種類に大別される。改新詔の郡の等級規定の不規則な数字は、立評の前提となるこれら六十戸編成と八十戸編成を、そのまま里に見立てて擦り合せる換算数値として設定されたものであった。石神遺跡における評制木簡の出土を受けて、旧部民のみならず一般の公民までもが五十戸に編戸され、孝徳朝以降の新たな税制を支えたという説が提出されているが、実質的には旧来の秩序を活用して立評は進められたのであり、「禄令」の位封規定に垣間見られるように、その秩序は制度の背後で八世紀初頭まで存続した。

国造の支配は、別《ワケ》の貴種性（もちろん仮冒を含む）に支えられた宗教的統合を基礎として、六世紀後半に中央から発遣されるクニノミコトモチの権威を奉じたクニノミヤツコとして、領域支配を実現したもので八十戸を基準に編成されていた。他方、伴造屯倉系統の支配は中央から一律に六十戸という共通規格で設定されたもので、三十戸ごとの仕丁差点規定は六十戸ごとに「仕丁＋廝」の一セットが簡充されていたことに由来する。

国造制の成立については、今日なお磐井の乱以前から存在したとする見解とそれ以降の成立とみるかで見解が分かれたままであり、共通理解が得られる兆しもない。両説ともっともなところもあり、今後は国造呼称の成立とは別に具体的な段階設定が不可欠であるように思われる。私説では、プレ国造制という前史を想定したが、これを国造と認めなくてもかまわない。これを前提として領域支配を展開する六世紀以降の国造へと転換する過程を、段階的に描き出すことを意図したものなのである。

早川庄八氏の極端な畿内制論が提示されて以降、地方支配を考える重要な素材である国造制の評価は急激に低下した。また、狩野久・鎌田元一両氏の部民制理解――べとカキの一体性、個別人身支配の起源――によって、井上光貞・平野邦雄氏以来の丁寧な類型的把握と段階設定は捨象されてしまった。しかし、こうした研究動向によって明らかにされた側面もあるが、同時に見落されてしまったものも少なくない。いまあらためて再評価されるべきは、薗田香融氏の大化前代の地域編成の理解――口分田の田租、出挙の営料税、賃租の地子は、それぞれ国造領、皇室領のミヤケ、王臣の私的なヤケの農地経営法に起源をもち、歳役・雑徭、仕丁などの力役もまた、国造領のエダチ・ミユキ、皇室領の仕丁の性格を受け継ぐものである――のように、国制の全体を立体的に把握する視点であると思うのである。

第十三章　大王とウヂ――「天皇と官人」の淵源――

日本古代のウヂは、流動的な小家族が名という権益を核として永続性を獲得し、名を負うという重層的な集団構成原理によってトモの組織を生み出したものである。ウヂの名が神話や系譜を介して王権へと集約・統合されていったために、ウヂという組織が本源的に王権への奉仕関係に淵源をもつようにみえるのであるが、このような構造は、自律的な血族集団を前提としない社会における結集の一類型とみなすべきものである。従来の系譜様式論において措定される双方（双系）的親族関係を基礎とした娶生系譜の類型も、こうした名への帰属という視点からみれば、名への多属性の一現象形態にすぎない。血の論理が根本的に希薄なのである。他方、こういった社会にあっては、土地のうえの共同性こそが重要な基盤となっている。自然秩序の統制能力が共同性を体現する首長制的な神聖血族を排他的な形で発生させる。この論理の重層性のうえに天孫降臨神話を基礎とする王権が生み出され、そこに名が統合されていくのである。その結果、貴族制的契機を欠いた王権依存性の強固な国制が生み出されることになる。日本律令国家の君臣関係、すなわち天皇と官人の関係にも、このような前代の共同性が濃厚に保持される。青写真としての律令制の貫徹度として理解するならば、坂上康俊氏のいうように応務的な緊張関係が十分に確立されないという評価になるが、そのような関係が生み出されなくとも、王朝交代が起こらない安定した秩序が維持されうるのである。日本の律令が近江令に始まるという観念の内実も、名の集約を介した大化の官位制導入の契約実現としての「冠位法度の事」、出身の必要条件である氏上・氏人の範囲を確定した「庚午年籍」、そして壬申の乱の翌年（近江令の二年後）の天武天皇二年には施行される「出身法と考選法」から想定されるように、官位令（官員令）・戸令・考課令・選叙令といった官人制を基礎づける新しい君臣秩序の法がここで施行されたということであって、これを不改常典の法と称して君臣一体となって守っていくことが即位・譲位の段階で確認されるわけである。

附論一　聖徳太子研究と太子関係史料

聖徳太子の人物像は日本古代国家成立史の写し鏡であった。戦後の過小評価の背後には、七世紀史をめぐるパラダイム転換があった。太子に文明化の推進者、王政復古の先駆者という国民的英雄像を付与したのは、久米邦武や黒板勝美であった。戦後、内乱の契機と対外関係が過度に重視されるようになると、推古朝や太子の評価は地に落ちる。なお、『日本書紀』関係記事の特異性は上宮王院を核として展開する太子信仰とは異質なもので、慧慈や玄奘と重ねて国際性をアピールする独自の目的をもった記述であり、太子の事績を疑う根拠にはならない。

附論二　法隆寺釈迦三尊像光背銘文再読――膳氏と法輪寺――

法隆寺金堂釈迦三尊像は飛鳥様式の彫刻の基準作例で、聖徳太子追善のための等身像とされてきたが、銘文を虚心に読むと膳妃を中心とした文脈になっており、膳氏ゆかりの法輪寺に安置されていた小像と考えられる。法隆寺再建の過程で移安されたのだろう。近年では東野治之氏も法輪寺からの移安を主張されており、通説との間で積極的な議論が期待される。

附論三　法隆寺金堂薬師像光背銘文再読――「大王天皇」と舒明天皇宣命詔――

同金堂薬師像の方は、擬古仏で銘文も飛鳥寺縁起を真似て造作されたというのが一般的評価である。しかし、単なる空想の産物ではなく、その宣命体的文体や「大王天皇」の語からみて舒明天皇の百済大寺造立詔を典拠に記された文章と考えられる。仏像の様式評価についても、基準作例が小金銅仏、膳氏発願釈迦三尊像、破損の著しい飛鳥寺本尊に限られており、当像が用明天皇というパトロンの発願だとすれば鋳造技術の差も問題にならない。天智天皇九年の火災で焼け残った由緒ある像に再建時に舒明天皇詔の一部を追刻したと考える余地も残る。

附論四　天寿国繡帳銘文再読――橘大郎女と殯宮の帷帳――

天寿国繡帳銘は義江明子氏の系譜様式論において双方的親族関係を基礎とする娶生系譜の典型と評価されているが、その両属的な系譜理解に疑問を提示するとともに、この繡帳が葬送儀礼に用いられた葬具の帷帳として制作されたことを主張した。大化薄葬令で禁止された華美な葬具帷帳の貴重な残存遺品と位置付けられる。また、以上の個人的な造仏や制作には、聖徳太子の妃たちの心理が端的に投影されていることもあえて主張している。

以上であるが、最後にこれらの個別研究の成果をふまえて、序章で掲げた課題に対する自分なりの解答を提示し、特有の君主権・君臣関係の構造を基礎づける法意識の特質、即ち「私法の未成熟」と「共同体的秩序に包摂される権利意識」を抽出し、そうした意識の淵源を探るとともに、それが中世以降にどのように受け継がれていくのかについても大きな見通しを述べてみたい。そして、その背後には自律的な出自集団が成立しない社会構造、流動的な小家族が権益と結びついて永続的団体に転化するという構造が存在したことを指摘する。

二　日本古代の政体の特質と天皇

日本古代の政体は、これまで述べてきたように貴族制とは明らかに異なる特有の君主制であったが、武力という直接的な権力を基礎とするものではなく、「観念の支配」に依存する秩序という性格をもっていた。それゆえに従来の政体論のように国家意志の発現主体を基準に分類しようとすると、大化前代においては専制的にみえて非権力的となり、律令制下では立憲君主的にみえて司祭者的にも映るのである。

これは、古代天皇が「皇孫思想に基づく尊貴性」と「国家元首として保有する君主権」という二つの属性を併せ持っていたためである。「宗教的な秩序の体現者」であると同時に、「世俗的な権益の調停者」でもあったのである。

そこで、まずこの二つの要素についてそれぞれ歴史的淵源に遡って検討し、その内的論理と固有の特質を具体的に把握し、次に天皇という存在のなかで両者が世俗化しながら融合していく過程を歴史的に辿ってみることにしよう。史料の少ない時代ではあるが、支配の法たる律令法継受の歴史的前提とその後への影響を実態に即して理解するためにも、受容する側の社会に如何なる法意識が準備されていたのかを正確に把握しておくことが必要である。

（一）大化前代の宗教的統合の論理――皇孫思想の土台――

（1）不安の解消と秩序の維持――刑罰の原初形態と秩序の法――

まず天皇の宗教的性格を基礎づける皇孫思想の社会的基盤を探ることで、その秩序維持機能の内的論理を把握したい。

律令以前の固有法を考える際にしばしば注目されてきたのは、「法」と表裏一体の関係にある「罪」の観念である。[1]『延喜式』巻八、六月晦大祓の祝詞には、「天つ罪」「国つ罪」の語がみえる。

天つ罪と、畔放ち、溝埋め、樋放ち、頻蒔き、串刺し、生剥ぎ、逆剥ぎ、屎戸、許許太久《ここだく》の罪を、天つ罪と法り別けて、国つ罪と、生膚断ち、死膚断ち、白人、胡久美《こくみ》、己が母犯す罪、己が子犯す罪、母と子と犯す罪、子と母と犯す罪、畜犯す罪、昆虫の災、高つ神の災、高つ鳥の災、畜仆し蠱物する罪、許許太久《ここだく》の罪、出でむ。……。

罪を「天」と「国」とに区分しているのは、本居宣長以来いわれているように、記紀神話の枠組みに基づいて儀礼的に細分したということにすぎず、本来は『古事記』中巻にみえる「国之大祓」のように一つの観念であった。その内実は、畔や溝の破壊、種子の重ね蒔き、生きた動物の皮や人の膚を剝ぐ行為、疾病、近親相姦や母子への姦淫、獣姦、虫や鳥の災い、呪い、と多岐にわたり、今日の罪の観念から大きく逸脱している。これらを六月と十二月の晦に大祓するのである。

整理してみると、農業共同体への違反、残虐行為、外皮に現われる疾病、近親相姦などの異常通婚、突発事故、呪術など、安定した秩序 Harmonie や日常性 Alltätigkeit からの逸脱、つまり不測の事故 Zufällichkeit や不安 Unruhe を生む事象が問題とされていることがわかる。こうしたイレギュラーなものへの脅え、秩序解体への不安が広く罪と認識されているのである。従って、このような罪の観念を契機とする法は、現実の権利関係を基礎として顕現したものではない。個人の自由や権利の調停から生み出された正義の判断とは大きく異なるものなのである。

これらの罪への対処が「祓」「禊」によってなされるのも、「混乱や不安の原因の排除・追放」と「不安解消のための浄化・沐浴」と解すれば、我々にも理解可能なものとなるだろう。共同体の安心 Ruhe という精神的契機を基礎にもっており、ここに大化前代の首長が体現する共同体的秩序、宗教的秩序と称されるものの内実がある。

こうした恒例祭祀による不安の排除と並んで、首長による積極的な秩序維持の示威的行為もまた史料上に確認される。著名な『常陸国風土記』行方郡の伝承をみてみよう(2)。

古老曰く、石村玉穂宮に大八洲馭しめしし天皇の世に人あり。箭括氏麻多智といふ。郡より西の谷の葦原を截りて、墾闢して新たに田を治りき。此の時、夜刀神、相ひ群れて引率ゐて、悉盡く到来し、左右に防障して耕佃せしむることなし。俗に云く、蛇を謂ひて夜刀神となす。……。是に、麻多智、大いに怒りの情を起こし、甲鎧を着被して自身ら杖を執り、打殺駈逐す。乃ち山口に至る。標の杭を堺の堀に置き、夜刀神に告げて云く、此より以上は神の地となすことを聴さむ。此より以下は須らく人の田と作すべし。自今以後、吾、神の祝と為りて、永代に敬ひ祭らむ。冀はくは祟ることなかれ恨むことなかれ、と。社を設けて初めて祭りき。即ち還りて耕田一十町余を発す。麻多智の子孫、相ひ承けて祭を致し、今に至るまで絶へず。……。

ここには、いまだ国造制に取り込まれていない素朴な在地首長の姿がリアルに描かれている。族長の麻多智による「祭り」とは、氾濫する谷川の水を象徴する夜刀神を「杖」によって駆逐し、山の方へと「追放」することである。不規則な力の発現である祟りを制御し、「人の地」の秩序を継続的に保障する。このカリスマ的行為に対する信任を基礎とした支配が「まつりごと」であった。地域首長は自然の脅威に対する共同体の不安を利用しつつ、秩序維持の能力をアピールすることで、支配の正当性を獲得していたのである。この基礎の上に社会的な秩序維持を目的とする行刑権が上乗せされていく。夜刀神に対する「決杖」「追放」の延長線上に、秩序を乱す共同体構成員への「決笞」「決杖」や犯罪者の「追放」といった刑罰が執行されるのである。

従って、国宰の権威を奉じた国造の支配がこうした自然統制を介した首長制的支配を吸収していく際には、もっと積極的で強力な自然統制能力をアピールするという方法が採られることになる。先の『常陸国風土記』の記事の続きを見てみると、

其の後、難波長柄豊前大宮に臨軒せる天皇の世に至り、壬生連麿、初めて其の谷を占めて、池の堤を築かしむ。時に、夜刀神、池辺の椎の株に昇り集りて、時を経れども去らず。是に、麿、声を挙げて大言すらく

「此の池を修らしむは、要、活民に在り。何の神、誰の祇ぞ、風化に従はざらむや」と。即ち役民に令じて云く「目に見る雑物、魚虫の類は、憚り懼る所無く、随尽く打ち殺せ」と。言ひ了りて応時に、神蛇、避け隠る。謂ふ所の其の池は、今、椎井池と号く。池を回れる椎の株、清泉出づる所にして、井を取りて池に名づく。即ち、香島に向ふ陸の駅道なり。

と記されている。孝徳朝には、茨城国造で壬生部を統括する地方伴造でもあった壬生連麿の支配がこの谷に及ぶようになり、彼もまた夜刀神の出現と向き合うことになる。しかし、その対処方法は麻多智のような祭祀ではなく、積極的な自然の修治＝池の造営であった。夜刀神は「魚虫の類」と称され、風化の名のもとに尽く打ち殺されて、「神と呼ばれた蛇」は二度と姿を現わすことはなかった。「池」や「井」、さらに水を統制する「椎」の木といったイコノロジーが鏤められた物語だが、重要なことは、農耕のための治水や土木技術による強力な自然統制能力がその支配の正当性を保障している点である。また、祭祀という旧習は麻多智の子孫が「祝」となって今に至るまで遂行しているとも書かれているように、首長制的支配が否定され切ってしまうのではなく、両者が重層していくという構造をとることも確認しておこう。

この麻多智の行方郡の事例は谷間の地域ということもあって、偶然的に七世紀の中葉まで族長支配が継続したものであるが、他の地域はもっと早くに国造の支配に取り込まれていたであろう。しかし、この壬生連の姿には在地首長の支配権が国家に取り込まれていく典型的な姿がリアルに投影されている。なお、大化元年（六四五）の東国国司詔には「国司等、国に在りて罪を判ること得ざれ」とみえ、国造が固有の裁判権を有していたことが知られるが、それはこのような族長の有した罪を祓う権限や神祭りの伝統を吸収しつつ生み出された「秩序維持の行刑権」を中核とするものであったと推定される。

（2）王権の神聖性とワケ——自然の統制と知の独占——

このような自然統制を基礎とした支配の延長線上に、第七章や第十二章で扱った天皇の全国支配と国造の起源を説明する『日本書紀』景行天皇四年の語りも位置付けられる。美濃国に行幸した景行天皇が在地の水辺の二人の女性のうち「容姿端正《カホキラギラシ》」き一方を娶ってワケ王を生み、その子孫もしくはそれと婚姻関係をもった豪族が自らワケを名乗って国造の祖となっていくと語られる。この伝承は、皇孫ホノニニギ（稲穂の賑々しい形象を象徴する稲霊）がオオヤマツミの娘コノハナサクヤヒメ（水の女性）を娶って実りを実現するという天孫降臨神話をパラフレーズしたものである。

このワケの伝承を『日本書紀』の歴史観にすぎないとみる研究者も多いが、

> 前後并せて八十子。然して日本武尊・稚足彦天皇・五百城入彦皇子を除くの外、七十余の子は、皆な国郡に封じて、各其の国に如かしむ。故れ、今の時に当りて諸国の別と謂へるは、即ち其の別王の苗裔なり。

と記されており、現実に別王の子孫とみなされた「諸国の別」が各地に居住していることを前提とした記述である。地域支配の正当性を神話的に基礎づけるこのような語りが機能しえたのは、やはり水稲耕作を基盤とする社会に対して水のコントロールと豊穣の保障とを確約する言説であったからである。先進諸国から独占的に継受した知識と技術、そしてその運用に必要な渡来人の頭脳を活用しつつ、池や用水路を造営し、気象を読んで、従来の実りを圧倒する豊作を実現してみせるパフォーマンスを行うことで、神話に真実性を付与したのである。東国に大王直轄のミヤケや山の神・田の神伝承が広く残存するのは、こうしたマジックがより効果的に機能したからであろう。

また、改新詔の第四には、

其四曰、……。凡采女者、貢二郡少領以上姉妹及子女形容端正者一従丁一人、従女二人。以二一百戸一、充二采女一人粮一。庸布庸米皆准二仕丁一。

とあるが、景行紀の弟媛も「容姿端正《カホキラギラシ》」と表現されている。「形容端正」な在地首長の娘を采女として貢上させる制度もこの物語をふまえたものであって、人質的な性格をもつとともに神話的な人身饗供でもあり、諸国からの贄や調を天皇が食するという「食国（オスクニ）」の観念と表裏一体のものであったといえよう。

以上、自然支配を介した首長制的秩序の重層構造をみてきたが、ここであらためて注目したいのは、行方の祭祀が麻多智の「子孫」によって「今に至るまで」継承されていること、そして神婚によって生まれたワケ王やワケの地位もまた「血」によって継承されているという事実である。始祖のカリスマが首長位として「血の論理」により世襲され、共同体の統合の核となっていくという特徴が浮かび上がるのであり、皇統永続の理由を解くカギもそこに隠されている。

ここで想起されるのが、吉田　孝氏の注目すべき仮説である。日本古代の首長制は「出自集団が社会を網状に覆い、首長はそのなかの特定の地位を占めることによって首長である」という類型ではなく、「支配―従属関係が出自集団を直接には媒介とせず、首長が首長であるのは、土地の開発者であり、征服者であるという認識が先行し、血縁関係は論理的にはその後にくる」といった類型であって、「支配―従属関係が何らかの親族・血縁関係のなかに翻訳され、それによって表現される首長制」であると説明する(3)。このような類型の首長制を基礎として、その支配をそのまま重層させて生み出された王権が、複数の自律的出自集団の間の戦争を介することなく、本源的に世襲王統という形でスタートすることはむしろ自然な現象なのである。戦後の日本古代史において大きな影響力をもった貴族制論、そこから演繹された「王位の回り持ちから世襲王権の成立へ」といった議論は、前者の出自集団が社会を網状に覆っている類型の社会を想定して作り上げられた仮説にすぎない。

この自然という神を統制・否定する形で生み出される秩序維持の神聖性こそが、皇孫思想の基礎をなしているのである。こうした観念は、『万葉集』の「オホキミは神にしませば」の歌のなかに文学的修辞として残存していくが、まさにそこに現われる「オホキミ」とは君主権を帯する天皇だけを指すのではなく、皇子をも含む皇孫のことであることは、第五章で述べた通りである。

なお、自律的な「皇統譜」と奉事根源に依存する「氏族系譜」の本質的な違いもここに由来している。系譜には、「土地の上の共同性を基盤とした首長制的な仮想血族観念」と「奉仕関係を基礎とする伴造制的系譜意識」という二類型が併存する。義江明子氏が奉事根源をともなう氏族系譜と呼んでいるものは氏族系譜一般ではなく、後者の伴造氏族の系譜というべきものであって、[4]もし在地首長の系譜が残っていたとすれば、それとはかなり異なった構成原理をもつものであったはずである。

（二）奉仕意識に胚胎した権益とウヂ——権利関係の核としての君主権の淵源——

（1）私利を貪る意識の発現とその特質

古代天皇は首長制的支配のみによって国家の君主たりえたわけではない。次に、古代天皇が国家元首として保持した君主権の淵源を探るとともに、それを核とした君臣関係の特質を捉えてみたい。その基礎には、先にみた「秩序維持の法」とは異なる当事者間の権利関係を調停する政治的な法が存在する。この権利意識を基礎にもつ法はいつごろから確認されるのだろうか。注目すべきは、第一章で取り上げた『日本書紀』大化二年（六四六）三月甲申条の大化の旧俗廃止詔である。

甲申。詔して曰く、……。このごろ我が民、貧絶す。専ら営墓に由れり。爰に其の制を陳べて尊卑を別たしむ。夫れ王以上の墓は、其の内長九尺、濶さ五尺。……。凡そ王以下庶民に至るまで、殯を営むこと得ざれ。……。凡そ人死亡ぬる時に、若しくは経きて自ら殉ひ、……。此の如き旧俗、一らに皆な悉く断めよ。……。復た、勢を恃む男有りて、浪に他の女と要びて未だ納へざる際、女自ら人に適がば、其の浪に要びし者、嗔りて両家の財物を求めて、己が利とする者、甚だ衆し。復た、亡夫の婦有りて、若しくは十年及び二十年を経て、人に適ぎて婦と為り、并せて未だ嫁がざる女、始めて人に適ぐ時に、是に斯の夫婦を妬みて、祓除せしむること多し。……。復た、しばしば己が婦の他に奸すと嫌ひて、好みて官司に向ひて決を請ふこと有り。仮ひ明かなる三証を得とも、倶に顕し陳べて、然る後に諮るべし。……。復た、百姓の河に溺死するに逢へる者有り。乃ち謂りて曰く、「何の故か我を溺れたる人に遭はしむるや」と。因りて溺れたる者の友伴を留めて、強に祓除せしむ。……。復た、役はるる民有りて、路頭に炊飯す。是に路頭の家、乃ち謂りて曰く、「何の故か情に任せ余が路に炊飯せるや」と。強に祓除せしむ。……。是等の如き類、愚俗の染へる所なり。今悉く除断めて、復たせしむること勿れ。復た、百姓有りて、京に向かふ日に臨み、乗れる馬の疲れ痩せて行かざらむことを恐れて、布二尋・麻二束を以て参河・尾張両国の人に送り、雇ひて養飼はしめ、乃ち京に入りぬ。……。而るに参河の人等、……。若し是れ細馬ならば、即ち貪愛を生して工に謾語を作し、偸失まれたりと言ふ。若し是れ牝馬にして己が家に孕めば、便ち秡除せしめて、遂に其の馬を奪ふ。飛へ聞くこと是の若し。故に、今制を立てむ。……。縦し斯の詔に違へば、重罪を科せむ。……。

帰京した第一次東国国司の報告に基づくものだから、とてもリアルな内容である。夫を亡くした未亡人が再婚したり、未婚だった女性が恵まれた結婚をしたりすると、村人たちが妬んで祓除を要求する。祓除とは祓の代金としての「祓つ物」を請求することである。人が河に溺れたりすると、自分に溺れ死ぬ姿を見せたと言いがかりをつけ、上京する百姓が路頭で炊飯していると、家の前を穢したと言い掛かりをつけて祓除を強要する。上京する百姓から預かった馬に対し、三河尾張の人たちが自分の家で出産したと言い掛りをつけて祓除を要求し、払えないとなると代償としてその馬を奪う。本当に祓を要求するなら穢れを発生させた当の馬を手中に収めるはずがない。しかし、穢れと認定されれば祓除料を払うべしという旧来の慣習法が生きている以上、言い掛かりであっても当事者はそれに従わざるをえない。祓の費用が正当に要求されるわけである。時代錯誤になった旧俗が犯罪や社会問題の巣窟となっているのである。

興味深いことは、穢れと祓除という名目を利用してまで利を追求しようとする個人が誕生し、新しいトラブルを生み出している現実である。関係を合法的に調停する明確な基準は未成立だが、役所に妻の不倫を訴える夫に対して三証を得たうえ証人をともなって訴え出るようにと注意しており、ここに権利を主張する個人の姿と神判以上の裁判制度の萌芽が垣間見られる。

このような旧来の秩序に巣食って私利を貪る個人の発生は、国家レベルにおいても無視できない問題を引き起こしていた。大化の品部廃止詔はいう。

而るに、王の名々より始まれる臣・連・伴造・国造、其の品部を分ちて彼の名々を別つ。復た、其の民となれる品部を以て、交雑して国県に居せしむ。……。是に由り、争競の訟、国に盈ち朝に充つ。終に治められず。相乱いよいよ盛んなり。其れ王名を仮借して伴造と為れる、其れ祖名を襲拠して臣連と為れる、斯れ等、深く情を悟らず、忽ちに若し是の宣する所を聞かば、当に思ふべし「祖の名・借りる所の名、滅びむ」と。是に由り、預め宣して朕が所懐を聴き知らしめむ。王者の兒、相ひ続きて御寓せば、信に知時帝と祖皇の名の世に忘れらるべからざるを知る。而るに王名を以て軽しく川野に掛けて名を百姓に呼ぶは、誠に可畏むべし。……。

伴造品部制の基礎にあったウヂの秩序、即ち王名を負って奉仕するという秩序が形骸化し、王名が自己の領有や権益の正当化に利用されるといった状況、王名そのものが権益と一体化し、「賂（まいない）」として授受されるような状況が現われてきたのである（第十一章）。権利意識に根差した新しい法とそれを基礎に据えた国制の設定がまさに喫緊の課題となっていた。

しかし、同時に見落すべきではないのは、このような権利意識とそれを基礎とする法が、先行する「秩序維持の法」の内部に包摂される形で発生している点である。新しい権利意識は最初から共同体や奉仕意識と一体化しており、権利主体となるべき自律的な団体へと成長することを少なからず妨げていくことになる。

（2）名の回収と大化の契約――伴造制的秩序から官位制へ――

この「利を貪る」という素朴な権利意識の発現が、新しい法秩序を生み出す重要な契機となる。既に推古朝の十七条憲法においても、私利追求心の発現が問題視されてはいたが、「和」の秩序への回帰を一方的に押し付ける復古的対策に留った。他方、改新政府は現実を直視し、この私利追求心を認めたうえで、逆に旧来の秩序を支えてきた慣習を旧俗・愚俗と称して放棄するのである。品部廃止詔はいう。

粤を以て、今の御寓しめす天皇より始めて臣連等に及ぶまで、有てる所の品部は宜しく悉く皆な罷めて、国家の民と為すべし。……。凡そ王者の号は、将に日月に随ひて遠く流れ、祖子の名は、天地と共に長く往くべし。是の如く思ふが故に宣す「祖子より始めて奉仕れる卿大夫・臣連・伴造・氏氏人等 或本に云ふ、名名王民。咸な聴聞くべし。今、汝等を以て仕へしむ状は、旧職を改去し新たに百官を設け、及び位階に著けて、官位を以て叙せむ」と。

権益と一体化した名をいったん王権の側に回収することは、それによって重層的に結集していたウヂ、即ち伴造制的秩序を解体し、個人を核とした流動的小家族へと還元することを意味する。既往の権益に替えて新たに与えることを約束したのが、位階とそれに対応する官職と禄であった。名と権益とを明確に切り離したうえで、考選法に基づく官位制度と禄制を導入したのである。

大宝令位階の直接の淵源をなす天武天皇十四年冠位制が、「正直に勤務すれば追って進あり」の語で構成されているように、個々人の私利追求の意識を位階昇進の意欲へと昇華させる回路となったのが考選制であった。蔭位の制という旧秩序への配慮も残存するが、父の位階が低ければ家柄がよくても適用されないのであって、過大評価すべきものではないだろう。禄は位階と官職によって与えられ、家という家政機関も家令職員令に規定されるように位階に応じて設置される。十七条憲法や薄葬令にみえ始めた「利権を追求する個の積極的な運動」を律令官人制のなかに吸収し、そのエネルギーを国家運営のための官人の勤務意欲に向かわせたわけである。

ウヂが負っていた「名」とは過去の大王への奉仕と功績を象徴するものであり、それを介して現在の地位・権益が主張されてきた。それゆえに巨大古墳というモニュメントや日嗣の語りなどが不可欠なのであった。

こうした直接的奉仕関係の積み重ねを基礎にもつ政体から脱皮して、律令天皇を核とする一元的奉仕へと集約するのだが、そこで目指された君主像は中国的な皇帝像ではなかった。日本の位階は、宮崎市定氏が的確に指摘したように、官職の序列を示す中国の官品とは全く異なるもので、天皇との距離の遠近を端的に示すものであった。(5)

新しい君主権の正当性は、不改常典の厳守と先皇霊からの承認にあった（第八章）。不改常典とは律令官位制に基づく君臣関係とそれにともなう権益の永続保障であって、即位の段階で不改常典に基づく統治を宣言することにより、初めて臣下の奉仕を受けることができた。また、歴代の服属関係を受け継いでいることの証として、歴代天皇霊の宿る先皇陵を公民からの調庸の初物で祭り、その承認を受ける必要があった（第四章）。現天皇は律令法の規定と先皇霊の意志の下に立ち、臣下の協力を得て現在の秩序を維持していく義務を負ったのである。

このように法に基づく君主権が設定されるわけだが、この段階になって全く新たに権力を基礎とする君主権が生み出されたわけではない。ウヂの保有した王名という既存の権益を集約して、その代替として官位制を基礎にもつ「職」という権益が再分配されたわけだから、前代の「大王とウヂ」という相互依存関係は変化することなく存続する。天皇は臣下の協力を得つつ既存の秩序を保持・継承する責務を担ったのであり、「不改常典」の言説の核心はここにあった。

(三)　脱神話化した皇孫思想と結集核としての君主権

(1)　皇孫思想の脱神話化――政争の特質から――

日本律令国家成立史においては、律令国家二重構造論と称して、伝統的な首長制的秩序の上に律令制的秩序が被さる構図が描かれてきた。律令制の導入は一つの青写真の提示であり、在地の秩序や家族のあり方などに伝統的秩序を色濃く残しながら段階的に進行すると考えられてきた(6)。しかし、この二つの秩序は単なる上下関係ではない。天皇という存在を軸にして捉えたときには、これまでみてきた「皇孫思想に基づく尊貴性」と「官位制の核としての君主権」という二つの属性の併存として現われる。そして、それらは天皇を統合の核とする日本古代国家が併せ持つ二つの秩序でもあった。

これらの秩序の起源を大化前代に遡及してみると、前者は農業共同体における首長制的原理を基礎とする〈自然秩序の体現者〉に起源があり、後者は王名を負って奉仕するウヂの結集核、実質的には〈権益の結集核〉に淵源をもつ。後者はもともと渡来系氏族の知能や技術を職能集団として編成したものであって、これを道具として農耕や治水に応用して神話の信憑性を担保してきたのだから、後者が前者を補完するという関係を有していた。重要なことは、この首長制的秩序と伴造制的秩序がともに出自集団化しない流動的小家族という基礎の上に設定されているという事実である。土台が共通していることもあって、本来の淵源を異にする両構造は律令国家の成立とともに次第に世俗化しつつ混交していく。

まず、自然支配を基礎とする皇孫思想の世俗化と規範化の過程を概観しよう。第七章で述べたように、仏教受容の衝撃によってこの神話的秩序は急激に磨滅していく。敏達紀の善信尼の出家譚がまとめられた七世紀前半には、天孫降臨神話の核にあった水の女性との神婚譚への露骨な批判が現われるのである。こうした言説が説得力を得たのは、のちの行基の姿を想起するまでもなく、国際性を有した仏教が同じく治水や池の造営などの最先端の知識や技術を独自に有していたからである。かつて青木和夫氏が関晃氏の帰化人研究と井上光貞氏の仏教史研究を大化前代の社会を考える際に重要な二つの切り口であると述べたが(7)、まさに前者を活用した国家秩序が後者によって切り崩されていくわけである。

その後は神話からの脱却が図られていく。『古事記』序によると、既に天武天皇の時代には諸家のもっている『帝紀』『旧辞』は多く虚偽を加えて異説を生み、存亡の危機に陥っていた。その取捨選択と誦習を命じられたのが稗田阿礼であった。実際、『日本書紀』の神話をみてみると、「一書」の無批判な収集列記となっており、紀の本文だけでは話が通らないところすらある。従来の研究では、多様で豊かな諸伝承が政治的に統合されていくという過程が想定されてきた。しかし、多様なものからの一本化にしては伝承のレパートリーが制限されすぎている。出雲の国引き神話のような地域固有の神話はほとんど入ってこない。基本ストーリーは一貫しており、一つの成書神話の派生化を考えるべきである。

このような多様化の原因は、『帝紀』『旧辞』、『天皇記』『国記』が純然たる漢文で書かれていたことにある。それを日本神話に通じていない渡来人史部に和語で読ませる際に多様な解釈が発生したのであろう。また、神名に注目してみても、『古事記』では天之常立神と国之常立神の発生を受けて、両者を分かつ「豊雲野神」――天と国を隔てる雲海の表象――が現われることになっているが、『日本書紀』では「豊斟渟尊」「豊国主尊」「豊組野尊」「豊香節野尊」「浮経野豊買尊」など、本来の語義がわからなくなり、訛ってしまった多様な読みが列記されている。そもそも『日本書紀』は国常立尊から叙述が始まるように国の歴史に視野が制限されているのだから、この神の意義がわからなくなるのも当然なのかもしれない。

記紀を歴史的に編纂された書物とみる視点は重要だが、それを律令国家の政治的主張と一律に断言するのは歴史認識の不徹底というべきであろう。記紀の神話はむしろ律令制成立以前の世界観や歴史像を投影していると考えられ、律令国家成立期には既に反故となっていた可能性が高い。

もちろん、いったん神祇官が設定されて恒例祭祀が整備されると、組織と儀礼は自己保存の方向に働くから、神祇祭祀も形骸化しつつ生き残ることになるであろう。しかし『古語拾遺』序が語るように、書契以降の奈良時代の若者たちは浮華を競うばかりで、故実を語る旧老を嗤うのである。「日本紀講書」も用語解釈と饗宴和歌が主要な内実で、政治的色彩は皆無であった。他方、仏教の存在はさらに大きくなり、皇孫である聖武天皇は大仏の前に北面して自らのことを「三宝の奴」と称して額づき、遂に道鏡即位の可能性までが現出する。その後は神身離脱思想を経て本地垂迹という新しい説明の論理を見出すことで、神祇はかろうじてその立ち位置をみつけていくのである。

このように皇孫思想を基礎づけていた神話的秩序は根本から解体していくのだが、それにもかかわらず皇孫の枠組み自体は世俗化しながらも存続する。この秩序が生き永らえることができたのは、もう一方の「権益の核としての天皇」の属性とうまく融合していくからである。このことを日本古代の政争の特質から見てみよう。

日本古代の政争の多くは「皇族を奉じた内乱」であった。古代最大の国内戦争である壬申の乱からして皇位継承という形式をとった政争であった。特定の天皇の身体と君主権が未分離の段階においては、皇孫を奉じた政争によって政権交代が図られる。譲位が慣例になって以降は直接的な武力衝突は減少するが、外戚関係をめぐる争いもまた「皇孫を奉じた静かな政争」であった。外祖父になることによって権力を獲得するのではなく、権力のある者が外孫である天皇を奉じて政権を主導するのである。

また、天皇のもつ君主権は律令や例・式といった法制の順守を前提とし、法の運用に裁可を与える権限に限定されており、多くの案件の実質的判断は上卿の決裁や太政官の定に委ねられる。結局、天皇は権力の発現者ではなく、官位制に集約された君臣関係の結集核という役割を担い続けることになる。

この図式は、極端にいえば皇統の血を引く者ならば誰でもよいという論理に行き着く。皇孫の観念は君主一人の支配の正当性の根拠にはなりえないどころか、時には君主制の原理に矛盾対立する性格さえもつのである。逆説的だが、それにもかかわらず、この「皇孫をめぐる内紛」というフォーマットがかえって国制全体の安定を保障しているともいえる。政治の転換のために、わざわざ武力による国家転覆といった易姓革命を引き起こす必要がないからである。

このことは、天皇の皇孫としての性格が政治的な諸権益の結集核へと転換しつつあることを示している。皇孫という観念的規範は、国制を変化させることなき君主の交代を可能にする論理であるがゆえに、既存の権益を維持したい集団にとって都合のよい論理なのである。神話的基盤が既に崩壊しているにもかかわらず、皇孫という規範が強靭な秩序維持機能をなお保持し続ける所以である。君主権が摂政や内覧によって代行される段階になっても祭祀だけは代行できないという事実は、皇孫思想の形式的存続を象徴しているともいえるが、当時の日記などをみても貴族たちが天皇の神聖性をリアルに感じ取っていたとは考えられない。天皇を単に宗教性や司祭者的性格という言葉で説明しても意味がないだろう。

（2）位階・官職の権益化と君主権の変質

君臣関係の基礎に据えられた官人制が十全に機能している限り位階と官職に禄が付属するから、個々の官人にとっては自己の昇進のみが関心事となる。特に九世紀後半から十世紀初頭においては、政務能力を基準に大学寮出身者が氏姓にかかわりなく抜擢されている。菅原道真は土師氏の出身でありながら右大臣にまで昇っている。「氏」は既にその歴史的な役割を終えている。

摂関家など一部の例外もあるが、平安貴族が平気で財産を分割相続したり、娘や他人に譲渡したりするのも、それを個人の所有物とみなしているからであって、自己の財産をどう処分しようと勝手であるという認識が根本にある。官人個人には家族が付属するが、継承すべき「家」という意識は希薄なのである。もちろん自分の子供を優位な官職につける努力をするとともに、財産を相続させようという傾向も看て取れるが、自分の食い扶持は自分で稼ぐという考え方が大前提になっていた。

しかし、律令官人制が衰退してくると、官人とその家族は再び特定の権益にしがみつくようになり、それを保持しようという動きをみせ始めるのである。まず、律令国家の縮小再編を受けて六位以下の位階が形骸化し、禄が支給されなくなると、下級官人たちは摂関家や公卿の家司になるなど、私的な奉仕関係を築いて自己保存の道を模索するようになる。また、宇多朝に整備され、平安・鎌倉時代を通して拡大する「年給」「成功」などの売官の制は、まさに官職・位階の権益化の動きであり、大化前代の「名」が賂（まいない）の対象として授受されたのと実質的に類似する。官職を権益として関係者に与えることで新たに私的な奉仕関係が生み出され、与えられた方はその権益を保持するべく永続的な集団としての結集を目指す。この「官職の権益化」と「利害を挟んだ私的主従関係の重層性」はまさに大化前代の秩序の復活というべき現象であり、変化の萌芽は十世紀の宇多朝からはっきりとみられ始める。

こうした流れは、在地社会においても大きな転換をもたらしつつあった。そこでは、律令制が導入されてもなお「郡司の非律令的性質」と称される首長制的支配が残存していたが、九世紀以降になると神話的秩序に基礎づけられた郡司の権威が崩壊する。それに代わって受領の強力な直接支配が在地に及ぶようになり、十世紀には検田によって部内を「名」に編成し、負名と称して有力百姓に管理と徴税の責任を請負わせる新しいシステムが誕生する。[8] 負名などの有力百姓は広く田堵と称されたが、その原義も田を囲む垣根の意であり、やはり管理権益を象徴する語である。このことは、受領や荘園領主の直接支配を介して権益の重層構造が在地にも浸透し始めたこと、宗教的な「自然秩序の法」が「権益の法」に取って代わられていく状況を示している。

ただし、こうした動きは全く新しい動向だとはいえないだろう。先にみた七世紀前半のウヂの名の権益化と同じ動向が在地においても現われていたことは、先の大化旧俗廃止詔などをみても十分に想定されることである。国造支配を基礎づけてきたワケの観念にしても、既に七世紀中葉段階の在地社会のなかで擬制にすぎないと認識されていた可能性もある。しかし、それが「擬制」であったとしても、その「劣化した尊貴性」が現行の秩序維持や権益保持に有効である限り、その枠組みは積極的に承認され保持される。これが「観念の支配」というものなのである。その意味で、八世紀以降の在地においては、郡司よりも下位の麻多智の子孫のような顔の見える在地首長の統合機能は生き続けたかもしれないが、郡司の有した象徴機能はずっと早くに形骸化していたと考えるべきであろう。

ともあれ、十世紀以降、こういった官位制の形骸化と郡司支配の解体とともに、貴族社会においても在地社会においても「職」という権益を核とした新たな統合が誕生し、天皇が有していた「皇孫思想に基づく尊貴性」と「奉仕関係の核としての君主権」という二つの要素が融合して、新しい「秩序の核」として利用されるようになるのである。

（四）流動的小家族と権益の再癒着——大化前代のウヂから中世的家へ——

（1）中世的家の歴史的前提——出自集団「成立」論への疑問——

これまで、奉仕意識を蝕む私利追求意識の発現、「名」という権益を核として結集したウヂの発生、権利意識の律令官人制への集約、そして権益化の傾向をみせる「職」を核とした再結集、という流れをトレースしてきたが、こうした見通しは日本古代国家の展開のみに関わる現象ではなく、中世以降の国制を決定づける家の成立といった議論にも新たな見通しを与えるものである。

中世的家の成立は、権益に対する小家族の主体的動きとその世襲を契機とすると説明されているが、以上の流れをふまえたとき、それが中世に固有の論理ではなく、古代に起源をもつ日本社会の通時的な特徴であることに気づかされる。そして権益の新しい結集核となる分節化された「職」もまた、日本律令国家によって準備されたものなのである。律令官人制が衰退していくにもかかわらず、いったん設定された官職の方は権益化しつつ永続するがゆえに、再び個人を核とする流動的家族がその権益を保持せんとする主体的な運動を開始して、相続される家へと転化するわけである。

従来、このような古代からの連続性が十分に認識されてこなかった原因は、古代の氏に「氏上を核とする同姓（カバネ）の氏人集団」というイメージが付着していたからである。その結果、「氏」という大きな血族集団のなかから家が成立してくるというわかりやすい図式が想定されることになったのである。しかし、第十章でも強調したように、この「氏」は官人制を導入するための道具として、甲子の宣から庚午年籍に至る過程で人為的に設定され、天武朝に整備された擬似出自集団にすぎず、大化前代の生きた「ウヂ」とは性格を異にするものであった。「氏」の帰属は官人出身の条件として理官（治部省）に登録されたが、律令制が本格的に始動し始めると、法官（式部省）と理官といったセット関係はすぐに解消されてしまい、式部省と兵部省が人事を担うようになる。

「氏から家へ」という図式が成り立ちがたいことは、既に高橋秀樹氏が的確に論証しているところではあるが、それにもかかわらず中世史研究者の間でもこの人工的な「氏」のイメージが支配的であるがために、「傍系継承原理をもった氏の分節としての家」と「嫡継承原理をもった中世的な家」が併存するものとして説明されることになる。[9]

確かに甲子の宣から庚午年籍に至る過程で作られた「氏」が、中世に至るまで一定の枠組みとして残存するのも事実である。しかし、それはいったん設定された氏寺や氏の社が法人として自己保存を志向し、「氏」の結集核たらんと主体的に動くからにすぎない。「氏」の精神的紐帯が現実に機能していたかどうかは疑問であろう。

義江明子氏の指摘する八世紀末から九世紀初頭における氏の出自集団化とみえる現象も、[10] 庚午年籍以来の「氏」が二三世代を経て結果的に実体化されるとともに、長岡・平安遷都によって大和という土地に根差した共同性から切り離されたために、一時的に血の意識が強まったことの結果にすぎない。また、服藤早苗氏は荷前別貢幣の成立を九世紀における天皇の家の先駆的成立を示すものと理解するが、[11] 別貢幣が宗廟祭祀的性格を帯びるのもやはり桓武朝の一時的な現象にすぎず、臨時奉幣の目的に端的に現われるように、九世紀後半になると天智陵は律令国家創始者の山陵、桓武陵は平安京設定者の山陵という位置付けに変わり、別貢幣は現天皇からみた身近な父母祖父母に対する小家族的な祭祀に還元される。出自集団的な家が「成立」するわけではないのである。むしろ当該期の実態は、土師氏が官人として出身する便宜のために伝統的な氏の名と旧職を捨てて地名姓に改姓するといった氏の形骸化の事例の方に端的に現われているといえよう。

日本の歴史のどこかで出自集団が「成立」するはずだという一方通行の自律的転換を想定する思考は、貴族制論のような権力論からみた王権構造の説明や、藤原氏による他氏排斥といった政争史の「物語」を生み出す歴史観と共通の基盤をもつ。また、自律的な貴族集団を前提とすることで強固な王権依存性が説明できなくなっている。明治以降の民法で人工的に設定されたにすぎない「家」の制度を日本古来の伝統的社会秩序とみなす通念が、いまなお残存しているのかもしれないが、早く中田　薫氏が的確に主張したように、日本の前近代にはそのような家は社会的に存在しなかったのである。[12]

（2）「名」から「職」へ――日本律令国家が準備した中世の国制――

　古代の生きたウヂは元来、「名」を負って結集した重層的な奉仕集団であったが、大化諸詔で語られるように、遅くとも七世紀前半には「名」は人民や土地に付されて一種の権益と化しており、その権益の継承によってウヂの統合が保障されるようになっていた。このような古代のウヂと「名」の特質が見落されてきたのは、大化改新否定論のパラダイムのなかで、改新諸詔の記述を内在的に把握することが忌避されてきたためでもあるだろう。「名」がどのような原理で継承されていたかはわからないが、その構成が中世的家とかなり類似していることは間違いない。従来の「氏」のイメージのみならず、この「ウヂと権益との関係」を視野に入れることによって、古代から中世への新しい流れが浮かび上がってくるのである。

中田氏は、日本の家が「祭祀相続」ではなく「祖名相続」の類型にあたると指摘した[13]。また、津田左右吉氏は日本古代には出自集団としての家＝部族 clan は存在しないことを強く主張している[14]。祖先祭祀によって自律的に結集する出自集団としての宗族は、「父子同気」などの語で説明されるが、突き詰めれば「血」を基礎にした自律的な結集原理である。先に述べたように、断続的な戦争状態に置かれた民族や定住しない遊牧民族にとって土地の上の共同性は仮象にすぎない。不安定な政治的・自然的環境による緊張は、直接的なアイデンティティたる血の観念を社会規範として高度に具象化させる。他方、農耕社会のように土地によって共同性が保障されている社会においては、共同体自体があたかも一つの大家族のように表象されて、小家族は出自集団化することなく、共同体のなかの特定の役割を担うことで自己のアイデンティティを確認する。

流動的小家族が国家の特定の職や権益と結びついて永続団体としての家が生み出されるという形式は、日本の歴史の底流を形作っているのであり、それは後者の類型に属するといえる。血族団体の指標たる「姓（セイ）」

が社会全体を覆う形で生まれなかったこともまた、この家の流動性を決定づけている。結果として自律的な貴族階級が社会の構成単位として十分に成長せず、共同体の首長権を止揚する形で生み出された王権への依存性が強い国制が生み出されることになったのである。

このような図式は家の特質のみに現われるものではない。例えば、非公家沙汰諸国所課の具体的検討から太政官の関与すらも明確に公私に分けることはできないことを指摘した遠藤基郎氏の研究などを想起させる[15]。秩序の核に天皇が存在したからといって、王権側からの統合意志に諸現象を収斂させて説明するのではなく、貴族諸家や寺社側の利害の主体的な動きを重視すべきだというのである。王権を頂点とする統合は当事者側が再構成した秩序と名誉の体系であって、王権内部における家格ごとの昇進ルートもまた、家格の確立を図る貴族側から生み出されたものである。遠藤氏はこれを中世日本的なものと説明しているが、その構造は既に古代にも間違いなく存在し、その構成要素も古代の段階で準備されていたのである。

また、中田氏は「職」という語が不動産物権を意味することを指摘し、荘園制における不動産物権の重層構造や譲渡売買をローマ末期から中世ヨーロッパの封建制と比較した[16]。不動産物権といった権利までもが「職」という名のもとに発現することの意味は重要である。中田氏の「鎌倉時代の地頭職は官職に非ず」をめぐる著名な中田・牧論争にしても[17]、その後の立荘主体をめぐる領主制論と権門体制論の論争にしても、下からの主体的な動きと上からの枠組みの設定とは二律背反で考えるべきではないのである。まさに〈両者の共謀性〉こそが看て取られなければならない。

もちろん、大化前代のウヂと中世的な家との間には大きな相違や段階差があることも見逃せない。権益が「王名」という抽象的な観念のみによって保障されている場合は、中央伴造―地方伴造―部民という重層性を生み出しはするが、歴代ごとに設定された権益への個別的寄生という形をとるから、利益追求の過度な進行は国家秩序そのものを解体する方向に導きかねない。これに対して、分節化された国家機構たる「官職」に権益が付着した場合には、特定家族が技能や情報を独占しつつそれと一体化し、その寄生によって逆に瀕死の古代国家を存命させるという役割を担うことになる。その意味で、天皇の宗教性を世俗化して無色透明な規範的核となし、分節化された職を設定することで共同性と権益の対立を解消し、共同性のなかに権益を昇華させた日本律令国家こそが、中世の職の体系への流れを準備したともいえるのである。

以上、古代からの流れをふまえて中世的な家と国家の関係までを見通すと、「王権求心性」と「家々の主体性」とは何ら矛盾するものではないことがわかるだろう。この構造は古代の律令国家が衰微していくに応じて再生した枠組みである。生き残りをかける家々が、自己の地位や権益を確保すべく瀕死の古代国家の部分部分に寄生し、天皇を核とする権威を利用した結果なのである。この構造を否定すれば完全な無政府状態が生まれることになるが、それは彼らの欲するところではなかった。

そののちも天皇や朝廷に対して心からの敬意や忠誠心を持っていなくても、武家の棟梁は将軍職を天皇から授かり、御家人に京都大番役奉仕を義務づける。武力による実力が競われる戦国時代においてすら、その権力のオーソライズには上洛という手続きが不可欠であった。

こうした自己完結的な自然秩序にも似た有機的国家が、いったん外国からの攻撃を受けたり対外戦争を体験したりすると、天皇という核が過剰に強調され、国民が一つの自然的大家族であるがごとき観念が現出する。それは、国家が諸階級や諸団体の間の私法的な対抗関係の上に生み出された法の体系ではなく、権利意識を有する個がそれぞれ職や任務を担うことで生み出された自然秩序の如き体系という特質を有するからである。

日本の君主制とは、自己中心的に動く諸団体が天皇を核とする国家秩序の部分を担いながら権力を行使する独特の政体であり、彼らの自己保存にとって不適切な天皇は退位させられ、新しい天皇が立てられる。こういった構造は、政治レベルでは古く蘇我馬子の崇峻天皇弑殺と推古女帝の擁立、奈良平安時代初期の廃帝、摂関期の外戚関係と譲位の斡旋にまで遡るが、これが社会的な基盤を有する国制全体の特質へと転化していくのである。

天皇という地位を象徴とか宗教的権威といった言葉で表現することは簡単であるが、むしろ皇孫思想という宗教性が世俗化しつつも確実に永続していく国制の論理こそが問われなければならない。近代の対外戦争という場においても、終戦直前に近衛文麿は天皇の出家譲位や出征についての考えを側近富田健治に洩らしている[18]。それにより「天皇を核とする国体」の永続を図ろうとしたのである。これについて富田は「口で国体護持を言うは易し、併し重臣のうち、何人が、この近衛公のように、真剣に、陛下の御身になって具体的に敗戦の暁の皇室の御立場を考えたものがあろうか」と語っている[19]。また、高橋　紘氏が「近衛が天皇個人に深い親しみを持つとともに、天皇家の存続のためには、一人の天皇に対しては無慈悲になれるという一見矛盾した両面を持つ」と評したことも、こうした国制の本質をよく表しているといえよう[20]。

このことは個別の君主の身体よりも、既存の権益を保障する国家秩序維持の方が重要だということであって、天皇を核とする国制があたかも自然秩序のように観念されて、それに寄生する政治的・社会的主体が秩序維持のために運動し、個別の君主を代謝させる。まさに権益の体系をあたかも自然の調和の如く認識する観念が、独特の君主制という政体を形作っていたのである。

この〈権益の体系としての自然秩序〉を最大の重要事とみなす考え方の背景には、これまで述べ来ったように、

①権益の保持を意図する多様な主体が天皇の名を核として永続する団体を形作るという論理、②天皇を「自然秩序」たる国制の首長とみなす世俗化した皇孫思想の規範、という二つの観念が存在したのであり、この古代以来の観念が相互に支え合いながら日本の国制を形作ってきたわけである。本書は、こうした構造の淵源を探るいくつかの切り口をささやかながら提示したものでもある。

（1）石母田正「古代法の成立について」（『石母田正著作集』第八巻、岩波書店、一九八九年。初出は一九五九年）、同「古代法」（同著作集。初出は一九六二年）。
（2）青木和夫『日本の歴史5古代豪族』小学館、一九七四年。
（3）吉田 孝『律令国家と古代の社会』岩波書店、一九八三年。
（4）義江明子『日本古代系譜様式論』吉川弘文館、二〇〇〇年。
（5）宮崎市定「天皇なる称号の由来について」（同『古代大和朝廷』筑摩書房、一九八八年。初出は一九七八年）。
（6）井上光貞『日本古代国家の研究』岩波書店、一九六五年、石母田正『日本の古代国家』岩波書店、一九七一年、吉田註3著書。
（7）青木和夫『日本古代の政治と人物』吉川弘文館、一九七七年。
（8）坂上康俊「負名体制の成立」（『史学雑誌』九四編二号、一九八五年）。
（9）高橋秀樹「中世の家と女性」（『岩波講座日本歴史』中世2、岩波書店、二〇一四年）。
（10）義江明子『日本古代の氏の構造』吉川弘文館、一九八六年。
（11）服藤早苗「山陵祭祀より見た家の成立過程――天皇家の成立をめぐって――」（同『家成立史の研究――祖先祭祀・女・子ども――』校倉書房、一九九一年。初出は一九八七年）。
（12）中田 薫『法制史論集』第一巻、岩波書店、一九二六年。

(13) 中田　薫「古法制三題考」(中田註12著書。初出は一九一二年)、同「祖名相続再考」(同『法制史論集』第三巻下、岩波書店、一九四三年。初出は一九三三年)。
(14) 津田左右吉『日本上代史の研究』岩波書店、一九四七年。
(15) 遠藤基郎『中世王権と王朝儀礼』東京大学出版会、二〇〇八年。
(16) 中田　薫「王朝時代の庄園に関する研究」(同『法制史論集』第二巻、岩波書店、一九三八年。初出は一九〇六年)。
(17) 中田　薫「鎌倉時代の地頭職は官職に非ず」(中田註16著書。初出は一九〇七年)、牧　健二『日本封建制度成立史』弘文堂、一九三五年。関　幸彦『研究史地頭』吉川弘文館、一九八三年、など参照。
(18) 富田健治『敗戦日本の内側――近衛公の思い出――』古今書院、一九六二年、二一六頁。
(19) 富田註18著書、二一七頁。
(20) 高橋　紘・鈴木邦彦『天皇家の密使たち――〔秘録〕占領と皇室――』徳間書店、一九八一年、二〇頁。

初出一覧

序　章　**本書の課題と構成**（新稿）

第一部　日本古代の陵墓と王権——古墳から陵墓へ——

第一章　大化薄葬令の研究——大化の葬制から律令葬制へ——

（『続日本紀研究』三一〇号、一九九七年。原題「大化二年三月甲申詔の葬制について」）

第二章　律令国家陵墓制度の基礎的研究——「延喜諸陵寮式」の分析からみた——

（『史林』七九巻四号、一九九六年。原題「律令国家陵墓制度の基礎的研究——『延喜諸陵寮式』の分析からみた——」）

第三章　陵墓治定信憑性の判断基準（『人文学』一八一号、二〇〇七年）

第四章　律令陵墓祭祀の研究（『史学雑誌』一〇八編一一号、一九九九年）

第二部　日本古代の君主権の構造と記紀神話

第五章　天皇号の成立とその重層構造——アマキミ・天皇・スメラミコト——（『日本史研究』四七四号、二〇〇二年）

第六章　古事記神話の構成原理と世界観——神々の「成」「生」「所成」と〈歴史の起源〉の観念——

（『日本思想史学』二九号、一九九七年。原題「古事記神話の構図——古代日本人の歴史の起源に関する観念——」）

第七章　敏達紀「善信尼」考——初期仏教と記紀神話——

（『続日本紀の諸相』塙書房、二〇〇四年。原題「敏達紀「善信尼」覚書——初期仏教と記紀神話——」）

第八章　律令法典・山陵と王権の正当化——不改常典と先皇霊に基礎づけられた新しい政体——

（『ヒストリア』一六八号、二〇〇〇年。原題「律令法典・山陵と王権の正当化——古代日本の政体とモニュメント——」）

第九章　信貴山縁起絵巻にみる王権と仏教――時間・運動表現と俯瞰法――
（笠井昌昭編『文化史学の挑戦』思文閣出版、二〇〇五年。原題「信貴山縁起絵巻における「動き」「時間」の表現について――時間・運動表現と俯瞰法――」）

第三部　日本古代君主権の成立過程

第十章　日本律令国家法意識の形成過程――君臣意識と習俗統制から――（『日本史研究』五〇一号、二〇〇四年）

第十一章　冠位十二階・小墾田宮・大兄制――大化前代の政権構造――（『日本史研究』五七七号、二〇一〇年）

第十二章　国造制と大化改新――大化前代の支配構造――（『史林』九四巻二号、二〇一一年）

第十三章　大王とウヂ――「天皇と官人」の淵源――（『岩波講座日本歴史』第二巻、古代2、岩波書店、二〇一四年。原題「大王とウヂ」）

附論一　聖徳太子研究と太子関係史料
（『藝林』六一巻一号、二〇一二年。原題「国制史からみた聖徳太子――聖徳太子否定論の本質とその再検討――」の一部）
（鎌田元一編『古代の人物①日出づる国の誕生』清文堂出版、二〇〇九年。原題「聖徳太子――基本史料の再検討――」の一部）

附論二　法隆寺釈迦三尊像光背銘文再読――膳氏と法輪寺――
（『博物館学年報』二七号、一九九五年。原題「法隆寺金堂釈迦三尊像光背銘文再読――法隆寺と膳氏――」）

附論三　法隆寺金堂薬師像光背銘文再読――「大王天皇」と舒明天皇宣命詔――
（『文化史学』五五号、一九九九年。原題「法隆寺金堂薬師仏光背銘文再読――法隆寺と舒明天皇――」）

附論四　天寿国繡帳銘文再読――橘大郎女と殯宮の帷帳――（『文化史学』六二号、二〇〇六年）

終　章　日本古代君主制の構造と展開――全体のまとめと展望――（新稿）

あとがき

本書は、筆者がこれまで執筆してきた論文に新稿を加えて一書に纏めたもので、全体を三部に分けて構成している。第三部の末には、本書で再評価する推古期の重要人物、聖徳太子に関する基本史料を再検討する小考を附論として掲載した。附論一の第一節で敬称を略しているのは、研究者を史学史的に扱っていることによる。全体の重複整理や大幅な書き換えを一度は試みたが、史料の少ない時代でもあり、時々の問題意識に基づき異なった文脈で論じている点も多く、また研究史上の混乱も生みかねないので、結局、大幅な書き換えは行わなかった。文章整理や語句統一は特に摘記しなかったが、新たな知見を加えたり、考えを改めたりした場合には、各章末尾の〔付記〕にその旨を明記した。本書はJSPS科学研究費JP16HP5080の助成を受けて刊行される。

最後に、私事にわたるが、それぞれの章の執筆の経緯や思い出を書きとめることをお許しいただきたい。

第一部は、一九九八年三月に同志社大学に提出した博士論文を基礎としている。審査していただいた指導教授の故笠井昌昭先生、故森 浩一先生、武藤 直先生には、あらためて感謝の気持ちを捧げたい。

そのなかでも第二章は感慨深いもので、森先生に提出した大学院単位論文を基礎とした修士論文であり、初めて学外の雑誌に挑戦したものでもある。査読の書き直しの際には、編集委員の故川端 新さんに、近所の喫茶店で論の組み立てから用語に至るまで何時間にもわたってご指導いただいた。活字になったときの喜びの時間は、夜桜の風景とともに流れていった。

第四章も懐かしい思い出に満ちている。今度は『史学雑誌』に挑戦したが、最初は無残に返却。落ち込んで放っていたが、たまたま大津　透先生にお会いしたとき、「何やってんだ、早く書き直して返却しなさい」とお声掛けくださり、本当にうれしかった。あらためて返却文書を見るとモンブランのインクで丁寧なコメントが付され、最後にさりげなく「大津」と記されていた。掲載後、史学会が終った夕方、図書館の噴水のところに座っていると懇親会に誘ってくださり、二人で不忍池のほとりを歩きながら、「うちの学生でもないのに、丁寧に見てあげていたでしょう」といたずらっぽく微笑まれた。先生はお忘れかもしれないが、この夕暮れの池のほとりの風景は私にとって忘れがたい思い出である。

第二部の第八章は、大阪歴史学会大会の部会報告である。若井敏明さんから突然何か話してみませんかとお電話をいただき、まさか大会の準備会と思わずに気軽に引き受けてしまった。この日の例会は畳の部屋で行われ、隣に直木孝次郎先生が座っておられたので恐れをなした。テーマを広げる貴重な機会を与えていただいたことに深く感謝している。台風の過ぎた直後の朝、準備に疲れた体を引きずって大会会場に向かった。

第五章は、日本史研究会の研究委員として故鎌田元一先生と相談しつつ企画した「シンポジウム　律令天皇の成立と日本」が契機となったものである。鎌田報告に加えて熊谷公男・義江明子先生をお招きし、一三〇名を超える参加者、ほとんどが一線の研究者という贅沢な会となった。直木先生・田中　卓先生といった長老までが熱い討論を繰り広げた。残念なことに、特集号に纏める段階になって、鎌田報告「野中寺弥勒菩薩造像銘と天皇号」の原稿化が類似の論文が出たということで辞退され、編集委員だった吉川真司先生から穴埋めとして執筆しなさいと、執筆の機会を与えていただくことになったのである。

第七章は、続日本紀研究会五十周年記念の論集に寄稿したもので、塙書房から初めて出していただいた論文でもある。故横田健一先生の日本書紀研究会には早くから通っていたので、『日本書紀研究』の塙書房には親しみと憧れがあった。横田先生を中心に直木・故松前 健・岡田精司・故山上伊豆母・塚口義信といった錚々たる先生方が常連で、贅沢な議論を拝聴することができたが、そちらにはいまだ執筆の機会を得ずにいる。

第九章は、笠井先生へのレポートのつもりで書いたが、京都造形芸術大学集中講義で繰り返し話すなかで纏め上げられた。若造に非常勤の機会を与えてくださった栗本徳子先生、熱心に聴いてくれた学生に感謝したい。

第三部の第十章は、日本史研究会の大会報告である。関東の佐藤全敏氏と一緒にという異例のお願いを部会で認めてもらうのに苦労したが、全敏さんを説得するのにも一苦労、夜の水道橋から御茶ノ水の川縁の道を二人で何時間往復したことか。研究委員の毛利憲一さんには準備会運営から参考文献作成まで苦労を掛けまくった。報告の結果のコントラストは恥ずかしい限りだったが、全敏さんとはその後も京都や奈良をまわり、大覚寺で夜遅くまで語り合ったりした。なぜ彼のような秀才が私などとお付き合いくださっているのか、時々不思議に思う。

第十二章は、史学会で口頭発表させていただいたもの。前日の夕方遅くまで蟬丸昌子・朋子さんら後輩達に準備を手伝ってもらい新幹線に飛び乗った。約束の時間からかなり遅れた私を、母は「さぼうる」でだまって待っていてくれた。これまで誰にもいわなかったが、実は年をとった母にどうしても晴れ舞台を見せて親孝行したくて、内容がわかるはずもない母をこっそり会場に招いていた。論文になったものを見せることは叶わなかったが。

以上の直接的な学恩や思い出とともに忘れられないのは、抜刷を送るたびに心のこもった励ましをたまわった多くの先生方のお言葉である。なかでも、ゆっくりお話しさせていただいたのは鹿島と比叡山での二度だけだが、故青木和夫先生の諧謔的な愛情に満ちた繊細な文字はいつも勇気を与えてくれた。しかし、大切な奥様を亡くされたあと、もう海を眺めて死を待つだけの毎日です、という枯れ切った自暴自棄なお葉書をいただいたとき、もう人の言葉を頼りにしていてはいけないのだなぁとぼんやりと感じた。その数ヶ月後に先生は旅立たれた。

ふりかえると、私自身が古代史研究に向き合うまでには紆余曲折があった。幼いころは科学が大好きだったが、寝る前にいつも母が歴史の話をしてくれて、布団のあいだの膨らみを指さして「この山のこっちが三河国、ここは桶狭間、……」と語る声を子守歌代わりに眠りに就いたことを、今でも鮮明に覚えている。古墳や遺跡にあふれた高槻で育ったこともあり、小学校の頃は週末になるたびに遺跡地図を片手に自転車で走りまわった。近年きれいに整備された新池遺跡も、当時は鬱蒼とした森と不法投棄の池で、埴輪がいっぱい出るので喜んで掘っていた。中学・高校時代になると関心が次第に寺社や仏像の方に移り、今度は京都や奈良を歩きまわって、大覚寺のお坊さんに無理にお願いして今はない漆喰の古い小部屋に泊まらせてもらったり、整備されず崩れて草叢になっていた高野山町石道を地図も持たずに登ったりと、好奇心に任せて観てまわった。しかし高学年になる頃には、「即物的なものなんて」と気取って、関心はドイツ哲学に移っていった。

母校の同志社大学文学部の歴史学科は、文化学科文化史学専攻（現在は文化史学科）と称して、リッケルトやヴィンデルバントのドイツ西南学派の文化学を基礎に創設されたもので、直接には西田直二郎・石田一良の文化史学を継承せんとする理念に貫かれていた。考古学や美術史を含む独特の雰囲気に新鮮さを感じるとともに、何よりもその哲学的基盤とそれを体現する笠井先生の講義に魅せられた。

しかし、相変わらず古い天野訳カント著作集が欲しくて古書店を訪ね歩いたり、ラテン語・ギリシャ語をやるぞと使えもしない羅英辞典や希独辞典を丸善で取り寄せたりといった日々で、二回生の夏の二ヶ月間は倫理学のクラウス・シュペネマン先生の引率でマインツ大学のサマーコースに、三回生の夏には諸富 徹君（現、京都大学経済学部教授）と二人でアウグスブルグ大学に参加して、休日はミュンヘンでオペラを観たりした。そんな状況だったから、「彼はよく頑張っていますね」と話しかける哲学の先生に、恩師が「やぁ、ものになるかわかりませんね」と返すのを聞いて、仕方がないなと思いながらも落ち込んだ覚えがある。そのころからようやく古代史に本腰を入れ始めた。しかし、こうした歩みが本書にも少なからず影響を与えているように思う。

大学院に進んでからは、日本史研究会古代史部会や続日本紀研究会を通して他大学の仲間や先輩に接するようになり、さらに東京の学会にも参加するようになると、自分の無力さを痛烈に自覚せざるをえなくなった。京都・大阪での常連に限っても、兄貴分の佐藤泰弘・田中　聡氏、同世代では告井幸男・吉野秋二・堀　裕・吉川　聡・吉川敏子・市　大樹の諸氏と、今から考えると本当に贅沢なメンバーだった。特に感謝しているのは、東京の全敏《ゼンビン》さんとの出会いである。博物館に始まり、渋谷の１０９《マルキュー》、秋葉のオタク街、築地の寿司屋、ドラマのロケ地など、あちこち連れて行ってもらう道すがら、研究のあるべき水準や学問の厳しさを徹底的に叩き込んでいただいた。いまでも少し手を抜くと厳しく叱ってくれる。それ以来、「美意識だけは磨かれて実力が付いて来ないことの辛さ」を知ってしまった。彼には、しんどい生き方を教えてくれてありがとう、とお礼をいいたい。

それにしても残念なのは、育ててくれた多くの恩師が既に他界され、本書の刊行を報告できないことである。包み込むような愛情をもって懐深く育ててくださった指導教授笠井先生、多趣味な先生の水彩画の色やマリンバの音が心をよぎる、また、ゼミ生でもないのに弟子のように可愛がってくださった森先生、学問への畏敬の念を叩き込み、最後まで見つめてくださっていた科学哲学の吉田謙二先生、同志社に出講して厳格な古代史の方法を伝授いただいた鎌田先生、――先生方に出会わなかったら、いまの自分は確実に存在しなかったと思う。

また、学内の社寺縁起研究会や延喜式研究会を通して一字一句疎かにせず史料を読むことを教えてくださった竹居明男先生、美術史研究会において作品を観る目を鍛えていただいた故山本謙治先生と栗本先生にも深く感謝申し上げたい。そして、学外では日本史研究会古代史部会や続日本紀研究会で切磋琢磨した仲間たち。苟しくも研究を続けることができているのは、そうした多くの方々の学恩のお蔭である。

ただ、悔いても悔いきれないのはこの書を敬愛する母に見せることができないことである。何時になったら本が出るの？　待ってるのに、と呟くのを幾度か耳にした。私は無邪気に、研究の世界では学術誌に載せるのが大事なんだと答えた。母は少しさみしそうだった。出版を意識するようになったのはそうしたことからだった。しかし、間に合わなかった。

私はいまなお、殯のなかにいる。この書は私の著作というより、母が注ぎ込んでくれた愛情とそれを介してつながった多くの先生・友人との絆の賜物だと感じる。だから母の墓碑のつもりで本書を纏めた。

母は戦前の生まれで戦争や疎開の苦労を体験し、大変質素でありながら多趣味な人でもあった。当時では珍しく三十を過ぎるまでキャリアウーマンとして大企業の経理部で働き、休日には社交ダンスをしたり、穂高登山に出かけたり、油絵・書道・茶道・華道・刺繍・アンティックドールと、多彩でハイカラな趣味を嗜んでいた。特に書はかの宮本竹逕に教えを受けて可愛がられ、たくさんの直筆のお手本をもらっていた。しかし決して豊かだったわけではなく、また、幼い頃からたくさんの悲しみや苦労を背負って生きてきたようだが、そんなことは色にも出さずすべて飲み込んで、自分を磨くのに給料の大部分をつぎ込んでいたのだろう。私が生まれて以降は、いつも内職している母の後ろ姿、近所の工場へパートに出かける母の後ろ姿が目に焼き付いている。そのお金を今度はぜんぶ息子に注ぎ込んで、三歳から自転車の後ろに乗せて英会話に通わせ、小学校低学年から油絵を描かせた。毎回の小テストで very good をもらうと本当にうれしそうな顔をした。お礼に幼稚園の帰りにはいつも露草の花束を母にあげた。母は古いボロボロの聖書を大切に持っていた。文語体で書かれた福音書を時々読んで聞かせてくれた。むかし通っていたキリスト幼稚園の外国人の先生が戦争の開始とともに本国に帰ることになり、

椿山荘にて

別れ際に手渡された聖書だという。いつも人様に感謝の気持ちを持ちなさいというのが母の口癖だった。しかし悪くいえば過保護な母でもあり、研究に携わるようになって以降も、私の帰りが遅くなって夜の十二時をまわったりすると、真冬でも暗い田んぼの向うの道で心配そうに一人ポツンと立っている小さな姿がみえた。私が帰ってくるのが見えると何もなかったかのように背中を向けて玄関を入っていく。そんな母だった。

本書は、そのような母と共有していた時間の塊であり、一つひとつの論文に思い出が重なる。亡くなって以降に公表された二つの論文も、たまには親孝行を、とお昼をご馳走する道すがらの電車で、母を隣に完成を急いでいた原稿である。書き込みしている私を見つめる母の眼差しがそこにはあった。なぜか焦っている自分がいた。不思議に焦りは的中した。私にとって本書は母の存在の証しそのものであり、そのモニュメントである。——しかし、こんなことを呟いていると母はきっというだろう。私のことより、お世話になった先生方や友達に感謝しなさい、と。康宏がお世話になっています、ご迷惑をおかけしていますと頭を下げてまわっている母の姿が目に浮かぶ。

本書を纏める過程では多くの方々にお世話になった。機会を与えてくださった吉川先生。研究室で塙書房の寺島正行さんにご紹介いただいた頃のことが遠い昔のように思い出される。先生には、聴講させていただいた京大の講義、同志社二年間の講義、そして毎月の「大和を歩く会」において、たくさんの大切ことを注ぎ込んでいただいた。ある早春の眼下に広がった月ヶ瀬のやわらかい風景は、いまでも吉川さんの優しさと先輩・友人達の語らいの声とともに目の奥に焼きついている。

塙書房の白石タイ社長はいつもあたたかい声で励ましてくださった。泣き言をいった時の寺島さんの厳しい優しさを前に、何度となく自分を恥じて襟を正した。母を喜ばせたいという目標を失って暫く年月が流れたが、もう一度立ち上がれたのも寺島さんが繰り返し尻を叩いてくれたおかげである。それにもかかわらず、入稿・校正は遅れ遅れてご迷惑をかけ続けた。

挫けそうになったときには、同世代の全敏さんや吉野秋二さんがさりげなく励ましてくれた。全敏さんからは禁欲的に書けと厳しくいわれながら、結局好き放題に書いてしまった。呆れないでください。引用史料や註の確認作業、索引作成では、岩田真由子さんがたくさんの貴重な時間を割いて支えてくれた。また、本当に行き詰まった時にふと現われて助けてくれる蝉丸昌子さん・朋子さんは、お忙しいにもかかわらず、今回も索引作成段階で力を貸してくれた。ここにあらためて感謝の意を表したい。そして、いつも心身共に支えてくれる友人の加藤和俊さん、難波謙一さん、河内春人さん、お名前をあげきれない先生・友人・先輩・後輩に、心よりお礼を申し上げたい。

最後になったが、

この拙き書を、亡き母 英子にささげます。

この世に生を与えてくれて、あたたかく育ててくれてありがとう。お母さんのもとに旅立つまで、もう少し頑張ります。どうかいつも見守っていてください。

二〇一七年一月

北　康宏

事項・人名索引

あ行

か行

さ行

た行

な行

は行

ま行

や行

史料索引

さ行

た行

な行

は行

ま行

や行

ら行

研究者名索引

さ行

た行

な行

北　康宏（きた・やすひろ）

略歴
1968年　大阪府に生まれる。
1992年　同志社大学文学部文化学科卒業
1994年　同志社大学大学院文学研究科博士課程前期修了
1997年　同志社大学大学院文学研究科博士課程後期退学
1999年　博士（文化史学）（同志社大学）
2001年　日本学術振興会特別研究員（PD）
同志社大学・京都造形芸術大学・大阪成蹊大学・佛教大学・京都教育大学・京都精華大学・近畿大学等の非常勤講師を経て、
2005年　同志社大学文学部専任講師
2009年　同志社大学文学部准教授
現　在　同志社大学文学部教授

主要論文
「広隆寺宝髻弥勒像と聖徳太子信仰」（『古代文化』49巻1号、1998年）
「律令制下の駅制運用に関する覚書」（『文化学年報』48輯、1999年）
「「後佐保山陵」の再検討」（『続日本紀研究』376号、2008年）
「弾正台と太政官との互弾関係に関する覚書」（『文化学年報』65輯、2016年）
「国家形成史の過去と現在」（『歴史評論』809号、2017年）
「改新詔文飾論と改新否定論の課題」（『日本史研究』662号、2017年）

日本《にほん》古代《こだい》君主《くんしゅ》制《せい》成立《せいりつ》史《し》の研究《けんきゅう》

2017年2月28日　第1版第1刷
2018年4月5日　第1版第2刷

著　者　北　康　宏
発行者　白　石　タ　イ
発行所　株式会社　塙　書　房

〒113-0033　東京都文京区本郷6丁目8-16
電話　03(3812)5821
FAX　03(3811)0617
振替　00100-6-8782

亜細亜印刷・弘伸製本

定価はケースに表示してあります。落丁本・乱丁本はお取替えいたします。
©Yasuhiro Kita 2017 Printed in Japan ISBN978-4-8273-1287-4　C3021